# Innovationen im Gesundheitswesen

Roman Grinblat
Daniela Etterer · Philipp Plugmann
Hrsg.

# Innovationen im Gesundheitswesen

Rechtliche und ökonomische
Rahmenbedingungen und Potentiale

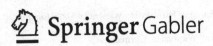

Springer Gabler

*Hrsg.*
Roman Grinblat
Sozialmanagement
Duale Hochschule Baden-
Württemberg Heidenheim
Heidenheim, Deutschland

Daniela Etterer
Tsambikakis & Partner Rechtsanwälte mbB
Köln, Deutschland

Philipp Plugmann
Praxis Prof. Dr. Dr. Philipp Plugmann
Leverkusen, Deutschland

ISBN 978-3-658-33800-8     ISBN 978-3-658-33801-5 (eBook)
https://doi.org/10.1007/978-3-658-33801-5

Die Deutsche Nationalbibliothek verzeichnet diese Publikation in der Deutschen Nationalbibliografie; detaillierte bibliografische Daten sind im Internet über http://dnb.d-nb.de abrufbar.

Springer Gabler
Lektorat/Planung: Margit Schlomski
Springer Gabler ist ein Imprint der eingetragenen Gesellschaft Springer Fachmedien Wiesbaden GmbH und ist ein Teil von Springer Nature.
Die Anschrift der Gesellschaft ist: Abraham-Lincoln-Str. 46, 65189 Wiesbaden, Germany

# Geleitwort

Seit der Einführung des Innovationsfonds zum 1. Januar 2016 werden Innovationen für die gesetzliche Krankenversicherung (GKV) erstmals systematisch und gezielt gefördert. Angesichts einer sehr breit aufgestellten Gesundheitsforschung, die insbesondere vom Bundesministerium für Bildung und Forschung institutionell gefördert wird, eigentlich ein überraschender Befund. Der erst seit gut 5 Jahren bestehende Innovationsfonds hat jedoch eine andere und neue Zielrichtung. Mit den Fördermitteln sollen Impulse für versorgungsnahe Projekte gesetzt und dahingehende Projektideen finanziert werden. Die Fördersummen, die dem Innovationsausschuss – als dem mit der Förderung betrauten Gremium – für die Förderung von neuen Versorgungsformen sowie von der Versorgungsforschung zur Verfügung stehen, sind beträchtlich: In den Jahren 2016–2019 waren es jeweils 300 Mio. Euro, in den Jahren 2020–2024 sind es jährlich 200 Mio. Euro.

Die konstant hohen Antragszahlen zeigen, dass der Innovationsfonds von den potenziellen Antragstellern als ein attraktives Instrument zur Erprobung von Lösungsansätzen angenommen wird. Man kann sogar noch einen Schritt weitergehen und sagen, dass all diese Projekte ohne den Innovationsfonds voraussichtlich nicht initiiert und in dieser Form – einschließlich der zwingend vorgeschriebenen wissenschaftlichen Auswertung der Ergebnisse – konzipiert und durchgeführt würden. Im Ergebnis des Themenfindungs- und Auswahlprozesses des Innovationsausschusses setzen sich die geförderten Projekte mit nahezu allen derzeit relevanten Herausforderungen im Gesundheitswesen auseinander. Stichworte sind beispielsweise die Entwicklungen im E-Health-Sektor, die steigende Lebenserwartung der Bevölkerung und die damit verbundene Gefahr der Mehrfacherkrankungen und eines entsprechenden Pflegebedarfs oder die Gestaltung der Versorgungsstrukturen in strukturschwachen Regionen.

Die Bestätigung, dass das Instrument des Innovationsfonds tatsächlich geeignet ist, Innovationen in das Gesundheitssystem zu bringen und die GKV-Versorgung weiterzuentwickeln, hängt jedoch letztlich davon ab, ob der Transfer erfolgreicher Versorgungsansätze in die Regelversorgung gelingt. Aus diesem Grund muss der Innovationsausschuss in seinen Beschlüssen zu den Projektergebnissen konkretisieren, wie eine solche Verankerung in der Regelversorgung erfolgen soll. Darüber hinaus muss er feststellen, welche Organisation der Selbstverwaltung oder welche andere Einrichtung hierfür zuständig ist. Kommt der Innovationsausschuss zu dem Ergebnis, dass er eine neue Versorgungsform nicht für die Regelversorgung empfiehlt, begründet er dies und zeigt in diesem Zusammenhang beispielsweise auch verbliebene Erkenntnislücken auf. Dabei ist bemerkenswert, dass oftmals unterschiedliche Lösungsansätze für einen Transfer der in einem Projekt gewonnenen Ergebnisse in die Regelversorgung in Betracht kommen. Genau dies ist aber auch eines der Ziele des Innovationsausschusses: Unterschiedliche Ansätze zur Lösung desselben Problems zu erproben, da sich zum Zeitpunkt der Förderentscheidung selten abschließend beurteilen lässt, welcher Lösungsweg der richtige ist.

Die vom Innovationsausschuss geförderten Projekte sollen Antworten zum Anpassungs- und Handlungsbedarf des Gesundheitssystems beisteuern, der sich aus den medizinischen, soziodemografischen und strukturellen Entwicklungen unabdingbar ergibt. Solche Anpassungs- und Handlungsbedarfe können selbstverständlich auch rechtliche und ökonomische Rahmenbedingungen der Versorgungsangebote betreffen: Bestehende Rahmenbedingungen ermöglichen und schützen zwar den erreichten Status quo und sind für diesen Zweck auch ein hohes und schätzenswertes Gut. Nichtsdestotrotz muss fortlaufend analysiert und überprüft werden, ob sie noch ihren Zweck erfüllen oder ungewollt vielleicht doch zu einem Innovationshemmnis geworden sind. Genau dies unternimmt der vorliegende Sammelband anhand ausgewählter Beispiele und in einer bemerkenswerten Bandbreite. Er zeigt auf, wie viele unterschiedliche Fragestellungen mit dem Thema „Innovationen im Gesundheitswesen" verbunden sind: Vom Handlungsdruck durch den medizinischen und medizinisch-technischen Fortschritt über die Finanzierbarkeit eines solchen Fortschritts bis hin zu ethischen und auch strafrechtlichen Themen. Allein dies ist ein nicht zu unterschätzender Beitrag, denn er zeigt, wie vielschichtig das Thema ist.

Prof. Josef Hecken,

Unparteiischer Vorsitzender des Gemeinsamen Bundesausschusses (G-BA) und Vorsitzender des Innovationsausschusses beim G-BA

# Vorwort

## Innovationen im Gesundheitswesen – Rechtliche und ökonomische Rahmenbedingungen und Potenziale

Vorab ist festzuhalten, dass das Gesundheitswesen einen systemimmanenten Bereich darstellt, was die COVID-19-Pandemie deutlich vor Augen geführt hat. Dabei wird das (deutsche) Gesundheitswesen stark durch das nationale und europäische Recht gesteuert, wie beispielsweise die zahlreichen Änderungen in den Sozialgesetzbüchern (insbesondere SGB V und SGB XI), im Arzneimittelgesetz und im Medizinproduktegesetz sowie die Einführung der Medical-Device-Regulation/In-Vitro-Diagnostica-Regulation belegen. Neben dem normativen Rahmen wird das Gesundheitswesen zunehmend von ökonomischen Aspekten beeinflusst. So müssen etwa die Gesundheitsdienstleistungen und -produkte, auf die die Versicherten einen Rechtsanspruch haben, in einem solidarischen Gesundheitswesen auch finanzierbar bleiben. Dies geht jedoch nur, wenn alle Akteure des Gesundheitssektors die ökonomischen Folgen auch im Blick behalten.

Des Weiteren sind juristische und ökonomische Rahmenbedingungen von größter Wichtigkeit für Unternehmen und Gründer, die sich aktiv im Gesundheitswesen engagieren und dadurch unter anderem innovative Dienstleistungen und Produkte im Gesundheitswesen verankern. Gerade aus der Perspektive der Gründerszene stellen juristische und ökonomische Hürden ein gewisses Hindernispotenzial dar und können den Gründungsprozess nachhaltig ausbremsen, aufgrund der damit direkt verbundenen zeitlichen, finanziellen und mentalen Herausforderungen.

Dieses Buch bietet einen breiten Ansatz aus verschiedenen Perspektiven, wie Recht und Ökonomie das Gesundheitswesen beeinflussen, prägen und verändern können. Dabei werden auch interdisziplinäre Einflüsse von Schlüsseltechnologien, wie die künstliche Intelligenz, eingebunden. Auch Themen des Datenschutzes und Haftungsfragen, die gegenwärtig und zukünftig bei Fragestellungen hinsichtlich Innovationen bei Medizinprodukten, Medikamenten und Apps eine Rolle spielen, werden analysiert und bearbeitet. Insofern wagt das Werk über den Status quo eine Prognose in die weitere Entwicklung des deutschen Gesundheitswesens. Gleichzeitig verlieren die Verfasserinnen und Verfasser – allesamt ausgewiesene Experten in ihrem Bereich – nicht den Praxisbezug aus den Augen und verweisen auf Best-Practice-Beispiele aus ihrer Praxiserfahrung.

Die Vielschichtigkeit von Innovationen im Gesundheitswesen und der damit verbundenen rechtlichen und ökonomischen Rahmenbedingungen und Potenziale spiegelt sich in der Heterogenität der mitwirkenden Koautoren wider.

Für eine bessere Lesbarkeit haben wir dieses Werk nach folgenden Kategorien systematisiert:

- Krankenversicherung
- Vergütung
- Digitalisierung und Datenschutz
- Künstliche Intelligenz
- Personal und Arbeitsbedingungen
- Organisation und Durchführung der medizinischen Behandlung
- Haftung und Compliance

An dieser Stelle möchten wir uns nochmals herzlich bei Frau Margit Schlomski für die gute Betreuung und die reibungslose Kommunikation bei der Erstellung des Werkes bedanken.

Heidenheim, Deutschland                                              Roman Grinblat
Köln, Deutschland                                                      Daniela Etterer
Leverkusen, Deutschland                                            Philipp Plugmann

# Inhaltsverzeichnis

# Herausgeber- und Autorenverzeichnis

## Die Herausgeber

**Prof. Dr. Roman Grinblat (LL.M.)** ist seit 2020 Inhaber der Professur für Soziale Arbeit im Studiengang Sozialmanagement an der DHBW Heidenheim, Mitglied des Expertenpools gemäß § 92b Absatz 6 SGB V sowie Lehrbeauftragter an verschiedenen Universitäten.

Nach seinem Studium der Rechts- und Wirtschaftswissenschaften promovierte er im Bereich der gesetzlichen Krankenversicherung an der Universität Augsburg bei Prof. Dr. Ulrich M. Gassner, bei dem er viele Jahre als Assistent tätig war. Parallel zum Dr. iur. schloss er ein Masterstudium zum LL.M. ab. Nach einem Forschungsaufenthalt an der Oxford University (UK) arbeitete Prof. Dr. Grinblat viele Jahre bei verschiedenen Unternehmen im Gesundheits- und Sozialsektor, am Max-Planck-Institut für Sozialrecht und Sozialpolitik und verschiedenen Hochschulen.

Seine Forschungsschwerpunkte liegen an der Schnittstelle von Recht und Ökonomie und umfassen insbesondere Sozialrecht, v. a. Gesundheits- und Krankenversicherungsrecht, Medizinprodukterecht sowie Gesundheitsökonomie.

**Daniela Etterer (MHMM)** ist seit 15 Jahren als Rechtsanwältin tätig. Sie führte zunächst 5 Jahre in einer Berliner Rechtsanwaltskanzlei ein zivil- und medizinrechtlich ausgerichtetes Dezernat mit dem Schwerpunkt auf Arzthaftungsrecht. Nach kurzer Beschäftigung bei einem Beratungsunternehmen für Risikomanagement im Gesundheitswesen und einer mehrjährigen Tätigkeit in der Rechtsabteilung sowie als Leiterin des Büros der Geschäftsführung des größten kommunalen Krankenhauskonzerns in Deutschland nahm sie die Tätigkeit in der bundesweit auf Wirtschafts-, Steuer- und Medizinstrafrecht spezialisierten Kanzlei Tsambikakis & Partner auf. Dort ist sie nunmehr als Partnerin tätig. Sie ist Dozentin für Medizinrecht im Rahmen des Bachelor Studiengangs Gesundheits- und Sozialmanagement an der FOM Hochschule für Oekonomie & Management gGmbH in Köln und Mitglied der Redaktion der Zeitschrift „Der Krankenhaus-JUSTITIAR". Sie veröffentlicht regelmäßig zu medizinrechtlichen Themen und zu Themen der Compliance. Auch hält sie zu diesen Themen Vorträge.

**Prof. Dr. Dr. Philipp Plugmann** (**M.Sc., M.Sc., MBA**) ist Zahnmediziner in eigener Praxis in Leverkusen mit 20 Jahren Berufserfahrung, mehrfacher Unternehmensgründer und Fortbildungsreferent für die Medizintechnikindustrie. Seit 2013 ist er Research Fellow in der Abteilung für Parodontologie der Universitätsklinik Marburg und seit Februar 2020 Professor an der SRH Hochschule für Gesundheit, Campus Leverkusen. Er hält einen Master of Science in Parodontologie und Implantattherapie (DGParo), einen MBA mit Schwerpunkt Health Care Management und einen Master of Science in Business Innovation. Er absolviert aktuell berufsbegleitend seinen dritten Doktor (in Business Administration) mit dem Schwerpunkt „Health Care & Innovation", hat über 60 Publikationen in den Bereichen Zahnmedizin, Innovation und Medizintechnik geschrieben und bereits 5 Bücher herausgegeben.

## Die Autoren

**Dr. Mandy Babisch** ist bei einem international tätigten Berater für Wirtschaftsprüfung und Recht und Steuern tätig. Davor war sie Steuerberaterin und Head of Tax eines Universitätsklinikums. Dort hat Sie in den letzten 10 Jahren den Bereich Steuern aufgebaut und etabliert. Sie promovierte auf dem Gebiet der Besteuerung und Umstrukturierung von gemeinnützigen Krankenhäusern. Den Einstieg in die Gesundheitsbranche vollzog sie in der Konzernsteuerabteilung eines der größten privaten Klinikunternehmen Europas. Darüber hinaus bringt sie mehrjährige einschlägige Berufserfahrung aus einer führenden Wirtschaftsprüfungs- und Steuerberatungsgesellschaft und der Finanzverwaltung NRW mit.

**Prof. Dr. Franz Benstetter** ist Professor für Sozialversicherungen und Gesundheitsökonomie und Prodekan der Fakultät für Angewandte Gesundheits- und Sozialwissenschaften an der Technischen Hochschule Rosenheim. Er studierte Volkswirtschaftslehre und Ökonometrie an der Ludwig-Maximilians-Universität München und an der University of California Santa Barbara, USA. Er promovierte an der LMU München mit der Themenstellung „Health Care Economics: The Market for Physician Service"; nach Forschungs- und Beratertätigkeit arbeitete er als Führungskraft bei der Munich Re in der Erst- und Rückversicherung in internationalen Gesundheitsmärkten. Seit 2015 ist er Professor an der TH Rosenheim und forscht u. a. zur Konzeption neuer Versorgungsformen, zur Analyse von Anreizeffekten und Fehlverhalten in Gesundheitsmärkten sowie zur digitalen Transformation im Gesundheitswesen.

**Marc van Damme** ist Leiter des Konzern-Erlösmanagement und verantwortet als konzernübergreifender Projektleiter die Softwareumstellung und Digitalisierung der Augustinum gemeinnützige GmbH. Zusätzlich ist er als Lehrbeauftragter an verschiedenen Hochschulen tätig. Seine Hauptinteressen liegen im Bereich Digitalisierung, Ethik und Qualität im Gesundheits- und Sozialwesen sowie Optimierung medizinischer und pflegerischer Dienstleistungen durch Nutzung digitaler Technologien, Robotik und künstlicher Intelligenz.

**Marc Deffland** ist Berater für Governance, Compliance und Reporting auf der Nordseeinsel Langeoog. Zuvor war er viele Jahre Leiter des Bereiches Corporate Governance eines Universitätsklinikums. Sein berufliches Fundament legte er bei einer großen Wirtschaftsprüfungs- und Steuerberatungsgesellschaft. Weiterhin ist er Dozent an der HTW Berlin und TH Wildau, Autor bei der Apollon Hochschule für Gesundheitswesen, Speaker bei einigen Management-Instituten sowie Juror beim Businessplanwettbewerb Berlin-Brandenburg.

**Univ.-Prof. Dr. med. Falk von Dincklage** (M.Sc. MHBA) ist Stellvertretender Direktor der Klinik für Anästhesiologie der Universitätsmedizin Greifswald und Lehrstuhlinhaber der W2-Professur für Anästhesiologie der Universitätsmedizin Greifswald. Zuvor war er leitender Oberarzt und Leiter einer wissenschaftlichen Arbeitsgruppe an der Klinik für Anästhesiologie mit Schwerpunkt operative Intensivmedizin der Charité – Universitätsmedizin Berlin am Campus Charité Mitte. Neben der leitenden klinischen Tätigkeit in der OP-Anästhesiologie und operativen Intensivmedizin beschäftigt er sich wissenschaftlich mit klinischer Neurophysiologie, Data Science sowie der arbeitswissenschaftlichen Analyse und Optimierung klinischer Prozesse. Mit den ökonomischen Aspekten der überlappenden Anästhesieeinleitung beschäftigte er sich schwerpunktmäßig im Rahmen einer Masterarbeit im Studiengang Health Business Administration (MHBA) an der Friedrich-Alexander-Universität Erlangen-Nürnberg.

**Volker Ettwig** ist Rechtsanwalt und Certified Compliance Expert (Steinbeis Hochschule). Zunächst war er viele Jahre in leitender Funktion in namhaften Unternehmen tätig. U. a. war er der Leiter Arbeitsrecht Deutschland der ERGO Versicherungsgruppe sowie der Leiter Recht und Compliance des Krankenhauskonzerns Vivantes. Bei Tsambikakis & Partner ist Volker Ettwig als Rechtsanwalt am Berliner Standort tätig. Die Kanzlei hat u. a. einen Schwerpunkt im Medizinstrafrecht. Dort berät er überwiegend Unternehmen der Gesundheitsbranche zu Compliance-Fragen und zum Arbeitsstrafrecht. Volker Ettwig veröffentlicht regelmäßig zu Compliance-Themen, u. a. jeden Monat in der Zeitschrift KU-Gesundheitsmanagement. Er ist Dozent an der School of Governance, Risk & Compliance (Steinbeis-Hochschule) und hält auch darüber hinaus regelmäßig Vorträge.

**Susann Gertler** studiert aktuell Gesundheitsmanagement B.A. an der FOM Hochschule für Ökonomie & Management, Hochschulzentrum München. Sie war mehrere Jahre innerhalb der Gesundheitswirtschaft als Nationale Key Account Managerin bei ResMed Healthcare GmbH & Co. KG und der Vitaphone GmbH als ein Unternehmen der Vitagroup AG tätig, war Account Managerin bei der PAUL HARTMANN AG und KCI Medizinprodukte GmbH und absolvierte vorab 5 Jahre medizinische Aus- und Weiterbildung zur Fachpflegekraft für Intensivpflege und Anästhesie am Klinikum rechts der Isar der TU München.

**Prof. Dr. Patrick Glauner** ist seit seinem 30. Lebensjahr Professor für Künstliche Intelligenz an der Technischen Hochschule Deggendorf. Er ist parallel dazu Geschäftsführender Gesellschafter der skyrocket.ai GmbH, einem KI-Beratungsunternehmen mit Sitz in Regensburg. Zuvor war er u. a. in leitenden Positionen bei der Krones AG, der Alexander Thamm GmbH und der Europäischen Organisation für Kernforschung (CERN) tätig. Er promovierte an der Universität Luxemburg über die KI-basierte Erkennung von Elektrizitätsdiebstahl in Entwicklungs- und Schwellenländern. Zuvor studierte er Informatik am Imperial College London und an der Hochschule Karlsruhe und hat zusätzlich einen Abschluss als Master of Business Administration erworben. Er ist Alumnus der Studienstiftung des deutschen Volkes.

**Juri Goldstein** ist Rechtsanwalt und Partner der Rechtsanwaltssozietät Bietmann und leitet die Erfurter-Kanzleiniederlassung. RA Juri Goldstein ist Mitglied im Erfurter Stadtrat. Der gebürtige Ukrainer ist auf den Gebieten des Strafrechts tätig und führt den Titel „Fachanwalt für Strafrecht". Zusätzlich lehrt Rechtsanwalt Goldstein an der Ernst-Abbe-Hochschule Jena und veröffentlicht Fachbeiträge im Bereich des Medizinstrafrechts.

**Ingo Gurcke (Dipl. Kfm. (FH))**, Healthcare Risk Manager der TU München, ist seit fast 30 Jahren als Berater bei Risiko- und Versicherungsmaklerunternehmen im Bereich Gesundheitswirtschaft tätig. Er war u. a. in der Geschäftsleitung der Ecclesia Gruppe beschäftigt und ist nunmehr Geschäftsführer der Marsh Medical Consulting GmbH und in der zentralen Geschäftsleitung der Marsh GmbH, dem führenden Risikoberater und Versicherungsmakler weltweit. Er ist Lehrbeauftragter der Fliedner Fachhochschule Düsseldorf für Risikomanagement im Gesundheitswesen und leitet die Marsh Medical Academy, welche Healthcare Risk Manager und Patient Safety Manager für das deutsche Gesundheitswesen ausbildet. Ingo Gurcke veröffentlicht regelmäßig zu Themen des Risikomanagements im Gesundheitsbereich.

**Dr. Marianna Hanke-Ebersoll** ist Bereichsleiterin Pflege des Medizinischen Dienstes der Krankenversicherung in Bayern. Sie studierte an der Ludwig-Maximilians Universität Volkswirtschaftslehre und Gesundheitsökonomie und promovierte an der Universität der Bundeswehr München. Sie arbeitete im AOK-Bundesverband in Bonn und entwickelte unter anderem die Pflegenavigatoren für die AOK-Familie, bevor sie später bei der AOK Bayern in München unter anderem neue Leistungs- und Organisationsstrukturen wie die Pflegeberatung oder Pflegestützpunkte aufbaute. Seit Ende 2020 leitet sie den Bereich Pflege des MDK Bayern. Ihre Forschungsschwerpunkte liegen im Bereich der Gesundheitsökonomie und Volkswirtschaftslehre und sie engagiert sich ehrenamtliche im AWT Institut für ökonomische Systemtheorie e.V.

**Björn Heekeren** ist Referent für Gesundheitspolitik und Strategieentwicklung bei der größten gesetzlichen Krankenkasse in Deutschland. Er hat nach seiner Ausbildung im Jahr 2010 die Prüfung zum Kaufmann im Gesundheitswesen bestanden. Dem daran anschließenden Fachwirt im Gesundheits- und Sozialwesen folgte ein Studium im Gesundheits- und Sozialmanagement. Im Rahmen seiner Abschlussarbeit hat er ein Konzept für eine nachhaltige Preisgestaltung für neue Arzneimittel erarbeitet. Er ist langjähriger Gastdozent an der DHBW Heidenheim.

**Prof. Dr. phil. Dr. med. Christoph Hiendl (M.A.)** ist Arzt und Hochschullehrer und Professor für Gesundheitswissenschaften an der FOM Hochschule für Oekonomie & Management, Hochschulzentrum Augsburg. Er absolvierte ein Studium der Medizin in Marburg/Lahn und München (Dr. med.), ein Studium der Kulturwissenschaften-Komplementäre Medizin in Frankfurt/Oder (M.A.), sowie Gesundheitspädagogik in Eichstätt (Dr. phil.). Er ist in Unternehmen und in eigener Praxis tätig und ein Mitbegründer von mednetwork.de.

**Dr. Klaus-Uwe Höffgen** ist seit 2018 Chief Development Officer in der Rheinland Klinikum Neuss GmbH. Er ist Diplom-Mathematiker und hat über ein Thema in der künstlichen Intelligenz promoviert. Vor seiner Tätigkeit in Neuss war er in unterschiedlichen CIO-Positionen tätig, u. a. im Lufthansa-Konzern und in einer Landesbank. Zudem war er stellvertretender Leiter bei Gartner Consulting Deutschland mit Schwerpunkten in IT-Strategie, IT-Management und Benchmarking.

**Thomas Möller** war von Juni 2019 bis September 2021 als politischer Referent beim Bundesverband Gesundheits-IT – bvitg e.V. unter anderem für Krankenhausthemen zuständig. Zuvor war der examinierte Gesundheits- und Krankenpfleger und Politikwissenschaftler (M.A.) im Abgeordnetenbüro der damaligen gesundheitspolitischen Sprecherin der SPD-Bundestagsfraktion, Sabine Dittmar, tätig.

**Thomas Müller** ist Zentraler Compliance-Beauftragter eines Universitätsklinikums. Der Wirtschaftsjurist hat sich auf die Bereiche Compliance und Audit spezialisiert. Im Voraus seiner aktuellen Tätigkeit war er u. a. als Compliance-Manager bei einem Pharmaunternehmen und im Bereich Steuern einer Wirtschaftsprüfungs- und Steuerberatungsgesellschaft beschäftigt.

**Roman Pusep** ist Rechtsanwalt und Partner der IT-Kanzlei WERNER Rechtsanwälte Informatiker. Als Fachanwalt für Informationstechnologierecht befasst er sich mit verschiedenen rechtlichen Aspekten der Digitalisierung und betreut seine Mandanten z. B. beim IT-Outsourcing, CRM- und ERP-Projekten, Softwareerstellung, Customizing, Wartung, Lizenzierung und Hosting, aber auch bei diversen Themen rund um den Datenschutz, wie Zulässigkeit der Datenverarbeitung, Unterstützung des Datenschutzbeauftragten, Erstellung und Verhandlung von AV-Verträgen, Gestaltung von Datenschutzhinweisen und die Herstellung der DS-GVO-Konformität. Roman Pusep hält Vorträge, Webinare und Vorlesungen, letzteres an der FOM in Köln.

**Dominik Schirmer** studierte nach einer kaufmännischen Berufsausbildung Sozialarbeit, Soziologie und Gesundheitswissenschaften. Zuletzt absolvierte er berufsbegleitend das Masterstudium in Gesundheitsökonomie an der Friedrich-Alexander-Universität Erlangen-Nürnberg mit dem Abschluss als Master of Health Business Administration (MHBA). Er leitet im Ressort Grundsatz/Recht der AOK Bayern den Bereich Verbraucherschutz. In dieser Funktion verantwortet er u. a. den Fachbereich Behandlungsfehlermanagement sowie als „Beauftragter zur Bekämpfung von Fehlverhalten im Gesundheitswesen" die Leitung der Stelle zur Bekämpfung von Fehlverhalten im Gesundheitswesen der AOK Bayern. Seine Forschungsinteressen liegen im Bereich Betrug und Missbrauch im Gesundheitswesen und er engagiert sich ehrenamtlich in der AG Gesundheitswesen von Transparency International Deutschland e.V.

**Dr. Björn Schmitz** ist seit über 15 Jahren Arzt und nunmehr seit 2016 als Chefarzt der Allgemein- und Viszeralchirurgie im Klinikum Westfalen tätig. Im kontinuierlichen Qualitätsprozess ist er aktiv an der Implementierung mehrerer standortübergreifender DGAV-zertifizierter Zentren beteiligt. Neben mehreren Facharzttiteln und Zusatzbezeichnungen verfügt Herr Dr. Björn Schmitz über das zertifizierte Wissen der Medizinischen Begutachtung, wodurch er ein gefragter Sachverständiger in Gerichtsprozessen ist. Nach ergänzendem Studium zum Master Business of Health Administration ist er in der Lage, sein betriebsökonomisches Wissen in die Entwicklungsstrategie des Klinikums miteinzubringen. Seit 2020 hat er einen Lehrauftrag an der Universität Witten/Herdecke und ist somit regelmäßig als Dozent tätig.

**Yifei Wang** ist seit 2020 Gastwissenschaftlerin am Max-Planck-Institut für Sozialrecht und Sozialpolitik. Nach ihrem Studium der Rechts- und Wirtschaftswissenschaften sowie ihrem Masterstudium des Arbeits- und Sozialrechts an der Tsinghua Universität (Beijing) promovierte sie im Bereich der Sozialversicherung an der LMU und am Max-Planck-Institut für Sozialrecht und Sozialpolitik bei Prof. Dr. Ulrich Becker. 2012 hatte sie einen Forschungsaufenthalt an der Chengchi University (Taiwan). Ihre Forschungsschwerpunkte umfassen insbesondere Sozialrecht, v. a. Rentenversicherungsrecht, und Arbeitsrecht.

**Dr. Dirk Webel (LL.M.)** ist Fachanwalt für Medizinrecht und bundesweit als Berater für Akteure im Gesundheitswesen, vordringlich für Krankenhäuser tätig. Zudem ist er Mitherausgeber des Fachdienstes Medizinrecht im Verlag C.H. Beck sowie Chefredakteur der Zeitschrift KH-J (Der Krankenhaus-JUSTITIAR). Er publiziert regelmäßig zu medizinrechtlichen Themen in den einschlägigen Fachzeitschriften und kommentiert in einigen Standardwerken das Medizinprodukterecht.

**RAin Sonja Zimmermann (LL.M.)** ist seit 2018 Referentin der Geschäftsführung und Referentin für Recht der Rheinland Klinikum Neuss GmbH. Von 2009–2018 leitete sie als Syndikusanwältin das Justiziariat der Städtischen Kliniken Neuss – Lukaskrankenhaus – GmbH. Vor ihrer Tätigkeit in Neuss war Frau Zimmermann als Rechtsanwältin in einer renommierten Kanzlei für Medizinrecht sowie in der Strategieabteilung eines bundesweiten Trägers der gesetzlichen Krankenversicherung tätig.

# Teil I

# Krankenversicherung

# Sozialversicherungsrecht 2.0: Vom Update zum Upgrade – (digitale) Innovationsförderung in der gesetzlichen Krankenversicherung

Roman Grinblat

**Zusammenfassung**

Die tradierte deutsche gesetzliche Krankenversicherung (GKV) hat in ihrer über 135-jährigen Geschichte zahlreiche Modifikationen erlebt. Was jedoch seit 2019 in der GKV passiert, kann ganz sicher als ein Paradigmenwechsel, vielleicht sogar als eine Revolution bezeichnet werden. Erstmalig wurde nicht nur der Begriff „Digital" in das 5. Sozialgesetzbuch (SGB V) verankert, sondern gänzlich neue Versorgungs-, Verfahrens- und Finanzierungsformen implementiert sowie Zuständigkeiten verschoben. Damit betritt der älteste Zweig der Sozialversicherung – mit langjähriger Verzögerung gegenüber anderen Branchen – Neuland. Damit die Digitalisierungsoffensive im deutschen Gesundheitswesen gelingt, müssen möglichst viele Akteure (Stakeholder) diese Entwicklung mittragen und forcieren. Dies ist keine Selbstverständlichkeit, weil im Versorgungsverhältnis zwischen Versicherten, Kostenträgern und Leistungserbringern teilweise diametrale Interessen bestehen können. Damit ein Ausgleich zwischen den unterschiedlichen Interessen erzeugt werden kann und somit alle relevanten Stakeholder diese Digitalisierungsoffensive mittragen, bedarf es eines interessensausgleichenden normativen Rahmens. Hat der Gesetzgeber diesen rechtlichen Rahmen konsistent, d. h. widerspruchsfrei mit den neuen und zukünftig geplanten Gesetzen ausgeformt? Wo liegen Widersprüche und wo gibt es Verbesserungsbedarf? Was und wie könnte optimiert werden? Diesen Fragen widmet sich das vorliegende Kapitel. Es sollte auf keinen Fall als „Fingerpointing" im Sinne von „Was hat der Gesetzgeber alles schlecht gemacht?" verstanden werden, sondern vielmehr die innovativen Instrumente aufzeigen

R. Grinblat (✉)
Sozialmanagement, Duale Hochschule Baden-Württemberg Heidenheim, Heidenheim, Deutschland
E-Mail: roman.grinblat@dhbw-heidenheim.de

und zu einem weiterführenden wissenschaftlichen sowie praxisorientierten Diskurs anregen.

## 1.1    Einführung

Digitale Technologien können helfen, die Herausforderungen, vor denen fast alle Gesundheitssysteme der westlichen Welt stehen – insbesondere immer mehr ältere und chronisch kranke Menschen sind zu behandeln, teure medizinische Innovationen zu bezahlen, strukturschwache ländliche Gebiete medizinisch zu versorgen – besser zu lösen (BMG 2020; Bundesregierung 2020). Dabei zeichnete sich das deutsche Gesundheitssystem bis vor wenigen Jahren nicht unbedingt durch digitale Kompetenz, Innovationsstärke und Veränderungsbereitschaft aus (Obermann et al. 2020, S. 1; Oliveira Hashiguchi 2020). Der Digital-Health-Index der Bertelsmann Stiftung sieht Deutschland auf Platz 16 – dem vorletzten Platz (https://www.bertelsmann-stiftung.de/de/unsere-projekte/der-digitale-patient/projektthemen/smarthealthsystems). Das Bundesministerium für Wirtschaft und Energie (BMWi) attestiert dem deutschen Gesundheitswesen eine „niedrige" Digitalisierung und sieht es auf dem letzten Platz unter allen beobachteten Branchen. „Daran wird sich bis 2022 nichts ändern" (BMWi 2017, S. 24). Negative Beispiele wie der lange und kostspielige Weg der elektronischen Gesundheitskarte[1] oder die noch länger geführte Diskussion um die Einführung innovativer In-vitro-Diagnostika scheinen diese Sichtweise zu stützen.[2] Die Gründe dafür sind vielfältig und liegen unter anderem in der Vielfalt der Akteure und den damit verbundenen Interessen, langen Abstimmungsprozessen zwischen diesen Akteuren, erfolgreicher Lobbyarbeit einzelner Institutionen und komplexen rechtlichen Strukturen bestehend aus Bundes- und Landesgesetzen, Rechtsverordnungen, Satzungen, Verwaltungsvorschriften.[3] Insbesondere die rechtlichen Rahmenbedingungen werden als Hürde gesehen, wie unterschiedliche Studien belegen (Radic et al. 2018, S. 20; Ex et al. 2020, S. 19 f.).

Gleichwohl darf nicht übersehen werden, dass gerade dem (Sozial-)Recht eine wichtige Bedeutung zukommt. Das Recht hat insoweit die Aufgabe, für die Umsetzung der digitalen Transformation im Gesundheitswesen den notwendigen Rahmen bereitzustellen, indem es die Zielerreichung ermöglicht oder fördert. Zugleich ist es Aufgabe des Rechts, auch Grenzen zu setzen, denn nicht jede Neuerung ist vorteilhaft (Däubler 1986, S. 42 ff.).[4]

---

[1] Die Realisierung hat vom Gesetzesentwurf 2003 bis zur Einführung 2015 somit 12 Jahre benötigt, vgl. ausführlich Elmer 2016, S. 97.

[2] Beispielsweise die von 2003–2019 geführte Diskussion über die Erstattung des biomarkerbasierten Krebsdiagnostikum OncotypeDX des Herstellers Genomic Healthcare. Vgl. G-BA Pressemitteilung v. 20.06.2020. https://www.g-ba.de/presse/pressemitteilungen-meldungen/800/.

[3] Hinzu kommen der europa- und verfassungsrechtliche Einfluss sowie eine ausdifferenzierte sozialrechtliche Rechtsprechung.

[4] Innovationen können erhebliche Gefahren für den Patienten mit sich bringen. Felix und Deister, NZS 2013, S. 81; Huster, GesR 2010, S. 339.

Darüber hinaus trägt das Recht dazu bei, die Entwicklung und Verbreitung von Innovationen (sog. Diffusion) zu fördern (Rogers 2003, S. 10 ff.; Felten 2001, S. 6 ff.; Kirchner 1998, S. 85 ff). Im Einzelnen minimiert oder beseitigt es Risiken und Unsicherheiten,[5] indem es z. B. Risikoklassen definiert,[6] Verantwortlichkeiten festlegt,[7] Standards verankert (für Software die Norm IEC 62304) oder Verfahrensschritte(vgl. z. B. § 135 SGB V) und Fristen(vgl. z. B. § 139e Abs. 3 SGB V) beschreibt (Hoffman-Riem 2010, S. 256 ff.; Scherzberger S. 191 ff.)[8] Als Folge der Risikominimierung und Reduzierung von Unsicherheit trägt der rechtliche Rahmen zur Rechtssicherheit bei, auf den sich Akteure im Gesundheitswesen, vor allem Versicherte, Leistungserbringer und Kostenträger verlassen können.

### 1.1.1   Allgemeiner Markt vs. Sozialversicherungsmarkt

Der nationale Sozialversicherungsmarkt kann als spezieller und zugleich eigenständiger Teilmarkt im Gesundheitssektor verstanden werden. So sind beispielsweise Medizinprodukte mit CE-Kennzeichnung zwar verfügbar, durch die GKV jedoch nicht automatisch erstattungsfähig. Hintergrund ist der Umstand, dass die beiden Märkte verschiedene Zugangsreglungen und -anforderungen an ein neues Produkt haben.

Im Gegensatz zum allgemeinen Gesundheitsmarkt obliegt die Ausgestaltung des Sozialversicherungsmarktes grundsätzlich den einzelnen europäischen Mitgliedsstaaten (vgl. Art. 153 Abs. 4 AEUV).[9] Der deutsche Sozialversicherungsmarkt ist auf eine nutzenorientierte und zugleich wirtschaftliche Versorgung ausgerichtet, wie sie in den Vorschriften des SGB V Ausdruck findet. So müssen die den Versicherten zur Verfügung gestellten Leistungen ausreichend, zweckmäßig und wirtschaftlich sein und dürfen das Maß des Notwendigen nicht überschreiten. Darüber hinaus haben die Qualität und Wirksamkeit der Leistungen dem allgemein anerkannten Stand der medizinischen Erkenntnisse zu entsprechen und den medizinischen Fortschritt zu berücksichtigen (§§ 2, 12 SGB V). Demnach verfolgen das Medizinprodukterecht und das Recht der gesetzlichen Krankenversicherung verschiedene Zweckrichtungen und sehen dementsprechend verschiedene Prüfungsverfahren und Prüfungskriterien vor. Erst im Sozialversicherungsmarkt wird geprüft, ob eine neue Leis-

---

[5] Art. 2 lit. 21 MDR: „Risiko" bezeichnet die Kombination von Wahrscheinlichkeit eines Schadenseintritts und Schwere des Schadens.

[6] Vgl. z. B. Anhang VIII MDR bzw. § 13 Abs. 1 MPG.

[7] Vgl. z. B. Medizinprodukte-Betreiberverordnung (MPBetreibV), BGBl. I 2034.

[8] Kritisch Huster (2016), S. 247 wonach sich das Krankenversicherungsrecht schwer tut, mit neuen und konsistenten Konzepten auf den wissenschaftlich-technischen Fortschritt der Medizin zu reagieren; Knieps (1997), S. 52 ff.

[9] Bei der Ausübung ihrer Zuständigkeit haben die Mitgliedsstaaten jedoch die Grundfreiheiten zu beachten. So ist etwa das in Art. 34, 36 AEUV geregelte Verbot von mengenmäßigen Einfuhrbeschränkungen oder Maßnahmen gleicher Wirkung zu berücksichtigen (Warenverkehrsfreiheit).

tung tatsächlich eine Verbesserung der Gesundheitsversorgung im Behandlungsalltag zur Folge hat. Ob und wie die medizinische Leistung den Versicherten dann erreicht, entscheidet sich auf der anschließenden Erfüllungsebene. So muss etwa der individuelle Anspruch einer Erforderlichkeitsprüfung standhalten, die im konkreten Fall die Umsetzung des Wirtschaftlichkeitsgebotes gewährleisten soll.

### 1.1.2 Ausbalancierung zentraler Prinzipien

Neben der Unterscheidung zwischen dem allgemeinen Gesundheitsmarkt und dem Sozialversicherungsmarkt kommt Letzterem eine weitere Besonderheit zu. Dem Sozialversicherungsmarkt sind bestimmte rechtliche Prinzipien inhärent. Hierzu gehören Innovationsoffenheit, Qualität und Wirtschaftlichkeit. Hinter diesen Konzepten verbergen sich zudem Stakeholder und folglich deren Interessen.

Damit die Digitalisierung in Deutschland auf einer tragfähigen Basis gelingen kann, müssen unter anderem diese Prinzipien beachtet und möglichst in eine Balance gebracht werden (vgl. Abb. 1.1). Ein Ausgleich dieser Prinzipien mithilfe sozialversicherungsrechtlicher Vorschriften führt zwangsläufig dazu, dass auch die jeweiligen Interessen und Akteure eine digitale Innovationsförderung konstruktiv vorantreiben (Schnee und Greß 2019, S. 8 ff.).

#### 1.1.2.1 Innovationsoffenheit

Im Mittelpunkt eines jeden Gesundheitssystems steht der Patient.[10] Dieser hat ein Interesse daran, möglichst schnell von digitalen Innovationen zu profitieren, um die Gesund-

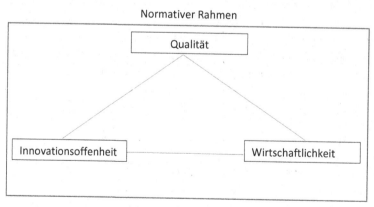

**Abb. 1.1** Ausbalancierung zentraler Prinzipien durch das Recht

---

[10] Gemäß § 1 SGB V kommt der Krankenversicherung als Solidargemeinschaft die Aufgabe zu, die

heit zu erhalten, wiederherzustellen oder zu verbessern. Dieses Interesse an einem schnellen Zugang zum medizinischen Fortschritt deckt sich mit den Interessen der Leistungserbringer und der öffentlichen Gesundheitsversorgung, grundsätzlich eine Behandlung auf möglichst hohem Niveau bereitzustellen. Darüber hinaus hat auch der Hersteller neuer Produkte ein Interesse daran, diese möglichst früh in der Gesundheitsversorgung erstattet zu wissen. Voraussetzung für die Realisierung dieser Interessen ist die Innovationsoffenheit eines Systems, die sich wiederum mit dem Ziel einer modernen Gesundheitsversorgung deckt. Für die deutsche GKV ergibt sich die Innovationsoffenheit aus dem sozialstaatlichen Ziel einer angemessenen Gesundheitsversorgung (Art. 20 Abs. 1, 28 Abs. 1 GG) sowie aus der Förderung und dem Schutz unternehmerischer Freiheit.[11] Die Innovationsoffenheit umfasst die Verfügbarkeit medizinischer Innovationen im System ebenso wie den Zugang zum Gesundheitsmarkt gerade für klein- und mittelständische Hersteller.[12] Gleiches gilt für die jeweiligen Patienten/Versicherte, die innovative Methoden und Leistungen selbst bezahlen müssen, es sich aber nicht leisten können. Dadurch werden ihnen im Ergebnis moderne Gesundheitsleistungen in Form digitaler Produkte vorenthalten, wenn und soweit diese (noch) nicht vom Leistungskatalog der GKV umfasst sind. Mögliche Folgen liegen in einer verspäteten Behandlung von Krankheiten mit schlechteren Heilungschancen (Art. 2 Abs. 2 S. 1 GG). Es obliegt dem Gesetzgeber, zur Sicherstellung von Innovationsoffenheit entsprechende Regelungen zu schaffen.

### 1.1.2.2 Qualität

Der Innovationsoffenheit steht das Interesse an einer qualitativen, d. h. sicheren und wirksamen Gesundheitsversorgung gegenüber. Gerade vor dem Hintergrund, dass nicht jede digitale Gesundheitsinnovation einen positiven Versorgungseffekt aufweist, dürfen diese im Interesse der Patienten nicht ungeprüft und vorschnell in den Leistungskatalog aufgenommen werden. An einer qualitativen Gesundheitsversorgung haben im Grunde alle Stakeholder ein Interesse. In Deutschland wird über Art. 2 Abs. 2 S. 1 GG der Schutz von Leben und körperlicher Unversehrtheit verfassungsrechtlich verankert. Mit Anerkennung einer Schutzpflichtdimension der Grundrechte ist gleichzeitig eine objektive Pflicht des Staates zur aktiven Gesundheitsvorsorge und Gefahrenabwehr verbunden,[13] was auch

---

Gesundheit der Versicherten zu erhalten, wiederherzustellen oder ihren Gesundheitszustand zu verbessern.

[11] Sachs (2018), Art. 20, Rn. 46 spricht von „Schutz bei Krankheit". Allgemein zur Verflechtung von Verfassung und Sozialrecht Becker (2010), S. 589.

[12] Auf Seiten der Hersteller und auch der Ärzte sind Grundrechtspositionen wie die Berufsfreiheit nach Art. 12 Abs. 1 GG betroffen, wenn Krankenkassen die Kosten für neue Technologien nicht übernehmen.

[13] Di Fabio (2018), Art. 2 Rn. 54–94; Steiner (2018), Art. 2, Rn. 15. Im SGB V wird dies einfach gesetzlich z. B. in §§ 135 ff. SGB V geregelt. Pfeiffer (2011), S. 103 f. Ulsenheimer und Berg (2006), S. 259 ff.

höchstrichterlich entschieden wurde.[14] Im SGB V findet sich dieser Gedanke an vielen Stellen wieder, z. B. im § 2 Abs. 2 S. 3 SGB V oder § 136 SGB V.

Die Sicherung der Qualität im Gesundheitswesen ist über nationale Grenzen hinweg Konsens und deswegen in Europa über Artikel 168 (1) EUV verankert.

### 1.1.2.3 Wirtschaftlichkeit

Schließlich ist noch das Interesse an einer wirtschaftlichen Gesundheitsversorgung zu berücksichtigen. Sie betrifft unmittelbar die Funktionsfähigkeit der Gesundheitsversorgung und hat Auswirkungen auf alle Beteiligten. Medizinische Innovationen müssen finanzierbar sein, ohne dass die Leistungsfähigkeit und Effektivität einer Gesundheitsversorgung gefährdet werden (vgl. § 12 SGB V). Besondere Herausforderungen stellen sich entweder durch hohe Kosten für digitale Innovationen oder die Beanspruchung dieser Technologie durch eine Vielzahl an versicherten Personen. Die Krankenversicherungen sind nicht verpflichtet, jegliche Innovation zu finanzieren. Je größer aber der nachgewiesene Nutzen einer medizinischen Innovation und je schlechter der Gesundheitszustand des Betroffenen, desto eher wird eine Erstattung durch die öffentliche Gesundheitsversorgung stattfinden. Der Nutzennachweis und die Kosten begrenzen demnach die Offenheit eines Gesundheitssystems gegenüber Innovationen.

## 1.2    Digitale Innovationen im ambulanten Bereich

Vor dem Hintergrund der vorgenannten zentralen Prinzipien sollen im Folgenden einzelne, ausgewählte Instrumente der Digitalisierung in der GKV näher beleuchtet werden. Dabei kann nur ein Exzerpt möglicher Instrumente diskutiert werden. Dies rechtfertigt zum einen die Vielzahl an rechtlichen Neuerungen sowie die extrem dynamische Entwicklung mit zahlreichen geplanten Gesetzesvorhaben.

Zudem muss eine Trennung zwischen den beiden Sektoren vorgenommen werden, weil nach wie vor der ambulante und stationäre Bereich sozialrechtlich in Deutschland unterschiedlich behandelt werden.

Im ambulanten Sektor besteht für neuartige Leistungen in der GKV grundsätzlich ein Verbot mit Erlaubnisvorbehalt, d. h. alles Neue ist erst mal verboten, bevor es nicht ausdrücklich erlaubt worden ist (§ 135 Abs. 1 S. 1 SGB V). Zuständig für die Erteilung der Erlaubnis ist der Gemeinsame Bundesausschuss, der G-BA (§ 91 SGB V). Er entscheidet in Form von Richtlinien, welche neue Methode unter welchen Voraussetzungen zu Lasten der GKV erbracht werden darf, um eine ausreichende, zweckmäßige und wirtschaftliche Versorgung der Versicherten zu gewährleisten (§ 92 SGB V). Damit eine neue Methode in die Versorgung aufgenommen werden kann, muss ein Antrag auf Aufnahme vorliegen. Daran anschließend findet eine ausführliche Beratung und Bewertung der zu einer Me-

---

[14] BVerfG – 1 BvR 35/82-1. Bestätigt in BVerfG – BvR 356/82 – und 1 BvR 794/82.

thode vorliegenden wissenschaftlichen Erkenntnis statt.[15] Allerdings gilt dies nur für sog. neue Untersuchungs- und Behandlungsmethoden (NUB).

Im Unterschied zur vertragsärztlichen Versorgung gilt für im stationären Sektor zu er-bringende Leistungen grundsätzlich die Erlaubnis mit Verbotsvorbehalt.[16] Somit dürfen im Krankenhaus Untersuchungs- und Behandlungsmethoden ohne vorherige Prüfung er-bracht werden, solange sie der G-BA nicht explizit ausgeschlossen hat (§ 137c SGB V).[17] Handlungsleitender Gedanke des Gesetzgebers ist dabei die Sicherstellung eines schnel-len Zugangs der Patienten zu Innovationen. Dieser Bereich wird weiter unten behandelt.

### 1.2.1 Digitale Gesundheitsanwendungen (DiGA)

Mit dem Gesetz für eine bessere Versorgung durch Digitalisierung und Innovation (Digitale-Versorgung-Gesetz; DVG) wurden m. W. v. 19.12.2020 der Anspruch gesetzlich Versicherter auf Versorgung mit digitalen Gesundheitsanwendungen (DiGA), umgangs-sprachlich als „App auf Rezept" bezeichnet, verankert (BGBl. I 2019, 2563 ff). Zwar gab es jede Menge Gesundheits-Apps auch vor dem Gesetz in einschlägigen App-Stores (Gen-sorowsky et al. 2020, S. 106). Allerdings konnten derartige Gesundheitsanwendungen nicht zu Lasten der gesetzlichen Versichertengemeinschaft verordnet und nicht durch Kos-tenträger finanziert werden. Vielmehr waren sie nicht Teil der Regelversorgung und muss-ten daher aus eigenen Mitteln bezahlt werden. Der subjektive Rechtsanspruch des Einzel-nen auf die Versorgung mit DiGA leitet sich aus §§ 27 Abs. 1 Nr. 3 i. V. m. 33a SGB V. Was aber sind digitale Gesundheitsanwendungen? Gemäß dem SGB V werden sie als

„Medizinprodukte niedriger Risikoklasse, deren Hauptfunktion wesentlich auf digitalen Technologien beruht und die dazu bestimmt sind, bei den Versicherten oder in der Versorgung durch Leistungserbringer die Erkennung, Überwachung, Behandlung oder Linderung von Krankheiten oder die Erkennung, Behandlung, Linderung der Kompensierung von Verletzun-gen oder Behinderungen zu unterstützen (§ 33a Abs. 1 S. 1 SGB V)" definiert.

Aus der Definition und Systematik ergeben sich diskussionswürdige Punkte.

---

[15] Aus der Perspektive der Patientinnen und Patienten kann die Aufnahme innovativer Methoden in die GKV als ein langwieriger und zeitintensiver Prozess erscheinen.

[16] BSG v. 06.05.2009 – B 6 A 1/08 R, juris Rn. 56; BT-Drs 15/1525, S 106. Ausnahmen greifen nur dann ein, wenn diese ausdrücklich im Gesetz zugelassen sind (vgl. § 31 SGB I). Eine solche Aus-nahmeregelung enthält beispielsweise § 137c Abs. 2 S. 2 Halbsatz 2 SGB V, der gestattet, dass die Krankenkassen jedenfalls die notwendige stationäre Versorgung derjenigen Patienten vergüten, die in eine klinische Studie zu einer an sich aus dem Leistungskatalog ausgeschlossenen Methode ein-bezogen sind.

[17] Gleichwohl gilt auch stationär des Wirtschaftlichkeitsgebots in § 12 Abs. 1 und das Qualitätsgebot aus § 2 Abs. 1 S. 3 und Absatz 4 SGB V.

### 1.2.1.1 DiGA als Hilfsmittel

Bereits die systematische Stellung deutet darauf hin, dass DiGA den Hilfsmitteln (§ 33 SGB V) nahestehen. Beide sind Medizinprodukte, weshalb im Vorfeld des Gesetzes Überlegungen bestanden, beide auch einheitlich zu regeln (Gensorowsky et al. 2020, S. 111; Dierks 2019).[18] Dafür spricht, dass bereits heute Software in Hilfsmittelproduktgruppe 16 (Kommunikationshilfen),[19] 3 (Applikationshilfen) und 21 (Messgeräte für Körperzustände/-funktionen) gelistet werden. Gleichwohl hat sich der Gesetzgeber gegen eine Gleichbehandlung entschieden (BT-Drs. 19/13438, 43). Digitale Gesundheitsanwendungen würden sich von anderen Untersuchungs- und Behandlungsmethoden oder anderen Leistungsarten erheblich im Hinblick auf wesentliche Eigenschaften wie schnelle Innovations- und Entwicklungszyklen, hohe Individualisierung, digitaler Charakter, modulare Erweiterbarkeit und derzeit zumeist ein geringes Risikopotenzial unterscheiden. Diese Besonderheiten würden einen eigenen Leitungsanspruch der Versicherten und spezielle Regelungen zur beschleunigten Klärung der Kostenübernahme in der gesetzlichen Krankenversicherung bei Nachweis positiver Versorgungseffekte rechtfertigen.

Diese kurze Begründung lässt sich im Hinblick auf Hilfsmittel teilweise nicht halten. Letztere können sich ebenfalls durch gleiche Eigenschaften wie DiGA auszeichnen, beispielsweise die vorgenannten Kommunikationshilfen. Darüber hinaus ist es nicht ausgeschlossen, dass DiGA in Zukunft auch Medizinprodukte höherer Risikoklasse sein werden (Brönneke et al. 2020, S. 62 ff.). Spätestens dann wird die Abgrenzung zu Hilfsmitteln noch schwieriger werden. Das die gegenwärtige Definition in § 2 HilfsM-RL[20] die Hilfsmittel als sächliche Mittel oder technische Produkte und nicht als eigenständige Software sieht, stellt keine rechtliche Hürde dar. Als untergesetzliche Norm könnte die HilfsM-RL ohne weiteres gem. § 92 Abs. 1 Nr. 6 SGB V angepasst werden.[21] Gleiches würde für das Hilfsmittelverzeichnis gelten, welches ohnehin nur empfehlenden Charakter hat und nicht als Positivliste gewertet werden darf (Grinblat 2011, S. 83; Pitz 2019; BSG, Urt. v. 03.08.2006 – B 3 KR 25/05 R).

---

[18] Das Forschungsvorhaben „Zugang mobiler Gesundheitstechnologien zur Gesetzlichen Krankenversicherung (ZuTech.GKV)" wurde gefördert vom Bundesministerium für Gesundheit.

[19] Kommunikationshilfen im Sinne dieser Produktgruppe sind Produkte, die die direkte lautsprachliche und/oder schriftliche Mitteilungsmöglichkeit sowie deren Entwicklung unterstützen bzw. erst ermöglichen, z. B. behinderungsgerechte Software für Kommunikationssysteme. Vgl. GKV-SV Hilfsmittelverzeichnis https://hilfsmittel.gkv-spitzenverband.de/.

[20] Richtlinie des Gemeinsamen Bundesausschusses über die Verordnung von Hilfsmitteln in der vertragsärztlichen Versorgung (Hilfsmittel-Richtlinie/HilfsM-RL) zuletzt geändert am 17.09.2020, BAnz AT 30.09.2020 B2. Abrufbar unter https://www.g-ba.de/richtlinien.

[21] Die eigentliche Konkretisierung des materiellen Leistungsrechts der §§ 20 f. SGB V erfolgt unterhalb der Ebene der Gesetze und Rechtsverordnungen durch Richtlinien des Gemeinsamen Bundesausschusses (G-BA) sowie durch Normverträge nach § 2 Abs. 2 S. 3 SGB V, die die Krankenkassenverbände mit den Verbänden der Leistungserbringer zu schließen haben. Richtlinien und Verträge bestimmen den Inhalt, den Umfang und den Zeitpunkt der Inanspruchnahme sowie die Art der Leistungen mit Wirkung auch für die Versicherten. Vgl. Grinblat (2020), S. 263.

Insofern wäre zu überlegen, ob man nicht die Vorteile aus beiden „Welten" rechtlich verankert. So könnte beispielsweise die Einführung von DiGA in die GKV durch ein beschleunigtes Verfahren möglicherweise auch für Hilfsmittelerbringer vorteilhaft sein, oder die Zusammenlegung der beiden derzeit unterschiedlich geführten Verzeichnisse in ein Gesamtverzeichnis in Betracht gezogen werden. Ferner könnte eine stärkere Beteiligung von Hilfsmittelleistungserbringern dergestalt sinnvoll sein, dass diese sich finanziell an den Kosten des Verfahrens analog der Ausgestaltung in § 139e Abs. 7 SGB V beteiligen.

In diesem Zusammenhang wäre auch zu überlegen, dass DiGA-Hersteller als Leistungserbringer qualifiziert werden könnten und folglich einer Präqualifizierung analog § 126 SGB V unterliegen sollen, um dem Prinzip der Qualitätssicherung gerecht zu werden.[22] Ebenso stellt sich die Frage, ob die Vertragsgestaltung auf Ebene des GKV-Spitzenverbandes (GKV-SV)[23] oder Länderebene analog § 127 SGB V verankert werden sollte, um regionalen Besonderheiten besser gerecht zu werden.

Diese möglichen Konstellationen erfordern weitere Vertiefung, sodass noch mehr Forschungs- und Diskussionsbedarf besteht und gemeinsam mit den beteiligten Stakeholdern diskutiert werden sollte.

### 1.2.1.2 DiGA als neue Untersuchungs- und Behandlungsmethode (NUB)

Mit der gleichen Begründung wie Hilfsmittel und andere Leistungen hat der DVG-Gesetzgeber die DiGA nicht als NUB qualifiziert. Im Widerspruch zu dieser Sichtweise steht jedoch § 33a Abs. 4 SGB V, wonach die DiGA sehr wohl NUB sein können. Der Begriff ist im Gesetz nicht definiert. Nach der Rechtsprechung liegt eine solche Methode in einer auf einem theoretisch-wissenschaftlichen Konzept beruhenden systematischen Vorgehensweise bei der Untersuchung oder Behandlung einer Krankheit.[24] „Neu" wird von der Rechtsprechung und der Verfahrensordnung des G-BA formal verstanden und liegt vor, wenn die Methode bislang nicht als abrechnungsfähige ärztliche Leistung im Einheitlichen Bewertungsmaßstab für vertragsärztliche Leistungen (EBM-Ä) enthalten ist.[25] Für die Umsetzung einer passenden Abrechnungsziffer ist dann ein weiteres Gremium verantwortlich, nämlich der Bewertungsausschuss (BA) i. S. d. § 87 SGB V. Hintergrund des NUB-Verfahrens im SGB V ist der Umstand, dass nicht jede auf den Markt gebrachte Innovation aus Mitteln der Versichertengemeinschaft zu finanzieren ist und Innovationen in erster Linie einen medizinischen Nutzen stiften müssen. So bewertet der G-BA vorhandene und neue Methoden nach den Grundsätzen einer evidenzbasierten Medizin.[26] Dabei stellt der G-BA hohe Anforderungen an das Vorliegen ausreichender

---

[22] Zum System der Präqualifizierung vgl. Grinblat (2017), S. 38 ff.

[23] Der GKV-Spitzenverband ist der Spitzenverband der Krankenkassen gem. § 217a SGB V.

[24] Hierzu BSG v. 23.07.1998 – B 1 KR 19/96. Zuletzt BSG v. 08.07.2015 – B 3 KR 5/14 R.

[25] BAnz AT 27.08.2021 B6

[26] Richtlinie zu Untersuchungs- und Behandlungsmethoden der vertragsärztlichen Versorgung, G-BA v. 17.01.2006, zuletzt geändert am 18.06.2020 (BAnz AT 21.07.2020 B1).

Evidenz, was eine Aufnahme in die Regelversorgung teilweise verzögern oder gänzlich verhindern kann.[27] Bezogen auf die vorgenannten zentralen Prinzipien werden vordergründig die Wirtschaftlichkeit und Qualität abgedeckt. Folglich hat die Einordnung als NUB eine weitreichende Bedeutung, weil es ein rechtlich kompliziertes und teilweise langwieriges Verfahren auslöst.[28]

Der § 33a Abs. 4 SGB V stellt somit einen krassen Systembruch dar, weil es DiGA trotz ihres potenziellen Charakters als NUB vor der Bewertung des § 135 Abs. 1 S. 1 SGB V schützt. Damit wird bei der Einführung der DiGA in den Sozialversicherungsmarkt der G-BA als höchstes Selbstverwaltungsgremium übergangen.[29] „Der praktische Mehrwert durch die Gewinnung und Auswertung gesundheitsbezogener Daten, das geringe Risikopotenzial und die vergleichsweise niedrigen Kosten digitaler Gesundheitsanwendungen rechtfertigt es, für den Nachweis positiver Versorgungseffekte keine vergleichbar hohen Evidenzanforderungen zu stellen. (BT-Drs. 19/13438, 59)" so die gesetzgeberische Rechtfertigung in offizieller Bundesdrucksache.

Die sozialpolitische Interpretation eines derartigen Systembruchs könnte allerdings vielschichtiger sein. Es ist gut möglich, dass der Gesetzgeber mit der Einführung der DiGA einen neuen Weg beschreiten wollte, um tradierte Pfade des Sozialversicherungsrechts zu verlassen. Denkbar wäre, dass der Selbstverwaltung als neokorporatistisches System die effiziente und effektive Bewältigung von Aufgaben – namentlich die zügige Einführung von Innovationen in das Gesundheitssystem – seitens des Gesetzgebers nicht mehr zugetraut wird.[30] Vielleicht geht es schlicht um Kompetenzverteilung zulasten dieses mächtigen Selbstverwaltungsgremiums. Die schon länger lodernde Diskussion um die demokratische Legitimation des G-BA ist seit dem Beschluss des Bundesverfassungsgerichts[31] noch weiter entfacht und wird durch das Gesundheitsministerium durchaus kritisch reflektiert (Gassner 2017, S. 230 ff.; Kingreen 2017, S. 4 ff.; BT-Drs. 19/1607).

Ob ein solcher Systembruch legitim ist oder revidiert werden muss hängt davon ab, ob die faktischen Vorteile die Nachteile überwiegen.[32] Sicherlich wird die Innovationsoffenheit des Gesundheitssystems davon profitieren, denn das für die Einführung der DiGA in

---

[27] Dies betrifft beispielsweise die Anforderungen an moderne bildgebende Diagnostik wie z. B. Positronenemissionstherapie(PET)-CT oder moderne molekulare Diagnostik.

[28] Vgl. beispielsweise die Vakuumversiegelungstherapie (V.A.C) von Wunden in der ambulanten Versorgung, deren Bewertung durch den G-BA von 2003 bis 2019 gedauert hat.

[29] Der G-BA hat in diesem Bereich nur noch die Möglichkeit, eine DiGA als Ergebnis eines bereits erfolgten Methodenbewertungsverfahrens aktiv von der Versorgung auszuschließen, was in der Praxis eher selten vorkommen wird. Vgl. § 34 Abs. 4 S. 3 Alt. 2 SGBV.

[30] Kluckert (2020), S. 200, wonach das BfArM kein Organ der Selbstverwaltung der GKV ist und die die Konkretisierung des Leistungskatalogs der GKV betreffende Aufgabenzuweisung zumindest ungewöhnlich sei. Dazu auch Braun (2020), 757, 762.

[31] BVerfG v. 10.11.2015 – 1 BvR 2056/12; Wallrabenstein (2017).

[32] Kritisch hierzu Kluckert (2020), S. 201 mit Verweis auf Stellungnahmen des G-BA und des GKV-SV zum DVG.

das GKV-System zuständige Bundesinstitut für Arzneimittel und Medizinprodukte (BfArM) ist wesentlich flexibler.[33] Damit verbunden sind eine offenere und kooperativer Kommunikation und Zusammenarbeit mit den App-Herstellern, weil das neuartige Verfahren weniger formalisiert ausgestaltet wurde als dasjenige beim G-BA.

Ob die gewonnene Innovationsoffenheit zulasten der Qualität und vor allem Wirtschaftlichkeit geht, wird sich jedoch zeigen. Die Qualität wird stark davon abhängen, wie die Digitale Gesundheitsanwendungs-Verordnung (DiGAV; BGBl. I 2020, 768) vom BfArM gelebt wird, denn obwohl § 139e Abs. 9 S. 2 SGB V auf die Grundsätze der evidenzbasierten Medizin Bezug nimmt, wird dieser „Goldstandard" über die DiGAV abgesenkt (Brönneke et al. 2020, 126 ff.).

Die Wirtschaftlichkeit hängt dagegen stark von den verhandelten Vergütungsbeträgen zwischen dem Spitzenverband Bund der Krankenkassen (GKV-SV) und den Herstellern digitaler Gesundheitsanwendungen im Sinne des § 134 SGB V sowie dem Verordnungsverhalten der Leistungserbringer ab (Bitcom 2020).

Dass im Recht der gesetzlichen Krankenversicherung eine systemische Revision möglich ist, hat die Ausschreibung bei Hilfsmitteln gezeigt. Dort wurde dieses wettbewerbliche Instrument mit dem Terminservice- und Versorgungsgesetz (TSVG) getilgt. Was für Hilfsmittel gilt, könnte auch bei DiGA gelten – beide stehen sich bekanntlich nahe.

### 1.2.1.3 DiGA und Medizinprodukterecht

DiGA sind gegenwärtig Medizinprodukte niedriger Risikoklassen (I und IIa). Dies stellt § 33a Abs. 2 SGB V klar. Damit wird eine neue Tendenz erkennbar – die stärker werdende Verzahnung von Sozialrecht und Medizinprodukterecht. Beide Rechtsgebiete rücken näher zusammen, je mehr die „Digitalisierung" im Recht der gesetzlichen Krankenversicherung voranschreitet. Als Konsequenz müssen sich Anbieter neben europäischem und nationalem Medizinprodukterecht unter anderem mit Fragen der Rückerstattung (Reimbursment) und folglich dem Sozialversicherungsrecht auseinandersetzen.

Auf der anderen Seite müssen sich Kostenträger verstärkt mit der europäischen Materie des Medizinprodukterechts beschäftigen, um mit Herstellern „auf Augenhöhe" zu sprechen. Die Beachtung nationaler und europäischer Medizinproduktenormen schließt auch untergesetzliche Normen (Guidance) mit ein. Neben dem MPG (Medical Device Regulation)[34] und MPBetreibV[35] sind es vor allem die MDD (Medical Devices Directive)[36]

---

[33] Das wird bereits an der Zusammensetzung beider Institutionen sowie an den Verfahrensgrundsätzen sichtbar. Kluckert (2020), S. 201 spricht von „evidenzfixiertem" G-BA.

[34] BGBl. I, 3146, zuletzt geändert am 19.07.2020, BGBl. I, 1328.

[35] BGBl. I, 3396), die zuletzt durch Artikel 9 der Verordnung vom 29. November 2018 (BGBl. I S. 2034.

[36] RL 93/42/EWG, ABl. L 169, 1.

bzw. ab 2021 die MDR (Medical Device Regulation),[37] IEC 62304 sowie MDCG (Medical Device Coordination Group) 2019-11, die vorliegend eine wichtige Rolle spielen.

### 1.2.1.4 DiGA und DiGA-VZ sowie beschleunigtes Zulassungsverfahren

Die Operationalisierung der DiGA in der Regelversorgung erfolgt im Sinne des § 139 e SGB V i.V. DiGAV. Über das BfArM wird ein Verzeichnis erstattungsfähiger digitaler Gesundheitsanwendungen geführt (DiGA-VZ; abrufbar unter https://diga.bfarm.de/de/verzeichnis). Seit dem 06.10.2020 bis heute (Stand November 2021) sind 24 DiGAen gelistet, 21 Anwendungen befinden sich in der Prüfung und für weitere rund 75 Anwendungen hat das Innovationsbüro des BfArM bereits Beratungsgespräche mit den Herstellern geführt, sodass kurzfristig weitere Anwendungen in die Prüfung und ins Verzeichnis kommen könnten (BfArM 2020b). Anders als das ca. 32.500 Produkte umfassenden Hilfsmittel- und Pflegehilfsmittelverzeichnis (Himi-VZ),[38] wird das DiGA-VZ übersichtlich. Dies hat den Vorteil, dass die kontinuierliche Betreuung und insbesondere Aktualisierung (Fortschreibung) zügig gewährleistet werden.[39] Eine regelmäßige Aktualisierung ist enorm wichtig, weil aktuelle versorgungsrelevante medizinische und technische Erkenntnisse und Entwicklungen für die Sicherstellung der Qualität essenziell sind.[40] Darüber hinaus ist das DiGA-VZ, im Gegensatz zum Himi-VZ, konstitutiver Natur, weshalb grundsätzlich Alternativen außerhalb des Verzeichnisses ausscheiden. Wird das DiGA-VZ nicht aktuell gehalten, müssen Versicherte folglich Gesundheits-Apps eventuell aus eigenen Mitteln bezahlen.

Der Einsatz von DiGA ist breit gefächert und reicht von Adipositas, bestimmten Angststörungen über Depression und Migräne bis Tinnitus. Anders als DiGA, die dazu beitragen, die Verschlechterung eines Krankheitszustandes zu verhindern (Sekundärprävention) oder Folgeerkrankungen oder Komplikationen (Tertiärprävention) zu vermeiden, sind DiGA zur Primärprävention[41] von der Aufnahme in das Verzeichnis ausgenommen.[42] Weshalb die Verhütung oder die Vorhersage des Eintritts einer Krankheit als möglicher Zweck einer digitalen Gesundheitsanwendung von dem Anspruch der Versicherten auf die Leistung nach § 33a SGB V ausgeschlossen wurde, erscheint nicht plausibel. Für die Aufnahme der Primärprävention spricht, dass § 33a Abs. 2 SGB V sich auf die Verordnung (EU) 2017/745 bezieht, und diese nach Artikel 2 Nr. 1 unter Medizinprodukte auch solche erfasst, deren Zweck die Verhütung oder die Vorhersage erfüllt. Eine zukünftige Öffnung des DiGA-VZ für präventive Apps erscheint möglich und würde dieses erheblich erweitern.

---

[37] VO (EU) 2017/745, ABl. L 117, 1.

[38] Kiefer, GKV-SV Pressemitteilung v. 26.02.2019. https://www.gkv-spitzenverband.de.

[39] Deswegen hat der Gesetzgeber § 139 Abs. 9 SGB V eingefügt.

[40] Vgl. daher § 139e Abs. 6 SGB V.

[41] Darunter ist die Verhinderung und Verminderung von Krankheitsrisiken zu verstehen. Vgl. §§ 11 I lit. 1 i. V. m. 20 SGB V.

[42] Vgl. § 33a Abs. 1 S. 1 SGB V. Vgl. BfArM 2020a.

Patienten erhalten Apps oder auch browserbasierte Anwendungen, indem ihr Arzt sie verschreibt. Eine andere Möglichkeit besteht darin, die Kostenübernahme direkt mit der Krankenkasse zu klären.[43] Gesundheitspolitisch stellt die „App auf Rezept" einen Meilenstein dar und ist weltweit bisher einmalig (BfArM 2020b). Damit wird das deutsche Gesundheitswesen in diesem Bereich zum Referenzbeispiel katapultiert. Ob es jedoch als „Best Practice" für andere Gesundheitssysteme fungieren kann (Gerke et al. 2020), wird sich noch zeigen müssen.

Aus sozialrechtlicher und gesundheitsökonomischer Perspektive ist das sog. Fast-Track-Verfahren für die Aufnahme der DiGA in das DiGA-VZ interessant. Es bildet gewissermaßen das Herzstück. Solche Verfahren sind bereits in anderen Ländern, wie z. B. in England[44] oder USA[45] für besonders innovative Diagnostika etabliert, stellen in der GKV in der Form ein Novum dar. Die Bewertungszeit für das BfArM beträgt 3 Monate nach Eingang des vollständigen Antrags durch den Hersteller. Kern des Verfahrens sind die Prüfung der Herstellerangaben zu den geforderten Produkteigenschaften – Sicherheit, Funktionstauglichkeit, Qualität, Datenschutz und Datensicherheit – sowie die Prüfung eines durch den Hersteller beizubringenden Nachweises für die mit der DiGA realisierbaren positiven Versorgungseffekte (§ 139e Abs. 2 SGB V i. V. m. §§2-9 DiGAV). Letzteres stellt für Hersteller die größte Hürde dar. Ein positiver Versorgungseffekt ist gem. § 139e Abs. 2 SGBV legal definiert und muss *entweder* einen medizinischen Nutzen stiften *oder* eine patientenrelevante Struktur- und Verfahrensverbesserung in der Versorgung bewirken. Für eine DiGA, für die noch kein ausreichender Nachweise für positive Versorgungseffekte vorliegt, aber die die weiteren Anforderungen erfüllt, kann der Hersteller auch einen Antrag auf vorläufige Aufnahme in das Verzeichnis stellen und die notwendige vergleichende Studie (§ 10 DiGAV ) innerhalb einer Erprobungsphase von bis zu einem Jahr, in Ausnahmefällen bis zu 2 Jahren, durchführen, um den Nachweis zu erbringen (§ 139e Abs. 4 SGB V). Aus der gesetzlichen Regelung des Fast-Track-Verfahrens ergeben sich mehrere kritische Punkte, die hier nur kursorisch aufgeworfen werden können und sicherlich einer weiterführenden Diskussion bedürfen.

- Das SGB V kennt den „medizinischen Nutzen", z. B. in § 35a SGBV Arzneimittel mit neuen Wirkstoffen. Dagegen ist die Kategorie der patientenrelevanten Struktur- und Verfahrensverbesserung in der Versorgung gänzlich neu. Für diesen Effekt haben weder das SGB V noch einschlägige Leitlinien noch die etablierten Institutionen/Fachgesellschaften weitere Konkretisierungen parat (Brönneke et al. 2020, S. 108 f.). Reicht diese Kategorie als Rechtfertigung aus, um Technologie zulasten der GKV zu finanzieren?

---

[43] § 33a Abs. 1 S. 2 lit. 2 SGB V.

[44] Diagnostics Assessment Programme (DAP) des National Institute for Health and Care Excellence. https://www.nice.org.uk.

[45] De.novo-Verfahren der U.S. Food and Drug Administration (FDA). https://www.fda.gov/medical-devices.

- Sind die Belege für den Nachweis der patientenrelevanten Struktur- und Verfahrensverbesserung in der Versorgung ausreichend, um das bisher vom SGB V postulierte Qualitätsniveau zu halten?
- Gegenwärtig (Stand Dezember 2020) sind 2/3 der DiGA vorläufig in das Verzeichnis aufgenommen. Ist das deutsche Gesundheitswesen bereit, Technologien flächendeckend bis zu 24 Monate aus Sozialversicherungsbeiträgen zu finanzieren, auch wenn positive Versorgungseffekte im Nachgang nicht belegt werden können?
- Ist es sinnvoll, dass die Preisverhandlungen nach § 134 SGB V über die Vergütung von DiGA vom GKV-SV geführt wird, während das Verfahren für die Einführung der „Apps auf Rezept" von einer selbstverwaltungsfernen Institution erfolgt?
- Wie sieht eine faire und interessensgerechte Vergütung von DiGA-Herstellern aus? Welche möglichen Preismodelle, z. B. Pay for Activation, Pay for Use oder Pay for Performance setzen sich durch, um die Akzeptanz bei den Kostenträgern zu steigern (Brönneke et al. 2020, S. 131 ff.; Cashin et al. 2014; Huster 2011)?[46]
- Wie sieht eine faire und interessensgerechte Honorierung für Ärzte im EBM aus, z. B. für Beratungsleistungen, um die Akzeptanz bei der Ärzteschaft für die DiGA zu steigern?[47]

## 1.2.2 Digitale medizinische Anwendungen bei Disease Management Programmen (DMP)

Mit dem durch das Gesetz für schnellere Termine und bessere Versorgung (Terminservice- und Versorgungsgesetz, TSVG; BGBl. I 2019, 646), neu aufgenommenen § 137 f Abs. 8 S. 1 SGB V wird der G-BA verpflichtet, bei der Erstfassung einer Richtlinie zu den Anforderungen nach § 137 f Abs. 2 SGB V sowie bei jeder regelmäßigen Überprüfung seiner Richtlinien nach § 137 f Abs. 2 S. 6 SGB V die Aufnahme digitaler medizinischer Anwendungen zu prüfen. Mit anderen Worten, der G-BA prüft künftig bei jeder Erstfassung oder Aktualisierung von strukturierten Behandlungsprogrammen, sog. Disease Management Programmen (DMP)[48] regelhaft, ob geeignete digitale medizinische Anwendungen eingesetzt werden können.[49] Die Details legte der G-BA mit einem Beschluss vom 20.

---

[46] Für den Arzneimittelbereich siehe § 135b Abs. 4 SGB V. Rixen (2009), 697 ff.

[47] Bereits vereinbart wurde, dass Ärzte und Psychotherapeuten für die Verordnung das Arzneimittelrezept (Formular 16), auf dem auch Arznei- und Hilfsmittel verordnet werden, nutzen. KBV, Praxisnachrichten v. 27.08.2020.

[48] Informationen zu DMP unter https://www.g-ba.de/themen/disease-management-programme oder https://www.bundesamtsozialesicherung.de/de/themen/disease-management-programme/dmp-grundlegende-informationen.

[49] Hierbei können die nach § 137 f Abs. 8 Satz 2 und Abs. 2 Satz 5 SGB V stellungnahmeberechtigten Organisationen digitale medizinische Anwendungen für die jeweilige Indikation vorschlagen. Welche Organisationen das sind, kann unter https://www.g-ba.de/downloads/17-98-2355/SN-Berechtigte_DMP_2020-11-26.pdf abgerufen werden.

November 2020 in seiner Verfahrensordnung (VerfO)[50] und in der DMP-Anforderungen-Richtlinie fest.[51] Demnach ist der Einsatz in einem DMP grundsätzlich möglich, wenn die Digitalanwendung bereits im DiGA-Verzeichnis des BfArM aufgeführt ist. Datenschutz, Datensicherheit und technische Aspekte gelten damit für den G-BA als erfüllt. DMP-geeignete digitale medizinische Anwendungen sind insbesondere Anwendungen, die zusätzlich Folgendes leisten:

- Die Zielgruppe muss eindeutig definiert sein und
- die Anwendung muss sich auf die Indikation des betreffenden DMP beziehen.
- Sie muss Patienten beim eigenverantwortlichen Umgang mit ihrer Krankheit und in ihrem Selbstmanagement unterstützen und
- mindestens in deutscher Sprache verfügbar sein.
- Anwender sind die Patienten selbst.
- Die weiteren Anforderungen an die digitalen Anwendungen entsprechen den Vorgaben aus der Digitalen Gesundheitsanwendungen-Verordnung (§ 2 DiGAV).

Die Ergebnisse der Evaluation werden vom G-BA bewertet. Sein Ergebnis ist auch für die Prüfung der Verträge zwischen Krankenkassen und Leistungserbringern durch das Bundesamt für Soziale Sicherung (ehemals Bundesversicherungsamt; BGBl. I 2019, 2652) verbindlich (vgl. § 137g SGB V). Digitalanwendungen können auch als Schulung, z. B. Verbesserung der Managementkomponenten oder als Patientenschulungen wie z. B. eine selbstverantwortliche Umsetzung wesentlicher Therapiemaßnahmen eingesetzt werden (vgl. §§ 4 Abs. 2 und 3 DMP-A-RL). Allerdings müssen diese digitalen medizinischen Anwendungen noch weitere zusätzliche Evaluationsvoraussetzungen für Schulungen erfüllen. Die Beschlüsse werden derzeit vom BMG geprüft und treten nach Veröffentlichung im Bundesanzeiger in Kraft.

Erwähnenswert an dieser Stelle sind die tragenden Gründe für den Beschluss.[52] Hier wird der gegenwärtige Paradigmenwechsel und das damit verbunden Konfliktpotenzial deutlich:

> Der G-BA selbst hat weder die gesetzliche Aufgabe, noch die gesetzliche Kompetenz, eine Definition der digitalen medizinischen Anwendungen in seine untergesetzlichen Normen aufzunehmen. Im neuen Regelungsbereich der digitalen (Gesundheits-)Anwendungen [gemeint sind hier DiGA – Anmerkung durch Verfasser] hat der Gesetzgeber in Bezug auf die Anforderungen an die Hersteller zur Beschreibung der Produkte (Abschnitt 1 der DiGAV) und pro-

---

[50] 6. Kapitel der Verfahrensordnung G-BA v. 18.12.2008 (BAnz. Nr. 84a (Beilage) v. 10.06.2009), zuletzt geändert am 16.07.2020 (BAnz AT 01.12.2020 B3).

[51] RL zur Zusammenführung der Anforderungen an strukturierte Behandlungsprogramme nach § 137 f Abs. 2 SGB V – DMP-A-RL (BAnz AT 26.06.2014 B3; BAnz AT 26.08.2014 B2) zuletzt geändert am 06.08.2020 (BAnz AT 06.10.2020 B3). https://www.g-ba.de/beschluesse/4584/.

[52] Gemäß § 94 Abs. 2 SGB V hat der G-BA die tragenden Gründe für seine jeweiligen Richtlinien im Internet bekanntzumachen.

*duktspezifischen Eigenschaften in den §§ 3–6 des Abschnitts 2 der DiGAV detaillierte gesetz-
liche Vorgaben geschaffen, die der G-BA, soweit sie für seine Belange zutreffen, übernimmt.
Der G-BA geht davon aus, dass diese Vorgaben gelten,* **geht bei seiner eigenen medizinisch-
inhaltlichen Prüfung aber auch darüber hinaus** [Hervorhebung durch Verfasser].

Auch die neue Kompetenzverteilung zwischen BfArM und dem G-BA ist nicht konfliktfrei
und führt zu Schnittstellenproblemen:

*[…] Es wird klargestellt, dass noch nicht vorliegende Studienergebnisse, im Sinne einer für
die vorläufige Aufnahme in das Verzeichnis nach § 139e SGB V geplanten Studie, bei einer
Prüfung durch den G-BA keine Berücksichtigung finden können. […] Dem G-BA ist bewusst,
dass für digitale Gesundheitsanwendungen, die nach §§ 33a Absatz 2 und 139e SGB V der
Prüfungszuständigkeit des BfArM unterliegen (Risikoklassen I und IIa), eine Ablehnung nicht
veröffentlicht wird. Da nicht auszuschließen ist, dass insbesondere beim Einsatz von digitalen
Anwendungen, die als Schulung nach § 4 Absatz 3 der DMP-A-RL für ein DMP in Frage
kommen, diese auch der Prüfungszuständigkeit des BfArM unterfallen können, aber noch
nicht gelistet sind, wird eine Erklärung erwartet, dass die fragliche Anwendung nicht deswegen nicht in der Liste nach § 139e SGB V aufgeführt ist, weil bei der Prüfung Mängel festgestellt wurden.* (Schnee und Greß 2019, S. 10)

## 1.2.3  DiPA

Der Gesetzgeber erkennt an, dass der Bereich der Pflege bisher von der flächendeckenden
Vernetzung, dem Datenüberblick in der elektronischen Patientenakte und den komfortab-
len Versorgungsmöglichkeiten per Videosprechstunde nicht ausreichend profitierte. Mit
dem Gesetz zur digitalen Modernisierung von Versorgung und Pflege (DVPMG)[53] sollen
daher unter anderem entsprechend den DiGA in der ambulanten ärztlichen Versorgung
auch im Bereich der Pflege digitale Anwendungen (DiPA) eingeführt und durch die Pflegeversicherung finanziert werden.

Gemäß dem SGB XI haben Versicherte

„Anspruch auf eine Versorgung mit Anwendungen, die wesentlich auf digitalen Technologien
beruhen, die von den Pflegebedürftigen oder in der Interaktion von Pflegebedürftigen, Angehörigen und zugelassenen ambulanten Pflegeeinrichtungen und die dem Ausgleich gesundheitlich bedingter Beeinträchtigungen oder der Aufrechterhaltung der Selbstständigkeit der
Pflegebedürftigen dienen (digitale Pflegeanwendungen). (§ 40a SGB XI neu)"

Als Bespiele kommen Sturzrisikoprävention, personalisierte Gedächtnisspiele für Menschen mit Demenz, Versorgung von Menschen mit Dekubitus oder Kommunikation zwischen Pflegefachkräften und Angehörigen in Betracht.

---

[53] Derzeit im Referentenentwurf. https://www.bundesgesundheitsministerium.de/service/gesetze-und-
verordnungen/guv-19-lp/dvpmg.html.

Auch hier entsteht ein Verzeichnis (DiPA-VZ neu), welches vom BfArM geführt und aktualisiert wird. (§ 78a Abs. 2 SGB XI neu). Gleiches gilt für das Fast-Track-Verfahren gem. § 78a Abs. 3 SGB XI, das auch für DiPA eingeführt werden soll. Die DiPA müssen ebenfalls Sicherheit, Funktionstauglichkeit und Qualität erfüllen, Anforderungen an den Datenschutz entsprechen und die Datensicherheit nach dem Stand der Technik gewährleisten und schließlich einen pflegerischen Nutzen aufweisen. Anders als bei DiGA, wird der pflegerischen Nutzen bei DiPA nicht näher konkretisiert. Eine vorläufige Aufnahme in das DiPA-VZ neu ist nicht vorgesehen und auch einen Hinweis auf die Grundsätze der evidenzbasierten Pflege („evidence based nursing") als Qualitätskriterium (Marquardt 2017) findet man im Referentenentwurf vergebens. Hier wird sicherlich die noch zu erarbeitende Rechtsverordnung gem. § 78a Abs. 6 SGB V des Ministeriums mehr Klarheit schaffen, wobei nicht unerwähnt bleiben darf, dass auch hier die Selbstverwaltung in den Entscheidungsprozess nicht eingebunden wird.

Interessant ist der Umstand, dass der Entwurf sogenannte doppelfunktionale DiPA – also solche die sowohl den in § 33a des SGB V als auch den in § 40a SGB XI genannten Zwecken dienen – regelt (§ 40a Abs. 3 SGB XI neu), dabei jedoch auf eine Richtlinie des GKV-SV hierzu verzichtet.[54] Das mag ein Versehen sein, ist jedoch augenscheinlich. Für die Kostenverteilung zwischen den Kranken- und Pflegekassen wäre eine Konkretisierung durch die Selbstverwaltung notwendig, zumal es sich bei DiPA und DiGA um einen vollkommen neuen Leistungsbereich handelt und die Preisverhandlung in Anlehnung an § 134 SGB V bereits über GKV-SV erfolgt.[55]

Als Ergänzung zu DiPA erhalten Versicherte einen Anspruch auf die Versorgung mit pflegerischen Unterstützungsleistungen, die bei der Versorgung mit digitalen Pflege-Apps erforderlich sind. Die Unterstützungshandlungen umfassen die Betreuung des Versicherten in konkreten pflegerischen Situationen, bei denen die digitale Pflegeanwendung je nach Konzeption der Anwendung mit der Unterstützungshandlung ergänzt wird. Die erforderlichen Begleitbehandlungen für die pflegerische Versorgung verantwortet ebenfalls das BfArM, weil diese zusammen mit der DiPA benannt werden. Die Vergütung der pflegerischen Maßnahmen erfolgt dagegen im Rahmen allgemeiner Vergütungsregelungen – mithin über die Pflegeversicherung bzw. Pflegkassen (vgl. §§ 89 ff SGB XI) – und soll höchstens 60 Euro pro Versicherten und Monat betragen. Ob dieser Betrag für genügend Anreize für die Entwicklung und den Einsatz entsprechender Lösungen bietet, wird von zahlreichen Verbänden bezweifelt (Bündnis „Digitalisierung in der Pflege" 2020).

Dagegen monieren Kostenträger, dass die Abgrenzung zwischen Lifestyle-Produkten und pflegerischer Versorgung bei den DiPA nicht trennscharf sei und es so rechtswidrig zu

---

[54] Richtlinie zur Festlegung der doppelfunktionalen Hilfsmittel – RidoHiMi gem. § 40 Abs. 5 S. 3 SGB XI.

[55] Der GKV-SV nimmt nach § 53 S. 1 SGB V auch die Aufgaben des Spitzenverbandes Bund der Pflegekassen wahr.

einer Finanzierung von pflegefremden Leistungen, wie z. B. Smart-Home-Produkten, kommen könnte.[56]

## 1.3    Digitale Innovationen im stationären Bereich

In Deutschland besteht nach wie vor eine strikte Sektorentrennung zwischen ambulant und stationär, was sich in gänzlich divergierenden Paradigmen widerspiegelt. Auf Grund des gesetzlichen Verbotsvorbehaltes könnte man meinen, dass Innovationen und digitale Tools in Krankenhäusern schneller eingeführt werden als in Arztpraxen. Dem ist mitnichten so. Im Gegenteil, es gibt derzeit nur wenige Wege, trotz sozialrechtlichem Verbotsvorbehalt und der in vergangenen Gesetzgebungsverfahrens erfolgten Ergänzungen des § 137c SGB V Innovationen im stationären Sektor zu verstetigen. Die Gründe hierfür sind vielfältig und liegen sowohl in technischen, normativen, ökonomischen und politischen Hürden begründet (Brönneke et al. 2020, S. 50 ff.). Beispielhaft kann genannt werden:

- Kliniken als „Closed-Shops-Einrichtungen"
- Kommunikationsbrüche zwischen den Sektoren
- Kontinuitätsbrüche bei Versorgungen, z. B. mit Arzneimitteln
- Schnittstellenbrüche und unterschiedlichen Standards zwischen den IT-Systemen
- Rigide Rechtsprechung der Sozialgerichtsbarkeit, die Abrechenbarkeit von vielversprechenden Methoden, deren Nutzen noch nicht nachgewiesen ist, weitgehend einschränkt
- Entsprechende Vergütungsmodalität und -systematik der Leistungserbringung, die den Einsatz von Innovationen nicht ausreichend bzw. verzögert honoriert
- Fehlende Investitionen der Länder

Gerade das Prinzip der Wirtschaftlichkeit hat weitreichende Konsequenzen. So erfolgt die Finanzierung über ein vom ambulanten Bereich komplett getrenntes Budget. So können DiGA gemäß dem DVG grundsätzlich nicht im Krankenhaus für den dortigen Aufenthalt verordnet werden, sondern einzig im Rahmen des sog. Entlassmanagement nach § 39 Abs. 1a SGB V für den Einsatz im ambulanten Umfeld. Dabei muss es um die Unterstützung des Heilungsprozesses im ambulanten Umfeld gehen. Eine getrennte Vergütung von digitalen Unterstützungstools, die während des stationären Aufenthaltes zum Einsatz kommen, ist gegenwärtig nicht vorgesehen.

---

[56] Stellungnahmen zum Referentenentwurf DVPMG v. 16.12.2020 der Barmer, https://www.barmer.de/politik/aktuelle-gesetzgebung/dvpmg-269270 sowie vdek e.V. vom 07.12.2020 https://www.vdek.com/politik/stellungnahmen/wahlperiode_19/digitale-versorgung-und-pflege-modernisierungs-gesetz-dvpmg.html.

Um die Krankenhäuser aus dem digitalen Dornröschenschlaf zu wecken hat sich der Koalitionsausschuss Anfang Juni 2020 auf ein „Zukunftsprogramm Krankenhäuser" [57] geeinigt und 3 Milliarden Euro aus dem Bundeshaushalt über einen Krankenhauszukunftsfonds (§ 14a KHG neu, BGBl. I 2020, 2397) für eine modernere Ausstattung der Krankenhäuser zur Verfügung gestellt. Die Länder sollen weitere Investitionsmittel von 1,3 Milliarden Euro aufbringen, sodass im Ergebnis 4.3 Mrd. Euro für eine Reihe von Maßnahmen für die Digitalisierung abrufbar sind. Hierzu gehört vor allem eine bessere digitale Infrastruktur, z. B. Patientenportale, elektronische Dokumentation von Pflege- und Behandlungsleistungen, digitales Medikationsmanagement, Maßnahmen zur IT-Sicherheit sowie sektorenübergreifende telemedizinische Netzwerkstrukturen, Einführung oder Verbesserung von Telemedizin, Robotik und Hightech-Medizin.[58] So wurde in § 1 im Krankenhausfinanzierungsgesetz (KHG) neu verankert, dass die wirtschaftliche Sicherung der Krankenhäuser durch das KHG dazu dienen soll, um eine qualitativ hochwertige, patienten- und bedarfsgerechte Versorgung der Bevölkerung mit leistungsfähigen, *digital ausgestatteten*, qualitativ hochwertig und eigenverantwortlich wirtschaftenden Krankenhäusern zu gewährleisten und zu sozial tragbaren Pflegesätzen beizutragen.

Ob das Potenzial der Digitalisierung, z. B. durch Abbau von Bürokratie in den Kliniken, zu einem Qualitätszuwachs bei der Versorgung von Patienten maßgeblich beitragen wird, muss sich noch zeigen. Positiv hervorzuheben ist, dass im Gegensatz zum ambulanten Bereich, der Stand der Digitalisierung bei Krankenhäusern zum 30. Juni 2021 und zum 30. Juni 2023 einer wissenschaftlichen Evaluierung unterliegt (§ 14b KHG).[59] Diesem sog. Reifegrad eines Krankenhauses hinsichtlich der Digitalisierung widmet sich ein eigenständiges Kapitel in diesem Buch.

## 1.4    Innovationsförderung durch Krankenkassen

Mindestens genauso beachtenswert wie der neuartige Anspruch auf DiGA inklusive Fast-Track-Verfahren sind die neuen Möglichkeiten der Kostenträger, an der digitalen Entwicklung zu partizipieren und diese sogar proaktiv zu fördern. Es wäre falsch zu sagen, dass sich die Krankenkassen in der Vergangenheit nicht ausreichend an der Innovationsförderung beteiligt haben, weil sie entweder von Gesetzes wegen im Wesentlichen gleiche Pflichtleistungen anbieten (BSG v. 22.06.2010 – B 1 A 1/09 R) oder das Wirtschaftlich-

---

[57] Gesetzes für ein Zukunftsprogramm Krankenhäuser (Krankenhauszukunftsgesetz – KHZG), BGBl. I 2020, 2208; BT-Drs. 19/22126.

[58] https://www.bundesgesundheitsministerium.de/krankenhauszukunftsgesetz.html.

[59] Die Laufzeit des Krankenhausstrukturfonds wurde um 2 Jahre bis Ende 2024 verlängert. Dies trägt dem Umstand Rechnung, dass die prioritär zu bewältigenden Aufgaben im Zusammenhang mit der COVID-19-Pandemie bei den Ländern und den Krankenhausträgern erhebliche Kapazitäten gebunden haben und noch weiterhin binden, sodass die erforderlichen Vorarbeiten für die Stellung von Anträgen auf Förderung strukturverbessernder Vorhaben zurückgestellt werden mussten. BT-Drs. 19/22126, 38.

keitsprinzip zu einer Art „heiliger Gral" erheben.[60] Schließlich besteht einerseits Träger-
vielfalt und Wettbewerb zwischen den Trägern, was mitunter eine Leistungsdifferenzie-
rung „triggert". Darüber hinaus haben die Krankenkassen und ihre Verbände nach § 4
Abs. 3 S. 1 SGB V im Interesse der Leistungsfähigkeit und Wirtschaftlichkeit sowohl
kassenartenübergreifend, als auch mit allen anderen Einrichtungen des Gesundheitswesens, d. h. auch mit Leistungserbringern,[61] eng zusammen zu arbeiten. Die Operationalisierung der digitalen Innovationsförderung erfolgt bisweilen vor allem über Selektivverträge in Form von Modellvorhaben (§§ 63 ff SGB V), besonderen Versorgungsformen im
Sinne von § 140a SGB V (sog. Managed Care)[62] oder Präventionsbudgets (§ 20 SGB V).
Insofern liegen bereits Erfahrungen seitens der Krankenkassen vor (Knöppler und Ex
2017, S. 7).[63]

### 1.4.1 Förderung digitaler Innovationen durch Krankenkassen

Mit dem DVG sind weitere Möglichkeiten zur Förderung (digitaler) Innovationen hinzu-
getreten (Braun 2020, S. 894 ff.). Laut §§ 68a Abs. 1 und 2 SGB V können Krankenkassen
die Entwicklung digitaler Innovationen fördern. Unter digitalen Innovationen werden unter anderem digitale Medizinprodukte, telemedizinische Verfahren oder IT-gestützte Verfahren in der Versorgung erfasst. Das beinhaltet laut Gesetzesbegründung DiGA, Health-
Apps sowie Anwendungen mit künstlicher Intelligenz. Problematisch hierbei ist, dass der
Begriff „Telemedizin" erhebliche Unschärfe aufweist (Bundesärztekammer 2015, S. 1)
und damit zu rechtlicher Unsicherheit führen kann. Anhaltspunkte bieten die Erläuterun-
gen der Bundesärztekammer zur Fernbehandlung nach § 7 Abs. 4 MBO-Ä.[64]

Was unter Förderung zu verstehen ist, wird unter § 68 Abs. 4 Alt. 2 SGBV i. V. m. § 263a
SGB V näher konkretisiert. Die Krankenkassen können Anteile an einem Investmentver-
mögen (sog. Wagniskapitalfonds, engl. Venture Capital Fonds)[65] erwerben, vorausgesetzt

---

[60] „Die Gesundheitsversorgung wird immer stärker durch digitale Innovationen geprägt, an deren
Entwicklungen Krankenkassen bislang nur in wenigen Ausnahmefällen aktiv beteiligt sind", BT-
Drs. 19/13438.

[61] Mit Leistungserbringern sind solche im Rahmen der Handlungsinstrumentarien der §§ 69 ff. gemeint. Vgl. Hauck und Noftz (2019), § 4, Rn 30.

[62] Die „Besondere Versorgung" hat die Vertragsformen „Integrierte Versorgung", „Strukturverträge"
und „Besondere ambulante ärztliche Versorgung" 2015 abgelöst.

[63] Vgl. § 5 Abs. 2. Nr. 5 (neu) Tragende Gründe zum Beschluss des Gemeinsamen Bundesausschusses
über eine Änderung der Verfahrensordnung: Verfahren für Richtlinienbeschlüsse nach § 137f des Fünf-
ten Buches Sozialgesetzbuch (SGB V). Anpassung an die neuen Regelungen durch das Terminservice-
und Versorgungsgesetz v. 20.11.2020. https://www.g-ba.de/downloads/40-268-7101/2020-11-20_
VerfO_Anpassung-TSVG_TrG.pdf. Zugegriffen: 26. Oktober 2021.

[64] https://www.bundesaerztekammer.de/aerzte/telematiktelemedizin/telemedizin/.

[65] § 1 Abs. 1 Kapitalanlagegesetzbuchs (KAGB). Beispielsweise die IBB Beteiligungsgesellschaft
in Berlin.

deren Zweckbindung dient der Aufgabe nach Absatz 1 und eine fachlich-inhaltliche Kooperationsvereinbarung zwischen Krankenkasse und Kapitalverwaltungsgesellschaft wird abgeschlossen (BT-Drs. 19/13438, 46). Der Zweck des Wagniskapitalfonds muss daher der Verbesserung der Versorgungsqualität und Versorgungseffizienz dienen, zur Behebung von Versorgungsdefiziten sowie zur verbesserten Patientenorientierung beitragen.[66] Damit kann im besten Fall eine „Win-Win-Situation" entstehen. Krankenkassen erhalten so die Möglichkeit, das Marktumfeld besser kennenzulernen, das auf die Förderung und Entwicklung innovativer Ansätze im Gesundheitswesen abzielt, und können diese Ansätze für das deutsche Gesundheitssystem nutzbar zu machen. Gleichzeitig kann die Teilnahme der Krankenkassen an diesen Prozessen dazu beitragen, die Versorgungsnähe und damit die Versorgungsrelevanz von Innovationen für das deutsche Gesundheitswesen zu schärfen (BT-Drs. 19/13438, 64). Damit geht sowohl ein Netzwerkaufbau, als auch eine potenzielle Technologieführerschaft einher. Auf der anderen Seite erhalten Start-ups einen zusätzlichen Kapitalgeber und können die Investitionen sowie wichtiges Kassen-Know-how für die Weiterentwicklung ihrer Technologien einsetzen (hierzu Abb. 1.2).[67]

Inwieweit der Grundsatz der Anlagesicherheit nach §263a Abs. 2 SGB V gewahrt werde kann, bedarf einer weiterführenden und vertiefenden rechtlichen und ökonomischen Diskussion.[68] Da vorliegend Mittel der Solidargemeinschaft eingesetzt werden, wäre es verfassungsrechtlich bedenklich, sollte es zu einem Verlust der Mittel kommen.[69]

Da die Förderung fakultativ ausgestaltet wurde („werden sollte"), wird sich noch zeigen müssen, wie aktiv die Krankenkassen davon Gebrauch machen und vor allem, ob ein Paradigmenwechsel einsetzt. Erschwerend kommt gegenwärtig hinzu, dass durch die Zusatzkosten der Coronapandemie die Finanzreserven abschmelzen und so die Investitionen drücken (Klöckner 2020).

Ein weiterer beachtenswerter Punkt ist die Transparenz. Zwar ermächtigt § 68a Abs. 5 SGB V die gesetzlichen Krankenkassen dazu, versichertenbezogene Daten aller bei ihnen gesetzlich Versicherter pseudonymisiert oder, sofern möglich, auch anonymisiert

---

[66] Es ist nicht ganz klar, ob die Voraussetzungen kumulativ vorliegen müssen. Hier kommen insbesondere auf Gesundheitstechnologien spezialisierte Fonds in Betracht.

[67] Das dies durchaus als Alternative möglich ist, wird aus dem Gesetzeswortlaut deutlich. Nach § 263a Abs. 2 SGB sind die Mittel so anzulegen, dass ein Verlust ausgeschlossen *erscheint*, nicht aber ausgeschlossen ist.

[68] Das „health innovation hub" (hih) und das BMG haben eine EU-weite Lösung vorgestellt: Das Anfang Oktober 2020 gestartete Venture Center of Excellence (VCoE). Es wurde von der EU-Kommission initiierte European Institute of Technology (EIT Health) gemeinsam mit dem u. a. von der EU-Kommission finanzierten Europäischen Investitionsfonds (EIF) aufgesetzt (vgl. Health Innovation Hub 2020).

[69] Laut BT-Drs. 19/13438, 64 kann die Absicherung unter anderem durch die Vereinbarung von Kreditsicherheiten wie Ausfallbürgschaften beispielsweise durch eine öffentlich-rechtliche Einrichtung oder ein Kreditinstitut (KfW) sowie durch eine vereinbarte Festverzinsung erreicht werden. Auch eine Absicherung über Absicherung durch private Ko-Investoren wäre möglich (vgl. Health Innovation Hub 2019).

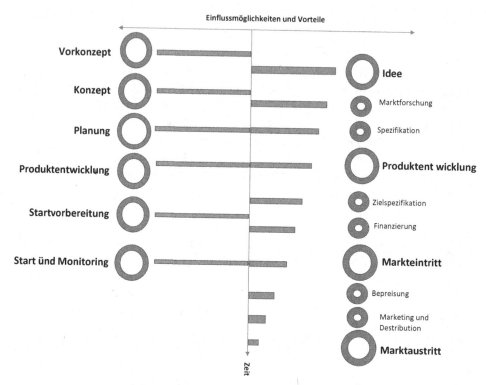

**Abb. 1.2** First Mover Advantage und Wettbewerbsvorteil als Venture Capitalist (VC) und Auftragsentwicklung

auszuwerten, um den Versorgungsbedarf im Hinblick auf digitale Innovationen und deren möglichen Einfluss auf die Versorgung der gesetzlich Versicherten zu ermitteln und etwaige positive Versorgungseffekte digitaler Anwendungen zu evaluieren.[70] Allerdings besteht keine Berichts- oder Veröffentlichungspflicht, was die Nachvollziehbarkeit erschwert und die Transparenz verringert.

## 1.4.2 Auftragsentwicklung und Entwicklungskooperation mit Krankenkassen

Als eigenständige Fördermöglichkeit digitaler Innovation sieht § 68a Abs. 3 Alt. 1 SGB V vor, dass Krankenkassen diese neue Aufgabe in Zusammenarbeit mit Dritten erfüllen oder die Entwicklung durch Dritte fördern können. Dafür ist ebenfalls eine fachlich-inhaltliche Kooperationsvereinbarung erforderlich. Die Vorteile einer Auftragsentwicklung und Ent-

---

[70] Zur Verfassungskonformität der §§ 68a Abs. 5, 303a ff. SGB V siehe BVerfG v. 19.03.2020 – 1 BvQ 1/20.

**Tab. 1.1** Mehrwerte der fachlich-inhaltlichen Kooperation

| Added Value für Krankenkassen | Added Value für Start-ups |
| --- | --- |
| Startups als attraktive Partner, um schnell auf Kundenerwartungen zu reagieren, innovative Versorgungsangebote auf den Markt zu bringen und mit immer kürzeren Produktlebenszyklen mithalten zu können | Zugriff auf Know-how der Krankenkasse bezüglich des komplexen deutschen Gesundheitssystems, aber auch des Pflegebereiches über die Pflegekassen. Ausrichtung der Anwendung an Vorgaben des SGB V und SGB XI. |
| Startups bringen neue Perspektiven ein und übertragen Ideen aus anderen Kontexten (z. B. Virtual Reality, Gaming-Bereich, KI) auf Gesundheitsprodukte. | Krankenkassen bieten Kanal zu Kunden und Leistungserbringern und können deren Perspektiven vermitteln. Ausrichtung der Anwendung an Kundenbedürfnissen. |
| Kompetenzen aus anderen Kontexten müssen nicht vorgehalten werden | Eine zielgerichtete Entwicklung der Technologie, um diese zukünftig als DiGA in das DiGA-VZ einzubringen. |
| Kundenbedürfnisse können bei der Entwicklung der Anwendung eingebracht und die Technologie sinnvoll in Behandlungspfade integriert werden. | Möglichkeiten, Anwendungen im Rahmen von Pilotprojekten zu testen. |
| Potenzial, um Image zu verbessern und neue Kundengruppen zu gewinnen. | Kein Über und Unterordnungsverhältnis, sondern Kooperation auf Augenhöhe. |

wicklungskooperation überschneiden sich zu einer Venture Capital Beteiligung, können jedoch darüber hinausgehen, wie Tab. 1.1 und Abb. 1.2 aufzeigen.

### 1.4.3  Förderung von Versorgungsinnovationen

Mit § 68b SGB V erhalten die Krankenkassen zudem die Möglichkeit, ein umfassendes individualisiertes Beratungsangebot unter Berücksichtigung des aus den Sozialdaten ersichtlichen Bedarfs der Versicherten zu entwickeln und diese den Versicherten anzubieten. Es können entweder gänzlich neue Versorgungsinnovationen implementiert oder aber bestehende Selektivverträge, insbesondere solche nach § 140a SGB V, zur Förderung genutzt werden. Das eröffnet den Krankenkassen verschiedene Möglichkeiten der Klientenkommunikation und Adjustierung des Angebotportfolios. Obwohl im Rahmen von § 68b SGB V bereits bestehende Vertragsmechanismen zum Einsatz gebracht werden sollen, stellen die Datenanalysemöglichkeiten nach Absatz 1 Satz 3 ein Novum dar.

Anders als bei digitalen Innovationen, sieht § 68b Abs. 5 SGB V eine jährliche Berichtspflicht des GKV-SV ab spätestens 31.12.2021 vor, wie und in welchem Umfang seine Mitglieder Versorgungsinnovationen fördern und welche Auswirkungen die geförderten Versorgungsinnovationen auf die Versorgung haben.

## 1.5 Innovationsförderung durch den Innovationsfonds des G-BA

Einen weiteren Baustein für die (digitale) Innovationsförderung stellt der Innovationsfonds dar (Deutscher Bundestag 2016). Der G-BA erhielt 2016 vom Gesetzgeber den Auftrag (GKV-Versorgungsstärkungsgesetz, GKV-VSG v. 16.07.2015 BGBl. I, 1211), mit den Mitteln des Innovationsfonds solche Projekte zu fördern, die über die bisherige regelhafte Gesundheitsversorgung in der gesetzlichen Krankenversicherung in Deutschland hinausgehen, und gezielte Impulse für die innovative Weiterentwicklung des Gesundheitswesens zu geben („neue Versorgungsformen" oder „Versorgungsforschung", § 92a Abs. 1 bzw. Abs. 2 SGB V). Beispiele für Themenbereiche sind Perspektiven und Potenziale des Einsatzes künstlicher Intelligenz (KI) in der Versorgung, digitale Transformation wie Telemedizin, Telematik, E-Health oder elektronische Patientenakte sowie telemedizinische Kooperationsnetzwerke von stationären und ambulanten Einrichtungen (Innovationsausschuss 2020a, S. 23). Hierfür wurde beim G-BA ein Innovationsausschuss eingerichtet, § 92b SGB V (https://innovationsfonds.g-ba.de/innovationsausschuss). Die Mittel – jährlich 200 Mio. Euro – werden von den gesetzlichen Krankenkassen und aus dem Gesundheitsfonds getragen und vom Bundesamt für Soziale Sicherung verwaltet.[71] Ursprünglich wurde der Innovationsfons auf 4 Jahre angelegt, jedoch mit dem DVG bis zum 31. Dezember 2024 verlängert, was seine Bedeutung für die Innovationsförderung unterstreicht. Gleichzeitig hat der DVG-Gesetzgeber auch zahlreiche Modifikationen vorgenommen, um den Innovationsfonds leistungsfähiger zu machen. Die neuen gesetzlichen Regelungen sahen unter anderem vor, dass der ehemals im Innovationsausschuss tätige Expertenbeirat durch einen wissenschaftlichen Expertenpool für die Bewertung von Förderbeiträgen abgelöst wird (§ 92b Abs. 6 SGB V). Damit wird die Bewertung auf eine breitere wissenschaftliche und versorgungspraktische Expertise gehoben und trägt so zu einer sachgerechten und qualitätsorientierten Auswahl bei der Förderentscheidung des Innovationsausschusses bei.[72] Eine weitere zentrale Änderung ist das Verfahren zur Überführung erfolgreicher Versorgungsansätze in die Regelversorgung, § 92b Abs. 3 SGB V. Nach wissenschaftlicher Evaluation der Projekte muss innerhalb von 3 Monaten eine Empfehlung zum „ob" und dem „wie" der Überführung erfolgen. Wird der G-BA tangiert, z. B. bei NUB oder der Notwendigkeit einer Richtlinienänderung, so hat dieser innerhalb von 12 Monaten die Regelung zur Aufnahme in die Versorgung zu beschließen.[73] Damit wird

---

[71] §92a Abs. 4 SGB V. 80 % der Summe entfällt auf themenspezifische Förderbekanntmachung und 20 % auf themenoffene Förderung, § 92 Abs. 3.

[72] Bisher bestand ein 10-köpfiger Expertenbeirat, welcher die Interessen im G-BA abbildete und durch das BMG berufen wurde.

[73] § 92b Abs. 3 S. 6 SGB V. Kritisch hierzu die Stellungnahme des Vorsitzenden des Innovationsausschusses beim Gemeinsamen Bundesausschuss (G-BA) zum DVG-Entwurf v. 10.10.2019, der darin einen von der Aufgabenzuweisung her nicht legitimierbaren Eingriff in die Entscheidungsfindung des G-BA qualifiziert.

nunmehr sichergestellt, dass erfolgreich erprobte Versorgungsansätze zügig allen gesetzlich Versicherten zugänglich gemacht werden und die Erkenntnisse der Versorgungsforschung für eine Verbesserung der Gesundheitsversorgung genutzt werden. Seit 2016 bis Dezember 2019 wurden insgesamt 1464 Projekte eingereicht, von denen 441 gefördert wurden (ca. 30 %). Leistungserbringern wie Start-ups, Kostenträgern und Forschungseinrichtungen kann empfohlen werden, auf die Förderbekanntmachungen des Innovationsfonds zu achten und ihre Projektvorhaben einzureichen.

Eine Überführung in die Regelversorgung empfahl der Innovationsausschuss erstmalig für Ansätze des Projektes „Telenotarzt Bayern", bei der die Notfallversorgung im Rettungsdienst einer ländlichen Region telemedizinisch unterstützt wird (Innovationsausschuss 2020b). Weitere Empfehlungen zu den für die Innovation relevanteren neuen Versorgungsformen sollen im ersten Quartal 2021 folgen. Dann wird sich eine Tendenz abzeichnen, welche Technologien und wie viele in die Regelversorgung eingeführt werden sollen.

## 1.6   Zusammenfassung und Ausblick

Einführung, Verankerung und Dissemination digitaler Innovationen im Gesundheitswesen kennt keinen Automatismus. Auch hat sich an zahlreichen Beispielen gezeigt, dass der GKV-Markt nicht in der Lage ist, autonom diese Aufgaben zu erledigen. Grund hierfür sind unter anderem die komplexen rechtlichen Strukturen und Rahmenbedingungen. Die Bedeutung des Sozialversicherungsrechts als zentraler normativer Rahmen muss dabei als ambivalent bezeichnet werden. Es kann nämlich Hemmnis und Förderung zugleich sein. Eine Art „Aktivierungsenergie" für die (digitale) Innovationsförderung in der gesetzlichen Krankenversicherung stellt unbestritten das DVG dar. Neben der Einführung einer neuartigen Leistungsart – den DiGA – sind es vor allem neuartige Verfahren (Fast-Track), Instrumente und Kooperationsmodelle (Kostenträger als Venture Capitalist), die eine digitale Transformation des Gesundheitswesens einleiten und langfristig sichern. Folglich bildet insbesondere das Sozialversicherungsrecht das Fundament für eine innovationsfreundliche Umgebung, in der digitale Technologien frühzeitig zu den Patienten gelangen können. Aus dieser Perspektive hat das SGB V durch die neuartigen Verfahren, Instrumente und Verantwortlichkeiten nicht nur ein Update, sondern ein echtes Upgrade erhalten. Hier könnte man konsentieren, dass sich das SGB V innerhalb einer Legislaturperiode – folglich in Lichtgeschwindigkeit – vom Hemmschuh hin zum Katalysator der (digitalen) Innovationsförderung in der GKV entwickelt hat.

Allerdings wäre es nur die halbe Wahrheit, wenn man die rechtliche Veränderung des Sozialversicherungsrechts lediglich aus der Warte der Innovationsoffenheit betrachten würde. Notwendigerweise sind die Prinzipien der Qualitätssicherung und Wirtschaftlichkeit zwingend einzubeziehen. Diese beiden Prinzipien werden stellenweise vom Gesetzgeber nicht ausreichend gewürdigt. Dies lässt sich beispielsweise an der Digitale-Gesundheitsanwendungen-Verordnung festmachen, welches die Hürde für den Qualitätsnachweis absenkt. Bei der Wirtschaftlichkeit wäre unter anderem die fehlende Konkretisierung zu nennen, wie das durch die Krankenkassen eingesetzte Kapital im Sinne des § 68a Abs. 4 Alt. 2 i. V. m. § 263 SGB V vor Totalverlusten geschützt werden kann. Aus den in diesem Kapitel aufgezeigten Bespielen lässt sich gut erkennen, dass vielfach offene Fragen und Unklarheiten bestehen. Diese resultieren zwangsläufig aus den zahlreichen und vor allem notwendigen und sinnvollen rechtlichen Innovationen im Sozialrecht. Dieser normative Rahm muss aber zwingend vom Gesetzgeber präzisiert und weiterentwickelt werden. Um möglichst wenig Rechtsunsicherheit und Frust bei den Akteuren im Gesundheitswesen zu erzeugen, sollte der Gesetzgeber auf eine Balance zwischen den Prinzipien Innovationsoffenheit, Qualität und Wirtschaftlichkeit achten, was gegenwärtig nicht konsequent gemacht wird. Aus diesem Grund kann noch nicht vom Sozialversicherungsrecht 2.0 gesprochen werden.

Des Weiteren bedarf es der Mitarbeit aller Stakeholder im Gesundheitsweisen, um die digitalen Innovationsförderung in der GKV langfristig zu etablieren. Dies kann jedoch nur gelingen, wenn mit Hilfe des Rechts alle Akteure in diesen Prozess involviert werden. Auffällig an den neueren Gesetzen, z. B. dem DVG, ist der Umstand, dass sich Verantwortlichkeiten teilweise verschieben. So ist bei den DiGA der G-BA größtenteils ausgeschlossen. Das BfArM hat die Verantwortlichkeiten für das DiGA-VZ und nicht der GKV-SV. Letztere ist dagegen für die Preisverhandlungen zuständig. Die stellenweise im Gesetz verankerte Durchbrechung bestehender Verantwortlichkeiten und Strukturen ist neu, kann jedoch zum Erfolg führen, wenn insbesondere tradierte Vorstellungen und Strukturen nicht über, sondern unter das eigentliche Ziel gestellt werden – nämlich die wirtschaftlich und qualitativ beste Versorgung für die Patienten zu garantieren.

Bleibt noch der Ausblick übrig, wie sich das Sozialversicherungsrecht und die damit verbundene digitale Innovationsförderung in der gesetzlichen Krankenversicherung zukünftig weiterentwickelt. Die Aussichten können hierbei durchaus als positiv bezeichnet werden. Einführung der elektronischen Patientenakte (ePA) und das elektronische Rezept (eRezept), DiPA, neue Aufgaben der Datentransparenz nach §§ 303 ff. SGBV und finanzielle Förderung digitaler Maßnahmen bei Krankenhäusern sind einige weitere Beispiele, die eine digitale Transformation des Gesundheitswesens einläuten und weiterentwickeln. Abgeschlossene Gesetze wie das DVG und Krankenhauszukunftsgesetz(KHZG), aber auch laufende Gesetzesvorhaben wie das Pflege-Modernisierungs-Gesetz (DVPMG) und das Gesetz zur Weiterentwicklung der Gesundheitsversorgung (GVWG) stellen hierbei die normative Grundlage dar. Sollten alle Beteiligten an einem Strang ziehen, dann werden weitere Upgrades hin zu einem Sozialversicherungsrecht 2.0 folgen und womöglich die gesetzliche Krankenversicherung als Best-Practice-Beispiel für (digitale) Innovationsförderung im internationalen Vergleich etablieren.

## Literatur

Becker, U. (2010). Verfassungsrechtliche Vorgaben für Sozialversicherungsreformen, *Zeitschrift für die gesamte Versicherungswissenschaft (ZVersWiss)*, 585–606. doi:https://doi.org/10.1007/s12297-010-0128-9

Bitkom e.V. (Hrsg.) (2020). Studie Gesundheits-Apps auf Rezept. https://www.bitkom.org/Presse/Presseinformation/Deutschlands-Patienten-fordern-mehr-digitale-Gesundheitsangebote. Zugegriffen am 26. Oktober 2021.

Brönneke, J.B, Debatin, J.F., Hagen, J., Kircher, P., Matthies, H. (2020). DiGA Vademecum. Was man zu digitalen Gesundheitsanwendungen wissen muss.

Braun, J. (2020). Die Förderung der Entwicklung digitaler Innovationen durch Krankenkassen nach dem Digitale-Versorgung-Gesetz. *Neue Zeitschrift für Sozialrecht (NZS)*, 894–896.

Bundesärztekammer (Hrsg.) (2015). Telemedizinische Methoden in der Patientenversorgung – Begriffliche Verortung. https://www.bundesaerztekammer.de/aerzte/telematiktelemedizin/telemedizin/. Zugegriffen am 26. Oktober 2021.

Bundesinstitut für Arzneimittel und Medizinprodukte (Hrsg) (2020a). Das Fast-Track-Verfahren für digitale Gesundheitsanwendungen (DiGA) nach § 139e SGB V. Ein Leitfaden für Hersteller, Leistungserbringer und Anwender. https://www.bfarm.de/SharedDocs/Pressemitteilungen/DE/2020/pm4-2020.html. Zugegriffen: 26. Oktober 2021.

Bundesinstitut für Arzneimittel und Medizinprodukte (Hrsg) (2020b). Pressemitteilung Nummer 4/20 vom 06.10.2020: BfArM nimmt erste „Apps auf Rezept" ins Verzeichnis digitaler Gesundheitsanwendungen (DiGA) auf.

Bundesministerium für Gesundheit (2020). E-Health – Digitalisierung im Gesundheitswesen, https://www.bundesgesundheitsministerium.de/e-health-initiative.html. Zugegriffen: 16. Dezember 2020.

Bundesministerium für Wirtschaft (2017). Monitoring-Report Wirtschaft DIGITAL 2017. https://www.bmwi.de/Redaktion/DE/Publikationen/Digitale-Welt/monitoring-report-wirtschaft-digital-2017.html. Zugegriffen: 26. Oktober 2021.

Bundesregierung (Hrsg.) (2020). Forschung und Innovation für die Menschen. Die High-Tech Strategie 2025. https://www.hightech-strategie.de/de/hightech-strategie-2025-1726.html. Zugegriffen: 26. Oktober 2021.

Bündnis „Digitalisierung in der Pflege" (Hrsg.) (2020). Gemeinsame Pressemitteilung vom 16.1.2020. DVPMG: Erste Meilensteine für eine digitale Pflege vom Bundesverband Gesundheits-IT (bvitg), Verband der diakonischen Dienstgeber Deutschlands (VdDD), Deutschen Pflegerat (DPR), Deutschen Evangelischen Verband für Altenarbeit und Pflege (DEVAP), Fachverband Informationstechnologie in Sozialwirtschaft und Sozialverwaltung (Finsoz) und Verband für Digitalisierung der Sozialwirtschaft (vediso). https://www.bvitg.de/dvpmg-erste-meilensteine-fuer-eine-digitale-pflege/. Zugegriffen: 26. Oktober 2021.

Cashin, C., Chi, Y-L., Smith, P.C., Borowitz, M. & Thomson, S. (2014). Paying for Performance in Health Care, Implications for health system performance and accountability. https://www.euro.who.int/__data/assets/pdf_file/0020/271073/Paying-for-Performance-in-Health-Care.pdf?ua. Zugegriffen: 26. Oktober 2021.

Däubler, W. (1986). Gestaltung neuer Technologien durch Recht? *Zeitschrift für Rechtspolitik*, 42–48. https://www.jstor.org/stable/23418437. Zugegriffen: 26. Oktober 2021.

Deutscher Bundestag (Hrsg.) (2016). Begehrter Innovationsfonds. Gesundheit/Ausschuss v. 30.11.2016 (hib 701/2016). https://www.bundestag.de/webarchiv/Presse/hib/201611/482894-482894. Zugegriffen: 26. Oktober 2021.

Di Fabio, U (2018). In: Maunz, T.; Dürig, G. (Hrsg.). *Grundgesetz*, 84. EL 2018, Art. 2 (Rn. 54–94).

Dierks, C. (2019). Lösungsstrategien zur Verbesserung des GKV-Zugangs mobiler Gesundheitstechnologien. https://www.dierks.company/wp-content/uploads/2019/02/2019-02-15_DierksCompany_Lösungsstrategien-zur-Verbesserung-des-GKV-Zugangs-mobiler-Gesundheitstechnologien.pdf. Zugegriffen: 26. Oktober 2021.

Elmer, A. (2016). Elektronische Gesundheitskarte und Telematikinfrastruktur – Plattform für ein sicher vernetztes Gesundheitswesen. In: Andelfinger, V. P., Hänisch, T (Hrsg.), eHealth, DOI https://doi.org/10.1007/978-3-658-12239-3_10

Ex, P., Melina Ledeganck, M., Behmer, M., Amelung, V. E. (2020). BMC-Innovationspanel. Chartbook 2020. 19-20. https://www.bmcev.de. Zugegriffen: 26. Oktober 2021.

Felten, C. (2001). Adoption und Diffusion von Innovationen.

Felix, D.; Deister, S. (2013), Innovative Medizin im Krankenhaus – erfordert das Versorgungsstrukturgesetz eine grundlegende Neubewertung? *Neue Zeitschrift für Sozialrecht (NZS)*. 81–88

Gassner, U. M. (2017), Rechtsgutachten zur Verfassungsrechtlichen Legitimation des G-BA. Endbericht erstellt im Auftrag des Bundesministeriums für Gesundheit.

Gensorowsky, D., Düvel, J., Hasemann, L., Greiner, W. (2020), Zugang mobiler Gesundheitstechnologien zur GKV. *Gesundheitsökonomie & Qualitätsmanagement 25*, 105–114. doi: https://doi.org/10.1055/a-1031-9976

Gerke, S., Stern A.D.; Minssen, T. (2020). Germany's digital health reforms in the COVID-19 era: lessons and opportunities for other countries. *npj Digital Medicine*. doi:https://doi.org/10.1038/s41746-020-0306-7

Grinblat, R. (2020). Das Leistungsrecht der gesetzlichen Krankenversicherung. In: Ratzel, R., Luxemburger, (Hrsg.), *Handbuch Medizinrecht*, 4. Aufl. (S. 240–296).

Grinblat, R. (2017). Rückblick, Gegenwart und Zukunft des Präqualifizierungsverfahrens nach § 126 SGB V, *Medizinproduktejournal (MPJ)*, 30–38

Grinblat, R. (2011). Rechtsfragen der Ausschreibung von Hilfsmitteln.

Hauck, K., Noftz, W. (2019). Kommentar Gesetzliche Krankenversicherung SGB, 07/19, § 4 SGB V.

Hoffman-Riem, W. (2010). Risiko- und Innovationsrecht im Verbund, in: *ders.*(Hrsg.), Offene Rechtswissenschaft, 237–269.

Health Innovation Hub (2020), Krankenkassen & VC Forum vom 17.09.2020. https://hih-2025.de/krankenkassen-vc-forum-zusammenfassung-video-folien. Zugegriffen: 26. Oktober 2021.

Health Innovation Hub (2019), DVG & §68a – Krankenkassen & Investoren Workshop vom 07.11.2019. https://hih-2025.de/blog-digitale-innovationen-in-die-versorgung-gute-zeiten-fuer-patieninnen/. Zugegriffen: 26. Oktober 2021.

Huster, S. (2011) Rechtsfragen und Regulierungsbedarf von „Pay for Performance" in der Gesetzlichen Krankenversicherung, *Gesundheit und Pflege (GuP)*, 1–4.

Huster, S. (2016). Die genetische Diagnostik als Innovationstreiber und die Regulierung des öffentlichen Systems der Gesundheitsversorgung. In: Hoffman-Riem, W. (Hrsg.), *Innovationen im Recht* (S. 243–268).

Innovationsausschuss (Hrsg.) (2020a). Der Innovationsfonds: Stand der Dinge. https://innovationsfonds.g-ba.de/downloads/media/48/Der-Innovationsfonds-im-Ueberblick_2020-05-18.pdf. Zugegriffen: 26. Oktober 2021.

Innovationsausschuss (Hrsg.) (2020b). Neue Versorgungsformen: Innovationsausschuss empfiehlt erstmals Transfer in die Regelversorgung. Pressemitteilung v. 18.12.2020. https://www.g-ba.de/presse/pressemitteilungen-meldungen/925/. Zugegriffen: 26. Oktober 2021.

Kassenärztliche Bundesvereinigung (KBV), Praxisnachrichten v. 27.08.2020. Apps demnächst auf Rezept – Erste Details zur Verordnung. https://www.kbv.de/html/1150_47664.php. Zugegriffen: 26. Oktober 2021.

Kingreen, T. (2017). Optionen zur Stärkung der demokratischen Legitimation des Gemeinsamen Bundesausschusses im Recht der gesetzlichen Krankenversicherung. Rechtsgutachten für das Bundesministerium für Gesundheit.

Kirchner, C. (1998). Rechtliche „Innovationssteuerung" und Ökonomische Theorie des Rechts. In: Hoffman-Riem, W., Schneider, J.P. (Hrsg.), *Schriften zur rechtswissenschaftlichen Innovationsforschung*, Bd. 1, (S. 85–120).

Kluckert, S. (2020). Die Aufnahme digitaler Gesundheitsanwendungen in die Regelversorgung der GKV nach dem Digitale-Versorgung-Gesetz. Unter besonderer Berücksichtigung der Bedeutung der evidenzbasierten Medizin. *Die Sozialgerichtsbarkeit (SGb)*, 197–203.

Klöckner, J. (2020). CORONA-Mehrausgaben. Krankenkassen können deutlich weniger in Startups investieren. Handelsblatt v. 20.11.2020. https://www.handelsblatt.com. Zugegriffen: 26. Oktober 2021.

Knieps, F. (1997). Arzneimittelinnovationen aus der Perspektive der Krankenkassen. In: Albring, M.; Wille, E. (Hrsg.): Innovationen in der Arzneimitteltherapie (S. 52–58). doi:https://doi.org/10.3726/b14079

Knöppler, K, Ex, P. (2017). In: Bertelsmann Stiftung (Hrsg.), Digital-Health-Anwendungen in den Versorgungsalltag. Teil 2: Vertrags- und Vergütungsformen in der gesetzlichen Krankenversicherung – Gegenstand, Verfahren und Implikationen.

Knöppler, K., Koch, H., Oschmann, L. (2017). In: Bertelsmann Stiftung (Hrsg.), Digital-Health-Anwendungen in den Versorgungsalltag. Teil 2: Bedarfsgerechte Innovations- und Forschungsförderung: Innovationspotenzial, Förderbedarf und Implikationen. https://www.bertelsmann-stiftung.de/de/unsere-projekte/der-digitale-patient/transfer-von-digital-health-anwendungen-in-den-versorgungsalltag. Zugegriffen: 26. Oktober 2021.

Marquardt, L. (2017). Evidenzbasierte Medizin und Pflege. In: Fiedler C., Köhrmann M., Kollmar R. (Hrsg.). Pflegewissen Stroke Unit (S. 13–22). 2. Aufl. Berlin: Springer. doi:https://doi.org/10.1007/978-3-642-29995-7_2

Oliveira Hashiguchi, T (2020). Bringing health care to the patient: An overview of the use of telemedicine in OECD countries. OECD Health Working Papers No. 116. DOI: https://doi.org/10.1787/8e56ede7-en

Obermann, K.; Brendt, I., Müller, P. (2020). Digitale Gesundheitsanwendungen (DiGA) und innovative Startups im Gesundheitswesen. Eine repräsentative deutschlandweite Befragung von Ärztinnen und Ärzten durch die Stiftung Gesundheit. https://www.stiftung-gesundheit.de/pdf/studien/aerzte-im-zukunftsmarkt-gesundheit_2020_2.pdf. Zugegriffen: 26. Oktober 2021.

Pfeiffer, D. (2011). Patientensicherheit hat absoluten Vorrang, Kranken- und Pflegeversicheurng (KrV), 103–104.

Pitz, A, (2019). Die Finanzierung technischer Innovationen im System des SGB V. Medizin Recht (MedR), 938–942.

Radic, D., Radic, M., Schindler, C., Hupfer, S., Pohl, A-S., Schuldt, N., Richter-Worch, V. (2018). Digitalisierung im Krankenversicheurngsmarkt. Stand der Digitalisierung in gesetzlichen und privaten Krankenversicherungen 2018. White paper Fraunhofer-Zentrum für Internationales Management und Wissensökonomie IMW. http://publica.fraunhofer.de/dokumente/N-494550.html. Zugegriffen: 26. Oktober 2021

Rixen, S. (2009). „Pay for Performance" – Normative Parameter der qualitätsfördernden Vereinbarungen nach § 136 Abs 4 SGB V, *Medizinrecht (MedR)*, 697–701.

Rogers, E. M. (2003). *Diffusion of Innovation*, 5. Edition.

Sachs, M (2018). Grundgesetz Kommentar, 8. Aufl., Art. 20, Rn. 46.

Steiner, U. (2018). In: Spickoff, A. (Hrsg.). Medizinrecht, 3. Aufl., Art. 2, Rn. 15.

Schnee, M., Greß, S. (2019). Das Digitale-Versorgung-Gesetz – Versorgungsoptimierung oder Wirt-schaftsförderung? *Gesundheit und Sozialpolitik (G+S)*, 8–13. doi: https://doi.org/10.5771/1611-5821-2019-6-8

Ulsenheimer, K., Berg, D. (2006). Medizinischer Standard und Organisationsverantwortung in Zei-ten knapper Ressourcen. In: dies. *Patientensicherheit, Arzthaftung, Praxis- und Krankenhausor-ganisation* (S. 259–267).

Wallrabenstein, A, (2017). Legitimation des Gemeinsamen Bundesausschusses. Die Machtzentrale auf der Kippe. *Legal Tribune Online*. https://www.lto.de/recht/hintergruende/h/gemeinsamer-bundesausschuss-gb-a-gesundheit-krankenkassen-demokratische-legitimation-bverfg-kritik/. Zugegriffen: 26. Oktober 2021.

# Betrug und Missbrauch in der Krankenversicherung

## Beschreibung eines Phänomens und dessen ökonomischer Wirkung

Franz Benstetter und Dominik Schirmer

**Zusammenfassung**

Im Jahr 2004 hat der Gesetzgeber eine neue sozialrechtliche Instanz durch Stellen zur Bekämpfung von Fehlverhalten im Gesundheitswesen (StBvFG) eingeführt. Die Kassenärztlichen Vereinigungen und Krankenkassen müssen organisatorische Einheiten einrichten, „die Fällen und Sachverhalten nachzugehen haben, die auf Unregelmäßigkeiten oder auf rechtswidrige oder zweckwidrige Nutzung von Finanzmitteln im Zusammenhang mit den Aufgaben der jeweiligen Kranken- oder Pflegekasse hindeuten".

Zur Ermittlung zukünftiger Optionen und Strategien zur Eindämmung von Betrug, Missbrauch und weiterer Verschwendung im System der gesetzlichen Krankenversicherung in Deutschland, eruiert der Artikel zunächst den Status quo sowie die aktuelle Bedeutung der Fehlverhaltensbekämpfung in internationalen Gesundheitsmärkten und in Deutschland. Es werden Vergleiche bezüglich Klassifikation, Erscheinungsformen und ökonomischer Messung von Korruption in Gesundheitssystemen angestellt und eingeordnet sowie international und national verwendete analytische Methoden zur Unterstützung der Aufdeckung von Fehlverhalten skizziert. Anschließend werden Empfehlungen zur weiteren Bekämpfung von Fehlverhalten im System der gesetzlichen Kranken- und Pflegeversicherung entwickelt. Dabei soll abschließend bewertet werden, inwieweit die Vorgaben des Gesetzgebers und die Maßnahmen, insbesondere

F. Benstetter
Technische Hochschule Rosenheim, Rosenheim, Deutschland
E-Mail: franz.benstetter@th-rosenheim.de

D. Schirmer (✉)
Kiefersfelden, Deutschland

© Der/die Autor(en), exklusiv lizenziert durch Springer Fachmedien Wiesbaden GmbH, ein Teil von Springer Nature 2022
R. Grinblat et al. (Hrsg.), *Innovationen im Gesundheitswesen*,
https://doi.org/10.1007/978-3-658-33801-5_2

der gesetzlichen Krankenkassen, zur Betrugsbekämpfung und Prävention ausreichend und zweckmäßig erscheinen.

## 2.1 Die Notwendigkeit von Interventionen zur Bekämpfung und Vermeidung von Betrug und Missbrauch im Gesundheitswesen

Die Gesundheitsausgaben in Deutschland beliefen sich im Jahr 2019 auf 407,4 Mrd. EUR oder 4907 EUR je Einwohner und sind daher als systemrelevant zu bewerten. Laut der vorläufigen Schätzung des Statistischen Bundesamtes entspricht dies einem Anstieg um 4,3 % gegenüber 2018. Der Anteil der Gesundheitsausgaben am Bruttoinlandsprodukt lag 2019 bei 11,8 %. Damit überschritten die Gesundheitsausgaben wie bereits im Jahr 2017 die Marke von 1 Mrd. EUR pro Tag (Statistisches Bundesamt 2020).

Im Gesetzentwurf des Bundesrats zur Bekämpfung der Korruption im Gesundheitswesen wurde bereits 2013 festgestellt, dass von den ca. 1 Billion EUR, die jedes Jahr für Gesundheit in der EU ausgegeben werden, ca. 56 Mrd. EUR bzw. 5,6 % der Ausgaben aufgrund von Fehlern, Betrug und Korruption verloren gehen (Bundestagsdrucksache – BT-Drs. 17/14575, S. 1). Sommersguter-Reichmann et al. (2018) zitieren in ihrer Forschungsarbeit das British Centre of Counter Fraud Studies, nach dessen Angaben die Verluste durch Korruption im Gesundheitswesen seit 2008 weltweit um 25 % und für den National Health Service in Großbritannien sogar um 37 % gestiegen seien. Für das Jahr 2010 schätzten die U.S. Centers for Medicare and Medicaid Services den Verlust durch unnötige oder falsche Zahlungen auf ca. 75 Mrd. USD. Eine weitere Studie schätzte den Schaden, der den U.S. Centers for Medicare and Medicaid Services durch Betrug und Missbrauch entsteht, für das Jahr 2011 auf ca. 98 Mrd. USD (Sommersguter-Reichmann et al. 2018, S. 290).

Generell sind europäische Studien und Einschätzungen dazu selten, obwohl die Tabuisierung des Themas in den letzten Jahren mit zunehmendem Bewusstsein über das (mögliche) Ausmaß abgenommen hat (European Commission 2013). So hat sich in der letzten Dekade die Bekämpfung der Korruption im Gesundheitswesen aufgrund des wachsenden Konsenses, dass Korruption in ihren verschiedenen Formen das nationale Gesundheitswesen stark verzerrt, die Ziele gesundheitspolitischer Maßnahmen und Reformen untergräbt und zu einer enormen Ressourcenverschwendung führt, intensiviert. Unter der Überschrift „Corruption in global health: the open secret" wird in The Lancet – einer der ältesten und renommiertesten medizinischen Fachzeitschriften der Welt – Korruption als eines der wichtigsten Hindernisse für die Einführung einer universellen Krankenversicherung in einzelnen Ländern bezeichnet. Korruption – so die Autorin Patricia Garcia – sei in die Gesundheitssysteme eingebettet und wird zugleich selten offen diskutiert. Somit sei Korruption im Gesundheitswesen als wichtiges Forschungsgebiet analog zu der Forschung über Krankheiten zu adressieren und nicht mehr als „offenes Geheimnis" zu betrachten (Garcia 2019, S. 2119).

Leistungserbringer im Gesundheitswesen werden in ihrem Verhalten neben ihrem Berufsethos und anderen Faktoren nicht unerheblich durch finanzielle Anreize beeinflusst. Staatliche Interventionen zur Bekämpfung von Betrug und Missbrauch sowie weitere Maßnahmen der Akteure im Gesundheitswesen sollen die systemischen Anreize der angebotsinduzierten Nachfrage nachhaltig verringern. Aus der im Gesundheitswesen prinzipiellen Informationsasymmetrie zwischen Leistungserbringer und Patient sowie zwischen Leistungserbringer und Versicherer bezüglich der korrekten Leistungsabrechnung leitet sich somit die Notwendigkeit von (staatlichen) Interventionen ab (vgl. Benstetter 2002).

Die Einführung der §§ 81a, 197a SGB V und 47a SGB XI durch das GKV-Modernisierungsgesetz (GMG) im Jahr 2004 ist insofern als ein Meilenstein in der Bekämpfung von Betrug, Missbrauch und Korruption im deutschen Gesundheitswesen zu bewerten.

Mit diesen „Stellen zur Bekämpfung von Fehlverhalten im Gesundheitswesen" (StBvFG) wurde durch den Gesetzgeber eine sozialrechtliche Zwischeninstanz auf dem Weg zur strafrechtlichen Korruptionsbekämpfung eingebaut. Dies ist daher lediglich eine Zwischeninstanz, weil die strafrechtliche Pönalisierung, stets dem Gewaltmonopol des Staates unterliegt und diese staatliche Aufgabe daher immer bei den Staatsanwaltschaften verbleiben muss (Grinblat et al. 2019, S. 58).

Nicht minder interessant als die im GMG enthaltene Norm selbst ist die gesetzliche Argumentation. Die Einführung der §§ 81a, 197a SGB V bzw. 47a SGB XI wird damit begründet, dass der „effiziente Einsatz von Finanzmitteln im Krankenversicherungsbereich/Pflegeversicherungsbereich gestärkt, die Selbstreinigungskräfte innerhalb des Systems der gesetzlichen Krankenversicherung (GKV)/Pflegeversicherung gefördert werden sollen ohne ein Klima des Misstrauens zu schaffen." (BT-Drs. 15/1525, S. 99)

Darin sind drei wesentliche Kernpunkte enthalten:

- **Erstens**, der Gesetzgeber erkennt an, dass durch Fehlverhalten im Gesundheits- und Pflegebereich Finanzmittel in nicht unerheblichem Maße versickern.
- **Zweitens**, die Selbstreinigungskräfte in der GKV sind zu stärken. Dies funktioniert nur durch Nachjustierung einer mit Kontrollbefugnissen ausgestatteten Instanz. Sozialstaatliche Interventionen müssen effektiv sein, da, wenn Personen zu einer Versicherung „gezwungen" werden, damit Freiheitseinschränkungen verbunden sind. Das ist ein Kennzeichen der Kranken- und Pflegeversicherung in Deutschland und dient ihrer Funktionssicherung. Zugleich muss aber auch eine Kontrolle erfolgen, welche ihrerseits den Eingriff in die Handlungsfreiheit rechtfertigt (Schirmer et al. 2019, S. 36).
- **Drittens**, diese Kontrolle muss gewissermaßen mit Augenmaß erfolgen. Der pauschale Verdacht gegenüber einer ganzen Branche und damit die Anwendung eines „Gießkannenprinzips" würde in der Praxis das Gleichgewicht aus den Fugen bringen und Miss-

trauen erzeugen. Die Lösung liegt in einer fundierten Aufklärung und Begründung der Verdachtsmomente (Grinblat et al. 2019, S. 58).

Somit bilden diese drei Merkmale den Rahmen, in dem sich die Tätigkeit der Korruptionsbekämpfungsstellen bewegt.

## 2.2    Fehlverhalten im Gesundheitswesen: Erscheinungsformen und Ausmaß

Die Erscheinungsformen von Fehlverhalten im Gesundheitswesen sind – gerade auch im internationalen Kontext – sehr vielfältig und können in unterschiedlichen Konstellationen und Mustern identifiziert werden. Die Palette reicht von der missbräuchlichen Verwendung der elektronischen Krankenversicherungskarte über die Abrechnung von nichterbrachten Leistungen oder Doppelleistungen bis hin zur Abrechnung für bereits Verstorbene. Dazu gesellen sich auch Manipulationen von Unterlagen und Fälschungen von Bescheinigungen, um Leistungen zu erschleichen oder vorzutäuschen.

Als Beispiel können typische Fehlverhaltensmuster in der gesetzlichen Krankenversicherung (GKV) nach den Akteuren im Gesundheitswesen klassifiziert werden und umfassen in ihrer aktiven Rolle im Fehlverhalten insbesondere Ärzte, Apotheken, Pharmaunternehmen, Physiotherapeuten, Pflegedienste, aber auch Versicherte. Dazu werden im Folgenden für jeden Einzelnen der genannten Akteure beispielhaft auffällige Fehlverhaltensmuster beschrieben:

- **Ärzte:** Neben der Abrechnung von nicht (persönlich) erbrachten Leistungen (insbesondere „Luftleistungen"), Falschabrechnungen („Aufbauschen" bzw. Upcoding) sowie Selbstzuweisungen gehören hierzu auch Überweisungen gegen Provision (z. B. „Kickback").
- **Apotheken:** Zu den Falschabrechnungen zählen u. a. die Abgabe von Reimporten oder Generika unter Berechnung des Originalpräparates, die Fälschung der Mengenangaben auf dem Rezept, aber auch die Provisionszahlungen durch Apotheker an rezeptverordnende Ärzte.
- **Pharmaunternehmen:** Als Betrugsmuster ist in der Pharmaindustrie beispielsweise die finanzielle Abfindung von Generikafirmen durch forschende Arzneimittelunternehmen bekannt, um preiswerte Generika nicht oder verspätet auf den Markt zu bringen. Zu benennen wären auch die als „Bestechungsinstrument" bezeichneten Anwendungsbeobachtungen, mit welchen in der Regel neue Absatzmärkte erschlossen werden sollen.
- **Physiotherapeuten:** Zu den Fehlverhaltensmustern in Physiotherapiepraxen gehört neben der Abrechnung nichterbrachter Leistungen auch die Abrechnung von anderen als den tatsächlich erbrachten Behandlungen (z. B. Tausch von Physiotherapie gegen Massagen).

- **Pflegedienste:** Typische Fehlverhaltensmuster in der Pflege sind die Abrechnung von nicht erbrachten Leistungen (z. B. Körperpflege), die Abrechnung von Leistungen, die nicht durch qualifiziertes Personal erbracht wurden, sowie die Abrechnung von Verhinderungspflege, obwohl diese nicht in Anspruch genommen wurde.
- **Versicherte:** Bekanntes Muster von Versichertenfehlverhalten sind das Verleihen der Chipkarte gegen Bargeld, der Verkauf von Rezepten in der Apotheke gegen Bargeld sowie die Nötigung von Ärzten zu nichtbegründeten Leistungen (z. B. Massagen).

Je nach Struktur, Digitalisierungsgrad, gesellschaftlicher Besonderheiten etc. ergeben sich unterschiedliche Ausprägungen der Verhaltensweisen der Akteure in den unterschiedlichen Gesundheitsmärkten, allerdings lassen sich insbesondere auf Versicherungsmärkten ähnliche und vergleichbare Formen von Betrug und Verschwendung identifizieren und, basierend auf den jeweiligen technischen und gesellschaftlichen Entwicklungen, prognostizieren.

## 2.3  Gründe, warum national und international nur zögerlich über Betrug und Missbrauch berichtet und geforscht wird

Die Erscheinungsformen von Fehlverhalten in den internationalen Gesundheitsmärkten sind sehr vielfältig und können in unterschiedlichen Konstellationen und Mustern identifiziert werden.

Hutchinson et al. (2019, S. 191 f.) identifizieren in ihrem Artikel „We Need to Talk About Corruption in Health Systems" fünf Gründe, warum nur zögerlich darüber geredet und geforscht würde: Als Grund Nr. 1 nennen sie das Problem der Definition von Korruption: Selbst in einer Sprache existieren vielfache Synonyme für den Begriff Korruption, allerdings mit unterschiedlicher Konnotation bezüglich des Ausmaßes und der Einordnung des Schweregrades. Interkulturell sind die unterschiedlichen Auslegungen der Definition von Korruption noch gravierender. Als zweiten Grund beschreiben sie die Tatsache, dass einige korrupte Praktiken als tatsächliche Wege gesehen werden, um dysfunktionale Systeme zum Funktionieren zu bringen: Auch wenn die Empfänger von Bestechungsgeldern korrupt sind, wie ist mit der Tatsache umzugehen, dass informelle Zahlungen von Personen mit hoher Zahlungsfähigkeit in Gesundheitseinrichtungen auch zur Behandlung von Personen verwendet werden, die sich keine Behandlung leisten können? Ein dritter Grund ist die besondere Herausforderung bei der Erforschung von Korruption, das relevante Geschehen im Gesundheitsmarkt zu erfassen: Forscher könnten beispielsweise in der medizinischen Forschung dem Dilemma ausgesetzt sein, bei der Meldung von missbräuchlichem oder ausbeuterischem Verhalten ihren Zugang zu Forschungsressourcen zu verlieren (Randall et al. 2016). Als vierter Grund wird die Sorge benannt, dass die Konzentration auf Korruptionsanalyse und -bekämpfung eine Form der Opferbeschuldigung ist, die größere Probleme ignoriert: Dabei wird argumentiert, dass wichtige Themen im Gesundheitswesen durch den Fokus auf Korruptionsforschung vernachlässigt werden, die selbst ein Faktor für die Entstehung und Beständigkeit der Korruption sind. Schließlich wird als fünfter Grund das fehlende Wissen zur Bekämpfung der Korruption definiert: Trotz jahrelanger Investitionen in „good governance" sei das Ausmaß der Korruption nach wie vor hoch und nimmt mancherorts sogar noch zu.

Um die Situation zu verbessern, muss folglich ein Konsens über das Ausmaß und die Art der Korruption gesucht werden und Prioritäten unter Berücksichtigung des Ausmaßes der Verschwendung und der Umsetzbarkeit der Gegenmaßnahmen sind festzulegen. Schließlich bedarf es auch der Entwicklung einer ganzheitlichen Sichtweise, die sich auf ein breites Spektrum von Disziplinen (Ökonomie, Recht, Psychologie etc.) stützt, sowie einer Professionalisierung der Aufdeckung von Betrug und Missbrauch zugrunde liegenden Daten und Methoden.

Auch Brooks, Button und Gee (2012, S. 76) kommen in ihrer Arbeit „The scale of health-care fraud: a global evaluation" zur Schlussfolgerung, dass in einer Zeit der Finanzkürzungen Kosteneinsparungen generell als wichtig und notwendig angesehen werden, aber das Thema Betrug oft heruntergespielt oder als Mittel zur Erreichung einiger dieser Kostensenkungen ignoriert wird. Geeignete Strategien zur Betrugsbekämpfung könnten somit eine weniger schmerzhafte Alternative als Budgetkürzungen und Rationierung im Gesundheitswesen darstellen.

Insbesondere aufgrund der unzureichenden Forschungslage und der fehlenden Thematisierung von Fehlverhalten in vielen Gesundheitssystemen bildeten sich auf der internationalen Ebene Kooperationen, um gemeinsam die Betrugstypologie, die Analyse des Ausmaßes und der Aufdeckung voranzubringen. Hier ist besonders das „European Healthcare Fraud & Corruption Network" (EHFCN) zu nennen. Zur Unterstützung der Prüfung und Kontrolle der Institutionen im Hinblick auf die Operationalisierung hat das EHFCN eine Begriffsdefinition entwickelt, die „waste", also „Verschwendung", im Gesundheitswesen nach Fehlern, Missbrauch, Betrug und Korruption im Hinblick auf ihre Folgen klassifiziert und subsumiert, wie in Tab. 2.1 ersichtlich.

**Tab. 2.1** European Healthcare Fraud & Corruption Network (EHFCN)-Matrix zur Missbrauchstypologie. (Mod. nach EHFCN 2019)

| EHFCN-Matrix zur Missbrauchstypologie | |
|---|---|
| **Fehler** | Ungerechtfertigter Erhalt eines Vorteils jeglicher Art durch *unbeabsichtigten* Verstoß gegen eine Regel oder Richtlinie. <br> – Beispiel: Unbeabsichtigte Abrechnung einer nichterbrachten Leistung |
| **Missbrauch** | Ungerechtfertigte Erlangung eines Vorteils jeglicher Art durch *wissentliche* Dehnung einer Regel oder Leitlinie oder durch Ausnutzung des Fehlens einer Regel oder Leitlinie <br> – Beispiel: Wissentliche Inanspruchnahme und Abrechnung einer Leistung ohne medizinische Indikation |
| **Betrug** | Illegale Erlangung eines Vorteils jeglicher Art durch *vorsätzlichen* Regelverstoß. <br> – Beispiel: Bewusstes Abrechnen einer nichterbrachten Leistung |
| **Korruption** | Illegale Erlangung eines Vorteils jeglicher Art durch Machtmissbrauch unter Beteiligung *Dritter* <br> – Beispiel: Bewusstes Verschreiben eines unwirksamen Medikaments, um vom Arzneimittelhersteller eine Kickback-Zahlung zu erhalten |

Von Beginn der Einrichtung des EHFCN an war dieses damit konfrontiert, dass es eine semantische Verwirrung gab, wenn Begriffe wie Betrug, Missbrauch, Fehler, Korruption usw. von den Mitgliedern nicht nur beim Austausch von Informationen, sondern insbesondere bei der Berichterstattung über ihre Betrugsbekämpfungsaktivitäten verwendet wurden. Darüber hinaus schien es – wie auf der Website des EHFCN dokumentiert – international eine „zwanghafte Tendenz" zu geben, das Wort „Betrug" nicht zu erwähnen. Euphemismen wie „unangemessene Nutzung" oder „unrechtmäßige Abrechnung" erhöhten, so das EHFCN, die semantische Komplexität der Thematik. Die Verwendung des Begriffs „Verschwendung" wurde auf Basis eines „White Paper – Where can $ 700 Billion in waste be cut annually from the U.S. Healthcare System?" von Thomsen Reuters (2009) weiter systematisiert, sodass dies zur Erstellung einer „Verschwendungstypologie", nämlich der sogenannten „EHFCN Waste Typology Matrix©", führte (EHFCN 2019). In dieser werden nunmehr die verschiedenen Kategorien von Betrug, Missbrauch und ungerechtfertigter Nutzung detailliert definiert. Die Verwendung der Matrix und die hierzu erfolgte weitere Kategorisierung sind gemäß EHFCN wichtig, um die Definitionen zu vereinheitlichen, die Kommunikation und den Datenaustausch zu verbessern, ein einheitliches Berichtwesen zu installieren, korrekte und genaue Zahlen auszutauschen, somit ein (internationales) Benchmarking zu ermöglichen sowie Maßnahmen zur Prävention und Bekämpfung von Fehlern, Betrug, Missbrauch und Korruption zu treffen.

Die „EHFCN Waste Typology Matrix©" wurde mit allgemeinen Definitionen und Beispielen für verschiedene Arten von Verstößen erstellt. Die Matrix liefert für jeden möglichen Verstoß ein Beispiel auf der Grundlage realer Fälle, die mit Codes identifiziert wurden. Dabei wird für jeden Fall eine Maßnahme zur Durchsetzung der Regel oder der Leitlinie auf progressive und nachhaltige Weise vorgeschlagen. Zwei Hauptarten von Verschwendung sind einerseits die Verletzung von Abrechnungsvorschriften und andererseits der übermäßige Verbrauch oder die Bereitstellung und/oder Verschreibung von unnötiger oder zu teurer Behandlung und Pflege, was gegen Richtlinien, die evidenzbasierte Medizin sowie – so das EHFCN – den Grundsatz des „bonus pater familias" verstößt. Der „gute Familienvater" bezeichnet dabei einen Sorgfaltsmaßstab, der zur Abgrenzung der groben Fahrlässigkeit (culpa lata) von der leichten Fahrlässigkeit (culpa levis in concreto) verwendet wird.

### 2.3.1 Fehlverhalten im Gesundheitswesen: „Around the world"

Die Langzeitstudie „The Financial Cost of Healthcare Fraud – What data from around the world shows" von Gee und Button (2015) analysiert mit ihrem zuletzt veröffentlichten Report von 2015 Gesundheitsausgaben in Höhe von insgesamt über 4,44 Billionen USD aus sieben Ländern (Großbritannien, USA, Frankreich, Belgien, Niederlande, Australien und Neuseeland). In der Studie wird dargestellt, dass die Spanne der prozentualen Schäden über alle zwischen 1997 und 2013 überprüften Fallstudien zwischen 0,6 % und 15,4 % lag und die durchschnittliche Schadensgröße bei 6,19 % liegt. Dieser Wert ergibt sich aus einer Gewichtung der genannten Spannbreite: Bei über 88 % der Messungen wurden Schadenshöhen von mehr als 3 % ermittelt. Die Ergebnisse der Studie zeigen, dass die Schäden durch Betrug und Fehler in den jeweiligen Gesundheitssystemen derzeit mindestens 3 %, wahrscheinlich mehr als 5 % und möglicherweise mehr als 10 % betragen. Die so ermittelte „weltweite durchschnittliche Schadensrate" von 6,19 % – ein laufender Durchschnitt unter Berücksichtigung der Daten aus 17 Jahren – entspricht, so das Fazit des Reports von 2015, ausgedrückt als Anteil an den weltweiten Gesundheitsausgaben für 2013 (7,35 Billionen USD), einem Wert von umgerechnet 350 Mrd. EUR (Gee und Button 2015, S. 6).

Im Rahmen seines Vortrags während der 13. internationalen Konferenz des „European Healthcare Fraud & Corruption Network" am 18./19.11.2019 in Berlin aktualisierte Prof. Mark Button unter dem Titel „The Cost of Fraud in Healthcare in Europe" die Ergebnisse der oben genannten Langzeitstudie. Laut Button beliefen sich im Jahr 2019 die Gesundheitsausgaben der untersuchten Länder auf eine Höhe von insgesamt über 4,77 Bio. USD (Großbritannien, USA, Frankreich, Belgien, Niederlande, Australien und Neuseeland) bei einer festgestellten durchschnittlichen Schadensgröße über einen Zeitraum von 22 Jahren von 6,49 %. Als Anteil an den weltweiten Gesundheitsausgaben für 2013 (7,35 Billionen USD) würde dies einem Betrag von 366,7 Mrd. EUR, der durch Betrug, Missbrauch und Verschwendung verloren geht, entsprechen (Button 2019, S. 17).

Wenn man die Größe von 6,49 % aus den durchschnittlichen Berechnungen der mit Deutschland vergleichbaren internationalen Schadensanalysen von Button (2019) auf die Leistungsausgaben der GKV und SPV (soziale Pflegeversicherung) überträgt, kann davon ausgegangen werden, dass der Versichertengemeinschaft in der GKV im Jahr 2019 durch Betrug, Korruption und weiterer Verschwendung bei Gesamtausgaben von 280,18 Mrd. EUR (GKV: 239,49 Mrd. EUR, SPV: 40,69 Mrd. EUR) ein Schaden von mehr als 18,18 Mrd. EUR entstanden ist (GKV-Spitzenverband 2020a, b). Angesichts des von den StBvFG gesicherten Schadensbetrags von 31 Mio. EUR ergibt dies eine Differenz in der enormen Höhe von 18,15 Mrd. EUR, die eben nicht durch die Arbeit der StBvFG und der zuständigen Ermittlungsbehörden gesichert werden konnten. Wir bewegen uns damit – auch volkswirtschaftlich betrachtet – in einer Dimension, die von Kassenvorständen und Verantwortlichen in der Gesundheitspolitik als „beitragssatzrelevant" zu bezeichnen wäre, denn der hier benannte Schaden für die GKV macht immerhin ein Volumen von ca. 1,23 Beitragssatzpunkten aus (1 Beitragssatzpunkt entspricht 14,7 Mrd. EUR Einnahmen im Gesundheitsfonds, AOK-Bundesverband 2020, S. 5). Diese Betrachtung verdeutlicht die Notwendigkeit einer deutlich intensiveren politischen Wahrnehmung von Betrug, Missbrauch und Verschwendung im deutschen Gesundheitswesen.

## 2.4    Die Fehlverhaltensbekämpfung in der deutschen GKV

Mit der Verpflichtung des Gesetzgebers, Stellen zur Bekämpfung von Fehlverhalten im Gesundheitswesen einzurichten, wurden die Grundlagen geschaffen, Fehlverhaltensbekämpfung im Gesundheitswesen als gesetzliche Aufgabe außerhalb der Tätigkeit der Strafverfolgungsbehörden (Polizei und Staatsanwaltschaft) zu normieren.

Die Schaffung dieser Stellen erfolgte u. a. als unmittelbare Reaktion auf vorausgegangene, besonders öffentlichkeitswirksame Fälle von Korruption und Vermögensstraftaten im Gesundheitswesen. Es wurde im „Zweiten Periodischen Sicherheitsbericht" der Bundesregierung festgestellt, dass illegale Bereicherungen zum Nachteil der gesetzlichen Kranken- und Pflegeversicherung durch Akteure aus fast allen Tätigkeitsbereichen „nahezu den Charakter eines Systems" haben (BT-Drs. 16/3939, S. 191, 211 f.). Es war insofern erklärtes Ziel des Gesetzgebers, systematischem Fehlverhalten im Gesundheitswesen durch eine gesetzlich institutionalisierte Selbstkontrolle entgegenzutreten. Nach Auffassung des Gesetzgebers stärken die StBvFG in erster Linie den effizienten Einsatz der Finanzmittel in der gesetzlichen Kranken- und Pflegeversicherung (BT-Drs. 15/1525, S. 99, 138, 155).

Maximilian Gaßner, der ehemalige Präsident des Bundesversicherungsamtes, bewertet 14 Jahre nach ihrer gesetzlichen Normierung die Wirksamkeit der StBvFG, indem er sie als „Compliance-Systeme" innerhalb der Träger der GKV bezeichnet und dazu feststellt:

> „Aus dem Bereich der Medizin kennen wir den Vorteil einer strukturierten medizinischen Behandlung. Wir wissen, dass durch solche ,Disease-Management'-Programme (§§ 137 f, 137g SGB V) weit bessere diagnostische und therapeutische Ergebnisse erzielt werden als durch nicht strukturierte, spontane Therapien. Im Bereich der Korruptionsprävention ist es ähnlich. Mit der Implementierung von Compliance-Management-Systemen (CMS) sind Strukturen in den Unternehmen geschaffen worden, die korruptes Verhalten verhindern können." (Gaßner 2017, S. 680)

Auch Meseke (2017, S. 66) konstatiert, dass es mit den StBvFG in der GKV eine kassenübergreifende Infrastruktur gibt, „mit der es immer effektiver gelingt, Fälle von vermögensschädigendem Fehlverhalten im Gesundheitswesen aufzudecken."

### 2.4.1   Fehlverhalten im Gesundheitswesen als unbestimmter Rechtsbegriff

„Fehlverhalten im Gesundheitswesen" umfasst nach § 197a Abs. 1 SGB V grundsätzlich alle Fälle und Sachverhalte, die auf Unregelmäßigkeiten oder auf rechts- oder zweckwidrige Nutzung von Finanzmitteln im Zusammenhang mit den Aufgaben der jeweiligen Krankenkasse oder des jeweiligen Verbandes hindeuten (vgl. Tab. 2.2).

Die erste Tatbestandsalternative der „Unregelmäßigkeiten" bei der Verwendung von Finanzmitteln wird teilweise sehr weit ausgelegt, sodass darüber alle Auffälligkeiten er-

**Tab. 2.2** Aufgaben der Stellen zur Bekämpfung von Fehlverhalten im Gesundheitswesen (StBvFG): Schutz der Finanzmittel der GKV – Abgrenzung und Definition „Unregelmäßigkeiten" und „rechtswidrige Nutzung"

| § 197a Abs. 1 SGB V | „Unregelmäßigkeiten" | „Rechtswidrige Nutzung von Finanzmitteln" |
|---|---|---|
| „Die Krankenkassen, wenn angezeigt ihre Landesverbände, und der Spitzenverband Bund der Krankenkassen richten organisatorische Einheiten ein, die Fällen und Sachverhalten nachzugehen haben, die auf Unregelmäßigkeiten oder auf rechtswidrige oder zweckwidrige Nutzung von Finanzmitteln im Zusammenhang mit den Aufgaben der jeweiligen Krankenkasse oder des jeweiligen Verbandes hindeuten. Sie nehmen Kontrollbefugnisse nach § 67c Abs. 3 des Zehnten Buches wahr." | Insbesondere bei „Anfangsverdacht" auf strafbare Handlung mit nicht nur geringfügiger Bedeutung für die GKV ↓ **Unterrichtung der Staatsanwaltschaft** z. B. § 263 StGB § 266 StGB §§ 331 ff. und 299 StGB Neu: §§ 299a, 299b StGB | Verstöße gegen Gesetze (z. B. § 128 SGB V), Rechtsverordnungen, Richtlinien und/oder Mantel- bzw. Einzelverträge ↓ **Rückforderung gezahlter Vergütung, Schadenersatz, Vertragsstrafen** BT-Drs. 15/1525, S. 99: „Die Einrichtungen stärken den effizienten Einsatz von Finanzmitteln im Krankenversicherungsbereich." |

*GKV* gesetzliche Krankenversicherung, *SGB V* Sozialgesetzbuch V, *StGB* Strafgesetzbuch, *BT-Drs.* Bundestagsdrucksache

fasst werden sollen, die von der Regel abweichen. Dagegen sprechen im vorliegenden Sachzusammenhang aber sowohl die Entstehungsgeschichte als auch der Wortlaut des § 197a Abs. 4 SGB V. Vom Begriff der „Unregelmäßigkeiten" werden deshalb in erster Linie Vermögensstraftaten und Korruption im Gesundheitswesen erfasst: Betrug (§ 263 Strafgesetzbuch – StGB), Untreue (§ 266 StGB), Bestechlichkeit und Bestechung im geschäftlichen Verkehr (§ 299 StGB), Bestechlichkeit im Gesundheitswesen (§ 299a StGB), Bestechung im Gesundheitswesen (§ 299b StGB), Vorteilsannahme (§ 331 StGB), Bestechlichkeit (§ 332 StGB), Vorteilsgewährung (§ 333 StGB) und Bestechung (§ 334 StGB). Der Begriff schließt auch Begleitdelikte wie Urkundenfälschung (§ 267 StGB), einschlägige Straftatbestände des Nebenstrafrechts (z. B. § 29 Betäubungsmittelgesetz – BtMG) und Ordnungswidrigkeiten mit ein.

Die sachliche Zuständigkeit der StBvFG ist aber keinesfalls auf derart straf- und bußgeldbewehrtes Verhalten beschränkt. Pflichtverletzungen oder Leistungsmissbrauch, die nicht vom Begriff „Unregelmäßigkeiten" erfasst werden, fallen unter die zweite Tatbestandsalternative der „rechtswidrigen Nutzung von Finanzmitteln", ohne dass es auf ein Verschulden ankommt. So können hier alle (nach dem Strafrecht straflosen) regelwidrigen Vermögensverfügungen zulasten der Finanzmittel der gesetzlichen Kranken- oder Pflegeversicherung erfasst werden. Dazu zählen nicht nur Verstöße gegen sozialgesetzliche Ver-

bote, hier können insbesondere Vertragsverstöße erfasst werden, die nicht nur die Rück-
forderung der in diesen Fällen zu Unrecht gezahlten Vergütung zur Folge haben, sondern
im Einzelfall auch Vertragsstrafen nach sich ziehen können (vgl. § 128 Abs. 3 SGB V).

Gemäß § 30 Abs. 1 SGB IV ist nur die zugleich auch zweckmäßige Mittelverwendung
rechtmäßig. Deshalb läuft die eigenständige Prüfung der „zweckwidrigen Nutzung von
Finanzmitteln" in der Praxis von Anfang an leer. Eine unzweckmäßige Nutzung von
Finanzmitteln begründet regelmäßig eine Verletzung des Wirtschaftlichkeitsgebotes und
ist deshalb immer auch rechtswidrig. Die dritte Tatbestandsalternative „zweckwidrig" ist
folglich redundant und sollte vom Gesetzgeber ersatzlos gestrichen werden (vgl.
GKV-Spitzenverband 2015, S. 2).

Bemerkenswert ist, dass von den im Berichtszeitraum 2018/2019 verfolgten 43.644
Fällen lediglich in 2952 Fällen und damit in nur etwa 6,8 % der Gesamtfälle die Staatsanwaltschaft informiert wurde. Daraus lässt sich schlussfolgern, dass die als „rechtswidrige
Nutzung" und damit außerhalb der strafrechtlichen Norm liegenden Tatbestände von weitaus größerer Relevanz sind, als die von den StBvFG an die Staatsanwaltschaften gemelde-
ten und verfolgten Unregelmäßigkeiten (vgl. GKV-Spitzenverband 2020c, S. 38).

### 2.4.2  Stellen zur Bekämpfung von Fehlverhalten im Gesundheitswesen

Die StBvFG nehmen aus der Perspektive der GKV folgende gesetzliche Aufgaben wahr:

- Die Stellen haben allen Sachverhalten nachzugehen, die auf Unregelmäßigkeiten oder
  auf rechts- oder zweckwidrige Nutzung von Finanzmitteln im Zusammenhang mit den
  Aufgaben der jeweiligen Kranken- oder Pflegekasse hindeuten (§§ 197a Abs. 1 SGB V
  bzw. § 47a SGB XI). Sie haben jedoch nur glaubhaft erscheinenden, hinreichend sub-
  stanziierten Hinweisen nachzugehen (§ 197a Abs. 2 SGB V).
- Zur Erfüllung dieser Aufgabe haben die Kranken- und Pflegekassen, sofern angezeigt,
  deren Landesverbände und der GKV-Spitzenverband untereinander und mit den Kassenärztlichen Vereinigungen und den Kassenärztlichen Bundesvereinigungen zusam-
  menzuarbeiten (§§ 81a Abs. 3, 197a Abs. 3 SGB V). Der GKV-Spitzenverband organisiert einen regelmäßigen Erfahrungsaustausch mit den bei seinen Mitgliedskassen
  eingerichteten Stellen, an dem Vertreterinnen und Vertreter der Strafverfolgungsbehörden sowie der Kassenärztlichen Vereinigungen und der Heilberufekammern in geeigneter Form zu beteiligen sind.
- Liegt ein Anfangsverdacht auf strafbare Handlungen mit nicht nur geringfügiger Bedeutung für die gesetzliche Kranken- bzw. soziale Pflegeversicherung vor, haben die
  genannten Stellen unverzüglich die Staatsanwaltschaft zu unterrichten (§ 197a Abs. 4
  SGB V). Damit soll der effiziente Einsatz von Finanzmitteln im Kranken- und Pflege-
  versicherungsbereich gestärkt und die Selbstreinigungskräfte innerhalb des Systems

der GKV gefördert werden, ohne ein Klima des Misstrauens zu schaffen (BT-Drs. 15/1170, S. 78).

- Zum 01.01.2012 trat eine gesetzliche Klarstellung der Übermittlungsbefugnis personenbezogener Daten in Kraft (vgl. §§ 81a Abs. 3a, 197a Abs. 3a SGB V). Die Übermittlungsbefugnis personenbezogener Daten zwischen den Pflegekassen und den Trägern der Sozialhilfe (vgl. § 47a Abs. 2 SGB XI) ist seit dem 01.01.2013 möglich. Mit dem seit 07.05.2019 wirksamen „Gesetz für schnellere Termine und bessere Versorgung" (Terminservice- und Versorgungsgesetz – TSVG, Bundesgesetzblatt 2019 I, S. 646) hat insbesondere das Fünfte Buch des Sozialgesetzbuches weitreichende materiell-rechtliche Änderungen für die Arbeit der Fehlverhaltensbekämpfungsstellen im Gesundheitswesen erfahren. Durch die damit ergänzten §§ 197a Abs. 3b SGB V, 47a Abs. 3 SGB XI enthält das Gesetz eine weitere Befugnisnorm zur Übermittlung personenbezogener Daten u. a. an die Stellen, die zur Zulassung an der Versorgung, Leistungsgewährung oder Abrechnung zuständig sind, die Medizinischen Dienste der Krankenversicherung sowie an Behörden und berufsständische Kammern bei berufsrechtlichen Fragestellungen (vgl. Schirmer et al. 2019, S. 38).

Die Stellen zur Bekämpfung von Fehlverhalten im Gesundheitswesen bei den gesetzlichen Krankenkassen sind als verselbstständigte Bereiche einzurichten. Die Organisation ist so zu gestalten, dass die Unabhängigkeit der Stelle gewährleistet ist und ein direkter Zugang zum Vorstand besteht (GKV-Spitzenverband 2019, S. 2).

## 2.4.2.1 Prüfung von Hinweisen und proaktive Kontrollen

Die StBvFG nehmen bei der Ermittlung und Prüfung im Rahmen ihrer Tätigkeit Kontrollbefugnisse nach § 67c Abs. 3 SGB X wahr. Darüber hinaus gehen die Stellen auch Hinweisen von Dritten nach. Eingegangene Hinweise im Sinne der §§ 197a Abs. 2 SGB V und 47a SGB XI sind sämtliche im Berichtszeitraum eingegangene Hinweise auf Fehlverhalten im Gesundheitswesen, die „auf Grund der einzelnen Angaben oder Gesamtumstände glaubhaft erscheinen". Glaubhaft sind Tatsachen, deren Vorliegen überwiegend wahrscheinlich ist (§ 23 Abs. 1 S. 2 SGB X). Das ist der Fall, „wenn die Hinweise hinreichend substantiiert sind" und auch eine bestimmte natürliche oder juristische Person benennen.

Die gesetzlichen Kranken- und Pflegekassen verstehen ihren gesetzlichen Auftrag ausdrücklich proaktiv. Unabhängig von konkreten Hinweisen Dritter können Ermittlungen und Prüfungen von Amts wegen, z. B. mittels eigener (auch anlassunabhängiger) Prüfroutinen, auf Basis vorhandener Unterlagen bzw. auch aufgrund von Medienberichten durchgeführt werden. Konsequenterweise entwickeln die Kranken- und Pflegekassen vor diesem Hintergrund neue Prüfansätze, z. B. zur Aufdeckung von Arzneimittelmissbrauch im Rahmen der Arzneimittelprüfung oder bei Abrechnungsbetrug in der ambulanten Pflege (Meseke 2017, S. 74).

**Tab. 2.3** GKV-Kennziffern aus den Tätigkeitsberichten 2016/2017 und 2018/2019. (Quelle: GKV-Spitzenverband 2018, S. 26; GKV-Spitzenverband 2020c, S. 38)

| | Inhaltsbeschreibung | 2014/2015 | 2016/2017 | 2018/2019 | Tendenz |
|---|---|---|---|---|---|
| 1. | Anzahl der eingegangenen Hinweise insgesamt | 25.168 | 33.041 | 42.350 | ▲ |
| | 1.1 Anzahl der externen Hinweise | 16.764 | 25.039 | 34.542 | ▲ |
| | 1.2 Anzahl der internen Hinweise | 8404 | 8002 | 7808 | ▼ |
| 2. | Anzahl der verfolgten Fälle | 37.014 | 40.090 | 43.644 | ▲ |
| | 2.1 Anzahl der verfolgten Bestandsfälle | 15.968 | 14.853 | 15.447 | ▲ |
| | 2.2 Anzahl der verfolgten Neufälle | 21.046 | 25.237 | 28.197 | ▲ |
| 3. | Anzahl der abgeschlossenen Fälle | 23.654 | 24.172 | 26.236 | ▲ |
| 4. | Anzahl der Fälle mit Unterrichtung der Staatsanwaltschaft | 3029 | 3371 | 2952 | ▼ |
| 5. | Höhe der gesicherten Forderungen in EUR | 41.838.146 | 49.081.369 | 62.012.385 | ▲ |

## 2.4.2.2 Berichtspflichten der StBvFG

Der Vorstand der Kranken- und Pflegekassen und des GKV-Spitzenverbandes hat dem jeweiligen Verwaltungsrat im Abstand von 2 Jahren über die Arbeit und Ergebnisse der StBvFG zu berichten. Nach der Gesetzesbegründung soll die Berichtspflicht „Transparenz" schaffen, insbesondere hinsichtlich der Verpflichtung zur Zuleitung der Berichte an die Aufsichtsbehörden des Bundes bzw. der Länder (§§ 197a Abs. 5 SGB V, 47a SGB XI). Der zuletzt im Dezember 2020 veröffentlichte Bericht stellt die Datenlage und Ergebnisse für den Zeitraum 2018/2019 dar (vgl. Tab. 2.3) und wurde vom Verwaltungsrat des GKV-Spitzenverbandes am 02.12.2020 abgenommen (GKV-Spitzenverband 2020c).

Eine höhere Bedeutung werden nach den oben genannten gesetzlichen Anforderungen und ihrer Umsetzung in den „Näheren Bestimmungen" in Zukunft der regelmäßige, vom GKV-Spitzenverband durchzuführende Erfahrungsaustausch wie auch die Tätigkeitsberichte der StBvFG einnehmen (GKV-Spitzenverband 2019). Vom Erfahrungsaustausch – an welchem auch Vertreter der berufsständischen Kammern und der Staatsanwaltschaften zu beteiligen sind – erwartet der Gesetzgeber in Zukunft konkrete „Ergebnisse", ohne diese jedoch näher konkretisiert zu haben, ob damit z. B. unverbindliche Vorschläge oder verpflichtende Beschlüsse und/oder Entscheidungen gemeint sein sollen (Steinhilper 2017, S. 467).

Anders als die Kassen(zahn)ärztlichen Vereinigungen berichtet der GKV-Spitzenverband seit dem Berichtszeitraum 2010/2011 bereits auf freiwilliger Grundlage über die Tätigkeit und Ergebnisse der StBvFG in der GKV. Hierzu wurde ein einheitliches Berichtswesen entwickelt, sodass damit eine Zusammenführung der Kennziffern hin zu einer bundesweiten Sicht möglich ist (GKV-Spitzenverband 2015, S. 25).

In den Berichten sind beginnend mit dem Berichtszeitraum 2018/2019 zusammengefasst auch die Anzahl der Leistungserbringer und Versicherten, bei denen es im Berichtszeitraum Hinweise auf Pflichtverletzungen oder Leistungsmissbrauch gegeben hat, die Anzahl der nachgewiesenen Fälle sowie der entstandene und verhinderte Schaden zu nen-

nen (GKV-Spitzenverband 2018, S. 37 f.). Mit dieser Erweiterung sollen sich die Vertreterinnen und Vertreter der Selbstverwaltung „eine konkrete Vorstellung über das tatsächliche
Ausmaß des Fehlverhaltens" machen können. Dazu soll „auch das tatsächlich weitgehend
unklare Ausmaß des Fehlverhaltens im Gesundheitswesen erhellt werden" (Meseke 2015,
S. 137).

### 2.4.2.3 Höhe der gesicherten Forderungen sowie Bezifferung des entstandenen und verhinderten Schadens

Im aktuellen Tätigkeitsbericht des GKV-Spitzenverbandes für die Jahre 2018/2019 wird
die Höhe der gesicherten Forderungen mit über 62,01 Mio. EUR angegeben und erreicht
damit den höchsten Wert seit dem Beginn der Berichterstattung (GKV-Spitzenverband
2020c, S. 44). Der Begriff der „gesicherten Forderung" orientiert sich an § 77 Abs. 1a, 78
SGB IV in Verbindung mit § 29a Abs. 2 Nr. 2a der VO über das Haushaltswesen in der
Sozialversicherung. Nach § 77 Abs. 1a Nr. 5 SGB IV sind Erträge des Rechnungsjahres
„unabhängig von den Zeitpunkten der entsprechenden Zahlungen in der Jahresrechnung
zu berücksichtigen". Jede unmittelbar betroffene Kasse erfasst dabei ausschließlich ihre
eigenen gesicherten Forderungen in EUR, die unanfechtbar festgestellt wurden.

Ab dem Berichtszeitraum 2018/2019 muss der „entstandene Schaden" beziffert werden. Nach der Gesetzesbegründung soll hier der jeweilige Gesamtschaden für die gesetzliche Kranken- und Pflegeversicherung benannt werden. In der gesetzlichen Kranken- und
Pflegeversicherung liegt ein Vermögensschaden bereits vor, wenn Leistungen tatsächlich
erbracht wurden, dabei aber gegen gesetzliche Vorschriften oder vertragliche Vereinbarungen verstoßen wurde. Der entstandene Schaden entspricht dann dem gesamten Wert der
abgerechneten Leistung. Nach den insoweit maßgeblichen Grundsätzen des Sozialrechts
entfällt nämlich der gesamte Vergütungsanspruch eines Leistungserbringers („streng formale Betrachtungsweise"). Sofern es nach den Umständen des Einzelfalls naheliegt, dass
sich Falschabrechnungen gleichmäßig auf alle Abrechnungen eines zu überprüfenden
Zeitraums erstrecken, muss hier aber auch bei nichtärztlichen Leistungserbringern auf die
anerkannte Möglichkeit der Schadenshochrechnung hingewirkt werden. Anders können
Ausmaß und Umfang von Manipulationen bei typischerweise mehreren Hundert oder
Tausend Abrechnungsfällen nicht mit zumutbarem Aufwand beziffert werden (BT-
Drs. 18/6446, S. 24 f. sowie Steinhilper 2017, S. 474). Der entstandene Schaden betrug im
Berichtszeitraum 2018/2019 186,6 Mio. EUR (GKV-Spitzenverband 2020c, S. 44).

Nach der Regelung des § 197a Abs. 5 Satz 3 SGB V muss auch der „verhinderte Schaden" beziffert werden. Nach der Gesetzesbegründung soll hier der jeweilige Gesamtschaden für die gesetzliche Kranken- und Pflegeversicherung ermittelt werden, „der durch
Prüfungen vermieden werden konnte" (BT-Drs. 18/6446, S. 24 f.). Dies kann als besondere Herausforderung betrachtet werden, kommt damit letztlich dem Präventionsgedan-
ken der Fehlverhaltensbekämpfung eine besondere Bedeutung zu. Die belastbare Bezif-
ferung des verhinderten Schadens ist gegenwärtig jedoch in Deutschland noch nicht
praktisch umsetzbar.

Um zukünftig auch im Gesundheitswesen Nutzengewinne (Schadensreduktionen) belastbar quantifizieren zu können, ist daher die praxisprojektbezogene Durchführung einer systematischen ökonomischen Kosten-Nutzen-Analyse zur Kriminalitätsprävention im Gesundheitswesen erforderlich. Hierbei soll bei der Betrachtung des Nutzens eine Bestimmung des durch Prüfung, Aufklärung, Abschreckung und Prävention verhinderten Schadens, inklusive des Schadens im Dunkelfeld, erfolgen. Hierzu ist auch eine Schätzung der Höhe des entstandenen gesellschaftlichen Schadens notwendig. Bei den Kosten sind insbesondere auch die der internen Prüfungen (Medizinischer Dienst – MD, StBvFG) und externen Ermittlungen (Polizei, Staatsanwaltschaften und Gerichte) zu betrachten (vgl. Entorf 2019, S. 9). Gemäß Entorf (2019, S. 11) lässt sich eine solche evidenzbasierte Kosten-Nutzen-Analyse durch eine stufenweise Abfolge hinsichtlich der Evaluierung des Ursache-Wirkungs-Zusammenhangs, der Erfolgsmessung von Präventionsmaßnahmen (z. B. durch Rückgang von Fallzahlen) und einer Gegenüberstellung von Kosten und Nutzen der Maßnahmen ermitteln. Eine Differenzierung nach direkten, indirekten und immateriellen Kosten – wie in Tab. 2.4 dargestellt – sei nötig.

**Tab. 2.4** Direkte, indirekte und immaterielle Kosten nach Entorf. (Mod. nach Entorf 2019, S. 11–16)

| Evidenzbasierte Kosten-Nutzen-Analyse der Fehlverhaltensbekämpfung im Gesundheitswesen | | |
|---|---|---|
| Direkte Kosten | Indirekte Kosten | Immaterielle Kosten |
| Stehen in unmittelbarem Bezug zum Ereignis | Stehen indirekt im Zusammenhang mit der Straftat und können erst nach Entdeckung auftreten („Erwartungswert") | „Intangibles" |
| Medizinische Unterversorgung (z. B. mindere Pflegequalität) | Geschäftsaufgabe/ Reputationsverlust: Zukünftige Einkommensausfälle, -einbußen für Beschäftigte von überführten Unternehmen/Freiberuflern (Apotheken, Ärzte) | Vertrauensverlust: Edwin Sutherland (1949): „these secondary costs are far more significant than mere dollar losses […], because they go to the very heart of the issue of integrity of our society" |
| Fälschlich in Rechnung gestellte Leistungen – Klar: Luftleistungen – Fraglich: Vermögensschäden | Neuorientierung von Familienmitgliedern geschädigter Pflegepatienten (eigenständige Pflege, Suchkosten) | Reputationsverlust für Gesundheitssektor |
| Verschwendung von Steuergeldern (Opportunitätskosten) | Forderungsausfälle von Lieferanten | Nichtinanspruchnahme medizinischer Leistungen, Volksgesundheit ↓ |
| Kosten bei GKV, MD, Polizei, Justiz | Präventionskosten, z. B. Ausgaben für die Entwicklung neuer Abrechnungssysteme | Investoren nehmen Abstand, Einbußen bei medizinischem Fortschritt |
| | Installation der §§ 299a, b StGB? | Einbußen bei volkswirtschaftlichem Wachstum |

*GKV* gesetzliche Krankenversicherung, *MD* Medizinischer Dienst, *StGB* Strafgesetzbuch

Dabei sind insbesondere die als immaterieller Schaden einhergehenden Vertrauensverluste in das Gesundheitssystem von besonderer Bedeutung, da die „Kosten der Nichtbekämpfung der Betrugsmentalität erst langfristig spürbar seien" (Entorf 2019, S. 30).

### 2.4.3 Handlungsbedarf für den Gesetzgeber aus der Perspektive der GKV

Neben der Adressierung der Forderung nach Initiierung einer gesundheitsökonomisch-kriminologischen Forschung zum Ausmaß des Fehlverhaltens an den Gesetzgeber, formuliert der GKV-Spitzenverband konkrete Vorschläge zur Optimierung der Voraussetzungen und Verbesserung der Transparenz bei der Bekämpfung von Fehlverhalten im Gesundheitswesen und übermittelt diese an die Bundesregierung. Die Forderungen und Positionen hat er in den Berichten über Arbeit und Ergebnisse der StBvFG kontinuierlich weiterentwickelt. Im letzten Bericht benennt er insbesondere die in Tab. 2.5 dargestellten Anforderungen.

## 2.5 Analytische Methoden, die in Gesundheitsmärkten die Aufdeckung von Fehlverhalten unterstützen

Die (Sozial-)Versicherungen und staatlichen Gesundheitssysteme benötigen einen weitgehenden Prüfungsansatz, der systematische Fehlverhaltensmuster der Leistungserbringer und Versicherten in den Gesundheitsmärkten aufdeckt. In Deutschland ist in der Mehrheit der Krankenkassen die Aufdeckung von Betrug und Missbrauch aktuell auf opportunistische Prüfungen im Rahmen des Schadensmanagementprozesses limitiert. Meist basieren diese Prüfroutinen der Krankenkassen auf den beobachteten und traditionellen Verhaltensmustern von Leistungserbringern oder auf der Analyse von ambulanten und stationären Prozeduren und Diagnosen, die häufig mit verschwenderischem und/oder betrügerischem Verhalten in Verbindung stehen. Komplexere Fehlverhaltensmuster werden ohne systematische fortgeschrittene Analysemethoden in der Regel nur in Einzelfällen aufgedeckt.

In der Leistungsanalyse ist es von zentraler Bedeutung, die systematische Komponente von Betrug und Missbrauch relativ zu einfach ersichtlichen und erklärbaren Einzelereignissen aufzudecken. Hochkostenfälle als Einzelereignisse werden z. B. im Schadensmanagementprozess der Kostenträger genauer angesehen. Als Standardmethode der aktuellen Kostentreiberanalyse, soweit im deutschen Gesundheitssystem überhaupt angewandt, werden in der statistischen retrospektiven Datenanalyse (nach Verbuchung und Zahlung der Rechnungen) der Krankenkassen Häufigkeiten, Summen und Durchschnitte jeweils im Vergleich zu Referenzwerten verwendet. Ein Beispiel dafür ist die durchschnittliche Kostensumme bei ausgewählten Diagnosen pro Versichertem pro Jahr. Dabei kann eine

**Tab. 2.5** Forderungen des GKV-Spitzenverbandes an den Gesetzgeber. (Mod. nach GKV-Spitzenverband 2020c, S. 67–79)

| Thema | Inhalt |
|---|---|
| **Schutz der Hinweisgeberinnen und Hinweisgeber von Fehlverhalten im Gesundheitswesen („Whistleblower")** | Gesetzliche Regelung, mit der Hinweisgeber/-innen, die auf die innerbetriebliche Verletzung gesetzlicher Pflichten aufmerksam machen, vor eventuellen unverhältnismäßigen Maßregelungen ihres Arbeitgebers bis hin zur fristlosen Kündigung des Arbeitsvertrages geschützt werden. Die bestehende gesetzliche Regelungslücke führt gegenwärtig zu einer Rechtsunsicherheit für Hinweisgeber/-innen. |
| **Klarstellung der gesetzlichen Übermittlungsbefugnisse personenbezogener Daten zum Aufbau einer Betrugspräventionsdatenbank** | Zur effektiven Verhinderung von Fehlverhalten im Gesundheitswesen ist der Aufbau einer organisationsübergreifenden GKV-Betrugspräventions-Datenbank erforderlich. Hierfür muss gesetzlich klargestellt werden, dass der Austausch von personenbezogenen Daten zur Verhinderung von Fehlverhalten im Gesundheitswesen auch unter Verwendung von Datenbanken zulässig ist, die von Dritten betrieben werden („fraud pools"). |
| **Klarstellung der gesetzlichen Übermittlungsbefugnis personenbezogener Daten an Gesundheitsbehörden** | Regelungen zur Zusammenarbeit mit anderen Sozialversicherungsträgern und Behörden bei der Bekämpfung von Fehlverhalten im Gesundheitswesen hinsichtlich Datenübermittlungen sind nötig: die derzeitige Regelung des § 197a Abs. 3b Satz 3 SGB V greift zu kurz, wenn nur der Medizinische Dienst (MD) personenbezogene Daten, die von ihm zur Erfüllung seiner Aufgaben erhoben oder an ihn übermittelt wurden, an die Fehlverhaltensbekämpfungsstellen übermitteln darf. Die Datenübermittlungsbefugnis muss konsequent über die in § 197a Abs. 3b Satz 3 SGB V genannten Stellen erweitert werden. |
| **Bekämpfung von Fehlverhalten in der häuslichen Krankenpflege und in der Pflegeversicherung** | In den Abrechnungsunterlagen sind die erbrachten Leistungen nach Art, Menge und Preis einschließlich des Tages und der Zeit der Leistungserbringung, im Bereich der ambulanten Pflegesachleistungen einschließlich des Beginns und des Endes der Leistungserbringung in Echtzeit anzugeben. |
| **Schwerpunktstaatsanwaltschaften zur Bekämpfung von Vermögensstraftaten und Korruption im Gesundheitswesen** | Die Arbeit der bereits bestehenden Schwerpunktstaatsanwaltschaften soll wissenschaftlich evaluiert und die Schaffung solcher Schwerpunktstaatsanwaltschaften bundesweiter Standard werden. |

Vielzahl von Kennzahlen in Standardreports einfließen, die nicht nur ein Schadensmanagement durch Daten ermöglicht, sondern auch eine Basis für weitreichendere Analysen zur Aufdeckung von Betrug und Missbrauch darstellt. In einigen der Krankenkassen sind Standardreports im Schadensmanagement bereits ein ausgetestetes Konzept. Damit wird aber nur ein Teil der Möglichkeiten der Daten („Big Data") genutzt.

Deutlich weiterreichende statistische Methoden, wie Regressionsanalysen oder Clusteranalysen zur Entdeckung von Ähnlichkeitsstrukturen in Datenbeständen, werden insbesondere in mehr datenbasierten Gesundheitsmärkten wie z. B. in den USA und in den Niederlanden verwendet. Damit soll der Herausforderung der Aufdeckung von betrügerischem Verhalten mehrdimensional, also durch eine gleichzeitige Betrachtung mehrerer Parameter, und v. a. unter Berücksichtigung der Varianz begegnet werden. Durch die Gesetzgebung im Rahmen von „Obamacare" wurden in den USA die Kostenträger (insbesondere die Krankenversicherungen) verpflichtet, auf modernen statistischen Verfahren beruhende Expertensysteme zur Aufdeckung von Verschwendung, Betrug und Missbrauch zu implementieren und zu nutzen.

So zeigt Abb. 2.1, dass für das Jahr 2018 durch den Einsatz moderner Analyseverfahren der Kostenträger im US-Gesundheitsmarkt signifikant höhere Regresse in den USA (Medicare und Medicaid) relativ zu Deutschland (GKV/SPV ) erzielt werden konnten. Gemäß

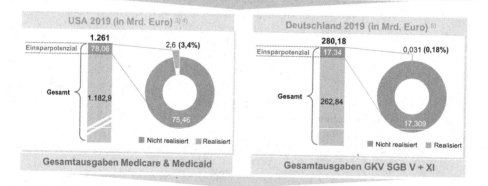

**Abb. 2.1** Vergleich der realisierten Regresse relativ zu den Einsparpotenzialen zwischen USA und Deutschland für 2019. (Mod. nach *1* Gee und Button 2015; *2* Transparency Deutschland 2008; *3* U.S. Centers for Medicare & Medicaid Services 2020; *4* U.S. Department of Health & Human Services 2020; *5* GKV-Spitzenverband 2020a, b, c)

Gee und Button (2015, S. 6) werden durchschnittlich 6,19 % der Gesundheitsausgaben in den Ländern USA, Großbritannien, Belgien, Niederlande, Australien und Neuseeland durch Betrug und Missbrauch verschwendet. Bei 1261 Mrd. EUR Gesamtausgaben in Medicare und Medicaid in den USA ergibt sich damit ein Einsparpotenzial von 78,06 Mrd. EUR. Von diesem Einsparpotenzial konnten 2,6 Mrd. EUR (3,4 %) Einsparungen/Regresse erreicht werden. In Deutschland betrugen in 2019 die Gesamtausgaben für die gesetzliche Kranken- und Pflegeversicherung 280,18 Mrd. EUR. Beim Ansetzen von ebenfalls 6,19 % Einsparpotenzial errechnen sich 17,34 Mrd. EUR. Der GKV-Spitzenverband benennt für die Jahre 2018 und 2019 62 Mio. EUR erzielte Regresse. Für das Jahr 2019 wurde die Annahme getroffen, dass die Regresse 50 % des Gesamtbetrages aus den beiden Jahren betragen, also 31 Mio. EUR. Diese machen damit 0,18 % des errechneten Einsparpotenzials aus. So entsprechen im Beispiel der USA die realisierten Regresse relativ zu den Einsparpotenzialen ungefähr dem Faktor 1:29 und in Deutschland in der GKV und SPV ungefähr dem Faktor 1:558. Folglich tragen die verbesserten Analysemethoden neben besseren personellen Ressourcen in den Analyse- und Regressabteilungen in den USA maßgeblich dazu bei, dass in Relation zu Deutschland ungefähr das 10-Fache an Einsparungen/Regressen erzielt werden konnte.[1]

Mit Hilfe von modernen Analysemethoden wie „Predictive Modeling" durch spezialisierte Regressionsverfahren können Abrechnungen von Leistungserbringern risikoadjustiert betrachtet werden, um im Leistungserbringer-Benchmark die patientenseitigen Risikofaktoren mit zu berücksichtigen und damit übermäßige und adäquate Behandlungen zu unterscheiden. Beispielsweise sind beim Report von risikoadjustierten Kosten nicht nur einzelne Altersgruppen zu vergleichen, sondern gleichzeitig Alter, Geschlecht, Diagnose, Vorerkrankungen und weitere Parameter zu kontrollieren. Zu modernen Techniken zur Aufdeckung von Betrug und Missbrauch gehört daher die Vorhersage von Kosten oder das Aufzeigen von Schadensverteilungsmustern mittels Clustering. Weitere Analysetechniken in der Aufdeckung von Betrug und Missbrauch im Gesundheitswesen basieren auf generellem Data Mining und auf sog. „überwachten Klassifikationen" („supervised classifications"). Zur Beschreibung und zum Literaturüberblick zu überwachten Aufdeckungsmodellen im Gesundheitswesen sind beispielsweise Herland et al. (2019) sowie Dua und Bais (2014) zu empfehlen.

Dabei nutzen viele Autoren bestehende Expertensysteme als Input für ihre Vorhersagemodelle zur Aufdeckung von Betrug und Missbrauch. Beispiele dafür sind insbesondere Musal (2010) sowie Bayerstadler et al. (2016). Techniken des „maschinellen Lernens", wie „neurale Netzwerke", werden verwendet, um neue Fehlverhaltensmuster im Gesundheitswesen aufzudecken und um Aufdeckungsroutinen zu automatisieren. Vielversprechend für die Vorhersage und folglich Aufdeckung von betrügerischem Verhalten im Gesundheitswesen sind auch bayesianische Ansätze (vgl. insbesondere Bayerstadler et al.

---

[1] In Abschn 2.3.1 wurde bereits darauf hingewiesen, dass bei Verwendung der Daten des aktuellen GKV-Berichtes die regressierten 31 Mio. EUR immer noch weit entfernt vom nach Gee, Button et al. berechneten Einsparpotenzial von 18,18 Mrd. EUR liegen würde.

2016). Durch die Verwendung dieser unterschiedlichen Analyse- und Vorhersagemodelle kann somit das enorme Potenzial der Routinedaten genutzt werden, um ungewöhnliche und neue Fehlverhaltensmuster anzuzeigen. Dies setzt wiederum voraus, dass die relevanten Daten hinreichend erfasst, korrekt codiert und konsistent aufbereitet sind.

Generell ist im modernen Schadensmanagement (z. B. im Bereich von Medicare und Medicaid) inklusive der Aufdeckung von Betrug und Missbrauch zwischen retrospektiven Analysen und Echtzeitanalysen (beim Eingang und vor Zahlung der Rechnungen) zu unterscheiden. Zu den retrospektiven Analysen gehören die oben beschriebenen Standardreports mit den entsprechenden Kennzahlen, bei denen einfache und komplexe statistische Methoden genutzt werden können. Das sog. Echtzeit-Schadensmanagement nutzt deterministische Regeln eines Expertensystems, um insbesondere regulatorisch, technisch und/oder medizinisch inkorrekte oder nicht notwendige Behandlungen automatisiert aufzudecken und den Prozess des Leistungsmanagements zu beschleunigen. Beispiel für ein deterministisches Regelsystem ist die Bewertung, ob die auf einer Leistungserbringerrechnung dokumentierten Diagnosen und Prozeduren zusammenpassen. Gleichzeitig kann in ein Echtzeit-Schadensmanagement-System, insbesondere auf Basis von retrospektiven Routineanalysen ein Betrugsvorhersagemodell implementiert werden, um mithilfe von errechneten Betrugswahrscheinlichkeiten Leistungserbringerrechnungen zur intensiveren Bearbeitung an ein Betrugs- und Missbrauch-Expertenteam auszusteuern (s. auch Winter et al. 2014). Auch in den deutschen Gesundheitsmarkt haben moderne Analysemethoden Einzug gehalten: z. B. hat das Unternehmen Global Side mit der Anwendung ZABAS eine Softwarelösung zur Aufdeckung von Betrugswahrscheinlichkeiten mit Scoring-Methoden für den deutschen Markt der privaten Krankenkassen (PKV) entwickelt.

Somit ermöglichen die oben aufgezeigten unterschiedlichen Analysemethoden eine effizientere Identifikation von Betrug und Missbrauch. Dabei ist die Identifikation von Betrug und Missbrauch vergleichbar mit der Suche nach der Nadel im Heuhaufen: Analytische Verfahren finden die Nadel zwar auch nicht sofort, machen aber den Heuhaufen (zur genaueren Analyse) bedeutend kleiner.

Die weitere Analyse der ausgesteuerten Belege bedingt aber auch, dass alle Mitarbeitenden effizient mit relevanten Informationen versorgt werden. Eine erfolgreiche Betrugsbekämpfung bedarf daher nicht nur einer automatisierten Weiterleitung auffälliger Schadensfälle an eine spezialisierte Betrugspräventionsstelle, sondern auch einen weiteren automatisierten Übergang zum Fallmanagement für die Ermittlungsaktivitäten. Letztendlich ist die Güte der Betrugserkennung entscheidend für die Effektivität des Leistungsmanagements eines Kostenträgers: So sollte sichergestellt werden, dass nur die wirklich aussichtsreichen Betrugsfälle identifiziert werden.

Bestehende Regelwerke sind mit modernen Methoden der Business Analytics zu kombinieren, um immer wieder innovative und/oder komplexe Fehlverhaltensmuster zu identifizieren. Einfache Regelwerke beinhalten beispielsweise Filter, die multiple Rechnungen innerhalb einer kurzen Zeitspanne anzeigen. Als neuere Techniken helfen beispielsweise Text Mining, um Betrugsmuster in unstrukturierten Daten zu erkennen, Image Screening, um Fotomanipulationen bei Belegfälschungen zu erkennen und neuronale Netzwerke,

Entscheidungsbäume und Regressionsmodelle, um komplexe Fehlverhaltensmuster aufzudecken. Auch blockchain-basierte Lösungsansätze bieten vielversprechende Möglichkeiten, Betrug und Missbrauch im Gesundheitswesen aufzudecken. Beispielsweise kann mit der Blockchain-Technologie kollusives Verhalten zwischen Akteuren des Gesundheitswesens, mehrfache oder fingierte Schadensmeldungen („Luftrezepte"), die Nichteinhaltung von Kühlketten in der Lieferung von Zytostatika und eine Weiterverwendung von Implantaten („Implant Files") aufgedeckt bzw. verhindert werden. Die schnelle Entwicklung und Implementierung neuer Aufdeckungstechniken ist notwendig, um die durch die Digitalisierung ermöglichten neuen Formen von Abrechnungsbetrug und -optimierung einzudämmen bzw. zu verhindern.

Die wachsende Verfügbarkeit von „Big Data" und bessere Codierung erschließen somit neue hybride Lösungen zum Aufdecken von Fehlverhalten im Gesundheitswesen. Durch eine erhöhte technische und personelle Ressourcenausstattung im Leistungsmanagement sollten damit langfristig Regressanstrengungen durch die Kostenträger mittels Echtzeitlösungen reduziert und betrügerisches Handeln präventiv unterbunden werden. Kurz- und mittelfristig helfen neue analytische Verfahren, das Ausmaß von Betrug und Missbrauch auch durch eine bessere Bottom-up-Messung des Verhinderungsschadens monetär umfassender zu messen.

## 2.6 Fazit

Die tradierten Kontrollmechanismen staatlicher Stellen und Prüfroutinen in Teilen des Leistungsprozesses von Kranken- und Pflegekassen und Versicherungen sind am Beispiel des deutschen Gesundheitsmarktes nach wie vor häufig papier- und personallastig und laufen der digitalen Entwicklung mit der Folge hinterher, dass viele offene Flanken für Fehlverhalten und Abrechnungsfehler bestehen. Diese Flanken gilt es u. a. mit einem datenbasierten und weitgehend automatisierten Best-Practice-Leistungsmanagement auf der Basis einer internationalen Zusammenarbeit zu schließen.

Denn Abrechnungsbetrug im Gesundheitswesen stellt sich immer mehr als eine besondere Form des Wirtschaftsstrafrechts bzw. sogar der organisierten Wirtschaftskriminalität dar. Schneider verwendet gar den Begriff des „Medizinwirtschaftsstrafrechts" und leitet diesen von der „Geburt" der streng formalen Betrachtungsweise (Bundesgerichtshof, Beschluss vom 28.09.1994 – 4 StR 280/94) ab, der mit dem Gesundheitsmodernisierungsgesetz 2004 die Einrichtung der StBvFG und in den letzten Jahren die Professionalisierung der Strafverfolgung folgte (Schneider 2020, S. 5). Ermittlungsverfahren im Bereich des Gesundheitswesens sind eine Spezialmaterie: Das Sozialversicherungsrecht ist hochkomplex, da hier sowohl die gesetzlichen, als auch die vertraglichen Vorgaben zu den Leistungs- und Abrechnungsbeziehungen im Gesundheitswesen zu beachten sind. Außerdem ist das Gesundheitswesen extrem dynamisch in seiner Entwicklung, da sich die gesetzlichen Rahmenbedingungen häufig ändern.

Bundesweit stehen für solche Ermittlungen ab einem entsprechenden Umfang zunächst die bereits etablierten Staatsanwaltschaften für Wirtschaftsdelikte bzw. Korruptionsdelikte zur Verfügung. Die generelle Einrichtung von Schwerpunktstaatsanwaltschaften für das Gesundheitswesen wurde von den Justizministerinnen und -ministern leider als „nicht zielführend" bewertet. Ob und inwieweit eine entsprechende Zuständigkeitskonzentration förderlich sein könnte, hänge stets von den individuellen Gegebenheiten und Strukturen im jeweiligen Bundesland ab. In Thüringen, Sachsen, Bayern, Schleswig-Holstein und Mecklenburg-Vorpommern wurden bereits Schwerpunktstaatsanwaltschaften eingerichtet. Neben der Möglichkeit zur Bildung von Schwerpunktstaatsanwaltschaften machen die Länder auch von anderen Möglichkeiten der Spezialisierung Gebrauch: In Berlin, Bremen und Hamburg wurden entsprechende Sonderdezernate innerhalb der landesweit einzigen Staatsanwaltschaft gebildet. In Bayern wurde eine neue „Zentralstelle zur Bekämpfung von Betrug und Korruption im Gesundheitswesen in Bayern" (ZKG) eingerichtet. Diese bündelt die Kompetenzen, die bisher auf drei Staatsanwaltschaften in Bayern verteilt waren (GKV-Spitzenverband 2020c, S. 78).

Um in Zukunft Versorgungsdefiziten und Ressourcenknappheit im Gesundheitswesen entgegenzuwirken, ist es nicht nur wünschenswert, sondern der Konfrontation mit Betrug und Missbrauch aus der Perspektive der Fehlverhaltensbekämpfung entsprechend angemessen, wenn bei der Bekämpfung von Fehlverhalten im Gesundheitswesen auf folgende Prinzipien aufgebaut werden könnte:

- **Aufklärung:** Als erkenntnisgestützte Organisation verwenden die StBvFG die neuesten Methoden der Aufklärung und Informationsbeschaffung, um sich ein genaues Bild über die Betrugsrisiken machen zu können, um darauf aufbauend zu ermitteln, zu informieren und auch um präventive Maßnahmen zu ergreifen. Hierbei sind Standards in der gesamten GKV zu setzen.
- **Ermittlungen:** Es bedarf einer engen Zusammenarbeit mit der Polizei und den Staatsanwaltschaften, um Täter vor Gericht zu bringen und Schäden wiedergutzumachen.
- **Betrugsprävention:** Gezielte Lösungen sind zu entwickeln, um bereits identifizierte Betrugsrisiken zu minimieren und um neue und komplexe Fehlverhaltensmuster so schnell wie möglich vor Rechnungszahlung aufzudecken.
- **Informationsanalytik:** Komplexe Algorithmen, Data-Mining-Tools und ein breites Band an statistischen Analysemethoden sind zu verwenden, um sowohl normgerechtes Verhalten als auch „Ausreißer" zu identifizieren. Die daraus resultierenden weiteren Analysen werden zur Unterstützung der laufenden Untersuchungen herangezogen und für oben genannten Maßnahmen zur Betrugsprävention aufbereitet (Benstetter 2019).
- **Kommunikation:** Durch die Sensibilisierung für Betrug und Missbrauch gegen die GKV und die Transparenz der Arbeit der StBvFG sind alle Mitarbeitenden in den Krankenkassen, bei den Leistungserbringern, andere Interessengruppen und die gesamte Öffentlichkeit zu ermutigen, sich gegen Fehlverhalten im Gesundheitswesen zu stellen.

Als Körperschaften des öffentlichen Rechts haben die Krankenkassen und ihre Verbände genauso wie die Kassenärztlichen Vereinigungen und Medizinischen Dienste den Status einer Behörde und damit per se nicht nur eine formale Unabhängigkeit, sondern auch eine den Handlungsweisen des öffentlichen Dienstes und insbesondere der Sozialgesetzbücher entsprechende Verpflichtung, ihre Tätigkeit zur Schadensaufdeckung und -vermeidung zu verrichten. Vorstellbar wäre insofern, ausgehend von den derzeitigen StBvFG, eine gesetzliche Grundlage dafür zu schaffen, dass aus diesen Akteuren aktive „Ermittlungsgruppen" und Antikorruptionsbehörden werden können.

Zur Verbesserung der Versorgungsqualität und adäquaten Nutzung der knappen Ressourcen müssen die Krankenversicherungen in Deutschland in der Lage sein, gemeinsam und koordiniert die zukünftige Versorgung zu gestalten. Dabei bietet die digitale Transformation erfolgversprechende Ansätze zur Aufdeckung von systematischen Fehlverhaltensmustern in der gesetzlichen Kranken- und Pflegeversicherung. Gemeinsame, kostenträgerübergreifende Informationsplattformen sind aufzubauen. Die Analyse der relevanten gesundheitsökonomischen und juristischen Literatur zeigt, dass in internationalen Märkten zum Teil auf einer standardisierten Definition von Betrug und Missbrauch basierte Datenerhebungen aufgebaut werden können, um auf dieser Basis Maßnahmen zur strategischen und operativen Fehlverhaltensbekämpfung im Gesundheitswesen durchzuführen. Aus den Erfolgsmessungen der eingeführten Aufdeckungstools (z. B. im US-Markt) leiten sich als eine der wichtigen Implikationen für das deutsche gesetzliche Gesundheitssystem ab, dass das Verhalten der Leistungserbringer, aber auch – wo im System der GKV relevant und möglich – der Versicherten in der Vermeidung von Fehlverhalten gesteuert werden kann. Damit die Anreize wirken, sind regelmäßige, umfangreiche und öffentlich zugängliche Berichterstattungen über das Ausmaß von Abrechnungssummen durch Betrug und Missbrauch auf- und umzusetzen.

Die internationale Kooperation ist zu fördern und auszubauen, um bei zunehmender digitaler Transformation Best-Practice-Modelle zur Aufdeckung und Eindämmung unnötiger Verschwendung in den Gesundheitsmärkten grenzüberschreitend zu entwickeln und auszutauschen. Basierend auf dem Ausmaß dieser Verschwendung ist der internationale und nationale Einsatz gegen Betrug und Missbrauch ein wichtiger Bestandteil zur nachhaltigen Sicherstellung der Versorgung.

In diesem Sinne gibt es vielfältigen Handlungsbedarf und die Perspektive, eine nachhaltige Versorgung durch nichtverschwendete Versichertenbeiträge sicherzustellen.

## Literatur

AOK-Bundesverband e.V. (2020): Zahlen und Fakten, Berlin – https://www.aok-bv.de/imperia/md/aokbv/aok/zahlen/zuf_2020_web.pdf. Zugegriffen: 29.12.2020

Bayerstadler A., van Dijk, L., Winter F. (2016): Bayesian multinomial latent variable modelling for fraud and abuse detection in health insurance, in: Insurance: Mathematics and Economics, (2016) 71, 244–252

Benstetter F. (2002): Health care economics. The market for physician services. Frankfurt am Main: Lang.

Benstetter F. (2019): Digital Transformation of Healthcare Systems: risks and opportunities – unveröffentlichter Vortrag im Rahmen der 13. internationalen Konferenz des „European Healthcare Fraud & Corruption Network" (EHFCN) am 18./19.11.2019 in Berlin.

Brooks G., Button M., Gee J. (2012): The scale of health-care fraud: A global evaluation, in: Security Journal, 2012, 25 (1): 76–87

Button M. (2019): The Cost of Fraud in Healthcare in Europe: Unveröffentlichter Vortrag im Rahmen der 13. internationalen Konferenz des „European Healthcare Fraud & Corruption Network" (EHFCN) am 18./19.11.2019 in Berlin

Dua P., Bais S. (2014): Supervised learning methods for fraud detection in healthcare insurance, in: Machine Learning in Healthcare Informatics. Springer, 261–285

EHFCN (2019): The EHFCN Waste Typology Matrix© https://www.ehfcn.org/what-is-fraud/ehfcn-waste-typology-matrix/. Zugegriffen: 29.12.2020

Entorf H. (2019): Kosten-Nutzen-Analyse zur Kriminalprävention im Gesundheitswesen: Ist der „Verhinderte Schaden" gem. § 197a Abs. 5 SGB V bezifferbar? – unveröffentlichter Vortrag anlässlich des Erfahrungsaustausches zur Fehlverhaltensbekämpfung im Gesundheitswesen beim GKV-Spitzenverband am 10.05.2019, Berlin

European Commission (2013): Study on Corruption in the Healthcare Sector, Brussels

Garcia P. (2019): Corruption in global health: the open secret, in: The Lancet, 2019, 394: 2119–2124

Gaßner M. (2017): Korruptionsprävention durch Aufsicht über die Träger der gesetzlichen Krankenversicherung, in: MedR, 2017, 35: 677–688

Gee J., Button M. (2015): The Financial Cost of Healthcare Fraud – What data from around the world shows, Portsmouth

GKV-Spitzenverband (2015): Für eine konsequente Bekämpfung von Fehlverhalten im Gesundheitswesen. Positionspapier des GKV-Spitzenverbandes beschlossen vom Verwaltungsrat am 25.03.2015, Berlin

GKV-Spitzenverband (2018): Arbeit und Ergebnisse der Stelle zur Bekämpfung von Fehlverhalten im Gesundheitswesen – Bericht des Vorstandes an den Verwaltungsrat, Berlin

GKV-Spitzenverband (2019): Nähere Bestimmungen über Organisation, Arbeit und Ergebnisse der Stellen zur Bekämpfung von Fehlverhalten im Gesundheitswesen nach §§ 197a Abs. 6 SGB V, 47a SGB XI, Berlin

GKV-Spitzenverband (2020a): Kennzahlen der gesetzlichen Krankenversicherung, https://www.gkv-spitzenverband.de/media/grafiken/gkv_kennzahlen/kennzahlen_gkv_2020_q3/GKV_Kennzahlen_Booklet_Q3-2020_300dpi_2020-12-16.pdf. Zugegriffen: 08.01.2021

GKV-Spitzenverband (2020b): Kennzahlen der sozialen Pflegeversicherung, https://www.gkv-spitzenverband.de/media/grafiken/pflege_kennzahlen/spv_kennzahlen_06_2020/SPV_Kennzahlen_Booklet_06-2020_300dpi_2020-06-30.pdf. Zugegriffen: 08.01.2021

GKV-Spitzenverband (2020c): Bericht des Vorstands an den Verwaltungsrat gem. §§ 197a Abs. 6 SGB V, 47a SGB XI Arbeit und Ergebnisse der Stellen zur Bekämpfung von Fehlverhalten im Gesundheitswesen, Berlin

Grinblat R., Schirmer D., Ledermann F. (2019): Korruption in der ambulanten Pflege – Hintergründe und mögliche Präventivmaßnahmen aus Kostenträgerperspektive, in: Gesundheit und Pflege – Rechtszeitschrift für das gesamte Gesundheitswesen, 2019, 2: 58–64

Herland M., Bauder R.A., Khoshgoftaar T.M. (2019): The effects of class rarity on the evaluation of supervised healthcare fraud detection models, in: Journal of Big Data, 2019, 6: 21

Hutchinson E., Balabanova D., McKee M. (2019): We need to talk about corruption in health systems, in: International Journal of Health Policy and Management, 2019, 8(4): 191–194

Meseke S. (2015): Zehn Jahre Bekämpfung von Fehlverhalten im Gesundheitswesen – Bestandsaufnahme und Perspektiven, in: KrV Kranken- und Pflegeversicherung – Rechtspraxis im Gesundheitswesen, 2015, 4: 133–139

Meseke S. (2017): Die Bekämpfung von Fehlverhalten im Gesundheitswesen aus der Perspektive der gesetzlichen Kranken- und Pflegeversicherung, in: Arbeitsgemeinschaft Medizinrecht im Deutschen Anwaltsverein, Berlin und Institut für Rechtsfragen der Medizin, Düsseldorf (Hrsg.): Aktuelle Entwicklungen im Medizinstrafrecht, Baden-Baden, 65–95

Musal R.M. (2010): Two models to investigate medicare fraud within unsupervised databases. Expert Syst. Appl. 37, 8628–8633

Randall D, Anderson A, Taylor J. (2016): Protecting children in research: Safer ways to research with children who may be experiencing violence or abuse, in: J Child Health Care. 2016; 20 (3): 344–353.

Schirmer D., Grinblat R., Kaempfe J. (2019): Dem Fehlverhalten auf der Spur – Korruption im Gesundheitswesen, in: Gesundheit und Gesellschaft, 2019 (3): 35–39

Schneider H. (2020): Abrechnungsbetrug im stationären Sektor: Szenarien gegenwärtiger Ermittlungsverfahren – unveröffentlichter Vortrag im Rahmen des 7. Fachsymposiums „Betrug und Fehlverhalten im Gesundheitswesen" der Gesundheitsforen Leipzig am 20.10.2020 in Leipzig.

Sommersguter-Reichmann M., Wild C., Stepan A., Reichmann G., Fried A. (2018): Individual and Institutional Corruption in European and US Healthcare: Overview and Link of Various Corruption Typologies, in: Applied Health Economics and Health Policy, 2018, 16: 289–302

Statistisches Bundesamt (2020): Pressemitteilung Nr. 164 vom 12.05.2020 https://www.destatis.de/DE/Presse/Pressemitteilungen/2020/05/PD20_164_23611.html. Zugegriffen: 29.12.2020

Steinhilper G. (2017): Stellen zur Bekämpfung von Fehlverhalten im Gesundheitswesen – Reformen nach dem Antikorruptionsgesetz, in: Katzenmeier C., Ratzel R., Festschrift für Franz-Josef Dahm, Berlin

Sutherland, E. H. (1949): White collar crime. New York: Dryden Press.

Thomsen Reuters (Hrsg.) (2009): White Paper – Where can $700 Billion in waste be cut annually from the U.S. Healthcare System? Ann Arbor USA

Transparency Deutschland e.V. (Hrsg.) (2008): Transparenzmängel, Korruption und Betrug im deutschen Gesundheitswesen – Kontrolle und Prävention als gesellschaftliche Aufgabe, Grundsatzpapier von Transparency Deutschland, Berlin

U.S. Centers for Medicare & Medicaid Services (2020): National Health Expenditures by type of service and source of funds, CY 1960–2019. https://www.cms.gov/Research-Statistics-Data-and-Systems/Statistics-Trends-and-Reports/NationalHealthExpendData/NationalHealthAccountsHistorical. Zugegriffen: 08.01.2021

U.S. Department of Health and Human Services (2020):Health Care Fraud and Abuse Control Program Annual Report for Fiscal Year 2019, Washington D.C.

Winter, F., Bayerstadler, A., Benstetter, F. (2014): Strategische Wettbewerbsvorteile mit Big Data, in Versicherungswirtschaft Ausgabe 10, S. 78 ff. (2014)

# Teil II

# Vergütung

# Innovative Untersuchungs- und Behandlungsmethoden im Spannungsfeld der Abrechnungsprüfungen im Krankenhaus

Dirk Webel

**Zusammenfassung**

*Der Einsatz innovativer Untersuchungs- und Behandlungsmethoden zulasten der gesetzlichen Krankenversicherung unterliegt einigen höchst streitbefangenen Anforderungen, deren Ursprünge auf den Anwendungsbereich respektive die Reichweite des Qualitätsgebotes (§ 2 Abs. 1 S. 3 SGB V) und des Wirtschaftlichkeitsgebotes (§ 12 Abs. 1 SGB V) zurückgeführt werden können. Die Grundlagen und vor allem auch Auswirkungen lassen sich damit ohne Weiteres eingliedern in allgemeine Entwicklungen der Abrechnungsprüfungen und daraus resultierender – vornehmlich auch sozialgerichtlich ausgetragener – Vergütungsrechtsstreitigkeiten zwischen Krankenhäusern und Krankenkassen. Der Gesetzgeber hat unterdessen mit verschiedenen Maßnahmen reagiert.*

## 3.1 Sachstand Abrechnungsprüfungen im Krankenhaus

Dissonanzen zwischen Krankenhäusern und Krankenkassen über die ordnungsgemäße Leistungserbringung und deren Abrechnung binden im laufenden Betrieb weiterhin erhebliche finanzielle und personelle Kapazitäten – ein Umstand, der sich zunehmend auch

D. Webel (✉)
BUSSE & MIESSEN Rechtsanwälte Partnerschaft mbB, Bonn, Deutschland
E-Mail: Webel@busse-miessen.de

© Der/die Autor(en), exklusiv lizenziert durch Springer Fachmedien Wiesbaden GmbH, ein Teil von Springer Nature 2022
R. Grinblat et al. (Hrsg.), *Innovationen im Gesundheitswesen*,
https://doi.org/10.1007/978-3-658-33801-5_3

zulasten der Patientenversorgung auswirkt.[1] Vorhandenes Personal wird – sowohl auf Verwaltungs- als vor allem auch auf ärztlicher Ebene – mit den eingeleiteten Verfahren zur Abrechnungsprüfung befasst, zusätzliches (Fach-)Personal wird erforderlich, Handlungs- und Liquiditätsunsicherheiten werden perpetuiert.[2]

Die Ursachen für diese Entwicklungen mögen mannigfaltig sein. Da die steigende Anzahl von Prüfungen der Krankenhausabrechnungen mitunter in einer Atmosphäre abgearbeitet werden, die vonseiten des Bundesrechnungshofs als „Eskalationsspirale" beschrieben wird, in der Krankenhäuser und Krankenkassen „gefangen" seien,[3] verwundert es kaum, dass Streitfragen in vielen Fällen sozialgerichtliche Verfahren nach sich ziehen. Insoweit dies alleine nicht bereits eine beachtlich umfangreiche und teils hoch spezialisierte[4] Kasuistik hervorgebracht hat, wurden die befassten Sozialgerichte in den vergangenen Jahren darüber hinaus noch durch gleich zwei Klagewellen – sit venia verbo – überflutet.

Während die erste Klagewelle noch reflexartig durch die Ende des Jahres 2018 kurzerhand mit dem Pflegepersonal-Stärkungsgesetz initiierte Verkürzung der Verjährungsfristen für Rückzahlungsansprüche der Krankenkassen erzeugt wurde, mutete die zweite auf den ersten Blick einigermaßen paradox an, gründete sie doch auf einem zentralen „Werkzeug" zur Vermeidung von Rechtsstreitigkeiten bei den Sozialgerichten, dem sog. „Vorabprüfungsverfahren",[5] eingeführt durch das MDK-Reformgesetz.

---

[1] Vgl. Bundesrechnungshof, Bericht an den Rechnungsprüfungsausschuss des Haushaltsausschusses des Deutschen Bundestages vom 06.05.2019 über die Prüfung der Krankenhausabrechnungen durch die Krankenkassen der gesetzlichen Krankenversicherung, S. 4 zu Zi ff. 0.1, zuletzt abgerufen am 06.01.2021 unter: https://www.bundesrechnungshof.de/de/veroeffentlichungen/produkte/beratungsberichte/langfassungen/langfassungen-2019/2019-bericht-krankenhausabrechnungen-durch-die-krankenkassen-der-gesetzlichen-krankenversicherung-pdf.

[2] Der Bundesrechnungshof schätzt, dass alle Krankenkassen der GKV (hier bezogen auf das Jahr 2016) Rückforderungen von 2,2 Mrd. € durchsetzten. Dem wiederum stünde im GKV-System ein geschätzter Aufwand von knapp 800 Mio. € gegenüber. Hinzu komme der vom Bundesrechnungshof nicht zu beziffernde Aufwand bei den Krankenhäusern; vgl. Bericht v. 06.05.2019, S. 4 Ziff. 0.1, zuletzt abgerufen am 06.01.2021 unter: https://www.bundesrechnungshof.de/de/veroeffentlichungen/produkte/beratungsberichte/langfassungen/langfassungen-2019/2019-bericht-krankenhausabrechnungen-durch-die-krankenkassen-der-gesetzlichen-krankenversicherung-pdf.

[3] s. Bundesrechnungshof, Bericht an den Rechnungsprüfungsausschuss, Fußnote (Fn.) 1, S. 7 zu Ziff. 0.6.

[4] s. exemplarisch zu Auslegungsfragen rund um die PrüfvV: s. z. B. BSG, Urteil vom 30.07.2019 – B 1 KR 31/18 R, LSG Bayern, Urteil vom 13.08.2020 – L 4 KR 616/19, LSG Baden-Württemberg, Urteil vom 21.01.2020 – L 11 KR 1437/19, SG Marburg, Gerichtsbescheid vom 02.01.2019 – S 14 KR 1/18.

[5] Genauer: die vorgerichtliche Abrechnungsprüfung nach § 17c Abs. 2 b) KHG; s. dazu auch im Fazit unten.

Nachdem sich die Fragen rund um die MDK-Prüfungen im Krankenhaus als sozial-rechtliche „Dauerbaustelle" erwiesen haben,[6] wurde durch eben dieses MDK-Reformgesetz, also durch das „Gesetz für bessere und unabhängige Prüfungen",[7] das Verfahren zur Durchführung und zum Umfang von Prüfungen bei Krankenhausbe-handlung durch den Medizinischen Dienst (nunmehr: MD) neu geregelt.[8] Die Regelun-gen wurden im Zuge der coronabedingten Gesetzgebung allerdings bereits modifiziert bzw. in Teilen suspendiert.[9]

Die Corona-bedingten Maßnahmen des Gesetzgebers – hier mit dem Ziel der Ent-lastung der Krankenhäuser (Krankenhausentlastungsgesetz) – haben der ohnehin hohen Dynamik der Gesetzgebung im Gesundheitswesen[10] nochmals einen deutlichen Schub ge-geben. Grundlegend ist festzustellen, dass die verschiedenen Instrumente und Maß-nahmen, die der Gesetzgeber in den vergangenen Jahren zur Behebung vor allem auch der vorstehend beschriebenen Entwicklungen – vornehmlich durch Anpassung im Sozial-gesetzbuch V (SGB V) – angelegt hat, in der Praxis – wie z. B. die Etablierung von Schlichtungsausschüssen[11] – mitunter nicht goutiert, von der Rechtsprechung in Teilen sogar (deutlich) kritisiert wurden; in der Folge entfachten wohl beispiellose Auseinander-setzungen, u. a. auch zwischen dem Gesetzgeber einerseits und dem 1. Senat des Bundes-sozialgerichts (BSG) andererseits.

Regelmäßige Kontroversen entstanden und entstehen im Besonderen über die Reich-weite des im SGB V verankerten Qualitätsgebots (§ 2 Abs. 1 S. 3 SGB V) sowie des Wirtschaftlichkeitsgebots (§ 12 Abs. 1 SGB V). Diese Diskussionen nehmen, wie nach-folgend zu zeigen sein wird, signifikanten Einfluss auch auf den Einsatz und die Ver-gütung innovativer Untersuchungs- und Behandlungsmethoden im laufenden Kranken-hausbetrieb.

---

[6] So Felix, NZS 2020, 481.

[7] Vom 14.12.2019, BGBl. I, 2789.

[8] Vgl. hierzu Felix, NZS 2020, 481 ff., Makoski, GuP 2019, 216 (217 ff.); Clausen/Labenski/Ma-koski/Penner/Thomae, ZMGR 2020, 63 (79 ff.), hier: Hinweis auf die coronabedingten Änderungen (s. dazu im Anschluss).

[9] S. im Einzelnen Clausen/Labenski/Makoski/Penner/Thomae, ZMGR 2020, 69 (zu II. 6.1).

[10] Ein Gesamtüberblick zu den aktuellen Vorhaben, Gesetzen, Verordnungen und Anordnungen fin-det sich auf der Internetseite des BMG: https://www.bundesgesundheitsministerium.de/service/gesetze-und-verordnungen.htmlBMG; s. im Übrigen auch die jeweiligen Berichte im Beck Fach-dienst Medizinrecht (beck-online), z. B. FD-MedizinR 2019, 413359, FD-MedizinR 2019, 413442, FD-MedizinR 2019, 418402, FD-MedizinR 2020, 424356, FD-MedizinR 2020, 430572.

[11] S. dazu etwa Felix, NZS 2020, 481 (481f.).

## 3.2 Implikationen für den Einsatz und die Vergütung innovativer Untersuchungs- und Behandlungsmethoden

Innovative Untersuchungs- und Behandlungsmethoden sollen nach dem erklärten Willen des Gesetzgebers[12] im stationären Bereich unter vereinfachten Bedingungen zur Anwendung gelangen können.

Rechtsunsicherheiten sind im Hinblick auf den Bewertungsmaßstab entstanden, ob die vonseiten des Gesetzgebers dafür vorgesehenen Vorschriften (§ 137c und nunmehr auch § 137e SGB V) als Leges speciales die allgemeine Regelung des § 2 Abs. 1 Satz 3 SGB V, also das Qualitätsgebot, sektorspezifisch modifizieren[13] oder wie es das BSG in ständiger Rechtsprechung konstatiert (hat[14]), das Qualitätsgebot auch in Ansehung dieser Kodifikationen uneingeschränkt fortgilt.[15,16] Dabei geht es im Kern um den Streit über Inhalt und Umfang der „Erlaubnis mit Verbotsvorbehalt" im Krankenhausbereich.[17] Die Klärung der dadurch entstehenden Fragen hat entscheidenden Einfluss darauf, ob die vonseiten des Krankenhauses eingesetzte innovative Untersuchungs- und Behandlungsmethode zulasten der gesetzlichen Krankenkassen erbracht werden kann oder nicht.

Flankiert werden die daraus resultierenden Abrechnungsstreitigkeiten zwischen Krankenhäusern und Krankenkassen mit Blick auf die jüngst in der höchstrichterlichen Rechtsprechung (weiter) konturierte Funktion der ordnungsgemäßen Aufklärung (gerade der schwer erkrankten Versicherten) als Voraussetzung für den Vergütungsanspruch eines Krankenhauses.

### 3.2.1 Qualitätsgebot versus Potenzialleistung

Der Gesetzgeber hat im GKV-Gesundheitsreformgesetz 2000 v. 22.12.1999[18] den § 137c SGB V geschaffen, der in seiner Konstruktion „in Kontrast zum ambulanten Verbot mit

---

[12] Bundestagsdrucksache (BT-Drs.) 17/6906, S. 86, 87; s. auch Beschlussempfehlung und Bericht des Ausschusses für Gesundheit, BT-Drs. 18/5123, S. 135.

[13] Vgl. dazu z. B. Felix, GesR 2020, 551 (555) mit weiteren Nachweisen (m. w. N.) in Fn. 61; s. zu § 137c Abs. 3 SGB V auch Stallberg, NZS 2017, 333 (335).

[14] BT-Drs. 18/4095

[15] S. exempl. BSG, Urteil vom 28.07.2008 – B 1 KR 5/08 R, Randnummer (Rn.) 52; BSG, Urteil vom 21.03.2013 – B 3 KR 2/12 R, ständige Rechtsprechung (st. Rspr.) auch nach Inkrafttreten des § 137c Abs. 3 SGB V (s. zB BSG, Urteil vom 19. Dezember 2017 – B 1 KR 17/17 R –), jedenfalls bis BSG, Urteil vom 25. März 2021 – B 1 KR 25/20 R – (s. dazu im Einzelnen unten).

[16] Instruktiv zum Ganzen, insb. auch zur Schilderung der Entstehungsgeschichte bis hin zum GKV-Versorgungsstärkungsgesetz insbesondere Stallberg, NZS 2017, 332 (333 ff.); s. zur Rechtsentwicklung und der Rechtsprechung des BSG auch Knispel, jurisPR-SozR 25/2020 Anm. 1, dort Pkt. C Ziff. 1 u. 2.

[17] So Stallberg, NZS 2017, 332 (333).

[18] BGBl I 1999, 2626.

Erlaubnisvorbehalt des § 135 SGB V" begrifflich als „Erlaubnis mit Verbotsvorbehalt" beschrieben wird.[19]

In der Folge wurde die Vorschrift mehrfach novelliert, vor allem unter Hervorhebung des damit verbundenen Ziels eines erleichterten Zugangs zu innovativen Methoden im stationären Bereich, aber zunehmend deutlicher auch ausdrücklich als Reaktion auf die Gesetzesauslegung in der höchstrichterlichen Rechtsprechung.[20]

Nach einer im Jahr 2008 – im Vergleich zur vorangegangenen Rechtsprechung vom 19.02.2003[21] – vollzogenen „Kehrtwende",[22] stellte das BSG[23] fest, dass die Regelungen des § 137c Abs. 1 SGB V nicht im Sinne einer generellen Erlaubnis aller beliebigen Methoden für das Krankenhaus mit Verbotsvorbehalt ausgelegt werden dürfe. Das Qualitätsgebot des § 2 Abs. 1 Satz 3 SGB V gelte auch im Krankenhaus uneingeschränkt.

Dieses *Qualitätsgebot* wird in § 2 Abs. 1 Satz 3 SGB V – bis heute unverändert – wie folgt beschrieben: „Qualität und Wirksamkeit der Leistungen haben dem allgemein anerkannten Stand der medizinischen Erkenntnisse zu entsprechen und den medizinischen Fortschritt zu berücksichtigen". Das BSG[24] hat in der Folge eine (innovative) Behandlung als den Qualitätskriterien des § 2 Abs. 1 Satz 3 SGB V entsprechend bestätigt, wenn die

*„große Mehrheit der einschlägigen Fachleute (Ärzte, Wissenschaftler) die Behandlungsmethode befürwortet und von einzelnen, nicht ins Gewicht fallenden Gegenstimmen abgesehen, über die Zweckmäßigkeit der Therapie Konsens besteht. Dieses setzt im Regelfall voraus, dass über Qualität und Wirksamkeit der Methode zuverlässige, wissenschaftlich nachprüfbare Aussagen gemacht werden können. Der Erfolg muss sich aus wissenschaftlich einwandfrei durchgeführten Studien über die Zahl der behandelten Fälle und die Wirksamkeit der Methode ablesen lassen. Die Therapie muss in einer für die sichere Beurteilung ausreichenden Zahl von Behandlungsfällen erfolgreich gewesen sein (...). Als Basis für die Herausbildung eines Konsenses können alle international zugänglichen einschlägigen Studien dienen; in ihrer Gesamtheit kennzeichnen sie den Stand der medizinischen Erkenntnisse."*

---

[19] So Stallberg, NZS 2017, 332 (333).

[20] Vgl. z. B. BT-Drs. 18/4095, S. 121, 122. Mit einer kritischen Würdigung der Rechtslage Knispel,, kurisPR-SozR 25/2020 Anm. 1, dort zu Pkt. 30 Ziff 3. 1

[21] Az. B 1 KR 1/02 R.

[22] S. dazu mit der weitergehenden Erläuterung (Differenzierung zwischen „Maßstabsfrage" und „Kompetenzfrage") Stallberg, NZS 2017, 332 (333f.).

[23] Urteil vom 28.07.2008 – B 1 KR 5/08 R; sodann in der Folge wiederholt, s. z. B. BSG, Urteil vom 17.02.2010 – B 1 KR 10/09 R; BSG, Urteil vom 21.03.2013 – B 3 KR 2/12 R; BSG, Urteil vom 07.05.2013 – B 1 KR 44/12 R; BSG, Urteil vom 17.12.2013 – B 1 KR 70/12 R; BSG, Beschluss vom 15.07.2015 – B 1 KR 23/15 B; s. zum Ganzen auch Stallberg, NZS 2017, 332 (334) mit entsprechenden Nachweisen in Fn. 14.

[24] Vgl. Urteile vom 21.03.2013 – B 3 KR 2/12 R, zitiert (zit.) in Rn. 12, und vom 17.12.2013 – B 1 KR 70/12 R.

Das heißt, nach Maßgabe des BSG sollte auch im stationären Sektor ein erheblich höherer Evidenzgrad gelten. Innovative Untersuchungs- und Behandlungsmethoden dürften nur angewandt werden, wenn der Behandlungserfolg „aus wissenschaftlich einwandfrei durchgeführten Studien über die Zahl der behandelten Fälle und die Wirksamkeit der Methode" abzulesen ist.[25] Maßgeblich für die Bewertung des allgemeinen Standes der medizinischen Erkenntnisse bliebe wie üblich der Zeitpunkt der Leistungserbringung.[26]

Mit dem Gesetz zur Verbesserung der Versorgungsstrukturen in der gesetzlichen Krankenversicherung (GKV-Versorgungsstrukturgesetz) vom 22.12.2011[27] führte der Gesetzgeber sodann das „Potenzial einer erforderlichen Behandlungsalternative" als Rechtsbegriff in das SGB V ein.[28] Konkret wurde dazu in § 137c Abs. 1 SGB V ein Satz 3 eingefügt, wonach der Gemeinsame Bundesausschuss (G-BA) eine Methode, deren Nutzen zwar nicht ausreichend belegt ist, die aber das Potenzial einer erforderlichen Behandlungsalternative bietet, nicht von der Versorgung ausschließen darf.[29]

Nachdem das BSG seine Rechtsprechung weiterhin bestätigte, reagierte im Jahr 2015 der Gesetzgeber im Zuge des GKV-Versorgungsstärkungsgesetzes,[30] indem er in § 137c SGB V einen Absatz 3 eingefügt hat, der ausdrücklich bestimmt, dass „Potenzialleistungen" im Krankenhaus angewandt werden dürfen. Durch die Ergänzung werde das in der Krankenhausversorgung geltende Prinzip der Erlaubnis mit Verbotsvorbehalt konkreter im Gesetz geregelt.[31] Die Regelung sei erforderlich, weil die Gesetzesauslegung der höchstrichterlichen Rechtsprechung mit dem in § 137c SGB V zum Ausdruck gebrachten Regelungsgehalt in einem „Wertungswiderspruch" stehe. Im neuen Absatz 3 werde nun ausdrücklich geregelt, dass innovative Methoden, für die der G-BA noch keine Entscheidung getroffen hat, im Rahmen einer nach § 39 SGB V erforderlichen Krankenhausbehandlung zulasten der gesetzlichen Krankenkassen erbracht werden können.[32] Insoweit handele es sich um eine Konkretisierung des allgemeinen Qualitätsgebots.[33] In der Beschlussempfehlung hat der Gesundheitsausschuss zu § 137c Abs. 3 SGB V schließlich nochmals zusammenfassend ausgeführt[34]:

---

[25] BSG, Urteil vom 19.12.2017 – B 1 KR 17/17 R, Rn. 14, zit. nach juris; vgl. auch Makoski, jurisPR-MedizinR 3/2018 Anm. 3 m. w. N. und dem Hinweis, dass, sobald diese Daten vorliegen, in der Regel bereits nicht mehr eine „neuartige", sondern eine Methode im Rahmen des medizinischen Standards anzunehmen sein dürfte.

[26] Vgl. exemplarisch BSG, Urteil vom 17.12.2013 – B 1 KR 70/12 R, Rn. 20, zit. nach juris.

[27] BGBl. I, 2983.

[28] So Stallberg, NZS 2017, 332 (334).

[29] Instruktiv zum Ganzen Knispel, jurisPR-SozR 25/2020 Anm. 1, hier als Anmerkung zu LSG NRW, Urteil vom 09.06.2020 – L 5 KR 679/18.

[30] Vom 16.07.2015 (BGBl I 2015, 1211).

[31] BT-Drs. 18/4095, S. 121, 122.

[32] BT-Drs. 18/4095, S. 122.

[33] BT-Drs. 18/4095, S. 121.

[34] BT-Drs. 18/5123, S. 135 f.

*Der bestehende Wertungswiderspruch in der Gesetzesauslegung in der jüngsten höchstrichterlichen Rechtsprechung (vgl. etwa BSG, Urteil vom 21. März 2013, Az. B 3 KR 2/12 R), wonach jede einzelne Krankenkasse einem Versicherten die Kostenübernahme für eine Methode mit Potential als erforderliche Behandlungsalternative verwehren kann, während der G-BA die gleiche Methode nicht unmittelbar nach § 137c Absatz 1 aus der Versorgung ausschließen dürfte, wird somit aufgehoben. Im Übrigen bleibt es dabei, dass das Krankenhaus etwa im Rahmen einer Abrechnungsprüfung darlegen muss, dass die angewandte Untersuchungs- oder Behandlungsmethode zu Lasten der Krankenkasse jeweils erbracht werden durfte, sie also nach dem verfügbaren Stand der medizinischen Erkenntnisse das Potential einer erforderlichen Behandlungsalternative aufwies und ihre Anwendung nach den Regeln der ärztlichen Kunst erfolgte, sie also insbesondere medizinisch indiziert und notwendig war.*

Das BSG hat zunächst[35] – ungeachtet auch der zwischenzeitlich in der juristischen Literatur formulierten Kritik[36] – an seiner Rechtsprechung festgehalten,[37] dass aucbh nach Inkrafttreten des § 137c Abs. 3 SGB V der voll Nutzennachweis iS eines evidenzgestützen Konsenses der großen Mehrheit der einschlägigen Fachleute erforderlich sei.[38] In der Praxis hatte und hat die Rechtsprechung daher noch immer zur Folge, dass Krankenkassen eine Vergütung innovativer Methoden mit dem Hinweis, deren Nutzen sei (noch) nicht nach dem höchsten Stand wissenschaftlicher Evidenz belegt, negieren.

Vor diesem Hintergrund hat der Gesetzgeber mit dem Implantateregister-Einrichtungsgesetz (EIRD) abermals reagiert[39] und durch Einfügung in § 137c Abs. 3 Satz 1 SGB V klargestellt, dass für Versicherte im Rahmen der Krankenhausbehandlung ein *Anspruch* auf Versorgung mit Methoden besteht, die das *Potenzial* einer erforderlichen Behandlungsalternative bieten.[40]

§ 39 Abs. 1 Satz 1 SGB V lautet in der Fassung des EIRD nunmehr:

*„Die Krankenhausbehandlung wird vollstationär, stationsäquivalent, teilstationär, vor- und nachstationär sowie ambulant erbracht; sie umfasst auch Untersuchungs- und Behandlungsmethoden, zu denen der Gemeinsame Bundesausschuss bisher keine Entscheidung nach § 137c Abs. 1 getroffen hat und die das Potenzial einer erforderlichen Behandlungsalternative bieten. “*

---

[35] S. zur Aufgabe der Rechtsprechung BSG, Urt. vom 25.03.2021 – B 1 KR 25/20 R; s. dazu auch im Anschluss unten.

[36] Vgl. z. B. Schifferdecker, NZS 2018, 698; Felix, NZS 2019, 646.

[37] Vgl. BSG, Urteil vom 24.04.2018 – B 1 KR 10/17 R; BSG, Urteil vom 24.04.2018 – B 1 KR 13/16 R; BSG, Urteil vom 28.05.2019 – B 1 KR 32/18 R; s. zum Ganzen auch Becker, in: Becker/Kingreen, SGB V, 7. Aufl. 2020, § 137c SGB V Rn. 2 m. w. N.

[38] BSG, Urteil vom 19.12.2017 – B 1 KR 17/17 R, Rn. 23, zit. nach juris; s. auch BSG, Urteil vom 28. Mai 2019 - B 1 KR 32/18 R -.

[39] Vom 12.12.2019 (BGBl I 2019, 2494).

[40] BT-Drs. 19/13589, 65; s. dazu auch Becker, in: Becker/Kingreen, SGB V, 7. Aufl. 2020, § 137c SGB V Rn. 2; Knispel, jurisPR-SozR 25/2020 Anm. 1.

Mit dieser Gesetzesänderung sollte[41] – zumindest ab Geltungsbeginn[42] – in praxi der *Potenzialbegriff* von zentraler Bedeutung werden.[43] Die Annäherung an den Potenzialbegriff, der von Beginn an gesetzlich nicht näher bestimmt worden ist,[44] könnte dabei auf verschiedenen Wegen erfolgen, wobei § 137c Abs. 1 Satz 2 SGB V selbst insoweit allenfalls als „erste Auslegungshilfe" dienen soll.[45]

In der Begründung zum GKV-Versorgungsstrukturgesetz[46] wird – wie in der Verfahrensordnung des G-BA[47] – darauf abgestellt, ob die Methode aufgrund ihres Wirkprinzips und der bisher vorliegenden Erkenntnisse die Erwartung birgt, dass aufwendigere, für den Patienten invasivere oder bei bestimmten Patientengruppen nicht erfolgreiche Methoden ersetzt werden können; dabei soll es ausreichen, wenn zu erwarten ist, dass die Methode weniger Nebenwirkungen hat, eine Behandlungsoptimierung bedeutet oder sie die Behandlung in sonstiger Weise effektiver macht.[48]

Das BSG hat bislang bei einer neuen Methode dann ein hinreichendes Potenzial angenommen, wenn weder Nutzen noch Schädlichkeit durch ausreichende Unterlagen belegt sind, Wirkprinzip und bisherige Erkenntnisse aber die Erwartung berechtigen, dass sie im Vergleich zu anderen Methoden eine effektivere Behandlung ermöglichen und die bisher fehlenden Erkenntnisse durch eine einzige Studie in einem begrenzten Zeitraum erlangt werden können.[49]

---

[41] S. dazu etwa Makoski, GuP 2020, 154 (155): „*Auch wenn der Gesetzgeber im Implantateregistergesetz noch einmal deutlich gemacht hat, dass es ausreiche, wenn eine Behandlungsmethode das „Potential" eine erforderlichen Behandlungsalternative biete, und er in der Begründung ausdrücklich sich von der Rechtsprechung des BSG distanziert hat, bleibt das BSG bei seiner Auffassung* (hier als Praxishinweis in der Anmerkung zum Urteil des BSG vom 19.03.2020 – B 1 KR 20/19 R).

[42] Das BSG hat zwar in einem obiter dictum festgestellt, dass die vonseiten des Gesetzgebers vorgenommenen Änderungen des § 137c SGB V keine etwaige Rückwirkung entfalten können; vgl. Urteil vom 08.10.2019 – B 1 KR 2/19 R, Rn. 24, zit. nach juris. Ob dies nach allerdings auch dann noch uneingeschränkt Geltung beansprucht, wenn die der diesbezüglichen Anwendung des § 137c Abs. 3 SGB V zu Grunde liegende Rechtsprechung aufgegeben wird (s. dazu BSG, Urt. vom 25.03.2021 – B 1 KR 25/20 R -), wird sich noch erweisen müssen (skeptisch Grieb/Tschammler, FD-MedizinR 2021, 441387: „*Vieles spricht dafür, dass die neue Rechtsprechungslinie auch für sämtliche Altfälle Anwendung findet*"; s. dazu auch unten).

[43] So Knispel, jurisPR-SozR 25/2020 Anm. 1, zu Pkt. D.

[44] Felix, GesR 2020, 551 (554).

[45] So Felix, GesR 2020, 551 (554).

[46] BT-Drs. 17/6906, 86 ff.

[47] § 14 Abs. 3 Satz 1 des zweiten Kapitels G-BA-VerfO.

[48] Siehe dazu auch Felix, GesR 2020, 551 (554) mit Verweis darauf, dass der Vorteil der neuen Methode nicht zwangsläufig ein patientenrelevanter Vorteil sein müsse; es dürften auch wirtschaftliche Vorteile genügen; vgl. ebenda, Fn. 54 m. w. N.

[49] BSG, Urteil vom 11.09.2019 – B 6 KA 17/18 R; BSG, Urteil vom 18.12.2018 – B 1 KR 11/18 R; s. dazu auch Knispel, jurisPR-SozR 25/2020 Anm. 1, zu Pkt. D.

In der juristischen Kommentarliteratur wird das Merkmal „Potenzial einer erforderlichen Behandlungsalternative" maßgeblich anhand der Entwicklungsmöglichkeit der
Methode zur Verbesserung der Versorgung konkretisiert.[50] Die vorliegenden Erkenntnisse
müssten insofern Hinweise für den Nutzen liefern.[51]

Da ein hoher Evidenzlevel jedenfalls nach dem Willen des Gesetzgebers nicht erforderlich sei, soll sich dies auch auf die Studienlage auswirken können, und zwar auf jeder Ebene
der Methode (Verzerrungspotenzial, Signifikanz, Anzahl der Probanden etc.).[52] Damit
könnten z. B. auch nichtrandomisierte Studien ausreichend sein, wobei das Vorliegen einer
Studie nicht zwingende Voraussetzung für die Annahme eines Potenzials sei.[53] Darüber hinaus könnten auch andere Aspekte, wie etwa eine Vielzahl von Behandlungsstätten,
Behandlungserfolge oder langjährige Erfahrungen als Kriterien relevant werden.[54] Hiernach könnten z. B. Fallberichte, Fallserien, kleinere epidemiologische Untersuchungen und
Übersichtsarbeiten[55] sowie Stellungnahmen und Positionspapiere von ärztlichen Fachgesellschaften ausreichend sein.[56]

Damit bleibt insoweit[57] festzuhalten, dass mit den jüngsten Änderungen in § 137c
Abs. 3 Satz 1 SGB V (und § 39 SGB V) vonseiten des Gesetzgebers ein „Schlusspunkt"[58]
gesetzt worden sein dürfte, der den Potenzialbegriff zum zentralen Instrument erhebt und
damit zugleich aber auch weitergehendes Streitpotenzial insbesondere zur Konkretisierung des Begriffs entfachen könnte.[59] Die Voraussetzungen werden von jedem Kranken-

---

[50] Roters, in: Kasseler Kommentar, SGB V, § 137e SGB V, Rn. 3; s. zum Begriff auch Propp, in:
BeckOK SozR, SGB V, § 137e SGB V, Rn. 7.

[51] Ulmer, in: Eichenhofer/von Koppelfels-Spies/Wenner, SGB V, § 137e SGB V Rn. 8 mit dem Hinweis darauf, dass es praktisch nicht vorstellbar sei, dass ein Verfahren kein Potenzial habe. Um diese
Voraussetzung nicht zu „entwerten", seien Hinweise für einen Nutzen notwendig. Grundlage könne
auch hier nur die evidenzbasierte Medizin sein.

[52] Stallberg, NSZ 2017, 332 (337) m. w. N. S. auch Makoski, jurisPR-MedizinR 3/2018 Anm. 3 C m.
Nachw. aus der Rspr.

[53] Stallberg, NZS 2017, 332 (337) m. w. N. S. auch Makoski, jurisPR-MedizinR 3/2018 Anm. 3 C m.
Nachw. aus der Rspr.

[54] Stallberg, NZS 2017, 332 (337) mit Verweis auf SG Stade, Beschluss vom 21.09.2016 – S 29 KR
18/16 R.

[55] LSG Baden-Württemberg, Urteil vom 17.11.2015 – L 11 KR 1116/12; vgl. auch Stallberg, NZS
2017, 332 (337).

[56] Stallberg, NZS 2017, 332 (337) mit Verweis auf Empfehlungen in S1-Leitlinien und Hinweis auf
die Entscheidung des SG Hamburg, wonach ein Konsens im Rahmen einer S1-Leitlinie ein ausreichender Anhaltspunkt dafür sei, dass die fragliche Behandlungsmethode einen Nutzen habe und
wirksam sei, SG Hamburg, Urteil vom 04.09.2015 – S 33 KR 822/13.

[57] S. im Übrigen „Aktuelle Entwicklungen" im Anschluss unten.

[58] So Knispel, jurisPR-SozR 25/2020 Anm. 1, zu Pkt. C Ziff. 2 a.E.; Diehm, NZS 2020, 342 (349)
konstatiert: In Zukunft wird sich der 1. Senat des BSG jedenfalls nicht mehr auf den Standpunkt
stellen können, dass der Wille des Gesetzgebers keinen Eingang in den Gesetztext gefunden habe,
sodass nunmehr jedenfalls ab dem Jahre 2020 eine Änderung der Rechtsprechung möglich ist.

[59] S. dazu sowie vor allem auch zu den unterschiedlichen Interpretationen Makoski, a.a.O., zu Pkt. C
mit zahlreichen Nachweisen aus der einschlägigen Literatur und Rechtsprechung.

haus selbst, etwa im Rahmen einer Abrechnungsprüfung, dargelegt werden[60] und im Streitfall die Sozialgerichte über das Vorliegen entscheiden müssen (ggf. im konkreten Einzelfall mit durchaus unterschiedlichen Ergebnissen[61]).[62]

Als „Faustformel" wird dazu in der juristischen Literatur[63] angeboten: *Je schwerer die Erkrankung des jeweiligen Patienten ist, je weniger Behandlungsalternativen zur Verfügung stehen, desto geringere Anforderungen werden an den Nachweis des Potentials gestellt werden dürfen.*

## Aktuelle Entwicklungen – Nachtrag

Mit Urteil vom 25.03.2021 – B 1 KR 25/20 R – hat der 1. Senat des BSG zwischenzeitlich seine Rechtsprechung zum Einsatz neuer Untersuchungs- und Behandlungsmethoden im stationären Bereich in Teilen aufgegeben.[64]

Gegenstand des Revisionsverfahrens, das im Sinne der Aufhebung und Zurückverweisung an das Bayerische Landessozialgericht (Az.: L 20 KR 525/17) entschieden wurde, waren Kostenerstattungsansprüche für stationär durchgeführte Liposuktionsbehandlungen im September 2016 und Januar 2017. Der 1. Senat hat dazu entschieden, dass der Anspruch nicht schon daran scheitere, dass Liposuktionen im maßgeblichen Zeitpunkt der Behandlungen nicht den Anforderungen an das allgemeine Qualitätsgebot des § 2 Abs. 1 Satz 3 SGB V entsprachen.[65] Soweit der Senat außerhalb von Erprobungsrichtlinien für den Anspruch Versicherter auf Krankenhausbehandlungen auch nach Inkrafttreten des § 137c Abs. 3 SGB V an seiner Rechtsprechung festgehalten habe, dass für die dabei eingesetzten Methoden der volle Nutzennachweis im Sinne eines evidenzgestützten Konsenses der großen Mehrheit der einschlägigen Fachleute erforderlich sei,[66] gebe er seine

---

[60] BT-Drs. 18/5123, S. 135 f.; Becker, in: Becker/Kingreen, SGB V, 7. Aufl. 2020, § 137c SGB V Rn. 2; a. a. O.

[61] Felix, GesR 2020, 551 (555) mit Verw. auf LSG Baden-Württemberg, Urteil vom 11.12.2018 – L 11 KR 206/18 einerseits und LSG Baden-Württemberg, Urteil vom 23.11.2016 – L 5 KR 1101/16 andererseits.

[62] Und nicht wie bei § 137e SGB V eine allgemeingültige Entscheidung durch den G-BA vorgesehen ist, so Becker, in: Becker/Kingreen, SGB V, 7. Aufl. 2020, § 137c SGB V Rn. 2; a. a. O.; kritisch auch Felix, MedR 2016, 93 (97 ff.).

[63] Stallberg, NZS 2017, 332 (337).

[64] Nachdem zunächst nur der Terminbericht Nr. 14/21 vom 26.03.2021 ausgewertet werden konnte, liegen jüngst auch die Entscheidungsgründe vor; s. dazu auch die Anm. u. a. von Plagemann, FD-SozVR 2021, 441806; Grieb/Tschammler, FD-MedizinR 2021, 441387 sowie auch Propp, in: Rolfs/Giesen/Kreikebohm/Meßling/Udsching, zu § 137c Rn. 29.1 ff.

[65] BSG, Urteil vom 25.03.2021 – B 1 KR 25/20 R –, Rn. 19 – zit. nach juris

[66] Der Senat verweist hier auf die Entscheidungen: BSG, Urteil vom 24.04.2018 – B 1 KR 13/16 R – BSGE 125, 262 = SozR 4 – 137e Nr. 1; zuletzt vom 08.10.2019 – B 1 KR 3/19 R – BSGE 129, 171 – 186, SozR 4 – 2500 § 2 Nr. 14.

Rechtsprechung auf.[67] § 137c Abs. 3 SGB V beinhalte eine partielle Einschränkung des allgemeinen Qualitätsgebots.[68] Dies folge „aus dem Wortlaut der Regelung und der Normgeschichte des § 137c SGB V unter Berücksichtigung der Gesetzesmaterialien".[69]

Allerdings sei der Anwendungsbereich von Potenzialleistungen zur Gewährleistung eines ausreichenden Patientenschutzes für den Fall einer noch nicht existierenden Erprobungsrichtlinie wegen des transitorischen, auf eine abschließende Klärung ausgerichteten Methodenbewertungsverfahrens eng auszulegen.[70] Versicherte hätten daher – abgesehen davon, dass ihre Anwendung freilich nach den Regeln der ärztlichen Kunst zu erfolgen hat und auch die weiteren Voraussetzungen des Anspruchs auf Krankenhausbehandlung uneingeschränkt gelten[71] – vor Erlass einer Erprobungsrichtlinie (zusammenfassend[72]) nur unter folgenden Voraussetzungen einen Anspruch auf neue Untersuchungs- und Behandlungsmethoden:

(1.) Die begehrte Leistung hat das Potenzial einer erforderlichen Behandlungsalternative, gemessen an den einschlägigen Anforderungen der Verfahrensordnung des G-BA.[73]
(2.) Im einzelnen Behandlungsfall liegt eine schwerwiegende Erkrankung vor.[74]
(3.) Nach dem jeweiligen Behandlungsziel ist eine Standardtherapie nicht oder nicht mehr verfügbar.[75]

Den ersten Reaktionen auf die Entscheidung ist zu entnehmen, dass noch Klärungsbedarf besteht. Dies betrifft etwa die Frage, ob auch eine partielle Einschränkung des allgemeinen Qualitätsgebotes für die Zeit vor Inkrafttreten des § 137c Abs. 3 SGB V anzunehmen sein wird.[76] Grundlegend könnte sich die Frage stellen, ob und inwiefern die

---

[67] BSG, Urteil vom 25.03.2021 – B 1 KR 25/20 R –, Rn. 23 – zit. nach juris, m. w. N.

[68] BSG, Urteil vom 25.03.2021 – B 1 KR 25/20 R –, Rn. 19 u. Rn. 24 ff. – zit. nach juris; s. zuvor auch Terminbericht Nr. 14/21 vom 26.03.2021.

[69] Vgl. Terminbericht Nr. 14/21 v. 26.03.2021; s. im Weiteren ausf. BSG, Urteil vom 25.03.2021 – B 1 KR 25/20 R –, Rn. 24 ff. – zit. nach juris

[70] BSG, Urteil vom 25.03.2021 – B 1 KR 25/20 R –, Rn. 30 – zit. nach juris.

[71] BSG, a. a. O., Rn. 43

[72] s. Terminbericht Nr. 14/21 vom 26.03.2021; s. auch Grieb/Tschammler, FD-MedizinR 2021, 441387

[73] BSG, Urteil vom 25.03.2021 – B 1 KR 25/20 R –, Rn. 31 mit Verweis auf 2. Kapitel, § 14 Abs. 3 und 4 der Verfahrensordnung des G-BA (s. dazu auch bereits oben).

[74] Im Widerstreit zwischen Innovation und Patientenschutz sei bei fehlenden kompensatorischen Sicherungen in Gestalt des G-BA-Verfahrens dem Patientenschutz Vorrang einzuräumen; vgl. BSG, Urteil vom 25.03.2021 – B 1 KR 25/20 R –, Rn. 40 – zit. nach juris, mit Verw. hinsichtlich der Anforderungen auf BSG, Urteil vom 19.03.2002 – B 1 KR 37/00 R.

[75] BSG, Urteil vom 25.03.2021 – B 1 KR 25/20 R –, Rn. 42, u. a. mit dem Hinweis: *Eine andere Standardtherapie ist dann nicht verfügbar, wenn alle in Betracht kommenden Standardbehandlungen kontraindiziert sind oder sich als unwirksam erwiesen haben.*

[76] Bejahend Grieb/Tschammler, FD-MedizinR 2021, 441387: *Vieles spricht dafür, dass die neue Rechtsprechungslinie auch für sämtliche Altfälle Anwendung findet.*

restriktive Auslegung des § 137c SGB V respektive die determinierten Anforderung mit dem Gesetzeswortlaut und dem Willen des Gesetzgebers vereinbar sind. Dies betrifft insbesondere auch die Beschränkung auf „schwerwiegende Erkrankungen".[77] Schließlich wird sich noch zeigen müssen, wie die Instanzengerichte die Rechtsprechung des 1. Senats zur Anwendung bringen.[78] Eine Fortsetzung dürfte daher folgen.[79]

### 3.2.2 Ordnungsgemäße Aufklärung als Vergütungsvoraussetzung

Abgesehen von den vorstehenden Aspekten wird jedoch für den Einsatz innovativer Untersuchungs- und Behandlungsmethoden zulasten der Krankenversicherung noch ein weiterer Gesichtspunkt zunehmend an Bedeutung gewinnen: die ordnungsgemäße Aufklärung als Vergütungsvoraussetzung.

Die grundlegende Feststellung, dass die wirksame Einwilligung des Patienten als Vergütungsvoraussetzung fungieren kann, ist zwar insoweit nicht neu; die jüngste Rechtsprechung des 1. Senats des BSG, mit der die Wahrung des Wirtschaftlichkeitsgebotes (§ 12 Abs. 1 SGB V) auch in dieser Variante nochmals akzentuiert wird, hat jedoch zu einer erheblich weitergehenden Konkretisierung geführt, mit der Folge, dass in Vergütungsrechtsstreitigkeiten – berechtigt oder unberechtigt – zunehmend (auch) die Aufklärungsrüge erhoben wird, allen voran in Sachverhaltskonstellationen, in denen innovative Untersuchungs- und Behandlungsmethoden zur Anwendung gelangt sind.

Bereits im Jahr 2013 hat der 1. Senat in einer durchaus auch nicht unbemerkt gebliebenen Entscheidung ausgeführt, es bedürfe einer Feststellung, *„dass – als eine Vergütungsvoraussetzung – für die betroffene Behandlung eine wirksame Einwilligung der Versicherten und gegebenenfalls ihrer gesetzlichen Vertreter vorlag".*[80]

---

[77] S. dazu Propp, in: Rolfs/Giesen/Kreikebohm/Meßling/Udsching, zu § 137c Rn. 29.2: *Eine gesetzgeberische Intention, derzufolge mangels hinreichenden Bedarfs an Informationen auch bei Fehlen einer Behandlungsoption Methoden mit Potenzial nicht erbracht werden dürften, so lange keine schwerwiegende Erkrankung vorliegt, ist jedenfalls nicht erkennbar.* Kritisch auch Grieb/Tschammler: *Auch im Bereich von nicht schwerwiegenden Erkrankungen sollten Patienten von innovativen Behandlungsmöglichkeiten profitieren können* (FD-MedizinR 2021, 441387).

[78] Vgl. zur Frage der Geltung für den Zeitraum vor dem 23.07.2015: LSG Berlin-Brandenburg, Urteil vom 04.06.2021 – L 26 KR 225/19, Rn. 47 – zit. nach juris, allerdings alleine anhand des Terminberichtes zum Urteil des BSG vom 25.03.2021 – B 1 KR 25/20 R. Auch aus diesem Grund kritisch: Grieb/Tschammler, FD-MedizinR 2021, 441387: *Diese Auffassung lässt sich aus den oben genannten Gründen nicht mehr aufrechterhalten*; u. a. zur notwendigen Daten- und Studienlage: SG Koblenz, Urteil vom 23.06.2021 – S 8 KR 563/19.

[79] Unter den beim BSG anhängigen Rechtsfragen wird auch das Verfahrensaktenzeichen B 1 KR 33/21 R geführt. Inhalt ist die Auslegung des § 137c Abs. 3 SGB V und der Vergütungsanspruch eines Krankenhauses für eine Lungenvolumenreduktion mittels Coils im Jahr 2016 als Potenzialleistung.

[80] S. BSG, Urteil vom 17.12.2013 – B 1 KR 70/12 R –, Rn. 25, zit. nach juris.

Dass diese Feststellung in den Folgejahren lediglich vereinzelt auch in sozialgericht-lichen Verfahren sichtbar geworden ist, dürfte, so steht zu vermuten, vor allem auch damit zusammengehangen haben, dass in dieser initialen Entscheidung auf eine Feinzeichnung der Konturen verzichtet wurde. Da die Begründung der wirksamen Aufklärung/Ein-willigung des Patienten als Vergütungsvoraussetzung im Wesentlichen auf die zivilrecht-liche Rechtsprechung gestützt wurde,[81] könnte dies für die betroffenen Personen mit sozialversicherungsrechtlicher Prägung Anwendungsschwierigkeiten zur Folge ge-habt haben.

Mit den Urteilen vom 08.10.2019[82] hat der 1. Senat des BSG zwar zur Herleitung weiterhin auf die in der zivilrechtlichen Rechtsprechung entwickelten Grundsätze verwiesen, zugleich jedoch angemerkt, dass diese im Leistungserbringungsverhältnis zwischen Krankenkasse und Krankenhaus mit den durch SGB V, KHG und KHEntgG einschließlich der sonstigen (norm-)vertraglichen Vereinbarungen „gebotenen Modi-fikationen" Anwendung finde, ein Handeln ohne wirksame Einwilligung rechtswidrig sei und die genannten Determinanten keinen Vergütungsanspruch für rechtswidrige Be-handlungen eröffneten.[83]

Diese Rechtsprechung hat der 1. Senat – sodann in neuer Besetzung – in seiner Ent-scheidung vom 19.03.2020[84] bereits fortentwickelt. Zwar habe die ordnungsgemäße Auf-klärung über Chancen und Risiken in erster Linie Bedeutung im zivilrechtlichen Haftungs-recht.[85] Im Recht der GKV diene sie aber auch der Wahrung des Wirtschaftlichkeitsgebotes (§ 12 Abs. 1 SGB V) und habe insofern Auswirkungen auf den Vergütungsanspruch des Krankenhauses. Das Wirtschaftlichkeitsgebot erfordere, dass der Versicherte die Ent-scheidung für die Inanspruchnahme der Leistung auf der Grundlage ausreichender Infor-mationen treffe. Die Aufklärung müsse dem Versicherten „die Spanne denkbarer Ent-scheidungen aufzeigen, sodass ihm Für und Wider der Behandlung bewusst sind und er Chancen und Risiken der jeweiligen Behandlung selbstbestimmt abwägen kann".[86]

Für die Praxis hat der 1. Senat daraufhin einen prägenden Grundsatz formuliert:

„Von einer ordnungsgemäßen Aufklärung kann bei objektiv medizinisch erforderlichen Be-handlungen im Sinne einer widerlegbaren Vermutung regelmäßig ausgegangen werden".[87]

Die Ausnahme folgte sogleich:

---

[81] Konkret auf BGH, Urteil vom 16.04.1991 – VI ZR 176/90 – VersR 1991, 812 (813); BGH, Urteil vom 10.10.2006 – V ZR 74/05 – NJW 2007, 217 (218 f.).

[82] Az. B 1 KR 3/19 R u. B 1 KR 4/19 R.

[83] Bemerkenswert ist insofern allerdings auch, dass der Senat dabei ausdrücklich auf das Recht auf körperliche Unversehrtheit (Art. 2 Abs. 2 GG) und das Selbstbestimmungsrecht des Patienten als Garantie der Menschenwürde (Art. 1 Abs. 1 GG) und des allgemeinen Persönlichkeitsrechts (Art. 2 Abs. 1 GG i. V. m. Art. 1 Abs. 1 GG) rekurriert.

[84] Az. B 1 KR 20/19 R.

[85] B 1 KR 20/19 R, Rn. 35, zit. nach juris.

[86] B 1 KR 20/19 R, Rn. 35, zit. nach juris.

[87] B 1 KR 20/19 R, Rn. 35, zit. nach juris.

*„Das gilt jedoch nicht, wenn mit der in Rede stehenden Behandlung ein hohes Risiko schwerwiegender Schäden, insbesondere eine hohes Mortalitätsrisiko verbunden ist. In diesen Situationen ist regelmäßig nicht auszuschließen, dass der Versicherte bei ordnungsgemäßer Aufklärung von dem Eingriff Abstand genommen hätte".*[88]

Vornehmlich diese Einschränkung wird sich in dem in Rede stehende Kontext innovativer Behandlungen in besonderem Maße auswirken können, denn:

*„Bei einer nicht dem allgemein anerkannten Stand der medizinischen Erkenntnisse entsprechenden Behandlung im Grenzbereich zur experimentellen Behandlung und zudem hohem Mortalitätsrisiko bedarf es der konkreten Feststellung, dass, durch wen genau und wie das Krankenhaus den Patienten über die relevanten Aspekte der abstrakten und der konkret-individuellen Chancen, der Risiken und der Risikoabwägung aufgeklärt hat (vgl. BSG Urteile vom 08.10.2019, aaO). Hier genügt es nicht, wenn das Krankenhaus nur darlegt, was bei ihm üblicherweise geschieht. Soweit das therapeutische Zeitfenster dies zulässt, muss hierbei auch feststehen, dass der Patient vor dem beabsichtigten Eingriff so rechtzeitig aufgeklärt wurde, dass er durch hinreichende Abwägung der für und gegen den Eingriff sprechenden Gründe seine Entscheidungsfreiheit und damit sein Selbstbestimmungsrecht in angemessener Weise ausüben konnte."*[89]

Kurzum: Zwar werden Abrechnungsstreitigkeiten in Zusammenhang mit „Routineeingriffen" letztlich von dem – auch für Sozialgerichte ungewohnten – Einwand nicht ordnungsgemäßer Aufklärung möglichst befreit. Insofern jedoch die dabei zugrunde gelegte Vermutung widerlegt wird, was insbesondere beim Einsatz innovativer Untersuchungs- und Behandlungsmethoden der Fall sein könnte, wird sich zwangsläufig die Frage stellen, wie weit die Internalisierung der umfangreichen zivilrechtlichen Kasuistik und der dabei herausgebildeten tradierten Maßstäbe in den Vergütungsrechtsstreit reicht. Im arzthaftungsrechtlichen Kontext jedenfalls kann die Pflicht zur Aufklärung in zahlreichen Fällen sogar gänzlich entfallen,[90] wenn der in Rede stehende Patient schon nicht aufklärungsbedürftig ist.[91] Auch könnte z. B. zu diskutieren sein, ob eine gesonderte Verjährung der Aufklärungsrüge in Betracht kommen kann.[92]

---

[88] B 1 KR 20/19 R, Rn. 35, zit. nach juris.

[89] B 1 KR 20/19 R, Rn. 38, zit. nach juris.

[90] Kenntnis der für die Einwilligung wesentlichen Umstände, die die Aufklärung entbehrlich macht, kann vorliegen aufgrund einer anderweitigen Aufklärung durch den einweisenden oder vorbehandelnden Arzt; Palandt/*Weidenkaff*, BGB, 79. Auflage 2020, § 630e, Rn. 12 mit zahlreichen Nachweisen aus der Rechtsprechung und zu den weiteren Fallgruppen; vgl. ausführlich zur Entbehrlichkeit/Entfallen der Aufklärungsbedürftigkeit auch Martis/Winkhart, Arzthaftungsrecht, Fallgruppenkommentar, 5. Aufl. 2018, A 1830 ff. (S. 398 ff.)

[91] Eine Frage, die sich insbesondere in den Konstellationen, in denen der betroffene Patient gerade zur Durchführung der in Rede stehenden Behandlung in das Krankenhaus überwiesen wurde, regelmäßig stellen könnte; s. zur Fallgruppe, in der der Patient vom einweisenden Hausarzt oder dem vorbehandelnden Facharzt über das betreffende Risiko bereits aufgeklärt worden war, Martis/Winhart, A 1832.

[92] Nach der Rechtsprechung des BGH (Urteil vom 08.11.2016 – VI ZR 594/15) können Ansprüche aus Behandlungsfehlern zu anderen Zeiten verjähren als solche aus Aufklärungsversäumnissen.

Mit Blick auf die durch den 1. Senat bereits skizzierten Anforderungen und Wege des Nachweises wird sich allerdings im Streitfall zunächst vordringlich die Frage stellen können, ob auch der – in Vergütungsstreitigkeiten zwischen Krankenhäusern und Krankenkassen eigentlich nicht zu beteiligende – Patient über den Inhalt und den Umfang seiner Aufklärung anzuhören ist.[93] In jedem Fall werden wohl die behandelnden Ärzte damit rechnen müssen, selbst angehört zu werden, auch wenn sie sich Jahre nach der stattgehabten Behandlung in aller Regel nicht mehr verlässlich an den Inhalt und den Umfang der konkreten Aufklärung erinnern. Folgerichtig dürfte in der Praxis das Augenmerk zunächst auf die Dokumentation der ordnungsgemäßen Aufklärung des Patienten unter Berücksichtigung der vonseiten des BSG in vergütungsrechtlicher Hinsicht gestellten Anforderungen zu richten sein.

Schließlich hat das BSG dazu eine Art „Faustregel" wie folgt formuliert: *Je größer das Mortalitätsrisiko und je geringer oder zumindest unsicherer die Erfolgsaussichten der Behandlung sind, desto höhere Anforderungen sind an den Nachweis einer ordnungsgemäßen Aufklärung zu stellen.*[94]

## 3.3    Fazit

Ob sich die Kontroversen um die Geltung des Qualitätsgebotes im Kontext innovativer Untersuchungs- und Behandlungsmethoden durch die Klarstellungen im EIRD und vor allem auch in Ansehung der jüngsten Entscheidung des BSG nunmehr zumindest für „neue" Fälle erledigt haben, wird aufmerksam zu beobachten sein. Dazu sowie vor allem auch im Hinblick auf die weitere Konturierung des Potenzialbegriffs, aber auch der nach der BSG-Rechtsprechung kumulativ zu erfüllenden Anforderungen bleibt es ratsam, die sozialgerichtliche Rechtsprechung im Blick zu behalten. Entsprechendes gilt für die Fortentwicklung der Maßstäbe zur ordnungsgemäßen Aufklärung als Vergütungsvoraussetzung. In der Zwischenzeit können die vorstehenden „Faustregeln" eine Orientierung liefern, wobei – wohlwissend um die Auswirkungen auf die eigentlichen Kernaufgaben – auf die Empfehlung nicht verzichtet werden kann, mithilfe einer sorgfältigen Dokumentation insbesondere auch für ein etwaiges sozialgerichtliches Verfahren vorbereitet zu sein.

Die grundlegende Frage, ob den raumgreifenden Auseinandersetzungen zwischen Krankenhäusern und Krankenkassen und deren erhebliche Auswirkungen auf die finanziellen und personellen Kapazitäten mit den Instrumenten des MDK-Reformgesetztes wirksam begegnet werden kann, wird die vollständige Aktivierung respektive Umsetzung durch die Akteure zeigen müssen. Dabei dürfte im Besonderen das zentrale „Werkzeug" zur Vermeidung von Rechtsstreitigkeiten bei den Sozialgerichten, das sog. „Vorabprüfungsverfahren", die vorgerichtliche Abrechnungsprüfung nach § 17c Abs. 2 b) KHG,

---

[93] S. dazu Makoski, GuP 2020, 154 (155) – zugleich Anm. zu BSG, Urteil vom 19.3.2020 – B 1 KR 20/19 R.

[94] B 1 KR 20/19 R, Rn. 37, zit. nach juris.

in den Blick geraten.[95] Von den Experten wird allerdings bereits erwartet, dass bei der Umsetzung zusätzliche Belastungen für Krankenhäuser und Krankenkassen drohen.[96] Erwartet wird, dass die vorgesehene Präklusionsregelung dazu führen wird, dass die Krankenhäuser gezwungen sein werden, wiederum vermehrt Personal einzusetzen, um die Anforderungen des Verfahrens über die vorgerichtliche Abrechnungsprüfung fristgerecht bewältigen zu können, wobei es nicht nur um zusätzliche Belastungen für das jeweilige medizinische Personal des betroffenen Krankenhauses gehen werde, sondern auch der behandelnden Ärzte, die ggf. in Einzelfragen hinzugezogen werden müssten.[97]

## Literatur

*Becker, U., Kingreen, T.*, SGB V – Gesetzliche Krankenversicherung, Kommentar, 7. Auflage 2020

*Bundesrechnungshof*, Bericht an den Rechnungsprüfungsausschuss des Haushaltsausschusses des Deutschen Bundestages nach § 88 Abs. 2 BHO über die Prüfung der Krankenhausabrechnungen durch die Krankenkassen der gesetzlichen Krankenversicherung, 06.05.2019, https://www.bundesrechnungshof.de/de/veroeffentlichungen/produkte/beratungsberichte/langfassungen/langfassungen-2019/2019-bericht-krankenhausabrechnungen-durch-die-krankenkassen-der-gesetzlichen-krankenversicherung-pdf. Zugegriffen: 06.01.2021

*Clausen, T., Labenski, K., Makoski, K., Penner, A., Thomae, H.*, KH-Entlastungsgesetz und MDK-Reformgesetz – Welche Zukunft haben die Krankenhäuser?, ZMGR 2020, 63 ff.

*Eichenhofer, E., von Koppenfels-Spies, K., Wenner, U.*, Kommentar zum Sozialgesetzbuch V, 3. Auflage 2018

*Felix, D.*, Der Anfang vom Ende des Potentialbegriffs? Zur Neufassung des § 137h SGB V, GesR 2020, 551 ff.

*Felix, D.*, Notwendigkeit der Lückenschließung und Rechtsfortbildung aus Sicht der Hochschullehrerin, NZS 2019, 646 ff.

*Felix, D.*, Methodenbewertung im Krankenhaus, Zur Ergänzung von § 137c SGB V durch das GKV-Versorgungsstärkungsgesetz, MedR 2016, 93 ff.

Grieb, J./Tschammler, D., BSG: Abkehr von der bisherigen Rechtsprechung zum Potentialbegriff in § 137c Abs. 3 SGB V, FD-MedizinR 2021, 441387

*Makoski, K.*, Das MDK-Reformgesetz – eine erste Bewertung, GuP 2019, 216 ff.

*Martis, R/Winkhart-Martis, M.*, Arzthaftungsrecht, Fallgruppenkommentar, 5. Aufl. 2018 (zit. Martis/Winkhart)

---

[95] § 17c Abs. 2 b) KHG soll der vorgerichtlichen Klärung bestehender Abrechnungsstreitigkeiten dienen und dabei zur Entlastung der Sozialgerichte dadurch beitragen, dass die Parteien alle Einwendungen sowie Tatsachen gegen die Krankenhausabrechnung und gegen das Prüfergebnis des – nicht mehr des MDK, sondern nunmehr – Medizinischen Dienstes (MD) bereits im Rahmen der einzelfallbezogenen Erörterung vorzubringen haben; anderenfalls sind sie im Falle eines gerichtlichen Verfahrens mit diesem Vorbringen präkludiert; vgl. Clausen/Labenski/Makoski/Penner/Thomae, ZMGR 2020, 63 (85). Es handelt sich hierbei um eine besondere Zulassungsvoraussetzung der Klage; Felix, NZS 2020. 481 (485).

[96] Clausen/Labenski/Makoski/Penner/Thomae, ZMGR 2020, 63 (85).

[97] Clausen/Labenski/Makoski/Penner/Thomae, ZMGR 2020, 63 (85).

Plagemann, H., BSG: Neue Behandlungsmethode – «Potential einer erforderlichen Behandlungs-
    alternative», FD-SozVR 2021, 441806
Propp, A., in: Rolfs/Giesen/Kreikebohm/Meßling/Udsching, BeckOK BeckOK Sozialrecht, 62.
    Edition, Stand: 01.09.2021, zu § 137c und § 137e
Roters, D., in: Kasseler Kommentar Sozialversicherungsrecht, 5. Sozialgesetzbuch (SGB) Fünftes
    Buch (V) – Gesetzliche Krankenversicherung –, Werkstand: 115. EL Juli 2021, zu SGB V § 137e
    Erprobung von Untersuchungs- und Behandlungsmethoden
Schütz, C., Nach wie vor keine Reduzierung der Qualitätsanforderungen des SGB V im stationären
    Bereich, NZS 2020, 390
Stallberg, C., Die Erbringung neuer Untersuchungs- und Behandlungsmethoden im stationären Be-
    reich nach dem GKV-Versorgungsstärkungsgesetz – Auswirkungen des sektorspezifischen
    Qualitätsgebots des § 137c Abs. 3 SGB V, NZS 2017, 332 ff.

**Dirk Webel,** Der Autor ist Fachanwalt für Medizinrecht und bundesweit als Berater für Akteure im
Gesundheitswesen, vordringlich für Krankenhäuser tätig. Zudem ist er Mitherausgeber des Fachdienstes Medizinrecht im Verlag C.H. Beck sowie Chefredakteur der Zeitschrift KH-J (Der Krankenhaus-JUSTITIAR). Er publiziert regelmäßig zu medizinrechtlichen Themen in den einschlägigen
Fachzeitschriften und kommentiert in einigen Standardwerken das Medizinprodukterecht.

# Nutzen und nachhaltige Vergütung von neuen Arzneimitteln

**4**

Björn Heekeren

## Zusammenfassung

Ohne Innovationen gäbe es im medizinischen Bereich wohl kaum Fortschritt – ein Blick in die Geschichtsbücher dient als Beleg. Sucht man nach Erfolgsgeschichten, sind diese leicht im Arzneimittelsektor zu finden. Die Entwicklung von neuartigen Arzneien hat im geschichtlichen Verlauf bereits unzähligen Menschen geholfen, eine Krankheit zu besiegen, Schmerzen zu lindern oder die Lebensqualität merklich zu erhöhen. Niemand mag klar belegen können wie unser gesellschaftliches Miteinander heute wohl ohne die Erfindung von Insulin, Penicillin und Co. aussehen würde. Unstrittig ist wohl aber, dass unser heutiger Wohlstand ohne diese Entwicklungen undenkbar wäre. Der technische Fortschritt, Datenauswertungsmöglichkeiten und Durchbrüche in anderen Disziplinen der Medizin ermöglichen heute die Erforschung sehr komplexer oder neuartiger Krankheitsbilder und demnach auch die Entwicklung von helfenden oder heilenden Arzneien. Doch die Forschung und Entwicklung neuer Wirkstoffe ist sehr kostenintensiv. Den Preis eines Arzneimittels entrichtet in Deutschland überwiegend die gesetzliche Krankenversicherung und somit all diejenigen, die in das Solidarsystem einzahlen. Zudem wirken Arzneimittel nicht bei jedem Menschen gleich oder erzielen den erhofften Nutzen. Es gilt daher, ein zukunftsfähiges und nachhaltiges Vergütungssystem für neuartige Wirkstoffe zu entwickeln, sodass Innovationen weiter vorangetrieben werden, Kosten und Nutzen aber dennoch im Einklang bleiben.

B. Heekeren (✉)
Hamburg, Deutschland

R. Grinblat et al. (Hrsg.), *Innovationen im Gesundheitswesen*,
https://doi.org/10.1007/978-3-658-33801-5_4

Bevor Arzneimittel in Deutschland Anwendung an Bürgerinnen und Bürgern finden, durchlaufen sie eine ganze Reihe von Prozessen. Dem Bundesinstitut für Medizinprodukte und Arzneimittel kommt dabei eine besondere Rolle zu. Dieses ist für die Zulassung von Medikamenten meist verantwortlich, außer für die Zulassung von Seren, Impfstoffen und Blutprodukten. Hier ist das Paul-Ehrlich-Institut verantwortlich. Auf europäischer Ebene ist das Pendant die europäische Arzneimittelagentur (EMA).

Für eine Zulassung ist es notwendig, die bedenkenfreie Anwendung, die einwandfreie Qualität und vor allem die Wirksamkeit der Arznei durch das Unternehmen nachzuweisen. Die konkreten Regelungen sind in den §§ 21–37 des Arzneimittelgesetzes geregelt. Hier steht u. a. festgeschrieben, welche Unterlagen für die Zulassung einzureichen sind, welche Sachverständigengutachten benötigt werden und welche Fristen einzuhalten sind. Die „zentrale" Zulassung auf europäischer Ebene ist seit Ende des 20. Jahrhunderts möglich und ermöglicht den Pharmaunternehmen, ein Produkt mit einem Zulassungsverfahren einer breiten Masse an Menschen zur Verfügung stellen zu können. Neben dem zentralen Verfahren gibt es noch das dezentrale und das nationale Zulassungsverfahren (Simon 2017, S. 201).

## 4.1 Kostenfaktor Arzneimittel

Um die Stabilität und Finanzierbarkeit des Systems zu gewährleisten, dürfen Leistungen von der gesetzlichen Krankenversicherung (GKV) nur im Rahmen des in § 12 SGB V definierten Wirtschaftlichkeitsprinzips erbracht werden. Dem gemeinsamen Bundesausschuss (G-BA) kommt dabei als oberstes Beschlussgremium der gemeinsamen Selbstverwaltung eine besondere Rolle zu. Dieser definiert konkret, im Auftrag des Gesetzgebers, welche Leistungen seitens der GKV zu übernehmen sind (G-BA 2020a).

Ein Blick auf die Zahlen verrät, dass die Arzneimittelausgaben seitens der GKV von 28,5 Mrd. Euro im Jahr 2008 um mehr als 12 Mrd. auf 41,04 Mrd. Euro im Jahr 2019 angestiegen sind, Tendenz weiter steigend (BMG 2020). Preisanstiege können diverse Ursachen haben und variieren je nach Menge, Preis und Struktur (Rosenbrock und Gerlinger 2014, S. 251 f.). Bei Kostenreduktionen spielen oft gesetzliche Regularien eine Rolle. Durch diverse Gesetze wurden immer wieder neue Regelungen geschaffen, modifiziert oder gestrichen. Dadurch sollen die Kosten für Arzneimittel in einem annehmbaren Rahmen gehalten werden. Gängig ist z. B. die Festbetragsregelung. Diese definiert eine Obergrenze, bis zu welcher Krankenkassen die Kosten für ein Arzneimittel maximal tragen.

Den schwerwiegendsten Grund für Kostenanstiege von Arzneimitteln sehen Experten vor allem in Arzneimitteln, welche durch intensive Forschung neu auf den Markt gelangen. Diese zugelassenen Medikamente sind zumeist mit einem Patentschutz versehen. Die Auswirkung: Unternehmen mit Patentanmeldungen halten hohe Marktanteile und Monopolstellungen können entstehen. Dem Gesetz von Angebot und Nachfrage folgend, bedeutet dies, dass der Preis steigt, wenn sich die Menge der Nachfrage auf wenige oder gar einen Anbieter beschränkt (Siebert 1996, S. 66–69). Zur Verdeutlichung ein Beispiel, welche Auswirkung auf den Preis eine solche Konstellation hat: Patentgeschützte Arzneimittel haben in Deutschland einen Marktanteil von ca. 6,5 %. Die Kosten für solche Medikamente lagen allerdings im Jahr 2019 bei 21 Mrd. Euro (WIdO 2020). Durch das Arzneimittelmarktneuordnungsgesetz (AMNOG) wollte man diesem Problem mit der Einführung der frühen Nutzenbewertung entschlossen entgegentreten.

## 4.2    Nutzen und Preisbildung von Arzneimitteln

Der Preis ist das eine – der Nutzen das andere. Mit der Verabschiedung des AMNOG sollte der Nutzen mehr in den Vordergrund gestellt werden. Der Grundgedanke deckt sich demnach mit dem Wirtschaftlichkeitsgebot nach § 12 SGB V. Der G-BA ist seitdem mit der Aufgabe betreut, Arzneimittel mit neuen Wirkstoffen zu bewerten und zu prüfen, ob ein Zusatznutzen gegenüber einer zweckmäßigen Vergleichstherapie (zVT) vorliegt. Dieser ist gegeben, wenn sowohl qualitativ als auch quantitativ u. a. bessere Ergebnisse beim Gesundheitszustand oder der Lebensqualität erzielt werden können (G-BA 2020b, S. 134). Nur wenn ein Zusatznutzen gegeben ist, findet der in Abschn. 4.2.2 dargelegte Preisbildungsprozess Anwendung. Das Verfahren findet sowohl beim erstmaligen Markteintritt statt als auch für solche Mittel, die für weitere Anwendungsgebiete zugelassen wurden.

Die Bewertung des Nutzens neuer Wirkstoffe erfolgt, mit Ausnahme von Orphan Drugs, auf zwei Ebenen. Zum einen wird der tatsächliche Zusatznutzen, zum anderen die Ergebnisqualität betrachtet (Schwenke und Schwenke 2018, S. 114–117). Die vom Herstellerunternehmen einzureichenden Unterlagen finden sich in § 35a SGB V wieder. Dabei müssen die Dokumente Anspruch auf Vollständigkeit haben und, wohl als wichtigstes Beiwerk, sämtliche durchgeführte Studienformate beinhalten. Nach Einreichung führt der G-BA die sogenannte „frühe Nutzenbewertung" durch und hat die Möglichkeit, die Expertise des Instituts für Qualität und Wirtschaftlichkeit im Gesundheitswesen (IQWiG) einzufordern. Das Institut stellt als Health-Technology-Assessment-Organisation das notwendige Know-how zur Verfügung, einen möglichen Zusatznutzen bewerten zu können. Um lange Bewertungsverfahren zu verhindern, sind klare zeitliche Grenzen definiert worden, in welchen die Nutzenbewertung abgeschlossen sein muss.

Merklich ist also, dass ein engmaschiges Netz an Vorgaben und diversen Akteuren, beginnend beim Bundesinstitut für Medizinprodukte und Arzneimittel, über den G-BA bis hin zum IQWiG geschaffen wurde, um die Arzneimittelsicherheit und den Nutzen für die Bürgerinnen und Bürger tatsächlich sicherstellen zu können. Aber ist das aktuelle Bewertungsverfahren, neben der Preiskomponente aus Abschn. 4.1, immer noch aktuell und für alle Arten von Arzneimittel pauschaliert anwendbar?

Zumindest ist in Teilen die Vorgehensweise zu hinterfragen, wenn beachtet wird, dass der technologische und medizinische Fortschritt, auch durch Digitalisierung, weiter voranschreitet. Die Entwicklungen personalisierter Therapien – zum Teil durch künstliche

Intelligenz (KI) gestützt – liefern schon heute zahlreiche Ansatzpunkte für eine Optimierung der Versorgung (McKinney et al. 2020, S. 89–94). Davon sind auch der Pharmamarkt und die herstellenden Unternehmen in unterschiedlicher Art und Weise betroffen (Halecker et al. 2015, S. 31). Zudem lassen neuartige Therapiemöglichkeiten Zweifel an der Anwendbarkeit des bisherigen Bewertungsverfahrens des G-BA, da diese neuen Verfahren mit oftmals sehr hohen Kosten einhergehen, jedoch Fragen auftauchen, ob der erwartete Nutzen auch tatsächlich eintritt (Thelen 2019). Dabei – da sind Experten sicher – hat die Präzisionsmedizin das Potenzial, die Versorgung erheblich zu verbessern (Baas und Schellinger 2019, S. 6).

Zum Fortschritt und den daraus resultierenden neuen Behandlungsmöglichkeiten kommt, dass nicht immer vorhersehbar ist, ob der versprochene Nutzen bei den Patienten eintritt. Dies kann unterschiedliche Gründe haben: Das Studiendesign, der Ausschluss bestimmter Gruppen an Studien, welche als Grundlage für die Bewertung des Zusatznutzens dienen, aber auch schlicht die Problematik, dass bei bestimmten Medikamenten die Studiendauer von wenigen Monaten nicht immer ausreicht, um die Wirkung ablesen zu können, welche das Medikament bei einer längeren Anwendung hinterlässt (Glaeske et al. 2017). Um Schäden durch Arzneien abzuwenden, nehmen in Deutschland die verantwortlichen Zulassungsstellen Hinweise von möglichen Nebenwirkungen entgegen. Ärzte, Pharmaunternehmen und Apotheker müssen unverzüglich eine Meldung erstatten, sofern durch das Arzneimittel Gefahr für Leib und Leben oder Neben- und Wechselwirkungen auftreten (BfArM 2013).

## 4.2.1 Health Technology Assessment (HTA)

Wie bewertet man eigentlich einen (Zusatz-)Nutzen? Die Antwort auf diese Frage ist sicher nicht trivial. Der Lösung näher kommt man durch Health Technology Assessment (HTA) oder auf Deutsch etwas sperriger: Technologiefolgenabschätzung. Im Kern verfolgt HTA das Ziel, evidenzbasiert und systematisch medizinische Verfahren, Arzneien und Technologien zu bewerten (Widrig 2015, S. 1). Somit wird auf Grundlage wissenschaftlicher Belege versucht, die bestmögliche Entscheidung zu treffen.

HTA ist in unterschiedlichster Ausprägung rund um den Globus verteilt und orientiert sich meist an den individuellen Anforderungen der Gesundheitssysteme. Im Arzneimittelwesen ist in Deutschland die wohl meist beachteste HTA-Organisation das IQWiG. Das Institut liefert, wie oben beschrieben dem G-BA, sofern dieser im Vorfeld ein Auftrag dafür erteilt hat, Bewertungen zu neuen Arzneimitteln. Auf Grundlage dessen entscheidet der G-BA, ob ein Zusatznutzen im Vergleich zu einer zVT vorliegt oder nicht. HTA geht jedoch weit über die Nutzenanalyse bei Arzneimitteln hinaus und die Zielgruppe, zu der auch die Bundes- und Landespolitik gehört, ist vielfältig. Eine Beauftragung kann jedoch nach § 139b SGB V nur durch den G-BA oder das Bundesministerium für Gesundheit (BMG) erfolgen.

Die konkreten Aufgaben sind in § 139a SGB V festgehalten und reichen von der Recherche eines aktuellen Wissenstandes bis hin zur Beteiligung an aktuellen und internationalen Projekten. Worauf das Institut achtet und eine konkrete Ausdifferenzierung der Aufgaben ist in den „Allgemeinen Methoden" des IQWiG festgehalten (IQWiG 2020).

## 4.2.2  Preisbildung von neuen Arzneimitteln mit Zusatznutzen

Oftmals unterliegen verschreibungspflichtige Arzneimittel in Deutschland Festbeträgen. Diese dienen als Instrument, wie bereits kurz in Abschnitt 1 angesprochen, um die Kosten für Arzneimittel in einem möglichst finanzierbaren Rahmen halten zu können. Sie bestimmen, bis zu welchem Preis ein Medikament durch die GKV maximal erstattungsfähig ist. Die rechtliche Grundlage findet sich in § 35 SGB V wieder. Festbeträge gelten innerhalb der GKV als echtes Erfolgsmodell und haben bereits seit 1989 Bestand – laut dem GKV-Spitzenverband (GKV-SV) können über 8,2 Mrd. Euro jedes Jahr durch die Festbetragsregelung eingespart werden (GKV-SV 2019). Die Hauptakteure in dem Prozess der Festbetragsfestlegung sind der G-BA und der GKV-SV. Nachdem der G-BA die Arzneimittelgruppen festlegt hat, für welche Festbeträge gebildet werden können, definiert der GKV-SV, bis zu welcher Höchstgrenze Erstattungen in den Festbetragsgruppen möglich ist.

Festbeträge kommen jedoch nicht für neue Arzneimittel mit festgestelltem Zusatznutzen in Betracht. Diese durchlaufen einen anderen, oft kostenintensiveren Preisbildungsprozess. Die Motivation des Gesetzgebers, neuartige Wirkstoffe besser zu vergüten, ist nachvollziehbar – Innovationen sollen gefördert und teils hohe Forschungskosten seitens der herstellenden Unternehmen refinanziert werden. Der Ablauf dabei ist im Kern simpel: Nach Marktzulassung und -einführung erfolgt die Bewertung des möglichen Zusatznutzens durch den G-BA, ggf. mithilfe des IQWIG. Bis zu einer finalen Entscheidung vergehen in der Regel bis zu 6 Monate. Bei Feststellung eines zusätzlichen Nutzens verhandelt der Hersteller im Anschluss mit dem GKV-SV über den Erstattungspreis, welcher ab dem 13. Monat nach Markteinführung gilt (Wasem et al. 2019, S. 293 f.). Sollte keine Einigung erzielt werden können, greift eine Schiedsstelle ein, welche einen Beschluss über den zu erstatteten Betrag festlegt.

## 4.3  Pay for Performance – eine Lösung?

Arzneimittel nach ihrem tatsächlichen Nutzen zu vergüten, klingt im ersten Moment nach einem logischen Gedankenspiel. Die geschaffenen Regularien zielen ja auch erst einmal darauf ab. Ist heute ein Medikament zugelassen, der frühe Nutzen „positiv" bewertet und die Preisverhandlung zwischen GKV-SV und herstellendem Unternehmen abgeschlossen, so wird grundsätzlich erst einmal der vereinbarte Preis von der GKV entrichtet. Diese Medikamente erzielen, wie oben dargelegt, teils sehr hohe Marktpreise.

Um weiter steigende Kosten zu vermeiden und die Vergütung dem tatsächlichen gesundheitlichen Outcome zu unterwerfen, wird immer wieder der Pay-for-Performance-

Ansatz (P4P) kontrovers diskutiert. Bei diesem Ansatz ist, anders als die frühe Nutzenbewertung, ein vorab definierter „Erfolg" zumindest in Teilen vergütungsrelevant. Nach der P4P-Denkschule wird der Preis konkreten, abgesprochenen Zielen unterworfen. Für ein neues Medikament würde dies bedeuten, dass z. B. Pharmaunternehmen und GKV-SV Endpunkte definieren und bestimmen, wie sich diese bei Einnahme des Medikamentes entwickeln. Endpunkte könnten die Lebensdauer oder Lebensqualität sein.

### 4.3.1 Vor- und Nachteile von P4P

Die erfolgsorientierte Vergütung ist im Gesundheitssektor nicht neu und wird immer wieder von Wissenschaftlern, Verbänden und Politikern diskutiert. Erhoffte Vorteile sind vielfältig, doch auch Nachteile gehören zur Wahrheit dazu.

Potenzielle P4P-Vorteile (Emmert 2008, S. 89 f.):

- Steigerung der Lebensqualität
- Steigerung der Qualität der Behandlung
- Reduktion von Kosten
- Vermeidung von Mehrfachuntersuchungen

Die Aufzählung ist nicht abschließend zu sehen, da jedes Krankheitsbild mit individuellen Werten und Zielen zu betrachten ist. Zusammenfassend lässt sich sagen, dass mehr auf Qualität der Behandlung statt auf andere Kriterien, wie z. B. Menge, gesetzt wird. Kurzum: Qualität vor Quantität.

Wäre es so einfach alle Vorteile ohne Probleme nutzbar zu machen, würde heute wahrscheinlich schon ein entsprechendes P4P-Modell quer durch alle medizinischen Fachgebiete bestehen. So einfach ist es aber nicht, vor allem nicht im Arzneimittelsektor. Das liegt unter anderem an den fehlenden Möglichkeiten „Erfolge" klar abgrenzbar zu messen. Wie kann gemessen werden, dass ein verabreichtes oder eingenommenes Arzneimittel (oder eine erfolgte Behandlung) für die Veränderung eines Zustandes verantwortlich ist – Unabhängig von Erfolg oder Misserfolg? Im Leben eines menschlichen Individuums spielen soziale Indikatoren, Umwelteinflüsse und erbliche Grundvoraussetzungen eine wichtige Rolle für den Gesundheitszustand (Scheppach et al. 2011, S. 13). Zudem muss eine genaue Zuordnung möglich sein, welchen Anteil das Arzneimittel an dem jeweiligen Behandlungsverlauf hat – und dies unter der Berücksichtigung, dass ein Patient oft von mehreren unterschiedlichen Behandlern untersucht wird und sich möglicherweise mehreren Behandlungen unterzieht.

Fraglich ist auch, ob P4P das richtige Instrument ist, um die Preisspirale durchbrechen zu können. Zwar ist bei diesem Ansatz die Vergütung erfolgsabhängig und basiert auf definierten Endpunkten, trotzdem würde diese Logik der heutigen sehr ähneln: Es wird versucht, einen Nutzen oder einen Erfolg monetär abzubilden. Zudem ist davon auszugehen, dass die Komplexität sehr hoch und die damit einhergehende Bürokratie wohl enorm wäre.

Alternativ werden auch qualitätskorrigierte Lebensjahre, kurz QALY, diskutiert. QALY ist eine ökonomische Ziffer, in welcher Lebensqualität und Lebenserwartung ins Verhältnis gesetzt werden (PZ 2018). Ziel ist es, aus ökonomischer Sicht ablesen zu können, wann eine Kostenübernahme sinnvoll ist und wann nicht. Ethisch ist dieses Verfahren kritisch zu betrachten, da oftmals Medikamente für eine verhältnismäßig kleine Gruppe an Patienten sehr hohe Kosten verursachen. Möglicherweise würden bei der Anwendung von QALYs solche Medikamente nicht mehr von Seiten der Kostenträger übernommen werden. Dennoch werden sie in verschiedenen Ländern eingesetzt. Unter anderem vom National Institute for Health and Clinical Excellence in Großbritannien – im Kern das Pendant zum deutschen IQWiG.

Es ist also ersichtlich, dass für eine erfolgreiche Implementierung von P4P einige Hürden zu nehmen sind. Bei der Einnahme von Arzneimitteln kommen zudem noch Neben- und ggf. auch Wechselwirkungen hinzu, die mit in die Betrachtung einfließen müssen.

### 4.3.2  Indikatoren für Qualität und Ergebnis

Für die Einordnung und Messung, wann ein Behandlungserfolg in welcher Form zustande gekommen ist, muss erst festgelegt werden, was unter dem Wort Qualität verstanden wird. Ein uneinheitliches Verständnis führt – im Übrigen nicht nur im Gesundheitswesen – oft zu Problemen. Die Basis von dem, was unter Qualität im Gesundheitswesen verstanden werden kann, liefert Donadebian im Jahr 1966 mit seiner Unterteilung in Struktur-, Prozess- und Ergebnisqualität (Weigel 2018):

- Unter Strukturqualität lassen sich die Bereiche zusammenfassen, welche einen optimalen Betrieb garantieren können. Hierunter fallen die Ausstattung von Geräten und Räumen, die personellen Ressourcen und die Qualifikationen des Personals.
- Die Prozessqualität beinhaltet die Organisation von Abläufen. Plastisch kann dies an einem Behandlungspfad festgemacht werden, aber auch an klaren Abläufen bei Visiten und der Austausch zwischen dem medizinischen Personal.
- Für die Patienten im Vordergrund ist natürlich die Ergebnisqualität. Möglichst geringe Raten von Komplikationen, geringe Sterberaten nach Behandlungen sowie die Steigerung der Lebensqualität und des Wohlbefindens gehören der Ergebnisqualität an.

Bei P4P im Arzneimittelbereich steht die Ergebnisqualität im Vordergrund, da als ausschlaggebendes Kriterium der Behandlungserfolg gesehen wird. Subjektives Erleben der Individuen kann natürlich ebenfalls hierzu zählen. Struktur- und Prozessqualität sind dennoch genauso relevant, da hier immer ein Einfluss auf die Ergebnisqualität gegeben ist.

Die Differenzierung von Qualitätsarten dient zwar der Orientierung und hilft den Begriff Qualität besser einordnen zu können. Für die Messung von Qualität jedoch ist es notwendig, sich mit den Teilbereichen der Mathematik zu beschäftigen. Da ein Behandlungserfolg anhand von Datenerhebungen und -auswertungen gemessen werden kann, spielen u. a. die Hauptgütekriterien von Messinstrumenten eine entscheidende Rolle. Dies sind Validität, Reliabilität und Objektivität. Diese Gütekriterien sind gängig und finden in jeder empirischen Forschung Berücksichtigung. Sie verdeutlichen, dass bei der Datenerhebungen und der darauf aufbauenden Auswertung sämtliche Anstrengungen vorgenommen werden müssen, dass gemessen wird, was gemessen werden soll (Validität), zuverlässige Ergebnisse auch bei erneuten Messungen erzielt werden (Reliabilität) und keine Faktoren bestehen, welche das Ergebnis verfälschen würden (Objektivität) (Lienert und Raatz 1998, S. 7 ff.).

## 4.4    Datenanalysen als Schlüssel zum Erfolg?

Zeit für ein kurzes Resümee. Preisanstiege bei Arzneimitteln sorgen immer wieder für kontroverse Diskussionen zwischen Pharmaindustrie, Leistungserbringern, Kostenträgern und Politik. Insbesondere Arzneimittel mit neuen Wirkstoffen bereiten den Kostenträgern zunehmend Kopfzerbrechen. Dies ist besonders vor dem Hintergrund wichtig, da vermehrt neue Therapieformen in den Markt strömen. Ein gutes Beispiel ist hier im Übrigen das Tübinger Biotechnologieunternehmen „Biontech", welches zusammen mit seinem Partner „Pfizer" als erstes verkündete, einen Impfstoffkandidaten im Kampf gegen Covid 19 gefunden zu haben. Das Interessante dabei: Das entwickelte Mittel ist ein mRNA-Impfstoff (Hohmann-Jeddi 2020). mRNA zählt als Transkript-Therapie zu den neueren Forschungsgebieten. Die bisherige „frühe Nutzenbewertung" ist nur in Teilen für neuartige Therapiearten mit geringer Evidenz konzipiert. Um vor allem Preissteigerungen entgegenzutreten, könnten erst später verfügbare Datenlagen eine Rolle bei der Betrachtung und Bewertung spielen. Der P4P-Ansatz hat dabei merkliche Schwächen, bei welchen es herausfordernd ist, diese auszugleichen. Wie also könnte der Weg aussehen, der einen Nutzen klarer beziffern und die Kosten im Rahmen halten kann?

## 4.4.1    Aktuelle Nutzung und Möglichkeiten der Datenauswertung

Im Vergleich zum Jahr 2011, dem Jahr als das AMNOG und damit die „frühe Nutzenbewertung" in Kraft trat, besteht im Jahr 2022 ein gewichtiger Unterschied: die Datenerhebungs- und -auswertungsmöglichkeiten. Studien geben an, dass die weltweite Datenmenge bis 2025 auf 175 Zettabyte steigen wird. Zum Vergleich: 2018 waren es gerade einmal 33 Zettabyte. Das meiste Wachstumspotenzial sehen Experten dabei im Gesundheitsbereich (iwd 2019). Durch den rasanten Anstieg von verfügbaren Daten sind immer genauere und komplexere Analysen durchführbar. Möglich machen dies u. a. Algorithmen – in zunehmendem Rekordtempo. Stetig leistungsfähigere Computer ermöglichen immer schnellere Berechnungen – bei zunehmender Datenmenge. Dabei speichern die Rechner sämtliche Erfahrungen während der Durchführung von Berechnungen. Ähnlich wie ein Mensch, welcher auch aus Erfahrungen lernt, werden fehlerhafte oder ineffiziente Berechnungen gespeichert, sodass diese nicht wiederholt werden. Wichtige Voraussetzung für solche Analysen ist, dass klar definiert ist, welcher Fall wie und mit welchen Kriterien berechnet werden soll, um eine unterschiedliche oder mehrfache Deutung auszuschließen (Berberich 2019, S. 13 f.). Möglichkeiten, den Nutzen, die Wirksamkeit und die Verträglichkeit sowie viele andere Parameter per Datenanalyse zu messen und zu quantifizieren sind demnach vorhanden und werden im Laufe der Zeit noch deutlich besser und ausgeweitet werden können.

Diese Möglichkeiten haben natürlich auch die heutigen Player bereits erkannt und analysieren enorme Mengen an Daten der Arzneimittelversorgung. Der G-BA hat unlängst das Verfahren für eine anwendungsbegleitende Datenerhebung in Form gebracht. Ziel ist es, angewiesenen Patienten den Zugang zu Arzneien mit geringer Evidenzlage zu ermöglichen und parallel die Evidenzlücken zu füllen (G-BA 2020c). Für das Medikament „Zolgensma" wurde erstmals das Verfahren der anwendungsbegleitenden Datenerhebung angeordnet. Die hier entstehenden Fragen sind ähnlich denen, welche unter Abschn. 4.3 erörtert wurden. Auch bei der anwendungsbegleitenden Datenerhebung wird nicht bis ins letzte Detail valide dargelegt werden können, welchen Anteil am Krankheitsverlauf das Arzneimittel exakt hat.

Basierend auf der Annahme, dass jene Auswertungsmöglichkeiten bestehen bleiben und weiterhin zunehmen werden, bleiben auch hier Fragen zu klären. So besteht weiterhin u. a. die Herausforderung, statistische Gütekriterien zu erfüllen. Wie soll zum Beispiel nachgehalten werden, dass ein Patient die Medikation auch tatsächlich einnimmt? Eine Kontrolle ist nicht nur aufgrund der individuellen Freiheitsrechte undenkbar. Hinzu kommen Fragen, wie schnell und valide etwa Ergebnisse quantifizierbar gemacht werden können. All dies müsste zukünftig noch stärker in einem gemeinsamen Dialog erörtert werden.

### 4.4.2 Gemeinsame Bewertungskriterien und Rollenklärung

Sofern in Zukunft die Erhebung, Speicherung und Auswertung von Daten ausgeweitet wird, ist ein strukturiertes Vorgehen notwendig, um die Vorteile nutzen zu können. Es gilt die Rollen der für Zulassung, Bewertung und Preisverhandlung zuständigen Stellen zu hinterfragen und bei Bedarf anzupassen.

Für diesen Prozess wird es notwendig sein, bereits zu Beginn differenzierter auf die vom herstellenden Pharmaunternehmen einzureichenden Unterlagen zu blicken. Einzelne Bausteine der bisherigen Vorgaben sind anzupassen und sinnvoll zu erweitern, um den Grundstein für spätere Auswertungen zu legen. Zudem muss ein einheitliches Verständnis darüber herrschen, welche Endpunkte definieren, ob und wann es sich um einen „Behandlungserfolg" handelt und welche Messinstrumente zum Einsatz kommen. Für eine solche Definition ist es sinnvoll, nach definierten Clustern einen Rahmen zu schaffen, welcher von allen Protagonisten mitgetragen werden kann. Auf Basis dessen ist denkbar, dass Pharmaunternehmen und GKV-SV die Details bilateral und von Arzneimittel zu Arzneimittel individuell miteinander absprechen und fürs erste ein Erstattungspreis bestimmt wird. In solchen Verhandlungen könnten einzelne P4P-Elemente Berücksichtigung finden. Die erzielten Ergebnisse können anschließend vom IQWIG oder einer neu geschaffenen und unabhängigen Institution in einer Datenbank festgehalten werden. In einem vorgegebenen zeitlichen Rahmen werden dann die für die Analyse notwendigen Daten gespeichert, aufbereitet und ausgewertet. Das Ergebnis fließt in den zu entrichtenden Preis für das Arzneimittel mit ein. Preiserhöhungen gibt es für erhebliche Zusatznutzen und Preiskürzungen, sollte die erhoffte Wirkung nicht eintreten.

## 4.5 Arzneimittelpreise müssen sich an transparenten Kriterien messen lassen

Wir sehen, es besteht durchaus großes Potenzial, durch Datenanalyse die Versorgung zielgenauer und effizienter gestalten zu können – sofern heutige Problemstellungen offensiv und gemeinsam angegangen werden. Aber: Die Möglichkeiten der Datenanalyse zielen vorrangig darauf ab, einen (Zusatz-)Nutzen belegen zu können. Aber wer oder was bestimmt anschließend, einen fairen und akzeptablen Preis für das jeweilige Arzneimittel und anhand welcher Kriterien? Die Problematiken liegen heute schon im Detail und die teils sehr hohen Preisvorstellungen der Pharmaunternehmen dürften kaum sinken. Auch dann nicht, wenn konkreter beziffert werden kann, welchen Nutzen das Arzneimittel mit sich bringt. Der Fokus von Pharmaunternehmen, wie es an einem freien Markt üblich ist, liegt auf der Gewinnmaximierung. Dass vereinzelt Pharmaunternehmen mehr Geld in Marketing als in Forschung fließen lassen, unterstreicht dies (SRF 2017; vdek 2020), auch wenn nicht genug hervorgehoben werden kann, welch wichtigen Beitrag diese Unternehmen für eine qualitativ hochwertige Versorgung beisteuern.

Für eine finanzierbare Arzneimittelversorgung ist deshalb auch in Zukunft die Politik gefordert, entsprechende Regelungen zu erlassen. Vorschläge, wie eine nachhaltigere Preisgestaltung aussehen könnte, kursieren bereits heute. Ende Dezember 2019 hat die Association Internationale de la Mutualité (AIM) dem europäischen Parlament einen Vorschlag präsentiert. Dieser setzt weniger auf den Nutzen und fordert stattdessen andere Kriterien in den Vordergrund zu stellen. Dazu zählt unter anderem eine höhere Transparenz der Pharmaindustrie. Demnach sollen u. a. Forschungs- und Entwicklungskosten zugänglich gemacht und sich auf Grundgewinne von 8 %, gemessen an den Gesamtkosten, geeinigt werden (vdek 2020). Andere Vorschläge aus dem Lager der GKV unterstützen die Forderung nach mehr Transparenz. Objektive Kriterien sollten Grundlage für die Preisbildung sein. Auch Aufpreise für die Forschung innerhalb Europas kann man sich vorstellen (Baas 2020). So erhofft man sich, die Preisspirale durchbrechen zu können und die hohe Qualität der Versorgung in den Vordergrund zu stellen.

## 4.6 Fazit

Das deutsche Gesundheitswesen ist zweifelsohne eines der besten der Welt. Hierzulande wird im Gesundheitssektor zumeist gut ausgebildet, intensiv geforscht und etliche Innovationen entwickelt – auch bei Arzneimitteln. Die mehr als 73 Mio. gesetzlich Krankenversicherten (Statista 2020) erhalten eine, per Gesetz garantierte, medizinische Behandlung auf dem allgemeinen Stand der medizinischen Erkenntnisse. Dieses Versprechen sichern täglich unzählige Beschäftigte, welche sich für Erhaltung, Wiederherstellung und Förderung von Gesundheit mit vollem Engagement einsetzen. Bei dieser tollen Leistungsbilanz dürfen wir aber die Kostenseite nicht aus den Augen verlieren. Deutschland leistet sich auch eines der teuersten Gesundheitssysteme weltweit (Statista 2018). Das ist auch gut so, aber dazu gehört eben auch, sich auf die ständig wandelnde Umwelt einzustellen. Besonders dann, wenn es im Sinne von Innovationsförderung und einer daraus resultierenden Versorgungsverbesserung ist. Systemfinanzierung und Fortschritt gehörten schon immer gemeinsam betrachtet.

Die Diskussion um die Preisgestaltung von Arzneimitteln ist auf jeden Fall im Gange und nimmt weiter an Fahrt auf. Es ist davon auszugehen, dass diese in den kommenden Monaten und Jahren noch intensiviert wird. Nicht nur durch die demografische Entwicklung wird gerade Deutschland in den nächsten Jahren in eine herausfordernde Situation kommen. Weniger Beitragszahler und höhere Leistungsausgaben drohen. Die Auswirkungen der Coronapandemie sind in dieser Betrachtung noch gar nicht enthalten. Um eine hochwertige Versorgung aufrechterhalten zu können, wird der Gesetzgeber Regularien erlassen müssen, die zielgenauer auf die Finanzstabilität des Systems einzahlen. Auch wenn klar ist, dass die Forschung und Entwicklung von hochwertigen Arzneien eine entsprechende Vergütung verlangt, brauchen wir nachhaltige Finanzierungsmodelle, um weiterhin den Zugang zu innovativen Arzneimitteln, möglichst barrierefrei, aufrechterhalten zu können.

## Literatur

Baas, J., Schellinger, A. (2019). Digitaler Sturm im Gesundheitswesen: Europas Antwort, Europas Zukunft. In: Baas, J. (Hrsg.), Zukunft der Gesundheit – vernetzt, digital, menschlich, 2019 (S. 3–26). Berlin: Medizinisch Wissenschaftliche Verlagsgesellschaft

Baas, J. (2020). Zukunft der Arzneimittelpreise: Es geht nicht ohne Transparenz. https://observer-gesundheit.de/zukunft-der-arzneimittelpreise-es-geht-nicht-ohne-transparenz/. Zugegriffen am 29. November 2020

Berberich, N., (2019). Algorithmen – Über die Kunst, Computer zu Problemlösern zu machen. In: Wie Maschinen lernen: Künstliche Intelligenz verständlich erklärt, 2019 (S. 11–20). Wiesbaden: Springer Gabler Verlag

BfArM, Bundesinstitut für Arzneimittel und Medizinprodukte (2013). Nebenwirkungsmeldung durch Bürger und Patienten. https://www.bfarm.de/DE/Arzneimittel/Pharmakovigilanz/Risiken-Melden/NebenwirkungsmeldungBuerger/_node.html. Zugegriffen: 21. November 2020

BMG, Bundesministerium für Gesundheit (2020). Gesetzliche Krankenversicherung – Kennzahlen und Faustformel -. https://www.bundesgesundheitsministerium.de/fileadmin/Dateien/3_Downloads/Statistiken/GKV/Kennzahlen_Daten/KF2020Bund_Juli_2020.pdf. Zugegriffen 7. November 2020

Emmert, M. (2008). Pay for Performance (P4P) im Gesundheitswesen – Ein Ansatz zur Verbesserung der Gesundheitsversorgung?. Burgdorf: HERZ

Gemeinsamer Bundesausschuss (2020a). Aufgabe und Arbeitsweise. https://www.g-ba.de/ueber-den-gba/aufgabe-arbeitsweise/. Zugegriffen: 7. November 2020

Gemeinsamer Bundesausschuss (2020b). Verfahrensordnung des Gemeinsamen Bundesausschusses. https://www.g-ba.de/downloads/62-492-2303/VerfO_2020-07-16_iK-2020-11-24.pdf. Zugegriffen: 30. November 2020

Gemeinsamer Bundesausschuss (2020c). G-BA konkretisiert Verfahren zu anwendungsbegleitender Datenerhebung – Gentherapie Zolgensma erster Fall.

Glaeske, G., Ludwig, W-D., & Weißbach, L. (2017). AMNOG: Pflicht zur späten Nutzenbewertung. *Ärzteblatt 45/114*, 2086

Halecker, B., Kamprath, M. & Braun, A. (2015). Geschäftsmodelle in der Personalisierten Medizin – Konzeptioneller Rahmen zum Status Quo und Perspektiven. In: Eppinger, E. Halecker, B. Hölzle, K. Kamprath, M. (Hrsg.), Dienstleistungspotenziale und Geschäftsmodelle in der Personalisierten Medizin, 2015 (S. 1–39). Wiesbaden: Springer Gabler Verlag

Hohmann-Jeddi, C. (2020). Wie funktionieren mRNA-Impfstoffe? https://www.pharmazeutische-zeitung.de/wie-funktionieren-mrna-impfstoffe-121742/. Zugegriffen am 20. November 2020

iwd, Informationsdienst des Instituts der deutschen Wirtschaft (2019). Datenmenge explodiert. https://www.iwd.de/artikel/datenmenge-explodiert-431851/. Zugegriffen: 21. November 2020

Institut für Qualität und Wirtschaftlichkeit im Gesundheitswesen (2020). Allgemeine Methoden 6.0. https://www.iqwig.de/de/methoden/methodenpapier.3020.html. Zugegriffen: 9. November 2020

Lienert, G.A., Raatz, U. (1998). Testaufbau und Testanalyse. Weinheim: Beltz Verlag

McKinney, SM., Sieniek M., Godbole V. et al. (2020). International evaluation of an AI system for breast cancer screening. *Nature 577*, 89 – 94.

Pharmazeutische Zeitung (2018). Kostbare Jahre. https://www.pharmazeutische-zeitung.de/ausgabe-132018/kostbare-jahre/. Zugegriffen: 28. November 2020

Rosenbrock, R., Gerlinger, T. (2014). Gesundheitspolitik. Eine systematische Einführung. Bern: Verlag Hans Huber

Scheppach, M., Emmert, M., Schöffski, O. (2011). Pay for Performance (P4P) im Gesundheitswesen: Leitfaden für eine erfolgreiche Einführung. Burgdorf: HERZ

SRF, Schweizer Radio und Fernsehen (2017). Tricks der Pharmaindustrie. Pharmakonzerne investieren mehr in Marketing als in Forschung. https://www.srf.ch/news/wirtschaft/tricks-der-pharmaindustrie-pharmakonzerne-investieren-mehr-in-marketing-als-in-forschung. Zugegriffen: 29. November 2020

Schwenke, C., Schwenke, S. (2018). Die frühe Nutzenbewertung von Arzneimitteln gemäß § 35a SGB V. In: Da-Cruz, P., Jaeckel, R., Pfannsteil, M., Innovative Gesundheitsversorgung und Market Access (S. 113–141). Wiesbaden: Springer Gabler

Siebert, H. (1996). Einführung in die Volkswirtschaftslehre. Stuttgart: Verlag W. Kohlhammer

Simon, M. (2017). Das Gesundheitssystem in Deutschland. Bern: Hogrefe Verlag

Spitzenverband Bund der gesetzlichen Krankenversicherung (2019). Erfolgsmodell: Seit 30 Jahren sichern Arzneimittel-Festbeträge bezahlbare und hochwertige Versorgung. https://www.gkv-spitzenverband.de/media/dokumente/presse/pressemitteilungen/2019/PM_2019-06-19_Erfolgsmodell_AM-Festbetraege_30_Jahre.pdf. Zugegriffen: 11.11.2020

Statista (2018). Anteil der Ausgaben für Gesundheit am Bruttoinlandsprodukt (BIP) ausgewählter Länder im Jahr 2018. https://de.statista.com/statistik/daten/studie/283361/umfrage/anteil-der-gesundheitsausgaben-am-bruttoinlandsprodukt-ausgewaehlter-laender/. Zugegriffen: 22. November 2020

Statista (2020). Anzahl der Mitglieder und Versicherten der gesetzlichen und privaten Krankenversicherung in den Jahren 2014 bis 2020. https://de.statista.com/statistik/daten/studie/155823/umfrage/gkv-pkv-mitglieder-und-versichertenzahl-im-vergleich/. Zugegriffen: 22. November 2020

Thelen, P., (2019). Gentherapien könnten zu einer Kostenexplosion im Gesundheitswesen führen. https://www.handelsblatt.com/politik/deutschland/gesundheitssysteme-gentherapien-koennten-zu-einer-kostenexplosion-im-gesundheitswesen-fuehren-/24045986.html?ticket=ST-9809193-P1pIDGZospfcmwvjspsX-ap5. Zugegriffen: 9. November 2020

vdek, Verband der Ersatzkassen (2020). Schrittweise zu fairen Arzneimittelpreisen. https://www.vdek.com/magazin/ausgaben/2020-01/fokus_aim.html. Zugegriffen: 29. November 2020

Wasem J., Matusiewicz, D., Noweski, M., Neumann, A. (2019). Medizinmanagement: Grundlagen und Praxis des Managements in Gesundheitssystem und Versorgung. Berlin: Medizinisch Wissenschaftliche Verlagsgesellschaft

Weigel, T.F. (2018). Qualität in der Medizin quantifizieren? Eine Begriffserklärung in der Pay-for-Performance-Diskussion. Wiesbaden: Springer Gabler Verlag

Widrig, D. (2015). Health Technology Assessment. Wiesbaden: Springer Gabler Verlag

Wissenschaftliches Institut der AOK (2020). Der GKV-Arzneimittelmarkt. Bericht 2020. https://www.wido.de/fileadmin/Dateien/Dokumente/Forschung_Projekte/Arzneimittel/wido_arz_gkv-arzneimittelmarkt_2020.pdf. Zugegriffen: 28. November 2020

# Teil III

# Digitalisierung und Datenschutz

# Digitale Innovationen und Potenziale im Gesundheitswesen

**5**

## Marc van Damme

**Zusammenfassung**

Ziel des folgenden Kapitels ist es, das Potenzial der Digitalisierung im Gesundheitswesen darzustellen und die Möglichkeiten und Risiken einer solchen Entwicklung kritisch zu analysieren. Ferner werden die genaue Lokalisierung der spezifischen digitalen Mittel in den heutigen Strukturen des Gesundheitswesens und mögliche weitere Einsatzmöglichkeiten vorgestellt. Die vorgestellten Handlungsgebiete stellen eine ausgewählte allgemein verständliche Nutzungsmöglichkeit der bereits begonnenen Digitalisierung dar.

## 5.1 Grundlagen

Durch die Unterzeichnung des letzten europäischen Vertrages von Lissabon im Jahr 2007 sind die Völker Europas noch etwas näher zusammengerückt. Ausschlaggebend für diese Entwicklung war der internationale Kontext, der einheitlicher Regeln bedurfte, um eine Wettbewerbsfähigkeit gewährleisten zu können.

Im Zuge der wirtschaftlichen Entwicklung nimmt das Gesundheitswesen einen besonderen Stellenwert ein, denn aufgrund der Ressourcenarmut ist die Europäische Union primär auf seine Bevölkerung als wichtigste Ressource angewiesen. Die Gesundheit der Bevölkerung ist die Grundvoraussetzung für die Wettbewerbsfähigkeit, den Erhalt des Reichtums und des Friedens, und zählt als Garant für zukünftige Innovationen und Weiter-

M. van Damme (✉)
Augustinum gemeinnützige GmbH, München, Deutschland
E-Mail: marc.vandamme@augustinum.de

R. Grinblat et al. (Hrsg.), *Innovationen im Gesundheitswesen*,
https://doi.org/10.1007/978-3-658-33801-5_5

entwicklung. Die zentrale Rolle des Gesundheitswesens tritt im Angesicht der Covid-19-Pandemie noch deutlicher hervor und die Debatte um die Komplexität der Herausforderungen ist aktueller denn je.

Gegenwärtig ist das Gesundheitswesen in mehrere Ebenen aufgeteilt, die jeweils exekutive Rollen ausführen: Die europäische Ebene, repräsentiert durch einen Gesundheitskommissar; die Bundesebene mit dem Gesundheitsministerium; und zuletzt die Landesebene mit den Gesundheitsministerien der jeweiligen Bundesländer und Freistädte. Die Legislative liegt bei den Gesetzgebern der jeweiligen Länder. Diese verabschieden in Abstimmung mit Experten der jeweiligen Fachrichtungen Gesetze, die das Gesundheitswesen betreffen. Eine weitere wichtige Rolle spielen Publikationen im klinischen Bereich und im Forschungsbereich, in denen die Ergebnisse von Studien und experimenteller Forschung veröffentlicht werden. Der Entscheidungsprozess im Gesundheitswesen ist also hochkomplex, multifaktoriell und dementsprechend verlangsamt.

In verschiedenen Bereichen, von der Grundforschung bis hin zur statistischen Erfassung von Ergebnissen, ist die Digitalisierung bereits umgesetzt und spielt seit Jahrzehnten eine wichtige Rolle. Jedoch muss zwischen der bereits existierenden Digitalisierung und der sogenannten „Vernetzungsdigitalisierung" unterschieden werden, deren Umsetzung im Gesundheitswesen nicht ohne Grund problematisch ist.

## 5.1.1  Digitalisierung im Gesundheitswesen

Das digitale Gesundheitswesen beginnt dort, wo biologische Daten einen personenbezogenen Charakter beinhalten. Sobald diese biologischen Daten einer Person zuzuordnen sind, müssen sie gemäß geltendem Recht als sensible Daten behandelt und geschützt werden, und dürfen nur rechtlich befugten Personen zugänglich gemacht werden. Grundlage dafür sind das Recht auf Privatsphäre, Persönlichkeitsrechte, Menschenrechte, und nicht zuletzt die Datenschutzgrundverordnung.

## 5.1.2  Risiken und Chancen

Ein zentrales Risiko der Digitalisierung im Gesundheitswesen stellt die Möglichkeit dar, dass es für Menschen mit Erkrankungen zu sozialen und finanziellen Nachteilen kommen könnte, sollten Sozial- und Finanzakteure Zugang zu ebendiesen personenbezogenen biologischen Daten erlangen. Die deutsche Verfassung sowie die Menschenrechtserklärung beteuern jedoch die Gleichheit aller Menschen und enthalten ein Nichtdiskriminierungsgebot für Menschen mit körperlichen Beeinträchtigungen.

Aktuell wird daran gearbeitet, die Verknüpfung zwischen biologischen Daten und Personen durch Anonymisierung, Verschlüsselung und geschützte Datenübertragungsnetzwerke aufzulösen. In der medizinischen Praxis sind Bedenken hinsichtlich der Privatsphäre aufgrund der ärztlichen Schweigepflicht unbegründet. Im klassischen Sinne ist der

Arzt hinsichtlich aller Aspekte, die seine Patienten betreffen, Dritten gegenüber zum Schweigen verpflichtet. Diese berufliche Pflichtverordnung ist nur schwer auf andere, nichtmedizinische Berufsgruppen übertragbar. Daraus resultieren die allgemeinbekannten Bedenken und Ängste, die mit der Digitalisierung verbunden sind.

Um über einen Behandlungsablauf urteilen zu können, muss man sich den gesamten Prozess vorstellen können. Bei medizinisch-kurativen Prozessen handelt es sich immer um personenbezogene Verdachtsdiagnosen, die durch diagnostische Maßnahmen bestätigt oder widerlegt werden, und je nach Verdachtsdiagnose werden therapeutische Maßnahmen eingeleitet, deren Erfolg durch Kontrolluntersuchungen evaluiert wird. Eine Therapie kann dann zu einer Remission, einer Verschlechterung oder einer Dauertherapie führen.

Die vorgenannten Prozesse finden üblicherweise in verschiedenen medizinischen Einrichtungen statt. Typischerweise ist die erste Instanz der Hausarzt, der durch Labor-, radiologische oder fachärztliche Untersuchungen zu einer Verdachtsdiagnose kommt, die in einer Klinik bestätigt und schließlich therapiert wird.

Der Zugang zu personenbezogenen Daten zwischen diesen drei Systemakteuren fand bisher immer mit dem Patienten als Vermittler statt, der seine eigenen Labordaten, radiologische Untersuchungen o. Ä. zur jeweils nächsten Station mitbrachte und diese freiwillig den weiterbehandelnden Ärzten zur Verfügung stellte.

In der gegenwärtigen Situation, in der eine Vielfalt an diagnostischen und therapeutischen Maßnahmen zur Verfügung steht, ist die Vorstellung, dass der Patient selbstständig Untersuchungsergebnisse mit bestehenden Diagnosen in Zusammenhang bringt und diese strukturiert den behandelnden Ärzten vorstellt, nicht mehr realistisch.

Ein digitalisiertes System, in dem Erkrankung, Therapie, Facheinrichtung und Patient stadtgrenzenübergreifend erfasst sind, existiert bereits. Es handelt sich hierbei um das Eurotransplant-System, anhand dessen die genetischen Merkmale transplantationsbedürftiger Patienten mit den Merkmalen von zur Verfügung stehenden Organen verglichen werden. Auf Basis dieses Systems werden den Transplantationszentren Organe zur Verfügung gestellt. Um eine therapeutische Maßnahme von derartiger Komplexität bewältigen zu können, bedarf es eines unvorstellbar komplexen Systems.

Patienten, die in Eurotransplant gelistet sind und somit auf ein Organ warten, leiden an einer chronischen, unheilbaren Krankheit, die ohne Transplantation kurz- oder mittelfristig zum Tode führt. Angesichts dessen kann gefolgert werden, dass Bedenken bezüglich der Privatsphäre inversproportional zur Gravität der Erkrankung wachsen. Deutlicher gesagt, je kränker der Mensch, desto geringer sind seine Sorgen um seine Privatsphäre. Dies ist ein natürliches Überlebensmuster, das sich in abgewandelter Form auch im Zuge der Coronapandemie zeigt: Gesunde Menschen stellen freiwillig ihre Daten in einer App zur Verfügung, um Schutz vor einem potenziell tödlichen Virus zu erlangen.

Sowohl Eurotransplant als auch die Corona-Warn-App stellen eine medizinische Therapie bzw. Prävention auf digitalem Wege dar, die betroffenen Personen mit einer Ergebnisgarantie zur Verfügung gestellt werden. In beiden Fällen werden biologische Daten generiert, deren Verbleib, Speicherung und Zugänglichkeit rechtlich nicht geregelt ist, und aufgrund der multiplen Akteure, die darin involviert sind, ist es nahezu unmöglich, den

Patienten über die Zugänglichkeit dieser Daten urteilen zu lassen. Ohne die Digitalisierung jedoch wären diese beiden Therapie- bzw. Präventionsmethoden unvorstellbar.

Die Notwendigkeit einer digitalisierten Datenlage zeigte sich bereits im Jahr 2019, als sich die öffentliche Aufmerksamkeit auf die Masernimpfung richtete. Die Impfnachweise waren in der Gesamtbevölkerung nicht mehr nachzuvollziehen, die daraus resultierenden Konsequenzen gravierend.

So ergaben sich die Möglichkeiten, Personen, die keinen Impfnachweis erbringen konnten, entweder noch einmal oder gar nicht zu impfen. Beide Szenarien sind gesundheitlich unvorteilhaft und riskant für die Patienten. Die dritte Möglichkeit, nämlich Antikörpertiter zu bestimmen, ist kostenintensiv und aufwendig, und somit als Massenlösung nicht geeignet.

Die Problematik ist evident – weder die exekutiven noch die legislativen Akteure sehen sich hier klar in der Verantwortung.

## 5.1.3   Gebote statt Verbote

Die in der Öffentlichkeit geäußerten Bedenken bezüglich des Datenschutzes haben eine deutliche Berechtigung, da Informationen über mehrere Server, Computer, Netzwerke und Speichereinheiten übertragen werden und es so nicht mehr möglich ist, die Verteilung dieser Daten über die Jahre hinweg nachzuvollziehen. Darüber hinaus ist das Kopieren, Übertragen und Verändern von digitalen Daten leicht, schnell und reversibel, sodass die Integrität der Daten eine zentrale Rolle spielt.

Weiterhin muss zwischen gesundheitlichen Daten mit sofortiger, mittelfristiger und langfristiger Relevanz differenziert werden. Daten mit sofortiger Relevanz sind üblicherweise Parameter, auf die kurzfristig reagiert werden muss, und die sich schnell ändern können. Hierzu zählen beispielsweise Blutdruck, Blutzucker, Temperatur, Puls etc. Daten dieser Kategorie sollten frei und schnell zugänglich sein, und in Bezug auf Konfidentialität niedrig eingestuft werden.

Gesundheitsdaten mit mittelfristiger Wirkung wie Infektstatus, Schwangerschaft und Fruchtbarkeitsdaten sollten in ihrer Konfidentialität hoch eingestuft werden und nichtmedizinischem Personal sollte der Zugang zu diesen Daten streng untersagt werden.

Die dritte Kategorie – Daten mit langfristiger Wirkung – betrifft Gendefekte bzw. genetische und chronische Erkrankungen mit nachgewiesener erblicher Komponente. Sollte es den Krankenkassen möglich werden, solche Daten einzusehen, könnte dies eine Selektionierung oder eine Beitragserhöhung für betroffene Patienten nach sich ziehen. Es sollte selbstverständlich sein, dass eine solche Benachteiligung aufgrund des Gesundheitszustandes rechtlich und ethisch mit den aktuellen Gesetzen nicht konform ist.

Zusammenfassend lässt sich feststellen, dass es vor der Massendigitalisierung im Gesundheitswesen eine Hierarchisierung von biologischen personenbezogenen Daten nach Wichtigkeit und Sensibilität geben muss. Hoch in der Hierarchie sollen genetische Erkrankungen, Erbkrankheiten und chronische, unheilbare sowie kostenintensive Erkrankungen stehen. Mittelgradig eingestuft werden sollten Risikofaktoren, Stoffwechselerkrankungen, Autoimmunerkrankungen und chronische Infektionen. Zustände nach Traumata, der Impfstatus und akute infektiöse Erkrankungen wie beispielsweise Influenza können als niedrig eingestuft werden.

### 5.1.4 Anwendungsbereiche und Zukunftsaussichten

Angesichts der oben genannten Aspekte sollte die Digitalisierung im Gesundheitswesen zunächst technologische Rahmenbedingungen, juristische Voraussetzungen sowie zielorientierte medizinische Kriterien erfüllen. Als Grundstruktur der Digitalisierung sollte die medizinische Indikation sowie die technische Notwendigkeit dienen.

### 5.1.5 Ambulanter Bereich

Auf hausärztlicher Ebene ist eine diagnosebezogene Vernetzung von Labor und Patient durchaus denkbar, beispielsweise bei Volkskrankheiten wie Diabetes mellitus, deren Behandlung sich an einem physiologischen Parameter wie dem Blutzuckerspiegel evaluieren lässt.

Die kontinuierliche Blutzuckermessung (z. B. mit Freestyle®, Fa. Abbott, Wiesbaden) ermöglicht es, Daten digital an ein vom Hausarzt bedientes Endgerät zu übertragen. Dieses hat eine Warnfunktion, die Abweichungen im Blutzuckerspiegel in Realtime meldet. Mit dieser Realtime-Meldung ist es dem Hausarzt möglich, Pflegekräfte bei Abweichungen zu neuen therapeutischen Maßnahmen, also entweder einer Erhöhung der Insulindosis oder der Verabreichung von Glukoselösungen, anzuweisen. Somit können Komplikationen bei Diabetes mellitus kurz-, mittel- und langfristig vermieden werden. Ein solch parameterbezogenes Digitalsystem lässt sich auch für weitere biologische Werte implementieren.

### 5.1.6 Stationäre Pflege

Durchaus relevant sind auch Bewegungssensoren und Gewichtsvariationen bei Patienten in der stationären Altenpflege. Durch elektronische Maßnahmen können schwerwiegende Folgekomplikationen wie Stürze und Exsikkosen vermieden werden.

Durch eine Gewichtskurve, die von einer im Pflegebett integrierten Digitalwaage aufgezeichnet wird, können Exsikkosen oder hydropische Dekompensationen im Voraus prognostiziert werden. Durch solche Maßnahmen könnten zahlreiche Klinikaufenthalte vermieden und therapeutische Kosten reduziert werden. Sekundär würde eine Entlastung sämtlicher klinischer Bereiche stattfinden.

Die oben genannten Beispiele zeigen deutlich, dass die Digitalisierung eine Autonomie des vorklinischen Gesundheitssystems garantieren würde.

## 5.1.7 Klinischer Bereich

Im klinischen Bereich kann ein Atemsensor zusammen mit einem Pulsoximeter mindestens drei Funktionen erfüllen:

- Der zuständigen Pflegekraft drei Vitalparameter zur Verfügung stellen,
- schlafbezogene Atemstörungen wie z. B. Schlafapnoe diagnostizieren und
- akute Gefahr und eine Reanimationspflicht melden.

Letztere könnte die Reanimationsvoraussetzungen im klinischen Bereich deutlich verbessern. So könnten bleibende Hirnschäden durch Sauerstoffmangel wegen einer zu spät erfolgten Wiederbelebung vermieden werden. Das Endergebnis kann kurz-, langfristig und organisatorisch strukturiert sein. Kurzfristig gesehen verbessert es die Reanimationsbedingungen, da das Reanimationsteam unmittelbar nach dem Atemstillstand die Wiederbelebungsmaßnahmen starten kann. Langfristig kommt es zu einer Entlastung des Pflegepersonals, da eine konstante Überwachung einzelner Patienten nicht mehr nötig ist. Dies hat auch zur Folge, dass Pflegekräfte sich auf andere Patienten besser konzentrieren können. Außerdem bekommen die Reanimationsteams einen optimalen Überblick über potenziell gefährdete Patienten und können sich anhand der Realtime-Daten einsatzfähig halten.

## 5.1.8 Häusliche Unterstützung für eingeschränkte Patienten

Auch im Bereich der häuslichen Pflege gibt es digitale Möglichkeiten. So könnten beispielsweise bei demenzkranken Patienten Roboter zum Einsatz kommen, die die Patienten bei der Medikamenteneinnahme sowie bei Nahrungs- und Flüssigkeitszufuhr mit sprachlicher Erinnerungsfunktion unterstützen. Auch Verwirrtheitszuständen mit Weglauftendenz kann mithilfe eines Global Positioning System, GPS (deutsch: Globales Positionsbestimmungssystem)-Meldesystems präventiv entgegengewirkt werden; die Anzahl solcher Ereignisse kann elektronisch an den zuständigen Neurologen übertragen werden, sodass eine zeitnahe Therapieanpassung erfolgen kann.

Eine digitalunterstützte therapeutische Analyse und Anpassung der aufgenommenen Daten kann damit auch den Verbleib des Patienten in seiner häuslichen Umgebung enorm verlängern und die Lebensqualität der Betroffenen dementsprechend steigern.

Insbesondere können diese vorab programmierbaren Prozesse ihre Effizienz sowohl in der häuslichen als auch in der stationären Pflege entfalten, und sowohl Ärzte als auch Pflegekräfte werden konstant über etwaige Entwicklungen benachrichtigt. Dies ersetzt ambulante Vorstellungen, die mit Wartezeiten, Terminen, Anamnesen und weiteren Kosten verbunden sind. Darüber hinaus gelten solche Daten als wichtige Korrelate für den Zustand des Patienten.

Im Zuge der Modernisierung mechanischer Geräte wäre für die pflegerische Versorgung auch eine robotisierte Gehhilfe denkbar. Diese kann menschliche Bewegungsmuster erkennen und unterstützt physiologische Bewegungen, die aufgrund mangelnder Kraft für den Patienten nicht durchführbar sind. Ihr Anwendungsbereich erstreckt sich von der einfachen Gehhilfe bis hin zu Lagerung und Transfer innerhalb des klinischen und häuslichen Bereichs, ohne dass weitere Personen involviert werden müssen.

Der Einsatz einer robotisierten Gehhilfe eignet sich optimal für den häuslichen Bereich. Durch seine Fähigkeit, die Restmobilität zu unterstützen und motorische Bewegungsmuster des Patienten durch Übung und Hilfe zu stärken, ist sie nicht nur ein einfaches Hilfsmittel, sondern auch ein fähigkeitserhaltendes Instrument, das eine vorzeitige Immobilität verhindert und die Unabhängigkeit im alltäglichen Leben verlängert.

## 5.2 Perspektiven

In der Pflege entstehen täglich viele Fragen, die einer zeitnahen Beantwortung bedürfen. Eine Vernetzung von pflegerischen Inhalten und einer Informationsdatenbank erleichtert die Arbeit für den behandelnden Arzt enorm, da Daten in Realtime abgerufen werden können und es ihm so möglich ist, schnell Informationen über vorher verabreichte Medikamente, deren Haupt- und Nebenwirkungen, Therapiepläne o. Ä. über digitale Wege zu erhalten.

Jede medizinische Transformation ruft auch immer berechtigten Widerstand hervor. Im 20. Jahrhundert beispielsweise wurde die Massenimpfung von Teilen der Bevölkerung kritisch betrachtet. Trotz seines offensichtlichen Nutzens wird das Impfen heute noch immer, obgleich nur von einem kleinen Teil der Bevölkerung, kritisch beäugt. Bedenken von Impfgegnern können aber heute anhand langfristiger Studien widerlegt werden.

Wichtig ist auch, die Effizienz und die Akzeptanz der Digitalisierung im Gesundheitswesen nach ihrer Implementierung durch Studien zu quantifizieren und die Erkenntnisse, die aus ebendiesen resultieren, anzuerkennen und umzusetzen. Angesicht der wachsenden Bevölkerung auf dem europäischen Kontinent und der zugleich ansteigenden Lebenserwartung entsteht ein Ungleichgewicht in der Pflege, das nur durch die Digitalisierung zu lösen und zu kompensieren ist. Diese sollte sich dabei vor allem an die drei Grundsätze der Medizin halten – nicht zu schaden, vorsichtig zu sein und zu heilen:

*„Primum non nocere, secundum cavere, tertium sanare."*

# Durchbruch KHZG? – Das Krankenhauszukunftsgesetz vor dem Hintergrund strategischer Ansätze zur Digitalisierung der (klinischen) Versorgung in Schweden und Dänemark

**6**

Thomas Möller

### Zusammenfassung

Grundvoraussetzung einer erfolgreichen Digitalisierung der Gesundheitsversorgung ist eine schlüssige Strategie. Dies gilt insbesondere für den klinischen Sektor. Deutschland steht mit Blick auf die Entwicklung einer solchen Strategie noch relativ am Anfang. Das im Herbst 2020 vom Deutschen Bundestag beschlossene Krankenhauszukunftsgesetz (KHZG) lässt erstmals eine strategische Vision für die Digitalisierung der stationären Versorgung erkennen. Andere Länder in Europa sind uns auf diesem Feld teilweise mehrere Schritte voraus. Dieser Beitrag liefert einen Einblick in die einschlägigen Aktivitäten von zwei als Vorreiter geltenden europäischen Staaten: Schweden und Dänemark. Daran anknüpfend werden der Hintergrund und die wesentlichen Inhalte des Krankenhauszukunftsgesetzes beleuchtet. Abschließend geht es um die Frage, welche Bedeutung strategische Ansätze für die Digitalisierung der medizinischen und pflegerischen Versorgung haben und was Deutschland von Schweden und Dänemark lernen kann.

T. Möller (✉)
Bundesverband Gesundheits-IT – bvitg e.V., Berlin, Deutschland

© Der/die Autor(en), exklusiv lizenziert durch Springer Fachmedien Wiesbaden GmbH, ein Teil von Springer Nature 2022
R. Grinblat et al. (Hrsg.), *Innovationen im Gesundheitswesen*,
https://doi.org/10.1007/978-3-658-33801-5_6

103

## 6.1 Einführung: Digitale (klinische) Versorgung – Ohne Plan geht es nicht

Wenn die Digitalisierung im Gesundheitswesen ein Erfolg werden und für alle Beteiligten – allen voran die Patientinnen und Patienten – spürbare Mehrwerte entfalten soll, muss sie systematisch und strategisch angegangen werden. Dies gilt insbesondere für den Krankenhaussektor. Innerhalb der Europäischen Union verfolgen die einzelnen Mitgliedstaaten sehr unterschiedliche Ansätze. Das Krankenhauszukunftsgesetz (KHZG) bietet in diesem Zusammenhang eine einzigartige Chance, die Digitalisierung der klinischen Versorgung in Deutschland entscheidend voranzubringen.

Die Bereitstellung einer qualitativ hochwertigen und flächendeckenden klinischen Versorgung ist ein zentrales Element der mit dem Begriff Gesundheitsfürsorge bezeichneten Aufgabe, die alle (Wohlfahrt-)Staaten im Sinne ihrer Bevölkerung zu erfüllen haben. Öffentliche Gesundheitssysteme sind stets mehr oder weniger geschlossene Entitäten, die sich in der Regel aus Steuer- oder Beitragsmitteln finanzieren. Da hierbei öffentliche Gelder verwendet werden, tragen Staaten stets Verantwortung für einen möglichst wirtschaftlichen Einsatz der begrenzten Ressourcen. Vor diesem Hintergrund ist die Verwendung öffentlicher Mittel nur dann gerechtfertigt, wenn dies gut begründet, zielgerichtet und nutzenstiftend geschieht.

Um auf systemischer Ebene eine möglichst effiziente und effektive Planung, Umsetzung und Evaluierung von Digitalisierungsmaßnahmen in der (klinischen) Gesundheitsversorgung zu gewährleisten, ist also eine strategische Herangehensweise vonnöten. Entsprechende Ansätze sind für Deutschland nun erstmals in dieser Form im KHZG erkennbar.

Viele Länder gehen jedoch bereits seit Jahren einen solchen Weg und haben *eHealth*- bzw. *Digital-Health*-Strategien erarbeitet. Zwei Staaten, deren Gesundheits- und Sozialsysteme hierzulande gerne als Vergleichsobjekte herangezogen werden, sind Dänemark und Schweden. Dänemark geht mit seinem sogenannten „Superkrankenhaus-Programm" einen unkonventionellen, aber nicht zuletzt deshalb bemerkenswerten Weg bei der Weiterentwicklung der stationären Versorgungslandschaft, während Schweden seit vielen Jahren Leitbilder und Visionen für eine digitale Versorgung formuliert, zuletzt in Form der „Vision for eHealth 2025" (Government of Sweden und Swedish Association of Local Authorities and Regions 2016, S. 1).

Dieser Beitrag liefert zunächst einen Einblick in die Aktivitäten der hinsichtlich der Strategieentwicklung im Kontext einer digitalisierten Versorgung als Vorreiter geltenden europäischen Staaten Schweden und Dänemark. Daran anknüpfend werden die von der Bundesregierung in Zusammenhang mit dem Krankenhauszukunftsgesetz ergriffenen Maßnahmen beleuchtet. Abschließend geht es um die Frage, welche Bedeutung strategische Ansätze für die Digitalisierung der Gesundheitsversorgung haben und was Deutschland von Schweden und Dänemark lernen kann.

## 6.2 Strategien für eine digitale (klinische) Versorgung in Dänemark und Schweden

### 6.2.1 Schweden: „Vision for eHealth 2025"

Schweden hat mit seiner 2016 veröffentlichten „Vision for eHealth 2025" bereits die dritte nationale Strategie für die Digitalisierung des Gesundheitswesens vorgelegt. Alle drei Ansätze bauen, obwohl sie jeweils von unterschiedlich gefärbten Regierungskoalitionen ausgearbeitet wurden, inhaltlich aufeinander auf. Von Beginn an haben zwei Institutionen die strategische Ausrichtung des politischen Themenfeldes *eHealth* maßgeblich vorangetrieben: Das Ministerium für Gesundheit und Soziale Angelegenheiten und der Schwedische Verband der Lokalbehörden und Regionen (Hellberg und Johansson 2016, S. 3). Das Engagement des letztgenannten Akteurs lässt sich mit der sich vom deutschen System unterscheidenden Verteilung von Verantwortung für die Sicherstellung der ambulanten und stationären Gesundheitsversorgung erklären. Diese liegt in Schweden bei den Landkreisen und Gemeinden. Die fachärztliche Versorgung übernehmen in der Regel die Krankenhäuser, auch im ambulanten Bereich (Thiel et al. 2018, S. 195).

Vor diesem Hintergrund wurden die zuständigen staatlichen Stellen zu Treibern der Digitalisierung und formulierten im Jahr 2006 unter Federführung der damaligen sozialdemokratischen Regierung eine erste nationale *eHealth*-Strategie. Deren Ziel war die Verbesserung der Versorgungsqualität, der Patientensicherheit und des Zugangs zu Gesundheitsleistungen durch die Entwicklung bzw. den Einsatz von informationstechnologischen (IT)-Lösungen (Hellberg und Johansson 2016, S. 3).

Die zweite Strategie wurde bereits vier Jahre später von einer liberal-konservativen Koalition als Ergänzung bzw. Aktualisierung des ersten Dokuments vorgelegt (Thiel et al. 2018, S. 196). Der Fokus lag diesmal noch stärker auf der Etablierung von *eHealth* als eigenständigem Politikfeld sowie der Implementierung und Nutzung der Vorteile von Technologie. Adressiert wurden zudem einige neue Aspekte wie Innovation und Unternehmertum sowie *Empowerment* und Selbstmanagement von Patienten (Hellberg und Johansson 2016, S. 3).

Die aktuelle Strategie firmiert unter dem Titel „Vision für eHealth 2025" und wurde im Jahr 2016 – diesmal von einer sozialdemokratisch-grünen Regierung – verabschiedet. Als Hauptziel formulierten die Autorinnen und Autoren die Förderung von Interoperabilität und Systemintegration. Im Mittelpunkt stehen indessen altbekannte Werte bzw. Ziele wie die Steigerung der Effizienz, ein verbesserter Zugang zu Gesundheitsleistungen für alle Teile der Bevölkerung, Nutzerfreundlichkeit, digitale Partizipation, Datenschutz und Informationssicherheit. Ein besonderes Augenmerk wird auf die Stärkung der Gleichheit in Bezug auf Gesundheitszustand bzw. -versorgung (Hellberg und Johansson 2016, S. 4) sowie eine enge Zusammenarbeit zwischen öffentlichen Institutionen und Privatwirtschaft gelegt (Thiel et al. 2018, S. 197).

Die Strategien bleiben nicht theoretisch, sondern manifestieren sich in konkreten Maßnahmen. So wurden Mitte der 2000er-Jahre die rechtlichen Rahmenbedingungen umfassend „angepasst oder erweitert, um einen eindeutigen rechtlichen Rahmen in Bezug auf Digital Health zu schaffen" (Thiel et al. 2018, S. 198). Für die Koordination und Begleitung des Strategieprozesses wurde Anfang 2014 eine eigene Behörde gegründet, die schwedische *eHealth*-Agentur ‚eHälsomyndigheten'. Deren Hauptaufgabe ist die Entwicklung einer nationalen IT-Infrastruktur, die u. a. „den Zugang von Patienten zu ihren Gesundheitsdaten durch die Einrichtung einer ePA" (elektronischen Patientenakte) mit dem Namen ‚HälsaFörMig service' ermöglicht (Thiel et al. 2018, S. 196).

Trotz dieses entschlossenen Vorgehens existieren in Schweden einige Herausforderungen bei der Realisierung der digitalen Versorgung. Eine betrifft die Interoperabilität, also die Fähigkeit verschiedener IT-Systeme, miteinander Daten auszutauschen und diese sinnvoll zu verarbeiten. Diese Fähigkeit ist bei den verschiedenen in Schweden genutzten ePA – jeder Landkreis verfügt über eine eigene Akte – nur relativ gering ausgeprägt. Zudem ergibt sich beim Blick auf die Nutzungsintensität der relevanten Anwendungen in den Versorgungssektoren ein heterogenes Bild. So nutzt nur etwa ein Viertel bis die Hälfte der in der klinischen Versorgung tätigen Ärztinnen und Ärzte die Patientenkurzakte NPÖ, während der Anteil im ambulanten Bereich deutlich höher ist (bis zu 75 %; Thiel et al. 2018, S. 199 ff.).

## 6.2.2 Dänemark: „Superkrankenhaus-Programm"

Auch Dänemark sticht innerhalb Europas heraus, was die strategische Weiterentwicklung des Gesundheitswesens in Bezug auf die Digitalisierung betrifft. Allerdings geht das Land einen Weg, der sich von dem Schwedens deutlich unterscheidet. Dies zeigt sich besonders an der Radikalkur, der das Land seinen Krankenhaussektor seit einigen Jahren unterzieht. Dänemark widmet sich mit seinem „Superkrankenhaus-Programm" explizit der klinischen Versorgung. In der Praxis nimmt die Reform jedoch nicht nur die stationären, sondern die gesamten Versorgungsstrukturen in den Blick.

Ausgangspunkt des Megaprojekts war die Kommunalreform von 2007, mit der das Land unter anderem in fünf Verwaltungsregionen aufgeteilt wurde, die für die Verwaltung des Gesundheitssystems zuständig sind. Damit einher ging die Einrichtung eines sogenannten Qualitätsfonds, der die dänische Gesundheitsversorgung qualitativ hochwertiger und effizienter machen sollte (Kostera und Briseño 2018, S. 1).

Vor diesem Hintergrund und angesichts des demografischen Wandels entwickelte die dänische Regierung eine nationale Krankenhausstrategie, mit dem Ziel, die Zahl der Klinikstandorte auf maximal zwanzig zu begrenzen. Die Brisanz dieses Vorhabens wird deutlich, wenn man sich vor Augen führt, dass in Deutschland rund 1950 Krankenhäuser für eine Bevölkerung von knapp 82 Mio. Menschen existieren (Kostera und Briseño 2018, S. 1). Würde man sich an der Zahl der Krankenhausbetten pro Einwohnerin/Einwohner in Dänemark orientieren, müsste die Zahl der Kliniken hierzulande auf gut 600 sinken. Wie umstritten eine solch drastische Reduzierung wäre, konnte man an den einschlägigen Debatten der vergangenen Monate und Jahre beobachten.

Um in Dänemark dennoch eine flächendeckende stationäre Versorgung der 5,7 Mio., über das dünn besiedelte Staatsgebiet verteilten, Einwohnerinnen und Einwohner zu gewährleisten, steht die optimale Verteilung der Klinikstandorte im Mittelpunkt. Mit dieser Herangehensweise sollen bis 2025 insgesamt achtzehn „Superkrankenhäuser" entstehen, die durch die Ansiedlung von ambulanten Zentren im Umland ergänzt werden (Schmiester 2019, S. 1). Insgesamt sechs dieser Superkliniken – in Aarhus, Aalborg, Gødstrup, Odense, Køge, Hillerød – werden neu gebaut. An den übrigen Standorten existieren bereits Kliniken, die umfassend modernisiert und ausgebaut werden (Gonser 2015, S. 1). Dafür werden umgerechnet rund 5,4 Mrd. Euro investiert. Auf die deutsche Bevölkerungszahl hochgerechnet wären das etwa 80 Mrd. Euro (Baltzer 2020, S. 1). Rund ein Fünftel des Betrages ist für Investitionen in Medizintechnik und IT vorgesehen.

Mit der Strategie, die also in erster Linie auf Konzentration setzt, sollen die Versorgungsqualität gesteigert und der Ressourceneinsatz effektiver gestaltet werden (Gonser 2015, S. 1). Dieser Ansatz zeigt bereits Wirkung. So beträgt die durchschnittliche Verweildauer in dänischen Kliniken 3,7 Tage (in Deutschland fast das Doppelte) (Kostera und Briseño 2018, S. 1). Eine zentrale Rolle in dem Konzept spielt die Digitalisierung bzw. die konsequente Vernetzung der Akteure im Gesundheitswesen. Ebenso bedeutsam ist die Ausrichtung des Systems an dem auch hierzulande populären Grundsatz „ambulant vor stationär" (Gonser 2015, S. 1). Ein Beispiel, das diesen Ansatz illustriert ist die Anschaffung neuer Rettungswagen, die mehr Untersuchungen am Einsatzort und einen direkten Datenaustausch mit den Krankenhäusern ermöglichen (Baltzer 2020, S. 1).

Ähnlich wie in Schweden wird auch in Dänemark der Kooperation von öffentlichen Einrichtungen und privaten Unternehmen eine große Bedeutung beigemessen. So unterstützt die Organisation ‚Healthcare Denmark' „im Auftrag des Landes und privater Industrieunternehmen" die internationale Vermarktung dänischer Lösungen für den Gesundheitsmarkt (Gonser 2015, S. 1).

Die Hürden, mit denen sich Dänemark auf dem skizzierten Weg konfrontiert sieht, unterscheiden sich – ebenso wie die Strategie selbst – von denen in Schweden. So geht es hier vorrangig um die Akzeptanz des Megaprojekts in der Bevölkerung – gegen die Reform hat sich sogar eine eigene Protestpartei formiert (Baltzer 2020, S. 1) – die Befürchtung, dass die geplanten Kapazitäten für eine adäquate Versorgung nicht ausreichen könnten, steigende Baukosten (Schmiester 2019, S. 1) und die Sorge, dass viele Däninnen und Dänen künftig längere Wege zum nächsten Krankenhaus auf sich nehmen müssen (Gonser 2015, S. 1). Nichtsdestotrotz haben Umfragen gezeigt, dass ein Großteil der Bevölkerung „lieber in ein 60 Kilometer weit entferntes, dafür aber exzellentes Krankenhaus fahren [würde], anstatt in ein fünf Kilometer entferntes, das weniger gut ausgestattet ist" (Kostera und Briseño 2018, S. 1).

## 6.3 Digitalisierungsschub für die deutschen Kliniken: Das Krankenhauszukunftsgesetz (KHZG)

Betrachtet man die deutschen Kliniken hinsichtlich der Digitalisierung, zeigen sich im Vergleich zu anderen Ländern teils enorme Rückstände. Studien deuten darauf hin, dass die „deutsche Krankenhauslandschaft innerhalb der letzten Jahre kaum digitaler geworden ist" (Stephani et al. 2019: 24). Ob dies Folge, Ursache oder Symptom eines fehlenden strategischen Ansatzes ist, lässt sich nicht mit Sicherheit sagen. Fakt ist jedoch, dass hierzulande bisher keine im Detail ausgearbeitete Strategie für die Digitalisierung der (klinischen) Gesundheitsversorgung existiert wie in den vorgestellten Ländern Schweden und Dänemark.

Allerdings hat der Bundesgesetzgeber mit dem im Herbst 2020 beschlossenen Krankenhauszukunftsgesetz (KHZG) eine bemerkenswerte Maßnahme ergriffen, die eine Vision erkennen lässt und hinsichtlich des Umfangs der eingesetzten Mittel in der Geschichte der bundesdeutschen Gesundheitspolitik ihresgleichen sucht. Der Bund investiert erstmals in großem Stil in die Digitalisierung der deutschen Kliniken. Die Besonderheit rührt von der dualen Finanzierung des Kliniksystems her: Eigentlich sind die Bundesländer für Investitionen in die Infrastruktur zuständig, der Betrieb wird aus Bundesmitteln bzw. Beitragsmitteln der Versicherten finanziert.

Das KHZG wird von vielen Akteuren als ein wichtiger Schritt „mit Blick auf die strategische Gestaltung der Digitalisierung des deutschen Gesundheitssystems" (Liebe et al. 2020, S. 860) betrachtet. Es lohnt sich also ein genauerer Blick auf die Inhalte und Implikationen des Gesetzes.

### 6.3.1 KHZG: Hintergrund und wesentliche Inhalte

Die Initiative für ein Krankenhauszukunftsgesetz geht auf die Spitzen der Regierungskoalition zurück, die sich im Frühsommer 2020 auf ein historisches Konjunkturpaket einigten. Dessen Ziel war es, die wirtschaftlichen Folgen der Covid-19-Pandemie abzumildern. Ein wichtiger Bestandteil der Vereinbarung war ein sogenanntes „Zukunftsprogramm Krankenhäuser" zur finanziellen Unterstützung der Kliniken, deren gesamtgesellschaftliche Bedeutung in der Krise noch einmal besonders deutlich geworden war. Dieses Programm wurde mit dem KHZG in Gesetzesform gegossen.

Kern des Vorhabens ist die Einrichtung eines Krankenhauszukunftsfonds, der drei Mrd Euro Bundesmittel für moderne Notfallkapazitäten und die Digitalisierung bereitstellt. Um die Länder nicht gänzlich aus ihrer Investitionsverantwortung zu entlassen, ist eine Kofinanzierung in Höhe von 30 Prozent durch die Bundesländer und/oder die Krankenhausträger vorgesehen (§ 14a Absatz 5 Satz 1 Nummer 2 Krankenhausfinanzierungsgesetz – KHG).

Basierend auf den Bedarfsanmeldungen der Häuser haben die Bundesländer bis Ende des Jahres 2021 die Möglichkeit, Fördermittel aus dem Fonds für konkrete Projekte zu beantragen. Diese werden ihnen nach Prüfung und Bewilligung durch das Bundesamt für Soziale Sicherung (BAS) nach dem Königsteiner Schlüssel zugewiesen (§ 21 Absatz 1 Krankenhausstrukturfonds-Verordnung – KHSFV). Die möglichen Investitionsfelder sind im KHZG durch die Auflistung von zwölf Fördertatbeständen festgeschrieben. Grundsätzlich haben die Länder einen gewissen Entscheidungsspielraum für das Setzen eigener Förderschwerpunkte. Dennoch hat der Bundesgesetzgeber über eine Malusregelung indirekt Prioritäten im Gesetz verankert. Demnach müssen alle Häuser mit Vergütungsabschlägen rechnen, die bis zum Jahr 2025 in bestimmten Bereichen nicht ausreichend digitalisiert sind (§ 5 Absatz 3h Krankenhausentgeltgesetz – KHEntgG). Dieser ‚Risikobereich‘ umfasst die Fördertatbestände Nummer 2 bis 6: Patientenportale für ein digitales Aufnahme- und Entlassmanagement, eine strukturierte elektronische Pflege- und Behandlungsdokumentation, teil- oder voll automatisierte klinische Entscheidungsunterstützungssysteme, ein durchgehendes digitales Medikationsmanagement und klinikinterne Prozesse zur digitalen Leistungsanforderung (§ 19 Absatz 1 Satz 1 Nummer 2–6 KHSFV).

Daran anknüpfend stellt sich die Frage, wie genau dieser geforderte ‚ausreichende Digitalisierungsgrad‘ in den genannten Bereichen festzustellen ist. Zu diesem Zweck schreibt das Gesetz die zweimalige Evaluierung des digitalen Reifegrades der deutschen Krankenhäuser vor. Diesem Aspekt widmet sich der folgende Abschnitt.

### 6.3.2 Evaluierung des digitalen Reifegrades

Neben der oben skizzierten Umsetzung der Abschlagsregelung wird mit der Reifegradmessung noch ein zweites Ziel verfolgt, das im Gesetz ausdrücklich benannt wird: die Überprüfung der Wirksamkeit des Förderprogramms. Dies soll durch eine zweimalige flächendeckende Messung erreicht werden, einmal zu Beginn der Förderperiode (ab dem 30. Juni 2021) und einmal zwei Jahre später (ab dem 30. Juni 2023) (§ 14b KHG).

Ein drittes Ziel, das sich nicht direkt aus dem Gesetzestext ableiten lässt, auf mittel- bis langfristige Sicht aber naheliegt, ist die Nutzung der Reifegraderhebung als Ausgangspunkt für eine Digitalisierungsstrategie. Dafür bedürfte es jedoch einer Verstetigung der einschlägigen KHZG-Vorgabe. So führen Dr. Jan-David Liebe et al. in einem im Herbst 2020 in der Zeitschrift ‚f&w – führen und wirtschaften im Krankenhaus‘ erschienenen Beitrag aus, dass eine „einmalige Erfassung des Reifegrades [zwar] bereits eine fundierte Entwicklungsgrundlage für Digitalisierungsstrategien" (Liebe et al. 2020, S. 860) darstellen könne. Eine „fortlaufende Evaluation und Anpassung solcher Strategien" (Liebe et al. 2020, S. 860) werde jedoch erst durch eine „regelmäßige Erfassung" (Liebe et al. 2020, S. 860) ermöglicht.

Obwohl bereits eine Vielzahl an Modellen und Instrumenten zur Analyse des digitalen Reifegrades von Gesundheitseinrichtungen existiert, hat sich der Gesetzgeber gegen eine Nutzung dieser Ansätze entschieden. Gemäß KHZG kommt ein neues Modell zum Einsatz, das von einer akademischen Einrichtung auf Grundlage eines vom Bundesministerium für Gesundheit (BMG) vergebenen Forschungsauftrages entwickelt wurde. Dieses

Modell sollte sich allerdings an bestehenden Instrumenten orientieren (§ 14b KHG). Hintergrund dieses Vorgehens ist die Tatsache, dass sich bisher kein Reifegradmodell „für das deutsche Gesundheitswesen [...] flächendeckend etablieren" (Liebe et al. 2020, S. 861) konnte. Dazu kommt eine weit verbreitete „Unzufriedenheit mit internationalen Ansätzen" (Liebe et al. 2020, S. 861).

Die Deutsche Gesellschaft für Medizinische Informatik, Biometrie und Epidemiologie e.V. (GMDS) hatte in diesem Zusammenhang wissenschaftlich fundierte Anforderungen an ein geeignetes Reifegradmodell herausgearbeitet. Demnach muss ein solches Instrument unter anderem:

- „darstellen, welche Technologien vorhanden sind, inwiefern diese genutzt werden, ob sie Nutzen stiften und durch welche Maßnahmen der technologische Nutzen weiter erhöht werden kann" (GMDS 2020, S. 1),
- eine möglichst breite Akzeptanz erreichen durch die „Ausarbeitung und transparente Kommunikation einer nachvollziehbaren Systematik auf Basis wissenschaftlicher Gütekriterien, [...] die Partizipation aller [relevanten] Interessengruppen [und] die Gewährleistung einer optimalen Kosten-Nutzen-Relation" (GMDS 2020, S. 2) und
- nachhaltige Fortschritte durch einen „mehrschrittigen und kontinuierlich durchgeführten Plan-Do-Check-Act-Zyklus" (GMDS 2020, S. 5) im Sinne eines „lernende[n] Gesundheitswesen[s]" (GMDS 2020, S. 5) ermöglichen.

Inwiefern das neue Modell des Konsortiums DigitalRadar über das KHZG hinaus eine Rolle im Rahmen einer künftigen (nationalen) Digitalisierungsstrategie spielen wird, muss sich zeigen. Angesichts einschlägiger Bemühungen scheint eine entsprechende Verwendung jedenfalls bereits von einigen Akteuren mitgedacht zu werden. Ein weiteres Beispiel für diesen Denkansatz ist das Projekt ‚CHECK IT NOW' der Hochschule Osnabrück, die hierfür mit dem Bundesverband Gesundheits-IT – bvitg e.V., dem Marburger Bund und weiteren Partnern kooperierte. Dessen zentrales Ziel war die Integration bestehender Ansätze „zu einem übergeordneten Reifegradmodell" (Liebe et al. 2020, S. 863), das die Stärken und Schwächen bestehender Ansätze berücksichtigt.

## 6.4 Ausblick: Welche Bedeutung haben strategische Ansätze wie das KHZG für die Digitalisierung im Gesundheitswesen?

Bezugnehmend auf die Betrachtungen der sehr unterschiedlichen Herangehensweisen in Schweden, Dänemark und Deutschland, stellt sich die Frage, welche Bedeutung strategische Ansätze für die Digitalisierung der medizinisch-pflegerischen, und insbesondere der klinischen Versorgung haben (können).

## 6.4.1 Was ist vom KHZG in strategischer Hinsicht zu erwarten?

Das Krankenhauszukunftsgesetz wird von nahezu allen Beteiligten als Meilenstein auf dem Weg in eine digitale Zukunft der stationären Versorgungslandschaft in Deutschland bewertet. Damit aus der politischen Maßnahme auch konkrete Projekte und Mehrwerte für die Versorgung entstehen können, müssen alle Akteure an einem Strang ziehen. Der Krankenhauszukunftsfonds ist hinsichtlich des Fördervolumens aus Bundesmitteln bislang einzigartig. Nichtsdestotrotz handelt es sich dabei um eine einmalige, zeitlich begrenzte Maßnahme. Die langfristige Finanzierungsproblematik, die aus der Aufteilung der Verantwortung für Betriebs- und Investitionskosten auf Krankenkassen und Bundesländer resultiert, kann damit nicht gelöst werden.

Zudem nimmt das KHZG ausschließlich den Krankenhaussektor direkt in den Blick. Für weitere Versorgungsbereiche, wie z. B. die Pflege oder die nicht-approbierten Gesundheitsberufe, fehlt bislang eine ähnliche strategische Vision. Es spricht einiges dafür, dass eine Digitalisierungsstrategie vor allem dann zum Ziel führt, wenn sie möglichst umfassend auf das Ziel eines vernetzten Gesundheitswesens ausgerichtet ist und dabei die Besonderheiten eines heterogenen Systems mit einer Vielzahl unterschiedlicher Akteure berücksichtigt. Heyo Kroemer, Vorstandsvorsitzender der Berliner Charité, bringt die Problematik folgendermaßen auf den Punkt: „Das Problem ist, dass wir in Deutschland noch keine übergeordnete Vorstellung haben, in welche Richtung sich unser Gesundheitswesen in zwanzig, dreißig Jahren entwickeln soll" (Baltzer 2020, S. 1).

## 6.4.2 Was können wir von den beschriebenen Vorbildern lernen?

Daran anknüpfend stellt sich die Frage, was Deutschland von den in diesem Beitrag betrachteten ,Vorbildern' Schweden und Dänemark lernen kann. Eine grundlegende Lehre ist die, dass es keine für alle Staaten gleichermaßen passende ,One-size-fits-all-Lösung' geben kann. Das dänische und das schwedische Gesundheitssystem unterscheiden sich fundamental von dem deutschen. Wie oben angedeutet liegt ein Grund für den Rückstand Deutschlands hinsichtlich der Digitalisierung der Krankenhäuser im sogenannten dualen Finanzierungssystem, dessen auf die Finanzierung von Investitionen abzielende Säule nicht zufriedenstellend funktioniert (Baltzer 2020, S. 1). Die bloße Kopie eines im Ausland bewährten Ansatzes verspricht also wenig Erfolg.

Dennoch fällt auf, dass alle drei Ansätze auf eine Initiative politischer Entscheidungsträgerinnen und -träger, entweder auf nationaler, regionaler und/oder kommunaler Ebene, zurückgehen. Es liegt also die Vermutung nahe, dass ein Impuls bzw. eine Koordination durch die Politik das Zustandekommen und den Erfolg strategischer Ansätze begünstigt.

Entscheidend scheint zudem die Akzeptanz der Bevölkerung zu sein, die sich vor allem über spürbare Verbesserungen der Versorgung und/oder Anreizsysteme steigern lässt. So setzt Schweden beispielsweise auf eine gleichwertige Erstattung digitaler und vergleichbarer analoger Dienstleistungen (Thiel et al. 2018, S. 198).

Die interdisziplinäre Zusammenarbeit aller relevanten Akteure ist als weiterer Erfolgsfaktor anzusehen. Zu den einzubeziehenden Stakeholdern gehören z. B. auch die Anbieter digitaler Anwendungen. In Schweden und Dänemark lässt sich anhand der Institution ‚Healthcare Denmark' (Dänemark) und der regelmäßigen Kooperation bei Interoperabilitätsfragen (Schweden) (Thiel et al. 2018, S. 197) exemplarisch beobachten, wie eine solche Zusammenarbeit institutionalisiert werden kann.

Eine weitere wesentliche Voraussetzung für das Gelingen einer *Digital-Health-Strategie* ist die Existenz eines eindeutigen und einheitlichen Rechtsrahmens. Aus diesem Grund hat Schweden frühzeitig umfassende Anpassungen an diesem vorgenommen (s. Abschn. 6.2.1). In Deutschland hingegen sorgt ein äußerst heterogenes Datenschutzrecht für Rechtsunsicherheit und steht damit häufig vielversprechenden Innovationen im Weg.

### 6.4.3 Welche Chancen und Herausforderungen bringen strategische Ansätze mit sich?

Doch bringt ein strategischer Ansatz überhaupt messbare Vorteile mit sich? Dieser Frage ging Professor Terkel Christiansen von der Universität Odense in Dänemark nach. In einer Studie konnte er nachweisen, dass seit Beginn des „Superkrankenhaus-Programms" die Lebenserwartung in Dänemark spürbar gestiegen ist. Zudem stellte er eine Reduzierung der Todesfälle bei Herzerkrankungen, eine Senkung der Wartezeit auf chirurgische Eingriffe und eine gesunkene Krankheitshäufigkeit bei medizinisch-pflegerischem Personal fest (Baltzer 2020, S. 1). Dieser Befund liefert noch keinen eindeutigen Beleg, dass die Verbesserungen allesamt auf das Reformprogramm zurückzuführen sind. Bemerkenswerte Indizien sind sie jedoch allemal.

Die vielversprechenden Ergebnisse aus Dänemark dürfen aber nicht darüber hinwegtäuschen, dass strategische Neuausrichtungen Gesundheitssysteme auch vor enorme Herausforderungen stellen können. Umfassende Reformen kosten häufig zunächst einmal viel Geld und amortisieren sich – wenn überhaupt – manchmal erst nach mehreren Jahren. Diese Entwicklung zeichnet sich zumindest in Dänemark ab (Baltzer 2020, S. 1). Mit Blick auf die Investitionen in die Digitalisierung haben Deutschlands Kliniken ohnehin Nachholbedarf. Während Krankenhäuser hierzulande zwischen 1,5 und 1,7 Prozent ihrer Gesamtausgaben in IT investieren, wenden Einrichtungen im Ausland mitunter einen deutlich größeren Anteil auf (Stephani et al. 2019, S. 29).

Vereinfacht lässt sich das Dilemma also auf den Zielkonflikt reduzieren, der entsteht, wenn die Mehrwerte der Digitalisierung im Versorgungsalltag maximal zur Entfaltung kommen und gleichzeitig die vorhandenen Ressourcen möglichst wirtschaftlich eingesetzt werden sollen. Victor Stephani, Reinhard Busse und Alexander Geissler formulieren dies in einer Studie von 2019 zum Thema Krankenhaus-IT wie folgt „Es ist [...] wichtig, dass erreichbare Ziele definiert und die vorhandenen Ressourcen sinnvoll eingesetzt werden" (Stephani et al. 2019, S. 30). Das geht nur mit einer schlüssigen Strategie.

## Literatur

Baltzer, Sebastian (2020). Warum weniger Krankenhäuser gut für die Gesundheit sind. https://www.faz.net/aktuell/wirtschaft/daenemark-weniger-krankenhaeuser-sind-gut-fuer-die-gesundheit-16589065.html. Zugegriffen: 28. November 2020.

Deutsche Gesellschaft für Medizinische Informatik, Biometrie und Epidemiologie (GMDS) e. V. (Hrsg.) (2020). Stellungnahme der GMDS zur Ausgestaltung von § 14b des Krankenhauszukunftsgesetzes (KHZG). ‚Evaluierung des Reifegrades der Krankenhäuser hinsichtlich der Digitalisierung'. https://www.gmds.de/fileadmin/user_upload/Publikationen/Stellungnahmen/20201007_Stellungnahme_GMDS_KHZG___14b.pdf. Zugegriffen: 29. November 2020.

Gonser, Bettina (2015). Die Zukunft hat schon begonnen. https://medizin-und-technik.industrie.de/markt/auslandsmaerkte/die-zukunft-hat-schon-begonnen/. Zugegriffen: 20. November 2020.

Government of Sweden & Swedish Asociation of Local Authorities and Regions (Hrsg.) (2016). Vision for eHealth 2025. Common starting points for digitisation of social services and health care. https://www.government.se/4a3e02/contentassets/b0fd09051c6c4af59c8e33a3e71fff24/vision-for-ehealth-2025.pdf. Zugegriffen: 27. November 2020.

Hellberg, Sofie & Johansson, Peter (2016). EHealth strategies and platforms. *The issue of health equity in Sweden. Health Policy and Technology 2016,* 1–7. doi: https://doi.org/10.1016/j.hlpt.2016.09.002.

Kostera, Thomas & Briseño, Cinthia (2018). Weniger ist mehr. Dänemark setzt auf Superkliniken. https://blog.der-digitale-patient.de/smarthealthsystems-daenemark-superkliniken/. Zugegriffen: 28. November 2020.

Liebe et al. (2020). Von Frustration zu Innovation. f&w führen & wirtschaften im krankenhaus 9, 860–863.

Schmiester, Carsten (2019). Ist Dänemarks Krankenhauspolitik ein Vorbild? https://www.deutschlandfunkkultur.de/gesundheitsversorgung-ist-daenemarks-krankenhauspolitik-ein.976.de.print?dram:article_id=458420. Zugegriffen: 28. November 2020.

Stephani, Victor et al. (2019). Benchmarking der Krankenhaus-IT. Deutschland im internationalen Vergleich. In: Klauber, Jürgen et al. (Hrsg.), Krankenhaus-Report 2019 (S. 18–32). Berlin/Heidelberg: Springer.

Thiel, Rainer et al. (2018). Auszug Schweden. In: Bertelsmann Stiftung (Hrsg.), #SmartHealthSystems. Digitalisierungsstrategien im internationalen Vergleich (S. 195–203). Gütersloh: Bertelsmann Stiftung.

# Blockchain im Gesundheitswesen: Technische und rechtliche Aspekte – Eine Momentaufnahme

Roman Pusep

**Zusammenfassung**

Die Blockchain-Technologie ist heute keine „Raketentechnologie" und fristet auch kein Nischendasein mehr. Vielmehr ist sie in aller Munde und auch die Bundesregierung samt fast allen Bundesministerien befasst sich mit Blockchain-Themen. Im September 2019 verabschiedete die Bundesregierung ihre „Blockchain-Strategie" (BMWi, Gemeinsame Pressemitteilung zur Digitalisierung vom 19.09.2019). Darin spielen zugegebenermaßen die ökonomischen und die Währungsfragen eine überwiegende Rolle, was auch der Untertitel ankündigt: „Wir stellen die Weichen für die Token-Ökonomie" (BMWi, „Blockchain-Strategie der Bundesregierung"). Allerdings werden auch andere Bereiche berücksichtigt und aktuell entwickelt. Das Bundeswirtschaftsministerium (BMWi) berichtet, wenn auch nicht ganz regelmäßig, über den aktuellen Stand der Umsetzung der Blockchain-Strategie auf seiner Website (BMWi, Handlungsfelder der Blockchain-Strategie). Zum Gesundheitswesen heißt es dort wörtlich: „Die im Gesundheitswesen verwendeten Schnittstellen sind prinzipiell auch offen für mögliche Zukunftstechnologien (wie Blockchain). Eine Nutzung von Zukunftstechnologien – im Einklang mit den Daten- und IT-Sicherheitsanforderungen für Gesundheitsdaten – wird deshalb kontinuierlich in Betracht gezogen. Die Bundesregierung ermöglicht zudem den Zugang innovativer Anwendungen des Gesundheitswesens zur Telematikinfrastruktur." Dieser Beitrag zeigt erstens die technischen Aspekte der Blockchain, zweitens die aktuell diskutierten Anwendungsgebiete für die Blockchain sowie drittens die

R. Pusep (✉)
WERNER Rechtsanwälte Informatiker, Köln, Deutschland
E-Mail: roman.pusep@werner-ri.de

R. Grinblat et al. (Hrsg.), *Innovationen im Gesundheitswesen*,
https://doi.org/10.1007/978-3-658-33801-5_7

115

mit der Blockchain verbundenen rechtlichen Fragestellungen, vor allem aus dem Datenschutzrecht nach der Datenschutz-Grundverordnung (DS-GVO).

## 7.1 Technische Grundlagen

Für das Verständnis der möglichen Blockchain-Anwendungen und der Blockchain-Rechtsthemen ist das Basiswissen über die Blockchain-Technologie unabdingbar. Auch wenn der eine oder andere Leser hier schon Kenntnisse oder sogar Erfahrungen hat, ist eine Einführung in die technischen Grundlagen wichtig, damit dieser Beitrag für alle Leser aus sich heraus verständlich und nachvollziehbar ist. Denn zu oft werden technische Themen eher philosophisch diskutiert – das bedeutet ohne auch nur rudimentäres Verständnis der Funktionsweise zu vermitteln – und es werden oft falsche Ergebnisse, Vorstellungen oder Hoffnungen erzeugt. Im Untertitel eines Artikels aus Mitte 2019 heißt es hierzu:

> Tatsache ist: Die Blockchain-Technologie bietet im medizinischen Bereich zahlreiche Einsatzmöglichkeiten. Sie will allerdings verstanden sein.[1]

Daher wird als Erstes einführend das Basis-Know-how zur Blockchain-Technologie dargestellt.

### 7.1.1 Definitionen der Blockchain

Die Blockchain-Technologie wird auf das Jahr 2008 zurückgeführt, als eine Person unter dem Namen (oder auch Pseudonym) Satoshi Nakamoto das „White Paper" zu Bitcoin veröffentlichte.[2] Welches Ziel verfolgte das White Paper? Das White Paper befasst sich damit, das Online-Bezahlen von einer Zentralstelle (wie einer Bank) zu entkoppeln, sodass die elektronische Transaktion ähnlich wie beim Bargeld funktioniert, also als eine Soforttransaktion ohne die Bank als Intermediär (sowie als Kontroll-, Sicherungs- oder auch Überwachungsinstanz). Die Intermediäre werden teils auch „Mittelsmänner" genannt.

Die Blockchain wird allgemein wie folgt definiert:[3]

> Eine Blockchain (auch Block Chain, englisch für Blockkette) ist eine kontinuierlich erweiterbare Liste von Datensätzen, „Blöcke" genannt, die mittels kryptografischer Verfahren miteinander verkettet sind.

Die Definition der Bundesregierung lautet:[4]

---

[1] Meinel/Gayvoronskaya/Mühle, S. 20, Untertitel.
[2] Satoshi Nakamoto, White Paper zu Bitcoin.
[3] Wikipedia, Artikel zur „Blockchain".
[4] BMWi, „Blockchain-Strategie der Bundesregierung", S. 3, Fn. 1.

Der Begriff Blockchain wird in der vorliegenden Strategie synonym für Distributed-Ledger-Technologien [DLT] verwendet. Die Bundesregierung versteht unter Distributed-Ledger-Technologien allgemein dezentral geführte informationstechnische Systeme, wie Register oder Kontobücher, bei denen Werte (beispielsweise Währungen oder Informationen) direkt zwischen den Teilnehmern ausgetauscht werden können. Die Verifizierung erfolgt zumeist durch systemweit festgelegte dezentrale Prozesse (Konsensusprotokolle) und nicht durch eine zentrale Instanz. Die Systeme ermöglichen allen Teilnehmern Zugriff auf den Status und auf eine überprüfbare Historie der vorgenommenen Transaktionen, versehen mit einem Zeitstempel. Ein Teilnehmer muss dabei nicht aktiver Teil des Systems (Knoten) sein. Die Besonderheit der Blockchain-Technologie ist, dass die Transaktionen zu Blöcken zusammengefasst und diese miteinander verknüpft werden.

Was bedeutet dies im Einzelnen?

## 7.1.2  Blockchain-Software

Bevor diese einzelnen Punkte (Blöcke, kryptografisches Verfahren, Verkettung, Dezentralisierung und Konsens) dargestellt werden, ist ein Aspekt vorab wichtig und darf nicht aus dem Blickfeld geraten:

Den Blockchain-Definitionen ist Eines gemein, nämlich die passive Ausdrucksweise. Daher scheint es beim Lesen so zu sein, als ob es irgendeine übermächtig-allwissende Instanz gibt, die all das macht, was wir mittlerweile von einer Blockchain erwarten. Fast so, als ob die Blöcke von Geisterhand erstellt und mit einander zu einer Kryptokette verbunden werden. So ist es natürlich nicht (ganz): Es geht um eine Software bzw. um ein Computerprogramm, bei Bitcoin ist es die Bitcoin Core (aktuell in der Version 22.0[5]) mit den wesentlichen Computersprachen **C++** (ca. 66 %) und **Python** (19 %) sowie **C** (9 %).[6] Eine einfache Blockchain kann man auch schon mit **JavaScript** erstellen. Darüber hinaus sind HTML-Kenntnisse bei der Erstellung von Weboberflächen für die späteren Benutzer sicherlich auch sinnvoll. Diese Software stellt die oben kurz angerissenen und unten näher dargestellten Abläufe sicher bzw. führt sie aus.

Darin liegt auch schon die erste Schwäche oder besser gesagt eine Widersprüchlichkeit des Blockchain-Universums, welches ja auf „Mittelsmänner" verzichten sollte. Es gibt also doch eine übermächtig-allwissende Instanz, nämlich die Blockchain-Programmierer, von denen es heute 823 Mitwirkende (engl. contributors) gibt. Diese Personengruppe entscheidet letztendlich (auch wenn die Aktualisierung noch von jedem Node bzw. Miner gesondert vorzunehmen ist) darüber, wie die Software zu funktionieren hat, welche Funktionen sie aufweist, welche Änderungen vorgenommen werden etc. Dieser Schwäche ist beim Aufbau einer Blockchain technisch und rechtlich zu begegnen. Technisch durch ein transparentes Konsensverfahren und rechtlich durch eine Verpflichtung zur Synchronisation bzw. zum Update bei einem neuen Software-Release (vgl. Abschn. 7.3).

---

[5] Bitcoin Core, Quellcode.
[6] Bitcoin Core, Quellcode, Abschnitt „Languages".

### 7.1.3  Block einer Blockchain und seine Bestandteile

In der Blockchain-Software wird zunächst ein erster Block erstellt. Dieser Block wird in der Blockchain-Software selbst generiert, also nicht von den späteren Benutzern bzw. dem Netzwerk. Diesen ersten Block nennt man „Genesis Block" („Ursprungsblock").

Die Struktur der Blöcke kann je nach Anwendungsfall unterschiedlich sein und variieren. Folgende Bestandteile (Attribute) müssen aber alle Blöcke – auch von unterschiedlichen Blockchains – haben, wobei alle diese Inhalte entweder durch eine eigene Funktion in der Blockchain-Software oder durch das Hinzuziehen von einer weiteren Software in den Block aufgenommen werden:

- Der *Index* (engl. „index") ist die fortlaufende Blocknummer. Der erste Block (Genesis Block) enthält die Nummer 0, es folgen die Nummer 1, 2 etc.
- Der *Zeitstempel* (engl. „timestamp") ist das Datum und die Uhrzeit, an denen der jeweilige Block erstellt wurde bzw. das Datum und die Uhrzeit des Erstellungsbeginns. Unter anderem ist auf diese Weise transparent und damit sichergestellt, dass die Blöcke der Blockchain chronologisch aufeinander folgen. Verwendet wird hier häufig die universelle Unix-Zeit. Diese zählt die Sekunden seit Donnerstag, dem 01.01.1970, 00:00 Uhr UTC.
- Die *Daten* (engl. „data") ist der inhaltliche Kern der Blockchain als Technologie für ein Logbuch für Transaktionen oder andere Ereignisse. Hier können je nach Blockchain ganz verschiedene Inhalte aufgenommen werden, z. B. Daten von Währungstransaktionen, von Fahrzeugnutzungsdaten, von Eigentums- oder Nutzungsverhältnissen, von Datenzugriffen, von Wetteränderungen, von Routenänderungen, von GPS-Positionen, *Patientendaten*, z. B. zur Diagnose, Behandlung oder Abrechnung etc. Der Abschnitt „Daten" innerhalb des Blocks einer Blockchain ist derjenige, der für die Nutznießer (Stakeholder) derjenige sein dürfte, um den sich bei der Nutzung „alles dreht"; hinzu kommt allenfalls der Zeitstempel. Die übrigen Daten dürften bei den Benutzern allenfalls als technisches Beiwerk – vielleicht sogar als störend – empfunden werden.
- Der *vorherige Hash* (engl. „previous hash") ist der Hashwert des vorherigen Blocks. Dies ist die eigentliche Verkettung, die aus den einzelnen Blöcken eine zusammenhängende Blockchain macht. Das Referenzieren auf den vorherigen Block macht die Kette mit jedem weiteren Kettenglied sicherer, weil der Manipulations- und Fälschungsaufwand deutlich steigt.
- Der *Hashwert* (engl. „hash"; auch Prüfsumme genannt) ist der Hashwert des aktuellen Blocks.

### 7.1.4  Kryptografisches Verfahren (Hashwertfunktion)

Die Blockchain-Technologie wird als sicher bezeichnet. Der Grund hierfür liegt – neben der Verwendung der asymmetrischen Verschlüsselung (Private-Public-Key-Verfahren) –

im Wesentlichen im angewendeten kryptografischen Verfahren. Die Hashwerte werden aus den Informationen eines Blocks generiert. Bei der Programmierung der jeweiligen Blockchain-Software kann vorgegeben werden, welche Informationen bzw. Attribute bei der Bildung eines Hashwertes berücksichtigt werden und welche nicht.

Die Hashfunktion bzw. Hashwertfunktion (ein Algorithmus) ist eine mathematische Berechnung (auch hier natürlich über eine Software umgesetzt und berechnet), bei der aus einer beliebig langen oder auch begrenzten Informationsmenge (Zeichen, Ziffern, Buchstaben, Satz, Datensatz oder langer Text) ein meist komprimiertes Ergebnis erzeugt wird, welches hinsichtlich seiner Beschaffenheit (z. B. nur Zahlen, nur Buchstaben oder Zahlen mit Buchstaben; jeweils mit oder ohne Groß- und Kleinschreibung) und seiner Länge (z. B. 32 Zeichen bei MD5, 40 Zeichen bei SHA-1, 64 Zeichen bei SHA-256 oder 128 Zeichen bei SHA-512) vordefiniert ist (Zielbereich). Die bekanntesten Hashwertfunktionen dürften MD5 (Message-Digest Algorithm 5), welches allerdings als nicht mehr sicher gilt, und SHA (Secure Hash Algorithm) mit seinen verschiedenen Ausprägunbgen sein.

Kryptografisch „sicher" nennt man dieses Verfahren nur dann, wenn sichergestellt ist, dass aus verschiedenen Informationen niemals die gleichen Hashwerte ermittelt werden (Kollisionssicherheit); ferner dann, wenn aus einem Hashwert die ursprüngliche Information nicht zurückgerechnet werden kann (Einwegfunktion).[7] Dies ist heute bei den Verfahren SHA-256 und SHA-512 der Fall.

Die Kollisionssicherheit der Hashwertfunktion[8] bescherte dem Hashwert auch die Bezeichnung „elektronischer Fingerabdruck".[9] Mithilfe eines Hashwertes kann sichergestellt werden, dass die Informationen unverfälscht sind. Für die Prüfung der Integrität wird erstens der ursprüngliche Hashwert benötigt, welchen z. B. der Versender dem Empfänger mitteilt (in einer E-Mail hinsichtlich eines Dokumentes oder auf einer Website hinsichtlich einer herunterzuladenden Text-, Bild- oder Installationsdatei). Zweitens der aktuelle Hashwert, welchen der Empfänger selbst generiert. Nur wenn beide Hashwerte bei einem Abgleich völlig identisch sind, ist die Integrität gewahrt und der Empfänger kann sich sicher sein, dass er tatsächlich dasjenige empfangen hat, was der Versender an ihn versandte.

### 7.1.5  Verkettung

Die Verkettung ist derjenige Prozess, bei dem der neu geschaffene Block zum Teil der Kette (engl. „chain") wird. Dabei wird der Hashwert des vorherigen (derzeit aktuellen bzw. letzten) Blocks als Bestandteil des neu geschaffenen und nun zu verkettenden Blocks

---

[7] Hinckeldeyn, S. 6, Ziffer 2.2.1 (Hashwerte und Hashfunktionen).

[8] Fill/Meier, Blockchain, S. 5 f., Ziffer 1.2.1 (Hashfunktionen).

[9] Rutz, S. 13, Ziffer 2.2.2 (Hashfunktionen); Fill/Meier, Blockchain kompakt, S. 14, Ziffer 2.3 (Digitale Signaturen); Hein/Wellbrock/Hein, S. 10, Ziffer 2.3 (Funktionsweise), Abschnitt „Mining".

aufgenommen.[10] Zuvor erfolgt eine Prüfung, ob der Hashwert des vorherigen Blocks mit dem Hashwert identisch ist, der im neu geschaffenen Block unter dem Attribut „Previous Hash" angegeben ist.

Diese Information über den Hashwert der vorherigen Blocks gehört im neu geschaffenen Block wiederum zu solchen Informationen, aus denen der Hashwert dieses neu geschaffenen Blocks generiert wird. Auf diese Weise ist der alte Hashwert gleich „doppelt" im neuen geschaffenen Block enthalten: Einmal als Klartexteintrag und einmal als Bestandteil des neuen Hashwertes.

Auf diese Weise dürfte es kaum möglich sein, die alten Einträge zu fälschen. Bei den Prozessen, die bei der Verkettung ablaufen, würde eine solche Veränderung bzw. Manipulation auffallen. Denn die Hashwerte der Blöcke würde nicht mehr auf einander aufbauen und damit nicht mehr konsistent sein; dies würde eine entsprechende Prüfsoftware oder eine Prüfroutine in der Blockchain-Software feststellen. Darüber hinaus ist auch die zunehmende Länge der Blockchain (also möglichst viele verkettete Blöcke) auch für sich schon ein Sicherheitsfeature der Blockchain. Denn mit der zunehmenden Blockanzahl wächst der Änderungsaufwand für eine potenzielle Manipulation, sodass eine solche allein wegen des damit verbundenen Aufwandes unwahrscheinlicher wird.

## 7.1.6  Dezentralisierung und Blockchain-Arten

Die Blockchain-Technologie gehört zur Distributed-Ledger-Technologie (DLT) und ist wohl deren bekannteste Umsetzung.[11] Unter Distributed-Ledger-Technologie versteht man ein System mit mehreren Teilnehmern, welches trotz unbekannter Zuverlässigkeit der einzelnen Teilnehmer ohne zentrale Steuerungsautorität zuverlässig funktioniert[12]; zugegeben ab einer bestimmten kritischen Teilnehmeranzahl, die jedoch meist nicht bekannt ist und kaum berechenbar sein dürfte. In einem solchen Peer-to-Peer-Netzwerk (P2P-Netzwerk) ist die gesamte Blockchain stets auf sämtlichen **Knoten** (engl. „nodes") vorhanden und wird stets redundant gehalten, also aktualisiert und synchronisiert.

Auch die Dezentralisierung ist ein elementares Sicherheitsfeature der Blockchain-Technologie. Die Blockchain (oder Teile hiervon) sind auf einer Vielzahl von Knoten abgespeichert. Eine erfolgreiche Manipulation wäre nur denkbar, wenn die beabsichtigte Veränderung auf sämtlichen Knoten erfolgen würde bzw. auf einer geringeren Anzahl, mindestens aber 51 % aller Knoten. In dem Bitcoin White Paper heißt es hierzu:

---

[10] Hinckeldeyn, S. 11, Ziffer 2.2.4 (Verkettung von Blöcken); Hein/Wellbrock/Hein, S. 10, Ziffer 2.3 (Funktionsweise), Abschnitt „Mining".

[11] Fill/Meier, Blockchain, Geleitwort, S. V.

[12] Hinckeldeyn, S. 5, Ziffer 2.1 (Begriffsdefinition Distributed Ledger Technologie und Blockchain).

Das System ist sicher, solange vertrauenswürdige Knoten gemeinsam mehr CPU-Leistung steuern als kooperierende Gruppen von Angreiferknoten.[13]

Ein solcher 51-%-Angriff wird zwar stets als denkbar angeführt, jedoch als theoretisch betrachtet und als praktisch „quasi unmöglich" bezeichnet.[14]

Allerdings ist auf Basis der Blockchain-Technologie auch eine nichtöffentliche Blockchain denkbar, bei welcher das Feature der Dezentralisierung schlicht nicht genutzt wird. Eine solche private Blockchain (engl. „private blockchain") wird entweder nur auf einem Knoten, nämlich bei einem Unternehmen oder beim Intermediär oder bei bestimmten Teilnehmern eines Konsortiums vorgehalten, gespeichert und bei Bedarf auch angepasst. Der Rechteumfang kann dabei ebenfalls variieren, sodass sich folgende Arten einer Blockchain-Umsetzung ergeben:[15]

Auf der einen Seite gibt es öffentliche (engl. „public") und private (engl. „private") Blockchains. Diese Unterscheidung ergibt sich aus der Benutzung des Netzwerks und aus den Rollen und Rechten innerhalb des Netzwerks sowie daraus, wie transparent die Blockchain ist. Eine öffentliche Blockchain erlaubt uneingeschränkt das Einstellen von Daten in das Netzwerk und auch die Einsicht in alle gespeicherten Transaktionen. Dagegen sind diese Funktionen bei einer privaten Blockchain auf bestimmte Nutzergruppen eingeschränkt, z. B. auf eine Organisation oder auf ein Konsortium. Auf der anderen Seite gibt es genehmigungsfreie (engl. „unpermissioned" oder „permissionless") und genehmigungsbasierte (engl. „permissioned") Blockchains. Zuletzt genannte Blockchains sind so programmiert und werden so betrieben, dass die Erlaubnis zur Fortschreibung der Blockchain eingeschränkt ist.

Daraus ergeben sich folgende wesentliche Blockchain-Varianten/-Arten, die etabliert zu sein scheinen (eine feste und geregelte Nomenklatur gibt es hier noch nicht, gegebenenfalls entwickelt sich insoweit etwas mit der Schaffung der ISO/TC 307):

- Öffentliche genehmigungsfreie (engl. „public unpermissioned" oder „public permissionless") Blockchain
- Öffentliche genehmigungsbasierte (engl. „public permissioned") Blockchain
- Private genehmigungsfreie (engl. „public unpermissioned" oder „public permissionless") Blockchain (wobei diese Variante der Blockchain eher theoretisch sein dürfte und daher in einigen Darstellungen nicht einmal aufgeführt wird[16])
- Private genehmigungsbasierte (engl. „public permissioned") Blockchain

---

[13] Satoshi Nakamoto, White Paper zu Bitcoin, Ziffer 1, S. 2.

[14] Schrey/Thalhofer, NJW 2017, 1431, S. 1432, drittletzter Absatz.

[15] BSI, Blockchain sicher gestalten, S. 11, Ziffer 1.2 (Taxonomie).

[16] Rutz, S. 22, Tabelle unter Ziffer 3.1.1 (Systematisierung von Blockchain-Typen).

### 7.1.7 Konsensregeln

Unter Konsens oder Konsensmechanismus werden Regeln verstanden, die sämtliche Anforderungen innerhalb einer Blockchain festlegen, die eingehalten werden müssen, damit eine Transaktion erfolgreich durchgeführt also als ein neuer Block in die Kette aufgenommen wird. So kann es Regeln geben für die Schaffung von Blöcken, für die Prüfung von Blöcken, für die Verkettung von Blöcken, für die Speicherung der Blockchain etc.

Die Konsensregeln sind einem dezentralen Blockchain-System immanent. Die gesamte Blockchain ist auf zahlreichen Knoten abgespeichert und muss stets redundant sein. Ändert ein hierzu berechtigter Teilnehmer die Blockchain, müssen die anderen Teilnehmer diese Änderung verifizieren können, damit die Änderung auch umgesetzt wird. Die Verifizierung ist ein Abgleich, ob die Änderung regelkonform erfolgte; falls ja – wird sie auf den anderen Knoten übernommen, falls nein – wird sie von den anderen Knoten ignoriert und findet in der Blockchain nicht statt. Dieser Prozess ist nur möglich, wenn zuvor Regeln (Konsensregeln) festgelegt wurden, anhand derer eine solche Überprüfung (per Konsensalgorithmus) möglich ist.[17]

Auch diese Regeln müssen voll automatisiert funktionieren, sodass sie zum integralen Bestandteil der Blockchain-Software werden. Die Änderung dieser Software und damit auch der Regeln ist zwar denkbar, jedoch benötigt man auch hierfür die erforderliche – und in der Software ebenfalls hinterlegte – Mehrheit von meist 51 % der Rechenkapazität; andere und zwar höhere Mehrheiten sind ebenfalls denkbar, z. B. Einstimmigkeit auf einer privaten Blockchain. Auf diese Weise wird sichergestellt, dass Transaktionen zwischen sich nicht kennenden und sich auch nicht vertrauenden Akteuren möglich werden, und zwar ohne einen (vertrauenswürdigen) Intermediär.[18]

## 7.2    Anwendungsgebiete im Gesundheitswesen (eHealth)

Die Digitalisierung erfasst alle Lebensbereiche, öffentliche, geschäftliche, familiäre und private. Auch Gesundheitsdaten im weitesten Sinne werden heute digital verarbeitet. Daher ist es nicht verwunderlich, dass es heute nicht nur Gedankenexperimente über den Einsatz der Blockchain-Technologie im Gesundheitswesen gibt, sondern auch (und schon seit Jahren) konkrete Anwendungen.

Im April 2020 veröffentlichte das Bundesamt für Sicherheit in der Informationstechnik (BSI) seine „Studie Blockchain", die im Jahre 2018 begann. Die Studie untersuchte den Sicherheitsstand von 303 Blockchain-Angeboten (auf die IT-Sicherheit wird in diesem

---

[17] Hinckeldeyn, S. 12, Ziffer 2.3 (Konsensalgorithmen).

[18] Fill/Meier, Blockchain, S. 175, Ziffer 9.1 (Blockchain-Technologie im Rahmen von Procure-to-Pay-Prozessen).

Beitrag nicht näher eingegangen). Dabei stellte das BSI fest, dass fast 6 % der Anwendungen dem Gesundheitssektor zuzuordnen waren, dies sind fast 20 Anwendungen.[19]

Nachfolgend werden die Anwendungsbeispiele (engl. „use cases") dargestellt, die sich aus öffentlich zugänglichen Quellen ergeben. Jedoch handelt es sich dabei um eine Auswahl des Autors ohne den Anspruch auf Vollständigkeit oder besonders herausragende Relevanz.

Zuvor jedoch folgender Hinweis: Die Blockchain ist per Definition eine „bloße" Liste von Datensätzen. Insoweit ist sie also nicht mehr (oder vielleicht aufgrund der schlechteren Struktur sogar weniger) als eine Datenbank. Der Einsatz ist also überall dort denkbar, wo auch Datenbanken angewendet werden. Ein denkbarer Einsatz ist aber nicht immer ein sinnvoller Einsatz einer Technologie. Sinnvoll ist er immer dann, wenn er einen in der Technologie liegenden Mehrwert für die Anwender bietet. Auch die Blockchain-Technologie ist nur dort sinnvoll eingesetzt, wo es auf deren wesentliche Stärken ankommt. Diese Stärken sind erstens die Verkettung der Blöcke und zweitens das dezentrale Netzwerk. Kommt es auf diese beiden Aspekte nicht an, sollte in jedem Projekt kritisch hinterfragt werden, ob eine andere Lösung nicht geeigneter wäre, z. B. eine „normale" Datenbank oder eine andere Ausprägung der Distributed Ledger Technologie (DLT).

### 7.2.1 Digitale Gesundheitsdaten in der Patientenakte (eGA und ePA)

Die Blockchain-Technologie entfaltet ihre Wirkung am besten in einem originär digitalen Prozess, auch wenn Schnittstellen zur analogen Welt denkbar (z. B. Barcode-Scan eines Medikamentes) und auch umsetzbar sind, wie Blockchain-basierte Lieferketten (engl. „supply chain") bereits belegen.

Die elektronische Patientenakte (ePA) im Tandem mit der elektronischen Gesundheitsakte (eGA) könnten ein Paradebeispiel für die Anwendung der Blockchain-Technologie werden. Dies aber nur, wenn die Stärken dieser Technologie auch zum Einsatz kommen. Hierzu muss sie an der richtigen Stelle innerhalb des Projektes ePA zum Einsatz kommen.

Die Blockchain-Technologie könnte gleich zweierlei ermöglichen: Zum einen eine zentrale Organisation der Speicherung sämtlicher Patientendaten. Und damit ist nicht gemeint, dass die Daten an einem Ort gespeichert sind. Im Gegenteil, in einem dezentralen System sind die Daten vielerorts gespeichert. Damit ist gemeint, dass die Daten über ein zentrales Portal verwaltet werden. Doch allein hierfür ist der Einsatz der Blockchain-Technologie geradezu unnötig. Die Speicherung als solche und auch mit einem zentralen Zugriff kann technisch auch mit den bestehenden Mitteln realisiert werden. Mit den gleichen Mitteln kann auch der – viel beschworene – schnelle Datenaustausch (Stichworte: Vollständigkeit und Verfügbarkeit der Gesundheitsdaten) zwischen den Leistungserbringern realisiert werden, wie etwa eine Cloud-Anwendung oder Versendung per E-Mail oder über sonstige offene oder proprietäre Netzwerke.

---

[19] BSI, Studie Blockchain, S. 19, Abbildung 2.

Die Blockchain-Technologie bietet für die Patientenakte nur dann einen echten Mehrwert, wenn und soweit es auf die Dateneinträge und auf deren Chronologie und Nachvollziehbarkeit sowie auf die Authentizität ankommt:

So müssen die tatsächlichen Zugriffe und die versuchten Zugriffe auf personenbezogene Daten der Versicherten protokolliert werden (§ 309 Abs. 1 SGB V). Es ist eines der zentralen Argumente für die Einführung der digitalen Patientenakte, dass der Patient als Betroffener stets und selbst entscheidet, welcher Leistungserbringer seine Patientendaten einsehen oder auf andere Weise verarbeiten kann. Ein Datenzugriff darf daher (grundsätzlich) ausschließlich mit Einwilligung des Patienten erfolgen (§ 305 Abs. 1 SGB V). Die Zugriffstransparenz ist dabei ein unverzichtbares Kontrollinstrument für den Patienten und daher besonders hervorzuheben. Eine Blockchain-basierte Verarbeitung dieser Protokolldaten könnte etwaige Manipulationsrisiken sicherlich verringern, wenn nicht sogar ausschließen.

Vergleichbare Anwendungsbeispiele sind auch außerhalb der ePA denkbar: So muss der Behandelnde nach § 630 f BGB die Behandlung „in unmittelbarem zeitlichen Zusammenhang" dokumentieren. Auch hier kann es darauf ankommen, wann welche Dokumentation erfolgte, ob die Dokumentation vor allem zeitnah erfolgte oder erst nachträglich, als der Patient dem Behandelnden einen Behandlungsfehler vorgeworfen hat. Auch hier liegen die Stärken und ein nahezu originäres Anwendungsfeld der Blockchain-Technologie.

## 7.2.2   eBtM und eRezept

Das Bundesministerium für Gesundheit (BMG) führte im Jahre 2018 ein Ideenwettbewerb unter dem Titel „Blockchain-Technologien im Gesundheitswesen" durch. Den 1. Platz belegten hier Irina Hardt und Dr. Christian Sigler. Die McKinsey-Beraterin und der Charité-Onkologe entwarfen basierend auf der Blockchain-Technologie ein digitales Betäubungsmittelrezept (kurz eBTM). Dabei soll das eBTM in einer privaten Blockchain durch Arztpraxen, Apotheken und Aufsichtsbehörden gemeinsam digital verwaltet werden.[20] Im Wesentlichen soll ausgeschlossen werden, dass ein Rezept für ein Betäubungsmittel ein zweites Mal eingelöst wird.

Hier spielt die Blockchain-Technologie ihre Stärken aus, vor allem die Dezentralisierung bei gleichzeitiger Redundanz. Alle Beteiligten haben stets den gleichen Daten- und Informationsstand; auch Veränderungen werden live gemeinsam in einem Konsensverfahren umgesetzt, wie z. B. die Einlösung eines Rezeptes und die damit verbundene Ausgabe des Betäubungsmittels. Die Vertraulichkeit der Nutzerdaten wird durch eine für die Öffentlichkeit unzugängliche Architektur gewahrt, nämlich durch das private Netzwerk dieser Beteiligten.

Das eBTM ist sicherlich ein Spezialfall, wenn auch ein nicht seltener. Allerdings lässt sich das durchdachte Konzept auch für das eRezept fortentwickeln und bestenfalls auch umsetzen. Aktuelle, coronabedingte Anwendungsbeispiele sind ebenfalls denkbar, wie die

---

[20] BMG, Meldung vom 27.02.2019.

Verwaltung der Gratis-FFP2-Masken an Ü60-Jährige oder der einmal wöchentliche kostenlose Corona-Schnelltest (kurz: „Bürgertest"), um auch hier eine Doppel- oder andere Mehrfachleistung zu verhindern.

Nicht immer kommt es auf die Blockchain-Technologie als solche an, wie diese Beispiele – ungewollt – belegen. Die Dezentralisierung ist ein Wesenselement der DLT. Dabei geht es um verteilte Datenbanken, die in vielen Fällen ebenfalls ausreichend sind, sodass die Blockchain-Technologie nicht eingesetzt werden muss. Die DLT-Technologie wird bereits im Projekt „Corda" des R3-Konsortiums eingesetzt. Hier werden keine Blöcke eingesetzt und dahe keine Blockchain gebildet; allerdings reicht für die Ziele und Zwecke des Konsortiums die dezentrale Speicherung aus, vor allem der Datenaustausch zwischen den jeweils beteiligten Partnern (Knoten).

### 7.2.3  Medizinische Register am Beispiel des Organspenderegisters

Die Innungskrankenkasse classic (IKK) verweist auf ihrer Website auf die Organspende als mögliches Anwendungsbeispiel für die Blockchain-Technologie.[21] Dabei geht es weniger um die Dokumente wie den Organspendeausweis. Vielmehr geht es darum, nach den Organspendeskandalen das Vertrauen in der Bevölkerung wiederherzustellen und so die Spendebereitschaft zu erhöhen. In der Vergangenheit gab es Organspendeskandale, bei denen es darum ging, dass die Organspendeliste manipuliert wurde und Organspendeempfänger unberechtihgt bevorzugt behandelt wurden.

Dies ist sicherlich ein sinnvolles Anwendungsbeispiel und die Blockchain-Technologie ist auch geeignet, das Fundament für ein solches Vertrauen zu bilden. Denn mithilfe der Blockchain kann die Organspendewarteliste transparent und sicher verwaltet werden. Manipulationsversuche würden im Rahmen eines zu schaffenden Konsensalgorithmus bereits im Keim erstickt werden. Eine der großen Herausforderungen würde bei einem solchen use case darin liegen, die passenden Konsensregeln zu schaffen. Diese müssten die typischen Fälle und auch die denkbaren Einzelschicksale so abbilden können, dass eine automatisierte Entscheidung nicht nur technisch umgesetzt, sondern auch ethisch stets akzeptiert würde. Auch müsste die Blockchain-Technologie in der Bevölkerung breiter erläutert werden, um das Verständnis und damit das Vertrauen in diese Technologie zu begründen und auszubauen.

### 7.2.4  Digitales Medikamentenmanagement

Schließlich wird häufig das Medikamentenmanagement als Anwendungsbeispiel für die Blockchain-Technologie genannt. Richtig daran ist, dass die Überwachung von Lieferketten sich in besonderem Maße für die Nutzung der Blockchain-Technologie anbietet.[22] Es gibt

---

[21] IKK classic, Was ist Blockchain eigentlich?

[22] Manger/Schmitz, Abschnitt „Fälschung von Medikamenten unterbinden".

bereits eine ganze Reihe von Blockchain-basierten Produkten von Anbietern, wie IBM, Oracle oder Microsoft. Bei der Umsetzung dieser Idee dürften die Unternehmen daher auf die wenigsten technischen Herausforderungen stoßen.

Das Blockchain-basierte Medikamentenmanagement wäre geeignet, einige bestehende Probleme zu lösen. Eines davon ist die Produktpiraterie. Mithilfe der Blockchain könnte der Weg vom Hersteller über den Apotheker hin zum Patienten sicher und dauerhaft nachvollzogen werden.

Zusatzinformationen könnten ebenfalls in die Blöcke der Blockchain aufgenommen werden, vor allem, wenn sie gesundheitsrelevant sind. Aktuelles Beispiel ist ein Coronaimpfstoff, welcher nur bei einer bestimmten Temperatur (minus 70 Grad Celsius) transportiert und nach dem Auftauen und Aufbereiten nur eine bestimmte Zeit lang verabreicht werden kann. Die Einhaltung dieser Bedingungen könnte über an die Blockchain angeschlossene Sensoren und Zeitmesser ebenfalls manipulationssicher kontrolliert werden.

### 7.2.5    Weitere Anwendungsbeispiele

Es sind viele weitere Anwendungsbeispiele denkbar, werden derzeit geplant oder gar umgesetzt. Diese Vielfalt belegt allein schon die Anzahl der Rückmeldungen auf den Ideenwettbewerb des BMG. Damals wurden 142 Projekt- und Prozessskizzen eingereicht, von denen 20 prämiert wurden.

Der Einsatz der Blockchain-Technologie ist beispielsweise zu überlegen beim Management von Patienteneinwilligungen in verschiedensten Bereichen des Gesundheitswesens, bei Behandlungsdokumentationen, Impfungen, Röntgenuntersuchungen, Operationen oder Kinder- und Mütteruntersuchungen, bei der Verwaltung von Datenflüssen und beim damit einhergehenden Rechtemanagement, bei der Verwaltung von Arbeitsunfähigkeitsbescheinigungen (AU), bei der Abrechnung von medizinischen Leistungen oder bei der Verfolgung von Infektionsketten.

Diese Anwendungsbeispiele sind mehr oder weniger technisch anspruchsvoll und sollten stets nur dann umgesetzt werden, wenn sie erstens der Grundlagenforschung (als Pilotprojekt zur Erkundung der Blockchain-Technologie) dienen oder wenn zweitens es in der Anwendung tatsächlich auf die besonderen Stärken der Blockchain-Technologie ankommt. Nur dann kann sind solche IT-Projekte sinnvoll und haben einen messbaren Erfolg.

### 7.3    Rechtliche Fragestellungen

Die rechtlichen Fragestellungen rund um den Blockchain-Einsatz, im Gesundheitswesen und darüber hinaus, sind ebenso vielfältig, wie die denkbaren Anwendungsbeispiele. Nachfolgend werden einige vom Autor ausgewählte Themen vorgestellt.

Erstens geht es dabei um die Rechtsbeziehungen zum Softwareprogrammierer oder zu anderen Dienstleistern. Wie im ersten Abschnitt dargestellt, hängt das Wohl und Wehe eines softwaregestützten Projektes von der dauerhaften und zuverlässigen Funktionsfähigkeit der Software ab. Diese wird von Menschen geschaffen und aufrechterhalten. Diese Ressource ist eines der zentralen Bausteine in einem Blockchain-Projekt und sollte rechtlich abgesichert werden.

Zweitens sind die Regeln innerhalb eines Konsortiums mit einer privaten Blockchain wichtig. Die Rechtssicherheit ist für die Konsortialpartner elementar, weil die Blockchain-Projekte unternehmenskritische Bereiche betreffen, wie die Lieferkette. Dies sowohl in Projekten mit technisch gleichberechtigten Partnern einer genehmigungsbasierten Blockchain (wenn also alle Beteiligten alle Rechte haben), aber vor allem in solchen Projekten, in denen nur einige Konsortialpartner die IT-Leistungen übernehmen und anderen zur Verfügung stellen.

Drittens – last but not least – geht es um den Datenschutz. IT-Projekte ohne einen Bezug zu personenbezogenen Daten und deren automatisierter Verarbeitung sind heute (fast) nicht denkbar. Der Datenschutz muss stets berücksichtigt werden, also durchdacht und umgesetzt.

### 7.3.1  Rechtsbeziehungen zum Dienstleister

Die Rechtssicherheit ist ein hohes Gut. Neben der technischen Sicherheit (Vertrauen in die kryptografischen Verfahren) bildet sie das Fundament für unternehmerische Planungssicherheit in einem IT-Projekt. Es gibt mindestens zwei Aspekte, die für eine vertraglich abgesicherte Rechtsbeziehung zum eingesetzten Dienstleister (sei es der Softwareprogrammierer bzw. Entwickler, sei es der Hosting-Lieferant) sprechen: Erstens Verfügbarkeit und zweitens Qualität der Arbeit.

Die Blockchain-Technologie wird häufig als Open Source angeboten, und zwar in ca. 50 % der Fälle.[23] Die Open Source stellt jedoch meist nur ein Grundgerüst dar. Dieses Grundgerüst bedarf nicht nur einer individuellen, projektbezogenen Anpassung, sondern auch einer Einbindung in das jeweilige Blockchain-Projekt. Hierfür ist ein Softwareentwickler(-Team) unabdingbar. Meist bestehen keine eigenen personellen Ressourcen mit den erforderlichen Fähigkeiten, sodass Auftragnehmer herangezogen werden müssen.

Bei der Vertragsgestaltung mit dem Softwareentwickler ist ein besonderes Augenmerk auf die aussagekräftige und später als Abnahmekatalog verwendbare Leistungsbeschreibung (Lasten- und Pflichtenheft),[24] und zwar Sprint-bezogen auch beim agilen Vorgehen, zu richten. Liegt eine solche nicht vor, wird es schwierig werden, zuerst einen Mangel überhaupt festzustellen und sodann den Softwareentwickler zu einer (kostenlosen) Nachbesserung zu bewegen oder sogar eine Kompensation in Form des Schadensersatzes für etwaige Schäden heranzuziehen. Diese Thematik ist bei reinen Dienstverträgen weniger virulent; hier wird grundsätzlich jede „Nachbesserung" be-

---

[23] BSI, Studie Blockchain, S. 23, Ziffer 3.3 (Lizenzierung).
[24] Freidank, DSRITB 2020, 583, S. 584, Ziffer 1.1.1 (Beschreibung der Sollbeschaffenheit).

zahlt, jedoch sollte auch hier eine hierauf gerichtete Leistungspflicht ausdrücklich vereinbart werden.

Ferner sollten die möglichen Schadensszenarien durchdacht und vertraglich die Haftung hierfür ausdrücklich geregelt werden. Dies vermeidet oder verringert jedenfalls spätere Auseinandersetzungen hierüber. In diesem Kontext sollte auch eine IT-Versicherung in Betracht gezogen werden. Denn die Schäden können mitunter so hoch sein, dass der Softwareentwickler diese wirtschaftlich nicht wird ausgleichen können.

Eine ähnliche Regelungsdichte sollte auch eine Vereinbarung mit einem Hoster (Hosting-Provider bzw. Rechenzentrumsbetreiber) haben. Die Blockchain-Anwendungen basieren, vor allem in der Idealform eines dezentralen Netzwerks, auf einer schnellen, stabilen und zuverlässigen Bereitstellung und Entgegennahme von Informationen über das Internet. Die Leistungsbeschreibung hat daher auch insoweit möglichst ausführlich zu erfolgen. Ein besonderes Augenmerk ist dabei auf die Kontrollmechanismen, Kontrollwerkzeuge und Kontrollpflichten zu legen. Die Vertragsparteien sollten also nicht bloß eine (Hoch-)Verfügbarkeit vereinbaren (z. B. 99,99 % p.m., also pro Monat, was einer Ausfallzeit von gerade einmal 5 Minuten entspricht), sondern auch vereinbaren, wie die Messung erfolgt, an welcher Stelle die Messung erfolgt, welche Hard- und Software für die Messung eingesetzt wird, wer und wie oft die Messung vornehmen muss und wie die Messdaten wechselseitig zur Verfügung gestellt werden.

Falls auf eine bestehende Blockchain-Lösung (als „Blockchain-as-a-Service") zurückgegriffen wird, ändern sich die technischen Risiken und damit die vertragsrechtlichen Anforderungen nur marginal. Die Schwerpunkte liegen auch hier darin, dass vertraglich sichergestellt wird, dass die Leistung eine messbar gleichbleibend hohe Qualität und Verfügbarkeit hat.

## 7.3.2 Rechtsbeziehungen innerhalb des Betreiber-Anwender-Konsortiums (Konsortialvertrag)

Nicht zu unterschätzen sind die Vereinbarungen innerhalb des Konsortiums, dessen Mitglieder die Blockchain betreiben und/oder nutzen.

Dieses Thema wird, soweit ersichtlich, in den aktuellen Blockchain-Projekten eher stiefmütterlich behandelt. Dies mag daran liegen, dass es sich derzeit eher um Pilotprojekte handelt, wo schlicht die technische Machbarkeit und das Sammeln von Erfahrungen primär im Vordergrund stehen. Zwar gibt es durchaus Konsortialvereinbarungen, wie im Palettenschein-Projekt (und im Folgeprojekt „Block4Log") der GS1 Germany GmbH (ein Unternehmen, welches sich mit bStandardisierung befasst und u.a. Barcode und Produkt-IDs, wie EAN und GTIN betreut) und anderen Konsortialunternehmen. Allerdings haben sich aufgrund der geringen und v.a. öffentlich zugänglichen Vertragsanzahl noch keine rechtlichen Best Practices entwickeln können, sodass hier noch Nachholbedarf besteht.

In einem Konsortialvertrag kommt es, wie beim Vertrag mit den IT-Dienstleistern, vor allem auf eine klare Regelung und Abgrenzung von Rechten, Pflichten, Verantwortlichkeiten und Haftung an. Grundlage hierfür ist eine klare Rollenverteilung zwischen den Entscheidern (Knoten-)Betreibern, Nutzern und gegebenenfalls auch den IT-Dienstleistern.

Auch geht es darum, den Technikeinsatz verbindlich zu regeln. Anders als bei Schaffung von Gesetzen, könnte es hier fatal sein, technische Regelungen technologieneutral zu gestalten. Dabei geht es z. B. um die Wahl der Blockchain oder DLT (Bitcoin, Ethereum, Corda, Hyperledger, Quorum etc.), die Wahl des Hashwert-Algorithmus, die Entscheidungen über die Implementierung der etwaigen Komponenten, die Einsicht und Kontrolle der Netzwerkarchitektur und der Quellcode-(Weiter-)Entwicklung etc.

Die Blockchain ist in den Ursprüngen der Grundidee aus 2008 offen und genehmigungsfrei (engl. „public unpermissioned" oder „public permissionless"). Daraus schöpft sie das ihr entgegengebrachte und aktuell fast grenzenlose Vertrauen. Dieses native Vertrauen gibt es bei einer privaten genehmigungsbasierten (engl. „public permissioned") Blockchain nicht. Es muss durch technische Maßnahmen ermöglicht, aufgebaut und durch rechtliche Regelungen abgesichert und gefestigt werden. Letzteres stellt sicher, dass vor allem solche Konsortialunternehmen, die die Blockchain nur nutzen, dauerhaftes Vertrauen in die Blockchain entwickeln.

Zum konkreten Vertragsaufbau gibt es aus dem oben erwähnten Palettenschein-Projekt konkrete Überlegungen, die herangezogen werden können.[25] Hieran angelehnt sollte über folgende Vertragsinhalte stets nachgedacht werden:

- Präambel: Motiv, Ziele, Werte
- Organisation: Rollen, Verantwortlichkeiten, Stimmrechte, Komitees, gegebenenfalls Audits
- Leistungskataloge, orientiert an den definierten Rollen
- Pflichtenkataloge, orientiert an definierten Rollen
- Entscheidungs- und Abstimmungsprozesse (Gegenstand der Abstimmung, Ablauf als No-Code oder No-People) und damit verbundene Quoren und etwaige Eskalationsstufen
- Auskunfts- und Einsichtsrechte, bestenfalls durch System- und Datenzugänge
- Vergütungen für bestimmte Rollen und damit verbundene Leistungen
- Sanktionierung von bestimmten Tatbeständen
- Besondere (Erfolgs-)Vergütungen für bestimmte Tatbestände
- Regelungen über das geistige Eigentum ("intellectual property rights" – IP), wie Gegenstand von jeweiligen Nutzungsrechten, Rechteinhaberschaft, Nutzungsrechte, Weiterentwicklung von Software, von Arbeitsweisen, von Prozessen und auch Know-how
- Daten, Datenschutz, Datenverwertung
- Wahrung von Geschäftsgeheimnissen
- Öffentlichkeitsarbeit vs. Verschwiegenheit

---

[25] Stettiner/Schunk, Governance – auf dem Weg zu einer Verfassung für ein Blockchain-Konsortium, Abschnitt „Und was könnte Gegenstand eines Konsortialvertrags werden?".

- Festschreibung technischer Elemente (Umgebung, Verfahren, Prozesse, SLAs – Service Level Agreement – und deren Veränderungen und vieles mehr)
- Vertragsdauer und Kündigungsfristen; gegebenenfalls abhängig von zu definierenden Erfolgen/Misserfolgen
- Exit-Strategien für die Folgen eines teilweisen oder vollständigen Scheiterns des Projektes und/oder für einen sonstigen (freiwilligen oder erzwungenen) Rückzug und Ausschluss aus dem Konsortium
- Erweiterungsstrategien für die Aufnahme neuer Konsortialmitglieder
- Haftungsregelungen, etwaige Betriebs- oder IT-Versicherungen
- Aufteilung der Kosten, Finanzierung und Leasing
- Rechtsweg: Streitschlichtung, Schiedsverfahren, anwendbares Recht etc.

### 7.3.3  Datenschutzthemen

Die Stärke der Blockchain-Technologie ist vor allem die schier endlose Transparenz. Die Speicherung von allen vergangenen Transaktionen in den alten Blöcken der Kette und die redundante Verteilung dieser Informationen auf alle Blockchain-Knoten sind der Garant für das Vertrauen, welches die Blockchain verspricht und auch einhalten kann. Doch diese größte Stärke könnte auch die größte Schwäche der Blockchain-Technologie sein, wenn man zum Beispiel an das datenschutzrechtliche „Recht auf Vergessenwerden" (Löschungsrecht nach Art. 17 DS-GVO) denkt. Dieses und andere Themen werden nachfolgend vorgestellt, etwaige Problemfelder erörtert und Lösungsansätze präsentiert; manche rechtliche Fragestellung bleibt aktuell jedoch offen, weil Lösungsansätze noch nicht erarbeitet sind.

### 7.3.3.1 Datenschutzrechtliche Regelungen

Häufig erschöpfen sich die datenschutzrechtlichen Ausführungen in der Bewertung aufgrund der Datenschutz-Grundverordnung (DS-GVO) und vielleicht noch des Bundesdatenschutzgesetzes (BDSG). Dies ist auch in diesem Beitrag so, und zwar aufgrund des begrenzten Umfangs.

Allerdings müssen bei datenschutzrechtlichen Überlegungen im Gesundheitswesen (und Sozialwesen) meist auch andere Gesetze und rechtliche Vorgaben beachtet werden. So benennt das Bundesministerium für Wirtschaft und Energie (BMWi) in seiner Orientierungshilfe die Regelungen in den Sozialgesetzbüchern, insbesondere den allgemeinen Sozialdatenschutz (§§ 67a ff. SGB X), die Regelungen für die gesetzlichen Krankenversicherungen (§§ 284 ff. SGB V) oder zur gesetzlichen Pflegeversicherung (§§ 93 ff. SGB XI), ferner das Infektionsschutzgesetz (§ 9 InfSchG), das Transplantationsgesetz (§§ 13 ff. TPG), das Medizinproduktegesetz (§ 20 Abs. 1 Nr. 2 MPG), Transfusionsgesetz (§ 14 TFG) oder Versicherungsvertragsgesetz (§ 213 VVG) auf Bundesebene und auf Landesebene die Psychisch-Kranken-Gesetze (PsychKG), die Maßregelvollzugsgesetze, die Krankenhausgesetze, das kirchliche Recht bei Krankenhäusern in kirchlicher

Trägerschaft (KDG und DSG-EKD), die Krebsregistergesetze, die Gesundheitsdienstgesetze.[26] Ferner ist zu denken an das Krankenhausfinanzierungsgesetz (KHG), an das Arzneimittelgesetz (AMG), an das Gendiagnostikgesetz (GenDG) und an das Strahlenschutzgesetz (StrlSchG) nebst Strahlenschutzverordnung (StrlSchV).

Es ist einzelfallbezogen, ob und welche diese Regelungen im konkreten Anwendungsbeispiel für die Blockchain-Technologie zu berücksichtigen sind. Die DS-GVO ist indes stets zu berücksichtigen, sodass der Fokus auf den Regelungen dieser europäischen Verordnung liegt.

### 7.3.3.2 Anwendbarkeit des Datenschutzrechts

Jedwede datenschutzrechtliche Prüfung sollte, auch bei vermeintlich eindeutigen Fällen, rechtsmethodisch stets damit anfangen, die Anwendbarkeit derjenigen Regelungen zu überprüfen, auf die man sich später bezieht und aus denen man Rechtsfolgen herleitet. Spricht man also vom Datenschutz und seinen Folgen und Fragestellungen, wie Verantwortlichkeit, Datenschutzhinweise, Betroffenenrechte oder gar Sanktionen, so ist stets zunächst zu prüfen, ob das Datenschutzrecht und hier vor allem die DS-GVO überhaupt einschlägig ist.

Die wesentliche Voraussetzung ist die automatisierte Verarbeitung von personenbezogenen Daten (Art. 2 Abs. 1 DS-GVO). An der automatisierten Verarbeitung (Art. 4 Nr. 2 DS-GVO) dürften angesichts der Blockchain-Technologie als IT-Technologie keine Zweifel bestehen. Auf den Personenbezug (Art. 4 Nr. 1 DS-GVO) der verarbeiteten Daten kommt es also entscheidend an. Und dieser Bezug ist im Gesundheitswesen bei nahezu jedem der oben dargestellten und aufgezählten Anwendungsbeispiele gegeben; nur reine Lieferketten use cases dürften ausgeschlossen und datenschutzneutral denkbar sein. Mehr noch: Es werden auch besonders sensible Daten (= besondere Kategorien personenbezogener Daten nach Art. 9 Abs. 1 DS-GVO) verarbeitet, und zwar Gesundheitsdaten (Art. 4 Nr. 15 DS-GVO).

Bereits diese scheinbar selbstverständliche Erkenntnis sollte bei der Planung und Gestaltung der Blockchain, deren Blöcken, der Blockinhalte, der Netzwerkarchitektur, der Implementierung und Anbindung an Umsysteme, an Subsysteme und an Schnittstellen, der Endanwendung (App) und schließlich auch bei der Wahl der Blockchain-Art berücksichtigt werden.

Der Personenbezug ist auch im Gesundheitswesen nicht bei jeder Blockchain zwingend und auch nicht bei jeder Blockchain gleichermaßen intensiv erforderlich, was die Menge der personenbezogenen Daten angeht. Daher sollte in jedem Blockchain-Projekt sorgsam geplant werden. So ist es beim digitalen Medikamentenmanagement sicherlich technisch verlockend, die Blockchain auf die gesamte Kette vom Hersteller über den Apotheker bis zum Patienten abzubilden. Allerdings lassen sich datenschutzrechtliche Fragestellungen (besser: Probleme) verringern und teilweise ganz lösen, wenn die Patientenda-

---

[26] BMWi, Orientierungshilfe, S. 21.

ten entweder nicht erfasst werden oder jedenfalls nicht in der gleichen Blockchain (Näheres hierzu im nächsten Abschn. 7.3.3.3).

### 7.3.3.3 Grundsätze der Datenverarbeitung

Doch selbst wenn der Personenbezug erforderlich ist und die Gesundheitsdaten verarbeitet werden dürfen, weil die Voraussetzungen der Art. 6 und Art. 9 DS-GVO vorliegen, ist die datenschutzrechtliche Prüfung im Vorfeld und die daran anschließende datenschutzkonforme Gestaltung nicht abgeschlossen, sondern steht erst am Anfang.

Bei jeder Datenverarbeitung müssen die Verarbeitungsgrundsätze eingehalten werden. Dies sind vor allem die Regelungen in Art. 5 Abs. 1 DS-GVO (Transparenz, Zweckbindung, Datenminimierung, Richtigkeit, Speicherbegrenzung, Integrität und Vertraulichkeit), aber auch die anderen Regelungen im Kapitel 2 der DS-GVO (Art. 5 bis Art. 11 DS-GVO) sowie weitere daraus abgeleitete Regelungen, wie die technisch-organisatorischen Maßnahmen (TOM) nach Art. 32 DS-GVO oder der Datenschutz durch Technikgestaltung (engl: „data protection by design") und durch datenschutzfreundliche Voreinstellungen (engl: „data protection by default") nach Art. 24 DS-GVO.

Nach den Grundsätzen der Datenverarbeitung muss ein möglichst schonender Umgang mit den personenbezogenen Daten erfolgen. Die Abwägung von wechselseitigen Interessen und anderen Aspekten (nach Art. 32 DS-GVO) kann z. B. zum Ergebnis führen, dass die personenbezogenen Daten ganz oder teilweise außerhalb der Blockchain gespeichert werden (sogenannte Off-chain-Datenspeicherung). Die Blockchain-Effekte, wie das Vertrauen in die Unverfälschbarkeit sollen dadurch erreicht werden, dass hinsichtlich der Off-chain-gespeicherten Daten ein Hashwert gebildet wird und dieser in die Blockchain dauerhaft aufgenommen wird. Damit sind die Daten als solche zwar nicht Bestandteil der Blockchain und können auch nicht unmittelbar nachvollzogen werden. Jedoch ist es aufgrund des aufgenommenen Hashwertes dieser Daten zu prüfen, ob die Daten valide (also unverfälscht) sind.[27] Die Off-chain-Lösung wird sicherlich das Mittel der Wahl sein, um dem Datenschutz (besser) gerecht zu werden. Zumal die Blockchain als solche ohnehin nicht der richtige Speicherplatz für die dauerhafte Ablage von größeren Daten ist, wie die Röntgen-/CT- oder MRT-Aufnahmen.[28]

### 7.3.3.4 Die Frage nach dem Verantwortlichen

Die datenschutzrechtliche Verantwortlichkeit (definiert in Art. 4 Nr. 7 DS-GVO) gehört neben der Anwendbarkeit des Datenschutzrechts zu den zentralen Themen, die in einem jeden IT-Projekt zu klären sind.

Der Verantwortliche ist der Dreh- und Angelpunkt der DS-GVO. Aus der Perspektive des Verantwortlichen ist zu prüfen und festzustellen, ob die betroffenen Daten einen Personenbezug aufweisen und ob die Daten überhaupt verarbeitet werden dürfen (Rechts-

---

[27] BSI, Blockchain sicher gestalten, S. 63, Ziffer 9.3.2 (Recht auf Berichtigung und Recht auf Löschung).

[28] Krolop et al, S. 10, Abschnitt „Blockchain als Wegbereiter für eine sichere digitale Infrastruktur".

grundlage bzw. Verarbeitungsgrundlage). Der Verantwortliche ist auch Adressat von Pflichten, wie den Informationspflichten nach Art. 13 DS-GVO, von Ansprüchen, wie dem Auskunftsanspruch nach Art. 15 DS-GVO oder dem Löschungsanspruch nach Art. 17 DS-GVO oder von Rechtsfolgen, wie dem Schadensersatz nach Art. 82 DS-GVO oder den Sanktionen nach Art. 83 und Art. 84 DS-GVO.

Die hier zu meisternden Blockchain-spezifischen datenschutzrechtlichen Herausforderungen sind im Gesundheitswesen durchaus überschaubar. Mit der Suche nach dem Blockchain-Verantwortlichen befassten sich bereits einige Juristen.[29] Dabei ging es jedoch um die öffentliche und genehmigungsfreie („public unpermissioned") Blockchain. Eine solche ist im Gesundheitswesen ausgeschlossen, und nicht nur wegen des Datenschutzes. Der Konsens würde hier entweder nicht funktionieren oder nur Zufallsergebnisse liefern. Denn bei einer solchen öffentlichen Blockchain dürften auch Knoten (engl. „nodes") aus der ganzen Welt mitmachen. Die Gesetzgebung zum deutschen Gesundheitswesen wird häufig verändert. Dies würde dazu führen, dass möglicherweise Konsensmechanismen in der Blockchain-Software angepasst werden müssten. Um dies umzusetzen, müsste man weltweit 51 % der Knoten (bzw. der entsprechenden Rechenleistung) von dieser Veränderung „überzeugen". Dies ist unwahrscheinlich.

Daher erscheint im Gesundheitswesen allein die private genehmigungsbasierte („private permissioned") Blockchain als sinnvoll, sodass jedenfalls die Anzahl und die Identität der Beteiligten sowie deren Befugnisse bestimmbar und vertraglich wie technisch zu bestimmen sind.

Datenschutzrechtlich bleiben folgende Konstellationen, zwischen denen die Beteiligten bei der Gestaltung des Blockchain-Projektes wählen können:

- Erstens kann jeder Beteiligte zwar ein Konsortium mit den anderen Beteiligten eingehen aber dennoch datenschutzrechtlich ein eigenständiger Verantwortlicher bleiben, sodass bei jedem für sich genommen die datenschutzrechtlichen Rechtsgrundlagen für die jeweilige Datenverarbeitung vorliegen müssen und jeder auch im Übrigen für sich den Datenschutz einhalten und bei einem Verstoß haften muss.
- Zweitens können neben diesen Verantwortlichen-Beteiligten auch einige Beteiligte als Auftragsverarbeiter herangezogen werden. Mit diesen ist dann ein Auftragsverarbeitungsvertrag (kurz: AV-Vertrag oder AVV) abzuschließen (Art. 28 DS-GVO). Denkbar sind Zusatzvoraussetzungen, wie für die Verarbeitung von Sozialdaten (§ 80 SGB X) oder bei Datenverarbeitung durch Krankenhäuser (Art. 27 Abs. 4 Satz 6 BayKrG) oder bei den Krankenkassen hinsichtlich der Patientenakte (§ 341 Abs. 4 Satz 2 SGB V).
- Drittens können die Beteiligten ein Konsortium bilden und zu Gesamtverantwortlichen werden (Art. 26 DS-GVO) und müssen in diesem Fall sich entsprechend technisch und organisatorisch abstimmen und einen datenschutzrechtlichen (Zusatz-)Vertrag mit einander abschließen.

---

[29] Zum Beispiel Schrey/Thalhofer, NJW 2017, 1431, S. 1433 f.; Erbguth/Fasching, ZD 2017, 560, Ziffer IV. S. 563 ff.

Sollte allerdings die Blockchain als Bestandteil der Telematikinfrastruktur (TI) umgesetzt werden, müssten zusätzlich auch die Vorgaben aus § 307 SGB V beachtet werden.

### 7.3.3.5 Rechtsgrundlagen für die Datenverarbeitung

Personenbezogene Daten dürfen grundsätzlich nicht verarbeitet werden. Der juristische Fachausdruck hierzu lautet: Verbot mit Erlaubnisvorbehalt. Hinsichtlich der besonderen Kategorien der personenbezogenen Daten wie Gesundheitsdaten machen dieses Art. 9 Abs. 1 und Abs. 2 DS-GVO mit dem folgenden Wortlaut sehr deutlich:

> (1) Die Verarbeitung […] von Gesundheitsdaten […] ist untersagt.
> (2) Absatz 1 gilt nicht in folgenden Fällen: […]

Jeder Verantwortliche benötigt also eine Rechtsgrundlage für jede Datenverarbeitung. Diese findet er hinsichtlich der Gesundheitsdaten meist in Art. 9 Abs. 2 DS-GVO und kann sich dort v.a. stützen auf die Einwilligung (lit. a) oder auf Regelungen im Gesundheitsbereich (lit. h) und (Abs. 3). Beide Alternativen bergen jedoch datenschutzrechtliche Herausforderungen.

Die Datenverarbeitung aufgrund einer Einwilligung ist in komplexer gelagerten Fällen nahezu ausgeschlossen. Die Einwilligung ist nur dann wirksam, wenn sie datenschutzrechtlichen Anforderungen genügt. Hier finden sich in Art. 4 Nr. 11 DS-GVO Worte und sprachliche Wendungen, wie „freiwillig", „für bestimmten Fall", „in informierter Weise". In Art. 7 DS-GVO geht es beim Ersuchen um Einwilligung um „Verständlichkeit", „Klarheit" und „Einfachheit" der Sprache und um die „Leichtigkeit" der Form sowie um die jederzeitige Widerrufbarkeit. Auch verlangt Art. 7 DS-GVO die Umsetzung technischer Anforderungen, wie die „Einfachheit" des Widerrufs sowie die (jederzeitige) „Nachweisbarkeit" der einmal erteilten Einwilligung, was auf eine Protokollierung o. Ä. hinausläuft. Die Umsetzung dieser Anforderungen ist technisch und organisatorisch aufwendig und hinsichtlich der vorgeschalteten Information gegenüber dem Betroffenen möglicherweise auch kaum möglich in komplexen Blockchain-Strukturen.

Die Datenverarbeitung auf Grundlage von Art. 9 Abs. 2 lit. h DS-GVO setzt ein weiteres Gesetz voraus. Die Verantwortlichen könnten sich auf bestehende Regelungen stützen: Die Technologie im Gesundheitswesen wird maßgeblich im SGB V bestimmt. Der Blockchain-Einsatz als solcher ist dort nicht ausdrücklich geregelt. Allerdings ist er auch nicht untersagt. Die Regelungen zur Telematikinfrastruktur (TI) sind technologieneutral (11. Kapitel, §§ 306 bis 393 SGB V). Der Blockchain-Einsatz ist also sozialrechtlich möglich, soweit er den Sicherheitsanforderungen des Bundesamtes für Sicherheit in der Informationstechnik (BSI) entspricht, welches die Gesellschaft für Telematik (kurz gematik) berät (z. B. § 311 Abs. 6 Satz 1 SGB V, § 315 Abs. 2 SGB V, § 325 Abs. 3 und Abs. 4 SGB V oder § 327 Abs. 2 und Abs. 4 SGB V). Der Blockchain-Einsatz ist also insoweit bereits jetzt möglich.

### 7.3.3.6 Achillesverse Betroffenenrechte?

Das größte datenschutzrechtliche Problem scheinen bisher die Betroffenenrechte zu sein. Von diesen diskutierten Problemen „betroffen" sind solche Rechte, die auf eine Datenveränderung abzielen, wie Berichtigung (Art. 16 DS-GVO) und Löschung (Art. 17 DS-GVO) sowie teils Sperrung bzw. Einschränkung der Verarbeitung (Art. 18 DS-GVO).

Hinsichtlich des Inhalts dieser Rechte sei auf die Datenschutzliteratur verwiesen. Allerdings soll zum besseren systematischen Verständnis und zur Beseitigung etwa bestehender datenschutzrechtlicher Mythen ein Thema hervorgehoben werden, nämlich das Recht auf Löschung. Dieses ist in Art. 17 DS-GVO mit einem Untertitel versehen – „Recht auf Vergessenwerden". Es ist vor allem dieser Untertitel, der bei juristischen Laien aber auch bei Juristen die irrige Vorstellung hervorruft, der Löschungsanspruch sei stets und immer da und man könne ihn jederzeit durchsetzen, und zwar ohne Weiteres. Das ist falsch. Der Löschungsanspruch ist, wie jeder andere Anspruch auch, nur dann zu erfüllen, wenn die Voraussetzungen hierfür (nach Art. 17 Abs. 1 DS-GVO) vorliegen. Insbesondere ist der bloße Zeitablauf für sich genommen nicht geeignet, einen Löschungsanspruch zu begründen, sondern ist nur eines der Abwägungskriterien bei der Prüfung des Löschungsanspruchs.[30] Als „Recht auf Vergessenwerden" kann allenfalls die Folge des Löschungsanspruchs in Art. 17 Abs. 2 DS-GVO verstanden werden; danach muss der zur Löschung verpflichtete Verantwortliche die Daten auch im Internet löschen, wenn er sie öffentlich gemacht hat. Im Übrigen bedarf jede Datenverarbeitung von personenbezogenen Daten einer Rechtsgrundlage (so Art. 6 Abs. 1 DS-GVO). Die Löschung ist auch eine Datenverarbeitung (so Art. 4 Nr. 2 DS-GVO). Liegen die Voraussetzungen für eine Löschung nicht vor, so darf der Verantwortliche die personenbezogenen Daten nicht löschen!

Lösungsansätze: Es sind Möglichkeiten denkbar, dem Datenschutz auch bei der Blockchain gerecht zu werden: Erstens eine Beschränkung der Betroffenenrechte, zweitens eine ausdrückliche gesetzliche Regelung über bestimmte Blockchain-Anwendungen im Gesundheitswesen und drittens diverse technische Veränderungen an den Blockchain, um den Betroffenenrechten gerecht zu werden.

Die Betroffenenrechte sind nicht disponibel. Der jeweilige Betroffene kann auf diese Rechte also nicht verzichten.[31] Datenschutzrechtlich ist es hingegen denkbar, die Betroffenenrechte gesetzlich zu beschränken. Dies ist – auch bei aller politischen Brisanz – nicht ungewöhnlich. Hiervon macht der Gesetzgeber bereits außerhalb des Gesundheitswesens ausgiebig Gebrauch (so in §§ 6 ff BSI-Gesetz, § 68a PStG, § 22b BörsenG, § 13a AnlEntG, § 4e FinDAG, §§ 11, 12, 14 BMG, § 21a BZRG, § 5 DRK-SDDSG, §§ 19, 19a WaffRG). Aber auch im Gesundheitswesen finden sich solche Regelungen, z. B. in § 308 Abs. 1 SGB V und in § 363 Abs. 6 SGB V.

Darüber hinaus kann der Gesetzgeber die datenschutzrechtliche Handhabung der Blockchain auch ausdrücklich regeln, und zwar jeweils für einen bestimmten Anwendungsfall, wie die Patientenakte. Generelle gesetzliche Vorgaben für die Blockchain als solche verbieten sich, weil es die EINE Blockchain nicht gibt. Wäre in einer solchen gesetzlichen Blockchain-Vorgabe etwa geregelt, dass sämtliche Blockeinträge für die Nut-

---

[30] BGH, Urteil vom 27.07.2020, Az. VI ZR 405/18, Rdnr. 49, 61 und 62.

[31] Schrey/Thalhofer, NJW 2017, 1431, S. 1435, Ziffer III. 2. d) ee) (Kein dispositiver Charakter der Betroffenenrechte).

zungsdauer der Blockchain gespeichert werden müssen und Berichtigungen durch Einträge in weiteren, späteren Blöcken erfolgen, dann wären die Betroffenenrechte weitestgehend modifiziert und die Blockchain wäre auch datenschutzrechtlich einsatzbereit. Natürlich stellen sich verfassungsrechtliche und europarechtliche Fragestellungen, die hier nicht näher diskutiert werden. Allerdings erscheint dieser Weg als gangbar und auch nicht neu. Denn auch das Grundbuch kennt kein „Ausradieren"; die Löschung erfolgt auch dort transparent durch das Durchstreichen des nicht (mehr) richtigen Eintrags.

Schließlich gibt es auch technische Ansätze, um sowohl eine Berichtigung als auch eine Löschung innerhalb einer Blockchain umzusetzen:

- „*reverse transactions*": Fehlerbehaftete Transaktionen (also Blockeinträge) werden noch einmal umgekehrt ausgeführt (auch „Rollback" genannt[32]). Damit wird der (wirtschaftliche) Zustand vor der Transaktion wiederhergestellt.[33] Allerdings müsste das Verfahren noch besser beleuchtet werden, vor allem für die Juristen, die die Gesetze letztlich gestalten, anwenden und prüfen. Hier scheint es jedenfalls noch Uneinigkeit zu geben. Denn während die einen dieses Verfahren so verstehen, dass die „Transaktionshistorie ggf. verfälscht" würde,[34] meinen die anderen, dass weiterhin „sämtliche Transaktionen transparent einzusehen" blieben.[35]
- „*pruning*": Ältere Transaktionen werden gelöscht.[36] Die technischen Umsetzungsdetails hängen vom konkreten Anwendungsfall und vor allem von der Blockchain-Art ab. Grundsätzlich geht es hier darum, dass die älteren Blöcke um die Transaktionsdaten (Attribut „Data") bereinigt werden. Die Integrität der gesamten Kette wird jedoch durch die weiterhin bestehenden Hashwerte innerhalb der Blöcke (dort im jeweiligen Header) aufrechterhalten.[37] Die Idee einer solchen Bearbeitung der Blockchain ist wohl so alt, wie die Blockchain selbst und findet sich bereits im „White Paper zu Bitcoin"; dort wird das Verfahren zur Verdichtung der alten Blöcke beschrieben.[38] Allerdings ist hierbei zu berücksichtigen, dass die Nachvollziehbarkeit und die Fälschungssicherheit dadurch deutlich gemindert werden; und es gibt keinen Weg mehr zurück. Daher sollten Datensicherungskonzepte mitentwickelt werden, um Pruning-Fehler und Pruning-Folgen notfalls wieder zu beseitigen. Dies ist datenschutzrechtlich ebenfalls zulässig, denn die Da-

---

[32] BSI, Blockchain sicher gestalten, S. 63, Ziffer 9.3.2 (Recht auf Berichtigung und Recht auf Löschung).

[33] Schrey/Thalhofer, NJW 2017, 1431, S. 1436, Ziffer III. 3. f) (Reverse Transaction).

[34] Freidank, DSRITB 2020, 583, S. 595, Ziffer 2.5.1.1 (Technische Lösung).

[35] Hein/Wanja/Christoph Hein, S. 39, Ziffer 7.1 (Reverse Transactions) mit Verweis auf Schrey/Thalhofer, NJW 2017, 1431, S. 1436.

[36] Martini/Weinzierl, NVwZ 2017, 1251, S. 1255, Ziffer 1. a) (Ausweg aus dem Dogma der Unabänderlichkeit).

[37] Hein/Wanja/Christoph Hein, S. 40, Ziffer 7.2 (Pruning).

[38] Nakamoto, White Paper zu Bitcoin, Ziffer 7. (Speicherplatz zurückfordern).

tensicherung und Datenkontrolle haben im Datenschutz einen besonderen Stellenwert (vgl. § 34 Abs. 1 Nr. 2. lit. b) BDSG sowie § 57 Abs. 2 BDSG für die JI-Richtlinie).

- „*Chamäleon-Hashfunktion*": Die Veränderung von Blockinhalten wird von vorne herein zugelassen, und zwar durch eine zentrale Instanz,[39] die diese „Falltür" oder „Hintertür" – engl. („epheremeral") „trapdoor"[40] – nutzt. Dies widerspricht dem Gedanken der Dezentralisierung und einer öffentlichen (engl. „public") Blockchain. Allerdings ist diese Blockchain-Art, wie ausgeführt, ohnehin die präferierte im Gesundheitswesen.
- Hier entsteht eine „editierbare Blockchain" (engl. „redactable blockchain"), wobei die Änderung sichtbar wird, als eine Art digitale Narbe.[41] Die Blockchain würde durch diese „Falltür" deutlich an ihrem Status der Unverfälschbarkeit, Unfehlbarkeit, Unbestechlichkeit und Integrität einbüßen. Diese Einbuße könnte allerdings vermieden oder abgemildert werden, wenn man auf eine einzige zentrale Instanz verzichtet und stattdessen ein Gremium einsetzt. Dabei wird der digitale Schlüssel zu diesem Verfahren einem Secret-sharing-Verfahren auf verschiedene Parteien aufgeteilt.[42]

Weitere technische Lösungen sind z. B.

- Zeitverzögerte Erfassung der Blöcke in einer Blockchain, sodass diese erst nach Ablauf einer Frist zum festen Bestandteil der Blockchain werden. Dies dürfte jedoch kaum praktikabel sein. Es geht im Gesundheitswesen um Tausende oder gar Mio. Menschen und mithin um Mrd. von Datensätzen. Diese alle in einer Art „TEMP"-Ordner zu halten und zu verwalten, welcher Eintrag wann „fest" in die Blockchain aufgenommen wird, ist ein komplexes und daher fehleranfälliges Unterfangen. Und es löst die aufgeworfenen Datenschutzthemen auch nur temporär. Die Korrektur oder Löschung von Daten wäre nur temporär möglich, nämlich bis zur Aufnahme in die Blockchain;
- ein „Fork", bei dem technisch eine Abspaltung eines Blockchain-Zweigs erfolgt.[43] Bei einer Blockchain ohne eine zentrale Instanz (also öffentliche Blockchain oder eine konsortiale Blockchain mit mehreren gleichberechtigten Partnern) erfordert ein solcher Weg die Mitwirkung des erforderlichen Quorums. Wenn nicht genügend Nodes diesen neuen Zweig akzeptieren, so wird er verworfen.

---

[39] Martini/Weinzierl, NVwZ 2017, 1251, S. 1256 f., Ziffer IV. 2. b) (Technische Implementierung einer nachträglichen Änderungsmöglichkeit).

[40] BSI, Blockchain sicher gestalten, S. 63, Ziffer 9.3.2 (Recht auf Berichtigung und Recht auf Löschung).

[41] Hein/Wanja/Christoph Hein, S. 41, Ziffer 7.3 (Chamäleon Hash).

[42] BSI, Blockchain sicher gestalten, S. 63, Ziffer 9.3.2 (Recht auf Berichtigung und Recht auf Löschung).

[43] BSI, Blockchain sicher gestalten, S. 63, Ziffer 9.3.2 (Recht auf Berichtigung und Recht auf Löschung).

## 7.4    Fazit

Die Blockchain-Technologie ist ausgereift und gut dokumentiert, ferner gibt es mittlerweile Experten in ausreichender Anzahl. Diese Technologie bietet dann einen erheblichen Mehrwert, wenn es gerade darum geht, nicht die Inhaltsdaten als solche bloß abzuspeichern, sondern die Bewegungsdaten sicher und dauerhaft aufzuzeichnen. Dies dürfte vor allem bei jeglichen Zugriffen auf Daten (lesend, verändernd, übermittelnd oder löschend) und die Protokollierung dieser Zugriffe hilfreich und sinnvoll sein.

Auch bietet die Technologie ausreichende Antworten und Konzepte auf die heutigen datenschutzrechtlichen Anforderungen. Parolen, wie „Die Blockchain ist nach der DS-GVO verboten!", dürften der Vergangenheit angehören.

Jetzt sollte es darum gehen, geeignete Anwendungsbeispiele zu finden, auszusuchen und weiter zu entwickeln, und zwar gemeinsam mit Verantwortlichen/Auftraggebern, Softwareentwicklern und auch Juristen bzw. Datenschutzspezialisten.

## Literatur

1. Bitcoin Core, Quellcode Version 22.0, öffentlich zugänglicher GitHub (Programmier-Datenbank/Versionsverwaltungssystem) unter https://github.com/bitcoin/bitcoin, abgerufen am 16.09.2021. Der Versionswechsel auf 22.0 war auch verbunden mit einem Versionierungswechsel: Die Vorversion trug die Bezeichnung 0.21.1 und sollte abgelöst werden durch 0.22.0, allerdings wurde daraus nur 22.0.
2. BMG, Zukunftswerkstatt: Blockchain im Gesundheitswesen, Meldung vom 27.02.2019, Link: https://www.bundesgesundheitsministerium.de/blockchain.html, abgerufen am 04.01.2021.
3. BMWi, Bundesministerium für Wirtschaft und Energie, Orientierungshilfe zum Gesundheitsdatenschutz vom 07.01.2019, Link: https://www.bmwi.de/Redaktion/DE/Publikationen/Wirtschaft/orientierungshilfe-gesundheitsdatenschutz.html, abgerufen am 04.01.2021.
4. BMWi, Bundesministerium für Wirtschaft und Energie, Gemeinsame Pressemitteilung zur Digitalisierung vom 19.09.2019, Bundesregierung verabschiedet Blockchain-Strategie, Link: https://www.bmwi.de/Redaktion/DE/Pressemitteilungen/2019/20190918-bundesregierung-verabschiedet-blockchain-strategie.html, abgerufen am 06.12.2020.
5. BMWi, Bundesministerium für Wirtschaft und Energie, „Blockchain-Strategie der Bundesregierung, Wir stellen die Weichen für die Token-Ökonomie", Link zum PDF-Download: https://www.bmwi.de/Redaktion/DE/Publikationen/Digitale-Welt/blockchain-strategie.html, abgerufen am 06.12.2020.
6. BMWi, Bundesministerium für Wirtschaft und Energie, Handlungsfelder der Blockchain-Strategie, Link: https://www.bmwi.de/Redaktion/DE/Artikel/Digitale-Welt/Blockchain/blockchain-strategie.html, abgerufen am 06.12.2020.
7. BSI, Blockchain sicher gestalten, Konzepte, Anforderungen, Bewertungen, Stand: 23.05.2019, Link: https://www.bsi.bund.de/SharedDocs/Downloads/DE/BSI/Krypto/Blockchain_Analyse.html, abgerufen am 04.01.2021.
8. BSI, Projekt 374 (Studie Blockchain) – Abschlussbericht, Stand: 29.04.2020, Link: https://www.bsi.bund.de/SharedDocs/Downloads/DE/BSI/Krypto/Blockchain_Studie-374.html, abgerufen am 04.01.2021.

9. Jörn Erbguth und Joachim Galileo Fasching, Wer ist Verantwortlicher einer Bitcoin-Transaktion? Anwendbarkeit der DS-GVO auf die Bitcoin-Blockchain, ZD (Zeitschrift für Datenschutz) 2017, Seiten 560 bis 565.
10. Hans-Georg Fill und Andreas Meier, Blockchain, Grundlagen, Anwendungsszenarien und Nutzungspotenziale, Springer 2020, e-Book (ISBN 978-3-658-28006-2).
11. Hans-Georg Fill und Andreas Meier, Blockchain kompakt, Grundlagen, Anwendungsoptionen und kritische Bewertung, Springer 2020, e-Book (ISBN 978-3-658-27461-0).
12. Adrian Freidank, Blockchain in der Digitalisierung, Aufsetzen eines Blockchain-Projekts, DS-RITB (Deutsche Stiftung für Recht und Informatik – Tagungsband) 2020, Seiten 583 bis 599.
13. Cathrin Hein, Wanja Wellbrock und Christoph Hein, Rechtliche Herausforderungen von Blockchain-Anwendungen, Straf-, Datenschutz- und Zivilrecht, Springer 2019, e-Book (ISBN 978-3-658-24931-1).
14. Johannes Hinckeldeyn, Blockchain-Technologie in der Supply Chain, Einführung und Anwendungsbeispiele, Springer 2019, e-Book (ISBN 978-3-658-26440-6).
15. IKK classic, Was ist Blockchain eigentlich?, Link: https://www.ikk-classic.de/gesund-machen/digitales-leben/blockchain-erklaert, abgerufen am 04.01.2021.
16. Dr. Sebastian Krolop, Florian Benthin, Theresa Koch-Büttner und Dierk Siegel, Deloitte: Blockchain – Einsatz im Gesundheitswesen, Stand 08.12.2017, Link: https://www2.deloitte.com/de/de/pages/life-sciences-and-healthcare/articles/blockchain-einsatz-im-deutschen-gesundheitswesen.html, abgerufen am 04.01.2021.
17. Dr. Matthias Manger und Peter Schmitz, Blockchain im Life-Sciences-Bereich, Mit der Blockchain Leben retten, Stand: 20.09.2019, Link: https://www.blockchain-insider.de/mit-der-blockchain-leben-retten-a-859157/, abgerufen am 04.01.2021.
18. Prof. Dr. Mario Martini und Quirin Weinzierl, Die Blockchain-Technologie und das Recht auf Vergessenwerden: Zum Dilemma zwischen Nicht-Vergessen-Können und Vergessen-Müssen, NVwZ (Neue Zeitschrift für Verwaltungsrecht) 2017, Seiten 1251 bis 1259.
19. Prof. Dr. Christoph Meinel, Tatiana Gayvoronskaya und Alexander Mühle, EHC – E-Health-Com Magazin, Ausgabe 05/2019, Artikel: Zukunftspotentiale der Blockchain-Technologie, Seite 20 bis 27.
20. Satoshi Nakamoto, White Paper zu Bitcoin, Titel: „Bitcoin: Ein elektronisches Peer-to-Peer-Cash-System", Link: https://bitcoin.org/de/bitcoin-paper, abgerufen am 06.12.2020.
21. Dr. Joachim Schrey und Dr. Thomas Thalhofer, Rechtliche Aspekte der Blockchain, NJW (Neue Juristische Wochenschrift) 2017, Seiten 1431 bis 1436.
22. Eric Stettiner und Christina Schunk, Governance – auf dem Weg zu einer Verfassung für ein Blockchain-Konsortium, Link: https://www.gs1-germany.de/innovation/blockchain-blog/governance-auf-dem-weg-zu-einer-verfassung-fuer-ein-block/, abgerufen am 04.01.2021.
23. Victor Rutz, Blockchain quo vadis, Eine Stärken-Schwächen-Analyse des Private- und des Public-Blockchain-Ansatzes, Springer 2020, e-Book (ISBN 9783658294052).

# Teil IV

# Künstliche Intelligenz

# Künstliche Intelligenz im Gesundheitswesen: Grundlagen, Möglichkeiten und Herausforderungen

**8**

Patrick Glauner

**Zusammenfassung**

Künstliche Intelligenz (KI) ist der nächste Schritt der industriellen Revolution. Sie zielt darauf ab, menschliches oder manuelles Entscheidungsverhalten zu automatisieren. Mittlerweile hat künstliche Intelligenz damit begonnen, fast jede Industrie zu verändern, einschließlich des Gesundheitswesens. Wir haben jedoch gerade erst damit begonnen, an der Oberfläche des Möglichen zu kratzen, da es viel mehr Einsatzmöglichkeiten der künstlichen Intelligenz im Gesundheitswesen gibt, die es ermöglichen, die Patientenversorgung zu verbessern und gleichzeitig Wartezeiten und Kosten zu reduzieren. In diesem Kapitel bieten wir eine Einführung in KI und ihre Anwendungen im Gesundheitswesen. Danach untersuchen wir zukünftige Möglichkeiten, wie KI das Gesundheitswesen stark verbessern könnte. Als Nächstes befassen wir uns mit den Herausforderungen der KI-Forschung, den Auswirkungen von KI auf unsere Gesellschaft, Ängsten, Ausbildung und dem Bedarf an Datenkompetenzen für Ärzte und Patienten. Wir diskutieren auch, wie diese Herausforderungen gelöst werden könnten.

## 8.1 Einführung

In den letzten Jahren hat die künstliche Intelligenz (KI) damit begonnen, unser Leben auf eine Weise zu verändern, die die Menschheit noch nie zuvor gesehen hat. Wir nehmen jetzt Spracherkennung, personalisierte Preisgestaltung und autonom fahrende Autos – um nur

P. Glauner (✉)
Technische Hochschule Deggendorf, Deggendorf, Deutschland
E-Mail: patrick@glauner.info

R. Grinblat et al. (Hrsg.), *Innovationen im Gesundheitswesen*,
https://doi.org/10.1007/978-3-658-33801-5_8

einige KI-Anwendungen zu nennen – als selbstverständlich wahr. All diese Funktionalitäten sind jetzt kostenlos – oder zu sehr geringen Kosten – verfügbar, und zu jeder Zeit und an jedem Ort der Welt verfügbar. Angesichts des erhöhten Automatisierungsgrades von menschlichen oder manuellen Aufgaben durch KI, haben sich Produktivität und Kundenerfahrung sehr positiv entwickelt. KI hat auch damit begonnen, das Gesundheitswesen zu verändern. Dieses Kapitel enthält eine Einführung in das Gebiet der KI. Außerdem werden die jüngsten Anwendungen im Gesundheitswesen dargestellt, Chancen und Herausforderungen, sowie mögliche Lösungen untersucht.

Es handelt sich bei diesem Kapitel um die deutschsprachige Version des Kapitels „*Artificial Intelligence in Healthcare: Foundations, Opportunities and Challenges*" des 2021 im Springer-Verlag erschienenen Buchs „*Digitalization in Healthcare: Implementing Innovation and Artificial Intelligence*".

## 8.2 Künstliche Intelligenz

Die meisten Menschen sind dem Begriff „künstliche Intelligenz" erst vor ein paar Jahren zum ersten Mal begegnet. Allerdings ist KI schon seit Mitte der 1950er-Jahre eine akademische Disziplin (McCarthy et al. 1955), während einige ihrer Wurzeln sogar bis in die späten 1930er-Jahre oder sogar noch früher reichen. Dieses Kapitel bietet eine kurze Einführung in das Gebiet der KI, stellt die jüngsten Entwicklungen vor und erörtert die Herausforderungen und wie sich dieses Gebiet in den kommenden Jahren und Jahrzehnten entwickeln könnte.

### 8.2.1 Grundlagen

Seit den 1950er-Jahren werden KI-Methoden typischerweise in zwei grundlegend verschiedene Disziplinen unterteilt: Expertensysteme und maschinelles Lernen. Einerseits enthalten Expertensysteme Regeln, die manuell durch die Sammlung und Verallgemeinerung des Wissens von Fachexperten abgeleitet wurden. Diese Regeln werden dann auf Eingaben angewendet, um Vorhersagen oder Entscheidungen zu treffen. Das Konzept eines Expertensystems ist in Abb. 8.1 dargestellt.

Andererseits beziehen Modelle, die auf maschinellem Lernen[1] basieren, nicht direkt Expertenwissen ein. Stattdessen untersuchen diese Modelle Beispiele und finden dann

---

[1]In der Vergangenheit wurde auch häufig der Begriff „Data Mining" verwendet. Dieser Begriff beschreibt jedoch in der Regel eine etwas breitere Disziplin. Während des letzten Jahrzehnts hat dieser Begriff an Bedeutung verloren und wird heute tendenziell weniger häufig verwendet. Stattdessen ist der Begriff „Data Science" in den letzten Jahren populärer geworden. Dieser Bereich zielt darauf ab, Modelle des maschinellen Lernens auf die Lösung von realen Problemen anzuwenden.

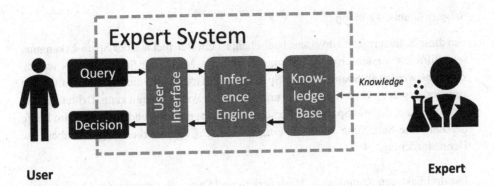

**Abb. 8.1**  Expertensystem

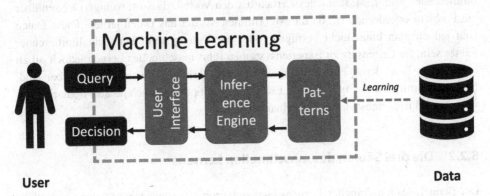

**Abb. 8.2**  Maschinelles Lernen

zugrunde liegende Muster in und zwischen diesen Beispielen (auch als „Lernen" oder „Training" bezeichnet). Diese Muster werden in der Regel durch statistische Verfahren gefunden. Um Vorhersagen oder Entscheidungen treffen zu können, werden diese Muster dann auf Eingaben angewendet. Das Konzept des maschinellen Lernens ist in Abb. 8.2 dargestellt.

Im Allgemeinen sind weder Expertensysteme noch maschinelles Lernen besser. Die Wahl der Methodik hängt von anwendungsfallspezifischen Einschränkungen wie der Verfügbarkeit und Qualität der Daten, Rechenressourcen, tolerierten Vorhersagefehlern und weiteren Fragestellungen bzw. Herausforderungen ab. Sowohl Expertensysteme als auch maschinelles Lernen haben ihre jeweiligen Vor- und Nachteile: Expertensysteme haben zum einen den Vorteil, dass sie verständlich und interpretierbar sind und dass ihre Entscheidungen daher nachvollziehbar sind. Auf der anderen Seite ist es oft sehr aufwendig oder manchmal sogar unmöglich, komplexe Probleme zu verstehen und detailliert zu beschreiben.

Um diese Schwierigkeit zu veranschaulichen, ist ein Beispiel aus der Spam-Erkennung sehr hilfreich: Erstens ist die Varianz der riesigen Menge an Spam-E-Mails enorm. Zweitens werden in Spam-E-Mails Sprachen und Grammatik nicht unbedingt korrekt verwendet, was zu Ungenauigkeiten und Mehrdeutigkeiten führen kann. Drittens ist die Art von Spam, die von Spammern verschickt wird, dynamisch und ändert sich im Laufe der Zeit. Die Schaffung eines Expertensystems zur Spam-Erkennung ist daher eine Herausforderung. ◄

Die drei Faktoren Komplexität, Unsicherheit und Dynamik treten in einer Vielzahl von Bereichen auf und erweisen sich beim Bau von Expertensystemen oft als ein gemeinsamer limitierender Faktor. Maschinelles Lernen hat den Vorteil, dass oft weniger Wissen über ein Problem erforderlich ist, da die Algorithmen Muster aus Daten lernen. Diese Daten sind jedoch manchmal nicht verfügbar oder die Datenqualität kann ein limitierender Faktor sein. Im Gegensatz zu Expertensystemen führt maschinelles Lernen jedoch oft zu einer Black Box, deren Entscheidungen oft weder erklärbar noch interpretierbar sind. Nichtsdestotrotz hat das maschinelle Lernen im Laufe der Jahrzehnte an Popularität gewonnen und Expertensysteme weitgehend ersetzt.

## 8.2.2 Die drei Säulen des maschinellen Lernens

Der Bereich des maschinellen Lernens lässt sich grob in 3 sogenannte Säulen unterteilen: überwachtes Lernen („supervised learning"), unüberwachtes Lernen („unsupervised learning") und Lernen durch Verstärkung („reinforcement learning"). Mit jeder Säule kann eine Verbindung zum menschlichen Lernen hergestellt werden: Stellen Sie sich vor, Sie gingen als Kind mit Ihren Eltern durch einen Park. Ihre Eltern zeigten dann auf verschiedene Tiere, zum Beispiel eine Katze, einen Hund und einen Vogel. Sie nahmen die visuellen und akustischen Signale durch Ihre Augen bzw. Ohren wahr. Außerdem erhielten Sie eine Erklärung dafür, welche Art von Tier Sie sahen. Diese Säule wird überwachtes Lernen genannt, bei dem Sie eine explizite Erklärung oder ein „Label" erhalten. Mathematisch gesehen verwendet das überwachte Lernen die Paare $\{(\mathbf{x}^{(1)}, y^{(1)}), (\mathbf{x}^{(2)}, y^{(2)}), \ldots, (\mathbf{x}^{(m)}, y^{(m)})\}$, wobei $\mathbf{x}^{(i)}$ der Eingangsvektor und $y^{(i)}$ das Label ist. Das Ziel ist es, eine Funktion f: $y^{(i)} = f(\mathbf{x}^{(i)})$ zu lernen, die der Eingabe das passende Label zuordnet. Dies wird auch als Funktionsinduktion bezeichnet, da Regeln aus Beispielen abgeleitet werden. In jedem Fall geben die Labels y eine eindeutige „richtige Antwort" für die Eingaben **x**.

Als Sie Ihren Spaziergang durch den Park fortsetzten, nahmen Sie weitere Katzen, Hunde und Vögel in verschiedenen Farben und Größen wahr. Damals bekamen Sie jedoch keine Erklärungen von Ihren Eltern. Stattdessen lernten Sie intuitiv, wie Sie Katzen, Hunde und Vögel unabhängig von ihren individuellen Eigenschaften unterscheiden können. Das ist ein Beispiel für unüberwachtes Lernen, das darauf abzielt, verborgene Strukturen in ungelabelten Daten {$x^{(1)}$, $x^{(2)}$ , …, $x^{(m)}$} zu finden.

Bei vielen Problemen ist es im Grunde jedoch unmöglich, einem Lernproblem explizit Labels zuzuweisen. Beim Lernen durch Verstärkungen denken wir hauptsächlich in Form von Zuständen, Aktionen, Übergängen zwischen den Zuständen und Belohnungen oder Bestrafungen, die Sie abhängig von Ihrer Leistung erhalten. Auf diese Weise lernen Menschen tatsächlich die meiste Zeit. Ein gutes Beispiel dafür, wie Menschen durch Verstärkungen lernen, ist das Fahrradfahren. Es ist unglaublich schwierig, jemand anderem zu erklären, wie man Fahrrad fährt. Stattdessen haben wir als Kinder ausprobiert, wie man Fahrrad fährt. Wenn wir die falschen Bewegungen machten, hatten wir uns verletzt. Konkret waren wir in verschiedenen Zuständen und versuchten, die richtigen Übergänge zwischen den Zuständen zu finden, um auf dem Fahrrad zu bleiben.

### 8.2.3 Aktuelle Entwicklungen

Seit dem Jahr 2006 hat es auf dem Gebiet der neuronalen Netze eine Reihe von Fortschritten gegeben. Ein neuronales Netz ist in Abb. 8.3 dargestellt.

Mehrschichtige neuronale Netze werden heute oft als „Deep Learning" bezeichnet (Le-Cun et al. 2015; Goodfellow et al. 2016). Dieser Begriff beschreibt, dass (tiefe) neuronale Netze viele verborgene Schichten haben. Diese Art der Architektur hat sich als besonders hilfreich bei der Erkennung verborgener Beziehungen in Eingaben erwiesen. Obwohl dies bereits in den 1980er-Jahren der Fall war, fehlte es damals erstens an praktischen und anwendbaren Algorithmen, um diese Netze anhand von Daten zu trainieren, und zweitens an angemessenen Rechenressourcen. Heute steht jedoch eine wesentlich leistungsfähigere Rechcninfrastruktur zur Verfügung. Darüber hinaus stehen seit 2006 wesentlich bessere Algorithmen für das Training dieser Art von neuronalen Netzen zur Verfügung (Hinton et al. 2006).

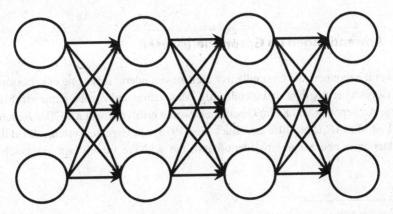

**Abb. 8.3** Neuronales Netz, das Eingangsknoten (*linke Spalte*) mit Ausgangsknoten (*rechte Spalte*) verbindet

Infolgedessen sind viele Fortschritte in der KI-Forschung erzielt worden (Iansiti und Lakhani 2020). Beispiele sind autonom fahrende Autos oder das Computerprogramm AlphaGo. Go ist ein Brettspiel, das besonders in Südostasien beliebt ist, in dem die Spieler eine viel größere Anzahl möglicher Züge haben als bei Schach. Traditionelle Methoden, mit denen z. B. das IBM-Programm Deep Blue 1997 den damaligen Schachweltmeister Garry Kasparov geschlagen hatte, lassen sich nicht auf das Spiel Go skalieren, da die bloße Erhöhung der Rechenkapazität aufgrund der hohen Komplexität dieses Problems nicht ausreicht. Erst bis vor wenigen Jahren herrschte in der KI-Community die Meinung vor, dass eine KI, die Go auf Weltniveau spiele, noch Jahrzehnte entfernt sei. Die britische Firma Google DeepMind stellte 2015 unerwartet ihre KI „AlphaGo" der Öffentlichkeit vor. AlphaGo schlug den südkoreanischen Go-Profi Lee Sedol unter Turnierbedingungen (Silver et al. 2016). Dieser Erfolg beruhte zum Teil auf Deep Learning und führte zu einem weltweit gestiegenen Bekanntheitsgrad von KI. Natürlich hat es neben den in diesem Abschnitt erwähnten aktuellen Durchbrüchen von KI noch viele weitere Erfolgsgeschichten gegeben, und wir sind uns sicher, dass bald weitere folgen werden.

Abgesehen von den technologischen Fortschritten hat sich der Zugang zu KI-Wissen grundlegend verändert. Dieser Prozess begann etwa 2011, als die Stanford-Professoren Andrew Ng, Sebastian Thrun und weitere ihre Kurse über Online-Plattformen für jedermann zugänglich machten (Ng und Widom 2014). Diese Art von Plattform wird oft als „Massive Open Online Courses" (MOOCs) bezeichnet. Zu den beliebten MOOC-Plattformen gehören Coursera,[2] Udacity[3] und EDX.[4] Bis 2011 konnte man KI in der Regel nur durch einige wenige ausgewählte Hochschulkurse und Bücher erlernen. Dieses Wissen war vor allem auch in hoch entwickelten Ländern verfügbar, und potenzielle Lernende in Schwellenländern hatten Schwierigkeiten, Zugang zu entsprechenden Quellen zu erhalten. Die sogenannte „Demokratisierung des KI-Wissens" hat damit begonnen, die Art und Weise, wie wir lernen, grundlegend zu verändern. Dieser Trend, wird derzeit auch durch COVID-19 weiter beschleunigt. Die Demokratisierung des KI-Wissens wurde auch als ein massiver Beschleuniger der chinesischen KI-Führungsrolle identifiziert (Lee 2018).

## 8.3 Anwendungen im Gesundheitswesen

KI hat damit begonnen, die Gesundheitswesen zu verändern, indem sie eine bessere Patientenversorgung ermöglicht und gleichzeitig Wartezeiten und Kosten reduziert. Erste Arbeiten zur Anwendung von KI im Gesundheitswesen erfolgten in den 1970er-Jahren. Zum Beispiel ist MYCIN (Shortliffe und Buchanan 1975) ein Expertensystem, das Bakterien wie Bakteriämie und Meningitis identifiziert, die schwere Infektionen verursachen. Es

---

[2] www.coursera.com

[3] www.udacity.com

[4] www.edx.com

empfiehlt die Behandlung mit Antibiotika und passt die Dosierung an das Körpergewicht des Patienten an. MYCIN basiert auf Dendral (Lederberg 1963), das als das erste Expertensystem gilt. Es wurde hauptsächlich bei Problemen in der organischen Chemie angewandt. Weitere frühe Anwendungen von künstlicher Intelligenz in der Medizin werden in der Literatur aufgezeigt (Clancey und Shortliffe 1984; Miller 1994).

In den folgenden Jahrzehnten konnten wir Verbesserungen bei der Rechenleistung (Koomey et al. 2010), der dank des Internets zur Verfügung stehenden Datenmenge (Rajaraman und Ullman 2011) und spürbare Fortschritte im Bereich des maschinellen Sehens (Dougherty 2009) und der Verarbeitung natürlicher Sprache (Banko und Brill 2001; Mikolov et al. 2013; Brown et al. 2020) beobachten. Diese haben zu einer Vielzahl von Anwendungen von KI im Gesundheitswesen geführt, unter anderem in der Radiologie (Li et al. 2020; Chockley und Emanuel 2016), im Screening (Patcas et al. 2019; McKinney et al. 2020), in der Psychiatrie (Graham et al. 2019; Fulmer et al. 2018), in der Primärversorgung (Blease et al. 2019; Liyanage et al. 2019), in der Krankheitsdiagnose (Alic et al. 2017), Telemedizin (Pacis et al. 2018), Analyse von elektronischen Gesundheitsakten (Bennett et al. 2012), Vorhersage von Arzneimittelinteraktionen und Schaffung neuer Medikamente (Bokharaeian et al. 2016; Christopoulou et al. 2020; Zhou et al. 2018), Vorhersage von Verletzungen von Fußballspielern (Borchert und Schnackenburg 2020) und weitere.

Es gibt auch eine Reihe weiterer Sammlungen zu KI im Gesundheitswesen (Jiang et al. 2017; Tomar und Agarwal 2013; Yu et al. 2018; Reddy et al. 2019; Davenport und Kalakota 2019).

Wir stellen nun auch eine unserer Arbeiten ausführlicher vor. Operationen sind einer der Hauptkostenfaktoren von Gesundheitssystemen. Um die mit Diagnosen und Operationen verbundenen Kosten zu senken, haben wir ein System zur automatischen Segmentierung medizinischer 3D-Scans vorgestellt, um Organe wie Leber oder Läsionen zu segmentieren (Trestioreanu et al. 2020). Das Modell basiert auf Convolutional Neural Networks, für die wir vielversprechende Ergebnisse auf realen Computertomografie-Scans vorgestellt haben. Der Deep-Learning-Algorithmus ist Teil eines größeren Systems, das Ärzte durch die Visualisierung der Segmente in einer Microsoft HoloLens, einem Augmented-Reality-Gerät, wie in Abb. 8.4 dargestellt, unterstützen soll.

**Abb. 8.4**  3D-Visualisierung einer Lebersegmentierung in einer Microsoft HoloLens (*links*): das segmentierte Lebervolumen (*rechts*) wurde vom ursprünglichen Volumen getrennt, einem gescannten Torso (*Mitte*) (Trestioreanu et al. 2020)

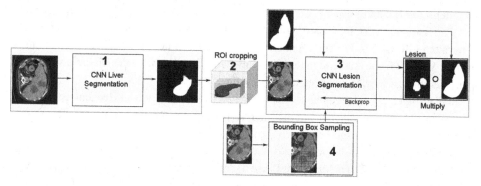

**Abb. 8.5** Systemarchitektur (Trestioreanu et al. 2020)

Unser in Abb. 8.5 dargestellter Ansatz erlaubt es Ärzten, die holografischen Daten intuitiv zu betrachten und mit ihnen zu interagieren, anstatt 2D-Bildschirme zu verwenden, und ermöglicht ihnen, so eine bessere Gesundheitsversorgung anzubieten. Sowohl der Algorithmus des maschinellen Lernens als auch die Visualisierung verwenden leistungsstarke Grafikprozessoren (GPUs), um Ärzten eine effiziente Interaktion mit unserem System zu ermöglichen.

## 8.4 Zukünftige Möglichkeiten

Künstliche Intelligenz hat das Potenzial, die Gesundheitsfürsorge stark zu verbessern, indem sie den Patienten individueller versorgt und Pflege bei gleichzeitiger Reduzierung von Wartezeiten und Kosten ermöglicht. In diesem Abschnitt werden einige entsprechende Möglichkeiten erörtert.

Verschiedene Studien haben damit begonnen, Vorhersagen darüber zu treffen, wie das Krankenhaus der Zukunft aussehen könnte (Gebreyes et al. 2020; Savino und Latifi 2019). Aufgrund der Miniaturisierung von Technologie und der damit verbundenen Kostenreduktion ist für die Patienten eine Transformation der stationären in die ambulante Behandlung wahrscheinlich, da die für die Versorgung notwendige Technologie mobiler wird. Ärzte und Krankenschwestern werden dann rund um die Uhr durch KI-gesteuerte Technologie unterstützt und kommen bei Bedarf zu den Patienten nach Hause. Auch die Zimmer werden wahrscheinlich flexibler werden und können an die patientenspezifischen Bedürfnisse angepasst werden.

Krankenschwestern und Krankenpfleger verbringen einen großen Teil ihrer Zeit damit, Patienten auf Krankenhausbetten von einem Zimmer in ein anderes zu bringen, z. B. von den Patientenzimmern in Untersuchungsräume oder Behandlungszimmer. Sie sind jedoch ausgebildete Fachkräfte und könnten ihre Zeit besser auf die eigentliche Versorgung der Patienten verwenden. Angesichts der Fortschritte bei autonom fahrenden Autos (Yurtsever et al. 2020) scheint es wahrscheinlich, dass Krankenhausbetten in naher Zukunft ebenfalls autonom werden. Sie könnten dann Patienten autonom von einem Zimmer in ein anderes bringen. Es besteht keine Notwendigkeit, detaillierte und kostspielige Karten von Krankenhäusern zu erstellen, da die Algorithmen des Simultaneous Localization and Mapping (SLAM) (Bresson et al. 2017) diese während der Erkundung des Krankenhauses erlernen und mit der Zeit immer besser werden können.

KI sieht auch vielversprechend aus, um die personalisierte Medizin voranzubringen, d. h. die Auswahl geeigneter oder optimale Therapien aus dem Kontext der Erkrankung eines Patienten zu generieren, unter Einbeziehung ihrer genetischen Informationen und anderer molekularen oder zellulären Analysen (Hamburg und Collins 2010). Dies würde insbesondere dazu beitragen, die Krebsmortalität zu reduzieren (Chin et al. 2011). Erste Schritte des Einsatzes von KI und Big-Data-Ansätzen zur personalisierten Medizin existieren (Cirillo und Valencia 2019). Es wird davon ausgegangen, dass KI in den kommenden Jahren weitere Fortschritte in dieser Richtung erzielt. Quantencomputer könnten bei dieser Art von hochdimensionalen Optimierungsproblemen eine entscheidende Rolle spielen. Eine exzellente Einführung in das Thema Quantencomputer liefert Akenine (2020).

Insgesamt scheint es unwahrscheinlich, dass eine große Zahl von Ärzten oder Krankenschwestern in absehbarer Zeit aufgrund von KI abgebaut werden. Stattdessen wird KI ihnen eine bessere Unterstützung bei der Entscheidungsfindung und Automatisierung anderer Aufgaben bieten. Dies wird es ihnen ermöglichen, ihre Zeit besser auf die Interaktion mit Patienten und die Untersuchung oder die Behandlung schwieriger Fälle zu fokussieren.

## 8.5 Herausforderungen

Die KI hat vor kurzem damit begonnen, das Gesundheitswesen zu verändern. Sie hat zudem das Potenzial, das Gesundheitswesen in absehbarer Zukunft noch spürbar weiter zu verbessern. In diesem Abschnitt gehen wir auf eine Reihe von technischen und nichttechnischen Herausforderungen ein, die gelöst werden müssen, um dies zu ermöglichen. Wir erörtern auch, wie diese Herausforderungen gelöst werden könnten.

### 8.5.1 Methodische Fortschritte in der KI-Forschung

Zwar hat die KI in jüngster Zeit große Fortschritte bei den Anwendungen gemacht, aber die ihr zugrunde liegende Methodik hat nicht entsprechend große Fortschritte gemacht (Milne 2020). Gegenwärtig gibt es eine Reihe von methodologischen und technischen Herausforderungen, die angegangen werden müssen, um erhebliche Fortschritte in KI und ihren Anwendungen im Gesundheitswesen zu erzielen. In diesem Abschnitt werden einige der wichtigsten diskutiert.

Der aktuelle Fokus auf Deep Learning hat den Eindruck erweckt, dass Modelle des Deep Learning im Allgemeinen besser als andere seien. Das „no free lunch theorem"

(Wolpert 1996), das zu unserer Überraschung sowohl in der Industrie als auch im akademischen Bereich weitgehend unbekannt ist, zeigt jedoch, dass dies unmöglich ist. Vielmehr zeichnen sich Deep-Learning-Modelle in der Regel in einigen Disziplinen aus, wie z. B. im Big Data-getriebenen maschinellen Sehen oder der Verarbeitung natürlicher Sprache, während sie sich für andere Disziplinen nicht entsprechend eignen (Marcus 2018). Modelle des Deep Learning haben auch einen enormen Bedarf an Ressourcen, wie z. B. die Anzahl der Trainingsdaten, die Trainingszeit (Brown et al. 2020) oder Elektrizität. Infolgedessen kann es Mio. von Dollar kosten, ein Modell von Grund auf neu zu trainieren (García-Martín et al. 2019). Stattdessen lernt der Mensch effizient aus nur wenigen Beispielen und verbraucht dabei wesentlich weniger Energie (Spicer und Sanborn 2019).

Die meisten Modelle des maschinellen Lernens lernen nur Korrelationen zwischen Eingaben und Ausgaben. Solche Korrelationen können jedoch tatsächlich nur Scheinkorrelationen sein (Calude und Longo 2017) und daher von begrenztem Nutzen sein. In der Literatur gibt es eine Vielzahl von Scheinkorrelationen, z. B. zwischen den Menschen, die nach einem Sturz aus einem Fischerboot ertrunken sind, und der Heiratsrate in Kentucky (Vigen 2015). Infolgedessen ist die Interpretierbarkeit, d. h. das Verständnis, warum ein komplexes maschinelles Lernmodell eine bestimmte Vorhersage trifft, eine Herausforderung. Nichtsdestotrotz wurden in den letzten Jahren Fortschritte bei der Interpretation von Modellen erzielt (Ribeiro et al. 2016). Stattdessen sind wir eigentlich daran interessiert, kausale Zusammenhänge zu identifizieren (Schölkopf 2019). Es ist seit langem bekannt, dass Korrelationen keine Kausalzusammenhänge implizieren. Das Erlernen von Kausalzusammenhängen würde die Interpretierbarkeit von Modellen erheblich verbessern und die Auswirkungen von den „Bias" (Verzerrungen) (Glauner et al. 2018), d. h. das Lernen aus nichtrepräsentativen Datensätzen, verringern (Glauner et al. 2018). Ein Beispiel für einen Bias ist in Abb. 8.6 dargestellt. Durch das Lernen von Kausalzusammenhängen würden die Modelle stattdessen zuverlässiger werden. In der Folge wären die Beteiligten im Gesundheitswesen, wie Ärzte, Patienten und Gesundheitsversorger, dann bereit, den KI-Modellen mehr Vertrauen entgegenzubringen.

Weitere Herausforderungen, auf die die KI-Abteilung von IBM, bekannt als IBM Watson, im Gesundheitswesen stieß, werden in Strickland (2019) erörtert.

**Abb. 8.6** Bias: Trainings- und Test-/Produktionsdatensätze haben unterschiedlichen Verteilungen

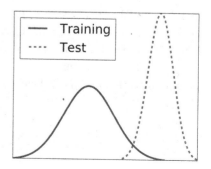

## 8.5.2  Einfluss von KI auf unsere Gesellschaft

Betrachtet man den raschen Fortschritt von KI, stellt sich die Frage, wie der Bereich der KI sich langfristig entwickeln wird, ob eines Tages eine KI die Intelligenz eines menschlichen Wesens übertreffen wird und damit möglicherweise die Menschheit überflüssig machen könnte. Der Zeitpunkt, an dem Computer intelligenter als Menschen würden, wird in die Literatur als die technologische Singularität (Shanahan 2015) bezeichnet. Es gibt verschiedene Vorhersagen darüber, wann – oder sogar ob überhaupt – die Singularität eintreten wird. Sie umfassen einen weitreichenden Zeitraum von in den nächsten 20 Jahren, über Vorhersagen, die das Erreichen der Singularität gegen Ende des 21. Jahrhunderts erwarten, bis hin zu der Vorhersage, dass die technologische Singularität sich möglicherweise niemals verwirklichen würde. Da jede dieser Vorhersagen verschiedene Annahmen trifft, ist eine verlässliche Einschätzung schwierig zu treffen. Insgesamt ist es heute unmöglich, vorherzusagen, wie weit die Singularität entfernt ist. Der interessierte Leser wird auf eine erstklassige und ausführliche Analyse zu diesem Thema und auf eine Diskussion über die Folgen der technologischen Singularität in Shanahan (2015) verwiesen.

In den letzten Jahren haben verschiedene Interessenvertreter vor sogenannten „Killerroboter" als mögliches unglückliches Ergebnis der Fortschritte von KI gewarnt. Wie realistisch ist diese Gefahr? Andrew Ng hat einen viel beachteten Vergleich angestellt (Williams 2015): Ng ist der Ansicht, dass die Wissenschaft noch sehr weit von dem möglichen Bedrohungsszenario durch Killerroboter entfernt sei. Seiner Meinung nach lässt sich der Stand der KI-Technik mit einer geplanten bemannten Reise zum Mars vergleichen, die derzeit von Forschern vorbereitet wird. Ng gibt weiter an, dass einige Forscher auch schon darüber nachdenken, wie man den Mars langfristig besiedeln könne, aber bisher hat noch kein Forscher versucht zu erforschen, wie man eine Überbevölkerung auf dem Mars verhindern könne. Ng setzt das Szenario der Überbevölkerung mit dem Szenario der Bedrohung durch einen Killerroboter gleich. Auch diese Gefahr läge so weit in der Zukunft, dass er im Moment einfach nicht in der Lage sei, produktiv daran zu arbeiten, sie zu verhindern, da er zunächst viel grundlegendere Arbeiten in der KI-Forschung leisten müsse. Ng weist auch auf mögliche Arbeitsplatzverluste als eine viel greifbarere Bedrohung der Menschen durch die KI in naher Zukunft hin.

Diese Ängste müssen von Forschern, Produktentwicklern und Pädagogen aufgegriffen werden. Andernfalls werden viele Interessengruppen, wie Patienten und Ärzte, möglicherweise Nicht-KI-getriebene Produkte oder Dienstleistungen des Gesundheitswesens nutzen.

Darüber könnten datenschutzrechtliche Regelwerke wie die Datenschutz-Grundverordnung (DSGVO) (European Commission 2012) die Innovation von KI-Anwendungen im Gesundheitswesen ausbremsen (Przyrowski 2018). Die DSGVO sollte u. a. die Macht der großen internationalen Technologiekonzerne begrenzen. Es wurde jedoch auch argumentiert, dass genau das Gegenteil eintreten können, da kleine Unternehmen nicht über ausreichende Ressourcen für die Entwicklung von DSGVO-konformen Produkten und Services verfügten (Yueh 2020). Politische Entscheidungsträger und Regulierungsbehörden sollten daher die DSGVO und andere Datenschutz-Rahmenwerke überarbeiten, um einen besseren Kompromiss zwischen Datenschutz und Innovation herzustellen (Larrucea et al. 2020).

### 8.5.3  Ausbildung und die Notwendigkeit von Datenkompetenzen

Vor einigen Jahren machte einer unserer Vorgesetzten eine sehr interessante Aussage:

*„Menschliche Intelligenz zuerst. Dann erst KI."*

Wir müssen Probleme zuerst richtig verstehen und im Sinne von Daten und den zugrunde liegenden Statistiken denken können, bevor wir uns mit der KI befassen. In der Literatur wurde jedoch berichtet, dass viele Ärzte Statistikgrundlagen, d. h. einen der Bausteine der KI, während ihres Studiums nicht zu erlernen scheinen oder dazu neigen, sie später zu vergessen (Gigerenzer 2015). Die folgende Aufgabe soll Ihre Kompetenzen in der Statistik testen:

**Aufgabe: Was bedeutet ein positives Testergebnis?**
0,8 % der Menschheit haben die Krankheit D. Ein D-Test ergibt in 98 % der Fälle ein korrekt positives Ergebnis und in 97 % der Fälle ein korrekt negatives Ergebnis. Der Test fällt für John positiv aus. Ist er an Krankheit D erkrankt?

Haben Sie die Lösung gefunden? Lassen Sie uns die Lösung Schritt für Schritt durchgehen:

**Lösung**
Wir müssen in Form von Wahrscheinlichkeiten und bedingten Wahrscheinlichkeiten denken. Aus der Problembeschreibung können wir Folgendes ableiten:

1. $P(D) = 0,008$, somit haben 0,8 % der Menschheit Krankheit D.
2. Wir wissen auch, dass die bedingte Wahrscheinlichkeit $P(+|D) = 0,98$ („Die Wahrscheinlichkeit eines positiven Tests, wenn die untersuchte Person die Krankheit D hat"), was das korrekt positive Ergebnis von 98 % ist.
3. Außerdem wissen wir, dass $P(-|\neg D) = 0,97$ („Die Wahrscheinlichkeit eines negativen Tests, wenn die untersuchte Person nicht die Krankheit D hat"), was das korrekt-negative Ergebnis von 97 % ist.

Wir interessieren uns für die folgende Wahrscheinlichkeit P(D|+), d. h. ob der Patient die Krankheit bei einem positiven Test hat. Wir können diese Wahrscheinlichkeit nicht direkt berechnen. Stattdessen müssen wir den Satz von Bayes nutzen:

$$P(A \mid B) = \frac{P(B \mid A)P(A)}{P(B)} = \frac{P(B \mid A)P(A)}{P(B \mid a)P(a) + P(B \mid \neg a)P(\neg a)}$$

wobei ¬ die logische Negation darstellt. Wir arbeiten durchgehend mit binären Attributen.[5] Für eine Ableitung und intuitiver Erklärung wird der interessierte Leser auf die Literatur verwiesen (Gigerenzer 2015).

Wir können nun den Satz von Bayes auf unser Problem anwenden:

$$P(D \mid +) = \frac{P(+ \mid D)P(D)}{P(+)} = \frac{P(+ \mid D)P(D)}{P(+ \mid D)P(D) + P(+ \mid \neg D)P(\neg D)}$$

$$= \frac{0,98 * 0,008}{0,98 * 0,008 + 0,03 * 0,992} \approx 0,2085 = 20,85\%.$$

Angesichts des Ergebnisses von 20,85 %, ist John höchstwahrscheinlich nicht an Krankheit D erkrankt, trotz des positiven Testergebnisses.

Wenn Sie sich bei der Lösung dieses Problems schwergetan haben, schämen Sie sich nicht. Viele Ärzte nehmen tatsächlich fälschlicherweise an, dass John angesichts des positiven Tests[6] definitiv an Krankheit D erkrankt sei (Gigerenzer 2015). Sehen Sie dies als eine Gelegenheit, ihre Datenkompetenz auszubauen, was ein guter Schritt zum Verständnis der Grundlagen der KI ist. Sie werden dann in der Lage sein, Ihren Patienten eine bessere Gesundheitsversorgung zu bieten und gleichzeitig wettbewerbsfähig bleiben zu können. Auf den in Abschn. 8.2.3 genannten MOOC-Plattformen finden Sie auch viele tolle Statistikkurse.

In den letzten Jahren haben viele Unternehmen damit begonnen, in KI zu investieren, um wettbewerbsfähig zu bleiben. Die traurige Wahrheit ist jedoch, dass etwa 80 % der KI-Projekte scheitern oder keinen finanziellen Mehrwert bringen (Nimdzi Insights 2019;

---

[5] Eine allgemeinere Definition für mehrwertige Attribute ist

$$P(A \mid B) = \frac{P(B \mid A)P(A)}{P(B)} = \frac{P(B \mid A)P(A)}{\sum\limits_{a \in A} P(B \mid a)P(a)}.$$

[6] Beachten Sie, dass es in realen medizinischen Fällen normalerweise weitere Indikationen gibt, wie z.B. Schmerzen oder bereits vorhandene Krankheiten, die zur Entscheidungsfindung eines Arztes beitragen.

Thomas 2019). Eine der zugrunde liegenden Ursachen ist die Art und Weise, wie KI an Hochschulen gelehrt wird, die in der Regel nur rein methodologische Aspekte der KI behandeln (Glauner 2020b). Das ist ein ernsthafter Anlass zur Sorge. In der Industrie besteht eindeutig ein akuter Bedarf an Experten, die sich ein umfassendes Bild davon machen können, was getan werden muss, damit KI den Unternehmen einen Mehrwert bringt. Lehrende müssen dieses Problem angehen, indem sie die Studierenden auch in die Lage versetzen, im Sinne des *KI-Innovationsmanagements* zu denken. Wir haben im September 2020 an der Technischen Hochschule Deggendorf damit begonnen, einen neuartigen und international einzigartigen Kurs zu diesem Thema zu unterrichten (Glauner 2020a), der sich mit diesem Bedarf befasst. Die Studierenden lernen eine Reihe von Herausforderungen, sowohl technischer als auch betriebswirtschaftlicher Art, denen sich Unternehmen typischerweise stellen müssen, wenn sie KI-getriebene Unternehmen werden möchten. Sie lernen auch die jeweiligen Best Practices entlang der gesamten Datenwertschöpfungskette kennen und erfahren, wie diese zu produktiv eingesetzten Anwendungen führen, die einen echten finanziellen Mehrwert schaffen.

## 8.6    Zusammenfassung

In diesem Kapitel begannen wir zunächst mit einer Einführung in künstliche Intelligenz. Wir betrachteten ihre Grundlagen, die drei Säulen des maschinellen Lernens, die jüngsten Entwicklungen im Bereich des Deep Learnings, sowie die Demokratisierung der KI-Bildung durch Massive Open Online Courses (MOOCs). Danach stellten wir eine Reihe von KI-Anwendungen im Gesundheitswesen vor. Als Nächstes zeigten wir Möglichkeiten auf, wie KI das Gesundheitswesen in den kommenden Jahren stark verbessern könnte. Es gibt jedoch eine Reihe von ungelösten Herausforderungen, sowohl technischer als auch nichttechnischer Art, die KI und ihre Anwendungen im Gesundheitswesen derzeit einschränken. Wir diskutierten diese Herausforderungen, darunter Hypes um Deep Learning, die Notwendigkeit, kausale Zusammenhänge statt Korrelationen zu lernen, Ängste und die fehlende oder ungenügende Ausbildung in Statistik an vielen medizinischen Fakultäten. Wir schlugen auch vor, wie diese Herausforderungen in der Zukunft gelöst werden könnten.

## Literatur

Akenine, D. (2020). Quantum technologies. In Innovative Technologies for Market Leadership, pages 11–19. Springer.

Alic, B., Gurbeta, L., and Badnjevic, A. (2017). Machine learning techniques for classification of diabetes and cardiovascular diseases. In 2017 6th Mediterranean Conference on Embedded Computing (MECO), pages 1–4.

Banko, M. and Brill, E. (2001). Scaling to very very large corpora for natural language disambiguation. In Proceedings of the 39th annual meeting of the Association for Computational Linguistics, pages 26–33.

Bennett, C. C., Doub, T. W., and Selove, R. (2012). Ehrs connect research and practice: Where predictive modeling, artificial intelligence, and clinical decision support intersect. Health Policy and Technology, 1(2):105–114.

Blease, C., Kaptchuk, T. J., Bernstein, M. H., Mandl, K. D., Halamka, J. D., and DesRoches, C. M. (2019). Artificial intelligence and the future of primary care: exploratory qualitative study of uk general practitioners' views. Journal of medical Internet research, 21(3):e12802.

Bokharaeian, B., Diaz, A., and Chitsaz, H. (2016). Enhancing extraction of drugdrug interaction from literature using neutral candidates, negation, and clause dependency. PLoS One, 11(10):e0163480.

Borchert, A.-L. and Schnackenburg, A. (2020). Künstliche Intelligenz soll Werders Verletzungspech beheben. http://www.butenunbinnen.de/sport/werderverletzungen-ki-digitale-spielerpaesse-100.html. [Online; Zugegriffen: August 1, 2020].

Bresson, G., Alsayed, Z.,Yu, L., and Glaser, S. (2017). Simultaneous localization and mapping: A survey of current trends in autonomous driving. IEEE Transactions on Intelligent Vehicles, 2(3):194–220.

Brown, T. B., Mann, B., Ryder, N., Subbiah, M., Kaplan, J., Dhariwal, P., Neelakantan, A., Shyam, P., Sastry, G., Askell, A., et al. (2020). Language models are few-shot learners. arXiv preprint arXiv:2005.14165.

Calude, C. S. and Longo, G. (2017). The deluge of spurious correlations in big data. Foundations of science, 22(3):595–612.

Chin, L., Andersen, J.N., and Futreal, P. A. (2011). Cancer genomics: from discovery science to personalized medicine. Nature medicine, 17(3):297.

Chockley, K. and Emanuel, E. (2016). The end of radiology? three threats to the future practice of radiology. Journal of the American College of Radiology, 13(12):1415–1420.

Christopoulou, F., Tran, T. T., Sahu, S. K., Miwa, M., and Ananiadou, S. (2020). Adverse drug events and medication relation extraction in electronic health records with ensemble deep learning methods. Journal of the American Medical Informatics Association, 27(1):39–46.

Cirillo, D. and Valencia, A. (2019). Big data analytics for personalized medicine. Current opinion in biotechnology, 58:161–167.

Clancey, W. J. and Shortliffe, E. H. (1984). Readings in medical artificial intelligence: the first decade. Addison-Wesley Longman Publishing Co., Inc.

Davenport, T. and Kalakota, R. (2019). The potential for artificial intelligence in healthcare. Future healthcare journal, 6(2):94.

Dougherty, G. (2009). Digital image processing for medical applications. Cambridge University Press.

European Commission (2012). Proposal for a regulation of the european parliament and of the council on the protection of individuals with regard to the processing of personal data and on the free movement of such data (general data protection regulation). European Commission.

Fulmer, R., Joerin, A., Gentile, B., Lakerink, L., and Rauws, M. (2018). Using psychological artificial intelligence (tess) to relieve symptoms of depression and anxiety: randomized controlled trial. JMIR mental health, 5(4):e64.

García-Martín, E., Rodrigues, C. F., Riley, G., and Grahn, H. (2019). Estimation of energy consumption in machine learning. Journal of Parallel and Distributed Computing, 134:75–88.

Gebreyes, K., Wainstein, J., Gerhardt, W., and Korenda, L. (2020). Is the hospital of the future here today? transforming the hospital business model. http://www2.deloitte.com/us/en/insights/industry/health-care/hospitalbusinessmodels-of-the-future.html. [Online; Zugegriffen: August 1, 2020].

Gigerenzer, G. (2015). Calculated risks: How to know when numbers deceive you. Simon and Schuster.

Glauner, P. (2020a). Teaching: Innovation management for artificial intelligence. http://www.glauner.info/teaching. [Online; Zugegriffen: August 1, 2020].

Glauner, P. (2020b). Unlocking the power of artificial intelligence for your business. In Innovative Technologies for Market Leadership, pages 45–59. Springer.

Glauner, P., Valtchev, P., and State, R. (2018). Impact of biases in big data. In Proceedings of the 26th European Symposium on Artificial Neural Networks, Computational Intelligence and Machine Learning (ESANN 2018).

Goodfellow, I., Bengio, Y., Courville, A., and Bengio, Y. (2016). Deep learning, volume 1. MIT press Cambridge.

Graham, S., Depp, C., Lee, E. E., Nebeker, C., Tu, X., Kim, H.-C., and Jeste, D. V. (2019). Artificial intelligence for mental health and mental illnesses: an overview. Current psychiatry reports, 21(11):116.

Hamburg, M. A. and Collins, F. S. (2010). The path to personalized medicine. New England Journal of Medicine, 363(4):301–304.

Hinton, G. E., Osindero, S., and Teh, Y.-W. (2006). A fast learning algorithm for deep belief nets. Neural computation, 18(7):1527–1554.

Iansiti, M. and Lakhani, K. R. (2020). Competing in the age of AI: strategy and leadership when algorithms and networks run the world. Harvard Business Press.

Jiang, F., Jiang, Y., Zhi, H., Dong, Y., Li, H., Ma, S., Wang, Y., Dong, Q., Shen, H., and Wang, Y. (2017). Artificial intelligence in healthcare: past, present and future. Stroke and vascular neurology, 2(4):230–243.

Koomey, J., Berard, S., Sanchez, M., and Wong, H. (2010). Implications of historical trends in the electrical efficiency of computing. IEEE Annals of the History of Computing, 33(3):46–54.

Larrucea, X., Moffie, M., Asaf, S., and Santamaria, I. (2020). Towards a gdpr compliant way to secure european cross border healthcare industry 4.0. Computer Standards & Interfaces, 69:103408.

LeCun, Y., Bengio, Y., and Hinton, G. (2015). Deep learning. Nature, 521(7553):436.

Lederberg, J. (1963). An instrumentation crisis in biology. The Joshua Lederberg Papers, Profiles in Science, National Library of Medicine, profiles. nlm. nih. gov/BB/G/C/V/S.

Lee, K.-F. (2018). AI superpowers: China, Silicon Valley, and the new world order. Houghton Mifflin Harcourt.

Li, L., Qin, L., Xu, Z., Yin, Y., Wang, X., Kong, B., Bai, J., Lu, Y., Fang, Z., Song, Q., et al. (2020). Artificial intelligence distinguishes covid-19 from community acquired pneumonia on chest ct. Radiology.

Liyanage, H., Liaw, S.-T., Jonnagaddala, J., Schreiber, R., Kuziemsky, C., Terry, A. L., and de Lusignan, S. (2019). Artificial intelligence in primary health care: Perceptions, issues, and challenges: Primary health care informatics working group contribution to the yearbook of medical informatics 2019. Yearbook of medical informatics, 28(1):41.

Marcus, G. (2018). Deep learning: A critical appraisal. arXiv preprint arXiv:1801.00631.

McCarthy, J., Minsky, M. L., Rochester, N., and Shannon, C. E. (1955). A proposal for the dartmouth summer research project on artificial intelligence.

McKinney, S. M., Sieniek, M., Godbole, V., Godwin, J., Antropova, N., Ashrafian, H., Back, T., Chesus, M., Corrado, G. C., Darzi, A., et al. (2020). International evaluation of an ai system for breast cancer screening. Nature, 577(7788):89–94.

Mikolov, T., Sutskever, I., Chen, K., Corrado, G. S., and Dean, J. (2013). Distributed representations of words and phrases and their compositionality. In Advances in neural information processing systems, pages 3111–3119.

Miller, R. A. (1994). Medical diagnostic decision support systems – past, present, and future: a threaded bibliography and brief commentary. Journal of the American Medical Informatics Association, 1(1):8–27.

Milne, G. (2020). Smoke & Mirrors: How Hype Obscures the Future and How to See Past It. Robinson.

Ng, A. and Widom, J. (2014). Origins of the modern mooc. http://www.cs.stanford.edu/people/ang/papers/mooc14-OriginsOfModern-MOOC.pdf. [Online; Zugegriffen: August 1, 2020].

Nimdzi Insights (2019). Artificial intelligence: Localization winners, losers, heroes, spectators. http://www.nimdzi.com/wp-content/uploads/2019/06/Nimdzi-AI-whitepaper.pdf. [Online; Zugegriffen: August 1, 2020].

Pacis, D. M. M., Subido, E. D. C., and Bugtai, N. T. (2018). Trends in telemedicine utilizing artificial intelligence. AIP Conference Proceedings, 1933(1):040009.

Patcas, R., Timofte, R., Volokitin, A., Agustsson, E., Eliades, T., Eichenberger, M., and Bornstein, M. M. (2019). Facial attractiveness of cleft patients: a direct comparison between artificial-intelligence-based scoring and conventional rater groups. European journal of orthodontics, 41(4):428–433.

Przyrowski, C. (2018). The gdpr and its effects on the management of private health information at different healthcare providers: a case study. B.S. thesis, University of Twente.

Rajaraman, A. and Ullman, J. D. (2011). Mining of massive datasets. Cambridge University Press.

Reddy, S., Fox, J., and Purohit, M. P. (2019). Artificial intelligence-enabled healthcare delivery. Journal of the Royal Society of Medicine, 112(1):22–28.

Ribeiro, M. T., Singh, S., and Guestrin, C. (2016). „why should i trust you?" explaining the predictions of any classifier. In Proceedings of the 22nd ACM SIGKDD international conference on knowledge discovery and data mining, pages 1135–1144.

Savino, J. A. and Latifi, R. (2019). The hospital of the future. The Modern Hospital: Patients Centered, Disease Based, Research Oriented, Technology Driven, 4:375.

Schölkopf, B. (2019). Causality for machine learning. arXiv preprint arXiv:1911.10500.

Shanahan, M. (2015). The technological singularity. MIT Press.

Shortliffe, E. H. and Buchanan, B. G. (1975). A model of inexact reasoning in medicine. Mathematical biosciences, 23(3–4):351–379.

Silver, D., Huang, A., Maddison, C. J., Guez, A., Sifre, L., Van Den Driessche, G., Schrittwieser, J., Antonoglou, I., Panneershelvam, V., Lanctot, M., et al. (2016). Mastering the game of go with deep neural networks and tree search. Nature, 529(7587):484.

Spicer, J. and Sanborn, A. N. (2019). What does the mind learn? a comparison of human and machine learning representations. Current opinion in neurobiology, 55:97–102.

Strickland, E. (2019). How ibm watson overpromised and underdelivered on ai health care. https://spectrum.ieee.org/biomedical/diagnostics/how-ibm-watsonoverpromised-and-underdelivered-on-ai-health-care. [Online; Zugegriffen: August 1,2020].

Thomas, R. (2019). The ai ladder: Demystifying ai challenges. http://www.ibm.com/downloads/cas/O1VADKY2. [Online; Zugegriffen: August 1, 2020].

Tomar, D. and Agarwal, S. (2013). A survey on data mining approaches for healthcare. International Journal of Bio-Science and Bio-Technology, 5(5):241–266.

Trestioreanu, L., Glauner, P., Meira, J. A., Gindt, M., et al. (2020). Using augmented reality and machine learning in radiology. In Innovative Technologies for Market Leadership, pages 89–106. Springer.

Vigen, T. (2015). Spurious correlations. http://www.tylervigen.com/spuriouscorrelations. [Online; Zugegriffen: August 1, 2020].

Williams, C. (2015). AI guru Ng: fearing a rise of killer robots is like worrying about overpopulation on mars. http://www.theregister.co.uk/2015/03/19/andrew_ng_baidu_ai/. [Online; Zugegriffen: August 1, 2018].

Wolpert, D. H. (1996). The lack of a priori distinctions between learning algorithms. Neural computation, 8(7):1341–1390.

Yu, K.-H., Beam, A. L., and Kohane, I. S. (2018). Artificial intelligence in healthcare. Nature biomedical engineering, 2(10):719–731.

Yueh, J. (2020). Gdpr will make big tech even bigger. http://www.forbes.com/sites/forbestechcouncil/2018/06/26/gdpr-will-makebig-tech-even-bigger. [Online; Zugegriffen: August 1, 2020].

Yurtsever, E., Lambert, J., Carballo, A., and Takeda, K. (2020). A survey of autonomous driving: Common practices and emerging technologies. IEEE Access, 8:58443–58469.

Zhou, D., Miao, L., and He, Y. (2018). Position-aware deep multi-task learning for drug–drug interaction extraction. Artificial intelligence in medicine, 87:1–8.

# Rechtliche Rahmenbedingungen von KI in der VR China

**9**

Yifei Wang

**Zusammenfassung**

In diesem Beitrag wird versucht, die rechtlichen Rahmenbedingungen von KI in der VR China systematisch darzustellen. Relevante rechtliche Regelungen betreffen die Verwendung der Algorithmen und den Datenschutz. Über die Algorithmen gibt es nur vereinzelte Regelungen in speziellen Bereichen. Das Datenschutzrecht bezieht sich einerseits auf die Datensicherheit, andererseits auf den Schutz entsprechender persönlicher Rechte und Interessen, einschließlich des Rechts auf Privatsphäre und der Rechte und Interessen personenbezogener Informationen. Schließlich werden spezifische Regelungen im Bereich von Gesundheitswesen kurz dargestellt.

## 9.1 Hintergrund und Einführung

Künstliche Intelligenz (KI) hat sich in China rasch entwickelt.[1] Die Industrie für KI wird durch nationale und lokale Politik stark unterstützt. Insbesondere der 2017 vom Staatsrat veröffentlichte „Entwicklungsplan für KI neuer Generation" (新一代人工智能发展规划)

---

[1] Im Jahr 2018 belief sich die Industrie für KI in China auf rund 34,4 Mrd. Yuan, der Finanzierungsbetrag auf 79,69 Mrd. Yuan. Bis September 2019 gab es mehr als 2500 Unternehmen im Bereich der künstlichen Intelligenz in China. Bis 2019 wurden landesweit 15 offene Plattformen für künstliche Intelligenz auf nationaler Ebene eingerichtet. Vgl. 国家工业信息安全发展研究中心 (Nationales Forschungszentrum für industrielle Informationssicherheitsentwicklung), „2019年中国人工智能

Y. Wang (✉)
Max-Planck-Institut für Sozialrecht und Sozialpolitik, München, Deutschland

R. Grinblat et al. (Hrsg.), *Innovationen im Gesundheitswesen*,
https://doi.org/10.1007/978-3-658-33801-5_9

positionierte die Technologie der KI als staatliche Strategie.[2] Der Nutzen der KI ist heute in verschiedenen Branchen weit verbreitet. Unter diesen wird KI im Finanzbereich am tief greifendsten, im Einzelhandel in besonders verschiedenen Beziehungen, beim Gesundheitswesen und bei Regierungs- und Sicherheitsangelegenheiten am raschesten und sehr breit bei Entwicklungsperspektiven angewendet.[3]

Nach der Definition vom China Electronics Standardization Institute (CESI)[4] bedeutet KI „Theorien, Methoden, Techniken und Systeme, die diese Theorien, Methoden, Techniken anwenden, welche in Verwendung von Digitalrechnern oder Maschinen, die von Digitalrechnern gesteuert werden, menschliche Intelligenz simulieren, ausdehnen und erweitern, die Umwelt wahrnehmen, Wissen erwerben und damit die besten Ergebnisse erzielen."[5] Abgesehen von allen persönlichen Vorstellungen von „Intelligenz" oder „Roboter" handelt es sich bei KI im Wesentlichen einerseits um Algorithmen, die einem vorgegebenen Programm folgen, andererseits um Daten, auf deren Grundlage eine Maschine erst „lernen"[6] kann.

Es ist auf der anderen Seite notwendig, die KI aus einer normativen Perspektive zu erkennen, also eine Vorstellung der KI, wie sie sein soll, zu entwickeln. In den letzten Jahren hat die chinesische Regierung nacheinander einige ethische Richtlinien für die Ent-

---

产业发展指数" („2019 China Artificial Intelligence Industry Development Index"), aufrufbar unter http://www.cbdio.com/image/site2/20190925/f42853157e261ef56f1629.pdf (07.12.2020).

[2] Dieser Plan schlug vor, dass das Ausmaß der heimischen Kernindustrie für KI im Jahr 2030 1 Billion Yuan überschreiten sollte. Seitdem haben verschiedene Ministerien und Kommissionen sowie lokale Regierungen Entwicklungspläne für die Industrie für KI ausgearbeitet. Dazu zählen z. B. der „Dreijahresplan zur Förderung der Entwicklung der Industrie für KI neuer Generation (2018–2020)" (促进新一代人工智能产业发展三年行动计划( 2018-2020 年)) des Ministeriums für Industrie und Informationstechnologie und die „Richtlinien für den Bau von nationalen Pilotzonen für Innovation und Entwicklung der KI neuer Generation" (国家新一代人工智能创新发展试验区建设工作指引) des Ministeriums für Wissenschaft und Technologie.

[3] Deloitte, „Weißbuch über die Industrie der KI in China" (中国人工智能产业白皮书), von 11.2018, aufrufbar unter https://www2.deloitte.com/content/dam/Deloitte/cn/Documents/innovation/deloitte-cn-innovation-ai-whitepaper-zh-181126.pdf (07.12.2020).

[4] CESI ist eine öffentliche Institution unmittelbar unter dem Ministerium für Industrie und Informationstechnologie. Es wird beauftragt, die Formulierung von Chinese National Standards (GB, GJB) im Bereich der elektronischen Informationstechnologie und Professional Standards in diesem Bereich (SJ) zu organisieren.

[5] CESI, „White Paper zur Standardisierung künstlicher Intelligenz (Ausgabe 2018)" (人工智能标准化白皮书(2018 版)), aufrufbar unter http://www.cesi.cn/images/editor/20180124/20180124135528742.pdf (07.12.2020).

[6] Eine Kritik an dem Verständnis von Maschinen mit KI als ein „lernendes" Subjekt und an einer Erwartung von menschlichen Eigenschaften von Maschinen, die jedoch auf „ein ungenügendes Verstehen dessen, was in diesen Maschinen vorgeht", beruht, vgl. Paul Kirchhof, Künstliche Intelligenz, in: Ordnung der Wissenschaft, 2020/1, S. 1–8.

wicklung der KI aufgestellt, es soll dadurch zugleich die internationale Zusammenarbeit bei KI gefördert werden.[7]

Gegenwärtig befindet sich die KI noch im Stand einer schwachen KI, deren Funktionalitäten nur unterstützende Funktionen haben können. Sie reichen also nur aus, um in Verbindung mit speziellen Anwendungsszenarien und Geschäftsmodellen nur begrenzt am Lebensbereich teilzunehmen. Dementsprechend ist es kaum möglich, ein übergreifendes Rechtssystem für KI aufzubauen. Die rechtlichen Regelungen der KI in China konzentrieren sich einerseits auf bestimmte Lebensbereiche, in denen KI weitestgehend und am intensivsten angewendet wird. Andererseits entwickelt sich allmählich ein übergreifendes Regelungssystem bezüglich des Datenschutzes.

Hier ist noch kurz zu erwähnen, dass Grundrechte als objektive Wertordnung durch die verfassungskonforme Auslegung der Rechtsprechung als rechtliche Rahmenbedingungen gelten könnten. Ihre normative Wirkung muss jedoch durch Einzelfallstudien erforscht werden, was zurzeit auf dem Gebiet der KI noch unmöglich ist.

## 9.2    Die rechtlichen Regelungen der KI

### 9.2.1    Rechtliche Regelungen des Nutzens der Algorithmen in bestimmten Bereichen

Rechtliche Regelungen über die Algorithmen gibt es nur in speziellen Bereichen und die Verantwortlichen sind zurzeit v. a. die Nutzer, nicht die Hersteller oder die Programmierer.

Das Gesetz zum elektronischen Geschäftsverkehr (EGG)[8] fordert die Offenlegung der Verwendung von Algorithmen, indem es von den Betreibern der Plattformen verlangt,

---

[7] Dazu zählen z. B. die acht Prinzipien, die von dem Nationalen Fachausschuss für die Steuerung der KI neuer Generation (国家新一代人工智能治理专业委员会), der am 25. Februar 2019 vom Ministerium für Wissenschaft und Technologie eingerichtet wurde, vorgeschlagen wurden: 1. Harmonie und Freundlichkeit: Die Entwicklung der KI muss sich an menschlichen Wertordnungen orientieren; 2. Fairness und Gerechtigkeit: Die Entwicklung der KI muss eine Chancengleichheit gewährleisten; 3. Inklusivität und Teilhabe; 4. Achtung der Privatsphäre; 5. Sicherheit und Kontrollierbarkeit; 6. Gemeinsame Übernahme der Verantwortung; 7. Offene Zusammenarbeit; 8. Agile Governance: Die Risikoentdeckung und Steuerung der Entwicklung der KI müssen effektiv sein. Vgl. „Prinzipien für die Steuerung der KI neuer Generation – Entwicklung der KI mit Verantwortungsbewusstsein" (新一代人工智能治理原则——发展负责任的人工智能), vom 19. Juni 2019, aufrufbar unter http://www.most.gov.cn/kjbgz/201906/t20190617_147107.htm (07.12.2020). Vgl. auch die zwei ethische Prinzipien, die von der Standardization Administration der VR China (SAC) ausgeführt wurden: Zum einen „das Prinzip grundlegender menschlicher Interessen", d. h. KI sollte die Verwirklichung grundlegender menschlicher Interessen als oberstes Ziel setzen, zum anderen „das Prinzip der Verantwortung", d. h. die Verantwortung der Hersteller der Technik und der Nutzer soll klar definiert werden. Siehe. „Bericht zur ethischen Risikoanalyse für KI" (人工智能伦理风险分析报告), April 2019, aufrufbar unter www.asmag.com.cn/download/869/ (07.12.2019).
[8] 中华人民共和国电子商务法 (Gesetz zum elektronischen Geschäftsverkehr der VR China), vom

dass sie „Werbung" für Suchergebnisse von Waren oder Dienstleistungen eindeutig kennzeichnen, die durch „Pay Per Click" den Verbrauchern zur Verfügung gestellt werden
(§ 40 EGG). Wenn der Betreiber der Plattformen den Verbrauchern Suchergebnisse auf der
Grundlage ihrer Hobbys, Konsumgewohnheiten und anderer persönlicher Merkmale bietet, muss er ihnen auch Optionen bieten, die von ihren persönlichen Merkmalen unabhängig
sind (§ 18 Abs. 1 EGG). Somit wird dem Verbraucher die Möglichkeit erhalten, eine Ver-
braucherentscheidung zu treffen, die nicht auf bestimmte Algorithmen beruht. Die Verwendung von Algorithmen beim elektronischen Geschäftsverkehr könnte auch gegen das
allgemeine Deliktsrecht verstoßen. Dafür gibt es jedoch keine spezifische gesetzliche Bestimmung. Inwiefern sich ihre Sorgfaltspflichten erstecken, wenn die Plattformen Algorithmen verwenden, macht die Rechtsprechung auch noch nicht klar.[9]

Auf ähnliche Weise sehen die vom staatlichen Internetinformationsamt der Gesellschaft für Kommentare veröffentlichten „Maßnahmen zum Datensicherheitsmanagement
(Entwurf für Kommentare)" (DMM Entwurf für Kommentare)[10] im Allgemeinen die Verpflichtung der Netzbetreiber vor, die Verwendung von bestimmten Algorithmen offenzu-
legen und es den Benutzern zu ermöglichen, Informationen ohne die Verwendung dieser
Algorithmen zu erhalten: Wenn der Netzbetreiber Benutzerdaten und Algorithmen benutzt, um den Benutzern personalisierte und zielgerichtete Nachrichten und kommerzielle
Werbungen zu versenden, muss er diese mit dem Wort „zielgerichteter Push" (定推)
eindeutig kennzeichnen und den Benutzern die Möglichkeit bieten, die Funktion des zielgerichteten Pushs abzulehnen (§ 23 DMM Entwurf für Kommentare). Der Netzbetreiber
muss auch bei der Verwendung von Big Data, KI oder anderen Technologien zum automatischen Erstellen von Informationen wie Nachrichten, Blog-Posts, Posts und Kommen-
taren diese mit dem Wort „synthetisch" (合成) eindeutig kennzeichnen (§ 24 DMM Entwurf für Kommentare).

Die Verwendung von Algorithmen im Finanzbereich wird relativ umfassend in § 23 der
„Richtlinien zur Regulierung des Vermögensverwaltungsgeschäfts von Finanzinstituten"
(Richtlinien)[11] geregelt. Zuerst erfordert der Einsatz von KI zur Durchführung von An-

---

31.08.2018, seit dem 01.01.2019 in Kraft. Alle in diesem Aufsatz zitierten Normen, wenn nicht
näher angegeben, finden sich in der Datenbank „北大法宝", http://www.pkulaw.cn/.

[9] Beispielsweise wurde im Fall „上海梭伦公司诉上海盈诺公司、百度网讯公司" („Shanghai
Solon Company v. Shanghai Yingnuo Company und Baidu") die Suchmaschine Baidu verklagt und
aufgefordert, die Haftungsverantwortung zu tragen, da bei der Eingabe des Schlüsselworts „Shanghai Solon" auf der Baidu-Suchseite als erstes der Suchergebnisse der „Shanghai Yingnuo Company"
angezeigt wurde. Der Fall wurde vom Obersten Gerichtshof als von hohem Forschungswert bewertet. Vgl. https://m.weibo.cn/status/4235884062374302?luicode=20000061&lfid=42358840623
74302&sudaref=app.parr-global.com&display=0&retcode=6102 (07.12.2020). Die Klage wurde
jedoch schließlich vom Kläger zurückgezogen (siehe (2016) 沪0110民初19560号), sodass die
rechtliche Frage offen bleibt.

[10] 数据安全管理办法 (征求意见稿) (Maßnahmen zum Datensicherheitsmanagement (Entwurf für
Kommentare)), vom 28.05.2019.

[11] 中国人民银行、中国银行保险监督管理委员会、中国证券监督管理委员会、国家外汇管

lageberatungsgeschäften eine entsprechende Qualifikation und Nichtfinanzinstitute dürfen keine KI-Anlageberater einsetzen. In Bezug auf die Transparenz der Nutzung von KI werden höhere Anforderungen als die Offenlegung der Verwendung von Algorithmen gestellt: Die Finanzinstitute müssen die Investoren über die inhärenten Mängel der Algorithmen und die Risiken der Verwendung der Algorithmen vollständig aufklären. Sie dürfen die Werbung für Vermögensverwaltungsprodukte, in denen KI eingesetzt werden, nicht übertreiben und die Anleger irreführen. Dazu ist es besonders bemerkenswert, dass Finanzinstitute auch in die Pflicht genommen werden, die „Black Box" der verwendeten Algorithmen bis zu einem gewissen Grad zu öffnen, sodass sie sich nicht der Verantwortung entziehen können, indem sie sich hinter der „neutralen" Technik verstecken. Sie müssen nämlich die Hauptparameter des Modells der KI und die Hauptlogik der Vermögensverwaltung an die Finanzaufsichtsbehörden melden. Der Vermögenverwaltungsprozess mit KI muss durchgehend beobachtet und kontrolliert werden und das Finanzinstitut muss dafür für den Investor ein separates Smart-Management-Konto einrichten. Schließlich stellen die Richtlinien die Schadensersatzhaftung des Finanzinstituts bei pflichtwidriger Verwendung von Algorithmen klar.

Ferner legen die Richtlinien bestimmte Verpflichtungen von Finanzinstituten als Hersteller der Algorithmen fest: Sie sollen verschiedene Algorithmen herstellen, um eine Homogenität der Algorithmen zu vermeiden, die das stabile Funktionieren des Finanzmarkts beeinträchtigen kann, und müssen sich Möglichkeiten vorbehalten, manuelle Interventionsmaßnahmen rechtzeitig zu ergreifen und KI zu beenden.

### 9.2.2   Das allgemeine Rechtssystem des Datenschutzes

Die rechtlichen Regelungen des Datenschutzes beziehen sich einerseits auf die Datensicherheit (数据安全), andererseits auf den Schutz entsprechender persönlicher Rechte und Interessen, einschließlich des Rechts auf Privatsphäre und der Rechte und Interessen[12] personenbezogener Informationen (个人信息).

---

理局关于规范金融机构资产管理业务的指导意见 (Richtlinien der Volksbank von China, der chinesischen Banken- und Versicherungsaufsichtsbehörde, der chinesischen Wertpapieraufsichtsbehörde und der staatlichen Devisenverwaltung zur Regulierung des Vermögensverwaltungsgeschäfts von Finanzinstituten), 银发〔2018〕106号, vom 27.04.2018, seitdem in Kraft.

[12] Statt als ein Recht werden im PISG-Entwurf personenbezogene Informationen als „Rechte und Interessen" (权益) positioniert. Die Verwendung des mehrdeutigen und vagen Begriffs „Rechte und Interessen" macht den Charakter personenbezogener Informationen und ihren rechtlichen Schutz unklar. Die Unterscheidung zwischen zivilrechtlichen „Rechten" und „Interessen" könnte eine materielle Bedeutung haben, wenn das Deliktsrecht eine höhere Schutzschwelle für die Verletzung der „Interessen" stellt und somit einen höheren Wert auf die Handlungsfreiheit legt. Dieser Idee entsprechend wird zum Beispiel in der „justiziellen Auslegung des Obersten Volksgerichts zu verschiedenen Fragen der Feststellung der Schadensersatzhaftung für immaterielle Schäden in Zivilsachen"(最高人民法院关于确定民事侵权精神损害赔偿责任若干问题的解释, 法释〔2001〕7号, vom 08.03.2001, seit dem 10.03.2001 in Kraft) diese materielle Unterscheidung genommen, die

### 9.2.2.1 Datensicherheit

Das Cybersicherheitsgesetz (CSG)[13] gilt zurzeit als das Rahmengesetz der Datensicherheit. Nach § 76 Nr. 2 dieses Gesetzes besteht die Datensicherheit in der Gewährleistung der Geheimhaltung (保密性), Integrität (完整性) und Verfügbarkeit (可用性) der Daten im Netz, also in der „Sicherheit der Daten an sich".[14]

Im September 2018 wurde das Datensicherheitsgesetz (DSG) im Gesetzgebungsplan des Ständigen Ausschusses des 13. Nationalen Volkskongresses aufgeführt, für das die „Bedingungen der Gesetzgebung relativ ausgereift sind". Das Gesetz[15] wurde am 10.06.2021 verabschiedet und ist jetzt in Kraft getreten.

§ 3 DSG definiert „Daten" (数据) als „Aufzeichnungen von Informationen in digitaler oder nichtdigitaler Form" und unterscheidet somit diesen Begriff von „Information" (信息) grundsätzlich als Form von Inhalt. Im Unterschied mit dem Begriff der „Netzwerkdaten" (网络数据) nach § 76 Nr. 4 CSG wird hier der Begriff „Daten" um Daten „nichtdigitaler Form" erweitert.

Im Vergleich zum CSG, das auch eine Rechtsgrundlage für den Schutz personenbezogener Informationen bietet, ist DSG enger mit der nationalen Sicherheit verbunden. Die Kategorie der „Sicherheit der Daten" wird in § 25 des Gesetzes zur nationalen Sicherheit (NSG) rechtlich festgelegt, die 2015 durch die Gesetzesveränderung eingeführt wurde und die politische Idee des „Gesamtsicherheitskonzepts" (总体安全观) reflektiert.[16] Vor

---

festlegt, dass die Schadensersatzhaftung für immaterielle Schäden bei der Verletzung rechtlicher Interessen (Privatsphäre und andere persönliche Interessen) nur vorliegt, wenn – neben der Erfüllung allgemeiner Tatbestände – „das öffentliche Interesse und die soziale Moral verletzt" werden. Diese materielle Unterscheidung wird jedoch vom nachfolgenden Deliktshaftungsgesetz (侵权责任法), dem allgemeinen Teil des Zivilrechts (ATZ) und dem BGBC nicht übernommen, sondern dort ist die Unterscheidung zwischen Rechten und Interessen nur formell. Die Privatsphäre war auch lange Zeit als „Rechte und Interessen" positioniert, bis sie 2010 als ein Recht, also das „Recht auf Privatsphäre" im Deliktshaftungsgesetz vorgeschrieben wurde. Die Positionierung personenbezogener Informationen als „Rechte und Interessen" – scheint zu implizieren, dass ihr Schutz noch geringer ist als der Schutz von Rechten, obwohl diese Implikation eigentlich keine Rechtsgrundlage hat.

[13] 中华人民共和国网络安全法 (Cybersicherheitsgesetz der VR China), vom 07.11.2016, seit dem 01.06.2017 in Kraft.

[14] Sie ist also Datensicherheit im Sinne von „data security" (数据自身安全), unterscheidet sich von der Datensicherheit im Sinne von „data safety" (数据自主可控), d. h. die tatsächliche Kontrolle des Staates über die wichtigen Daten zum Schutz vor Übergriff anderer Organisationen oder Länder, und von der Datensicherheit im Sinne von „data harmony" (数据宏观安全), d. h. der Schutz vor Gefährdung der nationalen Souveränität, des öffentlichen Interesses bzw. der öffentlichen Sicherheit, die durch Datenverarbeitung und -nutzung verursacht werden können. Die beiden letzteren sollten im regulatorischen Schwerpunkt des zukünftigen Datensicherheitsgesetzes stehen. Vgl. 许可, 数据安全法:定位、立场与制度构造 (Ke Xu, Datensicherheitsgesetz: Verortung, Positionierung und Institutionalisierung). In: 经贸法律评论 (Business and Economic Law Review), 2019/3, S. 52–66.

[15] 中华人民共和国数据安全法 (Datensicherheitsgesetz der VR China), vom 10.06.2021, seit dem 01.09.2021 in Kraft.

[16] Im Jahr 2006 schlug die „Entscheidung des Zentralkomitees der Kommunistischen Partei Chinas

diesem Hintergrund ist weder die Zuweisung sogenannter „Datenrechte" klar noch überhaupt der rechtliche Charakter von Daten.[17]

Vor allem sind die Unternehmen und die Regierung die Akteure, die durch das DSG in die Pflicht genommen werden, da sie tatsächlich bereits große Datenmengen haben und erhalten können. Das wichtigste Konzept im Bereich der Datensicherheit ist das der „wichtigen Daten" (重要数据) (§§ 21, 27, 30, 31 DSG), die in engem Zusammenhang mit der nationalen Sicherheit, der wirtschaftlichen Entwicklung und dem öffentlichen Interesse stehen. Für die Gewährleistung deren Sicherheit werden entsprechende Institutionen entwickelt, einschließlich der Institution der Dateneinstufung und -klassifizierung. Für die Identifizierung der wichtigen Daten spielen entsprechende untergesetzliche Normen eine wichtige Rolle.[18] Bezüglich der Übermittlung wichtiger Daten wird v. a. der Transport von Daten von den Unternehmen zur Regierung geregelt. Sie beschränkt sich hauptsächlich auf bestimmte Bereiche und aus bestimmten Gründen, und wird zurzeit nur vereinzelt geregelt, wie z. B. § 28 CSG, § 25 EGG, § 18 des Antiterrorgesetzes[19] und § 14 der Verordnung der Internetinformationsdienste.[20]

Die Meldung von Datenverletzungen (Data Breach Notification) wird nur grundsätzlich in § 42 Abs. 2 CSG vorgesehen und beschränkt sich auf personenbezogene Informationen.

---

zu mehreren wichtigen Fragen des Aufbaus einer harmonischen sozialistischen Gesellschaft" (中共中央关于构建社会主义和谐社会若干重大问题的决定) vor, „effektiv auf verschiedene traditionelle und nichttraditionelle Sicherheitsbedrohungen zu reagieren". Das Konzept der „Sicherheit" wurde 2014 durch Generalsekretär Xi Jinping auf der ersten Sitzung des Zentralen Nationalen Sicherheitskomitees als „ein nationales Sicherheitssystem durch Integrierung der politischen Sicherheit, territorialen Sicherheit, militärischen Sicherheit, wirtschaftlichen Sicherheit, kulturellen Sicherheit, sozialen Sicherheit, wissenschaftlichen und technologischen Sicherheit, Informationssicherheit, ökologischen Sicherheit, Ressourcensicherheit, nuklearen Sicherheit usw." ausgeführt.

[17] In der Literatur wird von einigen vertreten, dass Daten der betroffenen Person, also der durch diese Informationen identifizierten oder identifizierbaren natürlichen Person als ein „Produktionsfaktor" der Datenindustrie gehörten, wird von einigenvertreten, dass Daten zur nationalen Souveränität gehörten. Über die Unklarheit von „Datenrechten" als Persönlichkeitsrechten, Eigentumsrechten oder sogar nationale Souveränität, vgl. 张衡, 网络数据产权化发展及其争议 (Zhun Zhang, Die Entwicklung von Eigentumsrechten für Netzwerkdaten und die entsprechenden Streitigkeiten), in: 信息安全与通信保密 (Information Security and Communications Privacy), 2018/8, S. 22–25.

[18] 国家互联网信息办公室, 个人信息和重要数据出境安全评估办法 (征求意见稿) (Nationales Internetinformationsbüro, Maßnahmen zur Sicherheitsbewertung des Ausgangs personenbezogener Informationen und wichtiger Daten ins Ausland (Entwurf zur Kommentierung)), und 全国信息安全标准化技术委员会, 数据出境安全评估指南 (草案) (National Standardization Technical Committees (TC), Guidelines for Data Cross-Border Transfer Security Assessment) (Entwurf)).

[19] 中华人民共和国反恐怖主义法 (Antiterrorgesetz der VR China), vom 27.12.2015, seit dem 01.01.2016 in Kraft, am 27.04.2018 geändert.

[20] 互联网信息服务管理办法 (Verordnung über den Internetinformationsdienst der Volksrepublik China), vom 25.09.2000, seitdem in Kraft, am 08.01.2011 in Kraft.

Die Verwaltungsvorschriften „DMM-Entwurf für Kommentare" werden auch im Bereich Datensicherheit eine wichtige Rolle spielen, da sie hauptsächlich die wichtigen Daten regeln.

### 9.2.2.2 Schutz entsprechender persönlicher Rechte und Interessen
**Überblick: unvollständige Systembildung**

Der „Allgemeine Teil des Zivilrechts" (ATZ)[21] stellt zwar klar, dass „die natürliche Person das Recht auf Privatsphäre (隐私权) hat" (§ 110 Abs. 1 ATZ) und dass „personenbezogene Informationen (个人信息) der natürlichen Person rechtlich geschützt werden" (§ 111 ATZ), definiert jedoch diese Rechte und Interessen nicht. Das CSG definiert die personenbezogenen Informationen (§ 76 Nr. 5 CSG) und regelt deren Schutz grundsätzlich: Sie sollen durch die Netzbetreiber nach dem Prinzip „Rechtmäßigkeit, Rechtfertigung und Notwendigkeit" (合法、正当、必要) gesammelt und verwendet werden (§ 41 Abs. 1 CSG). Dieses Prinzip wird vom „Bürgerlichen Gesetzbuch der VR China" (BGBC),[22] das am 01.01.2021 in Kraft tritt, und dem DSG (aber außer „Notwendigkeit") übernommen (§ 1035 BGBC, § 32 DSG). Es ist jedoch inhaltlich sehr unklar, sodass die Rechtsprechung einen sehr großen Entscheidungsspielraum hat.[23]

Die am 1. Oktober 2020 umgesetzten Chinese National Standards „Sicherheitsbestimmungen für personenbezogene Informationen" (GB/T 35273-2020)[24] definieren die personenbezogenen Informationen ausführlich und unterscheiden zwischen „allgemeinen personenbezogenen Informationen" (一般个人信息) und „sensiblen personenbezogenen Informationen" (个人敏感信息). Letztere beziehen sich auf „personenbezogene Informationen, die, sobald sie durchgesickert, illegal bereitgestellt oder missbraucht werden, die Sicherheit von Personen und Eigentum gefährden und leicht zu Schäden an persönlichem Ansehen, an körperlicher und geistiger Gesundheit oder zu diskriminierender Behandlung führen können. Unter normalen Umständen sind die personenbezogenen Informationen von Kindern unter 14 Jahren (einschließlich) und Informationen, die die Privatsphäre natürlicher Personen betreffen, die sensiblen personenbezogenen Informationen." Durch diese Unterscheidung sollte ein höherer Schutz der Letzteren ge-

---

[21] 中华人民共和国民法总则 (Allgemeiner Teil des Zivilrechts der VR China), vom 15.03.2017, seit dem 01.10.2017 in Kraft.

[22] 中华人民共和国民法典 (Bürgerlichen Gesetzbuch der VR China", vom 28.05.2020, seit dem 01.01.2021 in Kraft.

[23] Im Fall „郭兵诉杭州野生动物世界有限公司" („Guo Bing v. Hangzhou Wildlife World Co., Ltd.", „Gesichtserkennung Fall"), der als „der erste Fall der Gesichtserkennung" anerkannt wird, entschied das Gericht, dass der Zoo, der Fingerabdruckerkennung, Gesichtserkennung und andere biometrische Technologien verwendet hatte, um die jährlichen Kartenbenutzer zu identifizieren und die Effizienz der jährlichen Karten zu erhöhen, den Anforderungen des Prinzips „Rechtmäßigkeit, Rechtfertigung und Notwendigkeit" entsprach. Siehe (2019) 浙 0111 民初 6971 号.

[24] National Standardization Technical Committees (TC), 个人信息安全规范 (Personal information security specification).

währleistet werden. Das BGBC enthält Vorschriften über das Recht auf Privatsphäre und den Schutz personenbezogener Informationen (§§ 1032–1039 BGBC IV). Es definiert die „Privatsphäre" als „die Ruhe des Privatlebens einer natürlichen Person und deren privater Raum, private Aktivitäten und private Informationen (私密信息), die sie andere nicht wissen lassen möchte" (§ 1032 Abs. 2 BGBC). Es definiert die privaten Informationen nicht, unterscheidet sie aber von den allgemeinen personenbezogenen Informationen und sieht vor, dass „die privaten Informationen in personenbezogenen Informationen den Vorschriften über das Recht auf Privatsphäre unterliegen. Wenn keine Vorschriften darüber vorliegen, gelten die Vorschriften zum Schutz personenbezogener Informationen" (§ 1034 Abs. 3 BGBC). Die konzeptionellen Beziehungen zwischen den „allgemeinen personenbezogenen Informationen", den „sensiblen personenbezogenen Informationen" und den „privaten Informationen" und ihren jeweiligen Funktionen bleiben noch unklar.

Ganz unterschiedlich zum DSG war die Gesetzgebung des „Gesetzes zum Schutz personenbezogener Informationen" (PISG)[25] relativ zögerlich. Zu bemerken ist, dass das PISG – im Vergleich zu anderen rechtlichen Definitionen – ausdrücklich die anonymisierten Informationen von personenbezogenen Informationen ausschließt (§ 4 Abs. 1 PIS), was den Umfang personenbezogener Informationen erheblich einschränkt. Das PISG, das der Begriffsverwendung von BGBC (§ 1035 Abs. 2) grundsätzlich folgt, vereinheitlicht die Sammlung, Speicherung, Verwendung, Verarbeitung, Übermittlung, Bereitstellung, Offenlegung und Löschung personenbezogener Informationen unter dem Begriff „Verarbeitung personenbezogener Informationen" (个人信息的处理). So werden – anders als das CSG unterschiedliche Anforderungen für verschiedene Datenaktivitäten vorsieht[26] – alle Aktivitäten bezüglich personenbezogener Informationen vereinheitlicht in die Regelung dieses Gesetzes einbezogen. Das Prinzip der „Rechtmäßigkeit, Rechtfertigung und Notwendigkeit" des CSGs wird hier weiterhin befolgt (§§ 5, 6 PISG).

Allgemein gesagt, haben die rechtlichen Bestimmungen zum Schutz persönlicher Rechte und Interessen der Informationen sowie der Privatsphäre noch kein System gebildet. Insbesondere gab es kein klares Verständnis über den jeweiligen Schutzbereich des Rechts auf Privatsphäre und der Rechte und Interessen personenbezogener Informationen und über den jeweiligen Schutzzweck der Datensicherheit, der Privatsphäre sowie des

---

[25] 中华人民共和国个人信息保护法 „Gesetz zum Schutz personenbezogener Informationen der VR China", vom 20.08.2021, seit dem 01.11.2021 in Kraft.

[26] So unterschied das Gericht im „Gesichtserkennungsfall" (Fn. 23) drei Phasen des Schutzes personenbezogener Informationen und entschied: „In der ersten Phase der Sammlung der Informationen müssen das Prinzip „Rechtmäßigkeit, Rechtfertigung und Notwendigkeit" und die Regeln der Zustimmung befolgt werden; in der mittleren Phase der Sicherheitskontrolle der Informationen muss der Grundsatz der Sicherheitsgewährleistung eingehalten werden, d. h. die personenbezogenen Informationen dürfen nicht an Dritte offengelegt, gekauft oder illegal bereitgestellt werden; in der Endphase, falls die Rechte und Interessen personenbezogener Informationen verletzt werden, haftet der Betreiber deliktsrechtlich."

Schutzes personenbezogener Informationen, was bereits zu einer gewissen Verwirrung in der Begründung der Rechtsprechung geführt hat.[27]

## Ein Kernproblem des Schutzes personenbezogener Informationen: das Prinzip „Rechtmäßigkeit, Rechtfertigung und Notwendigkeit" oder das Prinzip der Zustimmung?

Der Schutz der persönlichen Rechte und Interessen einerseits und der freie Informationsfluss sowie die Nutzung von Informationen andererseits sind die beiden Interessen, die beim Schutz personenbezogener Informationen ausgewogen sein müssen. Anders als beim Schutz des Rechts auf Privatsphäre ist also dabei die Legitimität der Verarbeitung personenbezogener Informationen die Kernfrage. Diese Anforderung der Legitimität wird weitestgehend durch das Prinzip der „Rechtmäßigkeit, Rechtfertigung und Notwendigkeit" rechtlich zum Ausdruck gebracht. Unklar ist aber sein Verhältnis mit dem Prinzip der Zustimmung, da § 1035 BGBC die Zustimmung als Grundrahmen für den Schutz personenbezogener Informationen festlegt, ohne andere Rechtsgrundlage für die Verarbeitung personenbezogener Informationen anerkannt zu haben. Das Prinzip der Zustimmung spiegelt die Erkenntnis wider, dass der Kernwert vom Schutz personenbezogener Informationen die informationelle Selbstbestimmung des Einzelnen ist. Das gilt insbesondere bei kommerzieller Verarbeitung personenbezogener Informationen. Wenn die Verarbeitung personenbezogener Informationen nicht auf Selbstbestimmung beruht, muss eine ausreichende Rechtfertigung vorhanden sein. In der Rechtsprechung wird z. B. versucht, neben der Zustimmung unmittelbar auf das Prinzip „Rechtmäßigkeit, Rechtfertigung und Notwendigkeit" den Maßstab der „angemessenen Verwendung" (合理使用) als eine Rechtsgrundlage für die Verarbeitung personenbezogener Informationen zu entwickeln.[28] Dies ist aber sehr problematisch, da das Prinzip „Rechtmäßigkeit, Rechtfertigung und Notwendigkeit" sehr unklar ist und für beide Prinzipien es noch keine solide theoretische oder eindeutige verfassungsrechtliche Grundlage gibt.

---

[27] Vgl. der Fall „黄某诉腾讯科技(北京)有限公司" („Huang v. Tencent Technology (Beijing) Co., Ltd." „WeChat-Lesen Fall"). Dabei geht es um die Datenübermittelung zwischen zwei Programmen von Tencent. Das eine Programm WeChat-Lesen verwendet die gesammelten Daten des anderen Programms WeChat bezüglich der sozialen Beziehungen dessen Benutzern, sodass ein WeChat-Benutzer die Bücher sehen kann, die ein anderer WeChat-Benutzer, der zu seinen „WeChat-Freunden und Freundinnen" gehört, auf WeChat-Lesen liest. Die Klägerin Huang behauptete eine Verletzung ihres Rechts auf Privatsphäre und ihrer Rechte und Interessen personenbezogener Informationen. Siehe (2019)京0491民初16142号. Vgl. auch der Fall „凌某某诉北京微播视界科技有限公司" („Lin v. Beijing Weibo Vision Technology Co., Ltd." „Tik-Tok-Fall"). Der Kläger Lin behauptete eine Verletzung seines Rechts auf Privatsphäre und seiner Rechte und Interessen personenbezogener Informationen, weil er dachte, dass das Tik-Tok Programm ohne seine Zustimmung die Informationen in dem Adressbuch seines Handys oder in seiner WeChat-Freundesliste verwendet gehabt habe. Tatsächlich suchte Tik-Tok in den Adressbüchern anderer Personen nach dem Namen und der Telefonnummer von Lin und erkannte somit die sozialen Beziehungen von Lin. Siehe (2019)京0491民初6694号.

[28] Vgl. „Tik-Tok-Fall" (ebenda).

Problematisch ist auch die Unklarheit der Bedeutung der Zustimmung. Eine formelle Zustimmung soll nicht ausreichend sein, sondern es ist eine effektive Zustimmung erforderlich. Hierfür ist aber die Rechtslage noch nicht klar.

**Spezifische Schutzmaßnahmen zum Schutz personenbezogener Informationen**
Neben dem allgemeinen Deliktsrecht ist das Verbraucherschutzgesetz (VSG)[29] und das Strafgesetz für den Schutz personenbezogener Informationen erwähnenswert. § 29 VSG regelt die Verarbeitung personenbezogener Informationen der Verbraucher, die durch die Institution des Verbraucherverbands (消费者协会) (§§ 36 VSG) einen effektiveren Schutz als den durch Zivilrechtsweg erhalten können. Um die rechtswidrige Offenlegung und Übermittelung personenbezogener Informationen effektiver zu bekämpfen, wurde mit dem am 28.02.2009 in Kraft getretenen „Siebten Änderungsgesetz zum Strafgesetz" § 253-1 eingeführt und dieser Paragraf wurde durch das am 01.11.2015 in Kraft getretene „Neunte Änderungsgesetz zum Strafgesetz" vervollständigt und die Strafe erhöht. In diesem Paragraf wird das Verbrechen der Verletzung der personenbezogenen Informationen der Bürger (侵犯公民个人信息罪), nämlich das Verbrechen des illegalen Verkaufs und der illegalen Bereitstellung sowie des illegalen Erwerbs personenbezogener Informationen der Bürger, vorgesehen. Für die Konkretisierung dieser Vorschrift wurde vom Obersten Volksgericht und der Obersten Volksstaatsanwaltschaft eine justizielle Auslegung[30] erlassen.

## 9.3  Spezifisches im Bereich des Gesundheitswesens

### 9.3.1  Verwaltung von medizinischen Produkten der KI wie medizinische Geräte (医疗器械)

In der VR China wird eine klassifizierte Verwaltung von medizinischen Geräten implementiert. Sie werden je nach dem Grad des Risikos in drei Klassen (I, II, III) klassifiziert. Medizinische Geräte der Klasse III unterliegen bei der Registrierung, der Produktion und der Geschäftsführung einer strengeren Aufsicht als Klasse II und ebenso Klasse II als Klasse I.

---

[29] 中华人民共和国消费者权益保护法 (Gesetz zum Schutz von Rechten und Interessen der Verbraucher der VR China), vom 31.10.1993, seit dem 01.01.1994 in Kraft, am 27.08.2009 und am 25.10.2013 geändert.

[30] 关于办理侵犯公民个人信息刑事案件适用法律若干问题的解释 (Auslegung zu mehreren Fragen über die Rechtsanwendung bei der Behandlung von Strafsachen wegen Verletzung personenbezogener Informationen der Bürger), 法释〔2017〕10号. Zur „justizieller Auslegung" als eine Rechtsquelle des chinesischen Rechts, vgl. Yuanshi Bu, Einführung in das Recht Chinas (2. Aufl.), C.H.Beck, 2017, S. 22.

2017 veröffentlichte die National Medical Products Administration (**NMPA**) den neuen „Klassifizierungskatalog für medizinische Geräte".[31] Demnach gehört eine Diagnosesoftware, sofern sie durch Algorithmen Diagnosevorschläge liefert, zu Klasse II, wenn sie nur eine unterstützende Diagnosefunktion übt und keine direkten diagnostischen Schlussfolgerungen gibt; und zu Klasse III, wenn sie die Läsion automatisch identifiziert und eine eindeutige Diagnoseaufforderung bereitstellt. Dementsprechend wird die überwiegende Mehrheit der medizinischen Geräte der KI als Klasse III eingestuft, deren Registrierungsantrag Daten aus klinischen Studien erfordert. Ob es zum Registrierungsantrag Daten aus klinischen Studien braucht, wenn sie zu Klasse II gehören, macht die NMPA nicht klar.

Die Überprüfungskriterien für die Registrierung der medizinischen Geräte der KI von Klasse III wurden am 03.07.2019 vom Center for Medical Device Evaluation (CMDE) in der NMPA veröffentlicht.[32] Die Qualitätskontrolle klinischer Studien für medizinische Geräte ist seit März 2016 durch Verwaltungsvorschriften geregelt, wobei eine ethische Überprüfung klinischer Studien gefordert wird.[33] Die Durchführung dieser ethischen Überprüfung folgt jedoch zurzeit vielmehr den Richtlinien für die ethische Überprüfung klinischer Studien für Arzneimittel.[34]

## 9.3.2 Datensicherheit und Schutz personenbezogener Informationen

Aufgrund der wichtigen Bedeutung der Sicherheit von Gesundheitsdaten gibt es spezifische Rechtsnormen insbesondere für deren Speicherung und Übermittelung ins Ausland. Dazu gehören die Maßnahmen zur Verwaltung der Informationen über Bevölkerungsgesundheit[35] und die Maßnahmen zur Verwaltung der nationalen medizinischen und gesundheitsbezogenen Big-Data.[36]

---

[31] 医疗器械分类目录 (Klassifizierungskatalog für medizinische Geräte), vom 31.08.2017.

[32] CMDE, 深度学习辅助决策医疗器械软件审评要点 (Wichtige Punkte bei der Überprüfung für die Registrierung von Software für medizinische Geräte, die durch Deep-Learning medizinische Entscheidungen unterstützen), https://www.cmde.org.cn/CL0030/19342.html (07.12.2020).

[33] (Frühere) Staatliche Lebensmittel- und Arzneimittelbehörde, (frühere) Nationale Kommission für Gesundheit und Familienplanung, 医疗器械临床试验质量管理规范 (Regelungen zur Qualitätskontrolle klinischer Studien für medizinische Geräte), vom 01.03.2016, seit dem 01.06.2016 in Kraft.

[34] 国家食品药品管理局关于印发药物临床试验伦理审查工作指导原则的通知 (Bekanntmachung der Staatlichen Lebensmittel- und Arzneimittelbehörde über die Herausgabe der Richtlinien für die ethische Überprüfung klinischer Studien für Arzneimittel), 国食药监注〔2010〕436号, vom 02.11.2010, seitdem in Kraft.

[35] 国家卫生和计划生育委员会关于印发《人口健康信息管理办法(试行)》的通知 (Bekanntmachung der Nationalen Kommission für Gesundheit und Familienplanung zur Herausgabe der „Maßnahmen zur Verwaltung der Informationen über Bevölkerungsgesundheit" (Probe)), 国卫规划发〔2014〕24号, vom 05.05.2014, seitdem in Kraft. Demnach dürfen Daten der Bevölkerungsgesundheit nur im Inland und in keiner Form im Ausland gespeichert werden.

[36] 国家卫生健康委员会关于印发国家健康医疗大数据标准、安全和服务管理办法(试行)的通知 (Bekanntmachung der Nationalen Gesundheitskommission zur Herausgabe der Maßnahmen zur

Nach entsprechenden rechtlichen Bestimmungen gehören die persönlichen biometrischen Informationen (个人生物识别信息) und die Gesundheitsinformationen (健康信息) zu den personenbezogenen Informationen (§ 76 Nr. 5 CSG, § 1034 Abs. 2 BGBC). GB/T 35273-2020[37] listet bestimmte persönliche Gesundheitsinformationen, physiologische und biometrische Informationen als Beispiele auf, die zu sensiblen personenbezogenen Informationen gehören.[38]

Diese Gesundheitsinformationen können auch private Informationen darstellen und zum Schutzbereich des Rechts auf Privatsphäre gehören.

### 9.3.3 Deliktshaftung

Im Kapitel VI BGBC VII wird die medizinische Deliktshaftung durch die §§ 1218–1228 geregelt. Hierbei sind die Deliktshaftung bei Defekte von medizinischen Geräten (§ 1223) und bei Verletzung des Rechts auf Privatsphäre und der Rechte und Interessen personenbezogener Informationen (§ 1226) zu beachten.

---

Verwaltung der nationalen medizinischen und gesundheitsbezogenen Big-Data bezüglich deren Standards, Sicherheit und Service), 国卫规划发〔2018〕23号, vom 12.07.2018, seitdem in Kraft.

[37] Fn. 24.

[38] Zu sensiblen personenbezogenen Informationen gehören diese persönliche Gesundheitsinformationen und physiologische Informationen: Persönliche Krankenakten wie Krankheitszeichen, Rekorde der Krankenhausaufenthalte, ärztliche Anweisungen, Inspektionsberichte, Operations- und Anästhesieunterlagen, Krankenpflegeunterlagen, Medikamentenunterlagen, Informationen zu Arzneimittel- und Lebensmittelallergien, Fruchtbarkeitsinformationen, Krankengeschichte, Diagnose und Behandlung, Familienanamnese, Geschichte der gegenwärtigen Krankheit, Geschichte der Infektionskrankheiten usw. Zu sensiblen personenbezogenen Informationen gehören diese persönliche biometrische Informationen:

Gene, Fingerabdrücke, Stimmabdrücke, Handabdrücke, Ohrmuscheln, Iris und Gesichtserkennungsmerkmale.

# Künstliche Intelligenz im Krankenhaus

**10**

Sonja Zimmermann und Klaus-Uwe Höffgen

**Zusammenfassung**

Das Krankenhaus wandelt sich von der traditionellen Krankenanstalt zum Smart Hospital. Im vorliegenden Beitrag gehen die Autoren der Frage nach, wie künstliche Intelligenz Prozesse und Abläufe im Krankenhaus verändert. Im Zuge der Digitalisierung erfährt das Gesundheitswesen einen Zugewinn an Schlüsseltechnologien, die immer weiter ausgebaut werden. Um die Risiken dieser Innovationen zu minimieren, sind Regelungen erforderlich, die das Schutzgut Patientensicherheit und die Selbstbestimmtheit betreffen und Patienten sowie Medizinern die Chance bieten, die Akzeptanz der Innovation, insbesondere die der künstlichen Intelligenz, zu erhöhen und ihre Anwendungsfelder zu erweitern. Die Verfasser des Beitrags gehen davon aus, dass die Menschen auch durch die Coronapandemie und das daraus resultierende Social Distancing sowie mobiles Arbeiten viel aufgeschlossener gegenüber Technologien sein werden, die solche Hürden überwinden und die Zuversicht in den technischen Fortschritt insgesamt steigen wird. Dies wird sich auch auf die Geschwindigkeit beim Einsatz und Aufbau neuer Technologien in der Medizin auswirken. Abschließend erfolgt daher eine Vorausschau in die Zukunft anhand des Modells Digital Twin. Abschließend sei angemerkt, dass es sich um ein sich rasant entwickelndes Themenfeld handelt. Täglich sind neue Erkenntnisse und Medienberichte zum Thema künstliche Intelligenz zu lesen. Dieser Beitrag ließe sich wohl täglich aktualisieren. Nachfolgend handelt es sich daher nur um eine exemplarische Betrachtung einzelner Systeme, die nicht die Vollständigkeit der komplexen Materie abbilden können. Stand dieses Beitrags ist Anfang Dezember 2020.

S. Zimmermann (✉) · K.-U. Höffgen
Rheinland Klinikum Neuss GmbH, Neuss, Deutschland
E-Mail: sonja.zimmermann@rheinlandklinikum.de; klaus.hoeffgen@rheinlandklinikum.de

R. Grinblat et al. (Hrsg.), *Innovationen im Gesundheitswesen*,
https://doi.org/10.1007/978-3-658-33801-5_10

## 10.1 Akzeptanz künstlicher Intelligenz

Big Data, Robotik und künstliche Intelligenz beschreiben ein technisches Feld, das bei Menschen stark emotional besetzt ist. Verschiedene Umfragen spiegeln wider, dass der Einsatz von künstlicher Intelligenz bei vielen Befragten Zustimmung auslöst, allerdings, je nach Anwendungsfeld, auch Skepsis und Ablehnung.

Im Folgenden wird auf zwei Umfragen eingegangen (Bosch KI-Zukunftskompass 2020 und Bitkom Research 2020), die einen klaren Trend beobachten lassen: Immer mehr Menschen kennen die Begriffe der künstlichen Intelligenz (95 % der Befragten) und sind ihrer Anwendung gegenüber positiv eingestellt. Waren es 2018 noch 62 % der Befragten, die in der künstlichen Intelligenz Chancen sahen, so steigt dieser Wert im Jahr 2020 auf 68 %. Die alltägliche Anwendung führt vielen Menschen den Einsatz und den Nutzen in Form von Apps auf ihrem Smartphone direkt vor Augen, z. B. bei virtuellen Assistenten wie Siri oder auch Alexa, den Karten- und Navigationsanwendungen von Google Maps oder bei Kaufempfehlungen im Internet. Interessant ist dabei, dass es eine klare Differenzierung bei der Befürwortung von künstlicher Intelligenz gibt, die vom jeweiligen Einsatzgebiet abhängt. So ist laut einer aktuellen repräsentativen Umfrage des Branchenverbandes Bitkom die Nutzung von künstlicher Intelligenz in der Verwaltung (73 %), der Pflege (75 %) und der Medizin (67 %) gewünscht, jedoch kann sich nur ein geringer Anteil der Befragten vorstellen, dass Ärzte durch künstliche Intelligenz vollständig ersetzt werden. Hier basieren die Erwartungen auf einem positiven Einfluss der künstlichen Intelligenz, solange es um ergänzende Informationen zur Prävention von Krankheiten geht (46 % positive Zustimmung) sowie um die Überwachung und das frühe Warnen vor drohenden Krankheiten (32 %). Mehr Skepsis ist bei der Diagnosestellung zu erkennen. Hier trauen nur 13 % der Befragten der künstlichen Intelligenz zu, eine bessere Diagnose zu stellen als ein Arzt. (Abb. 10.1)

Die Ergebnisse einer Studie im Rahmen des Bosch KI-Zukunftskompasses 2020 zeigen bei der Frage, in welchen Bereichen ein (stärkerer) Einsatz von künstlicher Intelligenz gewünscht wird, dass sich dies z. B. 48 % der Befragten bei der Durchführung von Herzoperationen vorstellen und 65 % bei der Diagnose seltener Krankheiten.

Die gleiche Umfrage ergibt aber auch, dass in der allgemeinen Betrachtung, Kontrollverlust (81 %) und fehlender Datenschutz (81 %) befürchtet werden (Abb. 10.2). Laut Bosch KI-Zukunftskompass 2020 ist es daher 85 % der Befragten wichtig, dass der Mensch die Kontrolle behält und er in der Lage bleibt, die durch künstliche Intelligenz getroffenen Entscheidungen zu korrigieren.

Es ist also eine Balance zwischen dem Wunsch nach Verbesserung der Lebensqualität durch bessere medizinische Versorgung und der Angst, Verluste bei der Sicherheit und Selbstbestimmung dafür hinnehmen zu müssen, zu finden.

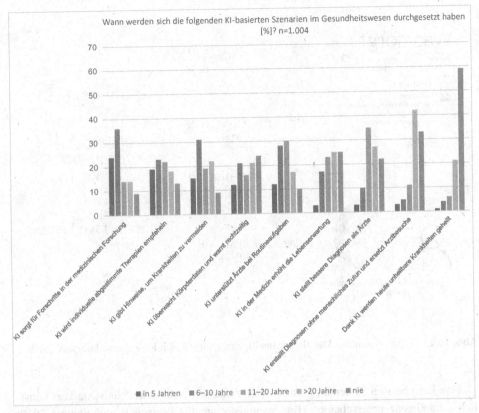

**Abb. 10.1** Auswirkungen von künstlicher Intelligenz auf das Gesundheitswesen. (Mod. nach Bit-kom Research 2020)

## 10.2   Begriffsdefinition von künstlicher Intelligenz

Für eine nähere Betrachtung und zum Verständnis der unterschiedlichen Akzeptanz der Anwendungsfelder suchen wir nach einer Definition für künstliche Intelligenz. Hierbei wird schnell klar, dass der Begriff künstliche Intelligenz sehr vielschichtig ist und diverse Teilgebiete umfasst (Topol 2019). Für eine Definition der verschiedenen Begriffsebenen künstlicher Intelligenz ist es hilfreich, zu verstehen, was genau künstliche Intelligenz leisten kann.

Wo beginnt künstliche Intelligenz? Eine wichtige Eigenschaft in der Abgrenzung zu „einfacher" Software ist die Tatsache, dass künstliche Intelligenz auf Erfahrungen bzw. Trainingsdaten zurückgreift und darauf basierend eine Entscheidung oder Klassifikation getroffen wird. Diese Entscheidung stellt eine selbstständige Schlussfolgerung der künstlichen Intelligenz dar. Kognitive Fähigkeiten des Menschen werden (vermeintlich) durch Algorithmen, mithin Handlungsanweisungen, nachgebildet.

**Abb. 10.2** Skepsis gegenüber künstlicher Intelligenz. (Nach Bosch KI-Zukunftskompass 2020)

Man kann bei den Systemen grundsätzlich zwischen „schwacher" und „starker" künstlicher Intelligenz unterscheiden (Bundesministerium für Wirtschaft und Energie 2019; Huss 2019). Auf die Darstellung der weiteren Ausprägungen der Ebenen der künstlichen Intelligenz wird nachfolgend verzichtet, da die oben genannte Unterscheidung zwischen starker und schwacher künstlicher Intelligenz für die Nachvollziehbarkeit der Anwendungsfelder im Krankenhaus zunächst ausreicht.

Soweit sich die künstliche Intelligenz innerhalb der durch eine Programmierung gesetzten Grenzen bewegt, handelt es sich um ein geschlossenes System, das unterstützenden Charakter hat. Als Beispiele lassen sich automatisierte Diagnoseverfahren in der Medizin benennen. Vereinfacht beschrieben wird eine Beispielmenge an Bilddaten mit Klassifikationen vorgegeben und zum Training der künstlichen Intelligenz benutzt. Erhält das System ein neues, bislang unbekanntes Bild, erfolgt eine Klassifikation anhand der zuvor verwendeten Trainingsmenge. Das Ergebnis ist eine auf Grundlage des Algorithmus getroffene selbstständige Entscheidung, die die Diagnosestellung des Mediziners unterstützen kann. Das wäre die Form der „schwachen" künstlichen Intelligenz.

In Abgrenzung dazu ist die „starke" künstliche Intelligenz nicht auf spezifische Anwendungsfelder festgelegt. Unter Einsatz der Methoden des Deep Learnings oder der künstlichen neuronalen Netze erlangt sie kognitive Fähigkeiten und, wenn weder das Ziel noch die Lösungsalternativen vorgegeben sind, setzt sie eigene Kausalvorgänge in Gang (Bundesministerium für Wirtschaft und Energie 2019).

Um besser zu verstehen, welche Formen der künstlichen Intelligenz im Krankenhaus angewandt werden, betrachten wir kurz die Konsequenzen des möglichen Einsatzes von „schwacher" und „starker" künstlicher Intelligenz. Die größten Fortschritte, eine echte Schlüsseltechnologie, ließe sich bei der Anwendung der „starken" künstlichen Intelligenz vermuten. Im Ergebnis ließen sich hier aber die Hintergründe und somit die Entscheidungsgrundlagen, nicht mehr eindeutig und schnell überprüfen. Alle in der Folge auf dem Ergebnis der künstlichen Intelligenz beruhenden weiteren Entscheidungen müssten im Vertrauen auf die Korrektheit des autonomen Prozesses erfolgen.

Sind wir bereit, der künstlichen Intelligenz in der Medizin einen solch weitgreifenden Handlungsspielraum einzuräumen? Der oben genannte Bosch KI-Zukunftskompass 2020 belegt, dass eine derart weitreichende Entscheidungskompetenz der Systeme der künstlichen Intelligenz mehrheitlich nicht gewünscht wird (Abb. 10.3). Während die Mehrheit der Befragten der Maschine in anderen Bereichen, z. B. in der industriellen Produktion, größeres Vertrauen schenkt als dem Menschen, ergibt sich in der Medizin ein gegenteiliges Bild. Hier soll die Kontrolle beim Menschen, also beim Arzt, verbleiben. Das spricht im Ergebnis für einen entweder behandlungsfernen Einsatz „starker" künstlicher Intelligenz in der Medizin oder die Verwendung von Systemen „schwacher" künstlicher Intelligenz, damit der Patient das Vertrauen in das ihm so besonders wichtige Arzt-Patienten-Verhältnis nicht verliert.

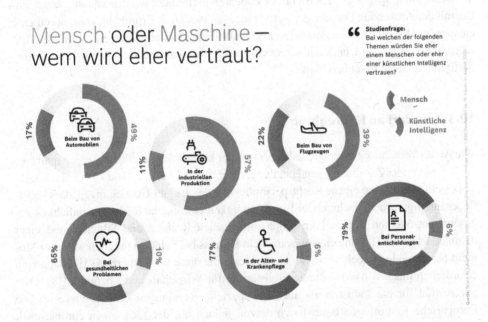

**Abb. 10.3** Vertrauen in die künstlicher Intelligenz. (Nach Bosch KI-Zukunftskompass 2020)

## 10.3 Regelungen zum Schutz der Patientensicherheit

Wie lässt sich der vermeintliche Widerspruch zwischen der Hoffnung auf Fortschritt und der Verbesserung in der medizinischen Versorgung sowie dem Wunsch nach wenig Veränderung in den Entscheidungsprozessen auflösen?

### 10.3.1 Arzt-Patienten-Verhältnis

Das Arzt-Patienten-Verhältnis stellt ein Vertrauensverhältnis dar. Die Berufsordnung der Ärzte regelt, dass Ärzte ihren Beruf nach ihrem Gewissen, den Geboten der ärztlichen Ethik und der Menschlichkeit ausüben. Sie haben ihren Beruf gewissenhaft auszuüben und dem ihnen bei ihrer Berufsausübung entgegengebrachten Vertrauen zu entsprechen – vgl. § 2 der (Muster-)Berufsordnung für die in Deutschland tätigen Ärztinnen und Ärzte (MBO-Ä). Die oben genannten Umfragen belegen, dass das persönliche Arzt-Patienten-Verhältnis durch die Anwendung von künstlicher Intelligenz nicht entfremdet werden soll. Bei Systemen der künstlichen Intelligenz, deren Schritte sich einzeln überprüfen lassen, verbleibt die Kontrolle des Systems und die Behandlung aus Sicht des Patienten in menschlicher Hand. Bei Anwendung starker Intelligenz wäre die Frage, ab wann die Kontrolle aus der Hand des Mediziners in den Bereich der künstlichen Intelligenz übergeht und wie weit die Behandlung insgesamt aus Sicht des Patienten entfremdet werden könnte. Vergleichbar mit der Anwendung neuartiger Behandlungsmethoden in Erprobung kann durch eine entsprechend sorgfältige und umfangreiche Aufklärung dem Patienten ein deutliches Bild vermittelt werden und er kann schlussendlich selbst entscheiden, damit sein Selbstbestimmungsrecht geschützt bleibt.

### 10.3.2 Bedarf an Neuregelung

Wie ist das Verhältnis zwischen Mediziner und der künstlichen Intelligenz, wenn man eine Abgrenzung oder Zuordnung von Handlungen vornehmen möchte? Die künstliche Intelligenz stellt selbst keine eigene Rechtspersönlichkeit dar. Es gibt Überlegungen, dass künstlicher Intelligenz bei zunehmender Eigenständigkeit eine eigene Rechtspersönlichkeit zugeschrieben werden müsste, verbunden mit eigenen Rechten und Pflichten und einer dahinterstehenden Haftungsmasse, sodass ein Regress bei Schäden möglich wäre. Im Moment besteht jedoch noch keine Regelungslücke, die diese weiterführende Überlegungen erforderlich machen würde (Bundesministerium für Wirtschaft und Energie 2019). Dies gilt sowohl für die Industrie als auch für spezielle Regelungen im Medizinrecht. Die Europäische Kommission befasst sich derzeit jedoch mit der Idee, einen europäischen Rechtsrahmen für künstliche Intelligenz zu schaffen – mit Haftungsregelungen, die den neuen Technologien gerecht werden kann. Denn ein System der künstlichen Intelligenz, welches bei Prüfung und Zulassung noch fehlerfrei ist, könnte sich eigenständig durch autonome Lernprozesse nach dem Zeitpunkt der Zulassung weiterentwickeln, vergleichbar mit den Diskussionen zum Zeitpunkt des „In Verkehr Bringens" im Sinne des Produkthaftungsgesetzes (vgl. Seehafer und Kohler 2020, 213 ff.). Man könnte also von einer großen Herausforderung sprechen, wenn die dynamische Entwicklung der künstlichen Intelligenz zeitgleich mit Neuregelungen zum Thema Haftung flankiert werden soll.

### 10.3.3 Datenschutz und Big Data

Die künstliche Intelligenz erlaubt auch die Auswertung von Big Data und erschließt mithin neue Diagnosemöglichkeiten. Diese Daten sind von unschätzbarem Wert für die medizinische Forschung, um mit ihnen Therapien zu entwickeln, die auf die einzelne Person abgestimmt sind und auf die individuelle Ursache ihrer Erkrankung zielen. Der Datenschutz ist gerade im Gesundheitswesen ein empfindlicher Bereich. Diese Betrachtungen sollen sich aber nicht grundsätzlich ausschließen. „Mit Datenschutz zum Datenschatz" muss daher das Motto lauten, unter dem eine solche Präzisionsmedizin zukünftig möglich sein wird (Gröhe 2017). Seit 25. August 2018 gilt die Europäische Datenschutz-Grundverordnung (DS-GVO), mit der der Gesetzgeber versucht, eine rechtmäßige Verarbeitung personenbezogener Daten vorzuhalten. Die DS-GVO stärkt auch die Pseudonymisierung der Daten, sodass große Datenmengen ohne Personenbezug verarbeitet werden können, z. B. im Rahmen von Big-Data-Analysen. Auch hier wird die Aktualisierung der rechtlichen Rahmenbedingungen die größte Herausforderung darstellen, um den Schutz der persönlichen Daten unter Berücksichtigung des Innovationstempos entsprechend zu positionieren und den technischen Fortschritt und damit die Chance auf eine weitere Verbesserung der gesundheitlichen Versorgung zu realisieren.

### 10.3.4 Cyberkriminalität

Bietet die künstliche Intelligenz ein Einfallstor für Manipulationen von außen? Kann auf die Computersysteme der Krankenhäuser unbefugt zugegriffen werden? Eine Studie der Konrad-Adenauer-Stiftung belegt, dass Cyberangriffe COVID-19-bedingt massiv zunehmen (Konrad-Adenauer-Stiftung 2020). Hinzu kommt, dass gerade Einrichtungen des Gesundheitswesens am häufigsten zu den Opfern von Cyberkriminellen zählen (Krämer 2017). Wer die Chancen der künstlichen Intelligenz nutzen möchte, muss auch ihre Risiken und Nebenwirkungen kennen. Vor diesem Hintergrund zielt das seit 25. Juli 2015 geltende Gesetz zur Erhöhung der Sicherheit informationstechnischer Systeme (IT-Sicherheitsgesetz) darauf ab, die IT-Systeme insbesondere der kritischen Infrastrukturen wie die Strom- und Wasserversorgung und Krankenhäusern mit mehr als 30.000 vollstationären Fällen pro Jahr (Verordnung zur Bestimmung kritischer Infrastrukturen nach dem Gesetz über das Bundesamt für Sicherheit in der Informationstechnik (BSI-Gesetz - BSIG)) sicherer zu machen. Es verpflichtet die betroffenen Einrichtungen des Gesundheitswesens dazu, branchenübliche Mindeststandards der IT-Sicherheit einzuhalten.

### 10.3.5 Förderung der Digitalisierung durch das Krankenhauszukunftsgesetz

Das deutsche Gesundheitswesen, das im internationalen Vergleich zweifelsohne zu den besten zählt, hinkt beim digitalen Wandel aktuell hinterher, wie das in Abb. 10.4 dargestellte „Electronic Medical Record Adoption Model" (EMRAM) belegt, welches die Kliniken eines Landes auf einer Skala von 0 (keine Digitalisierung) bis 7 (papierloses Krankenhaus) bewertet (Stephani et al. 2019). Andere Analysen wie z. B. der Digital Health Index der Bertelsmann-Stiftung, der auf der Auswertung 34 verschiedener Indikatoren beruht, gelangen zu ähnlichen Ergebnissen (Bertelsmann-Stiftung 2018).

Dem Einsatz von künstlicher Intelligenz und anderer Anwendungen der Digitalisierung einen Schub zu versetzen, ist das Ziel des Zukunftsprogramms Krankenhäuser der Bundesregierung (Krankenhauszukunftsgesetz – KHZG) vom 23. Oktober 2020, in dessen Rahmen Bund und Länder den Kliniken zusammen 4,3 Mrd. EUR zur Verfügung stellen, die in entsprechende Projekte investiert werden sollen. Grundsätzlich sind im Rahmen des KHZG die Vorhaben förderfähig, die zur Digitalisierung der Prozesse und Strukturen im Verlauf eines Krankenhausaufenthalts der Patientinnen und Patienten eingesetzt werden. Und auch beim Krankenhauszukunftsgesetz geht es um Cybersicherheit; bei jeder Förder-

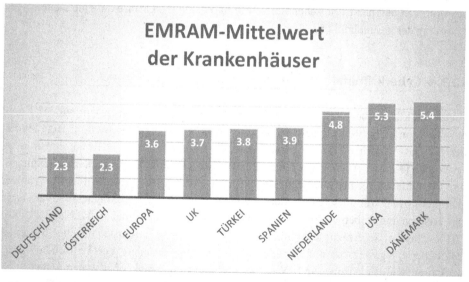

**Abb. 10.4** Umsetzungsstand der Digitalisierung von Kliniken im internationalen Vergleich. (Mod. nach Stephani et al. 2019)

| Grundsätzlich förderungsfähige Maßnahmen | Exemplarische Inhalte |
|---|---|
| Modernisierung der Notaufnahme | Maßnahmen zur Verbesserung der medizinischen Notfallversorgung sowie der Ablauforganisation in den zentralen Notaufnahmen der Krankenhäusern |
| Patientenportale | Digitales Aufnahmemanagement, digitales Behandlungsmanagement, digitales Entlass- und Überleitungsmanagement |
| Durchgehend digitale Dokumentation | Digitale Dokumentation, Systeme zur automatisierten und sprechbasierten Dokumentation von Pflege- und Behandlungsleistungen |
| Klinische Entscheidungsunterstützungssysteme | Unterstützung des Arztes/der Ärztin oder weiterer Entscheidungsträger bei der Diagnostik-, Therapie- oder Medikationsempfehlung |
| Digitales Medikationsmanagement | Ständige Verfügbarkeit von Medikationsinformationen für alle am Behandlungsprozess Beteiligten |
| Digitaler Leistungsanforderungsprozess | Konsequente digitale Anforderung und/oder automatisierte Anforderung auf Basis eines Diagnose- oder Behandlungsplans |
| Regionale Abstimmung des Leistungsangebots | Standortübergreifende Versorgungsstrukturen, durch die Krankenhäuser ihr Leistungsangebot untereinander abstimmen |
| Versorgungsnachweissystem | Onlinebasierte Versorgungsnachweis-(Betten-)Systeme in Krankenhäusern |
| Telemedizinische Netzwerkstrukturen | Anlagen, Systeme oder Verfahren sowie räumliche Maßnahmen, die der Umsetzung telemedizinischer Netzwerke dienen |
| IT-Sicherheit | IT-Sicherheit in Krankenhäusern, die nicht zur kritischen Infrastruktur gehören |
| Anpassung von Patientenzimmern (Epidemie) | Aufstockung von Ein-Bett-Zimmerkapazitäten zur Versorgung hochinfektiöser Patienten |

**Abb. 10.5** Übersicht über im Rahmen des Krankenhauszukunftsfonds grundsätzlich förderungsfähige Maßnahmen mit Beispielen. (Mod. nach Bundesamt für soziale Sicherung 2020)

maßnahme sind 15 % der Kosten für IT-Sicherheitsmaßnahmen aufzuwenden. Einen Überblick über die grundsätzlich förderungsfähigen Maßnahmen nach dem KHZG liefert Abb. 10.5.

Mit dem 2. Dezember 2020 hat das Bundeskabinett die fortgeschriebene Strategie künstliche Intelligenz (KI) beschlossen, verbunden mit einer Erhöhung der Fördersumme von ursprünglich 3 auf 5 Mio. EUR bis zum Jahr 2025. Themenschwerpunkte hier waren unter anderem auch Gesundheit und Pflege (kma 2020b).

## 10.4 Anwendungsfelder im Krankenhaus

Nachdem im vorangegangenen Abschnitt der rechtliche Rahmen aufgezeigt wurde, sollen die nachfolgenden Praxisbeispiele zeigen, wie Formen der künstlichen Intelligenz im Krankenhaus eingesetzt werden. Dabei ist zu berücksichtigen, dass der Umsetzungsgrad nach wie vor als niedrig anzusehen ist, wie in Abschn. 10.3.4 aufgezeigt wurde.

## 10.4.1 Behandlungsferne künstliche Intelligenz

In der Verwaltung und bei der Optimierung von Prozessen verhält es sich wie in jedem anderen Unternehmen auch. Je größer die Unterstützung durch die Digitalisierung und auch durch die künstliche Intelligenz, desto effizienter lassen sich gut etablierte Abläufe gestalten.

### 10.4.1.1 Künstliche Intelligenz in der Krankenhausadministration

Big Data unterstützen die Klinikentscheider zunehmend dabei, die richtigen strategischen Entscheidungen zu treffen und die Prozesse innerhalb des komplexen Systems Krankenhaus zu verbessern. Im Folgenden wird beispielhaft aufgezeigt, welche Ansätze und Tools heute bereits zur Anwendung kommen können. Auch werden fast täglich neue Systeme angeboten, sodass im Folgenden nur einzelne Beispiele zahlreicher Möglichkeiten abgebildet werden können.

Einen zentralen Erfolgsfaktor im immer kompetitiver werdenden Umfeld stellt für ein Krankenhaus die richtige strategische Positionierung innerhalb des Einzugsgebietes dar. Eine der wichtigsten Herausforderungen der Klinikgeschäftsführung besteht darin, das Leistungsportfolio des Hauses unter Berücksichtigung des Versorgungsauftrages einer kritischen Analyse zu unterziehen und sich im Zuge der von der Gesundheitspolitik geforderten Abkehr von der Bauchladenphilosophie, bei der möglichst viele medizinische Leistungen angeboten werden, im Sinne einer konsequenten Qualitätsorientierung zu spezialisieren. Mittels Geoanalyse werden dafür in der Regel öffentlich verfügbare Qualitätsdaten von Leistungserbringern im relevanten Markt verglichen, um Erkenntnisse über Marktanteile zu gewinnen. Unter Berücksichtigung der soziodemografischen Entwicklung lassen sich darüber hinaus Analysen über die zukünftige Prävalenz bestimmter Krankheitsbilder innerhalb des Zielgebietes erstellen, sodass die Nachfrage nach bestimmten Leistungen abgeschätzt werden kann. Bisher waren die Ansätze starr und mithin hinsichtlich ihrer Aussagekraft eher begrenzt. Intelligente Algorithmen ermöglichen nunmehr dynamische Analysen sowie Simulationen von Patientenwanderungen und künftigen Leistungsentwicklungen, sodass dem Management eine datenbasierte Entscheidungshilfe in der strategischen Ausrichtung des Krankenhauses innerhalb der Wettbewerbssituation an die Hand gegeben wird – oder sogar Fragestellungen im Rahmen der Krankenhausplanung begleitet werden könnten. Ein Beispiel wird in der Matrix von Abb. 10.6 dargestellt. In dieser Matrixanalyse werden für die medizinischen Fachdisziplinen die Marktposition und die Marktentwicklung gegenübergestellt. Für die Analyse werden verschiedene öffentliche Datenquellen kombiniert und mithilfe spezieller Algorithmen gemeinsam verarbeitet. Die Marktposition wird anhand eines Modells zur Patientenverteilung bestimmt, das unter anderem die Bevölkerungsstruktur, PKW-Fahrzeiten und Lage der anderen Krankenhäuser berücksichtigt. Für Fachdisziplinen, die in der Matrix rechts der Mitte liegen, zieht das Haus mehr Patienten an als anhand des Modells erwartet. Dies zeigt eine starke Marktposition an. In die Marktentwicklung gehen demografische Entwicklungen und Veränderungen in der medizinischen Behandlung ein. Mit der Matrixana-

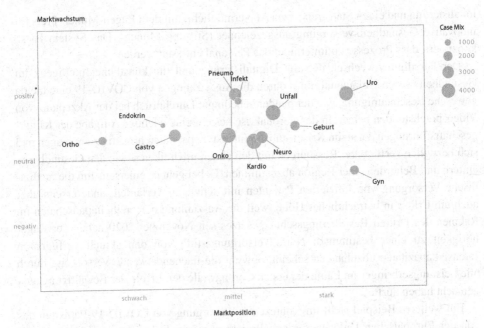

**Abb. 10.6** Beispiel einer Matrixanalyse auf Basis intelligenter Algorithmen zur strategischen Positionierung von Fachabteilungen. (Nach Vebeto)

lyse kann man über das komplette Portfolio hinweg Stärken und strategische Entwicklungsmöglichkeiten identifizieren.

Als ein weiteres Beispiel für die Anwendung künstlicher Intelligenz in der Krankenhausverwaltung sei die Erlössicherung genannt. Unzureichende Dokumentation und darauf beruhende Kodierung sorgen in den vielen Kliniken für Erlösausfälle in Millionenhöhe. Das Fraunhofer-Institut für intelligente Analyse- und Informationssysteme IAIS hat gemeinsam mit der GSG Consulting GmbH z. B. eine Methode entwickelt, die auf künstlicher Intelligenz basiert. Sie verhindert, dass bei der Fakturierung Leistungen vergessen wurden und überprüft algorithmusbasiert, ob alle Belege vorhanden sind. Fehlen Unterlagen, sucht die Software automatisiert in den elektronischen Patientenakten. (Fraunhofer-Institut 2020). Auch darüber hinaus ermöglichen die digitalen Datenbestände dem Controlling vollkommen neue Möglichkeiten der Transparenz und der Steuerung (Stoffers et al. 2019).

### 10.4.1.2 Künstliche Intelligenz an der Schnittstelle zum patientennahen Bereich

Nähern wir uns der künstlichen Intelligenz im patientennahen Anwendungsfeld. Das erste Beispiel stellt die effiziente Steuerung von technischen Ressourcen sowie Betten mittels künstlicher Intelligenz dar. Das Start-up-Unternehmen simplinic GmbH wurde im November 2020 für eine Lösung, die mithilfe einer algorithmusbasierten Routensteuerung eine schnellere Zurverfügungstellung von Betten und Geräten sowie eine Echtzeitlokalisierung und einen Statusreport via App ermöglicht, mit dem Eugen-Münch-Preis für innovative Gesundheitsversorgung ausgezeichnet (Stiftung Münch). Das System ist so konzipiert, dass Prozesse optimiert und das Personal entlastet werden.

Der Paradigmenwechsel, den die Digitalisierung und die künstliche Intelligenz im Gesundheitswesen einläuten, erfährt durch die Auswirkungen von COVID-19 eine nie da gewesene Beschleunigung, wie der pandemiebedingte Durchbruch bei der Akzeptanz von Videosprechstunden belegt. In der Coronakrise besteht eine wichtige Aufgabe der Klinikgeschäftsführungen darin, im Krisenstab die Intensivkapazitäten proaktiv zu managen und sich bezüglich verfügbarer Ressourcen mit den anderen Kliniken sowie den Gesundheitsämtern und Behörden einer Region abzustimmen. Dabei geht es einerseits um die medizinische Versorgung von infizierten Patienten mit schweren Verläufen, andererseits aber auch um Erlöse in beträchtlicher Höhe, weil die Auszahlung der Freihaltepauschalen im Rahmen des Dritten Bevölkerungsschutzgesetzes seit November 2020 neben der Zugehörigkeit zu einer bestimmten Notfallversorgungsstufe von den aktuell verfügbaren Intensivkapazitäten abzuhängen scheint, obwohl die flächendeckende Versorgung durch alle Leistungserbringer im Laufe der ersten Coronawelle den Erfolg der Bewältigung ausgemacht haben dürfte.

Ein weiteres Beispiel stellt im Kontext der Versorgung von COVID-19-Patienten das von der Europäischen Union geförderte Projekt „Envision" dar, das vom Universitätsklinikum Frankfurt geleitet wird. Die Softwarelösung Sandman.ICU soll dem Personal auf den europäischen Intensivstationen eine Entscheidungsunterstützung auf Basis von künstlicher Intelligenz vermitteln. Auf Grundlage pseudonymisierter und ausgewerteter Daten über u. a. physiologische Veränderungen, wichtige medizinische Ereignisse und verabreichte Medikamente werden Intensivmedizinern dann in Echtzeit mögliche Behandlungsverläufe und Therapieoptionen angezeigt (kma 2020a).

Als letztes Beispiel sei hier auf das Tool „miralytik.live" verwiesen. Es ermöglicht nicht nur die digitale Steuerung der regionalen und überregionalen Betten, sondern auch wichtige Aspekte, wie viel persönliche Schutzausrüstung, Medikamente und schließlich auch Personal überhaupt vorhanden ist. Das Tool integriert epidemiologische Daten und wertet diese aus, sodass es ähnlich wie bei einem Tsunami-Frühwarnsystem anzeigt, wann eine neue Coronawelle auf die Krankenhäuser zurollt. Zum Stichtag 22. November 2020 nutzen bereits über 20 % der knapp 2000 Krankenhäuser in Deutschland diese digitale Lösung (Miralytik), was zeigt, dass auch Krisen Chancen eröffnen und als Beschleuniger für neue Technologien wirken.

## 10.4.2 Behandlungsnahe künstliche Intelligenz

### 10.4.2.1 Diagnosesysteme am Beispiel der Radiologie

Für radiologische Untersuchungen bieten sich diverse Programme der künstlichen Intelligenz an. So nutzt z. B. die Rekonstruktionstechnik „iDose" von Philips Erfahrungswerte aus bereits generierten CT-Bildern, um bei zukünftigen Bildaufnahmen die vStrahlenbelastung des Patienten zu minimieren und dabei die Bildqualität zu optimieren. In ähnlicher Weise kann auch in der Angiografie die Untersuchungszeit reduziert werden, wenn künstliche Intelligenz über Berechnungsalgorithmen und „gelernte" Erfahrungswerte Bilder vervollständigt, wie das z. B. bei Clarity von Philips der Fall ist.

Neuere Anwendungsgebiete der künstlichen Intelligenz in der Radiologie bringen Bildverarbeitung und radiologische Grundlagenforschung unter dem Stichwort „Radiomics" zusammen. Konkret nutzt man die Auswertungen quantitativer Bildmerkmale, die etwa von der Magnetresonanztomografie (MRT), der Computertomografie (CT) oder der Positronenemissionstomografie (PET) stammen können, um z. B. Tumoreigenschaften vorherzusagen (Nensa 2020). Hierbei handelt es sich um prototypische Entwicklungen, deren Reife eine umfassende klinische Nutzung aktuell noch ausschließt. Sie zeigt allerdings auf, dass in Zukunft weitere Disziplinen wie etwa Labordiagnostik und Pathologie mit in die Analysen einbezogen werden können. Diese nahezu unbegrenzten Auswertungsmöglichkeiten unter Rückgriff auf künstliche Intelligenz ebnen damit den Weg zu einer weitreichenden und umfassenden klinischen Informationsgewinnung, die die heutigen Silos der Spezialdisziplinen aufbrechen wird.

Bei all diesen Entwicklungen und positiven Ausblicken ist jedoch immer zu berücksichtigen, dass mit zunehmender Komplexität der Auswertungen, die die kognitive Erfassbarkeit durch einen menschlichen Experten übersteigen, auch Potenzial für Verfälschungen und Betrug entsteht. Somit müssen auch Ergebniskontrolle und – wie in Abschn. 10.3.4 dargelegt – Cybersicherheit im zentralen Fokus dieser Entwicklungen bleiben.

### 10.4.2.2 Robotik

Operationsroboter sind in vielen Operationssälen in Deutschland etabliert (Maier 2017). Der Operateur steuert die Instrumente der Maschine, welche die Schnitte am Patienten ausführt. Ohne Zweifel ermöglicht dieses Verfahren zahlreiche medizinische Vorteile. Die erhöhte Präzision bei der Durchführung des Eingriffs und die damit verkleinerte Schnittfläche verringert z. B. den Blutverlust und sorgt für einen verbesserten Wundheilungsprozess (Huss 2019). Der Tremorfilter und die wendige Rotation erhöhen die Genauigkeit des Eingriffs. Die präzisen Ausführungen des Roboters werden durch vergrößerte, 3-dimensionale Bilder möglich, an denen sich der Operateur orientiert. Dennoch wird der Roboter ausschließlich durch den Arzt an der Steuerungskonsole bestimmt. Es erfolgen keine robotereigenen Entscheidungen zum Operationsverlauf und keine autarken Bewegungen losgelöst von der Steuerung und den Befehlen, die der Mediziner vorgibt (Ulrich 2019). Die Kunstfertigkeit liegt ausschließlich beim Arzt.

Kritisch sei darauf hingewiesen, dass die Anschaffung eines OP-Roboters mit einer hohen Investition einhergeht. Kliniken, die sich trotzdem für den Erwerb entscheiden, sollten den Roboter daher gezielt auch im Marketing einsetzen und sich mithin als modernes, innovatives und qualitätsorientiertes Krankenhaus präsentieren, um zumindest eine Teilkompensation eines möglichen negativen wirtschaftlichen Effektes zu generieren (Weiß und Porres 2019).

Nicht nur in der Chirurgie, auch in der Pflege werden Roboter mittlerweile eingesetzt. Der Prototyp „Pepper" bringt pflegebedürftigen Menschen das Essen ans Bett, versorgt sie mit Medikamenten und alarmiert den Arzt bei Auffälligkeiten, die auf einen Herzinfarkt oder einen Schlaganfall hindeuten (Dirksen und Geppert 2019). Der Deutsche Ethikrat hat die mit dem Einsatz von Pflegerobotern einhergehenden Chancen und Risiken gegeneinander abgewogen und ist zu dem Urteil gelangt, dass die Robotik einen wertvollen Beitrag zur Verbesserung der Lebensqualität und der Pflegequalität leisten kann. Voraussetzung sei allerdings, dass der Robotereinsatz nicht zur Effizienzmaximierung erfolgt und die zwischenmenschliche Beziehung nicht ersetzt (Deutscher Ethikrat 2020). Stoffers/ Krämer/Heitmann stellen in ihrem Standardwerk zur digitalen Transformation im Krankenhaus acht Thesen zur klinischen Versorgung der Zukunft auf. Eine davon lautet folgerichtig, dass Robotik die medizinische und pflegerische Versorgung der Patienten zwar verbessern, Ärzte und Pflegekräfte aber niemals ersetzen wird (Stoffers et al. 2019).

## 10.5 Der Digital Twin als Ersatz menschlicher Intelligenz

Im in Abschn. 10.4.2.1 beschriebenen Beispiel der Radiologie zeigte sich, dass mit Hilfe der künstlichen Intelligenz immer größere Datenmengen analysiert werden können, was, wie beim Zusammenwachsen von Radiologie, Labormedizin und Pathologie, in der „Radiomics" sogar die Grenzen einzelner medizinischer Disziplinen nachhaltig überschreitet. Dieser Gedanke kann noch weiterentwickelt werden, indem konsequent alle Daten eines Menschen, Daten über seine Geburt, alle durchgeführten Untersuchungen, das Ergebnis einer Genomanalyse sowie Daten seiner persönlichen „Wearable Devices" gesammelt werden, um daraus ein neues Abbild, einen Digital Twin, zu entwickeln. Anhand dieses virtuellen Abbilds eines Patienten lassen sich etwa Behandlungsmethoden simulieren, bevor sie beim Patienten direkt angewendet werden (PwC 2020).

Aber wie funktioniert diese Simulation genau? In der personalisierten Medizin ist ein erster Ansatz, in großen Patientendatenbanken nach möglichst ähnlichen Patienten, Digital Twins, für einen gegebenen Anwendungsfall zu suchen. Je mehr Informationen dabei die einzelnen Patienten der Datenbank beschreiben, umso genauer entspricht der digitale Zwilling aus der Datenbank dem Patienten des Anwendungsfalls und lässt somit Rückschlüsse auf die Wirksamkeit von Behandlungsmethoden zu, sofern diese für den Digital Twin dokumentiert sind. Dieser Ansatz bietet aus verschiedenen Gründen jedoch nur eingeschränkte Anwendungsmöglichkeiten.

Die Zukunft des Digital Twins liegt in der Modellierung von Avataren auf der Basis der über den Patienten gesammelten Daten. An diesem Avatar werden dann Modellierungen unterschiedlicher Behandlungsmethoden erprobt und ausgewertet, mit welcher die größten Erfolge bei gleichzeitiger Minimierung von Risiken erzielt werden können. Aktuell existieren bereits Modelle einzelner Organe, z. B. ein digitales Herz, an dem etwa Operationsmethoden simuliert werden können, bevor ein risikoreicher (und auch teurer) Eingriff am Patienten gewagt wird.

Die aktuellen Entwicklungen rund um den Digital Twin stehen noch am Anfang, zeigen aber schon heute, welches enorme Potenzial in ihnen steckt. Aber gerade hier gilt es – und das sei nochmals betont -, die Ängste vor Datenmissbrauch ernst zu nehmen, sichere Anwendungsumgebungen zu entwickeln und absolute Transparenz über den Dateneinsatz zu gewährleisten.

## 10.6 Operation Zukunft: Fazit und Ausblick

Auch wenn der Umsetzungsstand noch als niedrig einzustufen ist, verändert die Digitalisierung die Krankenhauswelt tief greifend und zunehmend rasant. Mittlerweile gibt es bereits zahlreiche Anwendungen künstlicher Intelligenz in deutschen Kliniken, allerdings handelt es sich nicht selten nur um Insellösungen, die nicht immer im Rahmen einer grenzübergreifenden Vernetzung zum Einsatz kommen. Hinzu kommt, dass es sich bei diesen Beispielen zumeist um Anwendungsformen der „schwachen" künstlichen Intelligenz handelt. Während Flugzeuge per Autopilot auch schwierige Manöver wie eine Landung durchführen können, findet man Roboter, die selbstständig und ohne menschliche Steuerung Patienten operieren, im Krankenhaus noch vergebens. IT-Sicherheit, Datenschutz und Recht werden den Einsatz der künstlichen Intelligenz im Krankenhaus hart flankieren müssen, dürfen sie aber nicht verhindern (Stoffers et al. 2019). Das Krankenhauszukunftsgesetz ebnet nunmehr den Weg, indem es den Kliniken 4,3 Mrd. Euro für Investitionen in intelligente Lösungen zur Verfügung stellt. Wie das KI-basierte Smart Hospital der Zukunft konkret aussehen wird, bleibt gleichwohl abzuwarten.

## Literatur

Bertelsmann-Stiftung (Hrsg.) (2018). #SmartHealthSystems. https://www.bertelsmann-stiftung.de/fileadmin/files/BSt/Publikationen/GrauePublikationen/VV_SG_SHS_dt.pdf. Zugegriffen: 20. November 2020.

Bitkom Research (2020). Künstliche Intelligenz. https://www.bitkom.org/sites/default/files/2020-09/bitkom-charts-kunstliche-intelligenz-28-09-2020_final.pdf. Zugegriffen: 22. November 2020.

Bosch (Hrsg.) (2020). Bosch KI-Zukunftskompass 2020. https://www.bosch.de/media/de/stories/ki_zukunftskompass/ai-future-compass-2020-brochure.pdf. Zugegriffen: 22.November 2020.

Bundesamt für soziale Sicherung. https://www.bundesamtsozialesicherung.de/fileadmin/redaktion/Krankenhauszukunftsfonds/20201201_Foerdermittelrichtlinie.pdf. Zugegriffen: 4. Dezember 2020.

Bundesministerium für Wirtschaft und Energie (Hrsg.) (2019). Künstliche Intelligenz und Recht im Kontext von Industrie, Herausgeber: Bundesministerium für Wirtschaft und Energie. https://www.plattform-i40.de/PI40/Redaktion/DE/Downloads/Publikation/kuenstliche-intelligenz-und-recht.pdf?__blob=publicationFile&v=4. Zugegriffen: 23. November 2020.

Deutscher Ethikrat (2020). Pressemitteilung 03/2020. Berlin.

Dirksen, H.-H., Geppert, L. (2019). Wenn Pepper tötet – Schuld und Sühne in der digitalen Pflege. In: Elmer, E., Matusiewicz (Hrsg.). Die digitale Transformation der Pflege. Berlin, Medizinisch Wissenschaftliche Verlagsgesellschaft, 119–124.

Fraunhofer-Institut für intelligente Analyse und Informationssysteme (2020). Pressemitteilung vom 14. Juli 2020. Sankt Augustin.

Gröhe, H. (2017). Mit Datenschutz zu Datenschatz. In: FAZ vom 9. Januar 2017.

Huss, R. (2019). Künstliche Intelligenz, Robotik und Big Data in der Medizin. Berlin, Heidelberg, Springer-Verlag GmbH.

kma (2020a). https://www.kma-online.de/aktuelles/medizin/detail/eu-foerdert-ki-forschung-zur-versorgung-von-covid-19-patienten-a-44474. Zugegriffen: 4. Dezember 2020.

kma (2020b). https://www.kma-online.de/aktuelles/politik/detail/fuenf-milliarden-euro-fuer-fortschreibung-der-ki-strategie-a-44513. Zugegriffen: 4. Dezember 2020.

Konrad-Adenauer-Stiftung (Hrsg.) (2020). Die Auswirkungen von COVID-19 auf Cyberkriminalität und staatliche Cyberaktivitäten. Analysen und Argumente. Nr. 391. Berlin.

Krämer, N. (2017). Angriff aus der Dunkelheit: Über Chancen, Risiken und Nebenwirkungen der Digitalisierung von Krankenhäusern, Gastbeitrag in: Handelsblatt Journal, Ausgabe November 2017.

Maier, J. (2017). Chirurgieroboter. Dr. DaVinci, bitte in den OP. Die Zeit. Nr. 1/2017. 12. Januar 2017.

Miralytik. https://www.miralytik.de/de/tools/miralytik.live. Zugegriffen: 25. November 2020.

Nensa, F. (2020). Wie KI die radiologische Diagnostik verändert. In: Werner, J. A., Forstin, M., Kaatze, T., Schmidt-Rumposch, A. (Hrsg). Smart Hospital. Digitale und empathische Zukunftsmedizin. Berlin, Medizinisch Wissenschaftliche Verlagsgesellschaft, 115–122.

PwC. https://www.pwc.de/de/gesundheitswesen-und-pharma/der-digitale-zwilling-in-der-medizin.html. Zugegriffen: 3. Dezember 2020.

Seehafer/Kohler, „Künstliche Intelligenz: Updates für das Produkthaftungsrecht?", EuZW 2020, 213

Simplinic. https://www.simplinic.de/. Zugegriffen: 25. November 2020.

Stephani, V., Busse, R., Geissler, A. (2019). Benchmarking der Krankenhaus-IT: Deutschland im internationalen Vergleich. In: Klauber, J., Geraedts, M., Friedrich, J., Wasem, J. (Hrsg.) (2019). Krankenhaus-Report 2019. Das digitale Krankenhaus. Berlin, SpringerOpen, 17–32.

Stiftung Münch. https://www.stiftung-muench.org/preistraeger-2020/. Zugegriffen: 27. November 2020.

Stoffers, C., Krämer, N., Heitmann, C. (Hrsg.) (2019). Digitale Transformation im Krankenhaus. Thesen, Analysen, Anwendungen. Kulmbach, Mediengruppe Oberfranken – Fachverlage GmbH& Co KG.

Topol, E. (2019). Deep Medicine: How Artificial Intelligence Can Make Healthcare Human Again. New York, Basic Books.

Ulrich, A. (2019). Robotische Chirurgie – Hype oder Zukunftsweisend? In: Stoffers, C., Krämer, N., Heitmann, C. (Hrsg.). Digitale Transformation im Krankenhaus. Thesen, Analysen, Anwendungen. Kulmbach, Mediengruppe Oberfranken – Fachverlage GmbH& Co KG, 55–60.

Vebeto. https://www.vebeto.de/. Zugegriffen: 25. November 2020.

Weiß, A., Porres, D. 2019: Rechnet sich der Roboter? Über das Controlling von Digitalisierungsprojekten im Krankenhaus. In: Stoffers, C., Krämer, N., Heitmann, C. (Hrsg.). Digitale Transformation im Krankenhaus. Thesen, Analysen, Anwendungen. Kulmbach, Mediengruppe Oberfranken – Fachverlage GmbH& Co KG, 329–340.

# Teil V

# Personal und Arbeitsbedingungen

# Gibt es einen Rechtsanspruch auf mentale Unversehrtheit? Ideen für innovative Ansätze am Beispiel des Gesundheitswesens

Philipp Plugmann

**Zusammenfassung**

Für im Gesundheitswesen tätige Leistungsträger lassen sich auch in Zukunft eine hohe Arbeitsstundenzahl und Arbeitsintensität, körperliche und mentale Überforderung, Fehlernährung, wenig Freizeit und eine von hohem Dauerstress getriebene Arbeitsumgebung erwarten. Der Aspekt eines möglichen Rechtsanspruches auf mentale Unversehrtheit für im Gesundheitswesen tätige Leistungsträger steht zur Diskussion.

Ärzte müssen Strategiekompetenzen erlernen und als leitende Personen mit Krisen und Zukunftsszenarien umgehen können (Hollmann und Sobanski 2015). Auch der interkulturelle Umgang mit Patienten und Kollegen ist ein Teil der Anforderungen (Peintinger 2011). Dies fließt alles zusammen in der ärztlichen Führungskompetenz (Barth und Jonitz 2009). Dem Ziel einer mentalen Unversehrtheit der Leistungsträger im Gesundheitswesen kann man sich mittels digitaler Technologien als Condition Monitoring und der Aus- und Fortbildung im Bereich der Zusatzkompetenzen nähern.

## 11.1 Einleitung

Mit dem Kapitel „Gibt es einen Rechtsanspruch auf mentale Unversehrtheit" möchte ich einige Aspekte thematisieren, die das Delta zwischen der Jurisprudenz und Alltagsrealität vieler Leistungsträger im Gesundheitswesen bilden, in Bezug auf ihre mentale Gesundheit.

P. Plugmann (✉)
Praxis Prof. Dr. Dr. Philipp Plugmann, Leverkusen, Deutschland

Meine ersten Gedanken dazu hatte ich bereits vor 30 Jahren, als ich an der Universität zu Köln Student der Humanmedizin und Zahnmedizin war. Die Humanmedizin habe ich zwar nach einigen Semestern nicht weiterstudiert, bin aber durch mein Zweitstudium der Medizinischen Wissenschaften und der Begeisterung für Medizintechnik und Innovationen an der Weiterentwicklung der Medizin dran geblieben. Das Studium finanzierte ich in den ersten Jahren als studentische Pflegekraft in den Abteilungen für Mund-, Kiefer- und Gesichtschirurgie, Innere Medizin und Hals-, Nasen- und Ohrenheilkunde. Des Weiteren wurde ich in den Sommerferien auch in der Notaufnahme eingesetzt, da waren an manchen Sommertagen Motorrad- und Autounfälle mit Beteiligung Erwachsener und Kinder an der Tagesordnung. Diese Unfallopfer kamen per Hubschrauber oder mit dem Rettungswagen. Abgerissene Extremitäten, Patienten in kritischen Zuständen und auch die Kommunikation mit später eintreffenden Angehörigen waren sehr aufwühlend und emotionsintensiv. Es kostete viel Zeit und Kraft die Bilder im Kopf, die ich abends immer noch wie einen Film vor meinem geistigen Auge sah, zu verarbeiten. Insbesondere, wenn ich als studentische Hilfskraft mehrere Nachtschichten hintereinander arbeitete und tagsüber schlecht geschlafen hatte, kam ich in eine Phase, gemischt aus Dauermüdigkeit und gedämpfter Zuversicht. Das soll einfach beschreiben, wie sich Stück für Stück über Wochen und Monate ein gesunder, sporttreibender und sehr motivierter junger Mensch, durch wechselnde Arbeitszeiten, einem Arbeitsumfeld mit schwer kranken, sterbenden oder verstorbenen Menschen und zunehmender Dauermüdigkeit mental verändern kann, wobei das eben individuell sehr unterschiedlich verarbeitet wird, das ist schon klar.

Die Idee zu diesem Kapitel entstand wie folgt: Im Mai 2019 besuchte ich an der Harvard Medical School (Boston, USA) im Rahmen der „Continuing Medical Education (CME)" eine mehrtägige Fortbildung zum Themenbereich „Prävention, gesunder Lebensstil und Einfluss auf chronische Erkrankungen wie Diabetes oder koronare Herzerkrankungen". Eröffnet wurde die Fortbildung von Prof. Dr. Dean Ornish, ein mehrfach ausgezeichneter international renommierter Mediziner, der auch zahlreiche Bücher zu diesen Themen geschrieben hat. Er begann seinen Vortrag mit der Betonung, dass bevor wir Ärzte und Arztassistenten uns gut um unsere Patientinnen und Patienten kümmern können, wir uns um unser Team und uns selbst kümmern müssen. Das erschien mir im ersten Moment etwas irritierend, kam ich doch den weiten Weg aus Leverkusen nach Boston, um neueste Erkenntnisse für die Erhaltung der Patientengesundheit und -versorgung zu lernen und nicht, um über die Erhaltung der Gesundheit meines Teams und mir. Jedoch nachdem die Präsentationsfolie mit der Überschrift „Lifestyle Medicine Evolution 2020: Burnout and Suicide" sichtbar war, wurde mir seine Intention klar. Auf der Folie wurde zusammengefasst, dass jährlich in den USA etwa 400 Krankenhausärzte Selbstmord begehen und die Burnout-Rate bei Krankenschwestern und praktizierenden Ärzten über 50 % liegt, bezogen auf ihre Laufbahn. Das bedeutet, dass mindestens die Hälfte im Laufe ihrer beruflichen Laufbahn an Burnout, Isolationszuständen oder Depressionen gelitten haben.

Im Laufe der nächsten Tage unterhielt ich mich mit anderen teilnehmenden Ärzten aus den USA und Europa, die in ihren eigenen Praxen oder in Krankenhäusern arbeiten, über diesen Aspekt und erhielt völlig unterschiedliches Feedback. Das Spektrum der Antworten der Gesprächspartner ging von „alles easy", „das ist selektiv betrachtet", „im Vergleich zur Statistik für die Gesamtbevölkerung ist das nicht außergewöhnlich", bis hin zu „das kenne ich", „das ist halt so" oder „das wird sich nie ändern".

Das Thema habe ich erst mal zurückgestellt und mir auf dem Rückflug nach Deutschland gedacht, dass es zwar neben der körperlichen auch eine mentale Unversehrtheit gibt, aber dies zu thematisieren wohl eher aus der Ecke „Weichei" oder „Probleme von Menschen aus Industrieländern, die sonst keine Probleme haben" käme, und so begrub ich erstmal die Idee, darüber etwas zu schreiben.

Kaum gelandet, packte mich die Neugier und ich schaute mir als Nichtjurist unser Grundgesetz an. Da steht unter Artikel 2 Absatz 2, jeder Bundesbürger habe „das Recht auf Leben und körperliche Unversehrtheit. Die Freiheit der Person ist unverletzlich. In diese Rechte darf nur auf Grund eines Gesetzes eingegriffen werden".

Das Ziel dieses Kapitels ist die Aufarbeitung gegenwärtiger und möglicher zukünftiger Rechtsgrundlagen bezüglich der mentalen Gesundheit der Leistungsträger im Gesundheitswesen und die Thematisierung potenzieller Ideen, um die Alltagsrealität der Betroffenen nachhaltig zu verbessern. Die Funktionsfähigkeit unseres Gesundheitssystems für die gesamte Bevölkerung in gewohnter flächendeckend hoher Qualität wird auch von der Leistungsträgergesundheit und ihrer Bereitschaft abhängen, im System viele Jahrzehnte und in Vollzeit an Bord zu bleiben. Dafür benötigen wir gesunde und motivierte Mitarbeiterinnen und Mitarbeiter in allen Verantwortungsbereichen am Patienten und in den administrativen Sektoren. Dabei spielen Kommunikation und Prävention eine strategisch entscheidende Rolle. Die Unternehmer und Gründer innovativer Apps, Medizinprodukte und -technik für Patienten, die täglich an den Weiter- und Neuentwicklungen innovativer Produkte und Services arbeiten, müssen den Fokus auch auf die Gesunderhaltung und Prävention der Gruppe der Leistungsträger im Gesundheitssystem selbst erweitern.

## 11.2 Gespräche mit Juristen und Gesundheitsökonomen zum Thema „Mentale Unversehrtheit"

Da mir nicht klar war, ob im Grundgesetz oder durch andere Regelungen in gewisser Weise die mentale in der körperlichen Unversehrtheit implementiert ist, führte ich Gespräch mit Juristen und Gesundheitsökonomen, die ich schon seit vielen Jahren persönlich kenne.

Dabei kamen wir relativ schnell zu der anwendungsorientierten Erkenntnis, dass es unabhängig davon, ob das Grundgesetz sprachlich um den Ausdruck der mentalen oder seelischen Unversehrtheit erweitert oder ergänzt werden sollte, und ohne Berücksichtigung des Vorhandenseins von Verordnungen, Regelungen oder anderen juristischen Textbausteinen und niedergeschriebenen Standards, um die Frage der Alltagsrealität der Betroffenen geht.

Im Gesundheitswesen und anderen Bereichen sei nun mal bei der freien Berufswahl, ob nun als medizinischer Assistent, Rettungssanitäter, bei der Feuerwehr, Polizei oder als Arzt, davon auszugehen, dass man regelmäßig mit Ausnahmesituationen, Leid, Schmerz und Tod konfrontiert wird. Es sei somit, so wurde es mir als Nichtjurist erklärt, aus der Verletzung der eigenen mentalen oder seelischen Unversehrtheit, sei es nun ein Burnout, Depressionen oder beispielsweise mangelnde Schlafqualität, eine ärztliche Unterstützung bzw. Therapie in Anspruch zu nehmen, jedoch sei quasi eine Form von Schadensersatz äußerst unwahrscheinlich. Ein Berufswechsel wäre auch denkbar, eine andere Tätigkeit im gleichen Arbeitsumfeld oder eine stundenbezogene Reduzierung der Arbeit im für den Einzelnen „kritischen" Bereich. Der Tenor war überwiegend, dass im Gesundheits- und Sozialwesen die Persönlichkeitsstruktur der Leistungsträger auf das gesamte Spektrum menschlichen Leides samt der Angehörigengespräche ein Teil der Arbeitsfeldbeschreibung ist. Das schien mir auch plausibel.

Ein weiterer Punkt war die Arbeitszeitbelastung, von Doppelschichten über 24-h-Dienst bis hin zu ungünstigen Arzt-Pfleger-Patient-Personalschlüsseln, die zusätzlich zu der Arbeitsstundenzahl auch zu einer höheren Arbeitszeitintensität pro Dienst führen können. Die Gespräche gingen auch in Richtung „Angst der Leistungsträger", beispielsweise durch reduziertes oder nicht vorhandenes Sicherheitspersonal nachts im Krankenhaus, knappe Zeitressourcen für Mittag- oder Abendessen bis hin zum Ausfall von Mahlzeiten wegen Zeitdruck und der Dauerbrenner „Überstunden".

Bei den Gesprächen mit einigen Gesundheitsökonomen treten eben die ökonomischen Parameter in den Vordergrund. Kostenstellen, Kostenarten und Zuschlagskalkulationen dominieren oft die Denkweise, die auch gerne über den ein oder anderen Gedankenpfad in der Kostenreduzierung endet. Gedankenspiele von Lohnerhöhungen um Faktor 2 (rein theoretisch skizziert zur besseren Denkübung) werden mit dem sofortigen Zusammenbruch des Gesundheitssystems beantwortet. Wenn ich sage Faktor 2, meine ich damit nicht, dass die Leistungsträger das Doppelte verdienen sollen, wobei eine Lohnanhebung in vielen Bereichen überfällig scheint (z. B. Pflege), sondern der häufige Spruch der Leistungsträger „wir bräuchten hier doppelt so viele Leute" oder „wir arbeiten wie für 2" bedeuten würde, abgesehen davon dass es diese Vielzahl qualifizierter Menschen gar nicht gibt, die Personalkosten würden sich verdoppeln.

Seitens der Politik und Verbände wird bereits viel in diese Richtung gemacht. Das Bundesministerium für Familie, Senioren, Frauen und Jugend (BMFSFJ 2020) engagiert sich sehr umfangreich mit dem Projekt „wege-zur-pflege.de" (BMFSFJ 2020), um die körperliche und seelische Unversehrtheit entsprechend Artikel 2 Grundgesetz zu gewährleisten. Auch die Krankenhausgesellschaften und Krankenkassen optimieren regelmäßig die Rahmenbedingungen. Die Belastungsintensität der Leistungsträger im Gesundheitswesen in ihrer Alltagsrealität scheint aber, von außen betrachtet, wenig spürbar nachzulassen.

## 11.3 Wissenschaftliche Literatur zur Belastung von Leistungsträgern im Gesundheitswesen

Bereits vor 20 Jahren waren die Themen der Überlastung und Überforderung von ärztlichem und pflegerischem Personal in Fachzeitschriften zu lesen. So wurde in einem Artikel (König 2001) im Ärzteblatt beschrieben, dass die Prävalenzrate psychiatrischer Erkrankungen und die Suizidrate von Ärzten über der der Allgemeinbevölkerung liegt und dass Ärztinnen besonders gefährdet sind. König (2001) schreibt darüber hinaus: „Aufgrund der naturwissenschaftlichen Basis der ärztlichen Ausbildung ist die Konfrontation mit Sterben und Tod zwar berufsimmanent, jedoch sind die wenigsten Ärzte ausreichend emotional auf diese Inhalte vorbereitet. Gesundheitsstrukturelle Veränderungen der letzten Jahre, die teilweise existenzielle Bedrohungen für viele Ärzte implizieren (befristete Verträge, Mobbing in Kliniken, Regressdrohungen in der niedergelassenen Praxis), beeinflussen die Ausübung des Berufes negativ."

Wenn man diese Ausführungen liest, wird ersichtlich, dass sich in diesem Punkt auch 20 Jahre später wenig geändert hat.

König (2001) schreibt auch:

> „Rund 35 von 10.000 Ärzten sterben jährlich in den Vereinigten Staaten durch Suizid, wobei die Dunkelziffer um ein Vielfaches höher geschätzt wird, dabei schien die Häufigkeit von Suiziden unter männlichen Ärzten mit dem fünften Lebensjahrzehnt zu korrelieren, während Suizidalität bei Ärztinnen häufiger in früheren Lebensdekaden beobachtet wurde. Als Suizidmethoden dominierten die Intoxikation durch Tabletten oder durch Medikamentenzubereitungen mit hoher Toxizität, auf die leicht zugegriffen werden konnte. Ein depressives Syndrom mit dem psychopathologischen Kriterium der Hoffnungslosigkeit, einer hinzukommenden akuten Krise, fehlender sozialer Einbindung und einer weiteren psychiatrischen Komorbidität (Panikstörung, Substanzabhängigkeit) erhöhen das Suizidrisiko drastisch. Der Substanzabusus bei Ärzten wird in der Regel noch später diagnostiziert als primäre Depressionen." .

Dazu schreibt Linsmayer (2020): „Burn-out, Depressionen und Suizidalität sind unter Ärzten häufiger als vielleicht vermutet. Aktuelle Herausforderungen im Gesundheitswesen, nicht zuletzt die COVID-19-Krise, könnten perspektivisch zu einer weiteren Zunahme psychischer Belastungen bis hin zu Suiziden führen." Des Weiteren schreibt er: „Studiendaten aus dem Jahr 2008 legen nahe, dass bei rund 20 % der Mediziner ein riskanter Alkoholkonsum vorliegen könnte. Der Wandel der Arbeitsstrukturen machte in den vergangenen Jahren auch nicht vor dem Gesundheitssystem halt. Hier spielte insbesondere die Ökonomisierung eine Rolle. Die Frage nach psychischer Gesundheit unter Ärzten und Medizinstudenten stand hingegen lange Zeit nicht im Fokus. Schaut man jedoch in gängige Literaturdatenbanken, bemerkt man eine deutliche Zunahme von Publikationen zum Thema in den vergangenen Jahren (Thomas et al. 2018)."

Linsmayer (2020) betont: „Betrachtet man aktuelle Daten, zum Beispiel den Gesundheitsreport der DAK, sehen wir in der Allgemeinbevölkerung in den letzten 20 Jahren eine kontinuierliche Zunahme von Krankheitstagen aufgrund psychischer Störungen. Diese Veränderung wird vorwiegend auf die Verdichtung von Arbeitsprozessen, eine steigende Arbeitsintensität, generelle Unsicherheiten sowie erhöhte Lern- und Anpassungserfordernisse – auch durch die Digitalisierung – zurückgeführt. Hinzu kommen konkrete Belastungsfaktoren wie Schicht-, Nacht- und Wochenendarbeit sowie befristete Verträge."

Weiterhin bezieht sich Linsmayer (2020) auch auf die Ergebnisse vom Marburger-Bund:

> „Auch der Marburger-Bund-Monitor 2019, in dem 6500 Mitglieder des ärztlichen Dienstes befragt wurden, befand, dass sich deutsche Ärzte als mental überlastet empfinden. Weiter hieß es, dass jeder fünfte Klinikarzt darüber nachdenke, die ärztliche Tätigkeit ganz aufzugeben. Neben permanenter Arbeitsverdichtung und hohem Zeitdruck wurden vor allem die erhebliche Zunahme an bürokratischen Tätigkeiten und ökonomischer Druck bemängelt. Auch wurde deutlich, dass viele Überstunden und Mehrarbeit zu Beeinträchtigungen im Privatleben führen. In der Konsequenz komme es durch höhere Stresslevel auch zu psychischen Belastungen (Marburger Bund 2019)."

Burn-out, Ängste, Depressionen und Suizidalität, aber auch Suchterkrankungen sind unter Ärzten häufiger als möglicherweise vermutet. Herausforderungen im Gesundheitswesen – etwa aktuell die COVID-19-Krise – dürften zu einer weiteren Zunahme psychischer Belastungen bis hin zu Suiziden führen. Dahingehenden Publikationen aus China ist diese Entwicklung bereits jetzt klar zu entnehmen. Auch die Daten der beiden letzten großen Krisen in den vergangenen 20 Jahren zeigen Vergleichbares (Lai et al. 2020).

In letzter Konsequenz muss man neben der Überbelastung der Leistungsträger und Überforderung des Gesundheitssystems auch mit einem früheren Ausscheiden von älteren Ärzten aus dem Berufsfeld rechnen, oder einem Abwandern von Ärzten in mittleren Altersgruppen in andere Tätigkeitsfelder in der Medizin fern der Patientenbehandlung oder in andere Branchen. Dazu hat bereits Kopetsch (2010) in seiner umfangreichen Studie mit der Kassenärztlichen Bundesvereinigung (KBV) und Bundesärztekammer mit dem Titel „Dem deutschen Gesundheitswesen gehen die Ärzte aus! Studie zur Altersstruktur- und Arztzahlenentwicklung" deutlich hingewiesen, dass die „Hauptgründe für den Ausstieg aus der kurativen ärztlichenTätigkeit, neben der als nicht leistungsgerecht empfundenen Entlohnung, die zeitliche Belastung (und die damit einhergehende mangelnde Vereinbarkeit von Beruf mit Familie und Freizeit) und die zunehmende bürokratische Belastung"(S. 124–126), beschrieben wird.

Dass der ärztliche Beruf im Krankenhaus, in der Praxis und bei hausärztlichen Hausbesuchen, gerne zu 60-h-Wochen oder mehr, führen kann ist nicht neu. Die Diagnose- und Therapieentscheidungen unter enormem Zeitdruck und deren Umsetzung werden zusätzlich durch zunehmende Bürokratie, Wirtschaftlichkeitsprüfungen und einer Ökonomisierung des Gesundheitswesens erschwert. Rückzugs- und Regenerationsmöglichkeiten, um Abstand zum Arbeitsalltag zu gewinnen, können nicht gewährleistet werden. Gerade aus der Perspektive von Mindestanforderungen an Ruhezeiten und Rückzugsmöglichkeiten zum Regenerieren besteht im Vergleich mit anderen Branchen Nachholbedarf, so sind 24-h-Dienste bei Piloten oder bei Unternehmen grundsätzlich eher

Szenarien für absolut singuläre Notfälle. Es scheint, als würden den Ärzten Superkräfte zugeordnet – aus meiner Sicht völlig unverständlich. Zur Gewährleistung einer ordentlichen Pause, um in Ruhe ein Mittag- oder Abendessen zu sich zu nehmen, sollte man mal eine Umfrage machen.

Kopetsch (2010) schreibt auch zum Ärztemangel im Kapitel „Auflösung des Paradoxons Ärztemangel bei steigenden Arztzahlen" (S. 127 ff.) und legt dar, dass durch die Entwicklung des medizinischen Fortschrittes und dem demografischen Wandel auch ein höherer Bedarf an Ärzten einhergeht:

> „Nun könnte man vermuten, dass medizinischer Fortschritt dann zur Senkung der Behandlungsnotwendigkeiten führt, wenn der Anteil der Hochtechnologien an den Neuerungen hoch ist. Zwar lassen Hochtechnologien den Aufwand pro Krankheit sinken, letztlich führen sie aber dennoch zu einem Anstieg des Gesamtaufwandes im Gesundheitswesen. Denn auch die fortgeschrittenste Technologie kann nur eine Verschiebung des individuellen Todeszeitpunktes bewirken. So führte z. B. die Entwicklung der Hochtechnologie „Antibiotika" dazu, dass die bakteriellen Infektionen als Todesursache drastisch abgenommen haben. Dies wirkt sich jedoch letztlich auf das gesamte Gesundheitssystem aufwandssteigernd aus, weil mit der Beseitigung des schnellen Todes durch bakterielle Infektionen „Raum" für andere Krankheiten wie Krebs oder Herz-Kreislauf-Erkrankungen geschaffen wurde, die wiederum hochgradig aufwandsintensiv sind. Die Erfahrungen aus der Medizingeschichte belegen, dass Krankheiten nicht verschwinden und einer allgemeinen Gesundheit Platz machen, sondern durch andere Krankheiten abgelöst werden."

Kopetsch (2010) führt am Besipiel von Morbus Alzheimer aus, wie er das genau meint:

> „Die heute vorherrschenden chronischen Leiden erhalten durch das Zurückdrängen der akuten Infektionskrankheiten früherer Zeiten überhaupt erst eine Chance. Als Beispiel lässt sich die neue „Volkskrankheit" Morbus Alzheimer anführen, die vor einigen Jahren noch weitgehend unbekannt war. Schon jetzt müssen etwa sieben Prozent aller Menschen über 65 Jahre mit dieser Verfallserscheinung leben und dies vor allem deshalb, weil sie nicht schon vorher an etwas anderem gestorben sind.
>
> Das heißt, dass durch das Zurückdrängen anderer Krankheiten und Todesursachen erst Platz für Morbus Alzheimer geschaffen wurde. Die meisten Menschen waren bis dahin an einer koronaren Herzkrankheit gestorben, bevor sie Morbus Alzheimer entwickeln konnten. Beiden Krankheiten liegt die gleiche genetische Disposition zu Grunde (Apo-E4-Gen). Durch die verbesserte Therapie der koronaren Herzkrankheiten konnte sich Morbus Alzheimer „durchsetzen"."

Der Ärztemangel trotz steigender Ärztezahlen wird u. a. von Kopetsch (2010) wie folgt zusammengefasst:

> „Der entscheidende Punkt ist also, dass mit den besten medizinischen Technologien und weiteren Fortschritten in der Medizin der Tod immer nur hinausgeschoben, aber nie besiegt werden kann. Der Mensch bleibt immer sterblich. Die Hinauszögerung eines letztlich doch unausweichlichen Todes wird mit enorm steigenden Aufwendungen der gewonnenen Lebenserwartung erkauft. Es muss daher unterschieden werden zwischen der Entwicklung des Aufwandes einer einzelnen Krankheit, der durchaus zu senken ist, und den Behandlungs-

aufwendungen eines Menschen in Abhängigkeit vom medizinischen Fortschritt. Letztere steigen im Zeitablauf an, da die erfolgreiche Bekämpfung einer Krankheit zwingend eine andere Todesursache nach sich zieht, die i. d. R. ebenfalls Aufwendungen notwendig macht. Weil mit zunehmendem Alter die Pro-Kopf-Aufwendungen einer medizinischen Behandlung steigen, führt jede lebensverlängernde Maßnahme zu progressiv anwachsendem Aufwand im Gesundheitswesen. Deswegen ist der medizinische Fortschritt notwendig mit Aufwandssteigerungen im Gesundheitswesen verbunden und induziert damit zwangsläufig einen erhöhten Ärztebedarf." (S. 131)

## 11.4 Lösungsansätze und innovative Ideen

Nachdem in den vorangegangenen Kapiteln verschiedene Faktoren über Burnout, psychiatrische Erkrankungen und Suizidalität beschrieben wurden, und Parameter wie Stress, Arbeitsbelastung, Überlastung über eine lange Zeitperiode und Sorgen und Ängste als Einflussgrößen sichtbar geworden sind, können wir Lösungsansätze entwickeln. Das Ziel ist es, für alle Beteiligten eine Verbesserung des Gesamtzustandes zu erzielen, um eine mentale und seelische Balance anstreben oder erreichen zu können.

### 11.4.1 Digitale Technologien als Condition Monitoring

Neben dem rein menschlichen Umgang am Arbeitsplatz miteinander und einer höheren Achtsamkeit, wie es unseren Kolleginnen und Kollegen geht, können auch digitale Technologien eingesetzt werden, um dauerhaft eine Verbesserung der seelischen und mentalen Verfassung der Leistungsträger im Gesundheitswesen zu erzielen. Dabei werden webbasierte Applikationen für Computer und Apps für Smartphones eingesetzt werden, die in sehr sachlicher Art oder mit spielerischen Elementen (sog. Gamification) den oder die Nutzer motivieren, Daten einzugeben die mittels Algorithmus und Datenbankenmanagement zu einem Ergebnis, einer Übersicht oder einer Aktivitätsansprache führen, mit dem Ziel, den mentalen Zustand zu überwachen und zu verbessern. Parameter, die eingegeben werden könnten, wären:

1. Arbeitsstunden (täglich, wöchentlich, monatlich, jährlich)
2. Arbeitsbeginn und -ende (Tagdienst, Nachdienst)
3. Arbeitsintensität (abzuleiten aus der Zahl der durchgeführten Operationen, Beratungen, Aufklärungen, Angehörigengespräche, Erstellen von Arztbriefen oder Entlassungsbriefen, Koordinieren von Transporten, Verlegungen, Einweisungen usw.)
4. Wasserzufuhr während des Dienstes
5. Einhalten der Frühstückspause
6. Möglichkeit der Nahrungszufuhr (Mittag-, Abendessen)
7. Zeitintervall für Nahrungszufuhr
8. Mitarbeitergespräche pro Quartal oder Halbjahr

9. Angebote für Körperertüchtigung oder mentalen Ausgleich
10. Gesamtverfassung (Eigenbewertung und Fremdbewertung, z. B. Freunde oder Kollegen)

Das sind jetzt einfach exemplarisch 10 Punkte, um mittels einer digitalen Unterstützung zuallererst eine neutrale Übersicht zu erhalten und einschätzen zu können, wie die persönliche Arbeitshistorie war. Dadurch entsteht Transparenz für einen selbst und man kann erkennen, ob man bei dem Thema Regeneration, Urlaub oder Entspannung nachsteuern sollte und gegebenenfalls mit seinem Vorgesetzten eben mit solch einer Übersicht Rücksprache halten kann über mögliche zukünftige Ruhezeiten.

Ein weiterer Aspekt ist die Eigen- und Fremdwahrnehmung. Durch die Interaktion mit dem Algorithmus der App spiegelt sich die Arbeitssituation und persönliche mentale Verfassung des Individuums, welches vielleicht sonst meint, es wäre alles in Ordnung. Alleine schon eine simple App, die täglich fragt „Wie geht es dir?" und nach 60 Tagen eine Statistik auswirft, dass man an 58 % der Tagen genervt war (Audio-Analyse der Stimme) oder geantwortet habe „mir geht es schlecht", gibt Feedback und eröffnet die Möglichkeit, selber Gegenmaßnahmen präventiv einzuleiten, bevor eben Depressions- oder Isolationszustände eintreten können. Der präventive Ansatz ist der große Hebel.

### 11.4.2 Früherer Ansatz bereits an der Universitätsklinik im Studium

Zu den Gründen des beruflichen Ausstieges von Ärzten aus der Patientenbehandlung schreiben König (2001) und Kopetsch (2010), dass neben der Erschöpfung durch Arbeitsstunden und -intensität auch wirtschaftliche Ängste einen wesentlichen Einfluss beitragen. Um sowohl wirtschaftlichen Sorgen als auch mentalen Ungleichgewichten präventiv entgegenzutreten, sollte man parallel zu den unter 11.4.1 genannten Unterstützungen durch digitale Technologien bereits während des Studiums zu wirtschaftlichen und organisatorischen Punkten aufklären und ausbilden. Folgende Lehrangebote könnten im Rahmen des Studiums an der Medizinischen Fakultät überlegt werden:

1. Sorge : Existenzielle Probleme – Lehrveranstaltung: Gesundheitsökonomie
2. Sorge : Regresse – Lehrveranstaltung: Training in Dokumentation
3. Sorge: Befristete Verträge – Lehrveranstaltung: Alternativen „Medizinisches Versorgungszentrum" (MVZ) und Niederlassung
4. Sorge: Depression, Isolation, Burnout – Lehrveranstaltung: geistig und körperlich fit bleiben als Mediziner (Stressmanagement/Resilienztraining)
5. Sorge: Jedwede Art von Problemen und Konflikten im Job – Lehrveranstaltung: Kommunikationstraining

Die Punkte 1–5 zeigen einen enormen Beratungs- und Ausbildungsbedarf für angehende und ausgebildete Mediziner und medizinische Assistenzberufe. Sie stellen auch eine potenzielle Chance zur Verbesserung dar.

## 11.5 Fazit

Zusammenfassend lassen sich für im Gesundheitswesen tätige Leistungsträger auch in Zukunft eine hohe Arbeitsstundenzahl und Arbeitsintensität, körperliche und mentale Überforderung, Fehlernährung, wenig Freizeit und eine von hohem Dauerstress getriebene Arbeitsumgebung erwarten. Für die Wiederherstellung und Erhaltung der Patientengesundheit wird sehr viel getan, für die der Leistungsträger im Gesundheitswesen könnte verhältnismäßig dazu mehr organisiert werden.

Präventiv sollten heutzutage für Ärzte und Arztassistenten in einem ökonomisch und rechtlich eng definierten Handlungsrahmen im Gesundheitswesen Zusatzkompetenzen bereits im Studium und später als Fortbildung angeboten werden, um allen Anforderungen, nicht nur der fachärztlichen Kernkompetenz, gerecht zu werden und zum Selbstschutz. Insbesondere aus präventiver Sicht unter der Berücksichtigung der eigenen mentalen und körperlichen Gesundheit, sind das Management von Organisationen, Mitarbeitern, Kollegen, Patienten, Angehörigen und das Selbstmanagement konsequent zu trainieren. Ärzte müssen Strategiekompetenzen erlernen und als leitende Personen mit Krisen und Zukunftsszenarien umgehen können (Hollmann und Sobanski 2015). Auch der interkulturelle Umgang mit Patienten und Kollegen ist ein Teil der Anforderungen (Peintinger 2011). Dies fließt alles zusammen in der ärztlichen Führungskompetenz (Barth und Jonitz 2009).

Dem Ziel einer mentalen Unversehrtheit der Leistungsträger im Gesundheitswesen kann man sich mittels digitaler Technologien als Condition Monitoring und der Aus- und Fortbildung im Bereich der Zusatzkompetenzen im Bereich Management, Organisation, ärztlicher Führungskompetenz und Kommunikation, während und nach dem Studium, nähern. Es wird letztlich im Dialog und der Entscheidung der dafür verantwortlichen Gremien abzuwarten sein, ob es langfristig einen festgeschriebenen Rechtsanspruch auf mentale Unversehrtheit im Gesundheitswesen und allen anderen Branchen geben wird.

## Literatur

Barth, S., & Jonitz, G. (2009). Ärztliche Führungskompetenz. Zeitschrift für Evidenz, Fortbildung und Qualität im Gesundheitswesen, 103(4), 193-197.

Bundesministerium für Familie, Senioren, Frauen und Jugend (BMFSFJ, 2020) Wege zur Pflege. https://www.wege-zur-pflege.de/pflege-charta/artikel-2.html – abgerufen am 15.09.20

Hollmann, J., & Sobanski, A. (2015). Strategie-und Change-Kompetenz für Leitende Ärzte: Krisen meistern, Chancen erkennen, Zukunft gestalten. Springer-Verlag.

König, F. (2001); 98 (47):A-3110/B-2641/C-2447; Deutsches Ärzteblatt: Suizidalität bei Ärzten: Kein Tabuthema mehr?

Kopetsch, T. (2010). Dem deutschen Gesundheitswesen gehen die Ärzte aus. Studie zur Alters-
struktur und Arztzahlentwicklung, 5, 1–147.

Lai J et al. Factors Associated With Mental Health Outcomes Among Health Care Workers Exposed
to Coronavirus Disease 2019. JAMA Netw Open. 2020; 3: e203976

Linsmayer, D. (2020). Suizidalität und Sucht unter Ärzten. Uro-News, 24(7), 28-31.

Marburger Bund (2019). MB-Monitor 2019 „Überlastung führt zu gesundheitlichen Beeinträchtigungen". https://www.marburger-bund.de/mb-monitor-2019; abgerufen am 03.04.21.

Nestle, V.; Glauner, P.; Plugmann, P.; (2020): CREATING INNOVATION SPACES, Springer Nature

Peintinger, M. (2011). Interkulturell kompetent: ein Handbuch für Ärztinnen und Ärzte. Wien:
Facultas.

Thomas LR et al. Charter on Physician Well-being. JAMA. 2018; 319: 1541–2

# Personaleinsatz im Gesundheitswesen – Gestaltungsmöglichkeiten nach der Rechtsprechung des Bundessozialgerichts zu Honorarärzten und Honorarpflegekräften

Volker Ettwig

**Zusammenfassung**

Die Rechtsprechung des Bundessozialgerichts (BSG) zu Honorarärzten und Honorarpflegekräften hat den Personaleinsatz im Gesundheitswesen komplizierter gemacht. Der folgende Beitrag beleuchtet, welche straf- und ordnungswidrigkeitsrechtlichen Vorschriften bei „falschem" Personaleinsatz tangiert sind. Darüber hinaus werden mögliche Folgen im Hinblick auf Lohnsteuern und Sozialversicherungsbeiträge dargestellt.

## 12.1 Gestaltungsformen des Personaleinsatzes im Gesundheitswesen

Die meisten im Gesundheitswesen tätigen Personen sind eindeutig der Gruppe der Arbeitnehmer zuzuordnen oder sie sind selbstständig tätig. Daneben gab es aber eine im Verhältnis hierzu zahlenmäßig kleine Gruppe, deren Status ungeklärt war: Honorarärzte und Honorarpflegekräfte. Es handelt sich dabei um Personen, die für sich Vorteile darin sahen, frei tätig zu sein. Nach eigenem Verständnis waren sie selbstständig. Die Rechtsprechung stufte sie mal als sozialversicherungspflichtig ein und mal auch nicht. Diese Honorarkräfte mussten nun einige Lasten des Krankenhausalltags, wie z. B. Wochenend- oder Nachtdienste, nicht mehr leisten. Zugleich bestand die Möglichkeit, deutlich besser zu verdienen als in einem Arbeitsverhältnis. Der Preis dafür war die unbedingte, insbesondere

V. Ettwig (✉)
Tsambikakis&Partner Rechtsanwälte mbB, Berlin, Deutschland
E-Mail: ettwig@tsambikakis.com

R. Grinblat et al. (Hrsg.), *Innovationen im Gesundheitswesen*,
https://doi.org/10.1007/978-3-658-33801-5_12

örtliche Flexibilität. Die Auftraggeber dieser Honorarärzte und -pflegekräfte hatten hierzu meist ein gespaltenes Verhältnis. Einerseits war zu beklagen, dass der personelle Notstand in Krankenhäusern auch dadurch verschärft wurde, dass zunehmend ehemalige Mitarbeiter in die Selbstständigkeit wechselten. Andererseits waren es gerade diese selbstständigen Ärzte und Pflegekräfte, die die Lücken schlossen, die sie vorher selbst mit aufgerissen haben. So blieb den Krankenhäusern oft nichts übrig, als dies hinzunehmen, wenn sie nicht gezwungen sein wollten, Operationssäle oder gar ganze Stationen zu schließen. Die Rechtsprechung hat genau dort eingegriffen und die Beschäftigungsmöglichkeiten von selbstständigen Honorarärzten und Pflegekräften stark eingegrenzt.

Die Leitentscheidungen des BSG zu Honorarärzten (BSG, Urt. v. 04.06.2019 – B 12 R 11/18 R) und Honorarpflegekräften (BSG, Urt. v. 07.06.2019 – B 12 R 6/18 R) erfordern ein teilweises Umdenken beim Personaleinsatz im Gesundheitswesen, weil Tätigkeiten, die bisher als sozialversicherungsfrei angesehen wurden, nunmehr als sozialversicherungspflichtig anzusehen sind (Langner 2020, S. 146 ff.; Ettwig und Bach 2020, S. 17 ff.). Der Personaleinsatz muss in Teilen neu gedacht werden, um insbesondere sozialversicherungsrechtliche Risiken zu vermeiden. Daneben sind aber auch straf- und ordnungswidrigkeitsrechtliche Risiken, einschließlich steuerstrafrechtlicher Aspekte zu berücksichtigen. Und nicht zuletzt kommt es auf arbeitsrechtliche Belange an, soweit es sich bei den festgestellten Rechtsverhältnissen zugleich um Arbeitsverhältnisse handelt.

## 12.1.1 Honorarvertretungsärzte

Honorarvertretungsärzte waren in der Vergangenheit dazu bestimmt, Personallücken in Krankenhäusern, aber auch in Praxen zu schließen. Wenn aufgrund von Krankheit, Personalabgängen oder wegen eines anstehenden Urlaubs eine Vertretung gesucht werden musste, konnte diese zumeist über darauf spezialisierte Agenturen gebucht werden. Die Agenturen wurden für die Vermittlung bezahlt; teilweise übernahmen sie auch noch die Abrechnungen für die vermittelten Ärzte gegenüber den Auftraggebern. Diese Form der Personalbeschaffung ist seit der Rechtsprechung des BSG zu Honorarärzten und -pflegekräften nicht mehr möglich. Solche Konstellationen sind nunmehr jedenfalls als sozialversicherungspflichtig anzusehen. Je nach konkreter Ausgestaltung des Einsatzes kann zugleich ein Arbeitsverhältnis vorliegen. Der Einsatz von Honorarärzten erfolgte zum einen, weil eine nicht unbedeutende Anzahl von Ärzten nur bereit war, auf Honorarbasis überhaupt ärztliche Leistungen zu erbringen. Darüber hinaus war diese Form der Personalbeschaffung in der Regel deutlich kostengünstiger als die Arbeitnehmerüberlassung nach dem Arbeitnehmerüberlassungsgesetz (AÜG). Denn es entfielen nicht nur die Sozialversicherungsbeiträge, sondern zusätzlich auch der Gewinnaufschlag des Arbeitnehmerüberlassungsunternehmens. Das galt selbst dann, wenn man eine Vermittlungsprovision für eine Honorararztagentur gegenrechnete.

### 12.1.1.1 Notärzte

Einen Sonderweg hat der Gesetzgeber bereits im Jahr 2017 für Notärzte geschaffen. Sie können auch künftig auf Honorarbasis tätig sein. Die eigens geschaffene Regelung in § 23c Abs. 2 SGB IV stellt die Honorareinnahmen von Notärzten unter bestimmten Voraussetzungen von der Sozialversicherungspflicht frei. Diese Regelung ist nicht nur systemwidrig, wenn man die übrigen Honorarärzte gleichzeitig der Sozialversicherungspflicht unterwirft. Sie ist darüber hinaus wenig hilfreich, weil eben nur die Sozialversicherung gelöst wird. Sollte es sich bei der Tätigkeit des Notarztes zugleich um ein Arbeitsverhältnis handeln, würden trotz Sozialversicherungsfreiheit alle arbeitsrechtlichen Schutzvorschriften eingreifen und Lohnsteuer müsste abgeführt werden. Angesichts der erheblichen rechtlichen Risiken, die bei ungeklärter rechtlicher Grundlage der notärztlichen Tätigkeit verbleiben würde, ist dringend anzuraten, vor Aufnahme der Tätigkeit zu prüfen, wie das Rechtsverhältnis insgesamt zu bewerten ist.

### 12.1.1.2 Untätigkeit des Gesetzgebers

Angesichts dieser unbefriedigenden Rechtslage ist der Gesetzgeber dringend gefordert, Klarheit zu schaffen. Richtig wäre, den Umfang sozialversicherungsfreier Honorartätigkeiten ungeachtet, in welchem beruflichen Kontext sie erbracht werden (z. B. Ärzte, Pflegende, IT-Spezialisten) gesetzlich festzulegen. Dies hat auch das BSG in der mündlichen Verhandlung zu den Honorararztfällen deutlich betont. Geschehen ist seitdem gleichwohl nichts. Angesichts dessen ist es so lohnend, wie erforderlich, sich mit alternativen Beschäftigungsformen zu befassen.

## 12.1.2 Hybridmodell

Als Kompensation dafür, dass Honorarärzte nicht mehr eingesetzt werden können, wurde teilweise die Lösung in einem Hybridmodell gesehen (Schneider und Reich 2019, S. 14). Dieses Modell sieht vor, dass mit den Ärzten auch weiterhin Honorarverträge geschlossen werden. Jedoch sollen die Auftraggeber vorsorglich die vollen Sozialversicherungsbeiträge abführen. Das umfasst Arbeitgeber- und Arbeitnehmeranteile. Das Hybridmodell hat sich jedoch nicht durchgesetzt, weil es verschiedene unbeantwortete Fragen gibt. Wird z. B. nicht geklärt, ob es sich nicht nur um ein sozialversicherungspflichtiges Beschäftigungsverhältnis, sondern um ein Arbeitsverhältnis handelt, dann werden die aus dem Arbeitsverhältnis resultierenden Folgen nicht berücksichtigt. Dies betrifft nicht nur die dann zwingende Einhaltung von Arbeitsschutzvorschriften. Insbesondere besteht dann die Pflicht zur Abführung von Lohnsteuern. Werden keine Lohnsteuern abgeführt, ist der Straftatbestand nach § 370 Abgabenordnung (AO) regelmäßig erfüllt. Zu berücksichtigen ist dabei, dass die übernommenen Arbeitnehmeranteile zur Sozialversicherung auch als Lohn anzusehen sind und damit ebenfalls steuerpflichtig sind. Darüber hinaus begibt man sich beim Hybridmodell ohne Not der Gestaltungsmöglichkeiten, die man arbeitgeberseitig in einem Arbeitsverhältnis hat (Ettwig und Bach 2020, S. 20).

### 12.1.3 Honorarkooperationsärzte

Honorarkooperationsärzte sind in eigener Praxis niedergelassene Ärzte, die darüber hinaus zumeist in Krankenhäusern Patienten operieren. Oftmals handelt es sich dabei um Patienten, die sie zuvor in ihrer Praxis ambulant untersucht und eine Operation empfohlen haben. Dies birgt zunächst – worauf hier nicht näher eingegangen werden soll – das Risiko, dass ein solches Verhalten als strafbewährte Zuweisung gegen Entgelt angesehen werden kann, §§ 299a, 299b Strafgesetzbuch (StGB).

Auch hier liegt regelmäßig eine sozialversicherungspflichtige Beschäftigung vor, soweit es sich um einzelne Ärzte handelt. Dann darf dank der Rechtsprechung des BSG diese Form der Zusammenarbeit so nicht fortgesetzt werden. Es müssen andere rechtliche Gestaltungswege gefunden werden. Für den einzelnen tätigen niedergelassenen Arzt bleibt nur die Möglichkeit, sich in Teilzeit beim Krankenhaus anstellen zu lassen. In der Praxis ist zu beobachten, dass dies nun auch vermehrt vorkommt.

Ist die Kooperation hingegen zwischen einem Krankenhaus und einer juristischen Person geschlossen, können auch zukünftig die von der juristischen Person – z. B. einer Gemeinschaftspraxis – erbrachten Leistungen auf Honorarbasis abgerechnet werden. Bei der Vertragsgestaltung sollte sichergestellt werden, dass allein die Praxis den Einsatz der Ärzte im Krankenhaus steuert. Denn es muss darauf geachtet werden, dass sich die Leistungserbringung am Ende nicht als eine Arbeitnehmerüberlassung an das Krankenhaus darstellt. Da für diese Arbeitnehmerüberlassung keine Erlaubnis bestünde, würden sich diverse nachteilige rechtliche Konsequenzen ergeben.

### 12.1.4 Genossenschaften aus Ärzten oder Pflegenden

Um Krankenhäusern auch künftig eine Möglichkeit zu bieten, bei Personalmangel Vertretungsärzte und Pflegende auf Honorarbasis zu beschäftigen, sind vereinzelt Genossenschaften errichtet worden, die die ärztlichen oder pflegerischen Leistungen anbieten. Die einzelnen Ärzte oder Pflegenden sind Anteilseigner an der Genossenschaft. Krankenhäuser schließen mit der Genossenschaft eine Dienstleistungsvereinbarung über die von der Genossenschaft als Auftragnehmerin zu erbringenden Leistungen. Die Leistungen werden durch die Mitglieder der Genossenschaft – also Ärzte und Pflegende – erbracht. Man glaubte, durch die Verlagerung der Tätigkeiten auf eine juristische Person Risiken minimieren zu können. Grundgedanke dieses Modells war die Annahme, dass der Gesellschafterstatus der Ärzte oder Pflegenden abhängige Beschäftigung ausschließen würde. Dies sollte sowohl im Verhältnis zur Genossenschaft als auch zum jeweiligen Auftraggeber gelten (Langner 2020, S. 161). Das Modell war jedoch nicht von Bestand. Erste Genossenschaften haben ihre Vermittlungtätigkeiten bereits wieder eingestellt; und dies zum Teil unter ausdrücklichem Hinweis auf die geänderte Rechtsprechung des BSG. Eines der Hauptprobleme bei der Personalbeschaffung über Genossenschaften ist, dass der Auftragnehmer nicht erkennen kann, wie die Genossenschaft in ihrem Inneren strukturiert ist und welche Regelungen in deren Satzung festgelegt sind. Das birgt für den Auftragnehmer das Risiko, dass sich der Personalbezug über die Genossenschaft am Ende rechtlich als unzulässige Arbeitnehmerüberlassung darstellen kann. Wohl wegen dieser nicht kalkulierbaren Rechtsrisiken haben sich die Genossenschaften am Markt nicht durchgesetzt.

### 12.1.5 Anstellungsverhältnisse

Rechtlich sicherste Möglichkeit des Personaleinsatzes ist natürlich das Anstellungsverhältnis. Sämtliche sozialversicherungsrechtlichen und lohnsteuerrechtlichen Risiken sind damit ausgeschlossen. In der Vergangenheit war jedoch die (befristete) Anstellung bei vielen Ärzten und Pflegenden unbeliebt. Es entsprach wesentlich mehr ihrem Selbstverständnis, Leistungen nur auf Honorarbasis anzubieten und zu erbringen. Die Rechtsprechung des BSG hat insoweit eine Veränderung gebracht, als nun viel mehr Ärzte und Pflegende bereit sind, auch befristete Arbeitsverhältnisse einzugehen. Der Verwaltungsaufwand auf Seiten der Krankenhäuser hat sich dadurch erhöht. Und die Kostenbelastung ist natürlich auch höher als früher bei den Honorarverträgen.

#### 12.1.5.1 Gig-Working

Eine zunehmend beliebtere Form der Arbeitsvertragsgestaltung ist das sogenannte Gig-Working (oder Gig-Work). Das Teilzeit- und Befristungsgesetz (TzBfG) lässt die bis zu 3-malige Verlängerung einer Befristung ohne Sachgrund innerhalb von 2 Jahren zu. Mit dieser Möglichkeit, verbunden mit dem Umstand, dass die Ärzte und die Pflegeden regelmäßig für verschiedene Krankenhäuser tätig sind, verschafft Krankenhäusern einen gewissen Spielraum bei der Personaleinsatzplanung. Gleichwohl ist es wichtig, sicherzustellen, dass die Grenzen des TzBfG nicht überschritten werden, weil sonst ungewollt ein unbefristetes Dauerarbeitsverhältnis begründet wird. Da diese Arbeitsverhältnisse dann vom Kündigungsschutzgesetz erfasst werden, kann es für die Krankenhäuser mit finanziellem Aufwand verbunden sein, solche Arbeitsverhältnisse wieder zu lösen.

Aber auch diese neue Form des Gig-Working bringt keine sozialversicherungsrechtlichen Privilegien mit sich. Zwar dürften häufig die gesetzlichen Obergrenzen der sozialversicherungsfreien geringfügigen Beschäftigung (zurzeit 3 Monate oder 70 Tage im Jahr) nicht überschritten werden. Gleichwohl wird in den meisten Fällen Sozialversicherungspflicht bestehen, weil die Ärzte und Pflegenden diese immer wieder kurzzeitig befristeten Tätigkeiten berufsmäßig ausüben. Damit entpuppt sich Gig-Working auch nur als begrenzt tauglicher Lösungsansatz.

#### 12.1.5.2 Abrufarbeitsverhältnisse

Wenn z. B. Krankenhäuser einen regelmäßigen Bedarf an ergänzendem ärztlichen oder auch nichtärztlichen Personal haben, dies aber im Vorhinein zeitlich nicht genau eingrenzen können, kann sich die Eingehung eines Abrufarbeitsverhältnisses anbieten. Der rechtliche Rahmen ergibt sich aus § 12 Abs. 1 Satz 1 TzBfG. Danach können Arbeitgeber und

Arbeitnehmer vereinbaren, dass der Arbeitnehmer seine Arbeitsleistung entsprechend dem Arbeitsanfall zu erbringen hat. Dies ist zwar nicht uneingeschränkt möglich, sondern nur in rechtlichen Schranken, die dem Arbeitnehmer einen gewissen Umfang an Beschäftigung und damit verbundenem Einkommen sichern. Die Abrufarbeit verlagert gleichwohl einen Teil des Lohnrisikos auf den Arbeitnehmer.

## 12.2 Rechtliche Risiken beim Personaleinsatz

Mit Blick auf künftige Beschäftigungen als auch mit Blick auf die Vergangenheit können sich beim Personaleinsatz rechtliche Risiken ergeben, derer man sich bewusst sein sollte.

### 12.2.1 Künftiger fehlerhafter Einsatz von Honorarkräften

Wer künftig Honorarkräfte einsetzt, ohne dass dafür die rechtlichen Voraussetzungen gegeben sind, setzt sich einem nicht unerheblichen strafrechtlichen Risiko aus. In Betracht kommen Verstöße gegen § 266a StGB (Vorenthalten und Veruntreuen von Arbeitsentgelt); bei Vorliegen eines Arbeitsverhältnisses kommt die Hinterziehung von Lohnsteuern hinzu, § 370 AO. Neben diesen Straftatbeständen gibt es seit Juli 2019 ebenfalls relevante Ordnungswidrigkeitentatbestände im Schwarzarbeitsbekämpfungsgesetz. Nach § 8 Abs. 3 SchwarzArbG handelt ordnungswidrig, wer – einfach ausgedrückt – als Arbeitgeber die in § 266a StGB genannten Handlungen leichtfertig begeht und dadurch Beiträge verkürzt. Der für den Straftatbestand oft schwer nachzuweisende Vorsatz ist hier gerade nicht erforderlich. Das Bußgeld kann bis zu 50.000 € je Einzelfall betragen. Die Honorarkraft, die dem Arbeitgeber die hierfür erforderliche Rechnung stellt, kann sogar bis zu 100.000 € Geldbuße erhalten. Zuständig für die Ermittlungen ist die Finanzkontrolle Schwarzarbeit (FKS), die zum Zoll gehört. Der rechtsfehlerhafte Einsatz von Honorarkräften birgt daher die nicht unerhebliche Gefahr, sich nach einer Kontrolle durch die FKS mit einem empfindlichen Bußgeldbescheid auseinandersetzen zu müssen.

### 12.2.2 Korrektur der Vergangenheit

Wenn in der Vergangenheit Honorarkräfte eingesetzt wurden, so sind die Entscheidungen des BSG zu Honorarärzten und zu Honorarpflegekräften Anlass genug, sich mit der Frage zu beschäftigen, ob für die Vergangenheit Sachverhalte nachträglich zu erklären sind.

#### 12.2.2.1 Lohnsteuern
Gelangt die interne Prüfung zu dem Ergebnis, dass die Tätigkeiten ehemaliger Honorarkräfte insgesamt als Arbeitsverhältnisse anzusehen sind, so besteht eine aktive Pflicht zur Berichtigung. Denn erkennt der Steuerpflichtige nachträglich, dass eine von ihm

abgegebene Erklärung unrichtig oder unvollständig war und es hierdurch bereits zu einer Steuerverkürzung gekommen ist oder kommen kann, so muss unverzüglich eine Berichtigung vorgenommen werden (Ettwig und Bach, S. 22). Unterbleibt die Berichtigung, begründet dies ein eigenes Steuervergehen, dass strafrechtliche Konsequenzen nach sich ziehen kann.

### 12.2.2.2 Sozialversicherungsbeiträge

Die Betriebsprüfer der Deutschen Rentenversicherung (DRV) werden künftig ganz sicher die verschiedenen Formen von Honorartätigkeiten bei Ärzten und Pflegenden im Blick haben. Es muss damit gerechnet werden, dass dies Schwerpunkt der nächsten Betriebsprüfung sein kann. Angesichts dessen sollten derzeit noch unklare Verhältnisse unbedingt geprüft und aktiv korrigiert werden. Anderenfalls kann es passieren, dass die Betriebsprüfer aufgrund der Bekanntheit der Entscheidungen des BSG von Vorsatz bei Nichtabführung von Sozialversicherungsbeiträgen ausgehen. Dies hat neben den strafrechtlichen Risiken zur Folge, dass statt der 4-jährigen Regelverjährung die maximale 30-jährige Verjährungsfrist greift. Dann könnten ehemalige Honorarverhältnisse in vollem Umfang nachträglich der Sozialversicherung unterworfen werden. Hinzu kämen Säumniszuschläge, die immer relevanter werden, je länger die festgestellten Zahlungszeitpunkte zurückliegen.

### 12.2.2.3 Abwicklung über eine Vermögensschaden-Haftpflichtversicherung

Oftmals wurden in der Vergangenheit Nachzahlungen an die Sozialversicherungsträger als Schäden gegenüber einer Vermögensschaden-Haftpflichtversicherung geltend gemacht. Grundsätzlich erstattungsfähig waren nachträglich zu leistende Arbeitnehmeranteile zur Sozialversicherung sowie die Säumniszuschläge. Arbeitgeberanteile wären auch dann angefallen, wenn von Anfang an eine Anmeldung zur Sozialversicherung erfolgt wäre. Sie stellen also keinen Schaden dar. Doch seit den Entscheidungen des BSG lässt sich kaum noch glaubhaft vortragen, dass die unterbliebene Prüfung und die Nichtabführung von Sozialversicherungsbeiträgen einen fahrlässigen Managementfehler bedeuten. Mit der zumindest teilweisen Erstattung von Nachzahlungen dürfte bei künftigen Fällen nicht mehr zu rechnen sein.

## 12.3    Auswirkungen bei Verkauf oder Erwerb

Beim Verkauf oder Erwerb von Gesundheitseinrichtungen wird die Frage, ob für die Vergangenheit alle Sozialversicherungsbeiträge und Lohnsteuern gezahlt wurden, von nicht unerheblicher Bedeutung sein. Denn ansonsten trägt der Erwerber das Risiko, hierfür bei der nächsten Betriebsprüfung der DRV oder bei der nächsten Lohnsteueraußenprüfung in Anspruch genommen zu werden. Können etwaige Risiken im Vorfeld eines Erwerbs vom Käufer nicht abschließend beurteilt werden, sollte er dies bei der Vertragsgestaltung berücksichtigen. Außerdem sollte der Erwerber sich ein klares Bild davon machen, ob der Personaleinsatz und die eingegangenen Kooperationen unter sozialversicherungsrechtlichen und lohnsteuerlichen Gesichtspunkten korrekt gestaltet sind. Sind sie dies nicht, kann er möglicherweise später gezwungen sein, bestimmte Leistungen nicht mehr anbieten zu können. Dies wirkt sich auf die Einnahmeseite der Gesundheitseinrichtungen aus. Ferner treffen die Geschäftsleitung des Erwerbers dann die strafrechtlichen und ordnungswidrigkeitsrechtlichen Risiken, weil sie sich nicht rechtzeitig mit der tatsächlichen Lage vertraut gemacht hat. Die Durchführung eines Compliance-Checks im Vorfeld eines Verkaufs bzw. Erwerbs einer Gesundheitseinrichtung ist daher unerlässlich. Das gilt auch für den Erwerb aus einer Insolvenz.

## 12.4    Fazit

Durch die Entscheidungen des BSG zu Honorarärzten und Honorarpflegekräften ist der Personaleinsatz in Gesundheitseinrichtungen kaum einfacher geworden. Die nun weiter eingeschränkten Möglichkeiten bedeuten ganz erhebliche Herausforderungen. Neben strafrechtlichen und ordnungswidrigkeitsrechtlichen Sanktionen bei Fehlverhalten drohen empfindliche Nachzahlungen von Sozialversicherungsbeiträgen und gegebenenfalls von Lohnsteuern. Den Blick in die Zukunft gerichtet, kann man sogar gezwungen sein, Geschäftsmodelle anzupassen, um rechtskonform zu agieren. Dies wird regelmäßig spürbare Auswirkungen auf der Einnahmenseite mit sich bringen. Deshalb ist die sorgfältige Überprüfung aller Personaleinsatzinstrumente und Kooperationsmodelle erforderlich, um die genannten Risiken frühzeitig auszuschließen.

## Literatur

Ettwig, V., Bach, F. (2020). Die Rechtsfolgen der Sozialversicherungspflicht von Honorarärzten, *medstra – Zeitschrift für Medizinstrafrecht*, 2020, S. 17–24
Langner, S. (2020), Status von Honorarkräften in der Pflege und im ärztlichen Dienst, *Festschrift für Hermann Plagemann zum 70. Geburtstag*, S. 145–164
Schneider, H., Reich, C. (2019), Honorarkooperationsarztverträge im Spagat zwischen Korruptionsstrafrecht, Arbeits- und Sozialversicherungsrecht, *medstra – Zeitschrift für Medizinstrafrecht*, S. 11–17

# Fachkräftemangel in der Pflege? Beschreibungsansätze aus der Perspektive der Alternativen Wirtschaftstheorie (AWT)

Marianna Hanke-Ebersoll

**Zusammenfassung**

Um das Thema Fachkräftemangel zu untersuchen, bedarf es zunächst einer „sauberen" Analyse und Definition des Problems: Was konkret wird als Mangel definiert und von welchen Einflussfaktoren ist er abhängig? Viele Untersuchungen scheinen zu eng gefasst, um die Komplexität der Zusammenhänge, im Pflegebereich und ihre Einbettung in das gesamte Gesellschaftssystem zu berücksichtigen. In Abschn. 13.2 wird daher ein Ansatz für eine formale Fassung vorgeschlagen. Dieser Formalismus hilft nicht nur, die verschiedenen Faktoren und ihre Zusammenhänge klar zu adressieren, sondern er bildet die notwendige Grundlage für ein eindeutiges Verständnis der Untersuchung mit einer Klarheit und Genauigkeit, welche die gewöhnliche Alltagssprache oft nicht leisten kann.

Durch die Verknüpfung mit der makroökonomischen Systemtheorie AWT kann in Abschn. 13.4 die Komplexität der sich gegenseitig bedingenden Faktoren skizziert werden. Es wird deutlich, dass die AWT in der Lage ist, die verschiedenen Facetten des Pflegesystems zu beschreiben. Insbesondere die Beschreibung des Angebots und der Nachfrage nach pflegerischen Tätigkeiten lassen sich über diesen Weg nahtlos in die AWT-Größen integrieren, bzw. sind dort sogar bereits enthalten. Zudem zeigt sich die Einbettung des Themas in das gesamtwirtschaftliche System und es werden Zusammenhänge sichtbar, welche bei einem reinen Fokus auf Pflege sonst leicht aus dem Blick verloren gehen. Es wird deutlich, dass kaum monokausale Zusammenhänge vorliegen und der Untersuchung des Themas Fachkräftemangel sowie der Lösungsfindung

M. Hanke-Ebersoll (✉)
AWT Institut für ökonomische Systemtheorie e.V.; Medizinischer Dienst Bayern,
München, Deutschland

© Der/die Autor(en), exklusiv lizenziert durch Springer Fachmedien Wiesbaden
GmbH, ein Teil von Springer Nature 2022
R. Grinblat et al. (Hrsg.), *Innovationen im Gesundheitswesen*,
https://doi.org/10.1007/978-3-658-33801-5_13

wenig geholfen ist, wenn es getrennt von seinem Geflecht an Verknüpfung betrachtet wird. Mit Hilfe systematischer Ansätze wie der AWT kann dieser Nachteil entscheidend abgemildert werden.

## 13.1 Motivation

Die Bedeutung des Gesundheitswesens für die Wirtschaft in Deutschland steht außer Frage. Allein die Gesundheitsausgaben 2018 betrugen ca. 11,7 % des Bruttoinlandsproduktes und damit rund 391 Mrd. Euro; für das Jahr 2019 wird mit einem Anstieg auf 407 Mrd. Euro gerechnet (Statistisches Bundesamt 2020b). Das Gesundheitswesen schlägt sich aber nicht nur in beeindruckenden Eurobeträgen nieder, sondern ist darüber hinaus im Zusammenspiel unterschiedlichster Einflussfaktoren durchaus komplex und zugleich emotional und ethisch aufgeladen. In diesem Spannungsfeld bewegen sich rund 5,7 Mio. Personen in verschiedensten Professionen, das entspricht immerhin einem Anteil von rund 12 % der Erwerbsbevölkerung Deutschlands (GBE 2020). Die Heterogenität dieser Professionen spiegelt sich unter anderem auch in einer Vielzahl unterschiedlicher Qualifikationsanforderungen wider. In der Nachwuchsgewinnung stehen diese Berufsbilder nicht nur untereinander im Wettstreit, sondern auch mit Berufsbildern außerhalb des Gesundheitswesens. Durch demografische Effekte wird sich diese Situation über die Zeit weiter zuspitzen, da die Nachfrage nach Gesundheits- und Pflegeleistungen mit zunehmendem Alter steigt und gleichzeitig ein Rückgang des Angebots an Erwerbstätigen zu verzeichnen sein wird.

Diese Entwicklung führte bereits vielfach zu Diskussionen des Fachkräftemangels, wobei sie gelegentlich sehr subjektiv bzw. an den Interessen der eigenen Klientel orientiert geführt werden.

Die Vielzahl der Artikel, Beiträge, Prognosen und Lösungsvorschläge soll nun ergänzt werden um einen neuen systemischen Ansatz. Er soll dabei helfen, ein wenig mehr Klarheit in das komplexe Geflecht von Zusammenhängen und Abhängigkeiten zu bringen. Ziel ist es, durch die makroökonomische Systembeschreibung einen frischen Blick oder gar neue Erkenntnisse für weiterführende Fragestellungen zu bieten. Als methodisches Instrument wird dabei die alternative Wirtschaftstheorie verwendet, denn mit ihr liegt ein Instrument vor, welches die ökonomischen Auswirkungen innovativer, rechtlicher oder politischer Entscheidungen im Gesundheitswesen in quantitativer Form fassen und vorab simulieren kann.

## 13.2 Bedarf – Angebot – Mangel

Ein Mangel liegt normalerweise vor, wenn der Bedarf größer ist als das Angebot. Übertragen auf das Thema Fachkräftemangel in der Pflege bedeutet dies, dass der Bedarf an Pflegeleistungen über dem Angebot liegt oder anders ausgedrückt, dass die gewünschten und nachgefragten Pflegetätigkeiten das Angebot überschreiten. Um zu überprüfen, ob ein Mangel vorliegt, wäre folglich in einem ersten Schritt der Bedarf zu erheben und in einem zweiten Schritt das Angebot zu messen.

## 13.2.1 Bedarf

Auf der Suche nach einer Bedarfsbestimmung im Bereich der Pflege scheint es naheliegend, für das deutsche Gesundheitswesen den Pflegebedürftigkeitsbegriff gemäß § 14 Sozialgesetzbuch (SGB) elf heranzuziehen. Da subjektiv empfundener Bedarf von Person zu Person stark variieren kann, muss jedoch an dieser Stelle bereits einschränkend festgehalten werden, dass der Pflegebedürftigkeitsbegriff als alleiniger Orientierungspunkt für ein gesellschaftliches Sozialsystem ausscheidet. Stattdessen spiegeln die Kriterien des § 14 SGB XI den gesellschaftlich akzeptierten Konsens im Rahmen des deutschen Gesundheitswesens wider.

In diesem Sinne pflegebedürftig sind Personen, die gesundheitlich bedingte Beeinträchtigungen der Selbstständigkeit oder ihrer Fähigkeiten aufweisen und deshalb der Hilfe durch andere bedürfen. Die Beeinträchtigung kann körperlicher, kognitiver, verhaltensbedingter oder psychischer Natur sein. Sie kann sich auf die eigene Versorgung (inkl. Nahrungsaufnahme und Körperhygiene), die eigene gesundheitliche Versorgung und die Gestaltung des Alltagslebens beziehen. Eine solche Pflegebedürftigkeit muss auf Dauer und voraussichtlich für mindestens 6 Monate bestehen (vgl. § 14 SGB XI).

Im Fokus der Bedarfserhebung steht folglich die Selbstständigkeit der jeweiligen Person bezogen auf ausgewählte Aktivitäten.

> „Maßstab bei der Feststellung der Pflegebedürftigkeit ist dementsprechend nicht das Ausmaß von körperlichen oder kognitiven/psychischen Funktionseinbußen oder anderen gesundheitlich bedingten Problemen und auch nicht (wie im ... (vorherigen; *Anmerkung der Autorin*) Begutachtungsverfahren) der benötigte Zeitaufwand der Unterstützung durch eine nicht ausgebildete Pflegeperson. ... Eine Person, der es gelingt, funktionelle Beeinträchtigungen durch Hilfsmittel zu kompensieren, gilt in diesem Verständnis also als selbstständig. ... Die Festlegung, welche Aktivitäten und Lebensbereiche berücksichtigt werden, entscheidet somit darüber, wie eng oder wie weit der Pflegebedürftigkeitsbegriff gefasst ist." (Wingenfeld et al. 2008, S. 28).

An dieser Definition wird deutlich, dass ohne eine Beeinträchtigung keine Pflegebedürftigkeit im Sinne des SGB IX vorliegen kann.

Für eine Bedarfserhebung notwendiger Unterstützungsleistung ist diese Herangehensweise wenig hilfreich, da nur der Grad der Selbstständigkeit in Bezug auf bestimmte Kriterien erfasst wird. Auf diese Weise bleibt der erforderliche Unterstützungsbedarf völlig offen, denn es wird nicht erfasst, welche Maßnahmen beim Individuum notwendig sind, um die vollumfängliche Selbstständigkeit wieder zu erreichen und mit welchem zeitlichen bzw. finanziellen Aufwand diese verbunden sind. Zum Zweck einer direkten und transparenten Bedarfserfassung wäre dies jedoch notwendig.

Der Gesetzgeber hat dafür einen nur indirekt vom Unterstützungsbedarf abhängigen Weg gewählt, welcher den jeweiligen Personen mittels pflegefachlicher Begutachtung ihrer Beeinträchtigung der Selbstständigkeit zunächst kriterienspezifische Punktwerte und darauf aufbauend entsprechende Pflegegrade zuordnet (vgl. § 15 SGB XI ff.). Der so ermittelte Schweregrad der Beeinträchtigung kann bestenfalls als grober, indirekter Indikator für einen generischen/abstrakten Unterstützungsbedarf herangezogen werden, wobei jedoch keine direkten Rückschlüsse auf die notwendigen Maßnahmen möglich sind.

Der auf dieser Basis bestimmte Pflegegrad ordnet dann die Leistungsansprüche bzw. die monetären Mittel zu, welche der jeweiligen Person zur Verfügung stehen. Diese können aus der Pflegeversicherung abgerufen und zum Einkauf der notwendigen Unterstützung am Markt verwendet werden. Über diesen Weg entscheidet jedes Individuum selbst, wie viel Unterstützung es sich einkaufen möchte. Ob hiermit der ursprüngliche individuelle Bedarf abgedeckt oder die Beeinträchtigung voll kompensiert werden kann, spielt hierbei zunächst keine Rolle. Da die soziale Pflegeversicherung (SPV) in Deutschland als Teilleistungsversicherung angelegt ist; anders als die Krankenversicherung, die als Vollversicherung ausgerichtet ist; reicht erfahrungsgemäß die Höhe des gesetzlichen Leistungsanspruches regelmäßig nicht aus, um alle gewünschten Leistungen einzukaufen, sodass Zuzahlungen durch private Mittel[1] erfolgen müssen. Ein weiteres Merkmal der SPV besteht darin, dass Leistungsansprüche sowohl zum Konsum von professioneller Arbeitskraft im pflegerischen Bereich als auch zum Konsum von Laienunterstützung, Nachbarschaftshilfen oder auch einfach nur zum Einkaufen von Lebensmitteln genutzt werden kann.[2] Wenn von Fachkräftemangel gesprochen wird, sind in der Regel jedoch ausschließlich professionell in der Pflege arbeitende Personen gemeint. Durch diese beiden Punkte entfällt auch die Möglichkeit, den dem Pflegegrad zugeordneten Leistungsbetrag als verlässliches Maß für den Pflege-/Unterstützungsbedarf heranzuziehen.

Es kann daher an dieser Stelle festgehalten werden, dass der aktuelle Pflegebedürftigkeitsbegriff des SGB XI nicht zu einer direkten Bedarfserhebung mit dem Ziel einer Fachkräftemangelerhebung genutzt werden kann. Hierzu wäre vielmehr eine Erfassung notwendiger (notwendig im Sinne des Bedarfsverständnisses) pflegerischer Maßnahmen für alle Pflegebedürftigen erforderlich. Eine theoretische Idealvorstellung für eine derartige Erhebung wäre beispielsweise eine repräsentative Befragung der gesamten Wohnbevölkerung, wobei die Antworten klar unterschieden werden müssten, zwischen (1) individuell gewünschten unterstützenden Maßnahmen einerseits und andererseits (2) solchen Maßnahmen, welche in den Bereich eines gesellschaftlich akzeptierten Kriterienkatalogs fallen.

---

[1] Als private Mittel ist hier jenes Geld zu verstehen, dass nicht aus der gesetzlichen Pflegeversicherung fließt, beispielhaft kann hier privates Vermögen oder eine Pflegzusatzversicherung genannt werden.

[2] Für eine Übersicht der unterschiedlichen Leistungskategorien wie beispielsweise Pflegegeld, Kombinationspflege, Sachleistungen, Kurzzeitpflege, niedrigschwellige Betreuungsangebote usw. empfiehlt sich das SGB XI ab § 36ff.

Gegebenenfalls ließen sich auf diesem Weg einer maßnahmenbezogenen Bedarfserfassung sogar Cluster mit homogenem Bedarfsmuster identifizieren, welche also ähnliche Kombinationen von Maßnahmenart und -menge aufweisen. Diese Cluster könnten als Basis für einen maßnahmenbasierten Bedürftigkeitsbegriff dienen, der die Mikro- und Makroebene konsistent verbindet. Unabhängig von ihrer späteren Benennung als Pflegestufen oder -grade orientieren sich die so definierten Cluster nicht nur an Art und Schwere der Beeinträchtigung, sondern eben an Art und Anzahl notwendiger Maßnahmen.[3]

Der Informationsmangel zum Bedarf ist nicht unbekannt und daher wurde mit dem 2. Pflegestärkungsgesetz die Entwicklung und Erprobung eines wissenschaftlich fundierten Verfahrens zur einheitlichen Bemessung des Personalbedarfs in Pflegeeinrichtungen beauftrag. Auch wenn damit nur ein Teilausschnitt (lediglich 0,82 Mio. Pflegebedürftige wurden 2017 stationär versorgt) in den Blick genommen wird, ist es der richtige Weg (Rothgang et al. 2020). Der konzeptionelle Ansatz verknüpft hierbei einen empirischen und einen analytischen Ansatz.

> „Hierzu werden die drei Dimensionen der Leistungserbringung betrachtet: die Zahl der bedarfsnotwendigen Interventionen pro Bewohner, die bedarfsgerechte Zeit pro Intervention für den entsprechenden Bewohner und das bedarfsgerechte Qualifikationsniveau der leistungserbringenden Person für diese Intervention." (Rothgang et al. 2020, S. 153).

Im Folgenden soll nun der Versuch unternommen werden den jährlichen Bedarf in Deutschland in allgemeiner Form zu schreiben. $\textbf{\textit{B}}^4$ steht dabei für den Bedarfsvektor.

$$Bedarfsvektor = B = \begin{pmatrix} b_1 \\ \vdots \\ b_n \end{pmatrix}; b_i \text{ trägt die Dimension} \left[ \frac{Anzahl_i}{Jahr} \right] \text{und steht für die jährliche} \tag{13.1}$$

Bedarfsmenge je Intervention i, wobei i ein von n-vielen Bedarfsarten sein kann.[5]

Ein Vorteil dieser Schreibweise ist, dass $\textbf{\textit{B}}$ als „Bruttovektor" sämtlicher Bedarfe aller Pflegebedürftigen verstanden werden kann und folglich die oft durch Laien gestillten Bedürfnisse beinhaltet. Die Nettobedarfsgröße könnte dann alle durch professionelle Pflegende gestillte Bedürfnisse beinhalten und wäre entsprechend kleiner. Aus volkswirtschaftlicher Sicht ist natürlich die Bruttovariante des Bedarfsvektors zu bevorzugen.

Der Bedarfsvektor kann je nach weiterem Forschungsinteresse mit anderen Größen verknüpft und transformiert werden, z. B. mit dem Preisvektor $\textbf{\textit{P}}$.

---

[3] Die Frage der Ausgestaltung als Teil- oder Vollversicherung bleibt hiervon vollkommen unberührt.

[4] Die Bezeichnung von mehrdimensionalen Größen (z. B. Vektoren und Matrizen) erfolgt im Rahmen der AWT oft mit Sütterlinbuchstaben. Im Interesse der besseren Lesbarkeit und internationalen Verständlichkeit werden mehrdimensionale Größen in dieser Veröffentlichung fett und kursiv gedruckt.

[5] Die Nutzung eines Jahreszeitraums ist nicht zwingend und wurde hier gewählt, weil dies in makroökonomischen Betrachtungen nicht unüblich ist.

$$Preisvektor = P = \begin{pmatrix} p_1 \\ \vdots \\ p_n \end{pmatrix};$$

$p_i$ trägt die Dimension $\left[ \dfrac{Euro}{Intervention_i} \right]$ und steht für den Einzelpreis der Intervention i. $\qquad$ (13.2)

Durch eine Multiplikation beider Vektoren ergibt sich das theoretisch notwendige Finanzvolumen im Fall einer kompletten Bedarfsabdeckung. Eine weitere interessante Betrachtungsweise bietet die Multiplikation mit dem Zeitvektor $\mathbf{Z}$ der entsprechenden Interventionen.

$$Zeitvektor = Z = \begin{pmatrix} z_1 \\ \vdots \\ z_n \end{pmatrix};$$

$z_i$ trägt die Dimension $\left[ \dfrac{Stunden}{Intervention_i} \right]$ und steht für den Zeitaufwand $\qquad$ (13.3)

für die einmalige Durchführung der Intervention i.

Durch Multiplikation von Bedarfs- und Zeitvektor ergibt sich das notwendige Zeitvolumen im Fall einer kompletten Bedarfsabdeckung. Dieses (skalare) Zeitvolumen $\mathbf{ZV}$ ist allerdings lediglich als abstraktes Aggregat zu verstehen. Um realitätsnähere Aussagen zu erhalten, sollten auch die unterschiedlichen Qualifikationsniveaus, die zur Erbringung einer Intervention möglich sind, berücksichtig werden. Hierzu empfiehlt es sich, den Zeitvektor um Spalten verschiedener Qualifikationen zu einer Zeitmatrix $\mathbf{Z_Q}$ zu erweitern. Um das Beispiel einfach zu halten, wird zunächst von lediglich drei Qualifikationsniveaus ausgegangen.[6]

$$Z_Q = \begin{pmatrix} z_{1,q1} & z_{1,q2} & z_{1,q3} \\ \vdots & \vdots & \vdots \\ z_{n,q1} & z_{n,q2} & z_{n,q3} \end{pmatrix};$$

$z_{i,q2}$ trägt die Dimension $\left[ \dfrac{Stunden}{Intervention_i} \right]$ und steht für den Zeitaufwand für $\qquad$ (13.4)

Intervention i durch Qualifikationsniveau $q_2$.

Durch Multiplikation von $\mathbf{Z_Q}$ mit dem Bedarfsvektor ergibt sich dann je Qualifikationsniveau und Interventionsart das zur Bedarfsabdeckung notwendige Zeitvolumen $ZV_{i,Q}$

---

[6] Eines dieser Qualifikationsniveaus könnte auch „keine" Qualifikation sein oder „Laienqualifikation". Ein analoges Vorgehen wäre auch für den Preisvektor möglich. Falls sich also je nach Qualifikationsart für ein und dieselbe Interventionsart i unterschiedliche Preise ergeben, könnte dies in einer solchen Aufspaltung berücksichtigt werden.

$$ZV_{i,Q} = \begin{pmatrix} x_1 \cdot b_1 \cdot z_{1,q1} & y_1 \cdot b_1 \cdot z_{1,q2} & (1-x_1-y_1) \cdot b_1 \cdot z_{1,q3} \\ \vdots & \vdots & \vdots \\ x_n \cdot b_n \cdot z_{n,q1} & y_n \cdot b_n \cdot z_{n,q2} & (1-x_n-y_n) \cdot b_n \cdot z_{n,q3} \end{pmatrix};$$

(13.5)

die Matrixelemente tragen die Dimension

$$\left[\frac{Stunden}{Jahr}\right] \text{ wobei gilt}: x > 0, y > 0 \text{ und } x + y \le 1.$$

Wenn eine Interventionsart durch verschiedene Qualifikationsniveaus erbracht werden kann, so muss dies in der Matrix durch entsprechende Anteilswerte bezogen auf die Bedarfsmenge der Intervention berücksichtigt werden. Der durch $q_1$ erbrachte Anteilswert der Interventionsmenge $b_i$ ist $x_i$, der durch $q_2$ erbrachte Anteil ist $y_i$. Da in unserem Beispiel nur drei Qualifikationsniveaus enthalten sind, ergibt sich der Anteil von $q_3$ automatisch aus der Schließbedingung ($1-x_i-y_i$).

Besonders interessant scheint im Rahmen der bisherigen Überlegungen die Ermittlung des Zeitbedarfs pro Qualifikationsniveau. Durch die spaltenweise Aggregation von $ZV_{i,Q}$ kann so der notwendige Zeitbedarf je Qualifikationsniveau berechnet werden.

$$ZV_Q = \begin{pmatrix} zv_{q1} \\ zv_{q2} \\ zv_{q3} \end{pmatrix}$$

(13.6)

Jede Komponente von $ZV_Q$ repräsentiert das jährlich notwendige Zeitvolumen der Qualifikationsart zur vollständigen Abdeckung des Bedarfs.

### 13.2.2 Angebot

Bei der Suche nach einer Größe für das Angebot an Pflegeleistungen scheint es auf den ersten Blick eine einfache Lösung zu geben. Die Annahme, dass Pflegeleistungen durch die potenziellen Arbeitsstunden von professionellen Pflegefachkräften gemessen werden kann, liegt nahe. Entsprechende Statistiken hierzu zeigen, dass im Jahr 2019 ca. 865.000 Vollzeitäquivalente bzw. 1,2 Mio. Angestellte in der Altenpflege erfasst wurden (Statistisches Bundesamt 2020a).

Nun wird jedoch die pflegerische Versorgung in Deutschland nicht ausschließlich durch professionelle Pflegefachkräfte geleistet, sondern in mehr als der Hälfte der Fälle von Angehörigen und somit im weit überwiegenden Teil durch Laien. Von den im Jahr 2019 ca. 4,1 Mio. Pflegebedürftigen gemäß Pflegebedürftigkeitsbegriff, wurden ca. 2,1 Mio. in der Regel allein durch ihre Angehörigen gepflegt. Zusätzlich sind ca. 0,21 Mio. Personen dem Pflegegrad 1 zugeordnet und wurden somit ohne ambulante oder stationäre Pflege versorgt; auch hier ist von einem hohen Unterstützungsumfang durch Angehörige auszugehen. Weitere 0,98 Mio. Personen wurden durch Angehörige und professionelle Pflegefachkräfte gepflegt und lediglich 0,82 Mio. Pflegebedürftige wurden in stationären Einrichtungen der Pflege versorgt (Statistisches Bundesamt 2020a). Die genannten Zahlen repräsentieren lediglich indirekt die tatsächlich versorgten Personen, nicht jedoch das gesamtvolkswirtschaftliche Angebot an Pflegeleistungen. Für eine Erfassung des tatsächlichen bzw. potenziellen Angebots, müssten folglich auch jene Leistungseinheiten erfasst werden, die von Laien erbracht werden könnten, dies ist jedoch aktuell nicht der Fall. Darüber hinaus kann sich zukünftig die Frage stellen, inwiefern bei fortschreitender Technisierung auch Hilfsmittel in Form von Pflegerobotern zu berücksichtigen sind.

Die Diskussion über den vermeintlichen Fachkräftemangel verengt sich in aller Regel auf professionelle Pflegefachkräfte, was vor der eben ausgeführten Darstellung in Deutschland zu einer verkürzten Betrachtung der Fragestellung des Angebotes führt.[7] Die fehlende Berücksichtigung des Potenzials der Laienpflege, kann dazu beitragen, dass wesentliche Zusammenhänge in der Suche nach einer Lösung gegen einen Mangel unberücksichtigt bleiben. Sowohl die professionelle als auch die Laienpflege stehen in direkter und indirekter Verbindung; dazu aber später mehr.

Darüber hinaus muss berücksichtigt werden, dass die obigen Zahlen zwar ein abstraktes Bild über die Aspekte des Pflegebereiches geben können, welches allerdings wenig trennscharf ist und daher leicht irreführend wirken kann. Aus der Nähe betrachtet sind weder das Angebot noch der Bedarf in sich homogen, sondern vielmehr in sich sehr heterogene Aggregate verschiedenster Maßnahmenarten und -mengen, welche wiederum verschiedenste Kombinationen von Qualifikation und Technik erfordern können.

Anknüpfend an die formale Darstellung des Bedarfs kann auch das Angebot als Vektor geschrieben werden. Nachdem a priori nicht mit Sicherheit bestimmt werden kann, welche spezifische Intervention eine Pflegekraft durchführen und somit welchen spezifischen Bedarf sie damit potenziell stillen wird, erfolgt die quantitative Erfassung des Angebots zunächst interventionsunabhängig. Bekannt und wesentlich sind jedoch die Qualifikationsniveaus, in die sich der Vektor $Q$ gliedert.[8]

$$Q = \begin{pmatrix} q_1 \\ q_2 \\ q_3 \end{pmatrix} \qquad\qquad (13.7)$$

Zur Operationalisierung der $q_i$-Werte bietet sich die Zählung der jeweiligen Vollzeitäquivalente im Betrachtungszeitraum (z. B. 1 Jahr) an. Vorzugswürdig wäre jedoch eine direkte Messung in Zeiteinheiten (z. B. Stunden/Jahr).

---

[7] So beschreiben beispielsweise Rothgang et al. den Pflegenotstand als Schwierigkeit, vorhandene Stellen zu besetzen (vgl. Rothgang et al. 2020, S. 149 f.).
[8] Zur besseren Nachvollziehbarkeit wird das obige Beispiel mit lediglich drei unterschiedlichen Qualifikationen fortgesetzt.

## 13.2.3 Mangel

Um einen Mangel zu berechnen, gilt es nun, die Differenz aus Bedarf und Angebot zu bilden. Mit Hilfe der bisher entwickelten Vektoren bezüglich der zur Verfügung stehenden Zeit je Qualifikationsniveau ($Q$) und des zeitlichen Bedarfs nach einem bestimmten Qualifikationsniveau ($ZV_Q$) wird dies mit $D$ ermöglicht.

$$D = Q - ZV_Q = \begin{pmatrix} d_1 = q_1 - zv_{q1} \\ d_2 = q_2 - zv_{q2} \\ d_3 = q_3 - zv_{q3} \end{pmatrix}; d_i \text{ trägt die Dimension} \left[\frac{Std}{Jahr}\right]. \qquad (13.8)$$

Je nach Vorzeichen von $d_i$ bildet sich so ein Mangel oder Überschuss an der jeweiligen verfügbaren Zeit der Qualifikation i ab. Da die Betrachtungen jeweils für eine bestimmte Wirtschaftsperiode durchgeführt wurden, gilt die Größe $D$ naturgemäß für diesen Zeitraum. Jede der oben beschriebenen Größen lässt sich jedoch für verschiedene Zeiträume messen und auch für die Zukunft prognostizieren. $B$ wurde oben als Bruttovektor und pflegerische Laien als eigene Qualifikationsart definiert. Da sich die öffentliche Diskussion oft auf die professionelle Pflege fokussiert, könnte die entsprechende „Laienzeile" der Vektoren für solche Zwecke ignoriert werden; spätestens aus volkswirtschaftlicher Sicht sollte sie jedoch Berücksichtigung finden, hierzu später mehr.

Wie in den beiden vorherigen Kapiteln gezeigt, fehlt es aktuell an einer detaillierten Bedarfsermittlung und einer hinreichend differenzierten Angebotskenntnis. Unabhängig von dieser Feststellung wurde das Thema des Fachkräftemangels in Wissenschaft, Politik und Gesellschaft jedoch breit und in den letzten Jahren häufig diskutiert. Es scheinen demnach andere Herangehensweisen zur Bestimmung eines Mangels gewählt worden zu sein.

Einer der treibenden Faktoren der Diskussion des Fachkräftemangels ist branchenübergreifend die demografische Entwicklung der deutschen Wohnbevölkerung. Das zunehmende Ausscheiden berufstätiger Personen aus dem Erwerbsleben bei gleichzeitig geringerem Nachwuchs lässt über die Zeit hinweg einen ansteigenden Mangel vermuten. In der „14. koordinierten Bevölkerungsvorausberechnung" des Statistischen Bundesamtes kann diese Entwicklung bei unterschiedlich variablen Parametern von Zuwanderung, Geburtenraten und Lebenserwartungen nachvollzogen werden. Bezogen auf die Erwerbsbevölkerung ist dies in Abb. 13.1 zu erkennen.

Offensichtlich scheint, dass mit dem Ausscheiden von Arbeitnehmern Wissen und Tätigkeitszeit nicht mehr produktiv zur Verfügung steht. Unklar und unberücksichtigt bleibt jedoch, inwiefern sich Arbeitsprozesse und Arbeitsinhalte durch Weiterentwicklung und technischen Fortschritt verändern werden (verändert haben) und somit auch die dafür notwendigen Qualifikationen und Zeitaufwände.

Bei diesem Vorgehen wird also unter Konstanthaltung aller weiteren Umwelteinflüsse die Entwicklung der Altersverteilung der Wohnbevölkerung der Entwicklung der Erwerbstätigen gegenübergestellt. Die sich hieraus eventuell ergebende „Schere" zwischen der Wohnbevölkerung und der Anzahl der Erwerbstätigen kann einen Fachkräftemangel be-

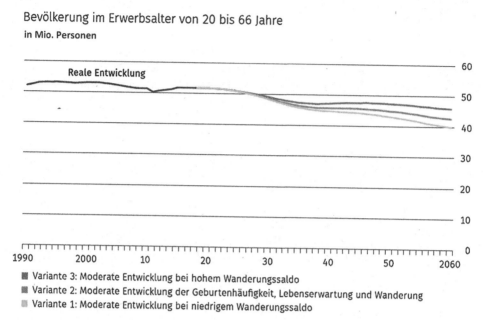

**Bevölkerung im Erwerbsalter von 20 bis 66 Jahre**
in Mio. Personen

■ Variante 3: Moderate Entwicklung bei hohem Wanderungssaldo
■ Variante 2: Moderate Entwicklung der Geburtenhäufigkeit, Lebenserwartung und Wanderung
▨ Variante 1: Moderate Entwicklung bei niedrigem Wanderungssaldo

**Abb. 13.1** Bevölkerung im Erwerbsalter in Deutschland, 14. koordinierte Bevölkerungsvorausberechnung des statistischen Bundesamtes. (Nach Destatis 2019)

deuten. Allerdings ist auch die gesamte Wohnbevölkerung demografischen Effekten unterworfen, die langfristig dämpfende Auswirkungen auf den Fachkräftebedarf haben. Diese Effekte gleichen denen der Erwerbsbevölkerung, laufen aber nicht zeitgleich ab.

Für den Pflegemarkt wird an diese Idee anlehnend, die Anzahl der beruflich Pflegenden der Anzahl der Pflegebedürftigen gegenübergestellt. Durch entsprechende Vorausberechnungen beider Personenkreise ergibt sich in der Prognose der jeweilige Mangel oder Überschuss. Dieses Vorgehen wurde beispielsweise von Schwinger et al. in ihrem Aufsatz „Pflegepersonal heute und morgen" angewendet (Schwinger et al. 2020).

Gestützt werden diese Überlegungen auch von den Ergebnissen der Pflegestatistik 2019 des Statistischen Bundesamtes. Demnach stieg die Anzahl der Pflegebedürftigen von 2017 auf 2019 insgesamt um rund 21 %. Im selben Zeitraum wuchs die Anzahl der durch ambulante Dienste betreuten Pflegebedürftigen um 18,4 %, die Anzahl ambulanter Dienste nahm jedoch nur um 4,5 % zu,[9] mit einem geschätzten Anstieg der dort beschäftigten Vollzeitäquivalente von 8,4 % bzw. 22.000.[10] Diese Gegenüberstellung lässt – bei Konstanz

---

[9] Die Anzahl der Dienste spielt für die Frage eines Fachkräftemangels nur indirekt eine Rolle, da sie rein organisatorische Konstrukte sind, welche klein oder groß sein können.

[10] Die Tatsache, dass es ca. 8,4 % mehr Vollzeitäquivalente gab und „nur" 4,5 % mehr Pflegedienste zeigt, dass die mittlere Größe der Dienste zunahm. Hierdurch werden Skaleneffekte möglich, z. B. im Bereich administrativer Tätigkeiten oder durch bessere Auslastungsgrade von Investitionsgütern im Dienst. Hätte es bei denselben 8,4 % eine Konstanz der Anzahl an Diensten gegeben, wären diese Skaleneffekte evtl. noch größer.

aller sonstigen Faktoren – ein Defizit zwischen Nachfrage und Angebot plausibel erscheinen.[11] Eine solche Konstanz ist jedoch selten geben und als weiteres Argument für die nur eingeschränkte Eignung der Daten für eine Mangelidentifizierung ergänzt das Statistische Bundesamt:

> „Generell gelten Vergleiche zwischen dem Personal und den Pflegebedürftigen im ambulanten Bereich als weniger aussagekräftig, da insbesondere der Umfang der abgerufenen Leistungen variieren kann." (Statistisches Bundesamt 2020a, S. 13).

Insbesondere wird der Nachfrageanstieg zu einem Großteil auf die Einführung des Pflegebedürftigkeitsbegriffs 2017 mit dem neuen Pflegegrad 1 zurückgeführt. Die Gruppe der Pflegebedürftigen des Pflegegrades 1 mit ausschließlich landesrechtlichen Leistungen bzw. ohne Leistungen der ambulanten Pflege-/Betreuungsdienste oder Pflegeheime, stieg nach Berechnungen des Statistischen Bundesamtes um 27,5 %. Eine Erhebung dieser Personengruppe gab es vor diesem Zeitpunkt nicht, da es diese Leistung nicht gab (Statistisches Bundesamt 2020a, S. 9 ff.).

Die Personenzahl der „reinen" Pflegegeldempfängerinnen und -empfänger – also der allein durch Angehörige Versorgten – nahm im Vergleich zu 2017 um 19,9 % zu (Statistisches Bundesamt 2020a, S. 9). Diese fragen derzeit noch keine professionellen Pflegeleistungen nach, können aber als zukünftiges Nachfragepotenzial gewertet werden.

Das Wachstum gegenüber 2017 fand bei der stationären Versorgung vor allem im teilstationären Bereich der Tages-, Nacht- oder Kurzzeitpflegeeinrichtungen statt. Die Zahl der Heime mit vollstationärer Dauerpflege[12] stieg um 0,7 % beziehungsweise 80 Einrichtungen, die restlichen 5,5 % sind auf teilstationäre Angebotsstrukturen zurückzuführen. Die Zahl der zugelassenen Plätze nahm insgesamt um 1,8 % (17.200 Plätze) zu. Auf die Tagespflege entfallen dabei rund 24,3 % (16.200). Die Zahl der mit vollstationärer Dauerpflege versorgten Personen nahm leicht um 0,3 % (2600) zu, im teilstationären Bereich wuchs sie deutlicher um 34,4 % (35.600). Der geschätzte Anstieg der Vollzeitäquivalente in stationären Einrichtungen lag bei 4,5 %. (Statistisches Bundesamt (2020a), S. 14 ff.) Auch hier kann unter sonst gleichen Bedingungen eine entstehende Schieflage zwischen Nachfrage- und Angebotsentwicklung vermutet werden.[13]

---

[11] „Im Schnitt betreute ein ambulanter Dienst 67 Pflegebedürftige." (Statistisches Bundesamt 2020a, S. 12).

[12] „Im Schnitt betreute ein Pflegeheim 62 Pflegebedürftige" bei gleichzeitiger Auslastung der Pflegeplätze von 91 % (Statistisches Bundesamt 2020a, S. 14).

[13] Wird der Vergleichszeitraum 2005–2019 gewählt, stieg die Anzahl der in Heimen vollstationär versorgten Pflegebedürftigen um 24,5 %, der durch ambulante Dienste versorgten Pflegebedürftigen um 108 % und der Pflegegeldempfängerinnen und -empfänger um 115,9 % (Statistisches Bundesamt 2020a, S. 10).

Allen oben beschriebenen Ansätzen zur Erfassung eines vermeintlichen Fachkräftemangels ist gemeinsam, dass sie ausgehend von einem bestimmten Zeitpunkt die Zahl der
Pflegebedürftigen und des Pflegepersonals in die Zukunft prognostizieren.

Eine andere Annäherung zum Thema Fachkräftemangel wird durch den Blick auf die
Erfüllung und Nichterfüllung von festgelegten Mindestpersonalquoten eröffnet. „Der Alltag in der Alten- und Langzeitpflege ist derzeit geprägt vom Pflegenotstand. Längst ist die
vorgeschriebene Fachkraftquote von 50 % in vielen Einrichtungen kaum noch zu erfüllen."
(Görres et al. 2020, S. 138). Da nicht ausschließlich durch Fachkräfte Pflege erbracht wird,
ist zu hinterfragen, ob anhand einer Fachkraftquote wie sie in § 5 der Verordnung über personelle Anforderungen für Heime (Heimpersonalverordnung - HeimPersV) festgelegt ist,
zwingend auf einen Mangel geschlossen werden kann. Die Abwesenheit von derart definierten Fachkräften heißt jedoch nicht, dass keinerlei pflegerische oder dass eine unquali-
fizierte Versorgung erfolgt, da auch alle anderen im Pflegeheim angestellten Personen gemäß § 4 Abs. 1 HeimPersV über eine persönliche und fachliche Eignung für die durch sie
ausgeführten Tätigkeiten verfügen müssen. So kann in diesem Fall zwar ein Fachkräftemangel vermutet, aber nicht zwingend auch von einem Pflegenotstand gesprochen werden.[14]

Einen anderen Zugang zum Thema Fachkräftemangel hat die Bundesagentur für Arbeit
gewählt. Sie hält bei Ihrer Analyse gleich zu Beginn fest, dass eine allumfassende Kennzahl
zur Messung von Mängeln bzw. Engpässen nicht vorliegt, Politik, Wirtschaft und Gesellschaft jedoch eine Einschätzung zur Fachkräftesituation benötigen. Aus diesem Grund hat
sie die Fachkräfteengpassanalyse entwickelt (Bundesagentur für Arbeit 2019). „In der
Arbeitsmarktforschung wird von Fachkräftemangel dann gesprochen, wenn es im Verhältnis
zur Arbeitsnachfrage (Stellenangebote) zu wenige passend qualifizierte Arbeitskräfte und zu
wenige den Anforderungen entsprechend qualifizierbare Arbeitskräfte gibt. Davon zu unterscheiden sind Stellenbesetzungsprobleme, die etwa daraus resultieren können, dass die Be-
werbersuche länger dauert als geplant oder dass die tatsächliche Zahl der Bewerber hinter
den Erwartungen zurückbleibt. Schwierigkeiten können Ausdruck eines grundsätzlicheren
Mangels sein, sie können aber auch „nur" Disparitäten auf dem Arbeitsmarkt widerspiegeln,
die z. B. auf geringe Reichweite von Stellenangeboten, räumliche Immobilität von Arbeitnehmern oder unattraktive Arbeitsbedingungen zurückzuführen sind." (Bundesagentur für
Arbeit 2019, S. 5). In dieser Herangehensweise wird der Bedarf durch die Anzahl der Stellen-
ausschreibung approximiert. Der blinde Fleck ist hier, dass nur der Bedarf erfasst wird, der
auch mit einer Zahlungsbereitschaft (eines Arbeitgebers) verbunden ist. Der Bedarf von Personen, die sich eine Anstellung von Arbeitskräften nicht „leisten" können, bleibt unberücksichtigt.

---

[14]Vor dem Hintergrund der Entwicklung von neuen Personalbemessungsinstrumenten (Rothgang
et al. 2020) sind auch solche Fachkraftquoten zu evaluieren.

## 13.3 Kurze Einführung in die Alternative Wirtschaftstheorie

Seit den frühen 1990er-Jahren forscht eine Gruppe von Wissenschaftlerinnen und Wissenschaftlern unterschiedlicher Disziplinen an einem gemeinsamen Ansatz zur Beschreibung moderner Wirtschaftssysteme. Das zentrale Forschungsprojekt ist die sogenannte Alternative Wirtschaftstheorie (AWT), ein völlig neuartiger Ansatz zur Beschreibung ökonomischer Zusammenhänge.

Durch die „Verknüpfung" der qualitativen Systemtheorie Luhmanns (Luhmann 1996, 1997; Reese-Schäfer 1999) mit der quantitativen Beschreibung von Systemen nach Straubs – auf der Gibbs-Falk-Dynamik basierenden – „alternativen mathematischen Theorie der Nicht-Gleichgewichtsphänomene" (Straub 1997) entsteht die AWT. Sie stellt eine alternative Methodik zur Beschreibung ökonomischer Systeme auf Meso- und Makroebene dar, welche auch ohne die stark einschränkenden Annahmen vieler traditioneller volkswirtschaftlicher Theorien auskommt. Dabei ist die AWT ein sehr differenzierter Ansatz, da er neben allgemeinhin bekannten Größen des Konsums oder der menschlichen Tätigkeit unterschiedliche Sachverhalte und Phänomene zwingend mit einbezieht, die in einer Vielzahl von Wirtschaftstheorien bisher weitgehend vernachlässigt wurden, darunter z. B. Fragen des Einflusses der Rechtsstruktur, Fragen zur Nutzung eines evolutorischen und irreversiblen Zeitkonzeptes – eine Art historisches Gedächtnis eines Wirtschaftssystems – oder etwa der Einfluss der Inanspruchnahme von Ressourcen und damit der natürlichen Umwelt. Auch geht sie in ihrer Gesamtheit (insbesondere durch die Einbeziehung von Austauschgrößen mit der Geosphäre) über die enge Fassung eines kommunikativ konstituierten Subsystems nach Luhmann deutlich hinaus (Ebersoll 2006, S. 239). Die Vorteile der AWT bezüglich ihrer Qualität der Beschreibung ökonomischer Systeme, als auch hinsichtlich ihrer strukturellen Flexibilität, konnten schon in vielen Publikationen gezeigt werden und verdeutlichen, wie umfassend sie in der Lage ist, reale Phänomene einer Gesellschaft mit ihren ökonomischen Auswirkungen abzubilden (siehe https://awtinst.org/publikationen).

Nach entsprechender Herleitung der systembeschreibenden Größen der AWT kann die aktuelle Systemgleichung wie folgt geschrieben werden (Hanke-Ebersoll 2015, S. 74 ff.):

$$dK* = \alpha \cdot dA + \xi_C \cdot dC + \xi_E \cdot dE + \xi_F \cdot dF + \xi_H \cdot dH + \xi_L \cdot dL + \xi_M \cdot dM$$
$$+ \mu \cdot dN + v \cdot dP + \xi_R \cdot dR + p \cdot dV$$

Diese sog. Gibbs-Hauptgleichung stellt ein totales Differenzial der Gibbs-Funktion dar und setzt sich aus den Produkten je einer intensiven und der zugehörigen extensiven Größe zusammen. Mit dieser Differenzialgleichung kann der Einfluss der extensiven Größen auf die Wirtschaftskraft K* dargestellt werden, was für den politiktreibenden Ökonomen als Steuerungsinstrument höchst aufschlussreich sein kann.

Die extensiven Standardvariablen der AWT sind aktuell:[15] der Konsum C, die menschliche Tätigkeit $A$ (Hanke-Ebersoll 2015), die Teilchenzahl $N$ (Bärtl 2005; Ghirardini 2013; Ebersoll und Benker 2014), das ökonomische Volumen $V_{ök}$ (Benker 2004; Ebersoll und Junkermann 2011), die Rechtsstruktur $L$ (Gansneder 2001; Ebersoll 2006, S. 139 ff.), die Systemgeschichte H (Junkermann 2006), der ökonomische Impuls $P_{ök}$ (Ebersoll 2006, S. 180 ff.; Ebersoll und Junkermann 2011, S. 115 ff.), der Verbrauch unmittelbarer Energie E (Lorenz 2012), der Verbrauch an geosphärischen Inputfaktoren (kurz: Rohstoffe) $R$ (Lorenz 2012), die Emissionen des Wirtschaftssystems (kurz Müll) $M$ (Lorenz 2012), die Außenwirtschaft F (Ebersoll und Junkermann 2011, S. 58 ff.) und die Wirtschaftskraft K* (Ebersoll und Junkermann 2011; Benker et al. 2015).

Die sich aus der letztgenannten Gleichung ergebenden intensiven Standardvariablen der AWT sind dabei Folgende: der Wertumsetzungsfaktor $\xi_C$, die ökonomische Relevanz $\alpha$, das Teilchenpotenzial $\mu$, der ökonomische Druck p, der ökonomische Multiplikator der Rechtsstruktur $\xi_L$, der ökonomische Kommunikationskoeffizient $\xi_H$, die dynamische Geschwindigkeit v, die energieinduzierte Rate der Wirtschaftskraft $\xi_E$, die rohstoffinduzierte Rate der Wirtschaftskraft $\xi_R$, die müllinduzierte Verlustrate der Wirtschaftskraft $\xi_M$ und der Außenwirtschaftskoeffizient $\xi_F$.

## 13.4 Praktische Zusammenhänge

Wie gezeigt werden konnte, sind die Methoden zur bisherigen Mangelmessung nur eingeschränkt aussagekräftig. Ein aktueller, akuter Mangel lässt sich daher vermuten, aber nicht stringent nachweisen. Die Prognosen anhand demografischer Fortschreibungen auf Angebots- und Nachfrageseite zeichnen ein eindeutigeres Bild, sind aber naturgemäß mit Unsicherheiten behaftet. Die Anzahl der konstant gehaltenen Variablen und impliziten Annahmen in den bisher gezeigten Ausführungen, ist sehr groß und wirkt einschränkend auf die Aussagekraft derartiger Analysen.

Mit Hilfe der alternativen Wirtschaftstheorie (AWT) sollen die Komplexität und Abhängigkeiten der Zusammenhänge aufgezeigt und damit ein Instrument vorgestellt werden, welches geeignet erscheint, Auswirkungen von Entscheidungen zielgenauer zu antizipieren. Zu diesem Zweck wird daran angeknüpft, dass sich ein Mangel dadurch bestimmt, dass zu einem gegebenen Zeitpunkt einem bestimmten Bedarf ein geringeres Angebot gegenübersteht. Der hierfür mögliche Variablensatz wurde in Abschn. 13.2 sowie der Gleichung Gl. 13.8 hergeleitet. Das konkrete Beispiel bleibt weiterhin der Pflegemarkt. Gleichzeitig kann verdeutlicht werden, wie sich die Aspekte des Pflegesystems in eine makroökonomische Systembeschreibung einfügen.

---

[15] Die Bezeichnung von mehrdimensionalen Größen (z. B. Vektoren und Matrizen) erfolgt im Rahmen der AWT oft mit Sütterlinbuchstaben. Im Interesse der besseren Lesbarkeit und internationalen Verständlichkeit werden mehrdimensionale Größen in dieser Veröffentlichung fett und kursiv gedruckt.

Was könnte also den Bedarf nach Pflegeleistung beeinflussen und steigen lassen? Art und Menge der nachgefragten Pflegeleistungen spiegeln sich im Vektor **B** wider (Abschn. 13.2.1). Werden diese Leistungen tatsächlich in Anspruch genommen, so realisiert sich hierfür ein Preis und beides fügt sich nahtlos in die gesamtwirtschaftliche Konsumgröße C der AWT ein, welche ebenso eine Kombination von Mengen und Preisen darstellt (Ebersoll 2006). Mögliche Nachfrageänderungen, die als Ausdruck von Bedarfsänderungen verstanden werden können, stammen zum einen aus der qualitativen Komponente, wenn beispielsweise Leistungsarten neu entstehen oder sich ändern und zum anderen aus der Mengenkomponente, d. h. wie oft diese in Anspruch genommen werden. Ersteres wird durch den Stand der Technik und der Wissenschaft (vgl. $P_{ök}$ im Folgenden) beeinflusst und letzteres durch die Demografie.

Die demografische Entwicklung findet sich unter anderem auch in der Größe *N* wieder. *N* repräsentiert in der AWT die wirtschaftlich interagierenden Teilchen des betrachteten ökonomischen Systems und ist unterteilt in natürliche Personen wie die Erwerbstätigen (ER), in Selbstständige (SL) und in sonstige Wohnbevölkerung (WB* = WB – ER – SL). Zudem sind Personengesellschaften (pers. Ges.) und juristische Personen des privaten und öffentlichen Rechts (jur. Pers. öffentlich/privat) erfasst. Die Demografie kann bei mehreren Teilchenarten beobachtet werden. So wird die gesamte Wohnbevölkerung (WB) über einen beobachteten Zeitverlauf für Deutschland schrumpfen, siehe hierzu Abb. 13.2. Zur Abschätzung der Auswirkung auf den Bedarf sind jedoch die Berücksichtigung von Altersverteilungen und andere Differenzierungen notwendig.

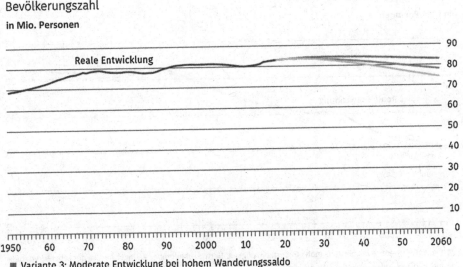

**Bevölkerungszahl**

**in Mio. Personen**

■ Variante 3: Moderate Entwicklung bei hohem Wanderungssaldo
■ Variante 2: Moderate Entwicklung der Geburtenhäufigkeit, Lebenserwartung und Wanderung
■ Variante 1: Moderate Entwicklung bei niedrigem Wanderungssaldo

**Abb. 13.2** Bevölkerungszahl, 14. koordinierte Bevölkerungsvorausberechnung des statistischen Bundesamtes. (Nach Destatis 2019)

Die Auswirkung zeigt sich z. B. in der Verschiebung der Verteilung innerhalb des Vektors $N$ zwischen ER, SL und WB*. Wie in Abb. 13.1 deutlich wurde, sinkt die Größe der im Erwerbsleben stehenden Menschen und vermutlich auch die Größe der selbstständigen Personen zugunsten von WB*, der Größe für Rentner und Kinder. Dies beeinflusst unmittelbar den Vektor $Q$ (vgl. Gl. 13.7), der zur Verfügung stehenden Tätigkeitszeiten pro Qualifikationsniveau, welcher sich aus bestimmten Teilen von ER generiert. Ebenso ist ein Rückgang der juristischen Personen zu erwarten. Nachdem in der Regel eine stark positive Korrelation zwischen dem Alter und dem Pflegebedarf vorliegt, wird das Wachsen von WB* den Personenkreis der potenziell Pflegebedürftigen auch steigen lassen. Diese Personengruppe findet sich zum Großteil in der Wohnbevölkerung ab dem 67sten Lebensjahr wieder; wie diese Entwicklung für Deutschland aussehen könnte, zeigt Abb. 13.3.

Bemerkenswert an der Größe WB in der AWT ist, dass sie unabhängig vom Leistungsrecht der deutschen SPV alle potenziellen Teilchen mit Pflegebedarfen umfasst. Es erfolgt keine Eingrenzung auf einen Personenkreis, der bereits im Leistungsbezug der Pflegeversicherung steht, sondern beinhaltet bewusst auch jene natürlichen Personen als Bedürftige, welche als „Dunkelziffer" bislang durch nichtprofessionelle oder institutionalisierte Strukturen versorgt wurden. Dieser Bedarf ging bei den bisherigen Ansätzen und Diskussionen „verloren" und damit auch ihr potenzieller Konsum.

Werden nur die nach dem Leistungsrecht der SPV Pflegebedürftigen betrachtet, fallen weitere Einschränkungen auf. Wird der Blick auf den durchgeführten Konsum professioneller Pflegeunterstützung im Rahmen der SGB-Leistungen gerichtet, ist dies nur eine

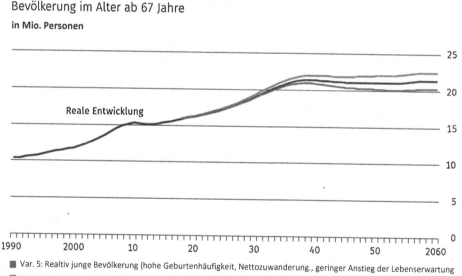

**Abb. 13.3** Bevölkerung im Alter ab 67 Jahre, 14. koordinierte Bevölkerungsvorausberechnung des statistischen Bundesamtes. (Nach Destatis 2019)

teilweise Bedarfserhebung, sie führt gleich aus zwei Gründen zu einer Unterschätzung der Realität. Zum einen, da die SPV in Deutschland als Teilleistung angelegt ist. In aller Regel ist der gemäß SGB XI zustehende Leistungsbetrag für eine Versorgung nicht ausreichend und es wird und muss darüber hinaus konsumiert werden. Zum anderen existiert eine potenziell steigende Nachfrage nach Pflegeleistungen durch Personen, welche außerhalb des Bedürftigkeitsbegriffes stehen. Dies wirkt sich auf andere Branchen und deren Fachkräftesituationen aus, welche somit durch den regulierten Pflegemarkt indirekt betroffen sind. Beispiele hierfür könnten jegliche technische Unterstützungsinstrumente sein, welche frei verkäuflich am Markt ein selbstständiges Leben ermöglichen oder die Bedürfnisse wie Sicherheit und „Überwachung" von beispielsweise Angehörigen befriedigen. Für eine entsprechende Bedarfserhebung und damit Grundlage für eine Mangelidentifizierung müsste folglich auch das sich ändernde Konsumverhalten der Wohnbevölkerung über die Zeit einkalkuliert werden. So könnte die Bedarfsgröße $b_i$, z. B. durch Training des zu Pflegenden etwa im Sinne von „active ageing" (Hilbert et al. 2020) oder durch technische Lösungen beeinflusst werden. Der notwendige Zeitaufwand $z$ (vgl. Gl. 13.5) würde reduziert oder ganz auf null sinken und damit der einstige Bedarf vollständig entfallen. Eine Möglichkeit zur Quantifizierung des Konsumverhaltens wäre beispielsweise die Bildung eines typischen Warenkorbs von Gesundheits- und Pflegegütern, der natürlich über die Zeit hinweg anzupassen wäre.[16]

In der Form $\alpha \cdot dA$ der AWT kann die ökonomische Relevanz von beispielsweise technischen Unterstützungsmöglichkeiten gut nachvollzogen werden. Der Vektor $A$ enthält alle menschlichen Tätigkeiten innerhalb des Systems, also beispielsweise auch alle Pflegetätigkeiten aus $ZV_{i,Q}$ (vgl. Gl. 13.5). Diesen wird durch die intensive Größe $\alpha$ ihre ökonomische Relevanz zugemessen. Auch sie ist ein Vektor und setzt sich zusammen aus drei Quellen: der soziotechnischen Intensität[17] $\alpha_T$, der Incentivierung über Zahlungen für Tätigkeiten $\alpha_Z$ und dem Nichtroutinepotenzial $\alpha_{NR}$ (Hanke-Ebersoll 2015, S. 162 ff.).

Die soziotechnische Intensität $\alpha_T$ vieler Tätigkeiten kann in der Zukunft durch die Einbindung von technischen Lösungen steigen oder zu einer Verschiebung von Interventionen zwischen verschiedenen Qualifikationsarten führen. Dies entspricht einer Veränderung der Größen $x_i$ und $y_i$ in der Matrix $ZV_{i,Q}$. Neue oder verbesserte technische Unterstützungsmöglichkeiten können den Alltag von Laien und Profis in der Pflege erleichtern und auch zu neuen Tätigkeitsfeldern in $A$ führen. „…der Einsatz digitaler Applikationen und der Robotik in der Pflege ebenso wie gezielte Prozesssteuerungselemente zur Optimierung und Professionalisierung der pflegerischen Versorgung…" (Görres et al. 2020, S. 138) ist bereits in diversen Projekten und Studien Untersuchungsgegenstand (vgl. auch Görres et al. 2020). Die Beeinflussung des Zeitbedarfs $z_{i,q}$ für bestimmte Interventionen durch

---

[16]Ein ähnliches Vorgehen wird bei der Berechnung von Preisindizes verwendet. Gegebenenfalls bieten sich verschiedene bedarfstypische Warenkörbe an, z. B. je Pflegegrad oder besser geeigneten Unterscheidungsmerkmalen.

[17]Soziotechnische Intensität berücksichtigt die ökonomische Wirkung und Verstärkung von Tätigkeiten durch technische Hilfsmittel (Hanke-Ebersoll 2015, S. 179 ff.).

z. B. Einsatz von Technik, alternative Arbeitsprozesse oder Organisationsmodelle finden sich in der AWT in Veränderungen von $\alpha_T$ oder Entwicklung und wissenschaftlicher Forschung (Größe $P_{ök}$) wieder. Die Möglichkeiten der Entwicklungen sind durch den jeweiligen Stand der wissenschaftlichen und technischen Erkenntnisse begrenzt. Innovationen lassen sich nicht erzwingen, aber sie können durch entsprechende Rahmenbedingungen im Bildungssystem, mit Auswirkungen auf q in der Matrix $ZV_{i,Q}$, und im Bereich der Forschung und Entwicklung begünstigt werden. In der AWT spiegeln sich diese Aspekte in der Größe des ökonomischen Impulses $P_{ök}$ wider.

Das zu $N$ gehörende ökonomische Teilchenpotenzial $\mu$ ist ebenfalls ein Vektor, wobei es in ein vergangenheitsbezogenes $\mu_{EK}$ und ein zukunftsbezogenes $\mu_{UW}$ zerfällt (Ghirardini 2013). $\mu_{EK}$ repräsentiert das Eigenkapital bzw. das Nettovermögen und kann dabei als grundsätzliche Kaufkraft des einzelnen Teilchens im Sinne potenziellen Konsums verstanden werden. Gesundheitsleistungen, welche nicht aus Versicherungsansprüchen finanziert sind, müssen vom jeweiligen Individuum getragen werden. Damit wird der Vermögenswert $\mu_{EK}$ um diesen Betrag reduziert; wenn z. B. Angehörige von zu Pflegenden die Eigenbeteiligung an Pflegeplatzkosten übernehmen, so spiegelt sich dieser „Einkauf des Pflegeplatzes und der zugehörigen Leistungen" im Konsumvektor wider und die Zahlung hierfür ist aus dem Vermögen ($\mu_{EK}$) zu bestreiten. Sollte $\mu_{EK}$ dazu nicht genügen, erfolgt in Deutschland in aller Regel ein Sozialtransfer ($A_{SOZ}$), solange entsprechende Bedürftigkeitsmerkmale vorliegen.

Sozialtransfers findet sich in der AWT in der Form $\xi_L \cdot dL$ wieder, welche diverse staatliche Aufgaben in Form der Variablen $A_V$ für die äußere Sicherheit, $A_{SO}$ für die innere Sicherheit und Ordnung, $A_{SOZ}$ für soziale Transferleistungen und $A_P$ für die rechtliche Prozessaktivität zwischen Bürger und Staat enthält. Die Variable $A_{SO}$ umfasst auch den Regelungs- und Regulierungsbedarf des Gesundheitswesens bzw. dessen Entwicklung und Prüfung. In der Variable $A_P$ finden sich u. a. die ökonomischen Auswirkungen rechtlicher Unsicherheiten und Streitigkeiten im Zusammenhang mit dem SGB.

Für eine entsprechende Bedarfserhebung und damit Grundlage für eine Mangelidentifizierung müsste folglich auch die potenzielle Stärke der Teilchen, bezogen auf ihren in der Zukunft liegenden Konsum und somit auf ihr zukünftiges Einkommen, einbezogen werden. Dies ist abhängig von $\mu_{UW}$ und den staatlichen Sozialtransfers $A_{SOZ}$.

Nachdem das Gesundheitswesen und damit auch der Pflegemarkt in Deutschland ein stark regulierter Bereich ist, haben natürlich auch politische Entscheidungen massiven Einfluss auf die Systemteilchen. Ein Beispiel ist die Einführung des neuen Pflegebedürftigkeitsbegriffs 2017, der zu einem definitionsbedingten Anstieg der statistisch erfassten pflegebedürftigen Menschen in Deutschland geführt hat. So wurde einem bislang von den staatlichen Versicherungsleistungen ausgeschlossenen Personenkreis, der Zugang zu diesen ermöglicht (Pflegegrad-1-Empfänger). Es ist nicht so, dass diese Personen vorher keinen Bedarf hatten; der sich daraus ableitende Konsum wurde lediglich jenseits des SGB refinanziert oder unterblieb. Der Leistungszugang ermöglicht nun, wenn auch nicht abschließend, eine Konsumfinanzierung über die Pflegeversicherung. Ebenfalls spürbare Auswirkungen haben gesetzlich veranlasste Anpassungen der Leistungsbezugsgrößen oder der Begrenzung von Zuzahlungssummen für Pflegebedürftige.[18] Derartige Nachfrageförderungen haben natürlich unterschiedliche Folgen.

Zum einen wird eine potentere und größere Nachfrageseite um Pflegeleistungen konkurrieren. Dies kann zu einer Ausweitung des Angebotes führen, die sich in den Größen $A$ und $N$ (Komponente ER, SL, jur. Pers.) wiederfinden würde. Zum anderen braucht es mehr Einnahmen für die SPV, welche sich aus den Beiträgen der sozialversicherungspflichtig Beschäftigten speist und somit die intensive Größe $\alpha_Z$ beeinflusst[19]. Dies kann aufgrund der bereits geschilderten demografischen Entwicklung kritische Folgen haben. Zur Finanzierung der Sozialsysteme wird jedoch auch das Steueraufkommen aller Teilchenarten (inkl. jur. Personen) herangezogen, wobei auch hier indirekte Auswirkung der Demografie auf das Wertschöpfungspotenzial von Unternehmen zu erwarten sein dürfte, welches die Besteuerungsbasis schmälern könnte.

Werden die Mittel aus Steuertransfers des Staates genutzt, beeinflusst dies demzufolge nicht nur $\alpha_Z$, $\mu_{EK}$ und $\mu_{UW}$ sondern auch den Konsum C. Aller Voraussicht nach wird sich der Preisvektor erhöhen, da bei nicht hinreichend schnellem Nachwachsen des Angebotes dessen Knappheit über den Preis zutage tritt. Das Zuführen von staatlichen Finanzmitteln und damit das Wachstum von Staatskonsum $A_{ST}$ kann jedoch auch dazu führen, dass die im System befindliche Geldmenge $M_S$ derart wächst, dass sie in ihrer Konsumkraft sinkt, im Allgemeinen wird hier von Geldentwertung gesprochen.

Ähnliche Effekte zeigen sich beim Versuch der Erhöhung der verfügbaren Arbeitszeit pro Qualifikationsart, d. h. im Vektor $Q$ (Gl. 13.7), welcher inhärenter Teil von $A$ ist. Neben Eingriffen in das Arbeitszeitrecht (Verschiebung innerhalb von $A$ zwischen beispielsweise Freizeitaktivitäten und Erwerbsaktivitäten) kommt hierfür hauptsächlich eine Beeinflussung der entsprechenden Erwerbstätigenmenge in Frage. In diesem Punkt wird oft über Anreize durch bessere Bezahlung (Steigerung $\alpha_Z$) diskutiert. Im Zusammenhang muss hierbei bedacht werden, dass $A$ – mengenmäßig betrachtet – zu jedem gegebenen Zeitpunkt eine natürliche Obergrenze besitzt, weshalb eine Erhöhung von $\alpha_Z$ zwar Verschiebungen in $A$ zwischen verschiedenen Berufsbildern zu Lasten anderer Bereiche verursachen kann, aber nicht zwingend die Gesamtmenge erhöht. Insofern konkurrieren diese Bereiche untereinander und die finanziellen Anreize drohen in einer Preisspirale zu verpuffen.[20]

Für eine wirksame Anhebung der natürlichen Obergrenze von $Q$ und damit der potenziell verfügbaren zeitlichen Ressourcen je Qualifikationsniveau (Gl. 13.7) müsste in die

---

[18] Zur Dynamisierung der Leistungsbezüge vgl. auch § 30 SGB XI. Zur Begrenzung der Zuzahlungshöhe vgl. § 91 SGB XI.

[19] In Deutschland wird das Gesundheitswesen über das klassische Normalarbeitsverhältnis finanziert. Diese Kopplung der Versicherungsbeiträge an Arbeitsentgelte stellt die direkte Verbindung mit $\alpha_Z$ her, der Anteil $\alpha_{Z,Gesundheit}$ beinhaltet dabei sowohl die arbeitgeber- als auch die (vermeintlich) arbeitnehmerfinanzierten Beiträge zur Kranken- und Pflegeversicherung. Das Produkt $A \cdot \alpha_{Z,Gesundheit}$ zeigt folglich den tätigkeitsbezogenen Finanzierungsbeitrag zur Kranken- und Pflegeversicherung d. h. die gesamtwirtschaftliche Summe aller Kranken- und Pflegeversicherungsbeiträge.

[20] Vergleiche hierzu auch die Ausführungen von Bonin (2020) ab Seite 64 ff.

Größe $N$ eingegriffen werden. In diesem Zusammenhang wird oft das Thema der ausländischen Pflegekräfte diskutiert (Sell 2020). Hierbei sind zweierlei Wegen möglich. Zum einen durch das Importieren der Dienstleistung Pflege und somit einen Rückgriff auf den Vektor $Q$ eines anderen Systems (z. B. eine ausländische Pflegekraft, welche nicht eingebürgert ist). Dies wirkt sich insbesondere im Konsumvektor und den damit verbunden Einkommensgrößen von $\mu_{EK}$ aus. Zum anderen durch das Einbürgern ausländischer Pflegekräfte. Hier „wandert" eine bestimmte Menge des Qualifikationsniveaus $q_1$ vom Vektor $Q_{Ausland}$ in den Vektor $Q_{Inland}$. In der AWT würde sich dies in der Teilchengröße $N$ ebenfalls in einem „echten" Wachstum der Wohnbevölkerung ausdrücken.

Das in der Fachkräftediskussion oft ausgesparte Thema der Laienpflege ist vor dem Hintergrund der Opportunitätskosten aus volkswirtschaftlicher Sicht problematisch. Die Laienpflege entzieht anderen möglichen Tätigkeiten ein bestimmtes Zeitkontingent. Das kann aus der verengten Brille der Erwerbstätigkeitsbetrachtung vorteilhaft erscheinen, da Tätigkeiten der Laienpflege ein $\alpha_Z$ in Höhe von null aufweisen, während das $\alpha_Z$ der professionellen Pflege signifikant über null liegt. Bei detaillierterer Betrachtung stellt sich jedoch die interessante Forschungsfrage, welche Opportunitätskosten hiermit verbunden sind. Dies kann der Fall sein, wenn ein Individuum aufgrund der Laienpflege seine vorherigen Tätigkeiten vernachlässigt, welche u. U. einen höheren ökonomischen[21] Gesamtnutzen erzeugen könnte. Diese Frage ist aus einem weiteren Aspekt bedeutend, da ein Großteil der Finanzierung der Sozialsysteme in Deutschland immer noch an den Faktor Erwerbsarbeit geknüpft ist.

## 13.5   Fazit

Es scheint ein Umdenken notwendig. Görres et al. (2020, S. 139) formulieren dies passend: „Ein Paradigmenwechsel ist längst überfällig, ein „weiter wie bisher" hilft nicht mehr. Gefragt sind vor allem intelligente Lösungen, die nicht allein an der Quantität, also der Anzahl von Köpfen oder Über-/Untergrenzen in der Pflege festgemacht werden ... Intelligente Lösungen sind immer auch rationale Lösungen. Die Bezeichnung des rationalen Personaleinsatzes ist deshalb nicht (nur; *Anmerkung der Autorin*) mit einem Rationalisierungsgedanken in Verbindung zu bringen, sondern eher mit innovativen Maßnahmen, die sowohl aus fundierten, evidenzbasierten Überlegungen heraus entwickelt werden als auch moderne Entwicklungen wie etwa die Digitalisierung in Lösungsmuster integrieren."

Der Beitrag hat gezeigt, dass mit Hilfe einer eindeutigen Definition der Begrifflichkeiten eine umfassende und in diesem Sinne objektivierte Diskussion der Bedarfs- und Angebotsänderungen im Pflegemarkt erfolgen kann. Der gewählte Formalismus half dabei

---

[21] Hierbei zu beachten ist, dass aus ethischer, moralischer Sicht die Bewertung oft anders ausfällt, weshalb sich Angehörige auch aus Pflichtgefühl gegenüber ihrer Familie immer wieder für die Laienpflege entscheiden.

die verschiedenen Faktoren und ihre Zusammenhänge klar zu adressieren und somit die notwendige Grundlage für ein eineindeutiges Verständnis der Untersuchung zu ermöglichen.

Mit Hilfe der Verknüpfung zur makroökonomischen Systemtheorie AWT gelang es zudem, die Komplexität der sich gegenseitig bedingenden Faktoren zu skizzieren. Dabei wurde deutlich, dass die AWT die verschiedenen Facetten des Pflegesystems in Angebots- und Nachfrageaspekten beschreiben kann, sie ließen sich nahtlos in die AWT-Größen integrieren, falls sie nicht schon enthalten waren. Durch diese Einbettung des Themas in das gesamtwirtschaftliche System wurden Abhängigkeiten deutlich, welche bei einem reinen Fokus auf Pflege außen vor geblieben wären. Es wurde deutlich, dass ein verengter Blick der Untersuchung des Themas Fachkräftemangel sowie der Lösungsfindung wenig zuträglich ist.

Durch den entwickelten Formalismus in Kombination mit den Größen der Systemtheorie der AWT wurde ein Weg und Ansätze für weitere Untersuchungen gezeigt, beispielhaft wäre die Quantifizierung der Vektoren aus Abschn. 13.2 zu nennen. Nachdem die AWT bislang einen gesamtwirtschaftlichen Fokus hatte, sind Fragen der Pflege zuweilen in größeren Aggregaten enthalten (z. B. Pflegebeschäftigte in ER, deren Bezahlung in $\alpha_Z$). Für weiterführende detailliertere Analysen können und dürfen diese in themenspezifische Teilgrößen zerlegt werden, was aufgrund der methodischen Flexibilität jederzeit möglich ist. Ein erster Ansatz für die Abbildung des gesamten Gesundheitswesens mit Hilfe einer quantitativen, ökonomischen Systembeschreibung findet sich in Hanke-Ebersoll et al. 2020.

## Literatur

Bärtl (2005). Ökonomische Teilchen und produktionstechnisches Potential: Ein Teilchenkonzept in einer wirtschaftswissenschaftlichen Umsetzung der Gibbs-Falk-Dynamik. Hamburg, Kovač.

Benker (2004). Der ökonomische Raum auf der Basis geographischer Modellvorstellungen. Frankfurt am Main, Peter Lang.

Benker/Ebersoll/Höher/Junkermann/Lieglein; (2015). Gedanken zur Wirtschaftskraft ökonomischer Systeme – Arbeitspapier 1/2015 des AWT Institut für ökonomische Systemtheorie e.V. München. Abgerufen am 30.12.2020 unter https://awtinst.org/downloads/2015_H%C3%B6her_e.a._Gedanken_zur_Wirtschaftskraft_%C3%B6k_Systeme_publ.pdf.

Bonin (2020). Fachkräftemangel in der Gesamtperspektive. In: Pflegereport 2019, Hrsg. Jacobs et al. Open Access (http://creativecommons.org/licenses/by/4.0/deed.de), Springer (https://doi.org/10.1007/978-3-662-58935-9).

Bundesagentur für Arbeit, Statistik/Arbeitsmarktberichterstattung, 2019. Blickpunkt Arbeitsmarkt – Fachkräfteengpassanalyse. Nürnberg.

Destatis; (2019). Bevölkerung Deutschlands bis 2060, Ergebnisse der 14. koordinierten Bevölkerungsvorausberechnung, Hauptvarianten 1 bis 9; bevoelkerung-deutschland-2060-5124202199014.pdf, abgerufen am 19.9.2021.

Ebersoll/Benker; (2014). Demographie der Unternehmen – Teilchenfokussierte Betrachtungen aus makro- und mikroökonomischer Perspektive. Uelvesbüll, Der Andere Verlag.

Ebersoll; (2006). Die Alternative Wirtschaftstheorie – Beitrag zu den Grundlagen einer quantitativen Theorie dynamischer ökonomischer Systeme. Tönning u. a, Der Andere Verlag.

Ebersoll/Junkermann; (2011). Ansätze zur Beschreibung des Rahmens ökonomischer Interaktion: Überlegungen zum Status Quo und zur weiteren Erforschung der ökonomischen Größe $V_{ök}$ der Alternativen Wirtschaftstheorie. Uelvesbüll, Der Andere Verlag, 2011

Gansneder; (2001). Operationalisierung von Rechtsstrukturen in ökonomischen Systemen. Neubiberg, Dissertation an der Fakultät für Wirtschafts- und Organisationswissenschaften der Universität der Bundeswehr München.

GBE; (2020) – Gesundheitsberichterstattung des Bundes. Gesundheitspersonal nach Einrichtungen in 1.000 und Destatis, Genesis-Onlinedatenbank, Erwerbspersonen (inkl. Veränderungsraten): Deutschland, Quartale, Original- und bereinigte Daten.

Ghirardini; (2013). Unternehmenswert und externes Rating – ein Beitrag zur Operationalisierung in ökonomischen Systemen. Hamburg, Verlag Dr. Kovač.

Görres/Böttcher/Schumski; (2020). Rationaler Personaleinsatz in der Alten- und Langzeitpflege In: Pflegereport 2019, Hrsg. Jacobs et al. Open Access (http://creativecommons.org/licenses/by/4.0/deed.de), Springer (https://doi.org/10.1007/978-3-662-58935-9).

Hanke-Ebersoll; (2015). Menschliche Aktivität im ökonomischen Raum. Uelvesbüll, Der Andere Verlag.

Hanke-Ebersoll/Ebersoll/Junkermann; (2020). Das Gesundheitswesen aus Sicht einer quantitativen, ökonomischen Systembeschreibung – Arbeitspapier 2020 des AWT Institut für ökonomische Systemtheorie e.V. München.

Hilbert/Merkel/Naegele; (2020). „Active Ageing" braucht mehr konzeptionelle Umsetzung und eine darauf bezogene berufliche Aus-, Fort- und Weiterbildung. In: Pflegereport 2019, Hrsg. Jacobs et al. Open Access (http://creativecommons.org/licenses/by/4.0/deed.de), Springer (https://doi.org/10.1007/978-3-662-58935-9).

Junkermann; (2006). Die ökonomische Zeit – anders als die Newton-Zeit – im Rahmen der Alternativen Wirtschaftstheorie. Tönning u. a., Der Andere Verlag.

Lorenz; (2012). Die Interaktion zwischen Wirtschaft und Natur im Rahmen der Alternativen Wirtschaftstheorie. Uelvesbüll, Der Andere Verlag.

Luhmann; (1996). Die Wirtschaft der Gesellschaft. Frankfurt a. M., Suhrkamp Verlag.

Luhmann; (1997). Die Gesellschaft der Gesellschaft, erster Teilband. Frankfurt a. M., Suhrkamp Verlag.

Reese-Schäfer; (1999). Niklas Luhmann zur Einführung. Hamburg, Junius Verlag.

Rothgang/Fünfstück/Kalwitzki; (2020). Personalbemessung in der Langzeitpflege. In: Pflegereport 2019, Hrsg. Jacobs et al. Open Access (http://creativecommons.org/licenses/by/4.0/deed.de), Springer (https://doi.org/10.1007/978-3-662-58935-9).

Schwinger/Klauber/Tsiasioti; 2020. Pflegepersonal heute und morgen. In: Pflegereport 2019, Hrsg. Jacobs et al. Open Access (http://creativecommons.org/licenses/by/4.0/deed.de), Springer (https://doi.org/10.1007/978-3-662-58935-9).

Sell; (2020). Potenzial und Grenzen von Zuwanderung in der Pflege. In: Pflegereport 2019, Hrsg. Jacobs et al. Open Access (http://creativecommons.org/licenses/by/4.0/deed.de), Springer (https://doi.org/10.1007/978-3-662-58935-9).

Statistisches Bundesamt; (2020a). Pflegestatistik 2019 – Pflege im Rahmen der Pflegeversicherung Deutschlandergebnisse.

Statistisches Bundesamt (2020b): Pressemitteilung Nr. 164 vom 12.5.2020 https://www.destatis.de/DE/Presse/Pressemitteilungen/2020/05/PD20_164_23611.html. Abgerufen am: 02.01.2021.

Straub; (1997). Alternative Mathematical Theory of Non-equilibrium Phenomena. San Diego u.a. Mathematics in Science and Engineering, Vol.196.

Wingenfeld/Büscher/Gansweid; (2008). Das neue Begutachtungsassessment zur Feststellung von Pflegebedürftigkeit – Überarbeitete, korrigierte Fassung. Bielefeld/Münster.

# Innovationen im Gesundheitswesen – Rechtliche und ökonomische Rahmenbedingungen und Potentiale

## Betriebliches Gesundheitsmanagement

Christoph Hiendl und Susann Gertler

**Zusammenfassung**

Betriebliches Gesundheitsmanagement (BGM) ist geprägt durch eine hohe Komplexität und Vielfältigkeit. Das bislang klassische BGM wird durch innovative Veränderungen des digitalen BGM erweitert. Das steigert seine Attraktivität und verhilft ihm über bislang tradierte Grenzen hinweg zu mehr Flexibilität, Individualität, Verfügbarkeit und Messbarkeit. Für Unternehmen stehen inzwischen qualifizierte Gesundheitsmanager am Markt zur Verfügung. Diese sind in der Lage, bedarfsgerecht, ökonomisch und wissenschaftlich ein ganzheitliches Mehrfachkomponenten-BGM in Unternehmen zu etablieren. Die Entscheidung für solch einen Roll-out ist die Antwort auf den aktuellen individuellen Bedarf von Beschäftigten unter den Belastungsfaktoren aus den Herausforderungen unserer Zeit. Dieser Beitrag nimmt auf die wichtigsten Faktoren Bezug, die auf die Frage, ob sich BGM lohnt eine Antwort geben werden. Aspekte zur Wirtschaftlichkeit und dem ökonomischen Nutzen werden über den aktuellen Stand verfügbarer Informationen dargestellt. Somit trägt der Beitrag kurz und prägnant die wesentlichen Informationen für ein aktuelles BGM zusammen, denn die Frage seines Lohnes ist eine Frage der Motivation, der Perspektive und der Gestaltung.

C. Hiendl (✉)
FOM Hochschule für Oekonomie und Management, Hochschulzentrum Augsburg,
Augsburg, Deutschland
E-Mail: christoph.hiendl@fom.de

S. Gertler
FOM Hochschule für Oekonomie und Management, Hochschulzentrum München,
München, Deutschland
E-Mail: susann.gertler@fom-net.de

R. Grinblat et al. (Hrsg.), *Innovationen im Gesundheitswesen*,
https://doi.org/10.1007/978-3-658-33801-5_14

## 14.1 Standortbestimmung von BGM im Handlungsfeld der gesunden Arbeit

Betriebliches Gesundheitsmanagement (BGM) ist gemäß der DIN SPEC 91020 definiert als systematische, nachhaltige Schaffung sowie Gestaltung gesundheitsförderlicher Strukturen und Prozesse einschließlich einer Befähigung der Organisationsmitglieder zu einem eigenverantwortlichen gesundheitsbewussten Verhalten. Es ist ein ganzheitliches, nachhaltiges und systematisches Managementkonzept. Analyse, Kommunikation, bedarfsgerechte Intervention und Evaluation werden durch einen professionellen Gesundheitsmanager im Unternehmen qualitätsgesichert gesteuert und über eine jederzeit anpassungsfähige Systematik langfristig etabliert. Als salutogenetisches Konzept erhält es die Beschäftigungsfähigkeit und Unternehmensflexibilität und führt wertschöpfend zur Amortisierung dafür aufgebrachter Investitionen.

Die Handlungsfelder einer gesunden Arbeitswelt sind breit gefächert (in Anlehnung an Uhle und Treier 2019):

- Betriebliches Gesundheitsmanagement (BGM)
- Digitales betriebliches Gesundheitsmanagement (dBGM)
- Betriebliche Gesundheitsförderung (BGF)
- Arbeits- und Gesundheitsschutz (AGS) sowie Arbeitssicherheit (AS)
- Arbeitsfähigkeitsmanagement (AFM)
- Arbeitsmedizin (AM)
- Betriebliches Eingliederungsmanagement (BEM)
- Human- und Social Capital Management (HCM, SCM)
- Demografiemanagement und alternsgerechte Förderung (AGE)
- Diversity Management (DM)

Im Zentrum des BGM liegt die betriebliche Gesundheitsförderung (BGF) verankert. Die DIN SPEC 91020 definiert sie als Maßnahmen des Betriebes unter Beteiligung der Organisationsmitglieder zur Stärkung ihrer Gesundheitskompetenz sowie Maßnahmen zur Gestaltung gesundheitsförderlicher Bedingungen (Verhalten und Verhältnisse), zur Verbesserung von Gesundheit und Wohlbefinden im Betrieb sowie zum Erhalt der Beschäftigungsfähigkeit. Sie wird von den Sozialversicherungsträgern professionell unterstützt und kann von Unternehmen über die Versichertenstruktur ihrer Mitarbeiter abgerufen werden. Die Arbeit der Sozialversicherungsträger stellt in den letzten Jahren einen wesentlichen Beitrag zum wachsenden Roll-out von BGM in Unternehmen, über tausende Best-Practice-Beispiele, dar. Dem Erfolg geschuldet, bewerben sich diese Unternehmen mit steigender Tendenz bei einer Vielzahl der möglichen Awards- und Preisverleihung. Ausgezeichnete Preisträger können über veröffentlichte Jahrbücher eingesehen werden. Die Übersicht in Tab. 14.1 zeigt eine Listung, ohne Anspruch auf absolute Vollständigkeit, der im Markt angebotenen Auszeichnungen des Bundesverbandes Betriebliches Gesundheitsmanagement (BBGM). Ein Anreiz hin zu einem gesunden Unternehmen.

**Tab. 14.1** Listung der im Markt angebotenen Auszeichnungen des Bundesverbandes Betriebliches Gesundheitsmanagement (BBGM). (Mod. nach Ressort „Qualität im BGM" des BBGM 2015)

| Auszeichnungen ohne DIN SPEC 91020 Zertifizierung | Auszeichnungen für besondere innovationen im BGM | Zertifikate für BGM Management systeme und Regelwerke |
| --- | --- | --- |
| GABEGS-Ganzheitliches BGM-System | Deutscher Unternehmenspreis Gesundheit | DGUV Qualitätskriterien „Gesundheit im Betrieb" |
| BGM-Excellence | Haward Health Award | DIN SPEC 91020 |
| Corporate Health Award | TÜV Nord „Anforderungen des Zertifizierungsverfahren (A91)" | MAAS-BGW: zertifizierbares Managementsystem (Qi.int.as) |
| Deutschlands bester Arbeitgeber | | OHSAS |
| Human-Resources Award | | SCOHS Social Capital & Occupatinal Health Standart |
| Great place to work | | |
| Familienfreundlicher Arbeitgeber | | |
| BGW-Gesundheitspreis | | |
| BGF-Gesundheitspreis | | |
| Berufundfamilie-Index | | |
| AOK-Leonhardo Gesundheitspreis für Digitale Prävention | | |

## 14.2 Die Frage des Lohnes von BGM ist eine Frage der Motivation, der Perspektive und der Gestaltung

Die tausende Best-Practice-Unternehmen mit erfolgreicher BGM-Umsetzung stellen einen fundamental gesicherten Beweis dar, dass sich BGM für Unternehmen lohnt. Zu diesem Ergebnis führen eine Vielzahl von Aspekten wie beispielsweise die Abnahme arbeitsbedingter Gesundheitsgefahren, gesteigertes Gesundheitsempfinden der Mitarbeiter, positives und gesundheitsförderliches Verhalten unter einer gesunden Führungs- und Unternehmenskultur. Diese erfolgswirksamen Entwicklungen nehmen wiederum Einfluss auf die unternehmerische Produktivität, Innovationsfähigkeit und Einsparungen von krankheitsbedingten Kosten (Absentismus, Präsentismus). Wie gelingt ein ganzheitliches und erfolgswirksames BGM im Unternehmen? An diesem Punkt steht der Beitrag vor drei Perspektiven, die jeweils zuerst näher betrachtet werden, um am Ende einen Gesamteindruck zu gewinnen.

### 14.2.1 BGM-Motivation

Es gibt eine Vielzahl von motivierend guten Gründen, ein BGM einzuführen.

#### 14.2.1.1 Die gewisse Haltung zum Thema Gesundheit

Was gesund ist, kennen heute die meisten, besonders die Unternehmen und Beschäftigten im Gesundheitsmarkt. Befragt man Menschen zu den Aspekten gesunden Verhaltens, dann wird vermutlich jeder spontan die richtigen Antworten zu gesunder Ernährung, viel Bewegung und ausreichend Schlaf liefern. Führt man die Unterhaltung fort und fragt, wie viel davon selbst praktiziert wird, wird klar, dass die Umsetzung nicht gleich dem Wissen ist. Das ist menschlich und wirkt auch, wenn Arbeitgeber BGM-Maßnahmen einführen, die ihre Mitarbeiter schätzen, aber auch an dieser Stelle die bewusste Notwendigkeit für sich selbst darin nicht erkennen. Die meisten Maßnahmen greifen darum zu kurz und werden, weil es sich nicht rechnet, wieder fallen gelassen. Zumeist mangelt es dabei an Bewusstheit und einer gewissen Haltung. Was helfen die besten Vorsätze, wenn sie praktisch nicht langfristig im Leben ihren Platz finden. Gesundheit ist eine täglich getragene Haltung, die im Menschen aktiviert werden kann, und individuell und bedarfsgerecht vom Arbeitgeber durch BGM mit unterstützt wird. Dies gibt Unternehmen recht, die auf BGM-Interventionen zu Achtsamkeit, Resilienztrainings, Ruheräumen, Massagebehandlung in Pausen und digitalen BGM-Komponenten setzen.

#### 14.2.1.2 „War of Talent"

Die Frage, wie Unternehmen neue Mitarbeiter gewinnen und halten, ist ein zentrales Thema des Strukturwandels. Ende 2018 blieben in Deutschland 1,2 Mio. Arbeitsplätze unbesetzt. Unternehmen brauchen heute durchschnittlich rund 107 Tage für die Neubesetzung einer Stelle. Hier bietet die Entscheidung für ein innovatives BGM den Unternehmen einen Attraktivitätsbonus im Recruiting-Prozess. Gesundheitsorientiert gelebte Unternehmenskulturen sind gefragt.

#### 14.2.1.3 Arbeitgeber-Image

Gemäß dem Beispiel „Wir haben Ihre Gesundheit im Blick!" und das mit vielfältig innovativen und bedarfsgerechten BGM-Maßnahmen, fühlen sich die Mitarbeiter wertschätzend unterstützt. Sie berichten in ihrer Lebenswelt „Meinem Arbeitgeber bin ich wichtig." Das fördert die Arbeitszufriedenheit, Mitarbeitermotivation, die Reputation für ihr Unternehmen am Markt und wirkt sich insgesamt langfristig lohnend auf ihr Ergebnis aus.

#### 14.2.1.4 Übernahme gesellschaftlicher und gesundheitspolitischer Verantwortung für den Wirtschaftsstandort Deutschland

Die World Health Organization (WHO) fordert seit Ende der 1970er-Jahre Gesundheit als gesamtgesellschaftliche Verantwortung zu verstehen und zu verfolgen. Die Deklaration von Alma-Ata legte die Gesundheit als Grundrecht für alle Menschen fest. Die Ottawa-Charta fordert alle Akteure aus Staat, Marktwirtschaft und Zivilgesellschaft auf, gesundheitsförderliche Maßnahmen zu betreiben und gesundheitsbelastende Aspekte abzubauen. Die Luxemburger Deklaration des Europäischen Netzwerkes zur betrieblichen Gesundheitsförderung, fokussiert die gemeinsamen Verbesserungen der Arbeitsbedingungen und

Arbeitsorganisation, Mitarbeiterbeteiligungen und Kompetenzstärkung durch Arbeitgeber und Arbeitnehmer zur Gesundheit am Arbeitsplatz (Böhm et al. 2020). Die deutsche Bundesregierung hat sich aus der Agenda 2030 für nachhaltige Entwicklung auf nationaler Ebene unter dem Namen Deutsche Nachhaltigkeitsstrategie (DNS) für die Umsetzung verpflichtet. Unter den darin enthaltenen 17 Indikatoren steht unter Punkt 3 „Gesundheit" sowie unter Punkt 8 „Menschenwürde, Arbeit und Wirtschaftswachstum" mit dem Ziel, vorhandenes Arbeitskräftepotenzial künftig besser auszuschöpfen. Dadurch soll die aktuelle Erwerbstätigenquote von rund 56 % (Stand 2019) bis zum Jahr 2030 auf 78 % und explizit die Erwerbstätigenquote der Älteren (60- bis 64-Jährige) auf 60 % erhöht werden (Destatis 2019a). Es wird damit beabsichtigt, die wirtschaftliche Leistungsfähigkeit umwelt- und sozial verträglich zu steigern. Ein jedes Unternehmen kann für dieses Ziel mit BGM einen wichtigen Beitrag leisten.

### 14.2.1.5 Demografischer Wandel

Seine Auswirkungen zeigen sich in sinkenden Geburtenraten im Gegensatz zu Sterberaten, einer verlängerten Lebenserwartung und fehlendem Personal in den Unternehmen. Zunehmende Alterung führt zu einem Anstieg chronischer Erkrankungen und Krankheitshäufigkeiten. Die gleichzeitige Entwicklung des medizinisch-technischen Fortschritts unterstützt die längere Lebenserwartung und Lebensarbeitszeit, aber bringt zugleich auch wachsende finanzielle Gesundheitsausgaben mit sich. Diese betrugen im Jahr 2017 in Deutschland rund 375,6 Mrd. Euro. Das entspricht 4544 Euro pro Einwohner und insgesamt 11,5 % Anteil der Ausgaben am Bruttoinlandsprodukt (BIP) (Destatis, Gesundheitsausgaben 2017). Die Alterung und Zuwanderung der Erwerbstätigen aus dem Ausland bilden zunehmend heterogene Teams. Diversity Management aus dem Handlungsfeld des BGM unterstützt den neuen kulturellen sowie alterns- und altersgerechten Bedarf und hebt dabei Innovationspotenziale. Gesunde Führungs- und Kommunikationskompetenzen tragen die Interventionen in die Unternehmenskultur. Durch Autonomie, Anforderungsvielfalt und einer wertschätzenden Kooperationskultur entstehen Bewältigungsmechanismen für die Gesundheit. BGM unterstützt dabei präventiv und gesundheitsförderlich Mitarbeiter in ihren betrieblichen Strukturen und Prozessen.

### 14.2.1.6 Arbeitsunfähigkeiten

Laut einer Schätzung der Bundesanstalt für Arbeitsschutz und Arbeitsmedizin (BAuA) und der ihr dafür zugrunde gelegten Daten, lag das Arbeitsunfähigkeitsvolumen 2017 mit einer durchschnittlichen Arbeitsunfähigkeit von 16,7 Tagen je Arbeitnehmer bei einem Arbeitsunfähigkeitsvolumen von insgesamt 668,6 Mio. Arbeitsunfähigkeitstagen. Die daraus weiteren Berechnungen ergaben eine Schätzung volkswirtschaftlicher Produktionsausfälle von insgesamt rund 76 Mrd. Euro mit rund 1911 Euro Produktionsausfall je Arbeitnehmer. Die Schätzung der ausgefallenen Bruttowertschöpfung belief sich auf rund 136 Mrd. Euro. In ihrem Ergebnis leitet sie ein volkswirtschaftliches Präventions- und Nutzenpotenzial ab und schätzt, dass mit einem effizienten betrieblichen Gesundheitsmanagement 30–40 % krankheitsbedingter Ausfallzeiten vermieden werden können

(BAuA 2019). BGM-Interventionen knüpfen an diesem Potenzial an und verfolgen das Ziel, die Kosten der Arbeitsunfähigkeiten durch individuelle gesundheitsförderliche Maßnahmen, zu senken.

### 14.2.1.7 Zunahme psychischer Belastungen und ihre Folgen

Die Zunahme psychischer Belastungen in der Arbeitswelt gewinnt aufgrund ihrer Vielfältigkeit, steigender Arbeitsunfähigkeitszahlen und den damit verbunden Kosten aktuell an Bedeutung. Diese Entwicklung führte zu vermehrten Untersuchungen darauf einflussnehmender Risikofaktoren und den daraus entstehenden negativen Folgen hoher psychischer Belastung in der Arbeit. Als arbeitsweltbezogene Risikofaktoren konnten beispielsweise ein geringer Handlungsspielraum („job control"), hohe Arbeitsintensität („job demand"), Arbeitsüberlastung und ein damit verbundener hoher „job strain", d. h. die Kombination aus beidem, analysiert werden. Zudem kommen Gratifikationskrisen, d. h. eine ungleiche Verteilung zwischen Verausgabung und Belohnung, der emotionale Aufwand, der in die Arbeit investiert wird, geringe soziale Unterstützung am Arbeitsplatz, Rollenstress, Arbeitsplatzunsicherheit und Bullying, das aggressive Verhalten am Arbeitsplatz, hinzu (IGA, Report 32, 2016). Ergebnisse, negativer Folgen aufgrund psychischer Belastungen, zeigen deutlichen Einfluss auf Erkrankungen des Herz-Kreislauf-Systems, zunehmende Muskel-Skelett-Erkrankungen (MSE) sowie auf Depressionen und Angst. Diese Risikoerhöhung am Arbeitsplatz liegt laut Expertise bei 40–80 % (IGA, Report 32, 2016). Für die Kranken- und Unfallversicherungsträger stehen dabei die Folgen aus den Erkrankungsrisiken im Fokus. Für Unternehmen sind die relevanten Leistungseinschränkungen durch Absentismus, Präsentismus und steigenden Personalkosten von Bedeutung. Die Ergebnisse aus den Untersuchungen bilden einen wichtigen Ausgangspunkt für eine wertschöpfende und lohnende Investition in präventiv ausgerichtete Maßnahmen betrieblicher Gesundheitsförderung und einem ganzheitlichen betrieblichen Gesundheitsmanagement in Unternehmen.

### 14.2.1.8 Steuerliche Vorteile

Von insgesamt zwei Möglichkeiten steuerlicher Vorteile besteht für Unternehmen die erste darin, eigene Maßnahmen betrieblicher Gesundheitsförderung anzubieten, die der Qualität, Zweckbindung und Zielgerichtetheit gemäß den Anforderungen aus den §§ 20, 20a und 20b SGB V genügen und den allgemeinen Gesundheitszustand verbessern. Als Qualitätsmaßstab dient Unternehmen der Leitfaden für Prävention des GKV-Spitzenverbandes. Seit 01.01.2020 können damit Maßnahmen bis zu 600 Euro pro Mitarbeiter und Jahr gemäß § 3, Nr. 34 EStG (Einkommensteuergestz) lohnsteuerfrei geltend gemacht werden. Zu den Maßnahmen zählen beispielsweise Stressbewältigung, Suchtprävention, Bewegungsprogramme und Ernährungsangebote. Eine zweite Möglichkeit für Unternehmen liegt im Rahmen der Sachbezugsfreigrenze. Gemäß § 8 Abs. 2 Satz 11, EStG können bis zu einer Höhe von 44 Euro pro Mitarbeiter und Monat entsprechende Aktivitäten angeboten werden.

## 14.2.2 BGM-Perspektive

### 14.2.2.1 Perspektive des Unternehmens

Die steigende Anzahl an Best-Practice- Unternehmen berichten von deutlichen und nachhaltigen Erfolgen durch BGM. Zumeist geben sie an, dass nicht nur die Gesundheit der Mitarbeiter verbessert werden konnte, sondern auch die Kosteneffizienz, Innovationsfähigkeit und Wettbewerbsfähigkeit. Für sie liegen die Gründe des Erfolgs in einer verbesserten Kommunikation, einer qualifizierten verantwortlichen Stelle, aktiv eingebundenen Mitarbeitern, abteilungsübergreifender Kooperation und gesunder Führung. Von deutlichem wirtschaftlichen Nutzen berichten sie in den Bereichen der Arbeitsschutzmaßnahmen und Arbeitsschutzstruktur, in der Senkung der Entgeltfortzahlung, Steigerung der Kundenzufriedenheit, verbesserten Prozessabläufen sowie in der Produktivitätssteigerung (Badura et al. 2009). Erfolgreiche Unternehmen unterstützen zumeist in regionalen Netzwerken andere Unternehmen über einen konstruktiven Austausch bei der Entscheidungsfindung zur Einführung von BGM. Die folgende Liste stellt beispielhaft die unternehmerischen Vorteile aus einem ganzheitlichen BGM dar.

Unternehmerische Vorteile aus einem ganzheitlichem BGM:

**Vorteile für Unternehmen aus BGM**

- Gesteigerte Kundenzufriedenheit
- gesunde, menschliche Unternehmenskuitur&$$$;
- gesteigerte Wertschöpfung & Produktivität
- Reduktion von Prozessablaufstörungen
- Reduzierung von Nacharbeit & Ausschuss
- Erhalt der Innovationsfähigkeit & Untermehmensflexiilität&$$$;
- Stärkung der Wettbewerbsfähigkeit
- Höheres Arbeitgeberimage
- Optimierte Personalplanung & Personalkosten
- Alters- und altern gerechte Erhaltung der Beschäftigungsfähigkeit
- Kostenreduktion durch Senkung der Arbeitsunfähigkeitszahlen
- Nachweisbare Investitionsrenditen
- strukturelle, prozessuale, ergebnisbezogene Qualitätsorientierung
- Erweiterte Messbarkeit und Evaluation durch digitales BGM
- Optimiertes Ressourcenmanagement und nutzbare Ideengenerierung&$$$;
- Erfüllung gesellschaftlicher Verantwortung zu Gesundheit und Wirtschaftswachstum
- Kooperationspartner für die Wissenschaft

### 14.2.2.2 Perspektive des Mitarbeiters

Auf unsere Gesundheit nimmt die Art und Weise, wie wir arbeiten, großen Einfluss. Soziale Aspekte wie Wertschätzung, Transparenz, Unterstützung, Beteiligung, Betriebsklima und Führungskultur gelten als gesundheitsförderliche Ressourcen. In einer aktuellen Befragung des DGB-Index „Gute Arbeit" (2019) bewerten die darin befragten Beschäftigten den eigenen Gesundheitszustand mit 18 % als sehr gut, 40 % mit gut, 29 % mit zufriedenstellend, 9 % mit weniger gut und 4 % mit schlecht. Bedingt durch die Coronapandemie und die gestiegene Geschwindigkeit der Veränderungen durch die Digitalisierung, konzentrieren sich eine Vielzahl von Belastungsfaktoren auf individueller Mitarbeiterebene. Ein ausgeglichenes Verhältnis von Belastung und Erholung ist jedoch für den Erhalt der Gesundheit und Beschäftigungsfähigkeit wichtig. Können Beschäftigte durch Arbeitsüberlastung dieses Gleichgewicht nicht mehr herstellen, kann sich eine quantitative Überforderung einstellen, die mit hohen Kosten für Unternehmen und Sozialversicherungsträger verbunden sind. Abb. 14.1 zeigt mit einer Übersicht aus dem DGB-Index 2019 eine aktuelle Beschäftigtenperspektive dazu.

Dies und eine Vielzahl ähnlicher Ergebnisse lassen erkennen, mit welchen Belastungsfaktoren Beschäftigte gesundheitlich gefährdet sind und dass Handlungsbedarf in der betrieblichen Unterstützung zur Gesundheit daraus erwächst. Um die Bedürfnisse von Beschäftigten im Unternehmen zu ermitteln, sollten diese regelmäßig durch einen qualifizierten Gesundheitsmanager mit wissenschaftlichen Erhebungsmethoden befragt und ihr Arbeitsplatz analysiert werden. Über Mitarbeiterbefragungen, Rückkehrgespräche, Gesundheitszirkel, Arbeitsplatzanalysen, psychische Gefährdungsanalysen und Fehlzeitenstatistiken geben Mitarbeiter persönlich, schriftlich oder online subjektive und objektiv wahrgenommene Faktoren aus ihrer Arbeitswelt wider. BGM kann für individuelle, zielgruppenspezifische Bedürfnisse und Arbeitsbedingungen zeitgemäße Lösungen finden. Im Ziel verfolgt es den Erhalt der Beschäftigungsfähigkeit, unter der ein in allen Lebenslagen kompetentes Tätigseinkönnen verstanden wird, welches zur Teilhabe am wirtschaftlichen und sozialen Leben befähigt. Es ist an die Qualifikationen und Fähigkeiten

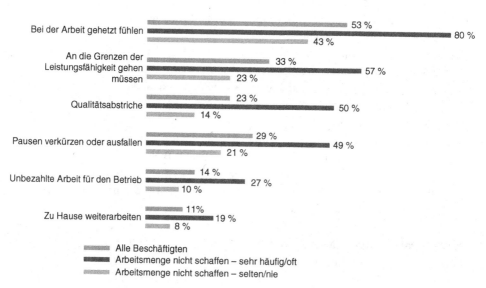

**Abb. 14.1** Quantitative Überforderung und Belastung. (Mod. nach DGB-Index „Gute Arbeit", Jahresbericht 2019, Schwerpunktthema Arbeitsintensität)

des Mitarbeiters gebunden. Ein individuelles, gesellschaftliches und unternehmensbezogen gestaltbares Konzept zur Unterstützung zukunftsfähiger Arbeit soll erstellt werden. Die folgende Liste zeigt noch einmal beispielhaft die zusammengefassten Vorteile für Mitarbeiter, die aus einem bedarfsgerechten BGM entstehen.

Beispielhafte Darstellung für Mitarbeitervorteile bei einem bedar:

**Vorteile für Mitarbeiter aus BGM**

- Verbesserter Gesundheitszustand
- Senkung der Krankentage durch AU
- Steigerung der Leistungsfähigkeit & Arbeitszufriedenheit
- individuelles digitales BGM
- Kontinuierliche Verfügbarkeit digitaler BGM Maßnahmen
- Wertschätzung durch Arbeitgeberbeteiligung
- Gesteigerte Arbeitsmotivation
- Emotionale Bindung zum Unternehmen
- Rückzugsmöglichkeiten
- Gesunde Unternehmenskultur
- Gesundheitskompetenz
- Potenzialentfaltung
- Senkung gesundhetlicher Risiken
- Reduktion von Arztbesuchen
- Verbesserte Belastungsbewältigung
- Positiven Einfluss auf die Lebensqualität
- Verbesserte Stressbewältigung
- Stabilität in der Arbeitszufriedenheit
- Positiver Einfluss auf die Vereinbarkeit von Beruf und Familie

### 14.2.2.3 Wirtschaftlichkeit und ökonomischer Nutzen

Die Entscheidung für das BGM ist von Langfristigkeit und im klassischen BGM retrospektiv von einer Vielzahl zumeist indirekter Erfolgsfaktoren geprägt. Eine Vielzahl kleiner Maßnahmen bewirken zusammen über verschiedene Zusammenhänge positive Gesamteffekte. Gewinn-und-Verlust-Rechnungen, Bruttonutzen, Berechnungen und Ausfallkostenrechnung finden im Rahmen von Wirtschaftlichkeitsmessungen im BGM zielführend Anwendung. Finanzkennziffern wie die EBIT-Marge oder der HCVA („human capital value added") eignen sich zur Bestimmung von BGM-Maßnahmen im Unternehmen. Mitarbeiter bilden das Humankapital indem sie zum entscheidenden Wertzuwachs eines Unternehmens, durch ihre Fähigkeiten, Qualifizierung und Erfahrung beitragen. Es ist ein immaterieller Vermögenswert, an dem Unternehmen eher bedingte Eigentumsrechte besitzen. Für monetäre Bewertungen des Humankapitals kann als Controlling Instrument die „Saarbrücker Formel" angewendet werden (Abb. 14.2). Sie verankert die vier Gruppenkomponenten Wertbasis, Wertverlust, Wertkompensation und Wertänderung und zudem eine mögliche Motivationserhebung mittels Referenzfragebogen.

## Saarbrücker Formel

$$HC = \sum_{i=1}^{g} \left[ \left( FTE_i \times I_i \times \frac{w_i}{b_i} + PE_i \right) \times M_i \right]$$

HC-Wertbasis  HC-Wertsteigerung

HC-Wertverlust  HC-Wertveränderung

| HC | = Humankapital |
| i | = Zählvariable |
| g | = Gruppennummer |
| FTE$_i$ | = Anzahl Vollzeitstellen (Full time equivalent) |
| I$_i$ | = branchenüblicher Marktgehalt |
| w$_i$ | = durchschnittliche Wissensrelevanzzeit der Beschäftigungsgruppe |
| b$_i$ | = durchschnittliche Betriebszugehörigkeit der Beschäftigungsgruppe |
| PE$_i$ | = Personalentwicklungskosten |
| M$_i$ | = Motivationsindex |

**Abb. 14.2** Saarbrücker Formel. (Mod. nach Scholz und Stein 2006)

In ihrem Ergebnis steht das Wirkpotenzial von Mitarbeitern, das einen Wert darstellt. Dieser Wert bleibt erhalten, selbst wenn Unternehmen ihn nicht nutzen. Für vergleichende Ergebnismessungen lohnt sich die Anwendung dieser Formel bereits bei der Einführung eines BGM im Unternehmen. Anhand der Formel und wiederkehrender Motivationserhebungen ist es möglich, einen monetären Nachweis von Maßnahmen und dessen Auswirkungen auf die Humankapitalgesamthöhe aufzuzeigen (Badura et al. 2009).

Eine Vielzahl möglicher Kennzahlen stützen das BGM über alle Phasen hinweg. Durch ein Gesundheitscontrolling werden sie erfasst, dokumentiert, ausgewertet, gesteuert, gesichert und als Argumentationshilfe rund um den Lohn von dem BGM aufbereitet. Die Kostenstruktur, der direkten und indirekten Kosten einschließlich der Opportunitätskosten, bildet betriebswirtschaftlich ein notwendiges und wichtiges Maß. Prospektive Berechnungen des „return on investment" (ROI) durch BGM-Maßnahmen liefern ebenso wie retrospektive Berechnungen wertvolle Informationen. Nach mehr als 3 Jahrzenten internationaler Studien zur Nutzenevaluation werden retrospektiv durchschnittliche Ergebnisse hinsichtlich des positiven ökonomischen Nutzens publiziert. Ökonomischer Nutzen aus betrieblichem Gesundheitsmanagement entsteht, wenn die auf eine Krankheit bezogenen Kosten vergleichsweise geringer ausfallen (IGA, Report 40, 2019). Der ROI entsteht aus dem Verhältnis des entstandenen Nutzens zu den Aufwendungen, die mit angebotenen und wahrgenommenen Maßnahmen von Mitarbeitern in Verbindung stehen. Sein Ergebnis bildet die Einsparung für das Unternehmen ab. Es werden positive Kosten-Nutzen-Verhältnisse (ROI) bei Krankheitskosten von 1:2,3–1:5,9 und von Einsparungen im Bereich der Fehlzeiten im Verhältnis zwischen 1:2,5–1:4,85 publiziert (IGA Reporte 13, 2008a; 16, 2008b; 28, 2015). Aus Studienergebnissen der Deutschen Gesetzlichen Unfallversicherung (DGUV) ergeht, dass Ausgaben für den betrieblichen Arbeits- und Gesundheitsschutz Investitionen darstellen, die sich für Unternehmen „rechnen". Der dafür

| Treiber $\longrightarrow$ | Indikatoren $\longrightarrow$ | Ergebnisse |
|---|---|---|
| Arbeitsbedingungen und Ergebnisse | Selbstwirksamkeit und Vertrauen | ↓ Fehlzeiten und Ausfallkosten |
| Aufgabeninhalt und Entscheidungsfreiraum | Gesundheitszustand und Arbeitsfähigkeit | ↑ Produktivität und Leistungsbereitschaft |
| Qualität sozialer Beziehungen | Gesundheitsverhalten und Einstellungen | ↑ Arbeitsqualität und Kundenfreundlichkeit |
| Führungsqualität und gesunde Führung | Arbeitszufriedenheit und Commitment | ↓ Innere Kündigung und Demotivation |
| Unternehmenskultur und Leitbilder | Psychosoziales Wohlbefinden | ↓ Fluktuationsneigung Alternativensuche |
| Flexibilisierung von Arbeitszeit und -ort | Erholungsfähigkeit und Resilienz | ↓ Präsentismus/ Krankheitsverschleppung |

| Unabhängige Variablen | Moderatoren | Abhängige Variablen |
|---|---|---|

**Abb. 14.3** Gleichungssystem Gesundheit. (Quelle: Treier und Uhle 2019)

verwendete „return on prevention" (ROP) wird mit 2,2 als ökonomischer Erfolg eingeschätzt (DGUV 2013). Ein ROI zwischen 1:2 und 1:10 wird für BGM-Maßnahmen bezogen aus Absentismus angegeben und zwischen 1:2 und 1:6 liegt das Verhältnis von BGM-Maßnahmen und medizinischen Kosten (IGA, Report 13, 2008). Mit der Einführung eines systematisch bedarfsgerechten Mehrkomponenten-BGM wird es als realistisch angesehen, einen ROI von 1:2,5 in den ersten 3 Jahren und einer Reduktion von Fehlzeiten zwischen 25–30 % zu erreichen (Uhle und Treier 2019). Insgesamt stellt Gesundheit einen finanziellen Wertschöpfungsfaktor dar, der bislang durch das klassische BGM und der vervielfältigen Wirkungszusammenhänge zumeist indirekt abgeleitet wird. Die zunehmende Einführung digitaler BGM-Möglichkeiten wird die quantitativen Messbarkeiten deutlich verbessern. Um eine Vorstellung von den Bezügen zwischen schädigenden und fördernden Einflüssen auf gesundheitliche Auswirkungen im Zusammenhang zu bekommen, wird an dieser Stelle das Gleichungssystem Gesundheit vorgestellt. Es wurde von Treier und Uhle (2019) entwickelt und zeigt beispielhaft und praktisch einfach umsetzbar, den Bezug zwischen abhängigen und unabhängigen Faktoren und deren einflussnehmenden Größen auf die Gesundheit von Beschäftigten, wie Abb. 14.3 zeigt.

### 14.2.3 BGM-Gestaltung

An dieser Stelle werden zentrale Aspekte angeführt, die keinen Anspruch erheben, die gesamte Breite und Tiefe der vielfältigen BGM-Möglichkeiten im Gesamten zu erfassen, aber für ein lohnendes BGM bedeutend sind. Für jede BGM-Einführung ist die Investition in die Stelle eines nachweislich qualifizierten und langfristig geplanten Gesundheitsmanagers absolute Notwendigkeit. Dabei sind Sozial-, Projekt- und Handlungskompetenz im BGM sowie Fähigkeiten im wissenschaftlichen Arbeiten notwendige Profilanforderungen. In den meisten Umfrageergebnissen zählen unzureichend qualifizierte BGM-Beauftragte mit fehlender Methodenkenntnis zu den größten Hemmnissen eines lohnenden BGM. Nur ein mehrjährig ausgebildeter Gesundheitsmanager besitzt die notwendigen Kompetenzen, in seinem Unternehmen eine ausführliche Standortbestimmung mit individueller Bedarfsanalyse auf Mitarbeiterebene durchzuführen und aufzubereiten. Diese Analyse bildet „die Quelle" des Bedarfs, aus der sich die Gesamtheit des darauf aufbauenden BGM entwickeln wird. Die daraus gewonnenen Ergebnisse werden professionell durch ihn aufbereitet und über die Organisationsstruktur integriert kommuniziert. Er bindet Mitarbeiter aktiv in eine entsprechend bedarfsgerechte und zielgruppenspezifische Ableitung von Interventionsmöglichkeiten für das Unternehmen ein. Zur Gestaltung eines zielgerichteten Mehrkomponenten-Portfolios wählt er über entsprechende Abwägungskriterien die passenden klassischen und digitalen Interventionskomponenten für das Unternehmen aus. Im Bereich der digitalen BGF steht ihm dafür eine gewachsene Vielzahl von Instrumenten und Methoden zur Verfügung, wie Abb. 14.4 zeigt.

Aus einem gut gewählten Instrumenten- und Methoden-Mix entwickelt er ein nachhaltiges datenschutzkonformes Gesundheitsmonitoring mit dem Ziel einer individuellen und unternehmerischen Gesundheitsförderung (Matusiewicz und Kaiser 2018). Die Nutzung digitaler Komponenten im BGM eröffnet eine kontinuierliche Verfügbarkeit und Individualisierbarkeit der Maßnahmen. Zudem sind Messungen von Anwendungszeiten, Ergebnissen und Nutzen unter Einhaltung des Datenschutzes effizienter möglich. Digitale Technologien lösen tendenziell tradiert bestehende Abteilungs-, Unternehmens- und Branchengrenzen sowie Markteintrittsbarrieren insoweit auf, dass sie digital kompetente

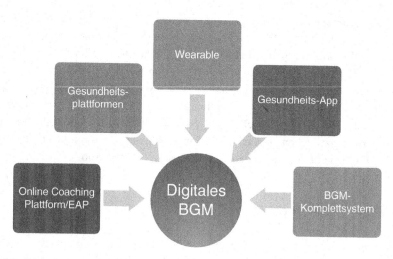

**Abb. 14.4** Digitales betriebliches Gesundheitsmanagement. (Mod. nach Matusiewicz und Kaiser 2018)

Sozialvernetzungen für ein vielfältiges Nutzungspotenzial mit sich führen. Im gesamten BGM-Projekt ist insgesamt eine höchstmögliche Qualität anzustreben. Die Spezifikation DIN SPEC 91020:2012-07 „Betriebliches Gesundheitsmanagement" legt Mindestanforderungen für die Qualität im Organisationsumfeld, Führungsverhalten, in der Unterstützung, Planung, im Betrieb, zur Evaluation und zu Maßnahmen der Verbesserung fest. Sie ermöglicht die Harmonisierung mit anderen gegebenenfalls bereits bestehenden Managementsystemen wie beispielsweise der DIN ISO 9000 ff, dem ISO Guide 83 oder der par excellence gelebten Unternehmensqualität, dem European-Foundation-of-Quality-Management(EFQM)-Modell. Das EFQM-Modell wurde aus dem Total Quality Management (TQM) heraus entwickelt. Im Bereich der BGM-Evaluation fußt beispielsweise das Evaluationsmodell des europäischen Netzwerks für betriebliche Gesundheitsförderung (ENBGF) sowie auch der Wuppertaler Gesundheitsindex für Unternehmen (WUG) auf dem EFQM-Ansatz. In der Evaluation wird noch einmal die entsprechende Qualifikation des Gesundheitsmanagers, mit Blick auf seine Fähigkeiten, ökonomisch und zugleich wissenschaftlich arbeiten zu können, verstärkt. Um den geforderten Nachweisbarkeiten zum ökonomischen Nutzen von (klassischen und digitalen) BGM-Interventionen nachzukommen, ist es von Bedeutung, dass die Ergebnisse insoweit dargestellt und aufbereitet werden sollten, dass sie für ihr Unternehmen als auch für die Wissenschaft mit einer hohen Vergleichbarkeit zur Wirksamkeitsmessung führen. Darin besteht für alle Unternehmen mit den jeweiligen BGM-Verantwortlichen das Potenzial für die nachweislich lohnende Investition in betriebliches Gesundheitsmanagement mit all seinen darin eingeschlossenen Handlungsfeldern.

## Literatur

Badura, B., Schröder, H., Vetter, C. (2009). Fehlzeiten-Report 2008. Heidelberg: Springer Medizin Verlag

BAuA (2019) Volkswirtschaftliche Kosten durch Arbeitsunfähigkeit (Link & pdf Datei) Link: https://www.baua.de/DE/Themen/Arbeitswelt-und-Arbeitsschutz-im-Wandel/Arbeitsweltberichterstattung/Kosten-der-AU/pdf/Kosten-2017.pdf?__blob=publicationFile&v=4 Zugegriffen: 06.05.2021

Böhm, K., Bräunling, S., Geene, R., Köckler, H. (2020). Gesundheit als gesamtgesellschaftliche Aufgabe. Wiesbaden: Springer Fachmedien

Bundesverband Betriebliches Gesundheitsmanagement (BBGM) (2015). Beweise für die Gesundheit. Personalmagazin 05/15. Link: https://bbgm.de/wp-content/uploads/2019/07/Personalmagazin_Beweise_fuer_Gesundheit.pdf Zugegriffen: 06.05.2021

Destatis Statistisches Bundesamt (2019). Pressemitteilung Nr. 109 vom 21. März 2019. Link: https://www.destatis.de/DE/Presse/Pressemitteilungen/2019/03/PD19_109_23611.html Zugegriffen: 06.05.2021

Destatis Statistisches Bundesamt Nachhaltigkeitsstrategie für Deutschland (2019a). Indikatoren der Deutschen Nachhaltigkeitsstrategie. Link: https://sustainabledevelopment-deutschland.github.io/ Zugegriffen: 06.05.2021

Deutsche Gesetzliche Unfallversicherung (DGUV) (2013). Berechnung des internationalen „Return on Prevention" für Unternehmen: Kosten und Nutzen von Investitionen in den betrieblichen Arbeits- und Gesundheitsschutz. DGUV Report 1/2013. Link: https://publikationen.dguv.de/widgets/pdf/download/article/2799 Zugegriffen: 06.05.2021

IGA (2008a), Initiative Gesundheit und Arbeit. Iga. Report 13. Link: https://www.von-herzen-gesund.de/wp-content/uploads/iga-Report_13_Wirksamkeit_Gesundheitsfoerderung_Praevention_Betrieb.pdf Zugegriffen: 06.05.2021

IGA (2008b), Initiative Gesundheit und Arbeit. Iga. Report 16. Link: https://www.iga-info.de/fileadmin/redakteur/Veroeffentlichungen/iga_Reporte/Dokumente/iga-Report_16_Analyse_ROI-Kalkulatoren.pdf Zugegriffen: 06.05.2021

iga. Iga.Reporte 28 (2015), 32 (2016), 40 (2019) Link: https://www.iga-info.de/veroeffentlichungen/igareporte/ Zugegriffen: 06.05.2021

Institut DGB-Index Gute Arbeit. (2019). Jahresbericht 2019 Arbeitsintensität, Link: https://index-gute-arbeit.dgb.de/veroeffentlichungen/++co++92d758c4-1513-11ea-9a91-52540088cada Zugegriffen: 06.05.2021

Matusiewicz, D., Kaiser, L. (2018) Digitales Betriebliches Gesundheitsmanagement, Wiesbaden: Springer Fachmedien

Scholz, C., Stein, V. (2006). Humankapital messen. Personal. Zeitschrift für Human Resource Management, 58 (1), 8–11.

Uhle, T., Treier, M. (2019). Betriebliches Gesundheitsmanagement. Wiesbaden: Springer-Verlag GmbH

# Teil VI

# Organisation und Durchführung der medizinischen Behandlung

# Der ökonomische Nutzen überlappender Anästhesieeinleitung

# 15

Falk von Dincklage

**Zusammenfassung**

Mit „überlappender" Anästhesieeinleitung wird eine Variante der anästhesiologischen Prozesse bezeichnet, bei der die Vorbereitung und die Einleitung der für eine Operation notwendigen Anästhesie bereits parallel zur noch laufenden vorherigen Operation und Anästhesieausleitung erfolgen. Mittels auf Realdaten basierenden Modellrechnungen lässt sich feststellen, dass überlappende Anästhesieeinleitungen weitgehend unabhängig von der Art der betrachteten Operationen im Vergleich zu seriellen Anästhesieprozessen zu Mehrerlösen führen, welche die zusätzlich anfallenden Kosten übersteigen, solange die zwischen zwei Operationen anfallenden, durch andere, nichtanästhesiologische Prozesse verursachten Leerzeiten kurz genug gehalten werden können. Als Grenzwert für solche Leerzeiten kann in Abhängigkeit von den konkreten Personalkosten eine Größenordnung im Bereich von etwa 18–23 min angenommen werden.

*Hinweis: Dieses Buchkapitel basiert auf Auszügen aus der Masterarbeit des Autors im Studiengang Health Business Administration (MHBA) an der Friedrich-Alexander-Universität Erlangen-Nürnberg*

F. von Dincklage (✉)
Klinik für Anästhesie, Intensiv-, Notfall- und Schmerzmedizin, Universitätsmedizin Greifswald, Greifswald, Deutschland
E-Mail: Falk.vonDincklage@med.uni-greifswald.de

R. Grinblat et al. (Hrsg.), *Innovationen im Gesundheitswesen*,
https://doi.org/10.1007/978-3-658-33801-5_15

## 15.1 Die ökonomische Bedeutung der OP-Anästhesiologie für die Krankenhäuser

Die Krankenhauslandschaft in Deutschland steht unter einem massiven Effizienzdruck. Stetig steigende Betriebskosten werden über das DRG (Diagnosis Related Groups; Deutsch: Diagnosebezogene Fallgruppen)-System durch Steigerungen der Basisfallwerte nur unzureichend kompensiert (Albrecht et al. 2013) und durch seit Jahren mangelhafte Finanzierung der Investitionskosten durch die Bundesländer besteht gleichzeitig ein immenser Investitionsstau (DKG 2019). Um diese strukturellen Defizite auf Ebene der Krankenhäuser auszugleichen, bleibt nur die Möglichkeit der Steigerung der Effizienz durch Realisierung zusätzlicher Einspar- oder Mehrerlöspotenziale (Bercker et al. 2013).

Ein spezieller Fokus liegt hierbei auf besonders kosten- und erlösintensiven Bereichen wie dem OP-Bereich (Waeschle et al. 2016). Der OP-Bereich ist der wichtigste und limitierende Teil der Wertschöpfungskette operativer Patienten, der bei diesen auch den größten Teil der Fallkosten ausmacht (Macario et al. 1995). Ursache für die hohen Kosten des OP-Bereichs ist die Konzentration einer Vielzahl besonderer Faktoren: Ein hoher Personalaufwand von spezialisiertem und kostenintensivem Personal, eine hohe Kapitalbindung durch spezialisierte Geräte und Technologien sowie die Notwendigkeit einer ständigen Vorhaltung von Kapazitäten für Notfälle.

In der Folge stellen der Betrieb und die Bewirtschaftung des OP-Bereichs besonders wichtige Aspekte der Krankenhausorganisation dar, für die immer häufiger spezielle, eigenständige Strukturen innerhalb der Krankenhäuser eingeführt werden, welche als „OP-Management" bezeichnet werden (Waeschle et al. 2016). Schwerpunkte der Tätigkeit des OP-Managements sind dabei einerseits die Optimierung des Material- und Ressourcenmanagements, bei dem die Senkung der im OP-Bereich anfallenden Kosten im Vordergrund steht, und andererseits die Optimierung der Prozessstruktur im OP-Bereich, mit dem Ziel der Effizienzsteigerung.

Zur Steigerung von Wertschöpfung und Effizienz im OP-Bereich stehen primär drei verschiedene Ansätze zur Verfügung (Krieg et al. 2007):

1. Optimierung der Auslastung der Säle und des Personals während der Betriebszeit
2. Verkürzung der Dauer der chirurgischen Zeit bei operativen Eingriffen
3. Verkürzung der Dauer zwischen zwei operativen Eingriffen

Der erste Ansatz, die Optimierung der Auslastung von OP-Sälen und Personal während der Betriebszeit, stellt dabei das typische Aufgabengebiet des OP-Managements dar. Während es sich hierbei primär um eine klassische Planungs- und Steuerungsaufgabe handelt, besteht jedoch auch eine direkte Abhängigkeit von der Effizienz und Planbarkeit der operativen und anästhesiologischen Prozesse, die wiederum üblicherweise nicht unter der direkten Kontrolle des OP-Managements stehen, sondern durch die entsprechenden operativen und anästhesiologischen Abteilungen gesteuert werden. Ebenso stehen auch die anderen beiden Ansätze zur Steigerung der Effizienz im OP-Bereich nicht unter direkter

Kontrolle des OP-Managements. Der zweite Ansatz, die Verkürzung der Dauer der chirurgischen Zeit bei operativen Eingriffen, steht praktisch ausschließlich unter der Kontrolle der chirurgischen Abteilungen. Und der dritte Ansatz, die Verkürzung der Dauer zwischen zwei operativen Eingriffen, wird überwiegend durch die Prozesse der anästhesiologischen Abteilungen geprägt.

Die OP-Anästhesiologie spielt somit eine wichtige Rolle für die Wertschöpfung und Effizienz im OP-Bereich. Über eine Optimierung anästhesiologischer Prozesse kann einerseits über eine Verkürzung der Dauer zwischen zwei operative Eingriffen eine direkte Steigerung von Wertschöpfung und Effizienz im OP-Bereich erreicht werden und andererseits auch zur Optimierung der Auslastung von OP-Sälen und Personal beigetragen werden.

Primärer Fokus dieses Kapitels ist daher die Betrachtung einer in den letzten Jahren zunehmend untersuchten, speziellen Form der anästhesiologischen Prozessoptimierung, die als „überlappende" Anästhesieeinleitung bezeichnet wird. Neben einer Beschreibung verschiedener Varianten der überlappenden Anästhesieeinleitung und deren limitierenden Faktoren in Abschnitt 15.2 erfolgt eine Analyse von durch überlappende Anästhesieeinleitung zusätzlich verursachten Kosten im Vergleich zu den zusätzlich generierten Erlösen in Abschnitt 15.3 sowie eine Diskussion nichtökonomischer Risiken der überlappenden Anästhesieeinleitung in Abschnitt 15.4.

## 15.2  Prozessoptimierung durch überlappende Anästhesieeinleitung

Im OP-anästhesiologischen Standardprozess erfolgt der Beginn der Einleitung einer Anästhesie immer erst nach Beendigung einer vorherigen Anästhesie und der dieser vorherigen Anästhesie nachlaufenden Prozesse. Mit „überlappender" Anästhesieeinleitung werden dagegen Varianten der OP-anästhesiologischen Prozesse bezeichnet, bei denen die Vorbereitung sowie die Einleitung der für eine Operation notwendigen Anästhesie bereits parallel zur vorherigen Operation und Anästhesieausleitung erfolgen (siehe Abb. 15.1).

Ziel der Parallelisierung von Anästhesieprozessen ist eine Verkürzung der Dauer zwischen zwei operativen Eingriffen, wodurch direkt eine Optimierung der Auslastung der OP-Säle und des OP-Personals erreicht werden kann, deren Leer- und Wartezeit zwischen zwei Eingriffen reduziert wird. Im Endeffekt kann somit mittels überlappender Anästhesieeinleitung bei gleichbleibender OP-Saalbetriebszeit eine Erhöhung der für Operationen zur Verfügung stehenden Zeit erreicht werden.

Während im seriellen Standardprozess der Zeitbedarf für die Durchführung einer Operation der Dauer der kompletten Sequenz von Beginn der Vorbereitung zur Anästhesie bis zum Ende der Nachbereitung der Anästhesie entspricht, wird bei Teilparallelisierung der Anästhesieprozesse eine Verkürzung des Zeitbedarfs pro Operation auf die tatsächliche Dauer der Anästhesie, von Beginn der Einleitung bis zum Ende der Ausleitung, erreicht und bei vollständiger Parallelisierung sogar eine Verkürzung auf nur die Dauer der tatsäch-

Serielle Anästhesieprozesse:

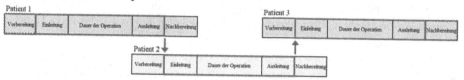

Teilparallele Anästhesieprozesse:

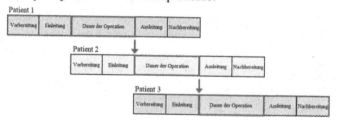

Komplett parallele Anästhesieprozesse:

**Abb. 15.1** Zeitliche Sequenz serieller, teilparalleler und paralleler Anästhesieprozesse

lichen Operation (siehe Visualisierung des Zeitbedarfs der einzelnen Prozessvarianten als rote Kästen in Abb. 15.1).

Im Falle komplett paralleler Anästhesieprozesse erfolgt also sowohl die Vorbereitung zur Anästhesie als auch die Einleitung zur Anästhesie eines folgenden Patienten bereits parallel mit der noch laufenden Anästhesie eines vorherigen Patienten sowie die Ausleitung aus der Anästhesie und deren Nachbereitung eines vorherigen Patienten parallel mit der bereits laufenden Anästhesie eines folgenden Patienten. Somit wird der Zeitbedarf pro Operation zwar auf die tatsächliche Dauer der Operation reduziert, aber gleichzeitig wird zur Sicherstellung einer zum seriellen Prozess vergleichbaren Patientensicherheit für eine komplette Parallelisierung zwingend zusätzliches, sowohl pflegerisches als auch ärztliches Personal für die Parallelisierung von Ein- und Ausleitung der Anästhesie notwendig.

Aus ökonomischer Sicht könnte anstatt einer vollständigen Parallelisierung von Anästhesieprozessen auch eine Teilparallelisierung von Interesse sein, insbesondere weil für die bei der Teilparallelisierung parallelisierten Teilprozesse nicht zwingend ärztliches Personal eingesetzt werden muss, sondern auch speziell ausgebildetes Pflegepersonal für diese Aufgaben ausreichen könnte und somit die Parallelisierungskosten pro Minute geringer ausfallen könnten.

Sowohl bei der kompletten Parallelisierung als auch bei der Teilparallelisierung von Anästhesieprozessen ist jedoch zu beachten, dass eine Reihe von Limitationen die Realisierung von Zeitgewinnen gefährden oder im Ausmaß begrenzen können. Solche Limitationen können struktureller und/oder prozessualer Natur sein. Strukturelle Limitationen können beispielsweise durch unzureichende räumliche oder technische Ausstattungen auftreten, die eine Parallelisierung von Anästhesieprozessen verhindern oder einschränken. Prozessuale Limitationen können beispielsweise durch nichtanästhesiologische Drittprozesse bestehen, deren limitierende Wirkung auf das Gesamtsystem zunimmt, je effizienter die Anästhesieprozesse am Übergang zwischen zwei Operationen gestaltet werden. Ein Beispiel wäre die Reinigung und Aufbereitung eines OP-Saals zwischen zwei Operationen, die bei serieller Anästhesieführung parallel zur Vor-/Nachbereitung der Anästhesien und deren Ein-/Ausleitung stattfindet. Insbesondere bei komplett paralleler Anästhesieführung können solche Drittprozesse als durch die Anästhesieprozesse nicht optimierbare „Leerzeiten" eine den Zeitgewinn limitierende Wirkung entfalten.

Weitere prozessuale Limitationen können durch alle die Kernprozesse im OP umgebenden Prozesse bestehen, deren Komplexität in Abhängigkeit des Patientendurchsatzes im OP-Bereich zunimmt. Ein Beispiel hierfür wäre der Bestellvorgang und der Transport der Patienten zum OP-Bereich. Simulationsmodelle zeigen, dass hier bei deutlicher Steigerung des Patientenumsatzes Engpässe entstehen können, insbesondere bei kompletter Parallelisierung von Anästhesieprozessen (Hunziker et al. 2009). Des Weiteren kann die zunehmende Komplexität von durch Parallelisierung optimierten Prozessen insbesondere die Skalierbarkeit der Vorteile von Parallelisierung gefährden, wodurch beispielsweise Vorteile, die bei Parallelisierung weniger OP-Säle auftreten, nicht direkt eins zu eins auf größere Funktionseinheiten generalisiert werden können (Bercker et al. 2013).

Doch trotz der Vielzahl und Komplexität der Limitationen ergibt sich aus der aktuellen Studienlage ein relativ homogenes Bild bezüglich der tatsächlich realisierbaren Effekte von überlappender Anästhesieeinleitung im Vergleich zu seriellen Standardprozessen. Für eine vollständige Parallelisierung von Anästhesieprozessen zeigt sich aus bisherigen sowohl retro- als auch prospektiven Studien eine Reduktion der Zeit, in der aufgrund nichtoperativer Prozesse ein OP-Saal nicht operativ genutzt werden kann, in einem relativ engen Bereich um 20–50 %.

Hierbei ergibt sich jedoch die Frage, ob durch Parallelisierung von Anästhesieprozessen gewonnene, zusätzliche OP-Zeit überhaupt einen ökonomisch nutzbaren Vorteil bietet, indem zusätzliche Fälle absolviert werden können. Aus der früheren Literatur ergab sich hierzu das Richtmaß, dass erst ab einem Zeitvorteil von einer etwa 50 %-igen Reduktion der Anästhesiezeit im OP-Saal damit gerechnet werden kann, dass zusätzliche Fälle geschafft werden (Dexter et al. 1995). Zeitgewinne unterhalb dieser Schwelle würden keinen Vorteil bieten.

Die aktuellere Literatur beantwortet jedoch auch diese Frage relativ eindeutig, da alle Studien seit 2000 für parallele Anästhesieprozesse im Vergleich zu seriellen Standardprozessen einen signifikanten Zuwachs der innerhalb der gleichen Saalbindungszeit absolvierten operativen Fälle um 20–43 % berichten (siehe Tab. 15.1).

Es zeigt sich also, dass trotz aller limitierenden Faktoren durch Parallelisierung von Anästhesieprozessen signifikante Zeitvorteile erzielt werden können, welche auch tatsächlich ausreichen, um zusätzliche Fälle innerhalb der gleichen Saalbindungszeit zu absolvieren.

**Tab. 15.1** Zeitvorteile und Zuwachs an operativen Fällen durch parallele Anästhesieprozesse

| Publikation | Operationen | Fachrichtung | Nichtoperative Zeit | Operative Fälle |
|---|---|---|---|---|
| Williams et al. 2000 | 369 | Orthopädie | −44 % | |
| Sokolovic et al. 2002 | 1282 | Gynäkologie | −20 % | +43 % |
| Hanss et al. 2005 | 335 | Allgemeinchirurgie | −35 % | +22 % |
| Torkki et al. 2005 | 134 | Orthopädie | −46 % | +43 % |
| Sandberg et al. 2005 | 438 | Allgemeinchirurgie | −43 % | +20 % |
| Smith et al. 2008 | 1593 | Orthopädie | −50 % | +31 % |

Diesen Vorteilen steht allerdings auch eine Steigerung des Aufwands bei Personal und Material gegenüber. Zur Ermittlung, unter welchen Bedingungen eine Parallelisierung von Anästhesieprozessen auch aus ökonomischer Sicht vorteilhaft erscheint, bedarf es also einer Umrechnung der beschriebenen Zeitvorteile in zusätzliche Erlöse sowie der Umrechnung des zusätzlich notwendigen Aufwands in zusätzliche Kosten und der anschließenden Bestimmung des Kosten-Erlös-Verhältnisses überlappender Anästhesieeinleitung.

## 15.3 Kosten-Erlös-Verhältnis überlappender Anästhesieeinleitung

Wie beschrieben, sprechen die publizierten Daten dafür, dass sich durch überlappende Anästhesieeinleitung Zeitvorteile erzielen lassen, welche es erlauben, dass innerhalb einer gleichbleibenden Saalbindungszeit zusätzliche Operationen absolviert werden können. Diesen Vorteilen steht allerdings auch eine Steigerung der Kosten gegenüber. Hierbei ist davon auszugehen, dass sich die Sach- und Gemeinkosten einer einzelnen Anästhesie bei der überlappenden Anästhesieeinleitung nicht relevant von den im Standardprozess pro Anästhesie anfallenden Kosten unterscheiden. Allenfalls kann durch Mengeneffekte eine minimale Kostenreduktion pro Anästhesie erzielt werden, wenn eine Steigerung der Fallzahl erreicht werden kann. Im Gegensatz dazu, sind der Personalaufwand und die damit verbundenen Personalkosten für überlappende Anästhesieprozesse als deutlich höher anzusehen, da während der Zeit der Überlappung ein zusätzliches Anästhesieteam benötigt wird, um in beiden Prozessen das gleiche Niveau der Patientensicherheit zu erhalten.

Um nun die Frage zu beantworten, ob die durch eine Umstellung der Anästhesieprozesse vom Standardprozess auf überlappende Einleitung gesteigerten Erlösen diese erhöhten Kosten überwiegen oder ob die Kostensteigerung überwiegt, existiert eine Untersuchung anhand eines Simulationsmodells.

In diesem Simulationsmodell zur Untersuchung der ökonomischen Effekte überlappender Anästhesieeinleitungen (Hunziker et al. 2009), wurden basierend auf realen Daten aus der Anästhesiedatenbank des Luzerner Kantonspitals die Abläufe in Operationssälen der Allgemeinchirurgie, der Orthopädie und der Herzchirurgie simuliert. Unter der Rahmenbedingung von Saalbetriebszeiten von täglich 7,5 h wurden jeweils 1500 Simulationsdurchläufe im Standardvorgehen mit seriellen Anästhesieprozessen sowie 1500 Simulationsdurchläufe mit überlappenden Anästhesieprozessen durchgeführt. Ein ökonomischer

Vergleich zwischen den zwei Prozessvarianten erfolgte auf Basis des in beiden Varianten erzielten Deckungsbeitrags, errechnet aus den jeweils erzielten Erlösen minus der jeweiligen Kosten. Im Fazit ergab die Untersuchung, dass über überlappende Anästhesieprozesse eine Zunahme des Deckungsbeitrags erreicht werden kann, obwohl höhere Personalkosten anfallen, da zusätzliches Personal benötigt wird.

Obwohl dieses Simulationsmodell eine erste Antwort auf die Frage nach dem ökonomischen Nutzen überlappender Anästhesieeinleitung bietet, bleiben hier jedoch noch eine Reihe von Aspekten unbeantwortet, da in diesem Modell der ökonomische Nutzen der überlappenden Anästhesieeinleitung nur für ganz spezifische Rahmenbedingungen belegt wird. Offen bleibt beispielsweise die Frage, ob dieser ökonomische Nutzen der überlappenden Anästhesieeinleitung auch unter anderen Werten für zusätzlich anfallende Kosten und unter anderen Werten für zusätzlich erzielte Erlöse bestehen bleibt. Eine näherungsweise Antwort auf diese Frage lässt sich durch weitere Simulationsrechnungen erzielen.

Anhand solcher Rechnungen zeigt sich, dass der bei überlappender Anästhesieeinleitung anfallende Aufwand in zusätzlichen Anästhesieminuten, der für die Generierung einer zusätzlichen OP-Minute notwendig ist, von der Art der Operationen nur geringfügig abhängt. Im Gegensatz zur Art der Operation wird das Verhältnis zwischen notwendigem Aufwand an zusätzlichen Anästhesieminuten pro zusätzlich generierter OP-Minute stark durch aufgrund von nichtanästhesiologischen Drittprozessen auftretenden „Leerzeiten" beeinflusst. Solche Leerzeiten stehen dabei für alle Zeitdauern, die auch dann anfallen, wenn die Anästhesieprozesse vollständig parallelisiert werden können. Ein Beispiel für eine Leerzeit wäre die Reinigung und Aufbereitung eines Operationssaals, die zwischen zwei operativen Eingriffen zwingend notwendig ist. Da diese Zeitdauer auch unter optimaler Parallelisierung der Anästhesieprozesse nicht eingespart werden kann, ist diese als Leerzeit zu betrachten und reduziert den möglichen Zeitgewinn durch Parallelisierung der Anästhesieprozesse bzw. erhöht den notwendigen Aufwand an Anästhesieminuten für die Generierung einer zusätzlichen OP-Minute (siehe Abb. 15.2).

Aus diesem Verhältnis zusätzlich notwendiger Anästhesieminuten für die Generierung einer zusätzlichen OP-Minute lässt sich anhand konkreter Werte für anfallende Kosten pro Anästhesieminute und generiertem Erlös pro OP-Minute bestimmen, unter welchen Bedingungen – insbesondere bei welchen Leerzeiten – die durch überlappende Anästhesieeinleitung zusätzlich generierten Erlöse die zusätzlich anfallenden Kosten übersteigen. Als Datengrundlage hierfür können Erlöse pro OP-Minute als Quotient der DRG-Erlöse geteilt durch die OP-Zeit ermittelt werden (Siehe Tab. 15.2) und Kosten pro Anästhesieminute entweder ebenfalls als DRG-Personalkosten geteilt durch die Anästhesiezeit oder anhand in der Literatur publizierter Kostenrechnungen auf Basis realer Klinikdaten (Siehe Tab. 15.3).

Wie zu Beginn dieses Abschnitts beschrieben, sind bei der überlappenden Anästhesieeinleitung im Vergleich zum Standardprozess nur minimale Unterschiede bei den Sach- und Gemeinkosten zu erwarten. Und da im DRG-Fallpauschalensystem davon ausgegangen wird, dass die diesen Posten zugeordneten Erlöse auch die bei diesen Posten

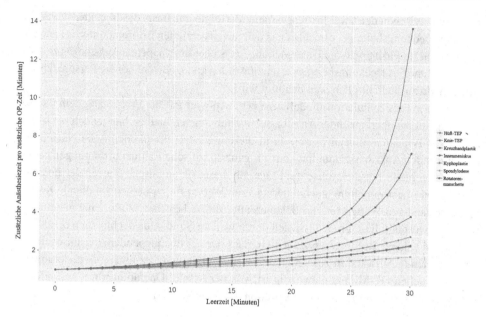

**Abb. 15.2** Notwendiger Aufwand in Anästhesieminuten zur Generierung einer zusätzlichen OP-Minute in Abhängigkeit von der Leerzeit für verschiedene orthopädische Operationen

**Tab. 15.2** Aus den G-DRG (German Diagnosis Related Groups; Deutsche Diagnosebezogene Fallgruppen)-Fallpauschalen für 2020 ermittelte Erlöse pro OP-Minute – Angaben als Median (Interquartilsabstand)

| Operation | Erlös OP-Bereich und Anästhesie pro OP-Minute | Erlös OP-Bereich und Anästhesie (ohne Implantate) pro OP-Minute | Erlös OP-Bereich und Anästhesie (nur Personal) pro OP-Minute |
|---|---|---|---|
| Meniskusresektion | 14,70 € (10,90 €–19,01 €) | 14,62 € (10,83 €–18,90 €) | 7,62 € (5,65 €–9,85 €) |
| Kyphoplastie | 30,68 € (21,69 €–37,15 €) | 25,34 € (17,91 €–30,69 €) | 9,88 € (6,99 €–11,97 €) |
| Rotatorenmanschette | 17,98 € (14,60 €–22,04 €) | 16,20 € (13,15 €–19,85 €) | 7,53 € (6,11 €–9,22 €) |
| Kreuzbandplastik | 18,26 € (14,69 €–21,62 €) | 16,06 € (12,91 €–19,01 €) | 8,03 € (6,46 €–9,51 €) |
| Hüft-Totalendoprothese | 27,09 € (22,13 €–32,74 €) | 16,46 € (13,45 €–19,89 €) | 9,46 € (7,73 €–11,43 €) |
| Knie-Totalendoprothese | 28,67 € (24,41 €–32,57 €) | 18,10 € (15,41 €–20,56 €) | 9,87 € (8,40 €–11,22 €) |
| Spondylodese | 39,38 € (30,95 €–50,97 €) | 21,42 € (16,83 €–27,72 €) | 11,66 € (9,17 €–15,09 €) |

**Tab. 15.3** Kosten pro Anästhesieminute aus Literatur und DRG-Fallpauschalen für 2020

| Publikation | Pflegepersonal | Ärztliches Personal | Sachkosten | Gemeinkosten | Total |
|---|---|---|---|---|---|
| Publizierte Studien: | | | | | |
| Schuster et al. 2004 | 0,89 € | 1,33 € | 0,66 € | 0,50 € | 3,38 € |
| Schleppers et al. 2005 | 0,91 € | 1,98 € | 0,50 € | 0,17 € | 3,56 € |
| Krieg et al. 2007 | | 1,43 € | | | |
| Hunziker et al. 2009 | 1,30 € | 1,71 € | ← 1,77 € → | | 4,78 € |
| Welker et al. 2009 | 0,92 € | 1,65 € | 0,48 € | 3,49 € | 6,54 € |
| Nach G-DRG 2020: | | | | | |
| Meniskusresektion | 0,88 € | 1,40 € | 0,39 € | 0,50 € | 3,17 € |
| Kyphoplastie | 1,18 € | 1,64 € | 0,42 € | 0,72 € | 3,96 € |
| Rotatorenmanschette | 0,93 € | 1,44 € | 0,42 € | 0,61 € | 3,39 € |
| Kreuzbandplastik | 0,97 € | 1,47 € | 0,39 € | 0,59 € | 3,43 € |
| Hüft-Totalendo-prothese | 1,05 € | 1,64 € | 0,44 € | 0,66 € | 3,80 € |
| Knie-Totalendo-prothese | 1,09 € | 1,68 € | 0,49 € | 0,69 € | 3,95 € |
| Spondylodese | 1,31 € | 1,90 € | 0,54 € | 0,87 € | 4,62 € |

anfallenden Kosten decken, sollte eine Betrachtung, zu welchen zusätzlichen Anästhesiekosten die Generierung eine zusätzlichen OP-Minute ökonomisch von Vorteil ist, ausschließlich auf den in den Tabellen beschriebenen Posten für Personalkosten für ärztliches und pflegerisches Personal (Summe der beiden Posten: 2,22 €/min – 3,21 €/min) sowie auf den zusätzlich generierten Erlösen pro OP-Minute nur für Personal (7,53 €/min – 11,66 €/min) basieren.

Anhand von Abb. 15.2 lässt sich somit feststellen, dass bei allen betrachteten Operationen für Leerzeiten bis zu 18 Minuten eine überlappende Anästhesieeinleitung auch unter Annahme des höchsten Werts für Kosten pro zusätzliche Anästhesieminute von 3,21 €/min und des geringsten Werts für Erlöse pro zusätzliche OP-Minute von 7,53 €/min noch als ökonomisch sinnvoll betrachtet werden kann, da die zusätzlich generierten Erlöse die zusätzlich anfallenden Kosten übersteigen (der Quotient 7,53/3,21 = 2,3 wird erst bei einer Leerzeit > 18 min überschritten, siehe Abb. 15.2).

Unter Annahme des medianen Werts für Kosten pro zusätzlicher Anästhesieminute von 2,69 €/min und des medianen Werts für Erlöse pro zusätzlicher OP-Minute von 9,46 €/min kann sogar bei Leerzeiten von bis zu 23 min eine überlappende Anästhesieeinleitung noch als ökonomisch sinnvoll betrachtet werden kann, da die zusätzlich generierten Erlöse die zusätzlich anfallenden Kosten übersteigen (der Quotient 9,46/2,69 = 3,5 wird erst bei einer Leerzeit > 23 min überschritten, siehe Abb. 15.2).

Da Leerzeiten als Summe aller Zeiten, welche aufgrund paralleler Drittprozesse die Fortführung des OP-Betriebs unabhängig von anästhesiologischen Prozessen aufhalten, in der Realität selten oberhalb von diesen Grenzwerten zu erwarten sind, ist davon auszugehen, dass weitgehend unabhängig von der betrachteten Operation und auch bei überdurchschnittlich hohen Personalkosten für zusätzliche Anästhesieminuten sowie bei unterdurchschnittlich hohen Erlösen für die zusätzlich absolvierten Operationen, eine überlappende Anästhesieeinleitung aus ökonomischer Sicht als vorteilhaft angesehen werden kann.

Hier nicht gezeigt sind die entsprechenden Rechnungen für eine Teilparallelisierung von Anästhesieprozessen, für die sich ähnliche Ergebnisse wie für die komplette Parallelisierung der Anästhesieprozesse zeigen. Im Gegensatz zur kompletten Parallelisierung von Anästhesieprozessen bietet die Teilparallelisierung jedoch auch das Potenzial, dass die hierbei parallelisierten Teilprozesse der Vor- und Nachbereitung der Anästhesie nicht zwingend von einem kompletten Anästhesieteam, bestehend aus eine ärztlichen Anästhesiekraft und einer Pflegekraft, ausgeführt werden müssen, sondern auch von einer Pflegekraft alleine absolviert werden könnten. Eine Empfehlung für eine der beiden Parallelisierungsvarianten kann aufgrund der ähnlichen Ergebnisse nicht allgemein getroffen werden, sondern nur jeweils für konkrete Rahmenbedingungen. Primär wichtiger Entscheidungsfaktor für eine der beiden Varianten sollte daher sein, welche der beiden Prozessvarianten sich insgesamt besser in die jeweilige Prozesslandschaft integrieren lässt und an welcher genauen Stelle in der Prozesslandschaft welche Leerzeiten durch Drittprozesse anfallen.

## 15.4 Nichtökonomische Risiken überlappender Anästhesieeinleitung

Während sich dieses Kapitel in erster Linie auf die ökonomischen Effekte der überlappenden Anästhesieeinleitung fokussiert, sollen jedoch auch nichtökonomische Aspekte nicht komplett ausgeblendet werden. Wichtigste nichtökonomische Aspekte sind hierbei, welche Effekte fraktionierte Behandlungsprozesse in der Anästhesiologie auf die Patientenversorgung einerseits und auf die Personalzufriedenheit andererseits ausüben.

In Bezug auf die Patientensicherheit gibt es verschiedene Belege dafür, dass eine Fraktionierung von Anästhesieprozessen und eine damit verbundene Erhöhung der Anzahl von Wechseln von Anästhesisten während einer Anästhesie zu einer vermehrten Häufigkeit von Dokumentationsfehlern führt (Epstein et al. 2017) und sogar ein Zusammenhang zwischen häufigeren Übergaben und schlechteren klinischen Ergebnissen zu bestehen scheint (Saager et al. 2014). Interessanterweise gibt es jedoch auch Untersuchungen, die zu dem gegensätzlichen Ergebnis kommen, dass Wechsel zwischen Anästhesisten während einer Operation aufgrund der höheren Vigilanz des übernehmenden Personals mehr Fehler aufdecken als zusätzlich verursachen (Cooper et al. 1982). Eine Ursache für diese scheinbar widersprüchlichen Ergebnisse könnte eine unterschiedliche Praxis der Übergabe sein. Insbesondere stark strukturierte Übergabeprozesse, die in einer Checklistenstruktur an sicherheitskritische Prozesse in der Luftfahrt angelehnt wurden, scheinen die Übergabequalität verbessern zu können (Lorinc und Henson 2017).

Neben der Patientensicherheit stellt in Anbetracht der zunehmenden Schwierigkeiten von Krankenhäusern, geeignetes Personal zu finden und zu binden, auch die Personalzufriedenheit bei der Wahl der Prozessstrukturen eine zunehmend wichtige Rolle. In Bezug auf die Parallelisierung von Anästhesieprozessen müssen hierbei zwei besondere Aspekte hervorgehoben werden. Der erste Aspekt bezieht sich dabei konkret auf die anästhesiologische Tätigkeit und der auf diese Tätigkeit bezogenen Wahrnehmung, wobei eine Fragmentierung der Tätigkeit durch Aufteilung verschiedener Schritte der Anästhesie eher als unattraktiv empfunden wird (Körner et al. 2014). Der zweite Aspekt, der im Zusammenhang mit Parallelisierung von Anästhesieprozessen die Personalzufriedenheit deutlich beeinflussen kann, bezieht sich dagegen eher allgemein auf die mit solchen Parallelisierungsprozessen einhergehende Prozessverdichtung. Die Steigerung der Effizienz im OP-Bereich geht stets mit einer höheren zeitlichen Auslastung des Personals einher, was von diesem als belastend empfunden werden kann (Gaba et al. 1994).

Hierbei ist auch nicht nur der konkret veränderte Prozess, wie in dem hier behandelten Fall die Anästhesieführung, betroffen, sondern auch andere, damit verbundene und umgebende Prozesse. Beispielsweise steigt die Auslastung des chirurgischen Personals durch Parallelisierung von Anästhesieprozessen deutlich, was aus ökonomischer Sicht durchaus das Ziel ist, jedoch die Belastung des Personals und sogar das Berufsbild von Tätigkeiten im Gesundheitswesen prägend beeinflussen kann. Auch wird durch die Abmilderung eines limitierenden Faktors wie der seriellen Anästhesieeinleitung ein deutlich zunehmender Effizienzdruck auf andere umgebende Prozesse und das an diesen umgebenden Prozessen beteiligte Personal ausgeübt, die sonst keinem vergleichbaren Zeitdruck unterliegen, wie beispielsweise Reinigungskräften für die Aufbereitung der Operationssäle oder Begleitpersonal für den Transport von Patienten zum und vom Operationsbereich. Es bleibt somit eine wichtige Aufgabe, bei der Planung teilparalleler oder paralleler Anästhesieprozesse in einer Einrichtung alle Prozessbeteiligten frühzeitig einzubinden und auch nichtökonomische Faktoren gebührend zu berücksichtigen. Aufgrund der Komplexität und gegenseitigen Abhängigkeit der Prozesse im Operationsbereich kann davon ausgegangen werden, dass wenn eine ausreichende Berücksichtigung dieser nichtökonomischen Aspekte versäumt wird, auch das ökonomische Resultat zu keinem positiven Ergebnis kommen wird.

## Literatur

Albrecht, M., Kroemer, H.K., Strehl, R. (2013). Finanzierung der Universitätsmedizin: An der Grenze der Belastbarkeit. *Deutsches Ärzteblatt 110(3)*, A-65 / B-60 / C-60.

Bercker, S., Wschipky, R., Hokema, F., Brecht, W. (2013). Effekte von überlappenden Einleitungen auf die Auslastung einer komplexen OP-Struktur. *Anästhesist 62*, 440–446.

Cooper, J.B., Long, C.D., Newbower, R.S., Philip, J.H. (1982). Critical incidents associated with intraoperative exchanges of anesthesia personnel. *Anesthesiology 56(6)*, 456–461.

Dexter, F., Coffin, S., Tinker, J.H. (1995). Decreases in anesthesia-controlled time cannot permit one additional surgical operation to be reliably scheduled during the workday. *Anesth Analg 81(6)*, 1263–8.

DKG / Deutsche Krankenhausgesellschaft. (2019). Bestandsaufnahme zur Krankenhausplanung und Investitionsfinanzierung in den Bundesländern – Stand Dezember 2019. https://www.dkgev.de/fileadmin/default/Mediapool/1_DKG/1.7_Presse/1.7.1_Pressemitteilungen/2019/2019-12-19_Anhang_DKG_Bestandsaunahme_KH-Planung_Investitionsfinanzierung.pdf. Zugegriffen: 12.11.2020.

Epstein, R.H., Dexter, F., Gratch, D.M., Lubarsky, D.A. (2017). Intraoperative Handoffs Among Anesthesia Providers Increase the Incidence of Documentation Errors for Controlled Drugs. *Joint Commisson Journal on Quality and Patient Safety 43(8)*, 396–402.

Gaba, D.M., Howard, S.K., Jump, B. (1994). Production Pressure in the Work Environment. *Anesthesiology 81*, 488–500.

Hanss, R., Buttgereit, B., Tonner, P.H., Bein, B., Schleppers, A., Steinfath, M., Scholz, J., Bauer, M. (2005). Overlapping Induction of Anesthesia. *Anesthesiology 103*, 391–400.

Hunziker, S., Baumgart, A., Denz, C., Schüpfer, G. (2009). Ökonomischer Nutzen der überlappenden Einleitung. *Anästhesist 58*, 623–632.

Körner, M., Göritz, A.S., Bengel, J. (2014). Healthcare professionals' evaluation of interprofessional teamwork and job satisfaction. *International Journal of Health Professionals 1*, 5–12.

Krieg, H., Schröder, T., Große, J., Hensel, M., Volk, T., von Heymann, C., Spies C.D. (2007). Zentrale Einleitung. *Anästhesist 56*, 812–819.

Lorinc, A., Henson, C. (2017). All Handoffs Are Not the Same: What Perioperative Handoffs Do We Participate in and How Are They Different? *Anesthesia Patient Safety Foundation Newsletter 122,210(32)*, 2.

Macario, A., Vitez, T.S., Dunn, B., McDonald, T. (1995). Where Are the Costs in Perioperative Care? *Anesthesiology 83*, 1138–1144.

Saager, L., Hesler, B.D., You, J., Turan, A., Mascha, E.J., Sessler, D.I., Kurz, A. (2014). Intraoperative transitions of anesthesia care and postoperative adverse outcomes. *Anesthesiology 121(4)*, 695–706.

Sandberg, W.S., Daily, B., Egan, M., Stahl, J.E., Goldman, J.M., Wiklund, R.A., Rattner, D. (2005). Deliberate perioperative systems design improves operating room throughput. *Anesthesiology 103(2)*, 406–18.

Schleppers, A., Bauer, M., Berry, M., Bender, H.J., Geldner, G., Martin, J. (2005). Analyse der IST-Kosten Anästhesie in deutschen Krankenhäuser. *Anästhesiologie und Intensivmedizin 46*, 23–28.

Schuster, M., Standl, T., Wagner, J.A., Berger, J., Reißmann, H., Schulte am Esch, J. (2004). Effect of Different Cost Drivers on Cost per Anesthesia Minute in Different Anesthesia Subspecialties. *Anesthesiology 101*, 1435–1443.

Smith, M.P., Sandberg, W.S., Foss, J., Massoli, K., Kanda, M., Barsoum, W. (2008). High-throughput operating room system for joint arthroplasties durably outperforms routine processes. *Anesthesiology 109(1)*, 25–35.

Sokolovic, E., Biro, P., Wyss, P., Werthemann, C., Haller, U., Spahn, D., Szucs, T. (2002). Impact of the reduction of anaesthesia turnover time on operating room efficiency. *Eur J Anaesthesiol 19(8)*, 560–3.

Torkki, P.M., Torkki, M.I., Kallio, P.E., Kirvelä, O.A. (2005). Use of Anesthesia Induction Rooms Can Increase the Number of Urgent Orthopedic Cases Completed within 7 Hours. *Anesthesiology 103*, 401–205.

Waeschle, R.M., Sliwa, B., Jipp, M., Pütz, H., Hinz, J., Bauer, M. (2016). Leistungsentwicklung eines universitären OP-Bereichs nach Implementierung eines zentralen OP-Managements. *Anästhesist 65*, 615–628.

Welker, A., Baumgart, A., Martin, J., Steinmeyer-Bauer, K., Iber, T., Schüpfer, G., Schleppers, A. (2009). Analyse der IST-Kosten Anästhesie in deutschen Krankenhäuser. *Anästhesiologie und Intensivmedizin 50*, 745–750.

Williams, B.A., Kentor, M.L., Williams, J.P., Figallo, C.M., Sigl, J.C., Anders, J.W., Bear, T.C., Tullock, W.C., Bennett, C.H., Harner, C.D., Fu, F.H. (2000). Process analysis in outpatient knee surgery: effects of regional and general anesthesia on anesthesia-controlled time. *Anesthesiology 93(2)*, 529–38.

# Robotische Chirurgie – Im Spagat zwischen Ökonomie und medizinischem Anspruch

Björn Schmitz

**Zusammenfassung**

Nicht nur in der politischen Diskussion sind Menschenkraft ersetzende und unterstützende Systeme brisant diskutiert. Übertragen in die Operationssäle der deutschen Krankenhauslandschaft rücken ebenso ökonomische Fragestellungen in den Vordergrund. Neben vielen medizinischen Überlegungen stellt sich für den operierenden Chirurgen im Umfeld des DRG-finanzierten Krankenhaussystems die Frage, ob man sich die modernen Robotersysteme noch leisten kann oder will. Eine Analyse am Krankenhaus der (Sub-)Maximalversorgung über mehrere Jahre soll richtunggebende Hinweise liefern.

## 16.1 Einführung

Die deutsche Krankenhauslandschaft leidet unter dem Investitionsstau in der dualen Finanzierung. Damit verbunden folgt der interne Zwang zur Querfinanzierungen der innovativen Techniken und des Bauwesens aus den laufenden Betriebseinnahmen heraus, welches eigentlich gesetzliche Aufgabe der jeweiligen Bundesländer ist. Somit ist der stationäre Sektor spätestens mit der Einführung der DRG (Diagnosis Related Groups) gezwungen, finanzielle Überschüsse mit der Behandlung von Patienten zu erwirtschaften, um weiter im Wettbewerb bestehen zu können (Niehues 2017). Als Konsequenz zeichnet sich eindeutig eine Tendenz der Krankenhäuser zur Spezialisierung von hoch bezahlten

B. Schmitz (✉)
Klinikum Westfalen GmbH, Lünen, Deutschland
E-Mail: bjoern.schmitz@klinikum-westfalen.de

Leistungen und Ausweitung der Fallzahlen ab (DKG 2019). Auch rücken dadurch Kostendeckungsanalysen, übertragen in die deutschen Operationssäle, in den Vordergrund.

Eine Fülle von Devices bzw. Geräten stehen dem Chirurgen im Operationssaal zur Verfügung, die seine Arbeit unterstützen sollen. Da diese unterstützenden Techniken immer moderner und zuverlässiger werden und sich der Chirurgenmangel auf dem allgemeinen Arbeitsmarkt zunehmend verschärft, ist von einer verbreiteten Anwendung mit gegebenenfalls ersetzendem Charakter in den nächsten Jahren auszugehen. Flankiert wird diese Tendenz jedoch davon, dass insbesondere auf dem hoch spezialisierten Gebiet der robotischen Chirurgie Kosteneinsparungen nicht zu erkennen sind, sondern, dass vielmehr das Gegenteil der Fall ist, und erhebliche Mehrkosten anfallen.

Vor allem in Bezug auf minimalinvasive Techniken ist das sogenannte Da Vinci®-System des Herstellers und Marktführers Intuitive Surgical (Sunnyvale, Kalifornien, Vereinigte Staaten http://www.intuitive.com) in den letzten Jahren zunehmend in den öffentlichen Fokus gerückt. Robotische Chirurgie bedeutet in diesem Zusammenhang „roboterassistierte Chirurgie" oder auch „Manipulator". Konkret agiert der Roboter (Manipulator) nicht autonom, sondern ist ein aufwendiges technisches Hilfsmittel, das die Fingerfertigkeit des Chirurgen umsetzt.

In der allgemeinen Wahrnehmung der Medien und Patienten sind roboterassistierte Eingriffe wie selbstverständlich mit geringen Komplikationsraten, tolleren Ergebnissen und besserer Sicherheit verbunden (Brunner 2019), was zur einer zunehmenden Nachfrage führt. Trotz dieser Tendenz besteht jedoch eine anhaltende Diskussion über die (noch) fehlende Evidenz an signifikanten Vorteilen für die Patienten gegenüber der normalen Laparoskopie, da vor allem zwangsweise zunehmend die Kostenfrage in den Vordergrund rückt (Croner 2016). Viele Kostenanalysen aus den USA zeigen signifikant höhere Kosten für roboterassistierte Eingriffe (Barbash 2010), wobei man auf Analysen aus Deutschland kaum zurückgreifen kann. Im Zeitalter des DRG-finanzierten Krankenhaussystems müssen, insbesondere in Deutschland Kostendeckungsanalysen Anwendung finden, um herauszufinden, ob sich die robotische Chirurgie mit ihren einhergehenden Kosten darstellen lässt (Beerheide 2018). Ziel dieses Beitrages ist es, einen Überblick zu geben, ob es für die Klinikum Westfalen GmbH als Vertreter einer deutschen Klinik der (Sub-)Maximalversorgung möglich ist, die robotische Chirurgie im Rahmen der DRG-Finanzierung gewinnbringend oder auch nur kostendeckend zu betreiben.

## 16.2 Datengrundlage und Kostenanalyse

### 16.2.1 Medizinische Robotik und das Da Vinci®-System von Intuitive Surgical

Im industriellen Produktionsprozess ging von den Robotern bzw. automatisierten Maschinen eine Revolution aus. Sie stehen bis heute für Schnelligkeit, Genauigkeit und Effizienz (Buckingham 1995). Gemäß ISO 8373:2012 heißt es:

„Ein Roboter ist ein automatisch gesteuerter frei programmierbarer Mehrzweckmanipulator, der in drei oder mehr Achsen programmierbar ist und (…) entweder an einem festen Ort oder beweglich angeordnet sein kann."

Das Europäische Komitee für Normierung (CEN) führt zudem aus, ein Manipulator (nach ISO 8373: 2012) sei eine „Maschine, deren Mechanismus aus einer Folge von Komponenten besteht, durch Gelenke oder gegeneinander verschieblich verbunden, mit dem Zweck, Gegenstände (Werkstücke oder Werkzeuge) zu greifen und/oder zu bewegen, normalerweise mit mehreren Freiheitsgraden" (Deutsches Institut für Normierung e. V. 2010, ISO 8373: 2012). In der heutigen modernen Medizin werden Manipulatoren mit Robotern inhaltlich gleichgesetzt.

Die unterstützenden Robotersysteme finden überall da Gebrauch, wo die menschliche Wahrnehmung, Entscheidungsgewalt und Flexibilität nicht abgegeben bzw. ersetzt werden kann. Roboter sind normalerweise nach dem archaisch klingendem „Masterslave-Prinzip" aufgebaut (Buess 2000). Der Operateur („master") übernimmt damit die volle Verantwortung über sein robotisches Hilfsmittel („slave"). Die Operationsbewegungen werden vom Eingabegerät zum Endgerät übertragen. Dieses soll möglichst schnell, verzögerungsfrei, zitterfrei und präzise erfolgen. Durch die ergänzende Computertechnik können Bewegungen auf endoskopische Instrumente übersetzt werden, sodass sogar mikrochirurgische Eingriffe mit hoher Sicherheit möglich geworden sind. Der Siegeszug ihrer (minimalinvasivem) Einsatzgebiete erstreckt sich über die gesamte medizinische Versorgung. Minimalinvasive, robotergestützte Eingriffe finden inzwischen hauptsächlich in der Herz-, Thorax- und Gefäßchirurgie, Gynäkologie, HNO-Heilkunde, Urologie und Viszeralchirurgie Anwendung. Zudem entwickeln sich die Systeme ständig weiter.

Vor allem das minimalinvasive System Da Vinci® von Intuitive Surgical, ist hier weltweiter Marktführer. Nach frei verfügbaren Angaben von Intuitive Surgical hat das amerikanische Unternehmen mit Zentralsitz in Sunnyvale, Kalifornien, das Konzept ihres Da Vinci®-Systems aus der Überzeugung entwickelt, dass „(…) Menschen, die einen medizinischen Eingriff benötigen, (…) sich schnell und vollständig erholen. (…)" sollen (http://www.intuitive.com). Unter dem Markennamen Da Vinci® waren 2017 weltweit bereits mehr als 4000 Systeme in Gebrauch, 60 % in den USA, knapp 20 % in Europa (in Deutschland sind zurzeit ca. 138 Systeme aufgestellt) und 20 % in der restlichen Welt. Inzwischen dürften es wesentlich mehr sein, sodass weltweit ca. 5 Mio. Da Vinci®-Prozeduren durchgeführt und nahezu 44.000 Chirurgen ausgebildet wurden. Es ist somit in über 66 Ländern aktiv und besitzt die CE- Kennzeichnung (CE 0543) für den europäischen Raum seit 2017 (Ihr Europa 2019), sowie die Zulassung nach FDA (Food and Drug Administration) für Amerika seit 2000 (FDA 2019).

Das Da Vinci®-System ist für minimalinvasive Eingriffe konzipiert und wird prinzipiell von vielen operativ tätigen Fachabteilungen benutzt. Die dreigeteilte Operationseinheit ist über eine Fernsteuerung miteinander verbunden. Sie besteht aus der eigentlichen

Steuerkonsole, der Robotik- und der Videoeinheit. Von der Steuerkonsole bedient der Operateur die Robotikeinheit, die sich am Patienten befindet (der eigentliche OP-Roboter). Die Robotikeinheit, auch Patientenwagen genannt, hat bis zu 4 Arme (an denen auswechselbare Endowrist-Instrumente angebracht werden) und einen Videoturm. Alles in allem ist es so möglich, in eigentlich sitzender entspannter Körperhaltung mikrochirurgische Einmalinstrumente bis zur 5fachen Unterstützung mithilfe der Roboterarme zu steuern und präzise zu lenken. Zusätzliche Bausteine bilden die zuschaltbare Fluoreszenzbildgebung oder die Ultraschall-, CT- oder MRT-Einspielungen in den 3D-Operationssitus („augmented reality") (Feußner 2018). Bessere klinische Ergebnisse zu erzielen „ist Teil unserer DNA" so CEO Gary Guthart auf der offiziellen Internetseite von Intuitive Surgical über roboterassistierte Chirurgie und Investitionen im Bereich Forschung und Entwicklung.

### 16.2.2 Die Klinikum Westfalen GmbH – Organisatorischer Aufbau und Einsatz des Da Vinci®-Systems

Das Klinikum Westfalen ist als GmbH Teil des Verbundsystems der knappschaftlichen Krankenhäuser. Insgesamt verfügt das Klinikum Westfalen mit seinen 4 Häusern über 1109 Betten mit ca. 2300 Mitarbeitern. Jährlich werden 43.000 stationäre Patienten und 100.000 ambulante Patienten behandelt. Damit deckt die Klinikum Westfalen GmbH fast das gesamte medizinische Leistungsspektrum ab. Als Akademisches Lehrkrankenhaus der Ruhr-Universität Bochum ist das Knappschaftskrankenhaus in Dortmund in der universitären Lehre aktiv. Seitens der Verwaltung besteht eine klassische Organisation aus Aufsichtsrat und Geschäftsführung.

Das Da Vinci®-System wird im Haupthaus in Dortmund von 3 Fachabteilungen eingesetzt. Die Urologen benutzen es seit dem Jahr 2008, die Gynäkologen seit 2013 und die Viszeralchirurgen seit 2016. Ebenso wurde es im Zeitraum von 2015–2017 von den Thoraxchirurgen verwendet. Somit wurden seit 2015 über 620 Eingriffe mit dem Da Vinci®-System durchgeführt (Klinikum Westfalen 2017). Auf dieser Zahlengrundlage ist die nachfolgende Kostenanalyse aufgebaut. Betrachtet wurde der Zeitraum vom 01.01.2015 bis zum 30.06.2019.

### 16.2.3 Patienten, Operationen, Kostenblöcke

Für den Zeitraum vom 01.01.2015 bis zum 30.06.2019 wurden alle roboterassistierten Eingriffe, die im Klinikum Westfalen stattfanden, identifiziert und ausgewertet. Auf Basis der Kostendaten des Controllings dienten die Einnahmen der Finanzbuchhaltung, die über die jeweiligen OPS (Operationen- und Prozedurenschlüssel) und damit als DRG generiert worden sind, als Grundlage für die Analyse, ob kostendeckend gearbeitet werden konnte. Für den abschließenden Vergleich mit der laparoskopischen und offenen Gruppe ist ein ähnliches Patientenkollektiv in Bezug auf die Operationsteamstärke, der Morbidität und stationärer Verweildauer ausgewählt worden. In der sich anschließenden Kostendeckungsrechnung ergab sich die jeweilige Gewinnspanne bzw. Kostenunterdeckung für die einzelne Gruppe. Schließlich sind dem gesamten Patientenkollektiv, die roboterassistiert operiert worden sind, noch anteilmäßig die Anschaffungs- und regelmäßig anfallenden Wartungskosten zugerechnet worden.

Dem Kostenblock „OP" sind Personal- und Sachkosten zugewiesen worden. Die Grundlage der Personalkosten bildeten dabei die Kosten für das gesamte Operationsteam, bestehend aus dem leitenden Operateur, dem Assistenten, der Operationspflegekraft, der Springerpflegekraft, dem Anästhesisten und der Anästhesiepflegekraft. Die Sachkosten unterschieden sich wiederum in (Da Vinci®-) Material-, und „sonstige" Kosten. Die Materialkosten beziehen sich auf die Mehrweg-, bzw. Einmalmaterialkosten des Da Vinci®-Systems im OP und wurden nach Anzahl der Bestellungen ausgewertet und als Gesamtkosten definiert.

Im Anschluss erfolgte die Berechnung für eine einzelne roboterassistierte Operation. Ziel war es dabei, die durchschnittlichen Kosten je Operation für das Da Vinci®-Material zu erfassen. In die Betrachtung nicht miteingeflossen sind die Aufteilung des Verbrauchs nach Fachdisziplinen oder der noch nicht verbrauchte Lagerbestand. Die „sonstigen" Kosten beinhalteten Kosten für das übrige Verbrauchs- und Verbandsmaterial, den Narkose- und sonstigen Bedarf, die Aufarbeitung des Sterilgutes, aber auch für die Operationssaalreinigung.

Postoperativ wurde eine Unterscheidung in den Kostenblock Normalstation und Intensivstation gemacht. Ferner wurde der Kostenblock des „allgemeinen Infrastrukturzuschlags" berücksichtigt. Dieser ist auf Grundlage der allgemeinen InEK (Institut für das Entgeltsystem im Krankenhaus)-Matrix entnommen worden (G-DRG-Repost-Browser 2018).

Die Grundlage dieser Analyse bildete die voraussichtliche Patientenanzahl für einen 8-Jahres-Zeitraum (von 4,5 Jahren hochgerechnet), da dies der Leasing-Vertragsdauer des Da Vinci®-Systems entspricht und die 8-Jahres-Kosten zugeteilt werden konnten.

Die statistische Auswertung und Zuordnung der Daten sind mit Unterstützung des Haus-Controllings generiert worden. Dabei kam ein ERP-Programm (Enterprise-Resource-Planning) zum Einsatz. Detaillierte Informationen sind ebenso von den Abteilungen „Einkauf und Logistik" und „Finanzbuchhaltung" erstellt worden. Im Excel-Programm für Windows (2016) ist die abschließende Berechnung bzw. die Gegenüberstellung durchgeführt worden.

Ein tabellarisches Kalkulationsschema lässt sich aus Tab. 16.1 entnehmen.

Ganz bewusst sind Detailfragen nach dem exakten Verbrauch der Standardoperationen oder die tagesgenaue Analyse des Verbrauchs auf einer Station (mit Personaleinsatz etc.) nur im allgemeinen Mittel erfasst worden. Die Krankenhausverweildauer und das Entlassmanagement bildeten die Grundlage der Datenerhebung. Prinzipiell ging es um die Fragestellung, wie viel (Mehr-)Kosten auf das Krankenhaus zukommen, wenn das Da Vinci®-System im Einsatz ist.

**Tab. 16.1** Schema zur Kalkulation der Kosten (Durchschnittswerte)

| | Offen | Laparoskopisch | Roboterassistiert |
|---|---|---|---|
| Anzahl | | | |
| Alter | | | |
| Krankenhausverweildauer | | | |
| Schnitt-Naht-Zeit | | | |
| Tage Intensivstation | | | |
| Tage Normalstation | | | |
| Operationskosten | | | |
| Davon: Personalkosten | | | |
| Leitender Operateur | | | |
| Assistent | | | |
| Anästhesist | | | |
| OP-Funktionskraft | | | |
| Springer | | | |
| Anästhesiefunktionskraft | | | |
| Davon: Sachkosten | | | |
| Verbandmittel | | | |
| Verbrauchsmaterial | | | |
| Narkose- und sonstiger OP-Bedarf | | | |
| Aufbereitung Sterilgut | | | |
| Benötigte Operationssiebe | | | |
| Da Vinci-Material | | | |
| Operationssaalreinigung | | | |
| Allgemeiner Infrastrukturzuschlag | | | |

## 16.3   Ergebnisse

### 16.3.1 Kostenblockanalyse

#### 16.3.1.1 Anschaffungs- und Wartungskosten

Das Da Vinci®-System X (Single Console Surgical System) verursacht unter Einbeziehung der Leasingraten einen „Anschaffungszuschlag" von 742,80 € und einen „Wartungsleistungszuschlag" von insgesamt 543,40 € pro Patient. Das bedeutet einen „Anschaffungs- und Wartungszuschlag" pro roboterassistiert operiertem Patient von insgesamt 1286,20 €.

#### 16.3.1.2 Operationskosten

Die Gesamtoperationskosten der Operation sind in Personal- und Sachkosten unterteilt und differieren natürlich über die Methode, die Operationsdauer und den verwendeten Materialien. Dabei zeigten sich in der roboterassistierten Gruppe Personalkosten von 1046,43 €. In der laparoskopischen und offenen Gruppe lagen sie bei 810 € bzw. 530 €.

Auf Sachkostenebene war das herausragende Unterscheidungsmerkmal die sog. Materialkosten für das Da Vinci®-System, diese lagen durchschnittlich bei 1307,70 €. In der laparoskopischen und offenen Gruppe fielen diese naturgemäß nicht an. Die übrigen Sachkosten betrugen für die roboterassistiert operierte Gruppe 235,70 €, für die laparoskopische Gruppe 310 € und für die offene Gruppe 206,70 €. Daraus resultierten für die roboterassistierte Gruppe Materialkosten von insgesamt 1543,40 €. In dieser Berechnung sind alle Kosten, die während der Operation anfielen als vergleichbar angenommen worden (standardisierte Operationssets).

#### 16.3.1.3 Kosten auf Station

Die durchschnittlichen Kosten auf der Intensivstation beliefen sich in den Gruppen ungefähr gleich und lagen bei ca. 706 €. Diese Ergebnisse zeigten sich auch in Bezug auf die Normalstation. Hier fielen Kosten von 1904,50 € an. Die 3 Gruppen zeigten keinen postoperativen Unterschied in Bezug auf die stationären Folgekosten.

#### 16.3.1.4 Allgemeiner Infrastrukturzuschlag

Der allgemeine Infrastrukturzuschlag betrug in der roboterassistierten Gruppe 1684,90 €, in der laparoskopischen Gruppe 1241,20 € und in der offenen Gruppe 1811,70 €.

#### 16.3.1.5 Gesamtkosten

Die gesamten Krankenhausverweildauerkosten pro roboterassistiert operativen Patienten betrugen damit 6884,70 €. Zusätzlich mit dem anteiligen „Anschaffungs- und Wartungszuschlag" (1286,20 €) konnten wir eine Gesamtkostensumme von 8171 € ermitteln. Demgegenüber stehen die Gesamtkosten von 4971,20 € für die laparoskopische und von 5158,40 € für die offene Gruppe.

### 16.3.2 Einnahme- und Erlöswirkung

Die Gesamteinnahmen aller operierten Patienten beliefen sich durchschnittlich auf 7545,23 €, welches einem CM (case mix)-Äquivalent von 2,18 entspricht. Dabei ist für die relative Fallschwere („case mix") der Einfachheit halber der aktuelle Landesbasisfallwert des Jahres 2019 von 3452,70 € für alle Patienten zugrunde gelegt worden. Eine monetäre Unterscheidung in „roboterassistiert" vs. „Standardoperation" kennt das DRG System nicht, sodass auch nur gleiche Einnahmen resultierten.

Den Gesamteinnahmen von 7545,20 € pro roboterassistierte Patienten stehen Gesamtkosten von 8171 € gegenüber. Damit ergibt sich eine nicht refinanzierte Kostenunterdeckung von −625,80 € pro Patienten.

Die laparoskopische Gruppe zeigte einen Einnahmeüberschuss von 2574 €, die offene von 2386,80 €. Ein roboterassistierter statt laparoskopisch (oder offen) durchgeführter Eingriff führt dementsprechend zu Mindereinnahmen von −3199,80 € (bzw. −3012,60 €).

Aus dieser Berechnung wird bereits jetzt deutlich, dass es unmöglich ist, ohne utopische Fallzahlsteigerung „kostenneutral" zu sein oder auch nur eine deutliche Kostenreduktion zu erreichen.

### 16.3.3 Ergebnisinterpretation und Methodenkritik

Die Auswertung wurde bewusst auf alle roboterassistiert operierten Patienten bezogen, um einen Richtwert über die Kosten zu bekommen. Dabei zeigte sich eine Kostenunterdeckung von mindestens −625,80 €. Dabei sind in diesen Berechnungen die höheren Personalkosten (durch die nichtbeachtete Operationsvorbereitungszeit), die einzelnen Tarifentwicklungen und Entwicklungen in Bezug auf den Landesbasisfallwert nicht mit eingeflossen.

Auch ist im Einzelfall zu diskutieren, ob die roboterassistierte Prostatektomie mit der roboterassistierten Hysterektomie oder roboterassistierten Rektumresektion ohne medizinische Analyse hinsichtlich ihrer die Kosten vergleichbar sind. Jedoch zeigen diese Berechnung und dieses Ergebnis schon deutlich, dass es trotz denkbarer Fallzahlerhöhung und Spezialisierung nicht ohne Weiteres gelingen kann, Gewinne mit der robotischen Chirurgie zu erwirtschaften.

Bei aller Kritik an den anfallenden Kosten muss allerdings der Gesamtkontext Betrachtung finden. Die medizinische Evidenz und Ökonomie gehen heutzutage Hand in Hand, sodass tiefere Analysen und Betrachtungen notwendig bleiben.

## 16.4 Robotische Chirurgie, medizinischer und ökonomischer Anspruch

### 16.4.1 Robotik im Spiegel der Evidenz

Weltweit nimmt die Anzahl an roboterassistieren Eingriffen kontinuierlich zu (Brunner 2019; Kissler 2016). Es galt jahrelang das ungeschriebene Gesetz, dass innovative Technik immer mit besserer Ergebnisqualität gleichzusetzen ist. Im Zeitalter der medizinischen Standards, Leitlinien und des Qualitätsmanagements müssen sich Methoden oder Techniken jedoch zunehmend im Rahmen der evidenzbasierten Medizin beweisen. Die Tendenz, mit dem Roboter zu operieren, haben maßgeblich die Urologen beeinflusst. Eine der ersten und nun die weltweit am meisten durchgeführte Operation ist die Prostatektomie (Entfernung der Vorsteherdrüse beim Mann). Das hat dazu geführt, dass in den USA inzwischen 80 % der Prostatektomien roboterassistiert erbracht werden. In Deutschland hat sich die robotische Chirurgie in den unterschiedlichen operativen Disziplinen in einem relevanten Umfang etabliert. Im Jahr 2017 sind mehr roboterassistierte als laparoskopische Prostatektomien erfolgt (Voll 2019), obwohl insbesondere die Resultate in großen Studien zu anderen Operationsformen keine relevanten Unterschiede bezüglich des frühen peri- und postoperativen funktionellen und onkologischen Outcomes zeigten (G-BA Beschluss 2019).

Bei der robotischen Entfernung der Blase bei Blasenkrebs gibt es enttäuschende Entwicklungen. So zeigt eine australische Studie keine signifikant besseren Ergebnisse im Anschluss an die Entfernung (Parekh 2018). In der viel angeführten Paradedisziplin der Urologen – der Prostatektomie – konnte in einer Auswertung von 308 Patienten mit Prostatakrebs (unterteilt in eine offene und roboterassistierte Gruppe) gezeigt werden, dass es keine signifikanten Unterschiede in Bezug auf die postoperative Inkontinenz und Impotenz gab (Yaxley 2016). Allerdings basieren aktuell die Hoffnungen vieler Urologen auf einer unlängst veröffentlichten großen Studie (782 Patienten) , in der erstmalig ein besseres Outcome in Bezug auf die Kontinenz und die Potenz für die roboterassistierte Prostatektomie (im Vergleich zur laparoskopischen Prostatektomie) gezeigt werden konnte (Stolzenburg 2021). Diese Resultate beziehen sich auf den Zeitpunkt im 3 postoperativen Monat, jedoch ist sich Prof. Dr. Tuß sicher: „Diese laparoskopische Methode ist mit den neuen Studienergebnissen quasi vom Tisch, der OP-Roboter hat klare Vorteile gezeigt" (Medecon Ruhr 2021).

Die deutschland- und weltweite Nutzung des Da Vinci®-Systems boomt weiterhin. Im Allgemeinen werden die Vorteile für den Patienten und Operateur angeführt (minimal-invasive Chirurgie, kleine Schnittwunden, der geringere Blutverlust, schnellere Wundheilung, entspannte Kopf-, Sitz- und Körperhaltung während der oft viele Stunden dauernden Operation, virtuelle Bildschirmdarstellung) (Voll 2019). Bei vielen chirurgisch tätigen Fachgesellschaften hat die robotische Chirurgie inzwischen als eine „Kann-Empfehlung" unter Betrachtung des Einzelfalls Berücksichtigung in den Leitlinien gefunden. Von einer evidenzbasierten Empfehlung als Standard – insbesondere beim onkologischen Operieren – ist die aktuelle Studienlage noch weit entfernt (Zylka-Menhorn 2019). Im Rahmen einer umfangreichen Health-Technology-Assessment-Bewertung, die vor allem die Mortalität, Morbidität, Lebensqualität sowie Ressourcenverbrach analysiert hat, kamen die Autoren zu dem ernüchternden Ergebnis, dass sich keine ausreichende Evidenz finden ließ, die es erlaubt hätte, den Nutzengewinn der roboterassistierten Chirurgie im Vergleich zu anderen Methoden festzustellen (Schmidt 2019).

In Deutschland ist es sowohl politisch als auch gesetzesmäßig gewollt, dass medizinische Innovationen oder neue Behandlungsmethoden erst einen deutlichen „Mehrwert" für den Patienten bringen müssen, um bezahlt zu werden. Durch implementierte Selbstverwaltungsorgane durchlaufen Innovationsideen und -vorschläge einen ganzen Prüfmarathon bis zu ihrer Zulassung und schlussendlich Bezahlung durch die Kostenträger. Das BMG (Bundesministerium für Gesundheit) beauftragt den G-BA (Gemeinsamer Bundesausschuss), der seinerseits auf Analysen des IQTiG (Institut für Qualitätssicherung und Transparenz im Gesundheitswesen) und IQWiG (Institut für Qualität und Wirtschaftlichkeit im Gesundheitswesen) zurückgreift, um medizinische Leistungen oder Medikamente, Hilfsmittel etc. zu empfehlen oder abzulehnen (G-BA 2019). Die methodischen Grundlagen, die das IQTiG dabei anwendet, stehen zunehmend in der Kritik, da bei diesen die Hürde, einen medizinischen „Mehrwert" zu beweisen, sehr erschwert ist (Kassenärztliche Bundesvereinigung 2017). Unlängst ist in der Analyse des G-BA bezugnehmend auf das Prostatakarzinom eindeutig darauf hingewiesen worden, dass sich unabhängig von der Operationsmethode keine relevanten Unterschiede bezüglich des frühen peri- und postoperativen funktionellen und onkologischen Outcomes zeigten (G-BA Beschluss 2019).

Das nicht auszuschließende (Mehr-)Risiko für Schäden am Patienten und der zunehmende juristische Anspruch an die Patientenaufklärung können und werden höhere Haftpflichtsummen abverlangen.

In der Gesundheitspolitik wird das Qualitäts- und Wirtschaftlichkeitsgebot, das im SGB V (Sozialgesetzbuch V 2019) verankert ist, zunehmend durch den G-BA kontrolliert werden. Ob die robotische Chirurgie dabei mit „Mehrwert" für den Patienten abschneidet, muss offenbleiben.

Auch werden im Zuge der Mindestmengen gegebenenfalls Mindestmengen pro Operateur und Eingriff gefordert werden, um die Qualität zu gewährleisten. Allerdings zeigen die aktuellen Entwicklungen bei der Diskussion um die Liposuktion, dass nicht unbedingt Evidenzen notwendig sind, um Kostenträger zur Bezahlung zu „bewegen". Dabei wird gegebenenfalls eine nicht ganz unerhebliche Motivation des Gesundheitsministers daraus resultieren, Wählerstimmen für sich zu mobilisieren. „Mit einer solchen Ermächtigung des Bundesgesundheitsministeriums wäre der Weg in die Beliebigkeit und Staatsmedizin vorprogrammiert" kontert der G-BA (Ärzteblatt 2019, Spahn will Liposuktion zur Kassenleistung machen). Alles in allem bleibt die politische Diskussion um Qualität spannend. Ein „roter Faden" zum Thema Qualität findet sich leider, wie so oft in der Politik, nicht.

## 16.4.2 Robotik im Spannungsfeld der Ökonomie

### 16.4.2.1 Eigene Ergebnisse und Erfahrungen aus anderen Kliniken

Bezogen auf die vorliegenden Ergebnisse kann gesagt werden, dass über alle roboter-assistierten Operationen inklusive postoperativem Aufenthalt die Kosten durchschnittlich 6884,70 € je Operation betragen. Summiert man anteilig die Anschaffungskosten und Wartungskosten auf jeden Patienten, so ergibt sich sogar eine Kostensumme von 8171 € pro roboterassistiert operierten Patienten. Dabei stellt sich als Hauptkostentreiber das Da Vinci®-Material, im Speziellen das Einmalmaterial heraus. Indirekt muss man sicherlich noch die Kosten für die längere Operationsdauer und Bindung des Ressource-Operations-teams (und damit verbunden den Verzicht einer anderen OP) sowie die Schulungszeiten des Operationsteams mit aufsummieren. Auf diese Berechnung ist zurzeit aber bewusst verzichtet worden, da nicht alle Daten zur Verfügung standen und die Aussagekraft dieser Analyse annahmegemäß nicht wesentlich beeinflusst wird.

Grundsätzlich stehen den gesamten Kosten immer die gleichen Einnahmen (DRG-Fallpauschalen) gegenüber, sodass die einzige Möglichkeit der Gewinnerwirtschaftung die Kostenreduktion darstellt. Im Vergleich zur offenen bzw. laparoskopischen Gruppe fallen Mehrkosten von bis zu 37 % pro Patient an (Mehrkosten im Vergleich zur laparo-skopischen Gruppe: 3199,80 € und zu der offenen Gruppe: 3012,60 €). Vergleicht man diese Kosten nun mit den pauschalen (gedeckelten) DRG-Einnahmen pro operierten Patienten, so ergibt sich eine Kostenunterdeckung von −625,80 € pro Patient. Das heißt nicht nur eine anzunehmende Kostenunterdeckung pro Roboterpatient, sondern auch einen potenzieller Einnahmeverlust durch entgangenen Gewinn, da weniger Operatio-nen in gleicher Zeitspanne durchgeführt werden können. Übertragen auf die 8–Jahres-Auswertung lässt sich der Verlust bei 1104 Patienten mit −690.883,2 € beziffern. Unter Beachtung der „Einnahmereduktion" sollten noch höhere Verluste angenommen wer-den, die bis zu −2.841.696 € betragen könnten.

Diese ernüchternden betriebswirtschaftlichen Ergebnisse finden sich auch in der Lite-ratur wieder. Die Autoren einer Studie um das Universitätsklinikum Erlangen kommen zu dem Schluss, dass bei der Implementierung eines Roboterprogramms in der Viszeral-chirurgie über einen 5-Jahres-Zeitraum dieses zwar medizinisch-klinisch machbar ist, je-doch eine extreme Patientenselektion, schrittweise Etablierung, Teamschulung mit Lern-kurvenbeachtung und Standardisierung im Vorgehen beachtet werden muss, um gleichwertige onkologische Ergebnisse zu erzielen. Die strenge Indikationsstellung sei entscheidend. Sie resümieren eine „akzeptable Morbidität und Mortalität" ihrer Etablie-rungsphase. Diese in Erlangen durchgeführte Kostenanalyse zeigt allerdings Gesamt-kosten von 15.221 € pro Patient, wohin in der Detailanalyse die Hauptkosten dem Material und der Wartung zuzuordnen sind (das entspricht 63 % Fixkosten). Geschlussfolgert werde, dass die „im Rahmen von Roboteroperationen anfallenden hohen Kosten nur durch den Nachweis evidenter Vorteile für den Patienten gerechtfertigt werden" können. Diese evidenten Vorteile bleiben die Autoren allerdings schuldig (Brunner 2019).

Trotz medizinisch proklamierter Vorteile für den Patienten musste das Klinikum Osna-brück 2013 sein 2011 eigens angeschafftes Da Vinci®-System stilllegen. Aufgrund von Zusatzkosten von bis zu 2000 € pro Fall, ist nach nur 145 Einsätzen die Zwangspause ver-ordnet worden, um die Krise zu überwinden. Nach der Sanierungsphase 2015 und auf-grund der Suche nach Effizienzsteigerung arbeitet das Da Vinci®-System inzwischen zwar wieder, jedoch müssen gezielte „Kostenreduzierungen und Mengeneffekte" auf Dauer wirtschaftliche Stabilität mit sich bringen (Hinrichs 2015).

In einer Kostenanalyse der roboterassistierten Nierenentfernung in ca. 240.000 Fällen in den USA zwischen 2003 und 2015 kommen die Autoren um Gab Jeong zu dem Ergeb-nis, dass pro Patient durchschnittlich 2678 US-Dollar an Mehrkosten anfielen. Zudem betrug die Operationsdauer in 46,3 % mehr als 4 h (in der Laparoskopiegruppe nur in 28,5 % der Fälle) (Gab Jeong 2017).

Ähnliche Ergebnisse finden die Autoren um David Jayne für Darmkrebsoperationen. Es zeigen sich Mehrkosten von 1132 US-Dollar und eine längere Operationsdauer von 37 min pro Patient (471 Patienten) im Vergleich zur normalen laparoskopischen Gruppe (Jayne 2017). Bezogen auf die roboterassistierten Gebärmutterentfernungen kommen Jason Wright und Kollegen in einer Auswertung von 260.000 Fällen zu dem Ergebnis, dass bei gleichem klinischem Ergebnis die Mehrkosten pro Fall bei ca. 2000 US-Dollar liegen, ohne klinische Vorteile für den Patienten (Wright 2013).

Als wohl eines der größten medizinischer Verfechter und Anwender des Da Vin-ci®-Systems gilt die Martini-Klinik des Universitätsklinikums Hamburg-Eppendorf. So betont der ärztliche Leiter Prof. Dr. Markus Graefen, dass mit den 4 aufgestellten Syste-men 52 % aller Prostatektomien im Jahr 2018, das entspricht 1283 Eingriffen, roboter-assistiert durchgeführt worden sind. Im Jahr 2017 waren es noch 1159 roboterassistierte Eingriffe. Nach offiziellen Angaben ist die Martini-Klinik auf eine einzige Erkrankung spezialisiert, den Prostatakrebs. Als Prostatazentrum gilt sie als diejenige Klinik, die welt-weit am meisten Prostataoperationen durchführt (>2400 Fälle im Jahr 2018). Damit sind es fast doppelt so viele Operationen wie die diesbezüglich weltweit größten Kliniken in den USA, die MAYO-Clinic (1600 Eingriffe) und das John's Hopkins Hospital (1400 Ein-griffe), 2018 durchgeführt haben. Es handelt sich bei der Martini-Klinik also übertragen auf das DRG-Modell um eine Spezialklinik mit hohen Fallzahlen, woraus man medizini-sche Expertise und betriebswirtschaftlichen Erfolg schließen könnte. Trotz dieser extre-men Fallzahlhöhe ist auch die Martini-Klinik nicht in der Lage, die Robotereingriffe kostendeckend anzubieten, wenn normale DRGs die Grundlage sind. Diese Eingriffe wer-den zum einen durch extrabudgetäre Patienten (teilweise aus dem Ausland) querfinanziert und zum anderen müssen etliche Patienten, die roboterassistiert operiert werden wollen, trotz der IV-Verträge (Integrierte Versorgungsverträge in der sektorübergreifenden Ver-sorgung) mit den Krankenkassen 2000 € pauschal dafür bezahlen. Da in der Martini-Kli-nik die Hälfte aller operierten Patienten Privatpatienten oder Selbstzahler sind, ist die Bi-lanz dementsprechend gut (über 10 Jahre mehr als 23,5 Mio. € Gewinn erwirtschaftet) (Ärzte Zeitung 2015). Ohne diese Patienten, nur mit DRG-Einnahmen, wäre das Resultat enttäuschend. Als Ursache für die Kostenunterdeckung im DRG-System werden die hohen

Kosten für das Verbrauchsmaterial und die Wartung angegeben, die sich trotz der hohen Fallzahlen nicht merklich reduzieren (https://www.martini-klinik.de).

Zunehmend können also die hohen Kosten des Systems an sich bemängelt werden. Das Da Vinci®-System kostet zwischen 1 und 2 Mio. € in der Anschaffung und löst hohe Folgekosten aus. So können die eingesetzten Instrumente grundsätzlich nur 10-mal verwendet werden und müssen im Anschluss neu eingekauft werden. Das führt schnell zu Mehrkosten pro Instrument und Operation von 500–1000 € je Eingriff, mit regelmäßigen Wartungskosten von 5–10 % der Anschaffungskosten pro Jahr (http://www.intuitive.com).

Die indirekten Kosten, wie Operationsdauer und Einarbeitung des Operationsteams, lassen sich durch Training und Fallzahlsteigerung zwar positiv beeinflussen, jedoch empfiehlt selbst Prof. Dr. Markus Graefen von der Martini-Klinik eine Fallzahl pro Operateur von 200–300 im Jahr. Diese Fallzahlen dürften ohnehin für die meisten Krankenhäuser in Deutschland utopisch sein.

Eine zusammenfassende Übersicht der Literatur und deren Aussage über Kosten und Evidenz lässt sich aus Tab. 16.2 entnehmen.

Die Idee der Zentrenbildung, der Fallzahlerhöhung und der Bündelung von Ressourcen, um Kosten zu sparen, ist nicht neu. Innovativ ist jedoch das fachübergreifende Zusammenarbeiten. Die Erfahrungen zu bündeln und sich ständig weiterzuentwickeln, das waren die Motive zur Gründung des „Center for Robotic Medicine Germany" (CRMG) in Gronau. So betont Gründungsmitglied Dr. Jörn Witt die enge Zusammenarbeit mit dem „European Robotic Institute" und damit die Möglichkeit der simultanen hochmodernen Ausbildung.

Vor Ort dienen chirurgische Simulationen dem internationalen Publikum als Ausbildungsplattform. „Die roboterassistierte Chirurgie hat das Potenzial, die moderne Medizin zu revolutionieren – und wir hier in Gronau möchten dabei einen wesentlichen Teil dazu beitragen" erklärt Dr. Jörn Witt als Leiter des CRMG und dortiger Chefarzt der Urologie (CRMG Gronau 2019). Immerhin sind 5 Da Vinci®-Systeme inzwischen Teil dieser Kooperationsgemeinschaft. Seit 2006 sind so über 15.000 roboterassistierte Eingriffe durchgeführt worden. Leider lassen sich trotz intensiver Nachforschungen keine Kostenstrukturen erfahren, sodass der Erfolg des CRMG aus ökonomischer Sicht nicht beurteilt

**Tab. 16.2** Literaturübersicht zur Kostenkalkulation und Evidenz

| Autor | Land | Fachdisziplin | Fallanzahl | Kosten/Patient/ OP | Medizinische Evidenz |
|---|---|---|---|---|---|
| Brunner | Deutschland | Viszeralchirurgie | 76 | ca. 8000 € | Nein |
| „ROLARR" | Weltweit | Viszeralchirurgie | 237 | „höher" | Nein |
| Klinikum Osnabrück | Deutschland | Übergreifend | 146 | 2000 € | Nein |
| Joeng | USA | Urologie | 240.000 | 2678 US-$ | Nein |
| Wright | USA | Gynäkologie | 200.000 | 2000 US-$ | Nein |
| Graefen | Deutschland | Urologie | 1283 | 2000 € Eigenanteil | Nein |

ROLARR

werden kann. Beim Thema Mengeneffekte gibt es eine „Kooperations- und Rabattverein-
barung" mit Intuitive Surgical, in der eine prozentuale Rabattstufe je nach Anzahl der Da
Vinci®-Eingriffe gestartet wird. 5 % Rabatt werden auf alle „Zubehörteile und Instrumente" ab einer Eingriffsfallzahl von 200–249 Eingriffen pro Jahr erlassen. Die Rabattstufe kann bis zu 8 % Rabatt bei einer Eingriffszahl von >350 pro Jahr gesteigert werden.
In Anbetracht der Gesamtsummen, die für Zubehörteile und Instrumente anfallen, ist diese
angebotene Rabattierung zwar ein richtiges Signal, kann jedoch nicht nur annähernd zur
Kostendeckung führen.

### 16.4.2.2 Robotik mit schwachen wirtschaftlichen Argumenten

Unter dem Motto „Maschinen und Wirtschaft drängen Ärzte und Patienten in den Hintergrund" sind diesbezügliche kontroverse Diskussionen auf dem 71. Urologen-Kongress
vom 18.–21.09.2019 in Hamburg geführt worden. So betonte Prof. Dr. Oliver Hakenberg,
Präsident der Deutschen Gesellschaft für Urologie, dass „Die Macht liegt bei Verwaltung
und Klinikleitungen und die kennen nur die Sprache des Geldes, entgegen aller Lippen-
bekenntnisse …" (Katthöfer 2019).

Die größte Anzahl der Urologen sahen in der Robotertechnik die Zukunft in der operativen Therapie des Prostatakarzinoms. Vor allem wird zudem seitens der Urologen dauerhaft betont, dass die Patienten den Roboter immer stärker nachfragen. In gleichem Atem-
zug wird proklamiert, dass Kliniken ohne Da Vinci®-Systeme zumindest in der operativen
Therapie des Prostatakarzinoms einen deutlichen Standortnachteil in Bezug auf Patientenströme haben.

In der Literatur finden sich keine Aussagen, keine belastbaren Kennzahlen oder Empfehlungen dazu. Allgemein anzunehmen ist jedoch, dass in zertifizierten Zentren die Patienten
besser (qualitativ hochwertiger) behandelt werden. Für ein medizinisches Zertifikat, welches eine besondere Expertise und Behandlungsqualität ausweist, müssen (zumindest beim
Prostatakarzinom) Mindestfallzahlen erreicht werden. Nach Angaben der DKG (Deutsche
Krebsgesellschaft) und dem Dachverband der Prostatazentren Deutschland e. V. gibt es zurzeit ca. 135 dieser Prostatazentren. (DKG 2019). Es ist jedoch davon auszugehen, dass bei
ca. 138 aufgestellten Da Vinci®-Systemen in Deutschland nicht jedes dieser Zentren einen
Roboter besitzt. Allein 4 bzw. 5 dieser Systeme stehen konzentriert an einem Ort in Hamburg und Gronau. Ob sich der Roboter positiv auf die Fallzahlen und letztendlich auf die
Qualität in der Behandlung eines Prostatakarzinoms auswirkt, muss an dieser Stelle offenbleiben. Da gute Qualität in der Regel aber auch ökonomische Vorteile bietet, bleiben weitere Struktur- und Qualitätsanalysen dahingehend dringend notwendig.

### 16.4.2.3 Kostenfallen und Gefahren

Eine bislang wenig diskutierte und unterschätze Kostengefahr rüttelt an der technischen
Überlegenheit und damit an der Sicherheit der Roboteroperation für den Patienten. Die FDA
untersucht mehrfache Todesfälle, die durch unentdeckte Fehlströme entstanden sein sollen
(Greenberg 2013). Noch sind mehrere Gerichtsverfahren anhängig, wobei dem Unternehmen unsachgemäßer Umgang mit Fehlermeldungen vorgeworfen wird (Cooper 2013).

Gemäß den Autoren um Jai Ramann am Rush University Medical Center soll der Operationsroboter eine noch ungeklärte Rolle am Tod von 144 Menschen gespielt haben (Liepies 2017). Folgen oder eine signifikante Rufschädigung für das Unternehmen folgte (bislang) nicht.

Erstmalig wurde im Jahre 2003 öffentlich am Mythos einer überlegenen Robotertechnik gerüttelt. Federführend war das Magazin Spiegel. Damals ging es um den in der Orthopädie für den Hüftgelenkersatz eingesetzten „Robodoc" („Robodoc" 2008, Firma Curexo Technology). Dieses selbstfräsende System wurde zunächst massiv medial beworben. Es sei bei der Implantation eines Hüftgelenkes dem Menschen in vielerlei Hinsicht überlegen. Die Passgenauigkeit und Präzision seien überlegen, titelten die Marketingkampagnen seinerzeit. In einem Spiegel-Artikel wurde der Kernpunkt getroffen: „Der Fall Robodoc ist indes ein Lehrstück deutscher Medizingeschichte. Zentral steht die Frage, ob medizinischer Fortschritt stets zum Vorteil eines Patienten eingesetzt wird, oder ob die neue Lösung vielmehr nur für Marketingerfolge und Gewinnmaximierung in der Behandlung bestimmter Krankheiten steht." Im Verlauf einiger gerichtlicher Prozesse um den in der Frankfurter Orthopädie eingesetzten „Robodoc" verfasste Herr Ludwig Zichner ein Gutachten, dass zu keinem Zeitpunkt „eine wissenschaftliche Bewertung der neuen Methode vorgelegen" habe. Es sei ein grober Fehler gewesen, „industrielle Gerätschaften quasi ungeprüft zur humanen Anwendung einzusetzen" (Ludwig 2009). Zwar hat das „Robodoc" System eine Zulassung vom TÜV Rheinland bekommen, jedoch konnte eine Klagewelle nicht abgewendet und der Vorwurf der steigenden Komplikationen nie mehr entkräftet werden. Inzwischen finden sich in Deutschland keine Kliniken mehr, in denen der „Robodoc" eingesetzt wird. Kennzahlen zu den Verlusten, die den Kliniken durch Anschaffung und Rufschädigung entstanden sind, finden sich zwar nicht, jedoch ist von empfindlichen betriebswirtschaftlichen Schäden auszugehen, wenn medial gegen ein eingesetztes System berichtet wird.

Schon allein vor diesem Hintergrund vermischen sich medizinische und ökonomische Interessengebiete, insbesondere in Hinblick auf die „anpreisende" Marketingstrategie und das damit unterschätzte Gefahrenpotenzial.

### 16.4.2.4 Monopolstellung des Marktführers

Bei allen ablehnenden Haltungen gegenüber kostenintensiven Neuerungen hätten wir allerdings keinen Fortschritt, wenn man nur das machen würde, was man immer gemacht hat. Das wird besonders in der Entwicklung der Chirurgie deutlich. Wir müssen Innovation zulassen, doch diese müssen mit Studien begleitet werden, um am Ende einen „Mehrwert" zu haben. Bezogen auf die robotische Chirurgie fehlt allerdings bislang der in großen Langzeitstudien belegte und nachgewiesene Nutzen. Aktuell bleibt die robotische Chirurgie ein teures Geschäftsmodell im Marketingkampf um Patienten. Grundsätzlich wird bei allen Diskussionen deutlich, dass sich das Thema robotische Chirurgie eigentlich inhaltlich immer auf das Da Vinci®-System konzentriert. Dabei hat es dieser teure Marktführer geschickt verstanden, eine Monopolstellung aufzubauen, sodass dieser zurzeit als einziger Fixpunkt bezüglich Kosten und deren Entwicklung in der minimalinvasiven robotischen

Chirurgie dient. Im Geschäftsjahr 2018 konnte Intuitive Surgical einen stolzen Gewinn von 1,1 Mrd. US-Dollar realisieren. Am Absatzmarkt und Aktienkurs von Intuitive Surgical zeigt sich weiterhin ein unbeeindruckt sehr gutes Ergebnis. So wurden im ersten Quartal 2019 133 Da Vinci®-Systeme verkauft und der Gewinn pro Aktie konnte um 15 % auf 5,09 US-Dollar gesteigert werden (Mohaupt 2019). Die Grundlage des Erfolges war die Patentierung von ca. 1000 Einzelkomponenten im Roboter, sodass potenzielle Mitwettbewerber keine reale Konkurrenz in der Herstellung und Vermarktung darstellten.

Die Kritik am Marktführer nimmt jedoch aufgrund der hohen Kosten zu. Gleichzeitig stehen die Konkurrenzsysteme in den Startlöchern, um ähnliche Robotersysteme viel kostengünstiger anzubieten, woraus neue Chancen erwachsen werden (Rassweiler 2018, König 2015). Einige der Kernpatente des Da Vinci®-Systems sind inzwischen ausgelaufen, sodass von einer kurzfristigen Beflügelung des „Robotermarktes" ausgegangen werden kann. Da dieser Markt wirtschaftlich als zunehmend prädestiniert für hochwertige Konkurrenzsysteme ist, wundert es nicht, dass globale Player wie „Johnson & Johnson" oder „Metronic" zukünftig verstärkt in diese Technik investieren werden. Die technische Hochschule Lausanne hat mit seinem Robotic-Lab „Distalmotion" bereits einen 2-armigen Roboter namens „Dexter" (Fa. Jossi) entwickelt, der nur bei einigen (vorteilhaften) laparoskopischen Operationsschritten z. B. beim Nähen zum Einsatz kommt. CEO Michael Friedrich arbeitet mit Hochdruck an einer Marktzulassung. Auch lässt das Geschäftsmodell aufhorchen. So wird der Roboter nicht verkauft, sondern als gesamte Dienstleistung vermietet. Ein Eingriff soll so ungefähr 1200 bis 2000 Schweizer Franken kosten (dies entspricht ungefähr 1100 € bis 1800 €) und könnte damit über die Kostenträgerabrechnungen sogar Gewinne erzielen. Der Schweizer Konzern ABB investiert zukünftig auch verstärkt in die Robotertechnik, sodass ein „kollaborativer" Roboter namens „Yumi" bereits entwickelt wurde. Neu an diesem ist, dass er keinen Schutzkäfig mehr braucht, sondern direkt an der Seite einer Person arbeiten kann (Müller 2019). .

## 16.5   Zusammenfassung

Die robotische Chirurgie verbreitet sich zunehmend weltweit und vor allem auch in deutschen Krankenhäusern. Trotz bislang fehlender Beweise medizinischer Vorteile hält der Trend zur Roboterchirurgie ungebrochen an. Auf jedem medizinischen Kongress werden zurzeit gut etablierte laparoskopische Operationen in neuer roboterassistierter Technik vorgestellt. Alles scheinbar operativ Machbare wird auch versucht, ohne die medizinische Evidenz mitzuliefern.

Bei aller Euphorie rund um die neuen Methoden mehrt sich auch die Kritik. Aufgrund der erheblichen Mehrkosten, die üblicherweise mit der robotischen Chirurgie einhergehen, bleiben Fragen nach der Finanzierbarkeit solcher Systeme zunehmend offen. Die aktuelle Diskussion zur Schließung zahlreicher Krankenhäuser unter dem „Deckmantel" der Qualität (Rüter 2019), in Verbindung mit dem geplanten Umbruch des DRG-Systems (Mau 2019), war Anlass dieser detaillierten Kostenanalyse.

Zur Antwort auf die zentrale Fragestellung, ob die Klinikum Westfalen GmbH als Vertreter einer deutschen Klinik der (Sub-)Maximalversorgung die fachübergreifende roboterassistierte Chirurgie im Rahmen der DRG-Vergütung kostendeckend betreiben kann, muss ein klares „Nein" formuliert werden. Die hochgerechneten, nicht gegenfinanzierten Gesamtkosten für 1104 Patienten über einen Zeitraum von 8 Jahren betrugen mindestens –690.883,20 €. Daraus ergibt sich eine Kostenunterdeckung von insgesamt mindestens –625,80 € pro roboterassistiert operiertem Patient. Dadurch, dass lukrative laparoskopische (oder offene) Eingriffe zugunsten der Robotertechnik nicht gemacht werden, kommt es wirtschaftlich gesehen zur „Einnahmereduktion". So können Verluste angenommen werden, die bis zu –2.841.696 € im betrachteten Zeitraum betragen könnten. Auch bei erheblicher Fallzahl- und Operationsausweitung ist von keiner relevanten Kostenreduktion auszugehen, da die Einmalmaterialen (Fixkosten) trotz neuer oder zukünftiger Rabattsysteme (noch) zu teuer sind und die Operationsdauer (und dadurch die Personalbindung) nicht merklich gesenkt werden kann.

Die kritische Haltung gegenüber nicht gegenfinanzierter neuer Operationsmethoden gewinnt im Kontext des ökonomischen Drucks immer mehr Gewicht. Soweit in der Literatur aufzufinden, gibt es keine Klinik, die roboterassistierte Eingriffe im System des DRG kostendeckend anbieten kann. Profitabel erscheinende Kliniken finanzieren die robotischen Einnahmen durch Privatpatienten oder Selbstzahlern quer. Ohne weitere klinische Beweise, dass ein „Mehrwert" für den Patienten besteht, werden Argumente zur Gegenfinanzierung schwächer. Auch müssen generell Überlegungen angestellt werden, ob die überzogenen Erwartungen in die Technologie nicht zu den Fehlentwicklungen in der (operativen) Medizin führen können und werden. Vorstellbar erscheinen ebenso kritische Fragen nach dem „ökologischen" Fußabdruck, der durch die Einmalmaterialen des hoch komplexen Roboters durchaus relevant sein dürfte.

Der Marktführer Intuitive Surgical hat mit seinem Da Vinci®-System eine Monopolstellung in der Patientenversorgung und Preisgestaltung. Aufgrund auslaufender Patente für dieses System ist aber ein deutlicher Trend in der Entwicklung neuer Konkurrenzroboter zu erkennen. Mit der Zunahme der Verfügbarkeit werden die Gesetze des freien Marktes insgesamt zu einer deutlichen Kostenreduktion solcher Systeme führen.

Auch mehren sich die Meinungen, dass mit intensiverem Einsatz der Systeme deutlich umfangreichere Studien aufgelegt werden können, um so die erhoffte vorteilhafte Evidenz beim Gebrauch solcher Robotersysteme zu zeigen. Wenn sich jedoch am Ende keine klaren Vorteile dieser robotischen Technik abzeichnen, sollte man aber in der Lage sein dürfen, diese auch wieder zu verlassen (nicht nur aus ökonomischer Sicht).

Schlussendlich darf man bei aller innovativer Technik eines nicht vergessen: Wer ohne Roboter nicht operieren kann, kann es mit erst recht nicht. Um es sinngemäß mit den Worten des realen Leonardo Da Vinci zu sagen: „Der Mensch als Maß aller Dinge" (Schuchart 2011).

## 16.6 Ausblick und Empfehlung an die Geschäftsführung

Die Ökonomisierung und damit der Druck auf die Krankenhauslandschaft und die Geschäftsführer wird zunehmen. Der selbstreinigende Prozess der DRG-Wirkung geht zwar an der Versorgungsrealität in Deutschland vorbei, sorgt aber dafür, dass im Jahr 2018 ca. 12 % aller Krankenhäuser in finanzielle Schieflage geraten sind (Mau 2019). Daher sind Fragestellungen um das Betreiben defizitärer Betriebseinheiten umso gerechtfertigter.

Für die Klinikum Westfalen GmbH gilt es, die robotische Chirurgie weiterzuführen, auch wenn die finanziellen Aspekte nicht überzeugen. Vor allem im Rahmen der Marketingstrategien und (urologischen) Standortanalyse der Konkurrenzsituation stellt der Roboter zurzeit einen positiven Nachfragemultiplikator dar.

Allerdings sollten bezüglich des Risikomanagements weitere Aspekte, wie z. B. die steigende Versicherungsprämie und die sich komplizierende juristische Aufklärung des Patienten miteinbezogen werden. Solange im Rahmen der jährlichen Budgetverhandlungen Forderungen an die Kostenträger nach „Zentrumszuschlägen", „Weiterbildungszuschlägen", und „Zusatzentgelten" sowie die an das Land gestellten Forderungen nach Investitionsförderung ungehört bleiben, muss eine Querfinanzierung der robotischen Chirurgie stattfinden, um diese weiter zu betreiben. Als erster Ansatzpunkt sollten die normale Kostenbeitragsdeckungsrechnung in eine erweiterte Betriebseinheitsdeckungsrechnung überführt werden, um die Querfinanzierungsgröße einschätzen zu können. Nur wer über ein differenziertes „Ausgabenreporting" verfügt, kann im Rahmen des Controllings Kosteneinsparungen realisieren. Dazu gehört ebenso die strukturierte Analyse aller Verbrauchsmaterialien, der gesamten Operationsdauer (vor allem mit der zugehörigen Vorbereitungszeit), der Operations-Slot-Vergaben und der Teamschulungen.

Es lassen sich durch verschiedene Maßnahmen sicherlich Verschlankungs- und Planungsreserven heben, die die Effektivität der „Roboterzeit" erhöhen. Als Beispiel sei ein eigenes Roboterteam genannt. Solange in den Budgetverhandlungen mit den Krankenkassen „robotische Zusatzentgelte" nicht realisierbar sind, wäre es sinnvoll, finanzielle Zusatzforderungen an die Patienten zu richten. Wird dieser Ansatz noch konsequenter verfolgt, so sollte die robotische Chirurgie in ein separates Zentrum mit eigener Leitungsstruktur ausgelagert werden, um möglichst schnell den Break-even-Point zu erreichen und wirtschaftlich zu arbeiten. Dies wäre zunächst sicher ein schwieriger und teurer Umgestaltungsprozess, welcher unter den jetzigen politisch-gesundheitlichen Rahmenbedingungen mittel- und langfristig jedoch zu einem erheblichen regionalen Standortvorteil und mit hoher Wahrscheinlichkeit auch eine finanzielle Förderung nach sich ziehen könnte. Wie der Spezialisierungsprozess vorangetrieben wird, ließ sich unlängst in der Presse verfolgen: „Die Martini-Klinik ist ein herausragendes Beispiel für deutsche Spitzenmedizin (…) Das muss Schule machen", sagt Bundesgesundheitsminister Jens Spahn am 24.08.2018 bei seinem Besuch (https://www.martini-klinik.de).

Da Leistungsausweitung und Fallzahlsteigerung im Bereich der robotischen Chirurgie anhand dieser Kostenanalyse zurzeit (leider) keinen finanziellen Zugewinn, sondern eher eine Intensivierung des Verlustes bedeutet, sind Prozesse der Steuerung in Hinblick auf die Gesamtklinikumstrategie zu bedenken. Ob es im Umfeld des DRG-Umbruches und Krankenhausschließungen sinnvoll ist, die robotische Chirurgie auszubauen, muss an dieser Stelle umfassenden SWOT (Strenghts, Weakness, Opportunities, Threats) - und Machbarkeitsanalysen vorbehalten bleiben. Allerdings lassen sich in dem Klinikverbund sicherlich Ressourcen und Patientenströme weiter bündeln, sodass ausgelagerte „robotische" Organzentren (z. B. Prostata, Darm, Lunge) aller dem Verbund zugehörigen Kliniken mit rotierenden Operationsteams bereits jetzt vorstellbar erscheinen.

Überwindet man zudem die unterschiedlichen Krankenhausträgerinteressen und bündelt man alle Organkrankheiten (trägerübergreifend) regional-zentral, so ergeben sich stolze Gewinnpotenziale, die natürlich auch mit einer besseren Qualität einhergehen können. Als Beispiel sei das in Gronau etablierte „Center for Robotic Medicine Germany" (CRMG) genannt, in dem nicht nur die fachübergreifende Patientenversorgung, sondern auch die gesamte Arzt- und Teamausbildung stattfindet (CRMG Gronau 2019).

Für die Klinikum Westfalen GmbH war und bleibt das Betreiben der robotischen Chirurgie (zurzeit) ein finanzielles Zuschussgeschäft, das man sich leisten können muss oder vielmehr will.

## Literatur

Barbash GI., G. S. (19.8.2010). New technology and health care costs – the case of robot-assisted surgery. *N Engl J Med, S. 363*: 701–704.

Beerheide, R. K. (5.10.2018). Sachverständigenrat: Dicke Mauern in der Versorgung. *Dtsch Arztebl, S. B 1467–1468.*

Brunner, M. M. (18.05.2019). Implementierung eines Roboterprogramms in der Viszeralchirurgie. *Zentralbl Chir, S. 144:* 224–234.

Buckingham, R. B. (1995). Robots in operating theatres. *BMJ, S. 311:* 1479–1482.

Buess, G. S. (2000). Robotics and allied technologies in endoscopic surgery. *Arch Surg, S. 135:* 229–233.

Bundesvereinigung, KBV (09.2017). https://iqtig.org/dateien/dasiqtig/grundlagen/IQTIG_Methodische-Grundlagen-V1.0.pdf. Abgerufen am 10.12.2020.

Cooper, M. (8.4.2013). Underreporting of Robotic Surgery Complications. *Journal for Healthcare Quality. S. 37(2):133–8.*

Croner, R. P. (2016). Robotic liver surgery for minor hepatic resections: a comparison with laparoscopic and open standard procedures. *Langenbecks Arch Surg, S. 401:* 707–714.

CRMG Da Vinci Zentrum Gronau. (24.10.2019). Von http://www.crm-gronau.de/de/urologie/ueber-uns.html. Abgerufen am 10.12.2020.

DI. Ärztezeitung, Ä. (3. 7. 2015). Juwel am Hamburger UKE. Von https://www.aerztezeitung.de/Wirtschaft/Juwel-am-Hamburger-UKE-248360.html. Abgerufen am 10.12.2020.

DKG (15.1.2019). Krankenhaus Barometer 2018: Investitionsstau gefährdet Krankenhausversorgung. IWW. *Chefärztebrief, S. 1.*

Ihr Europa. (21.7.2019). https://europa.eu/european-union/index_en. Aufgerufen am 21.09.2021.

FDA Zulassung- die U.S. Food and Drug Administration. (21.7.2019). Von http://www.johner-institut.de/blog/category/fda. Abgerufen am 10.12.2020

Feußner, H. O. (21.8.2018). Robotik und „augmented reality". *Der Chirurg, S. 89*, 10: 760–768.

Gab Jeong, Y. S. (2017). Association of Robotic-Assisted vs laparoscopic radical Nephrectomy with perioperative Outcomes und Health Care Costs, 2003 to 2015. *JAMA, S. 318(16):*1561–1568.

GBA. (22.3.2019). Beschluss über die Freigabe des Abschlussberichtes Konzeptstudie für ein QS Verfahren Lokal begrenztes Prostatakarzinom zur Veröffentlichung. S. 65–66.

GBA. (2019). Geschäfts- und Verfahrensordnung des G-BA.

G-DRG-Repost-Browser 2018. Von https://www.g-drg.de. Abgerufen am 10.12.2020.

Greenberg, H (18.4.2013). Patients Scarres After Robotic Surgery. Investigations INC. Von https://www.cnbc.com/id/100652694. Abgerufen am 10.12.2020.

Hinrichs, W. (3.12.2015). NOZ. Von https://noz.de/lokales/osnabrueck/artikel/644728/warum ein teurer OP-Roboter in Osnabrück nicht benutzt wurde.de. Abgerufen am 10.12.2020.

Jayne, David A. P. (2017). Effect of Robotic-Assisted vs Conventional Laparoscopic Surgery on Risk of Conversin to Open Laparotomy Among Patients Undergoing Resection for Rectal Cancer. *JAMA, S.* 318(16):1569–1580.

Katthöfer, U. (6.2019). Maschine und Wirtschaft drängen Ärzte und Patienten in den Hintergrund. IWW, *ChefärzteBrief, S.* 8–10.

Kissler, H. B. (2016). First national survey on use of robotics for visceral surgery in Germany. *Chirurg, S.* 87: 669–675.

Klinikum Westfalen (20.3.2017). Qualitätsbericht 2017. Von http://klinikum-westfalen.de/Inhalt/Unternehmen/Qualitätsmanagement_und_Qualitätsberichte.de. Abgerufen am 10.12.2020.

König, R. (2015). Da Vinci „Made in Spain". *kma, S.* 20(09): 36–38.

Liepies, J. (28.11.2017). Zahlen, bitte! Für 2678 Dollar mehr vom Roboter operiert. Heise. Von https://www.heise.de/newsticker/meldung/Zahlen-bitte-Fuer-2678-Dollar-mehr-vom-Roboter-operiert-3897931.html. Abgerufen am 10.12.2020.

Ludwig, U. (30.6.2009). Roboter außer Kontrolle. *Spiegel online.* Von https://www.spiegel.de/wissenschaft/roboter-ausser-kontrolle-a-65578043-0002-0001-0000-000065886423. Abgerufen am 10.12.2020.

Mau, J. (23.1.2019). Von https://www.bibliomedmanager.de/news/37267-drg-umbau-soll-nicht-zu-komplex-werden. Abgerufen am 10.12.2020.

Mohaupt, S. (30.4.2019). OP-Roboter auf dem Vormarsch. Von https://www.gevestor.de/news/intuitive-surgical-op-roboter-auf-dem-vormarsch-800378.html. Abgerufen am 10.12.2020.

Müller, G. V. (11.7.2019). Roboter drängen ins Labor und in den Operationssaal. *Neue Züricher Zeitung.* https://www.nzz.ch/wirtschaft/roboter-dringen-ins-labor-und-in-den-operationssaal-ld.1494445. Abgerufen am 10.12.2020.

Niehues, C. (21.4.2017). IWW. Krankenhausfinanzierung- verständlich erklärt: Besonderheiten der Investitionsfinanzierung. *Chefärztebrief.*

Parekh, Dipen I. R. (23.6.2018). Robot-assisted radical cystectomy versus open radical cystectomy in patients with bladder cancer. *The Lancet, S. Volume 391*, Issue 10139, S2525–2536.

Prostatakrebs: Urolog*innen können mit OP-Roboter öfter Kontinenz und Potenz erhalten I MedEcon Ruhr (31.03.2021).Medecon Ruhr. http://www.medecon.ruhr/2021/03/prostatakrebs-urologin-nen-koennen-mit-oproboter-oefter-kontinenz-undpotenz-erhalten. Aufgerufen am 21.09.2021.

Rassweiler JJ et al. (20.7.2018). Der Roboter in der Urologie – eine Analyse aktueller und zukünftiger Gerätegenerationen. *Der Urologe, S.* 57: 1075–1790.

Schmidt, L. L. (2019). Roboterassistierte Chirurgie bei Indikationen im Bereich des Thorax und des Bauchraums. Ludwig Boltzmann Institut für Health Technology Assessment, S. Projektbericht 108.

Schuchart, S. (11.11.2011). Der Mensch als Maß aller Dinge. *Deutsches Ärzteblatt, S. S 64.*

Sozial Gesetz Buch V. (22.3.2019). § 12 SGB V Wirtschaftlichkeitsgebot.

Stolzenburg, J-U (06.2021). Robotic-assisted Vesus Laparoskopic Surgery: Outcomes from the First Multicentre, Randomised, Patient-blinded Controlled Trial in Radical Prostatektomy (LAP-01). European Urology. Volume 79, Issue 6, Pages 750–759.

Voll, B. (6.2019). Kongress aktuell, Roboterassistenz in der Visceralchirurgie. Deutscher Ärzteverlag.

Wright, Jason D., C. V. (2013). Robotically Assisted vs laparoscopic Hysterectomy Among Women with Benign Gynecologic Disease. *JAMA, S. 309(7)*:689–698.

Yaxley, J. C. (07 2016). Robot-assisted laparoscopic prostatectomy versus open radical retropublic prostatectomy: early outcomes from a randomised controlled phase 3 study. *The Lancet*, S. Volume 388, Issue 10049, P1057–1066.

Zylka-Menhorn, V. (28.6.2019). Kostenintensiv – bei eher dünner Evidenzlage. *Deutsches Ärztblatt, S. 116:* A1278–A1280.

# Triage-Entscheidungen in Pandemiezeiten – Zwischen ethischem Dilemma und strafrechtlicher sowie zivilrechtlicher Haftung

Daniela Etterer

**Zusammenfassung**

Der Beitrag befasst sich mit der Misere vor allem von Krankenhausärzten, die bedingt durch die COVID-19-Pandemie gezwungen sind, über die Verteilung von knapp gewordenen Intensiv- und Beatmungsressourcen zu entscheiden. Betrachtet werden die strafrechtlichen und zivilrechtlichen Konsequenzen für Ärzte und für das Krankenhaus. Zentrale Aspekte der Betrachtung bilden die Rechtfertigung der Triage-Entscheidung über eine Pflichtenkollision, die zugrunde zu legenden Kriterien bei Triage-Entscheidungen sowie die Pflicht zur Behandlung.

## 17.1 Einleitung

Teilweise tritt bei COVID-19-Infizierten ein akutes Lungenversagen (sog. Acute-respiratory-distress-Syndrom) auf, wodurch eine intensivmedizinische Behandlung, insbesondere mit invasiver Beatmung absolut indiziert wird (vgl. AWMF-S1-Leitlinie „Empfehlungen zur intensivmedizinischen Therapie von Patienten mit COVID-19", S. 3). Zur invasiven Beatmung wird ein invasiver Beatmungszugang (Verbindung von Respirator und Lunge mit Hilfe eines Trachealtubus bzw. einer Trachealkanüle) angewendet, über welchen maschinell die Lungen belüftet werden. Die anlässlich der COVID-19-Pandemie in § 21 Abs. 5 Satz 1 Krankenhausentgeltgesetz aufgenommene finanzielle Förderung der Aufstellung von intensivmedizinischen Behandlungskapazitäten mit maschineller Beat-

D. Etterer (✉)
Tsambikakis & Partner Rechtsanwälte mbB, Köln, Deutschland
E-Mail: etterer@tsambikakis.com

R. Grinblat et al. (Hrsg.), *Innovationen im Gesundheitswesen*,
https://doi.org/10.1007/978-3-658-33801-5_17

mungsmöglichkeit bewirkte zwar eine Aufstockung dieser Behandlungsressourcen in den Krankenhäusern, gleichwohl sind die intensivmedizinischen Ressourcen, vor allem Betten mit invasiver maschineller Beatmungsmöglichkeit begrenzt. Eine weitere Facette des Ressourcenproblems ist der Mangel an Personal, welches die Beatmungsgeräte bedienen kann. Verschärft wird der Ressourcennotstand dadurch, dass diese Behandlungsressourcen nicht ausschließlich Patienten benötigen, die an COVID-19 erkrankt sind, sondern ebenfalls Patienten mit anderen Krankheitsbildern. In europäischen Nachbarländern, z. B. in Italien und Frankreich, traten bereits zu Beginn der COVID-19-Pandemie Überlastungen der Intensivstationen auf. Es fehlten vor allem Krankenhausbetten mit Beatmungsgeräten. Mangels zureichender Ressourcen mussten die dort agierenden Ärzte darüber entscheiden, welchem Patienten die lebensrettende Behandlung zuteilwird (vgl. Der Tagesspiegel, Beitrag vom 17.03.2020). Bislang ereignete sich eine Ressourcenknappheit in diesem Ausmaß in Deutschland (noch) nicht. Allerdings rollt gegenwärtig die zweite „Corona-Welle" über Deutschland hinweg. Täglich wird von steigenden Zahlen von Neuinfizierungen in Deutschland berichtet. Die Situation in den deutschen Krankenhäusern hat sich im Verhältnis zum Frühjahr 2020 zugespitzt: Die Anzahl der auf den Intensivstationen behandelten COVID-19-Patienten hat ein neues Hoch erreicht (vgl. Tagesschau.de, Beitrag vom 09.11.2020). Insofern steigt in Deutschland das Risiko, dass Ärzte über die Zuteilung der knapp gewordenen Intensiv- und Beatmungsressourcen entscheiden und damit sog. Triage-Entscheidungen fällen müssen.

Die Zuteilungsentscheidung ist für die Ärzte nicht bloß in ethischer Hinsicht schwierig. Zugleich bergen die Triage-Entscheidungen sowohl strafrechtliche Risiken für die agierenden Ärzte als auch arzthaftungsrechtliche Risiken für die Ärzte und die Krankenhäuser. Unabhängig von den Ausgaben für Schadenersatz- und Schmerzensgeldforderungen sind Strafverfahren und zivilrechtliche Auseinandersetzungen mit nicht unerheblichen zusätzlichen Aufwendungen, insbesondere mit Rechtsanwaltskosten für die Vertretung der Ärzte und Krankenhäuser verbunden. Letztendlich entstehen hierdurch finanzielle Belastungen für die Krankenhäuser und gegebenenfalls für die hinter den Krankenhäusern stehenden Versicherungen, etwa Betriebshaftpflichtversicherungen oder Strafrechtsschutzversicherungen. Nicht minder kritisch ist der möglicherweise drohende Reputations-/Imageschaden für das Krankenhaus infolge einer fehlerhaften Triage-Entscheidung. Potenzielle Patienten könnten danach geneigt sein, sich im fraglichen Krankenhaus nicht mehr behandeln zu lassen, was Erlöseinbußen mit sich bringt.

## 17.2 Ausgangspunkt

Der Ausdruck „Triage" wird von dem französischen Wort *„triage"* abgeleitet und bedeutet gewissermaßen Auslese, Auswahl oder Sortieren (Kern/Rehborn 2019, Rn. 24; Le Petit Robert). Dieser Begriff hat sich in der Katastrophen- und Notfallmedizin etabliert (Sowada 2020, S. 452; Kern/Rehborn 2019, Rn. 23) und umschreibt die ärztliche Beurteilung und Entscheidung über die Priorität der medizinischen Versorgung von Patienten hinsichtlich Art und Umfang (Kern/Rehborn 2019, Rn. 25; Lindner 2020, S. 199). Zielsetzung der Triage ist, *„dass möglichst viele Personen die Überlastungssituation mit möglichst wenig Schaden überstehen.“* (Rönnau/Wegner 2020, S. 403).

Es existieren derzeit keine expliziten gesetzlichen Vorschriften oder Rechtsprechung dazu, welche Kriterien bei der Verteilung von knappen Intensiv- und Beatmungsressourcen gelten und welche rechtlichen Konsequenzen Zuteilungsentscheidungen haben können (vgl. Gaede/Kubiciel/Saliger/Tsambikakis 2020, S. 130).

Medizinische Fachgesellschaften und die Akademie für Ethik in der Medizin erließen die klinisch-ethischen Empfehlungen „Entscheidungen über die Zuteilung intensivmedizinischer Ressourcen im Kontext der COVID-19-Pandemie" (im Folgenden: „Empfehlungen"), welche nunmehr als S1-Leitlinie klassifiziert sind. Die Empfehlungen priorisieren die medizinische Behandlung nach der klinischen Erfolgsaussicht. Vorrangig sollen Patienten intensivmedizinisch behandelt werden, die infolge der Behandlungsmaßnahmen eine höhere Überlebenswahrscheinlichkeit aufweisen. Die klinischen Erfolgsaussichten sind für jeden einzelnen Patienten einzuschätzen. In die Abwägung der Priorisierung sind alle intensivpflichtigen Patienten des Krankenhauses einzubeziehen, und zwar unabhängig von deren Versorgungsort im Krankenhaus und unabhängig von der jeweiligen Erkrankung. Eine Priorisierung anhand des Alters, sozialer Merkmale, bestimmter Grunderkrankungen oder Behinderungen verbietet sich. Die Entscheidung der Priorisierung muss in adäquaten Intervallen reevaluiert werden.

Daneben erließ der Deutsche Ethikrat am 27.03.2020 die Ad-hoc-Empfehlung „Solidarität und Verantwortung in der Corona-Krise" (im Folgenden: „Ad-hoc-Empfehlung").

All diese untergesetzlichen Empfehlungen verhindern jedoch nicht, dass Triage-Entscheidungen Anknüpfungspunkte für Straftaten der behandelnden Ärzte sowie für eine zivilrechtliche Haftung sowohl des agierenden Arztes als auch des Krankenhausträgers bieten. Hierbei finden die Grundsätze des allgemeinen Strafrechts (Lindner 2020, S. 199) und des allgemeinen Zivilrechts Anwendung.

## 17.3 Konstellationen von Triage-Entscheidungen

Die konkreten Konkurrenzsituationen unter den Patienten bei der Triage-Entscheidung lassen sich in zwei Fallgruppen einteilen: Die „Ex-ante-Triage" und die „Ex-post-Triage". Im Falle der „Ex-ante Triage" steht dem Arzt nur noch ein freies Beatmungsgerät zur Verfügung und er muss entscheiden, welchen von mehreren Patienten er dieses Behandlungsmittel erstmal zuteilt (Hoven 2020, S. 449). Hingegen sind bei der „Ex-post-Triage" schon sämtliche Beatmungsressourcen an Patienten verteilt. Es kommt jedoch ein weiterer Patient hinzu, der ebenfalls der Behandlungsressource bedarf. Nun muss der Arzt darüber entscheiden, ob die bisherige Verteilung der Beatmungsgeräte unverändert bleibt oder ob die Beatmungsgeräte unter Einbeziehung des neuen Patienten neu verteilt werden müssen (Hoven 2020, S. 449). Diese Triage-Situationen sind für die Ärzte psychisch besonders belastend. Der Arzt muss erkennen, dass sich seine Entscheidung unweigerlich zulasten eines Patienten auswirkt, indem dieser an seiner Gesundheit beeinträchtigt oder sogar getötet wird. Eine alle Patienten zufriedenstellende Lösung existiert hierbei nicht (Gaede/Kubiciel/Saliger/Tsambikakis 2020, S. 130).

Nachfolgend sollen die strafrechtliche Verantwortung des die Triage-Entscheidung treffenden Arztes und die etwaigen zivilrechtlichen Ansprüche beleuchtet werden. Prämissen dieser Betrachtung sind, dass im Falle der „Ex-ante-Triage" der Arzt sich für den Patienten entscheidet, der unter Heranziehung der Empfehlungen die besseren klinischen Erfolgsaussichten der Behandlung hat und im Falle der „Ex-post-Triage" dem Patienten die Beatmungsressource zugeteilt wird, der evident bessere klinische Behandlungsaussichten aufweist.

## 17.4    Strafrechtliche Verantwortung der Ärzte

Trifft den Arzt, der sich im Rahmen der Triage-Entscheidung unter Orientierung an den Erfolgsaussichten der Behandlung für einen Patienten und damit zwangsläufig gegen einen anderen Patienten entscheidet, eine strafrechtliche Verantwortung? Aus dem ersten Impuls heraus ist man geneigt, eine Strafbarkeit abzulehnen, wenn der Arzt seine Entscheidung – wie von den medizinischen Fachgesellschaften in den Empfehlungen vorgeben – an den klinischen Erfolgsaussichten ausrichtet. Diese auf den ersten Blick einfach zu beantworten Fragestellung ist strafrechtlich gar nicht so trivial.

### 17.4.1 Strafrechtliche Konsequenzen für den Arzt bei der „Ex-ante-Triage"

Abhängig davon, ob der nicht behandelte Patient stirbt oder ob er (bloß) an der Gesundheit geschädigt wird, kommt eine Strafbarkeit des die Triage entscheidenden Arztes wegen Totschlages durch Unterlassen (§§ 212 Abs. 1, 13 Abs.1 Strafgesetzbuch (StGB)) bzw. Körperverletzung durch Unterlassen (§§ 223 Abs. 1, 13 Abs. 1 StGB) in Frage. Im Ergebnis scheitert eine Strafbarkeit des beteiligten Arztes indes daran, dass die Straftat nicht rechtswidrig ist, denn sie ist nach hiesiger Auffassung gerechtfertigt. Dazu im Einzelnen:

#### 17.4.1.1 Tatbestandsmäßigkeit

Der objektive und subjektive Straftatbestand des Totschlags bzw. der Körperverletzung durch Unterlassen sind ohne Weiteres erfüllt. Erwähnenswert ist in diesem Zusammenhang lediglich, dass der Arzt über die für unechte Unterlassungsdelikte erforderliche Garantenstellung im Sinne von § 13 Abs. 1 StGB verfügt. Die tatsächliche Übernahme der Behandlung bürdet dem Arzt eine Garantenpflicht gegenüber dem Patienten auf, und zwar unabhängig davon, ob zwischen dem Arzt und dem Patienten ein Behandlungsvertrag besteht (vgl. dazu BGH, Urteil vom 02.02.1979, 2 StR 237/78, NJW 1979, 1258, 1258; BGH, Urteil vom 20.02.1979, VI ZR 48/78, NJW 1979, 1248, 1249). Die diensthabenden

Ärzte einer Klinik werden mit der Aufnahme des Patienten in der Klinik Garanten für das Patientenwohl (Ulsenheimer 2019, Rn. 14).

### 17.4.1.2 Rechtswidrigkeit

Eine Straftat ist nicht rechtswidrig, wenn ein Rechtfertigungsgrund vorliegt. Die üblichen Rechtfertigungsgründe, wie Notwehr und Notstand, greifen vorliegend nicht ein. Insbesondere der Notstand gemäß § 34 StGB scheitert an einer Notstandshandlung. Die Notstandshandlung im Sinne von § 34 Satz 1 StGB setzt voraus, dass bei Abwägung der widerstreitenden Interessen das geschützte Interesse das beeinträchtigte wesentlich überwiegt. Vorliegend würden die Leben der um die Beatmungsressource konkurrierenden Patienten abgewogen, was sich aus verfassungsrechtlichen Gründen verbietet (Erb 2020, Rn. 143.) Grundsätzlich ist es nicht zulässig, einer etwaigen kürzeren Lebensspanne eines sterbenden Patienten oder der geringen Rettungschance eines Schwerverletzten einen geringeren Lebenswert beizumessen (Erb 2020, Rn. 143).

**Pflichtenkollision als Rechtfertigungsgrund**

Zu diskutieren ist, ob die gewohnheitsrechtlich anerkannte Rechtsfigur der rechtfertigenden Pflichtenkollision als Rechtsfertigungsgrund in der vorliegenden Konstellation der „Ex-ante-Triage" greift. Hiernach darf die Rechtsordnung dem Bürger bei der Erfüllung von zwei Handlungspflichten zum Schutz fremder Rechtsgüter, von denen aufgrund der Situation nur eine erfüllbar ist, nichts Unmögliches abverlangen. Demgemäß ist derjenige gerechtfertigt, der bei einer Kollision verschiedenwertiger rechtlicher Pflichten die höherwertige bzw. bei der Kollision gleichwertiger Pflichten eine nach seiner Wahl erfüllt (vgl. BGH, Beschluss vom 30.07.2003, 5 StR 221/03, NJW 2003, 3787, 3788; Gaede/Kubiciel/Saliger/Tsambikakis 2020, S. 132; Erb 2020, Rn. 47). Zum Teil wird angenommen, dass bei zwei kollidierenden gleichwertigen Handlungspflichten die Tat rechtswidrig bleibt, aber die Pflichtenkollision die Tat entschuldigt, weil keine der Handlungspflichten überwiege (Momsen/Savic 2020, Rn. 24; Fischer 2020, vor § 32 Rn. 11a; Gaede 2020, Rn. 1784). Argumentiert wird, dass demjenigen, demgegenüber die Handlungspflicht vernachlässigt wird, ein Notwehrrecht zur Durchsetzung seiner Rettung zustehen müsste (Momsen/Savic 2020, Rn. 24). Diese Argumentation ist indessen nicht haltbar. Gewährte man dem bei der Verteilung der Beatmungsressource benachteiligten Patienten ein Notwehrrecht, müsste man dieses Notwehrrecht dem anderen Patienten ebenfalls zubilligen. Dieses würde jede Handlung des Arztes sperren, es bestände ein Kreislauf, welcher eine Entschuldigung des Arztes über die Pflichtenkollision im Ergebnis ad absurdum führte (Jäger/Gründel 2020, S. 153). Zudem ist es widersinnig, dem Arzt eine Behandlungspflicht aufzuerlegen, deren Erfüllung von vornherein unmöglich ist, und die Verletzung dieser Behandlungspflicht als rechtswidrig einzuordnen. Bei einer derartigen Notlage verbietet es sich, die Handlung des Arztes rechtlich zu missbilligen (Gaede/Kubiciel/Saliger/Tsambikakis 2020, S. 132; Rönnau 2013, S. 113). Die Meinung, wonach die Pflichtenkollision die Tat nur entschuldigt, lässt im Übrigen unberücksichtigt, dass die Triage-Entscheidung des Arztes nicht in eine verfestigte Rechtsposition des zurückgewiesenen

Patienten eingreift, sondern nur eine der Allgemeinheit zur Verfügung gestellte Ressource, die einem anderen Patienten zugewiesen wird. Den um die Ressource konkurrierenden Patienten steht jeweils nur ein Anspruch auf Gerechtigkeit bei der Teilhabe und Verteilung zu. Die Triage-Entscheidung erfordert kein besseres Recht des begünstigten Patienten (Gaede/Kubiciel/Saliger/Tsambikakis 2020, S. 132, 133).

Die rechtfertigende Pflichtenkollision ist im Ergebnis bei der unterlassenen Beatmung des benachteiligten Patienten grundsätzlich einschlägig.

## Bestimmung der Wertigkeit der Handlungspflichten

Bislang ungeklärt ist, wie die Gleichwertigkeit bzw. Ungleichwertigkeit der Handlungspflichten zu bestimmen ist. Vorauszusetzen ist zwingend, dass bei den um die fragliche Behandlungsressource konkurrierenden Patienten jeweils eine absolute Indikation für die Beatmungsbehandlung besteht. Hinzutreten muss jedoch noch ein weiteres Kriterium. Bezüglich des weiteren Kriteriums werden verschiedene ethische und juristische Ansätze vertreten.

Zweifelsohne sind z. B. das Geschlecht, das Alter, die Rasse, die Religion, ein etwaiges Wahlarztverhältnis oder die berufliche Tätigkeit, etwa die Ausübung eines systemrelevanten Berufs eines Patienten, keine zulässigen Kriterien. Dies verbietet der in Art. 3 GG (Grundgesetz) verankerte Gleichheitsgrundsatz (Sternberg-Lieben 2020, S. 633). Ebenso unzulässig ist es, einen ärztlichen Kollegen oder einen nahen Angehörigen vorzuziehen, auch wenn dieser Gedanke unter Heranziehung von § 12 Abs. 3 Musterberufsordnung Ärzte (MBO) zunächst nicht fernliegen mag. Nach § 12 Abs. 3 MBO dürfen Ärzte Verwandte und Kollegen im Hinblick auf das Honorar vergünstigt behandeln.

Hinsichtlich der Chancengleichheit der Patienten erscheint als weiteres Kriterium der Zufall prädestiniert (Sternberg-Lieben 2020, S. 634). Zu denken ist etwa an das zeitliche Zufallsprinzip – „first come, first served" – (Zimmermann 2020) oder die Auswahl des Patienten auf Basis eines Losverfahrens (Walter 2020). Zur Begründung wird angeführt, dass nur der Zufall „*das Gebot eines statusblinden absolut gleichwertigen Lebensschutzes aller Patienten perfekt*" umsetze (Sternberg-Lieben 2020, S. 634).

Die Gegenauffassung stellt auf Basis der Empfehlungen als weiteres Kriterium auf die klinischen Erfolgsaussichten ab (Gaede/Kubiciel/Saliger/Tsambikakis 2020, S. 133; Hilgendorf 2020). Vorausgesetzt wird dabei, dass die klinischen Erfolgsaussichten einer radikalen Zeitlichkeit unterliegen, sodass die ärztliche Auswahlentscheidung in zeitlichen Abständen (fortlaufend) auf ihre Fortdauer überprüft werden muss (Gaede/Kubiciel/Saliger/Tsambikakis 2020, S. 131). Sind die Erfolgsaussichten der Behandlung in einer einzelfallbezogenen Prüfung objektiv anhand des gesundheitlichen Zustands (aktueller Zustand nebst medizinisch relevanter Vorerkrankungen) und der Aussicht, die Erkrankung mit der notwendigen Behandlung zu überleben, bestimmt, vermitteln auch die Behandlungsaussichten Objektivität (Gaede/Kubiciel/Saliger/Tsambikakis 2020, S. 133). Diese Auffassung kann auf folgende Argumente gestützt werden:

Mit dem ärztlichen Berufsrecht ist es nicht vereinbar, die Triage-Entscheidung dem Zufall zu überlassen. Gemäß § 2 Abs. 2 MBO haben Ärzte ihren Beruf gewissenhaft auszuüben und dem ihnen bei ihrer Berufsausübung entgegengebrachten Vertrauen zu entsprechen sowie ihr ärztliches Handeln am Wohl der Patienten auszurichten. Folglich haben Ärzte ihr Handeln an der klinischen Prognose zu orientieren und bei ihrer Behandlungsentscheidung nicht auf den Zufall abzustellen. Eine zufallsbasierte Behandlung entspräche nicht dem ärztlichen Selbstverständnis. Im Übrigen wird für die Patienten nicht nachvollziehbar sein, dass in dem medizinfortschrittlichen Deutschland, in dem man auf die etablierte moderne Medizin baut und ein im Vergleich zu anderen Staaten funktionsfähiges Gesundheitssystem vorgehalten wird, der Zufall die Behandlungsentscheidung bestimmt (vgl. Gaede/Kubiciel/Saliger/Tsambikakis 2020, S. 133). Der Zufall darf allenfalls als ethische Notlösung dienen. In den klinischen Erfolgsaussichten ist ein kollektives Element enthalten. Die Ansprüche der Patienten sind auf eine faire Berücksichtigung ihrer Überlebensinteressen, einem Teilhabeanspruch an den knappen Ressourcen, begrenzt. Mithin ist kein absoluter Anspruch auf die knappen Ressourcen gegeben. Die Ressourcen stehen der Allgemeinheit zu, was einen Ressourceneinsatz nach den klinischen Erfolgsaussichten bedingt (Gaede/Kubiciel/Saliger/Tsambikakis 2020, S. 132). Schließlich verstärkt ein Vergleich mit dem rechtfertigten Notstand (§ 34 StGB) die klinischen Erfolgsaussichten als Kriterium. § 34 StGB differenziert nach dem Grad der Gefahr für die betroffenen Rechtsgüter. In Anlehnung daran dürfen bei der rechtfertigenden Pflichtenkollision die medizinische Dringlichkeit und die klinischen Erfolgsaussichten als Faktoren für die Triage-Entscheidung zugrunde gelegt werden (Gaede/Kubiciel/Saliger/Tsambikakis 2020, S. 134).

Zusammengefasst ist es zulässig, im Rahmen der Pflichtenkollision die Wertigkeit der Handlungspflichten anhand der klinischen Erfolgsaussichten zu bestimmen.

### 17.4.1.3 Ergebnis
Orientiert sich der Arzt bei der Triage-Entscheidung an den klinischen Erfolgsaussichten und entscheidet sich für den Patienten mit den besseren Überlebenschancen, ist die Entscheidung über die Pflichtenkollision gerechtfertigt. Die Tat ist nicht rechtswidrig. Eine Strafbarkeit des Arztes ist nach hiesiger Auffassung mithin ausgeschlossen.

### 17.4.1.4 Strafbarkeit des Arztes bei identischen klinischen Erfolgsaussichten
Wie würde man die Triage-Entscheidung strafrechtlich beurteilen, wenn die klinischen Erfolgsaussichten der beiden konkurrierenden Patienten gleich sind und der Arzt dennoch einen Patienten auswählen muss?

Gleichermaßen wäre eine Strafbarkeit des Arztes nicht gegeben. Die Triage-Entscheidung wäre über die rechtfertigende Pflichtenkollision gerechtfertigt. Sind die Handlungspflichten gleichwertig, kann der Arzt wählen, welchen Patienten er rettet. Der Arzt muss sich lediglich im Rahmen seines Handlungsvermögens pflichtgerecht verhalten. Die Motive bei dieser Entscheidung mögen bei gleichrangigen Pflichten strafrechtlich ohne Bedeutung sein und ein moralisch verwerfliches oder verfassungswidriges Motiv soll die Rechtfertigung nicht beeinflussen (Engländer/Zimmermann 2020, S. 1400). Die Auswahlfreiheit solle nicht aufgrund des Gleichheitsgrundsatzes auf vertretbare Auswahlkriterien eingegrenzt werden (Engländer/Zimmermann 2020, S. 1400). Diese Auffassung überzeugt trotzdem nicht. In dieser Konstellation darf nichts anderes gelten als bei der bei der Ex-ante-Triage-Entscheidung, bei der ungleiche klinische Erfolgsaussichten bestehen. Dort darf nicht gegen die verfassungsrechtlichen Grundsätze verstoßen werden. Deswegen dürfen für die Entscheidung zur Rettung eines Patienten keine sachwidrigen Gründe herangezogen werden. Der Arzt darf sich sonach nicht von Alter, Geschlecht, Religion, Herkunft leiten lassen (vgl. auch Ad-hoc-Empfehlungen des Deutschen Ethikrates vom 27.03.2020, S. 3; Empfehlungen, S. 5.)

## 17.4.2 Strafrechtliche Konsequenzen für den Arzt bei der „Ex-post-Triage"

Je nachdem, ob der nichtbehandelte Patient stirbt oder ob er an der Gesundheit geschädigt wird, kommt eine Strafbarkeit des die Triage entscheidenden Arztes wegen Totschlages durch Unterlassen (§§ 212 Abs. 1, 13 Abs. 1 StGB) bzw. Körperverletzung durch Unterlassen (§§ 223 Abs. 1, 13 Abs. 1 StGB) in Betracht.

Ebenso ist aber in dieser Fallkonstellation eine strafrechtliche Verantwortung zurückzuweisen.

### 17.4.2.1 Tatbestandsmäßigkeit

Der objektive und subjektive Tatbestand des Totschlags bzw. der Körperverletzung durch Unterlassen sind nach Auffassung der Autorin erfüllt, auch wenn es uneinheitlich beantwortet wird, ob der Abbruch der Beatmung als Tun oder Unterlassen einzuordnen ist. Nach hiesiger Auffassung liegt in der Neuverteilung der Beatmungsressource ein Unterlassen.

Die Abgrenzung von Tun und Unterlassen ist eine

„Wertungsfrage, die nicht nach rein äußeren oder formalen Kriterien zu entscheiden ist, sondern eine wertende (normative) Betrachtung unter Berücksichtigung des sozialen Handlungssinns verlangt." (BGH, Urteil vom 04.09.2014, 4 StR 473/13, NJW 2015, 96, 100).

Maßgeblich ist, wo der Schwerpunkt der Vorwerfbarkeit liegt (BGH, Urteil vom 04.09.2014, 4 StR 473/13, NJW 2015, 96, 100). Zunächst sah der BGH bei dem Abbruch einer intensivmedizinischen Versorgung den Schwerpunkt eindeutig im Unterlassen (Gercke/Hembach 2020, Rn. 2). In seiner Entscheidung vom 25.06.2010, 2 StR 454/09, betrachtet der BGH dies jedoch differenzierter. Der „Behandlungsabbruch" erschöpfe sich nach seinem natürlichen und sozialen Sinngehalt nicht in bloßer Untätigkeit; er könne vielmehr fast regelmäßig eine Vielzahl von aktiven und passiven Handlungen umfassen, deren Einordnung nach Maßgabe der in der Dogmatik und von der Rechtsprechung zu den Unterlassungstaten des § 13 StGB entwickelten Kriterien problematisch sei und teilweise von bloßen Zufällen abhängen könne. In der vorliegenden Konstellation mag ein aktives Tun in dem Abstellen des Beatmungsgerätes und dem Entfernen der invasiven Beatmungsmittel, etwa des Tubus, gesehen werden. Hingegen ist ein Unterlassen darin zu erachten, dass dem Patienten in den Zuständen der Atemnot, die auf die Beendigung der invasiven Beatmung folgten, die notwendige invasive Beatmung versagt wird. Bei einer Zusammenschau bildet das Unterlassen den Schwerpunkt. Das Hauptgewicht der Tat liegt nicht darauf, dass einmal das Beatmungsgerät durch eine aktive Handlung abgestellt wurde, sondern darauf, dass es bei den folgenden Atemnotzuständen unterlassen wird, den Patienten zu beatmen (vgl. dazu auch Sowada 2020, S. 457).

### 17.4.2.2 Rechtswidrigkeit

Höchst umstritten ist bei der „Ex-post-Triage" die Frage, ob die ärztliche Entscheidung über die rechtfertigende Pflichtenkollision gerechtfertigt werden kann. Teilweise wird angenommen, dass sich die „Ex-post-" und die „Ex-ante-Triage" kategorisch unterscheiden (dargestellt bei Gaede/Kubiciel/Saliger/Tsambikakis 2020, S. 134). Das Eingreifen der rechtfertigenden Pflichtenkollision wird vor allem deshalb diskutiert, weil ein Teil des Schrifttums die Handlung des Arztes als aktives Tun einordnet und die rechtfertigende Pflichtenkollision nur bei Kollision von Handlungspflichten eingreifen soll (Sternberg-Lieben 2019, 71/72; Hoven 2020, S. 453). Laut dieser Auffassung kollidieren eine Handlungs- und eine Unterlassungspflicht miteinander, sodass allenfalls ein Notstand die Tat rechtfertigen könne. Aufgrund der unzulässigen Abwägung Leben gegen Leben wäre eine Rechtfertigung ausgeschlossen (Sternberg-Lieben 2019, Rn. 71, 72; Engländer/Zimmermann 2020, S. 1399; Rönnau 2013, S. 115).

Diese kategorische Unterscheidung von „Ex-ante-" und „Ex-post-Triage" ist indes nicht haltbar. Auch bei der „Ex-post-Triage" kollidieren zwei Behandlungspflichten miteinander (Gaede/Kubiciel/Saliger/Tsambikakis 2020, S. 135; Jäger/Gründel 2020, S. 157; Hoven 2020, S. 453). Die Situationen von „Ex-ante-" und „Ex-post-Triage" unterscheiden sich nicht grundlegend. Infolge der ständigen Evaluation der lebenserhaltenden medizinischen Behandlung auf Effizienz (radikale Zeitlichkeit) vermindert sich der Unterschied, ob eine Behandlung bereits begonnen hat oder noch nicht, in wesentlicher Hinsicht (Gaede/Kubiciel/Saliger/Tsambikakis 2020, S. 135). Mit der Verfassung wäre es zudem unvereinbar, wenn ein neu eingelieferter Patient mit evident besseren Überlebenschancen nicht an die rettende Beatmungsressource angeschlossen wird, weil einem anderen Patienten mit evident schlechten Überlebenschancen die Beatmungsressource bereits zugeteilt wurde. In dieser Konstellation liegen keine gleichwertigen Handlungspflichten vor. Zudem wird nicht in eine verfestigte Rechtsposition des bereits beatmeten Patienten eingegriffen. Letztendlich hat die Differenzierung von Tun und Unterlassen ohnehin bei den medizinstrafrechtlichen Fragen am Lebensende an Bedeutung verloren (BGH, Urteil vom 25.06.2010, 2 StR 454/09, NJW 2010, 2963, 2967). Dazu tragen nicht zuletzt die Fortschritte in der Medizin bei (Gaede/Kubiciel/Saliger/Tsambikakis 2020, S. 135).

Allerdings kann nicht der gleiche Maßstab bei der „Ex-post-Triage" wie bei der Neuverteilung der Beatmungsressourcen („Ex-ante-Triage") herangezogen werden. Auch wenn kein kategorischer Unterschied besteht, sind unter normativer Sichtweise die Ausgangssituationen nicht dieselben. Die Position des an die Beatmungsressource angeschlossenen Patienten hat sich verbessert. So hat er zwar keine dauerhaft verbindliche Rechtsposition erworben, aber er ist infolge der Gewährung der Ressource privilegiert. Ein Eingriff in diese Privilegierung muss begründet sein. Dies bedingt ein gewichtigeres Interesse zugunsten des neu hinzukommenden Patienten. Dabei ist jedoch nicht ein wesentliches Überwiegen des Interesses zu fordern (Neumann 2017, Rn. 130; Gaede/Kubiciel/Saliger/Tsambikakis 2020, S. 136). Bei der Neuvergabe der Intensivressource ist aber eine gewisse Schwelle zu überwinden: Es muss eine deutlich fassbare und evident bessere Prognose der Rettung des neuen Patienten bestehen und die Ressourcen müssen zwecktauglich eingesetzt werden (Gaede/Kubiciel/Saliger/Tsambikakis 2020, S. 136).

Wählt der Arzt im Rahmen der „Ex-post-Triage" den Patient mit den evident besseren klinischen Behandlungsaussichten zur Behandlung aus, ist das Unterlassen der Behandlung des zurückgesetzten Patienten über eine Pflichtenkollision gerechtfertigt und damit nicht rechtswidrig.

### 17.4.2.3 Ergebnis
Eine strafrechtliche Verantwortung des Arztes ist nicht ersichtlich.

## 17.5 Zivilrechtliche Haftung

Neben der strafrechtlichen Verantwortung ist zu eruieren, ob die auf eine Triage-Entscheidung zurückzuführende unterlassene bzw. abgebrochene Beatmungsbehandlung zivilrechtliche Schadensersatz- und Schmerzensgeldansprüche des benachteiligten Patienten respektive der Erben des verstorbenen Patienten begründet. Bei diesen arzthaftungsrechtlichen Ansprüchen ist zwischen der zivilrechtlichen Haftung des einzelnen Arztes und des Krankenhausträgers zu differenzieren.

Im Ergebnis ist festzustellen, dass der die Triage-Entscheidung treffende Arzt und das Krankenhaus gegenüber dem bei der Triage-Entscheidung benachteiligten Patienten bzw. gegenüber dessen Erben weder vertraglich noch deliktisch haften.

### 17.5.1 Ansprüche gegen den Arzt

#### 17.5.1.1 Vertragliche Ansprüche
Vertragliche Ansprüche des Patienten oder dessen Erben gegen den Arzt kommen bei der Regelleistungsbehandlung von vorherein nicht in Betracht, weil in dieser Konstellation der Behandlungsvertrag (Krankenhausaufnahmevertrag) zwischen dem Patienten und dem Krankenhausträger geschlossen wird. Der Arzt ist nicht Vertragspartner des Patienten.

Demgegenüber sind vertragliche Ansprüche gegen den einzelnen Arzt denkbar, wenn die Triage-Entscheidung im Rahmen einer wahlärztlichen Behandlung getroffen wird.

Dort schließt der Wahlarzt mit dem Patienten einen eigenen Vertrag, den sog. Arztzusatz-vertrag, ab. Daraus wären grundsätzlich vertragliche Ansprüche gemäß § 630a Abs. 1 BGB in Verbindung mit § 280 Abs. 1 BGB ableitbar.

**Schuldverhältnis**

Das Schuldverhältnis ist in dem Arztzusatzvertrag zwischen dem Wahlarzt, der die Triage-Entscheidung trifft, und dem einzelnen Patienten zu erblicken.

**Pflichtverletzung**

Der Begriff der Pflichtverletzung umfasst u. a. Leistungspflichten. Hierbei ist eine Pflicht-verletzung jede objektive Abweichung des Verhaltens einer Vertragspartei vom geschulde-ten Pflichtenprogramm (Grünberg 2021a, Rn. 12).

Fraglich ist, ob der Wahlarzt bei Ressourcenknappheit von Beatmungsgeräten grund-sätzlich zur entsprechenden Behandlung verpflichtet ist. Die Pflicht zur Behandlung könnte wegen Unmöglichkeit der Leistung nach § 275 Abs. 1 BGB entfallen. Der § 275 BGB erfasst die objektive, die subjektive, die nachträgliche und die anfängliche Unmög-lichkeit (Grünberg 2021b, Rn. 4, 6). Insofern kommt es vorliegend nicht darauf an, ob bereits zum Zeitpunkt des Abschlusses des Arztzusatzvertrages oder erst nachträglich für den jeweiligen Patienten kein Beatmungsplatz zur Verfügung steht.

Wenn der Wahlarzt einem Patienten keine Intensivressource zur Verfügung stellen kann, weil alle Intensivressourcen belegt sind, oder ihm die Intensivressource zugunsten eines anderen Patienten entzieht, liegt eine subjektive Unmöglichkeit im Sinne von § 275 Abs. 1 BGB vor. Subjektive Unmöglichkeit bedeutet, dass nur der Schuldner zur Leistung außerstande ist. Für ihn ist das Leistungshindernis unüberwindbar, während ein Dritter leisten könnte (Grünberg 2021b, Rn. 23). Davon ausgehend, dass der Wahlarzt in dem Zeitpunkt, in dem ein weiteres Beatmungsgerät benötigt wird, auch bei keinem Dritten ein Beatmungsgerät beschaffen kann, liegt subjektive Unmöglichkeit vor.

Rechtsfolge der subjektiven Unmöglichkeit ist, dass der Arzt von der wahlärztlichen Leistung befreit wird. Allerdings bestehen nach § 275 Abs. 4 BGB Schadensersatzansprü-che nach den §§ 280, 283 bis 285, 311a und § 326 BGB, sofern der Wahlarzt die Pflicht-verletzung zu vertreten hat. Insofern führt die Unmöglichkeit nicht zum Ausschluss der vertraglichen Haftung.

**Verschulden**

Ein Verschulden des Arztes ist in den vorliegenden Triage-Konstellationen jedoch fernliegend.

Verschulden liegt nur bei objektiv pflichtwidrigem und subjektiv vorwerfbarem Verhalten eines Zurechnungsfähigen vor (Grüneberg 2021c, Rn. 5). Man wird dem Arzt die Entschei-dung zulasten des Patienten, der kein Intensivbett mit Beatmung erhält bzw. dessen Beat-mung zugunsten eines anderen Patienten abgebrochen wird, subjektiv nicht vorwerfen kön-nen. Eine echte Gewissensnot kann in Ausnahmefällen ein Verschulden ausschließen (Grüneberg 2021c, Rn. 7). Eine derartige Situation nahm das OLG (Oberlandesgericht)

München (Urteil vom 31.01.2002, 1 U 4705/98, NJW-RR 2002, 811, 813) etwa im Falle eines arzthaftungsrechtlichen Vorwurfs anlässlich einer Bluttransfusion eines Patienten, der Zeuge Jehova war, an. Das OLG München führt dazu aus:

> „Aus rechtlicher Sicht kann weder aus der Verweigerung einer Transfusion noch aus der Durchführung einer solchen ein irgendwie gearteter Vorwurf gemacht werden. Bei der Vornahme einer Transfusion gegen den präoperativ eindeutig erklärten Willen des Patienten steht in der intraoperativen oder postoperativen Notsituation Leben oder Tod Gewissensentscheidung gegen Gewissensentscheidung."

Eine vergleichbare Situation liegt vor, wenn sich ein Arzt bei Ressourcenknappheit entscheiden muss, welchem Patienten er die lebensrettende Beatmungsressource zukommen lässt. Wenn er sich bei dieser Gewissensentscheidung nicht von sachfremden Erwägungen leiten lässt, kann die Gewissensnot die Entscheidung zulasten des nichtversorgten Patienten entschuldigen. Sind Grundlage der Triage-Entscheidung die klinischen Erfolgsaussichten gemäß den Empfehlungen ist kein Verschulden zu erkennen.

**Ergebnis**
Orientiert sich der Arzt bei seiner Triage-Entscheidung an den klinischen Erfolgsaussichten, wird ein Anspruch des Patienten am Verschulden des Arztes scheitern.

## 17.5.1.2 Deliktische Ansprüche
Deliktische Ansprüche nach § 823 Abs. 1 BGB und nach § 823 Abs. 2 BGB, §§ 212, Abs. 1, 223 Abs. 1, 13 StGB liegen dem Grunde nach nicht vor. Für eine Haftung fehlt es an der Rechtswidrigkeit oder zumindest am Verschulden.

**Ansprüche aus § 823 Abs. 1 BGB**
**Tatbestand des § 823 Abs. 1 BGB**
Der Arzt könnte wegen einer unerlaubten Handlung nach § 823 Abs. 1 BGB gegenüber dem Patienten, gegen den er sich bei der Beatmungsbehandlung entschieden hat, haften, wenn infolge seiner Entscheidung (Verteilung bzw. Neuverteilung einer Beatmungsressource) der fragliche Patient einen gesundheitlichen Schaden erleidet oder infolge der unterlassenen Behandlung verstirbt.

Der Tatbestand des § 823 Abs. 1 BGB ist sowohl in der Konstellation der „Ex-ante-" als auch der „Ex-post-Triage" erfüllt.

Die Triage-Entscheidung tangiert die Rechtsgüter Leben bzw. Körper und Gesundheit. Die Verletzung eines Rechtsguts im Sinne von § 823 Abs. 1 BGB liegt ohne Weiteres vor, wenn der Patient an der Gesundheit geschädigt wird oder stirbt. Das Leben ist betroffen, wenn durch die Handlung des Schädigers der Tod eines anderen Menschen verursacht wird (Sprau 2021a, Rn. 3). Der Körper ist verletzt, wenn in die Integrität der körperlichen Befindlichkeit eingegriffen wird. Hingegen wird die Gesundheit verletzt, wenn durch die Verletzungshandlung ein von den normalen körperlichen Funktionen abweichender Zustand hervorgerufen oder gesteigert wird (Sprau 2021a, Rn. 4).

Vorliegend ist die Verletzungshandlung darin zu sehen, dass der Arzt eine notwendige Behandlung, namentlich die Beatmung, von vornherein unterlässt oder darin, dass eine notwendige Behandlung, namentlich die Beatmung, abgebrochen wird.

Grundsätzlich kann die Verletzungshandlung in einem Tun oder einem Unterlassen bestehen. Beim Unterlassen muss eine Pflicht zum Handeln zur Verhütung der Rechtsgutsverletzung bestehen, deren Beachtung die Rechtsgutsverletzung verhindert hätte. Die bloße Möglichkeit oder gewisse Wahrscheinlichkeit genügt hierfür nicht (Sprau 2021a, Rn. 2; BGH, Urteil vom 23.11.2017, III ZR 60/16, NJW 2018, 301, 302).

Anknüpfungspunkt für die deliktische Haftung durch Unterlassen in den Behandlungsverhältnissen ist – analog zum Strafrecht – die faktische Übernahme der Behandlung durch den Arzt oder die Beteiligung des Arztes an einer Behandlungsaufgabe. Hieraus erwachsen den beteiligten Ärzten außerhalb von vertraglichen Beziehungen die gesetzlichen Pflichten zum Schutz und zur Erhaltung der Gesundheit des Patienten nach den Vorschriften der §§ 823 ff. BGB (Geiß/Greiner 2014, Teil A, Rn. 55, 57). Demgemäß haftet der (angestellte) Krankenhausarzt, der selbst nicht in vertragliche Beziehungen zu einem Patienten mit totalem Krankenhausaufnahmevertrag tritt, bei der Behandlungsübernahme (Geiß/Greiner 2014, Teil A, Rn. 57; BGH, Urteil vom 08.02.2000, VI ZR 325/98, NJW 2000, 2741, 2742). Eine Garantenstellung ist wohl anzunehmen, sobald der diensthabende Arzt, dem die Behandlung der Patienten obliegt, sich gegen die Beatmung eines Patienten zugunsten eines anderen Patienten entscheidet.

### Bei „Ex-ante-Triage"

Ist sicher, dass der nicht beatmete Patient, im Falle der Vornahme der Beatmung nicht an seinem Körper, seiner Gesundheit oder seinem Leben geschädigt worden wäre, wäre ein Unterlassen erfüllt. Es besteht ein Gleichlauf mit dem strafrechtlichen Unterlassen.

### Bei „Ex-post-Triage"

Beim Entzug einer Intensivbehandlung kann die Pflichtverletzung sowohl in einer Handlung, nämlich dem Abbruch der weiteren Beatmung, als auch in einem Unterlassen, namentlich das Unterlassen der Fortführung der Behandlung, liegen. Es ist von einem Unterlassen auszugehen. Dies beurteilt sich wie im Strafrecht. Es wird insofern auf die Ausführungen unter Abschn. 17.4.2 verwiesen.

### Kausalität

Eine ursächliche Verknüpfung zwischen Verletzungshandlung und Primärschaden besteht nur dann und insoweit, als die Schädigung auf der Pflichtwidrigkeit beruht. Der tatsächlichen Schadensentwicklung aus dem pflichtwidrigen Verhalten ist die gedacht sachgerechte Behandlung gegenüberzustellen. Der Schaden muss bei wertender Betrachtung in einem inneren Zusammenhang mit der durch den Schädiger geschaffenen Gefahrenlage stehen; ein lediglich äußerer, gleichsam zufälliger Zusammenhang genügt nicht (Geiß/Greiner 2014, Teil B, Rn. 190). Diese Voraussetzung wird in der Regel erfüllt sein, dies muss aber im Einzelfall betrachtet werden. Dies könnte angesichts der Unwägbarkeiten

des menschlichen Körpers und des Verlaufs von Krankheiten im Rahmen eines Rechts-
streits im Einzelfall unter Umständen schwer nachweisbar sein.

### Rechtswidrigkeit

Die vorliegenden Triage-Entscheidungen sind nicht rechtswidrig.

Die Rechtswidrigkeit der unerlaubten Handlung ist ausgeschlossen, sofern ein Rechtsfertigungsgrund eingreift. Als Rechtfertigungsgründe sind seit jeher die auch im Strafrecht
geläufigen Tatbestände, wie Notwehr gemäß § 227 BGB, § 32 StGB und Notstand gemäß
§§ 228, 904 BGB, § 34 StGB anerkannt (Wagner 2020, Rn. 77). Sämtliche strafrechtlichen
Rechtfertigungsgründe müssten die Rechtswidrigkeit der unerlaubten Handlung nach
§ 823 Abs. 1 BGB entfallen lassen. Dies ergibt sich aus dem Sinn und Zweck von § 823
BGB, welcher den Straftatbeständen nachgebildet ist, und dem Grundsatz der Einheit der
Rechtsordnung. Die Vorschriften der unerlaubten Handlung bezwecken, den Einzelnen
vor widerrechtlichen Eingriffen beliebiger Dritter in seinem Rechtskreis zu schützen
(Sprau 2021b, Rn. 1). Zudem dienen diese Vorschriften neben dem Ausgleich rechtswidrig
erlittener Nachteile (Förster 2020, Rn. 7) auch der Genugtuung (Sprau 2021b, Rn. 1; Förster 2020, Rn. 12) und der Prävention durch Steuerung des sozialen Verhaltens (Förster
2020, Rn. 9; Sprau 2021b, Rn. 1). Die beiden letztgenannten Ziele verfolgen ebenso die
Strafen für Straftaten (Kinzig 2019, Rn. 3, 7). Gerade wegen der Einheit der Rechtsordnung sollten auch weitere strafrechtliche Rechtfertigungsgründe, wie die rechtfertigende
Pflichtenkollision, die Rechtswidrigkeit der unerlaubten Handlung ausschließen. Die Gesamtheit der gesetzlichen Bestimmungen sollen sich „tunlichst" zu einem widerspruchslo-
sen Ganzen zusammenfügen (Heintschel-Heinegg 2020, Rn. 24; BGH, Urteil vom
21.04.1959, 1 StR 504/58, NJW 1959, 1230, 1234).

Da eine Straftat über eine rechtfertigen Pflichtenkollision gerechtfertigt ist, lässt diese
Rechtfertigung ebenfalls die Rechtswidrigkeit einer unerlaubten Handlung entfallen. Insofern ist auf die vorhergehenden Ausführungen zum Strafrecht unter Abschn. 17.4.1 und
17.4.2 zu verweisen und eine Rechtfertigung über die rechtfertigende Pflichtenkollision
anzunehmen. Es fehlt mithin an der unerlaubten Handlung.

### Verschulden

Unabhängig von der Rechtfertigung mangelt es zudem an einem Verschulden. Hierbei
gelten die gleichen Maßstäbe wie beim Verschulden eines vertraglichen Schadensersatz-
und Schmerzensgeldanspruchs, sodass die Ausführungen unter Abschn. 17.5.1 (Abschnitt
„Verschulden") entsprechend gelten.

### Ergebnis

Die Tatbestandsmerkmale des § 823 Abs. 1 BGB mögen gegeben sein, hingegen scheitert
der Anspruch aber an der Rechtswidrigkeit und dem Verschulden.

**Ansprüche aus § 823 Abs. 2 BGB, §§ 212 Abs. 1, 223 Abs. 1, 13 Abs. 1 StGB**

Eine Haftung nach § 823 Abs. 2 BGB in Verbindung mit §§ 212 Abs. 1, 223 Abs. 1, 13 Abs. 1 StGB liegt dem Grunde nach bei einer Triage der Beatmungsressourcen nicht vor. Der Tatbestand von § 823 Abs. 2 BGB ist nicht erfüllt.

Im Rahmen von § 823 Abs. 2 BGB sind die Voraussetzungen des Schutzgesetzes zu prüfen. Dies sind bei einem Schutzgesetz aus dem StGB der Tatbestand, die Rechtswidrigkeit und die Schuld. Die Voraussetzungen der einschlägigen Strafgesetze sind jedoch nicht erfüllt, sodass nicht gegen ein Schutzgesetz verstoßen wird. Die Straftat der Körperverletzung nach §§ 223 Abs. 1, 13 Abs. 1 StGB bzw. der Tötung nach §§ 212 Abs. 1, 13 Abs. 1 StGB (beide durch Unterlassen) ist gerechtfertigt. Es wird auf die vorherigen Ausführungen Bezug genommen unter Abschn. 17.4.1 und Abschn. 17.4.2.

## 17.5.2 Ansprüche gegen den Krankenhausträger

Die Voraussetzungen für eine zivilrechtliche Haftung des Krankenhausträgers für die Entscheidungen eines Krankenhausarztes im Rahmen der „Ex-ante-" oder „Ex-post-Triage" sind nicht erfüllt.

Hierbei wird unterstellt, dass dem Krankenhausträger keine Verletzung der Organisationspflichten zur Last gelegt werden kann.

### 17.5.2.1 Vertragliche Ansprüche

Eine vertragliche Haftung des Krankenhausträgers gemäß § 630a Abs. 1 BGB in Verbindung mit § 280 Abs. 1 BGB ist nicht ersichtlich, sofern der im Einzelfall agierende Arzt bei der Verteilung der Ressource Beatmungsgerät die klinischen Erfolgsaussichten zugrunde legt.

**Schuldverhältnis**

Das Schuldverhältnis ist in dem Behandlungsvertrag zwischen dem Krankenhausträger und dem einzelnen Patienten, dem sog. Krankenhausaufnahmevertrag, zu sehen.

**Pflichtverletzung**

Kann das Krankenhaus einen Patienten aufgrund des Mangels an freien Beatmungskapazitäten nicht der notwendigen Beatmungstherapie zuführen, liegt ein Verstoß gegen die Leistungspflicht vor.

**Leistungspflicht**

In den Krankenhausaufnahmeverträgen ist in der Regel vereinbart, dass der Patient nur im Rahmen der Leistungsfähigkeit des Krankenhauses aufgenommen und behandelt wird. Für den Umfang der Zulässigkeit der Leistung eines zugelassenen Krankenhauses ist, abgesehen von Notfallbehandlungen, der Versorgungsauftrag des Krankenhauses entscheidend (Becker 2020, Rn. 4). Mit der Anerkennung nach den landesrechtlichen Vorschriften bzw. der Aufnahme im Landeskrankenhausplan wird nach § 109 Abs. 1 Satz 2 SGB V für Hochschulkliniken und für Plankrankenhäuser der Abschluss eines Versorgungsvertrages nach § 109 SGB V fingiert. Gemäß § 109 Abs. 4 Satz 2 SGB V ist das zugelassene Krankenhaus im Rahmen seines Versorgungsauftrages zur Krankenbehandlung der Versicherten verpflichtet. Das Krankenhaus kann eine Behandlung nur in Ausnahmefällen ablehnen (Schrinner 2018, Rn. 19). Gleichartige Verpflichtungen zur Behandlung ergeben sich aus den Landeskrankenhausgesetzen, z. B. § 2 Abs. 1 Satz 1 KHGG NRW, § 21 Abs. 1 LKG Berlin.

Demgemäß besteht grundsätzlich eine Verpflichtung der zugelassenen Krankenhäuser, Patienten aufzunehmen, sofern die Behandlung des fraglichen Patienten, insbesondere des mit COVID-19 infizierten Patienten in seinen Versorgungsauftrag fällt. Die Aufnahme- und Behandlungspflicht entfällt nicht wegen Ressourcenknappheit. Von einer Leistungspflicht und damit einer Pflicht der Versorgung eines beatmungspflichtigen Patienten mit einem Intensivbett mit Beatmung ist daher auszugehen.

### Unmöglichkeit

Zu überlegen ist, ob die Pflicht des Krankenhauses zur Behandlung wegen Unmöglichkeit nach § 275 Abs. 1 BGB entfällt, wenn das Krankenhaus dem beatmungspflichtigen Patienten kein Intensivbett mit Beatmung zur Verfügung stellen kann.

Ebenso wie bereits in Bezug auf die wahlärztliche Behandlung ausgeführt, liegt auch beim Krankenhausträger eine subjektive Unmöglichkeit im Sinne von § 275 Abs. 1 BGB vor. Rechtsfolge ist die Befreiung des Krankenhauses von der Leistungspflicht. Gemäß § 275 Abs. 4 BGB ist das Krankenhaus jedoch Schadensersatzansprüchen nach den §§ 280, 283 bis 285, 311a und § 326 BGB ausgesetzt, sofern es die Pflichtverletzung zu vertreten hat.

### Verschulden

Ebenso wie beim deliktischen Schadensersatzanspruch gegen den Arzt nach § 823 Abs. 1 BGB ist ein Verschulden nicht gegeben. Es ist auf das Verschulden des Arztes abzustellen, welches dem Krankenhausträger nach § 278 Satz 1 BGB zugerechnet wird.

Die die Triage-Entscheidung treffenden Ärzte sind bei der medizinischen Versorgung der Krankenhauspatienten Erfüllungsgehilfen des Krankenhausträgers. Der Krankenhausträger hat für das Verschulden der von ihm eingesetzten Erfüllungsgehilfen nach § 278 Satz 1 BGB einzustehen. Dem Krankenhausarzt, der eine Entscheidung zulasten des einen und zugunsten des anderen Patienten in Bezug auf die Zuteilung bzw. Neuverteilung Intensivressource trifft, ist kein Verschulden vorzuwerfen, wenn er anhand der klinischen Erfolgsaussichten entscheidet (vgl. Abschn. 17.5.1, Abschnitt „Verschulden").

### 17.5.2.2 Deliktische Haftung

Eine Haftung des Krankenhausträgers aus unerlaubter Handlung nach § 823 BGB ist ausgeschlossen. Ein Krankenhausträger ist in der Regel eine juristische Person. Diese können nicht unmittelbar nach § 823 BGB haften (Sprau 2021a, Rn. 77).

Ebenso haftet der Krankenhausträger gegenüber den nichtbehandelten Patienten nicht nach § 831 Abs. 1 Satz 1 BGB. Gemäß § 831 Abs. 1 Satz 1 BGB ist derjenige, der einen anderen zu einer Verrichtung bestellt, zum Ersatz des Schadens verpflichtet, den der andere in Ausführung der Verrichtung einem Dritten widerrechtlich zufügt. Zwar mag es sich bei dem handelnden Krankenhausarzt um einen Verrichtungsgehilfen handeln, es mangelt jedoch an der widerrechtlichen Zuführung eines Schadens. Der Verrichtungsgehilfe muss den objektiven Tatbestand einer unerlaubten Handlung, also § 823 BGB (Bürgerliches Gesetzbuch), erfüllt haben, und zwar rechtswidrig (Sprau 2021c, Rn. 8). Vorliegend ist die Handlung des in die Triage-Entscheidung involvierten Arztes gerechtfertigt und damit nicht rechtswidrig (vgl. Abschn. 17.5.1 und 17.4.2).

## 17.6  Fazit

Unbedingt bedarf es gesetzlicher Regelungen zur Triage in Zeiten der Pandemie. Die Empfehlungen und die Ad-hoc-Empfehlung kann man allenfalls als einen Anfang sehen. Mangels rechtlicher Verbindlichkeit und dem zum Teil unzureichenden Regelungsgehalt sind sie aber bei Weitem nicht ausreichend. Der Staat darf den Ärzten und Krankenhäusern nicht die ethische Verantwortung sowie die strafrechtlichen und die zivilrechtlichen Haftungsrisiken aufbürden.

Der Gesetzgeber muss den Ärzten verbindliche Leitplanken für die Triage-Entscheidung vorgeben. Diese Leitplanken müssen gewährleisten, dass die Ärzte sich nicht strafbar machen, wenn sie die gesetzlichen Bestimmungen einhalten. Die Leitplanken müssen zugleich der ärztlichen Entscheidungsfreiheit, der Therapiefreiheit und der Basisgleichheit der Menschen Rechnung tragen. Ein gewisser Ermessensspielraum für die Ärzte wird unumgänglich sein. Der Gesetzgeber muss nicht nur die Voraussetzungen für die Triage-Entscheidung regeln, sondern er muss vor allem auch die Rechtsfolgen eines Verstoßes kodifizieren. Angesichts der Leistungspflicht von Plankrankenhäusern und Universitätskliniken sollte auch verbindlich niederlegt werden, unter welchen Voraussetzungen eine Verlegung des Patienten in eine andere Einrichtung zu erfolgen kann. Hierbei muss gegebenenfalls auch geregelt werden, dass eine andere Einrichtung, die noch Beatmungskapazitäten hat, zur Aufnahme von beatmungspflichtigen Patienten verpflichtet ist.

Bis zum Erlass verbindlicher gesetzlicher Bestimmung ist die Judikative dahingehend gefordert, für die Behandler die strafrechtlichen und zivilrechtlichen Grundsätze arztfreundlich zu interpretieren. Der Misere, welche der Arzt ausgesetzt ist, ist angemessen Rechnung zu tragen.

Den Behandlern ist dringend anzuraten, die Triage-Entscheidung und deren Beweggründe hinreichend zu dokumentieren. Eine Vorlage für die Dokumentation findet sich in den Empfehlungen.

Aus Eigenschutz sollten die Ärzte die Triage-Entscheidung, wie von den Empfehlungen vorgegeben, in einem Mehraugenprinzip treffen.

## Literatur

Ad-hoc-Empfehlung „Solidarität und Verantwortung in der Corona-Krise vom 27.03.2020, im Internet abrufbar unter: https://www.ethikrat.org/fileadmin/Publikationen/Ad-hoc-Empfehlungen/deutsch/ad-hoc-empfehlung-corona-krise.pdf, zuletzt abgerufen am 04.05.2021.

AWMF-S1-Leitlinie „Empfehlungen zur intensivmedizinischen Therapie von Patienten mit CO-VID-19", Stand 21.7.2020

Becker, U. Kingreen, T. (Hrsg) (2020), SGB V Gesetzliche Krankenversicherung Kommentar, 7. Aufl., Kommentierung zu § 108.

Der Tagesspiegel, Beitrag vom 17.3.2020, „Die Grausamkeit der „Triage" – Der Moment, wenn Corona-Ärzte über den Tod entscheiden", im Internet abrufbar unter: https://www.tagesspiegel.de/wissen/die-grausamkeit-der-triage-der-moment-wenn-corona-aerzte-ueber-den-tod-entscheiden/25650534.html, zuletzt abgerufen am 4.5.2021; Tagesschau.de, Beitrag vom 27.3.2020, „Entscheidung über Leben und Tod", im Internet abrufbar unter: https://www.tagesschau.de/inland/corona-triage-ethikrat-101.html, zuletzt abgerufen am 4.5.2021.

Engländer, A./Zimmermann, T. (2020), „Rettungstötungen" in der Corona-Krise?, NJW 2020, 1398–1402.

Erb, V. (2020) . In: Münchener Kommentar zum Strafgesetzbuch, Band 1, §§ 1–27, 4. Aufl., Kommentierung zu § 34.

Fischer, T.(2020) StGB Kommentar, 67. Aufl. (2020).

Förster, C. (2020), in: BeckOK BGB, Hau/Posneck (Hrsg.), 56. Edition, Kommentierung zu § 823.

Gaede, K. (2020), in: Ulsenheimer/Gaede, Arztstrafrecht in der Praxis, 6. Aufl.

Gaede, K./Kubiciel, M./Saliger, F./Tsambikakis, M. (2020), Rechtmäßiges Handeln in der dilemmatischen Triage-Entscheidungssituation, medstra 2020, 129–137.

Geiß, K./Greiner, H.-P. (2014), Arzthaftpflichtrecht, 7. Auflage.

Gercke, B./Hembach, D. (2020), in: Leipold/Tsambikakis/Zöller (Hrsg.), Anwaltkommentar StGB, 3. Aufl., § 13.

Grüneberg, C. (2021a), in: Palandt, Bürgerliches Gesetzbuch, 80. Auflage, Kommentierung zu § 280.

Grüneberg, C. (2021b), in: Palandt, Bürgerliches Gesetzbuch, 80. Auflage, Kommentierung zu § 275.

Grüneberg, C. (2021c), in: Palandt, Bürgerliches Gesetzbuch, 80. Auflage, Kommentierung zu § 276.

Heintschel-Heinegg, B. (2020), in: BeckOK StGB, 48. Edition, Kommentierung von § 1.

Hilgendorf, E. (2020), „Mit Rechtsfragen nicht die Ärzte belasten", Legal Tribune Online, Betrag vom 27.3.2020, im Internet abrufbar unter: https://www.lto.de/recht/hintergruende/h/corona-triage-klinisch-ethische-empfehlungen-aerzte-pflichtenkollision-moeglichst-viele-nutzbringend-retten/, zuletzt abgerufen am 4.5.2021.

Hoven, E. (2020), Die „Triage"-Situation als Herausforderung für die Strafrechtswissenschaft, JZ 2020, 449–454.

Jäger, C./Gründel, J. (2020), Zur Notwendigkeit einer Neuorientierung bei der Beurteilung der rechtfertigenden Pflichtenkollision im Angesicht der Corona-Triage, ZIS online 2020, 151–163.

Kern/Rehborn (2019), in: Laufs/Kern/Rehborn (Hrsg.) Handbuch des Arztrechts, 5. Aufl., § 21 Katastrophenmedizin.

Kinzig, J.(2019), in: Schönke/Schröder Hrsg.), Strafgesetzbuch Kommentar, StGB, 30. Aufl., Kommentierung von vor § 38.

Klinisch-ethischen Empfehlungen „Entscheidungen über die Zuteilung intensivmedizinischer Ressourcen im Kontext der COVID-19-Pandemie", überarbeitete Fassung vom 17.4.2020, im Internet abrufbar unter: https://www.awmf.org/uploads/tx_szleitlinien/040-013l_S1_Zuteilung-intensivmedizinscher-Ressourcen-COVID-19-Pandemie-Klinisch-ethische_Empfehlungen_2020-07_2.pdf, zuletzt abgerufen am 4.5.2021.

Le Robert (2004), Dictionaire de la Langue Française.

Lindner, J. F. (2020), Kann eine Empfehlung des Deutschen Ethikrates einen unvermeidbaren Verbotsirrtum nach § 17 Satz 1 StGB begründen?, *medstra 2020*, 199–202.

Momsen, C./Savic, L. I. (2020), in: BeckOK StGB, 48. Ed. (1.11.2020), § 34 Rn. 24.

Neumann, U. (2017), in: Nomos Kommentar Strafgesetzbuch, 5. Auflage, § 34.

Rönnau, T. (2013), Grundwissen – Strafrecht: Rechtfertigende Pflichtenkollision, *JuS 2013*, 113–115.

Rönnau, T./Wegner, K. (2020), Grundwissen – Strafrecht: Triage, *JuS 2020*, 403–407.

Schrinner, B. (2018), in: Dettling/Gerlach (Hrsg), Krankenhausrecht, 2. Aufl., Kommentierung zu § 108 SGB V.

Sowada, C. (2020), Strafrechtliche Probleme der Triage in der Corona-Krise, *NStZ 2020*, 452–460.

Sprau, H. (2021a), in: Palandt, Bürgerliches Gesetzbuch, 80. Auflage, Kommentierung zu § 823.

Sprau, H. (2021b), in: Palandt, Bürgerliches Gesetzbuch, 80. Auflage, Kommentierung zu Vor § 823.

Sprau, H. (2021c), in: Palandt, Bürgerliches Gesetzbuch, 80. Auflage, Kommentierung zu § 831.

Sternberg-Lieben, D. (2020), Corona-Pandemie, Triage und Grenzen der rechtfertigenden Pflichtenkollision, *MedR 2020*, 627–637.

Sternberg-Lieben, D./Schuster, F. (2019), in: Schönke/Schröder Strafgesetzbuch, 30. Aufl., § 15.

Tagesschau.de, Beitrag vom 9.11.2020, „Neuer Höchststand auf Intensivstationen", im Internet abrufbar unter: https://www.tagesschau.de/inland/intensivbetten-corona-103.html, zuletzt abgerufen am 4.5.2021.

Ulsenheimer, K (2019), in: Laufs/Kern/Rehborn, Handbuch des Arztrechts, 5. Aufl., § 150 Die fahrlässige Tötung.

Wagner, G, (2017), in: Münchener Kommentar zum Bürgerlichen Gesetzbuch, Band 7, 8. Auflage, Kommentierung von § 823.

Walter, T. (2020), „Lasst das Los entscheiden!", Zeit online, Beitrag vom 2.4.2020, im Internet abrufbar unter: https://www.zeit.de/gesellschaft/2020-04/corona-krise-aerzte-krankenhaeuser-ethik-behandlungen-medizinische-versorgung?utm_referrer=https%3A%2F%2Fwww.google.de%2F, zuletzt abgerufen am 4.5.2021.

Zimmermann, T (2020), „Wer stirbt zuerst?", Legal Tribune Online, Beitrag vom 23.3.2020, im Internet abrufbar unter: https://www.lto.de/recht/hintergruende/h/corona-triage-tod-strafrecht-sterben-krankenhaus-entscheidung-auswahl/, zuletzt abgerufen am 4.5.2021.

# Strafrechtlich sanktioniertes Fehlverhalten im Gesundheitswesen – Wenn aus wirtschaftlichen Motiven Vermögensstraftaten werden

**18**

Juri Goldstein

**Zusammenfassung**

Die Finanzierung des Gesundheitswesens umfasst einen beachtlichen Teil der Gesamtausgaben des Bundes. Dieser Umstand trägt maßgeblich dazu bei, dass das Gesundheitswesen naturgemäß anfällig für vielfältige Vermögensstraftaten ist. Durch die Komplexität und Vielschichtigkeit des Gesundheitssektors ist strafrechtlich relevantes Verhalten mitunter schwer zu rekonstruieren und offen zu legen. Untreue-, Betrugs- und Korruptionsdelikte werden im Gesundheitssystem besonders häufig verzeichnet. Die Verwirklichung von Betrugsstraftaten wird insbesondere durch die Abrechnung nicht oder fehlerhaft erbrachter Leistungen gekennzeichnet sowie Leistungsberechnung bei fehlender Qualifikation. Dabei werden die verschiedenen Arten der Tatbegehung und ihrer strafrechtlichen Bewertung durch die höchstrichterliche Rechtsprechung ausgestaltet und bewertet. Ebenso wurden korrupte Verhaltensweisen durch die Einführung des Gesetzes zur Bekämpfung von Korruption im Gesundheitswesen aufgefangen. Dadurch wurde ein bis dahin völlig offener Bereich erstmals neu eingeordnet. Das folgende Kapitel gibt einen näheren Einblick in die oben genannten Delikte im Bezug zur Tatbegehung in der Praxis. Anhand dessen werden auch Risiken bewertet, die sich aus der Diskrepanz zwischen Gesetzestext und der vielschichtigen Ausgestaltung des Gesundheitssystems ergeben.

J. Goldstein (✉)
Bietmann Rechtsanwälte Steuerberater PartmbB, Erfurt, Deutschland
E-Mail: juri.goldstein@bietmann.eu

R. Grinblat et al. (Hrsg.), *Innovationen im Gesundheitswesen*,
https://doi.org/10.1007/978-3-658-33801-5_18

## 18.1    Abrechnungsbetrug im Gesundheitswesen

Jedes Jahr wird durch die Krankenkassen ein immer größerer Anstieg an Betrugsfällen im Gesundheitswesen registriert. Bundesweit wurde insgesamt 476 Verdachtsfällen nachgegangen, was laut der Krankenkasse KKH 55 % mehr Fälle sind als noch im Vorjahr (https://www.aerzteblatt.de/nachrichten/sw/Abrechnungsbetrug?s=&p=1&n=1& nid=115659). Die überwiegende Anzahl der Betrugsfälle findet derzeit im ärztlichen Bereich statt. Hierbei liegen die Betrugsfälle hauptsächlich bei der Abrechnung von nicht oder fehlerhaft erbrachter Leistungen (Janssen in RDG 2010, 116).

In den letzten Jahren ist jedoch neben den Betrugsfällen im ärztlichen Bereich eine Zunahme von Vergehen im Pflegebereich erkennbar, die insbesondere in der Gestalt auftreten, dass Leistungen am Patienten abgerechnet werden, für welche der eingesetzte Pfleger nicht über die nötige Qualifikation verfügt. Experten schätzen, dass durch fehlerhafte Abrechnungen in der Pflege den Krankenkassen jährlich ein Schaden von circa 2 Mrd. Euro entsteht (https://www.spiegel.de/wirtschaft/unternehmen/wie-krankenkassen-beim-betrug-in-der-pflege-zusehen-a-1232905.html).

Das kassenärztliche Abrechnungssystem ist ein sehr komplexes System, welches auf einem vorausgesetzten Vertrauen zwischen den Ärzten, Patienten und Krankenkassen beruht (Magnus in NStZ 2017, 249). Der Arzt schließt mit dem Patienten einen Vertrag über eine bestimmte Behandlung ab. Der Honoraranspruch des Arztes richtet sich sodann aber nicht gegen den Patienten, sondern vielmehr gegen die Krankenkasse, bei welcher der Patient versichert ist (Idler in JuS 2004, 1037). Der Hintergrund des notwendigen Vertrauens ist auf Patientenseite der Umstand, dass gesetzlich versicherte Patienten keinerlei Einblick in die Abrechnungen des jeweiligen Arztes erlangen. Durch die unmittelbare Abrechnung gegenüber den Krankenkassen, hat ein Patient keine Einwirkungsmöglichkeiten auf die Liquidation seiner Behandlung. Auf der anderen Seite stehen die Krankenkassen, welche wiederum keinen tief gehenden Einblick in die tatsächlich vorgenommene Behandlung der Ärzte haben. Das System ist zu weitläufig, als dass den Krankenkassen eine gänzliche Überprüfung sämtlicher Abrechnungen möglich wäre. Insofern müssen sich die Krankenkassen darauf verlassen, dass die abgerechneten Leistungen tatsächlich in der Art und Weise erbracht wurden.

Den Krankenkassen stehen keinerlei Kontrollmechanismen zur Verfügung, um eventuelle Betrugstaten aufzudecken. Auf Grundlage des Gesetzes zur Modernisierung der Krankenversicherungen sollte § 197a SGB V dazu beitragen, dass Krankenkassen vermehrt Stellen einrichten, bei welchen der Verdacht einer Betrugstat gemeldet werden kann (https://www.aok.de/pk/nordwest/inhalt/abrechnungsbetrug-und-korruption-im-gesundheitswesen-aok-ermittlerteam-deckt-fast-1000-faelle-auf/). Dennoch stellt sich auch hierbei wiederum das Problem, dass derartige Anzeigen oftmals anonym erfolgen und sich eine Strafverfolgung dadurch nahezu aussichtslos darstellt.

Trotz aller Hürden gelingt es den Krankenkassen dennoch einzelne Betrugsfälle aufzudecken und zu verfolgen.

### 18.1.1 Abrechnung von nicht oder fehlerhaft erbrachten Leistungen

Ein immer mehr an Bedeutung gewinnender Komplex der Betrugshandlungen liegt im Bereich der Abrechnung von nicht oder fehlerhaft erbrachten Leistungen. Bei der strafrechtlichen Beurteilung, ob der Betrugstatbestand des § 263 Strafgesetzbuch (StGB) tatsächlich durch die Abrechnungshandlung des Arztes erfüllt ist, zeigen sich erneut eine Vielzahl von Problemen, die es zu überwinden gilt.

Das System der Krankenkassen stellt ein undurchsichtiges System dar, in welchem grundsätzlich gem. § 106a Sozialgesetzbuch V (SGB V) eine Überprüfung der Abrechnung auf sachlich und rechnerische Richtigkeit, Plausibilität und Wirtschaftlichkeit zu erfolgen hat (Magnus in NStZ 2017, 249). Dennoch ist ein genaues Nachvollziehen und eine detaillierte Überprüfung sämtlicher abgerechneter Leistungen nicht möglich.

Immer wieder tauchen ärztliche Abrechnungen auf, bei denen Leistungen abgerechnet werden, die entweder nicht erbracht oder aber fehlerhaft erbracht wurden. In derartigen Fällen werden falsche Fallpauschalen oder falsche Codierungen angegeben, die zu einer Zahlung seitens der Krankenkasse führt, obwohl die Leistung nicht in der angegebenen Art und Weise erbracht wurde.

Der Betrugstatbestand des § 263 Abs. 1 StGB setzt eine Täuschungshandlung voraus, welche immer dann gegeben ist, wenn falsche Tatsachen vorgespiegelt oder wahre Tatsachen unterdrückt werden (Fischer, § 263 Randnummer (Rn.) 18 ff.). Durch die fehlerhafte Rechnungslegung seitens des Arztes wird der Krankenkasse vorgespiegelt, dass die Leistungen tatsächlich erfolgt sind und führt dazu, dass sich die Krankenkassen dazu veranlasst sehen, den entsprechenden Betrag anzuweisen.

Das Abrechnungssystem im Gesundheitswesen ist ein standardisiertes, auf Massenerledigung angelegtes Abrechnungsverfahren. Bei derartigen Abrechnungsmechanismen lässt die Rechtsprechung für das Vorliegen einer Täuschungshandlung und das Erregen eines Irrtums insofern genügen, dass eine Mitarbeiterin der Krankenkasse nicht verpflichtet ist, jede einzelne Abrechnungsposition zu überprüfen. Vielmehr genügt es, wenn die Mitarbeiterin eine stillschweigende Annahme abgibt. Eine Überprüfung der Abrechnung in jedem einzelnen Punkt ist nicht erforderlich (BGH v. 25.01.2012 – Aktenzeichen (Az.): 1 StR 45/11). Ein Arzt, welcher eine Leistung abrechnet, erklärt mit ebendieser konkludent, dass sämtliche Rechtsvorschriften beachtet und eingehalten wurden (BGH NStZ 1994, 188; BGH v. 25.01.2012 – Az.: 1 StR 45/11).

Die gesamte Begleichung der fehlerhaften ärztlichen Abrechnung basiert insofern auf einer Täuschung seitens des Arztes und eines Irrtums der Krankenkasse. Ungeachtet der tatsächlichen Täuschung, stellt es sich in der Praxis als problematisch dar, den Täuschungsvorsatz des Arztes nachzuweisen (Magnus in NStZ 2017, 249).

Der Vorsatz des Täuschenden muss stets darauf gerichtet sein, durch die Täuschung einen Irrtum hervorzurufen auf aufgrund dessen einen Vermögensvorteil durch eine Vermögensverfügung zu erlangen (Fischer, § 263 Rn. 180). Der Täter muss gezielt die wesentlichen Umstände, die den durch die Vermögensverfügung verursachten Schaden begründen, erkennen oder zumindest deren Vorliegen in Kauf nehmen (Fischer, § 263 Rn. 181).

Der Nachweis, dass der jeweilige Arzt tatsächlich bewusst eine falsche Codierung der erbrachten Leistung vorgenommen hat, lässt sich hierbei nur sehr schwer führen (Schubert in ZRP 2001, 154). Von Bedeutung bei der Beurteilung der fehlerhaften Abrechnung kann beispielsweise die wiederholte Falschabrechnung sein. Ob Vorsatz hinsichtlich der Täuschung tatsächlich vorliegt, ist eine sehr anspruchsvolle Bewertung und führt in den überwiegenden Fällen zu einer Ablehnung ebendieses und somit zu einer nicht gegebenen Strafbarkeit gemäß § 263 StGB (Schmidt in StV 2013, 589; Braun in NZS 2016, 897).

## 18.1.2 Leistungsberechnung bei fehlender Qualifikation

Weitaus unproblematischer ist vorsätzliches Begehen des Betrugstatbestandes im Falle der Leistungsabrechnung bei fehlender Qualifikation des Behandelnden nachzuweisen. Neben den ebenfalls auch hier stattfindenden Abrechnungen von nicht erbrachten Leistungen, kommt dem Themenfeld der Abrechnung von Leistungen bei fehlender Qualifikation der Pfleger eine immer größere Bedeutung zu. Die Pflegeberufe sind in der heutigen Zeit ein Berufsfeld, welches sich einer immer größeren Überforderung entgegenstehen sieht. Das Statistische Bundesamt prognostiziert für das Jahr 2025 einen Fachkräftemangel zwischen 64.000 und 214.000 Pflegevollkräften (Welke in GuP 2011, 139; Statistisches Bundesamt, Wirtschaft und Statistik 11/2010 „Projektionen des Personalbedarfs und -angebots in Pflegeberufen bis 2025", § 998 f.). Der Fachkräftemangel in diesem Bereich führt die Pflege in ein immer größer werdendes Problem, welches langfristig dazu führen wird, dass Pflegekräfte überwiegend im Ausland angeworben werden und diese sodann die nicht besetzten Stellen im deutschen Pflegesektor einnehmen. Es entspricht bereits heute der gängigen Praxis, insbesondere in Kliniken Austauschprogramme zu installieren, um ausländische Fachkräfte zu gewinnen und vor Ort einsetzen zu können. Der Gewinn von Fachkräften aus dem Ausland führt allerdings dazu, dass bei dem Personal nicht immer die für diverse Leistungen geforderten Qualifikationen vorliegen. Ebenso kommt es aufgrund der stetig sinkenden Zahl der nationalen Fachkräfte im Pflegebereich und der steigenden Voraussetzungen an das Personal dazu, dass auch die vorhandenen eigenen Fachleute die Qualifikationen nicht mehr nachweisen können. Beispielsweise kommt es bereits jetzt durch die Einführung eines Studiengangs für Pflegeberufe zu einer Verschiebung der Kompetenzen und Qualifikationen, sodass die noch vor ein paar Jahren ausgebildeten Fachkräfte bereits heute zum Teil nicht mehr gänzlich den Anforderungen entsprechen können.

In den vergangenen Jahren hatte sich die Rechtsprechung mit dieser Thematik des Öfteren auseinander zu setzen. Grundsätzlich gewährt das Gesetz, beispielsweise in § 37 SGB V unter den dort genannten Voraussetzungen die häusliche Pflege. Als Grundlage für die Abrechnung zwischen einem Pflegedienst und der Krankenkasse sind normalerweise die geschlossenen Zusatzvereinbarungen anzusehen. Zwar fordert das SGB V bezüglich der häuslichen Krankenpflege keine besonderen Qualifikationen des Pflegepersonals. Die Krankenkassen sind aber dazu berechtigt, den Abschluss eines Vertrags mit den

Pflegeeinrichtungen von einer Qualifikation des Personals abhängig zu machen (BSGE 90, 150, BSGE 98, 12, 17, 19, BGH v. 16.06.2014 – Az.: 4 StR 21/14).

In der üblichen Praxis ist es aufgrund der aktuellen Situation keine Seltenheit, dass das vereinbarte entsprechend qualifizierte Pflegepersonal in den jeweiligen Einrichtungen nicht vorhanden ist, sodass auf Altenpfleger oder Krankenschwestern zurückgegriffen werden muss. Insoweit stellt sich in derartigen Fällen immer dann die Problematik der Abrechnung.

Sofern die Pflegeeinrichtung die erbrachten Leistungen gegenüber den Krankenkassen abrechnen, ist zu hinterfragen, ob bezüglich der nicht vorhandenen Qualifikationen eine Täuschung im Sinne des § 263 StGB vorliegt, da die Leistung dennoch grundsätzlich erbracht wurde.

Seit der Entscheidung des BGH aus dem Jahr 2014 ist es als gängige Rechtsprechung anzusehen, dass in derartigen Fällen von einer konkludenten Täuschungshandlung ausgegangen werden muss, welche sich dadurch zeigt, dass die eingereichten Abrechnungen gegenüber der Krankenkasse stillschweigend erklären, dass die Punkte der Zusatzvereinbarung eingehalten wurden (BGH v. 16.06.2014 – Az. 4 StR 21/14). Die Mitarbeiter der Krankenkassen gehen davon aus, dass die Leistungen wie vereinbart erbracht wurden. Sofern die Krankenkassen Kenntnis vom Nichtvorliegen der Qualifikationen haben würden, würden sie keine Begleichung der Abrechnung vornehmen. Insoweit ist ein Vorliegen einer Täuschungshandlung auch nach der Rechtsprechung unproblematisch gegeben.

Problematisch in derartigen Fällen erweist sich jedoch die Beurteilung des tatsächlich eingetretenen Vermögensschadens der Krankenkasse. Von einem Vermögensschaden ist in der strafrechtlichen Beurteilung immer dann auszugehen, wenn die Vermögensverfügung des Getäuschten bei wirtschaftlicher Betrachtungsweise unmittelbar zu einer nicht durch Zuwachs ausgeglichenen Minderung des Gesamtwertes des Vermögens des Verfügenden führt (BGH v. 27.06.2012 – Az.: 2 StR 79/12, BGH v. 16.06.2014; Fischer, § 263 113 ff.; Schubert in ZRP 2001, 154). Grundsätzlich erbringt die Pflegeeinrichtung ihre Leistungen trotz fehlender Qualifikationen ordnungsgemäß. Die Krankenkassen haben nach der gültigen Rechtsprechung des Bundesfinanzgerichts das Recht, auf Vereinbarungen bezüglich einer bestimmten Qualifikation des Pflegepersonals (BSGE 98, 12). Ohne derartige Vereinbarungen hätten Krankenkassen kaum Einfluss- und Überwachungsmöglichkeiten hinsichtlich der Qualität der Pflegedienstleistungen. Um jedoch eine Qualitätskontrolle für das Gesundheitssystem zu gewährleisten, knüpft die Abrechnungsberechtigung einer Leistung streng an die Qualifikation des Pflegepersonals an (SG Potsdam v. 08.02.2008 – Az.: S 7 KR 40/07, SG Dresden v. 10.09.2003 – Az.: S 16 KR 392/03). Missachtet der grundsätzlich Abrechnungsberechtigte diese Vereinbarung, so steht ihm auch kein Anspruch auf Begleichung seiner Abrechnung zu. Dies gilt insbesondere auch dann nicht, wenn die Leistung grundsätzlich ordnungsgemäß erbracht wurde (BSGE v. 17.05.2000 – Az.: B 3 KR 19/99, BGH v. 16.06.2014 – Az.: 4 StR 21/14). Eine reine Leistungserbringung kann nicht mit der Leistungserbringung unter Beachtung der vereinbarten Qualifikation gleichgesetzt werden. Die Missachtung der Qualifikationsvorgaben kann hierbei unter sorgfältiger Betrachtung des Einzelfalls dazu führen, dass die Qualität der

Pflegedienstleitung derart gemindert wird, dass der ihr beizumessende wirtschaftliche Wert gegen Null tendiert (Dann in NJW 2012, 2001.; Luig, Vertragsärztlicher Abrechnungsbetrug und Schadensbestimmung, S. 147, BGH v. 16.06.2014 – Az.: 4 StR 21/14; BGH v. 02.07.2014 – Az.: 5 StR 182/14)).

Die Rechtsprechung orientiert sich in den Fällen des Abrechnungsbetrugs gegenüber Krankenkassen bei ihrer Beurteilung des Vermögensschadens nicht an einer für das Strafrecht üblichen, wirtschaftlichen Betrachtungsweise..Vielmehr stellt der Bundesgerichtshof auf eine, dem Sozialrecht entsprechenden, streng formalen Betrachtung ab, und begründet dies mit der Erhaltung der Wirtschaftlichkeit und der finanziellen Stabilität der gesetzlichen Pflege- und Krankenversicherungen (Magnus in NStZ 2017, 249., BGH, NStZ 1995; OLG Koblenz, MedR 2001, 144).

In der Vergangenheit erntete der Bundesgerichtshof seitens des Bundesverfassungsgerichts viel Kritik an seiner Anwendung der sozialrechtlichen Betrachtungsweise in derartigen Betrugsfällen. Trotzdem, da bislang keine Richtungsänderung in der Rechtsprechung eingetreten ist, bleibt es abzuwarten, ob der Bundesgerichtshof einlenken wird. Eine strafrechtliche Betrachtung unter dem Gesichtspunkt der Wirtschaftlichkeit würde im Einzelfall zu einer Ablehnung eines Vermögensschadens und somit zur Straflosigkeit führen (Saliger/Tsambikakis in MedR 2013, 284).

## 18.2 Untreue

Durch die fehlerhaften Abrechnungen gegenüber den Krankenkassen kommt neben einer Betrugsstrafbarkeit auch eine Verwirklichung des Untreuetatbestands gemäß § 266 StGB in Betracht. Lange Zeit bestand Uneinigkeit dahingehend, ob es sich bei einem gegenüber der Krankenkasse abrechnenden Arzt um einen Beauftragten im Sinne des Korruptionstatbestandes § 299 StGB handelt. In seinen früheren Entscheidungen vertrat der Bundesgerichtshof die Auffassung, dass ein Vertragsarzt bei der Verordnung von Leistungen eine für die Krankenkassen verbindliche Willenserklärung abgebe und somit als Vertreter der Krankenkassen agiere (Hoven in NJW 2016, 3213). Durch eine wegweisende Rechtsprechung des Großes Senats in Strafsachen aus dem Jahr 2012 wurde nunmehr eine Klärung dieser Streitfrage herbeigeführt. In seinem Urteil kam der Bundesgerichtshof hierbei zur Ablehnung der Beauftragtenstellung eines Arztes. Zur Begründung führte der Bundesgerichtshof aus, dass der Arzt vorwiegend im Interesse seiner Patienten und nicht im Interesse der Krankenkassen tätig wird (BGHSt 57, 2002 – NZWiSt 2012,273).

In einer weiteren wegweisenden Entscheidung des Bundesgerichtshofs aus dem Jahr 2016 bestätigte dieser die Ablehnung der Beauftragtenstellung erneut und sah durch eine Abrechnung von nicht erbrachten Leistungen den Tatbestand der Untreue des § 266 StGB als erfüllt an (BGH NJW 2016, 3253, Hoven in NJW 2016, 3213). Gleichzeitig leitet der Bundesgerichtshof eine den Arzt betreffende Vermögensbetreuungspflicht aus seiner Pflicht zur Konkretisierung des dem Versicherungsnehmers gegen die Krankenkasse bestehenden Leistungsanspruchs her (BSGE 109,116 – NZS 2012, 296.; Hoven in NJW

2016, 3213). Bei der Verwirklichung des Untreuetatbestands gemäß § 266 StGB muss die Vermögensbetreuungspflicht sich als Hauptpflicht und nicht als lediglich untergeordnete Nebenpflicht erweisen (Fischer, § 266 Rn. 36). Nach dem Urteil des Bundesgerichtshofs ist die den Arzt betreffende Vermögensbetreuungspflicht aus dem Wirtschaftlichkeitsgebot des Gesundheitssystems herzuleiten und stellt eine ihn betreffende Hauptpflicht dar.

Das Gesundheitssystem als überragend wichtiges Gemeinschaftsgut hat Millionen von Menschen eine ärztliche und gesundheitliche Versorgung und Behandlung zu gewährleisten. Durch die regelmäßige Beitragszahlung jedes Einzelnen kann sichergestellt werden, dass im Durchschnitt alle Menschen unseres Landes bestmöglich versorgt werden können und eine stetige Gesundheitsbehandlung garantiert werden kann. Um das System bei einer derartigen Vielzahl von zu versorgenden Personen aufrechterhalten zu können, bedarf es einer wirtschaftlichen Denkweise. Es muss Ärzten bewusst sein, dass eine Verschreibung von nichtindizierten Heilmitteln oder die Verschreibung von unverhältnismäßig teuren Arzneimitteln dem Wirtschaftlichkeitsgebot der Krankenkassen widerspricht. Das Wirtschaftlichkeitsgebot als Ausfluss des § 12 SGB V verpflichtet Ärzte, keine Leistungen zu verschreiben, die nicht medizinisch notwendig sind. Dem Arzt kommt insofern eine Funktion des Kassenverwalters im Finanzsystem der Krankenkasse zu (BGH NJW 2016, 3253; Hoven in NJW 2016, 3213).

Problematisch bei der Betrachtung des Wirtschaftlichkeitsgebots ist die Frage, inwiefern die Kosteneinsparung auf dem Rücken der Patienten ausgetragen wird. Insofern führt der BGH diesbezüglich aus, dass ein Arzt nicht nur einer Hauptpflicht unterliegen könne und er aus diesem Grund auch die Pflicht hat, seine Patienten bestmöglich zu behandeln (BGHSt 57, 202 – NJW 2012, 2530). Zusammenfassend lässt sich feststellen, dass nach den wegweisenden Entscheidungen des Großes Senats aus den Jahren 2012 und 2016 die Vermögensbetreuungspflicht unmittelbar aus der gesetzlichen Norm des § 12 SGB V abgeleitet wird und bei einer ärztlichen Abrechnung von nicht oder gar fehlerhaft erbrachten Leistungen eine Verletzung der obliegenden Pflicht gegeben ist.

## 18.3   Korruption im Gesundheitswesen

Die erhebliche Finanzierung des Gesundheitswesens durch Bund und Länder sowie der Umstand, dass zwischen den Beteiligten ein – mehr oder weniger – notwendiges Näheverhältnis besteht, wirken sich begünstigend für Korruptionsrisiken und unlauteren Wettbewerb aus. Die im Gesundheitswesen stattfindende Korruption beeinträchtigt nicht nur den Wettbewerb massiv, sondern führt auch zur Überteuerung von medizinischen Leistungen. Die Folgen sind finanzielle Schäden bei den Krankenkassen und Versicherungsunternehmen in immenser Höhe. Jährlich entstehen durch die Verwirklichung des Tatbestandes der Korruption Schäden in Höhe von mehreren Millionen Euro. Wenn Behandlungsentscheidungen maßgeblich zum finanziellen Vorteil des Behandlers angepasst werden und sich nicht am Patientenwohl ausrichten, wird deutlich, dass dies zu einem erheblichen Vertrauensbruch von Patienten in die Integrität medizinischer Entscheidungen der Heilberufe führt. Der Gesetzgeber hat sich im Jahr 2016 entschieden im Angesicht der enormen wirtschaftlichen und sozialen Erheblichkeit, dieser Problematik mit strafrechtlichen Mitteln entgegenzutreten sowie zu versuchen, die bis dahin herrschenden Lücken zu schließen.

### 18.3.1 Die Rechtslage vor 2016

Nach der damaligen Rechtslage war ein Entgegenwirken im gesundheitlichen Bereich nur unzureichend möglich. Die auf den Vermögensschutz ausgerichteten Straftatbestände der Untreue und des Betrugs konnten die Absprachen sowie das Geben und Nehmen von Bestechungsgeldern nur eingeschränkt erfassen. Durch die Verschreibungserfordernisse aus dem Arzneimittelgesetz (AMG) kommt einer Vielzahl an Berufen im medizinischen Sektor eine Schlüsselstellung zu, die in den Jahren vor 2016 immer mehr missbraucht wurde. Denn die Ärzteschaft wurde insbesondere als Nachfragedisponenten für Wirtschaftsunternehmen gesehen. Durch die Statuierung des Arztvorbehalts gemäß § 15 SGB V und die Verschreibungspflicht aus § 48 AMG wurden Ärzte für zahlreiche andere Akteure zur Schlüsselfigur des Absatzmarktes im Gesundheitswesen gehoben. Damit haben sie eine erhebliche Entscheidungsmacht inne sowie eine Schlüsselstellung gegenüber den Patienten. Nach einer Entscheidung des Großen Senats des Bundesgerichtshofs vom 29. März 2014 handeln niedergelassene, für die vertragsärztliche Versorgung zugelassene Ärzte bei Wahrnehmung der ihnen in diesem Rahmen übertragenen Aufgaben weder als Amtsträger im Sinne von § 11 Absatz 1 Nr. 2 lit. c StGB noch als Beauftragte der gesetzlichen Krankenkassen im Sinne von § 299 StGB (BT-Drs. 18/6446, S. 1). Demnach konnten Vertragsärzte, die sich dafür bezahlen ließen, dem Patienten nach Absprache mit Dritten diesem bestimmte Medikamente oder Überweisungen zu verschreiben, nach der damaligen Rechtslage nicht wegen Bestechlichkeit oder Vorteilsnahme belangt werden. Aus diesem Grund wurde die Einführung der §§ 299a f. StGB sowie die Novellierung der korrupten Verhaltensweisen im Gesundheitswesen zum 04.06.2016 beschlossen (Bundesgesetzblatt 2016 vom 03.06.2016 – Nr. 25).

### 18.3.2 Das Entgegenwirken durch die Neuregelung §§ 299a, 299b StGB

Die Gesetzesänderung umfasste die Einführung der neuen Straftatbestände der Bestechlichkeit im Gesundheitswesen (§ 299a StGB) und der Bestechung im Gesundheitswesen (§ 299b StGB). Tatbestandsmäßig werden alle Heilberufe erfasst, die für die Berufsausübung oder die Führung der Berufsbezeichnung eine staatlich geregelte Ausbildung erfordern. Ferner erstreckt sich der Geltungsanspruch auch auf Sachverhalte sowohl innerhalb als auch außerhalb des Bereichs der gesetzlichen Krankenversicherung. Die Struktur der Neuregelungen wurde weitestgehend an die des § 299 StGB – Bestechlichkeit und Bestechung im geschäftlichen Verkehr nachgebildet.

Die neuen §§ 299a und 299b StGB verfolgen eine doppelte Schutzrichtung. Während zum einen der faire Wettbewerb gesichert werden muss, soll zum anderen das Vertrauen der Patienten in die Integrität ärztlicher Heilberufe geschützt werden (BT-Drs. 18/6446, S. 12 f.). Sie schützen das Gesundheitswesen als Institution. So soll für die Erbringung und den Austausch von Leistungen auf dem Gesundheitsmarkt korrupte Verhaltensweisen und Absprachen durch die Neuregelungen unterbunden werden. Schutzwürdig ist demnach der rechtlich strukturierte Ordnungsmechanismus des Gesundheitsmarkts als solcher (BT-Drs. 18/6446, S. 16). Die Wettbewerbssituation auf den einzelnen Märkten nimmt auf die Schutzrichtung keinen Einfluss (BT-Drs. 18/6446, S. 16). So ist es unerheblich, ob auf Teilmärkten vollständiger, regulierter oder kein Wettbewerb herrscht. Dementsprechend wenden sich die Neuregelungen sowohl gegen korrupte Handlungen, die den Wettbewerb verzerren, als auch gegen die Herbeiführung heilberuflicher Entscheidungen außerhalb konkreter Wettbewerbslagen durch illegale Absprachen oder Vorteilsgewährungen. Die Tatvarianten haben folglich dieselbe Grundlage, wenn auch zwischen dem Schutz des Wettbewerbs als Ordnungselement einerseits und dem Schutz des Vertrauens des Patienten andererseits unterschieden werden muss. Des Weiteren wurden sämtliche Angehörige von Heilberufen, die für die Berufsausübung oder die Führung der Berufsbezeichnung eine staatlich geregelte Ausbildung benötigen, also neben Ärzten, Zahnärzten und Apothekern auch Tierärzte, Diätassistenten, Rettungsassistenten, Psychotherapeuten jeglicher Art sowie Gesundheitsfachberufe wie Gesundheits- und Krankenpfleger, Ergotherapeuten, Logopäden, Masseure und Physiotherapeuten, deren Ausbildung ebenfalls gesetzlich geregelt ist, erfasst (*Damas*, in: Korruption im Gesundheitswesen – Typische Fälle und Hintergründe, S. 3). Nicht zum Täterkreis zählt das sog. Gesundheitshandwerk (z. B. Hörgeräteakustiker, Orthopädieschuhtechniker, Augenoptiker) sowie Heilpraktiker mangels staatlich geregelter Ausbildung (*Damas/Scur*, in: Die neuen Tatbestände §§ 299a und 299b StGB, S. 1; *Heil/Oeben*, PharmR 2016, 218; a.A. *Grinblat*, MPJ 2016, 5; zweifelnd in Bezug auf Optiker *Dann/Scholz*, NJW 2016, 2077, 2078). Im Hinblick auf die Gegenseite, welche die Vorteile bzw. Bestechungsgelder gewährt, sind keine Einschränkungen vorliegend. Grundsätzlich kann also jeder Täter der Bestechung sein (Kindhäuser/Neumann/*Pfaeffgen/Danneker/Schröder* StGB-Kommentar § 299a, Rn. 89 f.).

Der Tatbestand des Forderns nach § 299a StGB erfasst sämtliche Vorteile, unabhängig davon, ob es sich um materielle oder immaterielle Zuwendungen handelt und ob sie an den Täter oder an einen Dritten gewährt werden. Somit ist er auch dann erfüllt, wenn das damit verbundene Ansinnen erfolglos bleiben sollte (Kindhäuser/Neumann/*Pfaeffgen/Danneker/Schröder* StGB-Kommentar § 299a, Rn. 92). Da die Normen in Anlehnung zu §§ 299, 331 f. StGB entwickelt wurden, kann zur Auslegung und tatbestandlichen Merkmalen auf die dort anzuwendenden Grundsätze zurückgegriffen werden. Während die grundlegenden Bestimmungen hinsichtlich der materiellen Vorteile gleichbleibend sind, geht der Straftatbestand des § 299a StGB darüber insoweit hinaus, als dass auch immaterielle Vorteile, beispielsweise Ehrungen und Ehrenämter, einbezogen werden. Zu den Vorteilen können grundsätzlich auch Einladungen zu Kongressen, die Übernahme der Kosten von Fortbildungsveranstaltungen oder die Einräumung von Ver-

mögens- oder Gewinnbeteiligungen zählen. Selbst wenn es sich lediglich um ein an-
gemessenes Entgelt aufgrund eines Vertrages und einer damit geschuldeten Leistung
handelt, kann ein strafrechtlich relevanter Vorteil aus einer vorangegangenen Absprache
verwirklicht sein (*Damas*, Korruption im Gesundheitswesen – Typische Fälle und
Hintergründe, S. 1, *Grinblat*, Voraussetzungen des § 299a StGB-NEU und Auswirkungen
auf dem Gesundheitsmarkt, MPJ 2016, 3). Zur Gewährung von Vorteilen kann es auch
im Rahmen der beruflichen Zusammenarbeit etwa in Form von Berufsausübungs-
gemeinschaften von Ärzten, vgl. § 18 Musterberufsordnung (MBO) kommen, allerdings
ist dies strafrechtlich nur erfasst, wenn tatsächlich das Verbot der Zuweisung gegen Entgelt nach § 31 MBO vorsätzlich umgangen wird und dabei Vorteile für eine unlautere
Bevorzugung bei der Zuweisung gewährt werden (Wissenschaftlicher Dienst des
Bundestages: Verhinderung von Interessenkonflikten und Korruption im Gesundheitswesen, WD 9 – 3000 – 031/19, S. 6 ff.). Eine unzulässige und strafbare Verknüpfung
zwischen Unternehmensbeteiligung und medizinischen Entscheidungen liegt zudem
vor, wenn ein Arzt einem Unternehmen, an dem er selbst beteiligt ist, einen Patienten
zuführt und er für die Zuführung des Patienten wirtschaftliche Vorteile erhält (*Damas*,
Korruption im Gesundheitswesen – Typische Fälle und Hintergründe, S. 20). Solche
Vereinbarungen, die die Gewinnbeteiligung oder anderer Vorteile des Arztes unmittelbar
von der Zahl seiner verwiesenen Patienten bzw. dem damit erzielten Umsatz abhängig
machen, sind stets strafbar. Bei mittelbarer Mitwirkung eines Arztes kommt es für die
Zulässigkeit darauf an, ob er bei objektiver Betrachtung durch seine Patientenzuführung
einen spürbaren Einfluss auf den Ertrag aus seiner Beteiligung nehmen konnte. Auch
Bonuszahlungen an Vertragsärzte auf sozialrechtlicher Grundlage stellen einen
tatbestandsmäßigen Vorteil dar. Entsprechende Vereinbarungen nach gesetzlichen Vorschriften im Sinne des Wettbewerbs sind allerdings nicht strafbar. Darunter werden solche Fälle erfasst, in denen unter mehreren Arzneimitteln, die im Einzelfall für den Patienten in ähnlicher Weise geeignet sind, nach Möglichkeit das preisgünstigste Präparat
verordnet wird. Es fehlt damit an einer tatbestandlich vorausgesetzten inhaltlichen Verknüpfung zwischen Vorteil und Verordnungsentscheidung, denn weder wird die wettbewerbliche Ordnung unzulässig beeinträchtigt, noch dem Wohl und Vertrauen des Patienten geschädigt (BT-Drs. 18/6446, S. 22).

### 18.3.3 Folgen für und in der Berufsausübung

Die §§ 299a f. StGB stellen ein antragsbedürftiges Delikt dar. Nach § 301 StGB ist an-
tragsberechtigt, wer von korrupten Absprachen verletzt wurde. Dies sind in den Fällen des
§ 299a StGB die Mitbewerber. Wird neben den wettbewerbsrechtlichen Aspekten auch das
Recht der Patienten auf eine von unlauteren Zuwendungen unbeeinflusste und am
Patientenwohl orientierte Behandlung verletzt, ist auch er zur Strafantragsstellung
berechtigt (BT-Drs. 18/6446, S. 23). Im Fall eines Strafantrags sind die Strafverfolgungsbehörden dann zur Aufnahme von Ermittlungen verpflichtet. Allerdings können die Staatsanwaltschaften beim Vorliegen zureichender tatsächlicher Anhaltspunkte ermitteln, auch

wenn kein Strafantrag vorliegt. Die Gewährung von Rückvergütungen, Rabatten, Provisionen und sonstigen Zahlungen im Zusammenhang mit dem Bezug von Materialien oder Waren oder Empfehlungen, Überweisungen bzw. Zuweisungen werden künftig auch unter den Tatbestandsvoraussetzungen des § 299a StGB geprüft. Hierunter fallen grundsätzlich auch sog. Naturalrabatte, die auf der Rechnung nicht oder allenfalls indirekt ausgewiesen werden, weswegen Ärzten von dieser gängigen Praxis abzuraten ist, da dies bereits einen strafrechtlichen Verdacht nach sich ziehen kann. Insgesamt wird künftig im gesamten Bereich Empfehlungen von Kollegen, Material oder Zuweisung von Patienten größte Vorsicht anzuwenden sein, da diese sofort den Anwendungsbereich des § 299a StGB eröffnen, wenn der die Empfehlung aussprechende Arzt dafür einen Vorteil erhält. Straffrei bleiben jedoch alle Vorteile, die eine Gegenleistung angemessen üblich honorieren.

Durch den neuen Gesetzesentwurf sollte eine Sicherheitslücke geschlossen werden, die sich durch die Modernisierung und diverse gesetzliche Vorschriften in das schlecht greifbare Wirtschaftsstrafrecht eingeschlossen hat. So wurde durch ein dualistisches Schutzsystem der Wettbewerb reguliert und abgesichert, aber auch das enorm wichtige Vertrauen jedes Patienten in die Integrität medizinischer Entscheidungen der Heilberufe versucht wiederherzustellen. Hinsichtlich der zunehmenden illegalen Vorteilsabsprachen in verschiedenen medizinischen Institutionen und Berufsfeldern war kriminalpolitisches Tätigwerden dahingehend dringend geboten. Sie schirmen den gesundheitsrechtlichen Steuerungs-, Verteilungs- und Ordnungsmechanismus gegen unlautere Verzerrungen ab bzw. schützen den vom Gesundheitsrecht strukturierten Markt für Gesundheitsdienstleistungen vor der Umgehung der diesen Markt konstituierenden Regeln (*Kubiciel*, Stellungnahme vor dem Rechtsausschuss des Deutschen Bundestags am 02.12.2015, S. 8). Die Einführung der §§ 299a und 299b StGB hat darüber hinaus auch etwas Licht in ein bis dahin herrschendes Dunkelfeld gebracht. Im Jahr 2017 nach Einführung des Gesetzes zur Bekämpfung von Korruption im Gesundheitswesen – konnte bereits ein Anstieg um 610 Straftaten der neuen Delikte verzeichnet werden (Bundeskriminalamt, Bundeslagebild Korruption 2019 – 02.11.2020). Im Jahr 2019 ist die Zahl der Korruptionstatbestände im Gesundheitswesen im Vergleich zu den Vorjahren wieder angestiegen (Bundeskriminalamt, Bundeslagebild Korruption 2016 – 09.07.2018). Letztendlich stellt die Einführung von §§ 299a, 299b StGB eine Chance dar, denn gerade wegen ihrer Ausgestaltung können die Kammern und Verbände den Anwendungsbereich der Straftatbestände mitgestalten, indem sie Berufsausübungsregeln spezifizieren und Best Practices für nichtkorruptive Kooperationen, Marketingmodelle und dergleichen erarbeiten (*Kubiciel*, Stellungnahme vor dem Rechtsausschuss des Deutschen Bundestags am 02.12.2015, S. 21).

## 18.4  Fazit

Die Finanzierung des Gesundheitswesens umfasst einen beachtlichen Teil der Gesamtausgaben des Bundes. Nach den jüngsten Erhebungen des Statistischen Bundesamtes überstiegen die Ausgaben für „Gesundheit" in Deutschland im Jahr 2012 erstmals die Marke von 300 Mrd. Euro, was einem Anteil von 11,3 % des Bruttoinlandsproduktes entspricht (*Süße/Lis*, Compliance und Korruptionsbekämpfung im Gesundheitswesen, Newsdienst Compliance 2016, 71006 S. 1). Dieser Umstand trägt maßgeblich dazu bei, dass das Gesundheitswesen naturgemäß anfällig für vielfältige Vermögensstraftaten ist. Durch die Komplexität und Vielschichtigkeit des Gesundheitssektors ist strafrechtlich relevantes Verhalten mitunter schwer zu rekonstruieren und offen zu legen. Insbesondere Betrugsstrafbarkeiten und Korruptionsdelikte sind nur schwer verfolgbar. Die zunehmende Überforderung des Pflegesystems lässt annehmen, dass die Zahl der wirtschaftlich-ökonomisch motivierten Straftaten in Zukunft eher steigen statt abnehmen wird. Aus diesem Grund müssen die Verantwortlichen der Bundes- und Landesregierung Mechanismen entwickeln, um Straftaten effektiver zu begegnen, sowohl aus präventiver als auch auf repressiver Ebene. Aber auch in der Praxis können geeignete und notwendige Regelungssysteme bereits autonom eingeführt werden. Ein erster Schritt hierzu ist die Etablierung von mehr Transparenz im Abrechnungssystem und Wettbewerbsbetrieb durch besondere Compliance-Regelungen. Ebenso herrschte in der Rechtsprechung lange Zeit Uneinigkeit über die Behandlung und Bewertung von devianten Verhalten im Gesundheitswesen. In den letzten Jahren konnte aber eine gewisse Vereinheitlichung verzeichnet werden, um geeint dem Unrecht im deutschen Gesundheitswesen entgegen zu treten.

## Literatur

aerzteblatt.de (2020). KKH: Betrugsdelikte im Gesundheitswesen stark gestiegen. https://www. aerzteblatt.de/nachrichten/sw/Abrechnungsbetrug?s=&p=1&n=1&nid=115659. Zugegriffen: 7.11.2020

aok.de (2020). Abrechnungsbetrug und Korruption im Gesundheitswesen: AOK-Ermittlerteam deckt fast 1.000 Fälle auf. https://www.aok.de/pk/nordwest/inhalt/abrechnungsbetrug-und-korruption-im-gesundheitswesen-aok-ermittlerteam-deckt-fast-1000-faelle-auf/. Zugegriffen: 7.11.2020

Bundeskriminalamt (2018). Bundeslagebild Korruption 2018. https://www.bka.de/SharedDocs/Downloads/DE/Publikationen/JahresberichteUndLagebilder/Korruption/korruptionBundeslagebild2018.html?nn=28078. Zugegriffen: 06.11.2020

Bundeskriminalamt (2019). Bundeslagebild Korruption 2019. https://www.bka.de/SharedDocs/Downloads/DE/Publikationen/JahresberichteUndLagebilder/Korruption/korruptionBundeslagebild2019.html?nn=28078. Zugegriffen: 06.11.2020

Braun, S. (2016). Ärztliche Abrechnungsmanipulation: Nicht immer ein Fall für das Strafrecht *Neue Zeitschrift für Sozialrecht,* 897.

bundestag.de (2019). Verhinderung von Interessenkonflikten und Korruption im Gesundheitswesen: Überblick zu den wesentlichen rechtlichen Grundlagen. https://www.bundestag.de/resource/blob/653844/3d79b176ae585e799db9d7d1ae7a3954/WD-9-031-19-pdf-data.pdf. Zugegriffen: 11.11.2020

Damas J.-P. (2015). Korruption im Gesundheitswesen – Typische Fälle und Hintergründe *ETL Medizinrecht*

Damas, J.P./Scur, C. (2015). Die neuen Tatbestände §§ 299a und 299b StGB *ETL Medizinrecht*

Dann, M. (2012). Privatärztlicher Abrechnungsbetrug und verfassungswidriger Schadensbegriff *Neue juristische Wochenzeitschrift*, 2001.

Dann, M./Scholz, K. (2016). Der Teufel steckt im Detail: Das neue Antikorruptionsgesetz für das Gesundheitswesen *Neue Juristische Wochenzeitschrift*

Destatis.de (2010) Projektionen des Personalbedarfs und -angebots in Pflegeberufen bis 2025. Statistisches Bundesamt, Wirtschaft und Statistik 11/2010. https://www.destatis.de/DE/Methoden/WISTA-Wirtschaft-und-Statistik/2010/11/projektion-personalbedarf-112010.html. Zugegriffen: 08.11.2020

dip21.bundestag.de (2015). Gesetzentwurf der Bundesregierung: Entwurf eines Gesetzes zur Bekämpfung von Korruption im Gesundheitswesen. Bundestag Drucksacke 18/6446. https://dip21.bundestag.de/dip21/btd/18/064/1806446.pdf. Zugegriffen: 11.11.2020

Fischer, T. (2020). Kommentar Strafgesetzbuch. München: C.H. Beck. (67. Aufl.)

Gnirke, Kristina (2018). Kriminalität im Gesundheitswesen – Wie Krankenkassen beim Betrug in der Pflege zusehen. SPIEGEL Online. https://www.spiegel.de/wirtschaft/unternehmen/wie-krankenkassen-beim-betrug-in-der-pflege-zusehen-a-1232905.html. Zugegriffen: 7.11.2020

Grinblat, R. (2016). Voraussetzungen des §299a StGB-NEU und Auswirkungen auf dem Gesundheitsmarkt *Medizinprodukte Journal*

Grinblat, R. (2017). Gesetz zur Bekämpfung von Korruption im Gesundheitswesen und Compliance Maßnahmen für Marktakteure *Zeitschrift für das Gesamte Medizinprodukterecht*

Heil, M./Oeben, M. (2016). §§ 299a, b StGB auf der Zielgeraden – Auswirkungen auf die Zusammenarbeit im Gesundheitswesen *PharmR*

Hoven, E. (2016). Unwirtschaftliche Verschreibungspraxis des Vertragsarztes als Untreue – Die vertragsärztliche Vermögensbetreuungspflicht gegenüber der Krankenkasse *Neue juristische Wochenzeitschrift*, 3213

Idler, M. (2004). Betrug bei Abrechnung ärztlicher Leistungen ohne Kassenzulassung *Juristische Schulung*, 1037

Janssen, G. (2010). Compliance – Die Einhaltung von Verhaltensregeln im Gesundheitsdienst *Rechtsdepesche für das Gesundheitswesen*, 116.

Kindhäuser, U./Neumann, U./Pfaeffgen, H.-U. (2017). Strafgesetzbuch Kommentar. Baden-Baden: Nomos. (5. Aufl.)

Kraatz, E. (2018) Aus der Rechtsprechung zum Arztstrafrecht 2016/2017 – 2.Teil *Neue Zeitschrift für Strafrecht – Rechtsprechungsreport*, 4

Kubiciel, M. (2015). Stellungnahme vor dem Rechtsausschuss des Deutschen Bundestags am 2.12.2018 zum Regierungsentwurf BT-Drs. 18/6446. https://www.bundestag.de/resource/blob/397590/60c0dc306c5668ef82833b159194eb58/kubiciel-data.pdf. Zugegriffen: 11.11.2020

Luig, C. (2009). Vertragsärztlicher Abrechnungsbetrug und Schadensbestimmung. Berlin: Peter Lang.

Magnus, D. (2017). Aktuelle Probleme des Abrechnungsbetrugs *Neue Zeitschrift für Strafrecht – Rechtsprechungsreport*, 249

Saliger, F./Tsambikakis, M. (2013). Der Vermögensschaden beim Abrechnungsbetrug *Zeitschrift für Medizinrecht*, 284.

Schmidt, H.-C. (2013). Rechtsfolgenentscheidung und Strafzumessung beim vertragsärztlichen Abrechnungsbetrug *Zeitschrift für Strafverteidiger*, 589.

Schubert, M. (2001). Abrechnungsbetrug bei Privatpatienten *Zeitschrift für Rechtspolitik*, 154

Süße, S./Lis, C. (2016). Compliance und Korruptionsbekämpfung im Gesundheitswesen *Newsdienst Compliance 2016*, 71006

Welke, W.-A. (2011). Zur Betrugsstrafbarkeit von Verantwortlichen ambulanter Pflegeeinrichtungen *Zeitschrift Gesundheit und Pflege*, 139.

# Risiken im Behandlungsprozess aktiv managen und Kosten senken – Innovatives Risikomanagement

**19**

Ingo Gurcke

**Zusammenfassung**

In diesem Kapitel werden systembasierte Ansätze zur Verbesserung der Patientenresultate bei gleichzeitiger Senkung der Kosten für das Krankenhaus vorgestellt. Die neu entwickelten Systeme haben in denjenigen Ländern, in denen die Systeme bereits eingeführt sind, zu einer Halbierung der Komplikationen geführt, die Patientensicherheit signifikant erhöht und dadurch erhebliche Kapazitäten in den Krankenhäusern freigesetzt.

## 19.1 Einleitung

Krankenhäuser haben die Aufgabe, Leben zu retten, Menschen zu behandeln und zu heilen – und das müssen sie so kosteneffektiv wie möglich tun, und dies sollte der grundlegende Maßstab für die Leistung von Krankenhäusern auf der ganzen Welt sein; gleichwohl ist es äußerst schwierig, diesem Anspruch und diesen Anforderungen umfänglich gerecht zu werden. Vorausgesetzt, dass alle Patienten gleich wären und die gleichen Behandlungen bekämen, wäre es eher möglich, die Leistung der Krankenhäuser zu messen und zu vergleichen. Aber genau das ist natürlich nicht der Fall.

Weltweit ist die große Herausforderung, Methoden und Ansätze zu entwickeln, um die Leistungen der Krankenhäuser zu messen, zu vergleichen und damit das Niveau der erreichbaren Patientensicherheit für die einzelnen Patienten bestimmen zu können. Das

I. Gurcke (✉)
Marsh Medical Consulting GmbH, Detmold, Deutschland
E-Mail: Ingo.gurcke@marsh.com

Bundesgesundheitsministerium (BMG) schreibt auf seiner Internetseite zum Thema Qualitätssicherung im Krankenhausbereich:

„Eine entscheidende Voraussetzung für ein leistungsfähiges Gesundheitssystem ist die Qualitätssicherung. Darunter wird die Abbildung, Sicherung und Verbesserung der Qualität insbesondere der ärztlichen und pflegerischen Tätigkeiten verstanden. Durch die Qualitätssicherung können die Patientinnen und Patienten bedarfsgerecht und wirtschaftlich versorgt werden" (Bundesgesundheitsministerium 2020).

Das BMG macht hier deutlich, dass jeder einzelne Patient bedarfsgerecht und wirtschaftlich behandelt werden soll und setzt damit den Fokus auf die erreichte Behandlungsqualität eines jeden einzelnen Patienten. Statistische Instrumente und allgemeine Messverfahren wie Sterblichkeits- und Morbiditätsstatistiken waren bisher die seit langem verwendeten einzigen Qualitätskennzahlen; trotz des Aufbaus des „IQTIG – Institut für Qualitätssicherung und Transparenz im Gesundheitswesen" gab es bisher keine ausgefeiltere Methode, die auf Patientenebene Hinweise zur Ergebnisqualität liefert.

Die bisher ausgewiesenen puren Krankenhaussterblichkeits- und Komplikationsraten spiegeln nicht den zugrunde liegenden „Case Mix" der behandelten Patienten wider, wie stark erkrankt die einzelnen Patienten bei der Aufnahme tatsächlich sind und welche anderen Vorerkrankungen sie möglicherweise haben. Die tatsächlich zugrunde liegenden Leistungen des Krankenhauses und die Schwachstellen in der Patientenbehandlung werden durch die enormen Unterschiede zwischen den einzelnen Patienten und ihren Komorbiditäten verwischt und dann unter dem vielfältigen Behandlungsspektrum, dem eingesetzten Personal und den dahinterliegenden Prozessen begraben, die jedes Krankenhaus einzigartig machen. Diese Ausgangslage führt dazu, dass es unmöglich ist, vermeidbare klinische Unterschiede zu verstehen und Komplikationen, Sterblichkeit und Kosten zu reduzieren.

## 19.2 Die beste Versorgungsqualität erreichen – Nutzung von „Big Data"

In den 1990er-Jahren, als die Entwicklung weg vom Papier hin zu elektronischen Gesundheitsakten begann, wurde der Papierprozess lediglich repliziert und die Gelegenheit versäumt, Daten anders zu betrachten und eine echte Transformation ins digitale Zeitalter zu erreichen. Die Herausforderung für uns besteht heute darin, dass dieser Ansatz die Wirksamkeit von elektronischen Gesundheitsdaten-Systemen (KIS) zur Messung von klinischen Ergebnissen, Risiken und vermeidbaren Schäden eingeschränkt hat.

Bei der Entwicklung der KIS ging es vordergründig um Prozess und Beschaffung, nicht um klinische Ergebnisse. Die aktuelle Diskussion in den Vereinigten Staaten hat nunmehr begonnen, den Fokus auf dieses Thema zu lenken. Infolgedessen werden KIS-Daten retrospektiv analysiert, sodass das Ziel darin besteht, z. B. die Mortalität durch strukturierte Mortalitätsüberprüfungen als Qualitätskontrolle zu betrachten. Die derzeitigen KIS sind nicht darauf ausgerichtet, systemische klinische Mängel aufzuzeigen, aus Angst vor einer Gegenreaktion der Ärzteschaft, die mehrheitlich noch gegen die Verwendung solcher Systeme und einer objektiven Ergebnisqualitätsmessung sind.

Hinzu kommt, dass die erfassten Daten oft nur innerhalb der jeweiligen Abteilungen verwendet werden, was ihre Wirkung weiter verringert. Große Schnittstellenprobleme machen es auch weniger wahrscheinlich, dass relevante Patientendaten genau eingegeben werden wie z. B. die Erfassung von Patientenkomorbiditäten. Die Interoperabilität, d. h. die Fähigkeit der Zusammenarbeit verschiedener Systeme miteinander, ist eine weitere Herausforderung, die angegangen werden muss. Die Variabilität der KIS, die von gescannten Kopien von Papiernotizen (d. h. ohne die Möglichkeit, Gesundheitsdaten auf einfache Weise strukturiert zu extrahieren) bis hin zum strukturierten Pfadmanagement über elektronische Dateneingabe/Patientenakten sowie Tools zur Entscheidungsunterstützung und Messung reicht, führt dazu, das strukturierte Ergebnisqualitätsmessungen nahezu unmöglich sind.

So werden die Faktoren, die das Risiko einer Verschlechterung der Behandlung der Patienten beeinflussen, nicht in Echtzeit identifiziert. Aber ein Umdenken ist gerade vor der Diskussion der „Big-Data-Nutzung und Einführung von Digitalisierung" mehr als überfällig. Schließlich bewegt sich die Patientenversorgung in Echtzeit; die verwendeten KIS tun dies nicht. Dadurch besteht für die Krankenhäuser die Gefahr, dass Verschlechterungen des Patientenzustands nicht erkannt werden oder dass die operative Ergebnisqualität und der Behandlungsablauf suboptimal sind. Erkenntnisse aus Daten wie z. B. der externen Qualitätssicherung oder von privaten Initiativen, z. B. die Initiative Qualitätsmedizin (IQM), die Tage, Wochen oder Monate später gewonnen werden, schränken die Möglichkeit ein, Korrekturen vorzunehmen und Ansätze für Verbesserungen zu finden. Um den Patienten die beste Behandlung mit der besten Ergebnisqualität bieten zu können, ist es wichtig, diese Einblicke in das Risiko in Echtzeit verfügbar zu machen. Transformatorische Veränderungen können nur dann wirklich stattfinden, wenn Daten zusammengeführt, analysiert und Erkenntnisse in Echtzeit innerhalb einer Organisation ausgetauscht werden. Stehen Daten in Echtzeit zur Verfügung, ist es möglich, das Morbiditätsrisiko zu messen, damit ein Risikoprofil zu erstellen und das Risiko vorherzusagen. Die Kliniker können sich dann auf die Patienten konzentrieren, die am stärksten gefährdet sind oder die wahrscheinlich anfälliger für Komplikationen wie Sepsis oder akutes Nierenversagen (AKI, „acute kidney injury") sind. Um diese „Echtzeitauswertungen" zu generieren, ist eine Investition in neue Techniken erforderlich, und dem stehen der Kostendruck der Krankenhäuser und die eingeschränkten Budgets für die Digitalisierung entgegen.

## 19.3 Verknüpfung von Kosten und Versorgungsqualität

Der Zusammenhang zwischen Qualität und Kosten war in der Vergangenheit schwer darzustellen, und es fehlte ein standardisiertes System als Nachweis der unmittelbaren Auswirkungen auf die täglichen Betriebskosten. Die wirtschaftlichen Aspekte des Gesundheitswesens nähern sich weltweit der Belastungsgrenze. In den USA beträgt der Anteil der Gesundheitsfürsorge am BIP[2] knapp 20 % (Shrank et al. 2019), wobei rund 25 % davon laut verschiedener Analysen Verschwendung seien und sich jährlich auf bis zu 1 Billion Dollar belaufen. In Deutschland beträgt die Aufwendungen für das Gesundheitswesen 11,9 % des BIP (2019) (Statistisches Bundesamt 2021) und sind damit nach Frankreich die zweithöchsten in Europa.

Diese Zahlen könnten den Eindruck erwecken, dass es einen Kampf zwischen der Qualität der Versorgung und den Kosten gebe. Tatsächlich zeigen Studien, dass die höchste Qualität der Versorgung in Wirklichkeit die niedrigsten Kosten bedeutet. Das Beratungsunternehmen Advisory Board, USA, untersuchte 468 Krankenhäuser und kam zu dem Ergebnis, dass „eine typische Einrichtung bis zu 29 Millionen Dollar jährlich einsparen könnte, wenn sie eine Versorgung entsprechend den Kostenvorgaben für qualitativ hochwertige Krankenhäuser anbietet" (Berkow 2018). In Australien verknüpfte der Bericht des Grattan-Instituts „Safer Care Saves Money" („Sichere Versorgung spart Geld") die Schadenminderung für Patienten mit Einsparmöglichkeiten, sodass das Gesundheitssystem 1,5 Mrd. Dollar (AUS) einsparen und 250.000 Patientenschäden vermeiden könnte, wenn alle Krankenhäuser so gut wie die besten 10 % wären (Duckett und Jorm 2018). Die Analyse zeigte auch, dass die Kosten für Komplikationen in der Regel dreimal so hoch waren als die zusätzlichen Einnahmen, die dem Krankenhaus für abgerechnete Komplikationen erstattet wurden.

## 19.4 Die Schwierigkeit, Behandlungsschäden zu vermeiden

In dem bahnbrechenden Artikel „Free from Harm", der durch das National Patient Safety Forum, das heutige Institute of Healthcare Innovation (IHI), veröffentlicht wurde, heißt es: „Um die Auswirkungen von Problemen der Patientensicherheit in vollem Umfang zu verstehen, müssen wir sowohl die Mortalität als auch die Morbidität betrachten" (National Patient Safety Foundation 2015). Seit 20 Jahren versuchen jedoch Gesundheitsdienste und -systeme auf der ganzen Welt, die Patientensicherheit und -qualität zu verbessern, wobei sie sich hauptsächlich auf nur eine Seite der Medaille beziehen: die Mortalität. Oft ist es jedoch die Anhäufung von unzähligen systemischen Problemen, vermeidbaren Schäden und Morbiditäten, die zu unnötigen Todesfällen führen. Die Konzentration auf den Tod allein trägt nicht immer dazu bei, die eigentlichen Ursachen aufzudecken und zu beheben.

Inzwischen sind die Indikatoren, die zur Verfolgung der Morbidität eingesetzt werden, kaum mehr als eine (recht) kurze Liste von Ereignissen, die leicht zu zählen sind, wie Stürze, Prellungen oder Herzinfarkte. Viele Behandlungsschäden kommen weder auf die Managementliste, noch führen sie zum Tod – obwohl trotzdem Patienten geschädigt werden! Was bisher gefehlt hat, sind detaillierte und aussagekräftige Metriken, die alle vermeidbaren Behandlungsschäden verfolgen, verstehen und reduzieren. Nimmt man eine ganzheitliche Sichtweise ein, kann man nicht nur verstehen, wo und warum vermeidbare Todesfälle auftreten, sondern auch weitaus wirksamere Verbesserungsmaßnahmen auf breiterer Ebene unterstützen, die einen mehrfachen Nutzen haben – und dabei noch den wichtigsten Grundsatz der Gesundheitsfürsorge nach Hippokrates umsetzen: „primum non nocere = erstens nicht schaden."

Ziel muss also in Zukunft sein, eine einzigartige und genaue Risikoanpassung für jeden Patient durchzuführen, um feststellen zu können, welche Krankenhäuser, Fachrichtungen, Funktionsabteilungen usw. gut abschneiden, hinsichtlich ihres spezifischen Case Mixes, wo das Krankenhaus Probleme mit seiner Sterblichkeitsrate und mit Komplikationen hat, was die Ursachen dafür sind, welche wirtschaftlichen Auswirkungen sie haben und wie sie gelöst werden können. Dann können die Krankenhäuser mit zukunftsweisenden Anwendungen unterstützt werden, um die Patienten effektiver zu triagieren und zu behandeln, und so die Ergebnisse und die Kosteneffizienz zu optimieren. Wie kann dieses Ziel erreicht werden?

Der erste Schritt wäre sicherzustellen, dass Patienten- und verwandte Daten in einem „Data Warehouse" erfasst und nicht in unterschiedlichen Systemen verwaltet werden. Der zweite Schritt wäre dann, für jeden Patienten ein Risikoprofil bei der Aufnahme als Teil eines gezielten operativen Behandlungspfades zu erstellen. Die durch ein Echtzeitdatenerfassungssystem erfassten Daten können daraufhin zur Generierung und Überwachung des Patientenrisikos während der gesamten Behandlungsdauer verwendet werden, um die Behandlung zu optimieren und das Schadenrisiko zu verringern. Dieser Ansatz trägt dann zusätzlich dazu bei, die Ergebnisqualität und die Erfahrungen der Patienten zu verbessern.

## 19.5 C2-Ai zur Reduzierung der Kosten und Steigerung der Ergebnisqualität

C2-Ai ist das neue, innovative und einzigartige System, dass von Prof. Graham Copeland entwickelt wurde – einem führenden Experten auf dem Gebiet der Patientensicherheit. Er war vorher klinischer Prüfer im National Health Service UK (NHS). Copeland hat auch den POSSUM-Score entwickelt, das weltweit am häufigsten verwendete System zur chirurgischen Risikobewertung und er beriet die American Surgical Association bei der Entwicklung des „National Surgery Quality Improvement Program (NSQIP)". Die Tools basieren auf 30-jähriger Forschung, 12-jähriger Entwicklung und nutzen den größten Referenzpatientendatensatz der Welt (160 Mio. Datensätze aus 46 Ländern).

Graham Copeland entwickelte unter Nutzung von „Big Data" und in Verbindung mit „Artificial Intelligence" (AI) Systeme, die nachweisbar vermeidbare Schäden und Sterblichkeit bei Patienten in Krankenhäusern identifizieren, dadurch selbst bei sehr subtilen Problemen helfen, die Behandlungsprozesse sicherer zu machen und dabei zusätzlich Kosten zu senken.

Die Systeme von C2-Ai wurden zwischenzeitlich von Krankenhäusern auf der ganzen Welt genutzt, mittlerweile auch in Deutschland. Dabei stellten selbst die leistungsfähigsten Krankenhäuser, die ein Jahrzehnt lang auf dem Weg zu einer hochzuverlässigen Gesundheitsversorgung waren, fest, dass sie nur 10 % dessen aufnahmen, was die Anwendung C2-Ai mit der Nutzung von AI zeigen und zur Lösung beitragen kann. Es gibt also eine Menge Probleme unter der Oberfläche und damit auch die riesige Chance, die Dinge besser zu machen – insbesondere auch für die Patienten und wirtschaftlich für die Krankenhäuser in Deutschland.

### 19.5.1 Das C2-Ai-CRAB™-System

Das CRAB™-System ist so konzipiert, dass es Ärzten, Krankenpflegepersonal, Krankenhäusern und externen Gutachtern ein detailliertes Bild über Sicherheit und Qualität verschafft, gewonnen aus Daten auf Patientenebene. Es hilft, gute Behandlungspraktiken und Gefahrenzonen früh zu identifizieren, indem es kleine Variationen in der klinischen Versorgung entdeckt, die nicht unbedingt in einer statischen Analyse erschienen wären. Die resultierende Audit-Analyse klinischer Ergebnisse kann damit tiefer gehen als nur auf die Mortalität und kann grundlegende Fragen von Morbidität und vermeidbaren Schadensereignissen untersuchen.

CRAB™ nutzt die Systematiken der „Headline-Mortalitäts-Analysen" von SHMI/HSMR (Summary Hospital Mortality Indicator/Hospital Standard Mortality Rate) und hilft, Ausreißer zu erklären oder zu validieren und außerdem mögliche Hinweise auf eigentliche Grundursachen zu geben. CRAB™ ist weltweit das einzige System, das Komplikationen und Todesfälle als Messergebnisse verfolgt, wobei hier 146 Komplikationsarten inbegriffen sind.

In der Chirurgie misst CRAB™ als Ergebnis beides, sowohl Mortalität als auch Komplikationen. Für jeden einzelnen Patient wird eine Vorhersage zusammengestellt, wobei die tatsächlich beobachtete Rate eines negativen klinischen Ergebnisses mit der erwarteten Rate verglichen wird, um den Quotienten zu erstellen (aus dem Englischen O(bserverd)/E(xpected)-Ratio).[1]

---

[1] **Chirurgischer O/E-Quotient**

Der Quotient (beobachtet/erwartet) vergleicht die Raten von Mortalität und Morbidität mit dem, was von den exponenziellen mathematischen Modellen, abgeleitet von POSSUM-Variablen, vorhergesagt (also erwartet) wird. Diese enthalten 18 Variablen, nämlich 12 physiologische und 6 hinsichtlich des operativen Schweregrads. Diese Variablen wurden in validierte Kombinationen von HES-Datensets/§ 21KHEntgG transferiert, sodass keine zusätzlichen Daten eingegeben werden müssen und sie ebenso genau sind wie nach manueller Datenerfassung. Der Normalwert des O/E-Quotienten von 1,00 kann als äquivalent zur standardisierten Mortalitätsrate (SMR) von 100 eingeschätzt werden, ist aber viel akkurater und sensitiver zu kleinsten Variationen in der Performance. Allerdings können die Ergebnisse, speziell, wenn man wenige Operationen oder wenige ungünstige Ergebnisse analysiert, verzerrt sein. In den meisten Fachbereichen kann das vermieden werden, indem man Daten in 3- oder 6- Monats-Abschnitten auswertet oder sogar als Überblicksbericht in einer 6- bis 12-Monats-Periode.

Das CRAB™-System beurteilt darüber hinaus die medizinische Versorgung, indem es eine Methode benutzt, die auf dem Global Trigger Tool (GTT) basiert. Das GTT wurde in den USA vom Institut for Health entwickelt und identifiziert Ereignisse mit hohem Schädigungspotenzial (sog. Trigger-Events). Durch seine differenzierte Ai-Algorithmen entdeckt CRAB™ validierte Surrogat-Marker entweder allein oder in Kombination für bis zu 32 Triggern von Ereignissen mit hohem Schädigungspotenzial für alle Patienten, die in eine Krankenhausorganisation aufgenommen werden.

Durch diese Resultate können Trends für Triggerraten und Todesfällen nach einem Trigger-Event identifiziert werden. Damit kann man die Qualität der stationären medizinischen Versorgung und Krankenpflege messen, was ein viel sensitiveres Maß darstellt als die alleinige Auswertung der Mortalitätsraten.

CRAB™-Ai-Algorithmen benutzen ein globales Datenset von >160 Mio. Patientendaten aus 46 Ländern, das kontinuierlich vergrößert und verbessert wird. Dieses Datenset enthält eine signifikante Kohorte von Daten aus Deutschland (>8 Mio. Patienten), für die spezifische Kalkulationen angewendet wurden (z. B. für Normalwerte in den Trigger-Events), damit sie durch Querverweise zu ähnlichen geografischen Standorten und Organisationsprofilen fair verglichen werden konnten.

Jeder Patient wird durch dessen individuelle Diagnose- und Prozedurencodierungen eingestuft, die die Krankenhausorganisation eingegeben hat. Alle Codierungen werden berücksichtigt. CRAB™'s verbesserte Ai-Algorithmen entdecken und wägen dann die Kombinationen von Codierungen ab, erstellen damit ein individuelles Profil für jeden einzelnen Patient mit dessen individuellem Risiko und prüfen, ob es Hinweise gibt, dass ein Patient einen potenziell vermeidbaren Schaden erlitten hat. CRAB™ in der Chirurgie misst Mortalität und Komplikationsfälle. Diese Daten werden durch validierte Surrogate umgewandelt, um 18 Variable zu erstellen, die dann dazu benutzt werden können, eine individuelle Patientenprognose für das Todesfall- und/oder Komplikationsrisiko zu erstellen. CRAB™ ist weltweit das einzige innovative System, das sowohl Komplikationen als auch Todesfälle als Ergebnismessung enthält und 146 Komplikationen für alle Patienten nachverfolgt. Für die konservative Versorgung und Krankenpflege trianguliert CRAB™ Schadenereignisse durch detaillierte Kombinationen von kodierten Ereignissen, die anzeigen, wie ein Patient behandelt worden ist – bzw. eben nicht – und ob bzw. welchen Schaden er als Resultat erlitten hat.

### 19.5.1.1 C2-Ai-COMPASS™ – Prävention von Schaden und Mortalität

COMPASS™ ist ein innovatives Set von Prognoseinstrumenten, das Pflegepersonal und Ärzten nutzen können, um das Risiko der Patienten bei der Aufnahme und oft schon vor der Aufnahme zu erkennen und zu verstehen. Aus Sicht der Kostenträger und der überweisenden Ärzte ist es also wichtig zu wissen, wo der Patient am besten aufgenommen werden kann und was die für ihn geeignetste Behandlung ist. Darüber hinaus ist der Patient mit dieser Einschätzung besser informiert und kann leichter die vorgeschriebene Einwilligung zur Behandlung geben. Durch diese Analyse kann das Behandlungsteam das Risiko besser verstehen, denn es erhält Kenntnis darüber, ob und wenn ja, welche bestimmten vermeidbaren Erkrankungen sich bei diesem speziellen Patienten entwickeln können. Sie haben so die Möglichkeit, den Eintritt dieser Erkrankungen zu verhindern.

### 19.5.1.2 „COMPASS™ – APP" für akutes Nierenversagen (AKI) und nosokomial erworbene Pneumonie (HAP)

Eine im Krankenhaus erworbene Lungenentzündung (HAP, „hospital acquired pneumonia") und ein im Krankenhaus erworbenes akutes Nierenversagen (AKI, „acute kidney injury") verlängern den Krankenhausaufenthalt eines Patienten um durchschnittlich bis zu 8 Tage. Diese Situation blockiert Betten des Krankenhauses, die es während der Corona-Pandemie oder einer wie auch immer gearteten Pandemie in der Zukunft gegebenenfalls benötigen wird. Mehr als einer von 5 Patienten auf der Intensivstation wird zu normalen Zeiten an HA-AKI[2]

erkranken.

Bei 255 Krankenhauseinweisungen pro 1000 Personen jährlich in Deutschland (vgl. OECD/European Observatory on Health Systems and Policies 2017) und 83 Mio. Einwohnern liegt die Zahl der Krankenhauseinweisungen bei 21,2 Mio. Obwohl Berichten zufolge 8–22 % der Krankenhauspatienten in Deutschland an AKI (Khadzhynov et al. 2019) leiden, geht man bei einer konservativen Zahl von 2 % der Einweisungen mit AKI von 424.000 Fällen aus. Geht man in ähnlicher Weise davon aus, dass etwa 1,5 % der Einweisungen unter HAP leiden, ergibt das 318.000 Fälle jährlich. Unter Verwendung analoger Zahlen aus dem Vereinigten Königreich liegen die Mortalitätsraten für AKI und HAP bei 28,8 % bzw. 15,5 % (vgl. Kidney Care UK 2020, Scott et al. 2016). Dies würde in Deutschland jährlich 122.000 Todesfälle bei AKI und 50.000 bei HAP bedeuten. Diese Zahlen können durch Nutzung von Big Data und AI halbiert werden, und das bedeutet, dass jährlich 86.000 Menschenleben gerettet werden und rund 1,2 Mrd. Euro allein an direkten Kosten eingespart werden können. Diese Kostenschätzung basiert auf den direkten Kosten pro Fall im Vereinigten Königreich und berücksichtigt nicht die längerfristigen Kosten für die Behandlung der vielen Patienten, die eine chronische Nierenerkrankung entwickeln, und derjenigen, die eine Dialyse und eine Transplantation benötigen könnten.

Die neu entwickelte COMPASS™ Point of Care App (PoC-App) verarbeitet die C2-Ai-Lernprogramme zur Patientensicherheit zu einer einzigen Anwendung, die es Ärzten und Pflegepersonal an vorderster Front ermöglicht, Patienten rasch auf ihr jeweiliges Risiko der Entwicklung von HA-AKI und/oder HAP hin zu beurteilen, und empfiehlt dann – entsprechend dem individuellen Risiko – geeignete Maßnahmen zur Prävention dieser Erkrankungen. Die hier aufgezeigten Systeme haben Entwicklungen von AKI und HAP in Neuseeland, Schweden und Großbritannien verringert. Innerhalb weniger Wochen konnte in einem Krankenhaus in Großbritannien die HAP um 60 % und die HA-AKI um mehr als 65 % reduziert werden. In einem Krankenhaus entsprechen diese Reduzierungen

---

[2] ICNARC – Intensive Care National Audit and Research Centre (1. April 2018–31. March 2019) showed 57 % of CCU patients had AKI and 40 % is hospital acquired from NHS Think Kidneys Report (which states 60 % is Community Acquired) (https://www.icnarc.org/).

in den folgenden 12 Monaten der Rettung von 500 Leben, der Einsparung von 6 Mio. Euro an direkten Kosten und der Reduzierung von 13.000 Bettentagen.

In einer Zeit von Stress und Verwirrung bringt die Point of Care App dem Behandlungsteam Klarheit, ohne dass es zu Unterbrechungen oder der Notwendigkeit einer Integration ins KIS kommt. Für die App benötigt man 2 min zum Herunterladen, 1 min zum Lernen und 30 s für eine Beurteilung. Mit dieser Innovation lassen sich Behandlungsverläufe optimieren, die Patientensicherheit erhöhen, freie Bettenkapazitäten schaffen und zu guter Letzt deutlich Kosten einsparen.

## 19.5.2 C2-Ai-COMPASS™ – Präoperative Risikobewertung

Grundsätzlich stellen sich für ein Krankenhaus immer folgende Fragen:

- Wie kann sich das Behandlungsteam auf den Schweregrad der zu operierenden Person einstellen?
- Wie kann vor jedem Eingriff eine wirklich fundierte und risikoadjustierte Entscheidung darüber getroffen werden, ob die Patienten operiert oder konservativ behandelt werden sollen?

Zu diesem Zweck wurde das präoperative Produkt COMPASS™ entwickelt, das auf der POSSUM-Methodik aufbaut, weiterentwickelt wurde und nun auf den weltweit größten Referenzdatensatz zurückgreift. Die Sterblichkeits- und Komplikationsrisiken für einen Patient sind eine komplexe Kombination aus dem Schweregrad des Eingriffs und den physiologischen Variablen des Patienten. So hat beispielsweise ein 55-Jähriger, der sich einer radikalen laparoskopischen Prostatektomie unterzieht, ein Sterblichkeitsrisiko von 1,6 %. Wenn der Patient jedoch gleichzeitig einen niedrigen Blutdruck hat, verdreifacht sich dieses Risiko. Hat der Patient auch einen niedrigen Natriumgehalt, ist das Risiko 10-mal höher (Marsh Medical Consulting/C2-AI-Erfahrungswerte). Das Spektrum der verschiedenen Operationen und physiologischen Schlüsselvariablen schafft mindestens 40 Mio. potenzielle Kombinationen und damit Risiken. Wenn ein Patient zur Operation kommt, kann eine individuelle Risikoeinschätzung mit der COMPASS™ präoperativ erfolgen. Damit kann abschließend geprüft werden, ob der Zustand des Patienten eine Optimierung seines Zustandes vor dem Eingriff rechtfertigen würde. Es werden jedoch auch die wahrscheinlichsten postprozeduralen Komplikationen für den Patienten und seinen Zustand individuell beschrieben. Die APP berücksichtigt 4 Mrd. Kombinationen von Operationstypen und physiologischen Schlüsselvariablen für die einzelnen Patienten.

Durch das Spielen von „Was-wäre-wenn-Szenarien" mit einigen der physiologischen Variablen können die Ärzte oder das Behandlungsteam der Patienten mögliche Verbesserungen dieser Risiken aufzeigen. Beispielsweise kann einem Patient, der sein Blutdruckmedikament nicht eingenommen hat, aufgezeigt werden, welche Risiken derzeit bestehen und wie sich diese Risiken ändern, wenn sich der Blutdruck wieder normalisiert. Auf diese Weise kann das Behandlungsteam Patienten, die für Operationen als zu riskant erachtet werden, motivieren, sich an der eigenen Behandlungsoptimierung zu beteiligen.

Das System COMPASS™ ist einfach und intuitiv zu bedienen. Die Beurteilung der Patienten dauert weniger als eine Minute und kann durch die gegebenen Empfehlungen die Komplikationen und Arzthaftungsansprüche um mehr als 10 % reduzieren (Marsh Medical Consulting/C2-Ai-Erfahrungswerte). Gleichzeitig bietet es einen Prozessablauf, der dafür sorgt, dass Patienten eine wirklich bewusste Einwilligung in die Behandlung geben.

### 19.5.3 C2-Ai CRAB™ – Retrospektives Audit

Das System CRAB™ misst die Qualität des Krankenhauses anhand der codierten Leistungserbringung, die das Krankenhaus für jeden Patienten gemäß § 21 KHEntgG erstellt hat. Es werden so die erbrachten und codierten Leistungen im Detail überprüft, um dabei herauszufinden, ob es potenzielle Qualitätsergebnisprobleme gibt, die verbessert werden könnten. Ein Beispiel:

**Der Lungenentzündung/Wundinfektions-Quotient**

Normalerweise ist in der Mehrheit von Krankenhäusern, die keine Herz-/Lungen-Chirurgie durchführen, der Lungenentzündung/Wundinfektions-Quotient 1,00 mit Schwankungen zwischen 0,85 und 1,25. In der Herz-/Lungen- Chirurgie kann er bis 1,45 steigen. In den Abteilungen mit Quotienten über 1,25 treten möglicherweise Probleme wegen mangelnder Betten auf einer Aufwach- oder Intensivstation, mangelnder Physiotherapie, fehlender Früherkennung einer Verschlechterung des Patienten oder bei der Frühmobilisierung auf. Durch den Einsatz von CRAB™ kann die Ursache leicht identifiziert werden.

Das voll automatisierte CRAB™-System für die Chirurgie basiert auf dem chirurgischen POSSUM-Scoring-System, was seit 20 Jahren weltweit benutzt wird. Diese manuell zusammengestellten Daten aus 36 Ländern in unterschiedlichen Kontinenten wurden mit diagnostischen und Operations-Codes von ICD und OPS korreliert. In allen Fällen werden die entwickelten und angewendeten Algorithmen mindestens einmal im Jahr überprüft und aktualisiert, wenn die Codierungen sich verändert haben. ◄

**Physiologisches und operatives Risiko-Scoring**

Der Referenzdatensatz erlaubt die Extrapolierung von unterschiedlichen physiologischen und operativen Variablen im Vergleich zu Standardkombinationen von diagnostischen und operativen Eingriffscodes:

**Beispiel 1**

Bei einem Patienten mit einem Diagnosecode einer abdominalen Aortenaneurysmaruptur kann man mithilfe des Vergleichs mit der internationalen Datenbank den mittleren Blutdruck, die Pulsfrequenz, den Hämoglobin- und Leukozytenwerte extrapolieren. Die nachfolgende Kalkulation erlaubt dann die Berechnung der operativen Schwierigkeitsvariablen, die Größe des Eingriffs, den Zeitablauf der Operation, den Blutverlust, den Notfallgrad und die peritoneale Kontamination. ◄

Bei einem Patienten mit Perforation eines Duodenalulkus kann man durch die internationale Datenbank den mittleren beobachteten Blutdruck, Puls, Hämoglobin, Leukozyten, Harnstoff und Elektrolyte, Operationsschwierigkeitsgrade, Umfang des Eingriffs, Zeitablauf der Operation, Blutverlust, Notfallgrad der OP und die peritoneale Kontamination extrapolieren.

Dieser Ansatz hat sich als sehr akkurat erwiesen. Zwei große unabhängige Studien haben gezeigt, dass die prognostizierte Mortalität um lediglich 0,07 % von der tatsächlichen und die vorhergesagten Komplikationen lediglich um 0,8 % abwich (C2-Ai 2014/2015[3,4]). Tab. 19.1 zeigt die respektive Sensitivität und Spezifität für individuelle Variable. ◄

Codierungen für andere Herz-Kreislauf-Komorbiditäten und Nierenprobleme können direkt von diagnostischen Codes oder einer Kombination von Codierungen abgeleitet werden.

Bei der Krebschirurgie kommen die operativen Schwierigkeitsgrade direkt aus dem Verhältnis von Primärkarzinom und metastatischer Ausbreitung.

Für jeden diagnostischen Code hat die Datenbank die durchschnittlichen manuell beobachteten physiologischen Scores festgelegt und in manchen Fällen, so wie in den Beispielen oben, auch die komplexen Assoziationen zwischen den physiologischen und operativen Schwierigkeitsgraden.

**Tab. 19.1** Korrelation zwischen automatischen CRAB™- und manuell ermittelten POSSUM-Daten. (Marsh Medical Consulting/C2-Ai)

| POSSUM-Variablen | Beziehung zu ICD10 | Sensitivität (Bandbreite pro Variable – %) | Spezifität (Bandbreite pro Variable – %) |
|---|---|---|---|
| 12 physiologische Variablen | Multiple Diagnostik und operative Codes | **96,1–99,7** | **95,3–99,8** |
| 6 operative Variablen | Multiple Diagnostik und operative Codes | **94,3–99,3** | **93,8–99,4** |
| Komplikationen (146 Elemente) | Multiple Diagnostik und operative Codes mit Behandlungsepisode | **95,4–99,9** | **95,5–99,9** |

[3] Kollaborative nationale 10-Jahres-Mortalitätsergebnisse einer Forschungsstudie von 800.000 generellen Notoperationspatienten aus UK; C2-Ai 2015.

[4] Unabhängige Validation von CRAB™, vorhersehbare Genauigkeit von
Trauma- und Orthopädiepatienten des Karolinska Hospital, Stockholm, Schweden; C2-Ai 2014.

## 19.6 Kostenreduktion im Versorgungsprozess

Krankenhäuser, die unter Einsparungsdruck stehen, kürzen als erstes beim Personal, weil das den größten Kostenblock darstellt, und erst danach den Leistungsumfang. Doch dies widerspricht dem Versorgungsauftrag und den Grundprinzipien einer qualitativ hochwertigen Krankenversorgung mit einem angemessenen Personalschlüssel. Um den Geschäftsführungen eine klare Sicht auf das Leistungspotenzial ihres Hauses auch unter Finanzgesichtspunkten geben zu können, wurde ein Modell entwickelt, das es ermöglicht, Kosten und Ergebnisqualität miteinander in Beziehung zu setzen. Dieses Modell schafft einen ausgeklügelten, aber nachvollziehbaren „Gewinn-und-Verlust-Überblick", um die wirtschaftlichen Auswirkungen der Qualität der Versorgung in einem Krankenhaus aufzuzeigen, positive wie negative. Die sog. „Harris-Einheit" analysiert die treibenden Faktoren hinter Ineffizienzen, darunter zum Beispiel

- Klinisch risikobereinigte, chirurgische Mortalität und Komplikationen, aufgeschlüsselt nach Fachgebieten
- Spezifische chirurgische Komplikationsraten im Vergleich zu etablierten klinischen Normen, insbesondere solche, die sich erheblich auf die Aufenthaltsdauer, die Inanspruchnahme der Intensivpflege und die Rückkehr in den Operationssaal auswirken
- Spezifische medizinische und pflegerische Leistungsauslöser, die auf vermeidbare Schäden hindeuten, wie z. B.
  - Versagen bei der Rettung (Verschlechterung des Frühwarnsystems)
  - AKI
  - Schock/Herzstillstand
  - HAP
  - Clostridium difficile
  - Druckgeschwüre

Diese Faktoren ermöglichen zusammen mit anderen aus den CRAB™-Daten verfügbaren Variablen eine ausreichend prägnante Analyse, die in einem einfachen Dashboard dargestellt wird.

Es liegt auf der Hand, dass es in den meisten Krankenhausorganisationen Bereiche mit guten und schlechten Praktiken geben wird. Jede Analyse sollte daher berücksichtigen, wo die Leistung besser ist, als sie sein sollte (was zu fiktiven Effizienzeinsparungen führt) im Vergleich zu Bereichen mit schlechter Leistung, die die Organisation möglicherweise ineffizienter machen. Das Ergebnis ist eine Abwägung von Kostendruck und Einsparungen mit einem Gesamtnettoverlust/-gewinn und schafft damit ein klares Verständnis dafür, wo einfache Maßnahmen die größten Einsparungen erzielen können. Im nachfolgenden ein Beispiel (s. Abb. 19.1) eines deutschen Krankenhauses der Grund- und Regelversorgung, wie sich hier bei Betrachtung der letzten 12 Monate die Kosten darstellen:

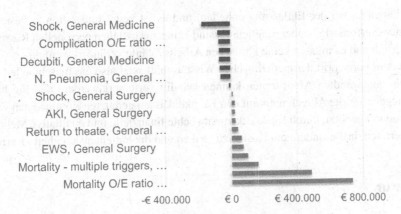

**Abb. 19.1** „Harris Unit" – 12-Monats-Betrachtung in einem Krankenhaus in Deutschland. (Marsh Medical Consulting/C2-Ai)

Die hohe Ergebnisqualität in einigen Kliniken des Krankenhauses hat zu Gewinnen in Höhe von 1,74 Mio. EUR geführt, aber gleichzeitig wurden 620.000 EUR identifiziert, die als Qualitätssteigerungsreserve noch in einigen anderen Kliniken zu heben sind. Es wird also sehr deutlich, dass durch Nutzung von „Big Data" in Verbindung mit künstlicher Intelligenz Kosteneinsparungen erzielt werden können, die insgesamt zudem zu höherer Ergebnisqualität und Patientensicherheit führt.

## 19.7  Fazit

Die Nutzung von „Big Data" in Verbindung mit künstlicher Intelligenz stellt ein neues Instrument von innovativem Risikomanagement dar, das für die Krankenhauswirtschaft folgende Ergebnisse liefert:

- Detaillierte retrospektive Berichte, die auf genauen risikobereinigten Metriken für den Großteil der stationären/akuten Pflege (konservative Behandlung, Chirurgie, Geburtshilfe) basieren
- Eine Analytik, die auf einer individualisierten Ebene konstruiert ist, mit maßgeschneiderten, individualisierten Ergebnissen für jeden Patienten, angepasst an physiologische Merkmale und mehrere Trigger
- Klarheit darüber, wo die Krankenhäuser aus Sicht der Ergebnisqualität stehen, an welchen Stellen sie bessere Ergebnisqualität erreichen können und wie sie einerseits Erlöse steigern und andererseits Kosten senken können
- Prädiktive, intelligente Instrumente, die helfen, Leben zu retten und sowohl direkte, als auch langfristige Kosten für das Gesundheitssystem zu reduzieren bzw. zu vermeiden.

Die Nutzung der Systeme mit künstlicher Intelligenz zur retrospektiven Prüfung der Behandlungsverläufe und Entdeckung von Behandlungsrisiken bedeutet nicht zusätzliche Arbeit, da es die klinischen Codierungsdaten verwendet, die Krankenhäuser ohnehin für jeden Patienten bei der Entlassung erstellen, und es ist keine Integration in bestehende IT-Systeme erforderlich, aber möglich. Es sind keine zusätzlichen personellen Ressourcen erforderlich und es müssen keine klinischen Arbeitsabläufe verändert werden.

Mit dem Fortschritt der medizinischen Wissenschaft setzt also das maschinelle Lernen ein. Die angewandten Algorithmen können ständig verfeinert werden, und die bislang überwiegend für die Abrechnung mit den Krankenkassen genutzten Routinedaten werden professionell genutzt, durch Risikoerkennung echte finanzielle und qualitative Mehrwerte zu generieren, insbesondere um Kosten zu senken und die Patientensicherheit zu erhöhen.

## Literatur

Bundesgesundheitsministerium (2020). Qualitätssicherung im Krankenhaus https://www.bundesge-sundheitsministerium.de/qualitaet-krankenhausversorgung.html; Zugegriffen am 28.11.2020.

Shrank WH, Rogstad TL, Parekh N (2019). Waste in the US Health Care System: Estimated Costs and Potential for Savings. JAMA October 2019. https://jamanetwork.com/journals/jama/article-abstract/2752664, zugegriffen am 25.11.2020

Statistisches Bundesamt (2021). Gesundheitsausgaben. https://www.destatis.de/DE/Themen/Gesell-schaft-Umwelt/Gesundheit/Gesundheitsausgaben/_inhalt.html; Zugegriffen am 09.05.2021.

Berkow, Steven (2018). High-Quality Hospitals Deliver Lower Cost Care 82 % of the Time. https://www.marketscreener.com/news/High-Quality-Hospitals-Deliver-Lower-Cost-Care-82-of-the-Time%2D%2D27363041/, zugegriffen am 25.11.2020.

Duckett, Stephen; Jorm, Christine (2018). Saver Care saves money – How to improve patient care and save public money at the same time. Grattan Institute. https://grattan.edu.au/wp-content/uploads/2018/08/Safer-care-saves-money.pdf, zugegriffen am 25.11.2020

National Patient Safety Foundation (2015). Free from Harm. Accelerating Patient Safety Improvement Fifteen Years after To Err Is Human. https://cdn.ymaws.com/npsf.site-ym.com/resource/resmgr/PDF/Free_from_Harm.pdf, zugegriffen am 25.11.2020

OECD/European Observatory on Health Systems and Policies (2017). Germany: Country Health Profile 2017. State of Health in the EU. OECD Publishing, Paris/European Observatory on Health Systems and Policies, Brussels. https://doi.org/10.1787/9789264283398-en. https://www.euro.who.int/__data/assets/pdf_file/0004/355981/Health-Profile-Germany-Eng.pdf; zugegriffen am 25.11.2020

Khadzhynov, D; Schmidt, D; Hardt, J; Rauch, G; Gocke, P; Eckardt, K; Schmidt-Ott, K M (2019). The Incidence of Acute Kidney Injury and Associated Hospital Mortality. A retrospective cohort study of over 100 000 patients at Berlin's Charité hospital. Dtsch. Ärztebl. Int. 2019; https://www.aerzteblatt.de/int/archive/article/207903/The-incidence-of-acute-kidney-injury-and-associated-hospital-mortality-a-retrospective-cohort-study-of-over-100-000-patients-at-Berlin-s-Charite-hospital#:~:text=There%20are%20no%20reliable%20data,among%20hospitali-zed%20patients%20in%20Germany.&text=Results%3A%20Among%20185%20760%20hospitalizations,in%205881%20cases%20(3.1%25), zugegriffen am 25.11.2020

Kidney Care UK (2020). Facts and Stats. A range of useful facts and stats about kidneys, kidney disease, and patients in the UK. https://www.kidneycareuk.org/news-and-campaigns/facts-and-stats/; zugegriffen am 25.11.2020

Scott T Micek , Bethany Chew, Nicholas Hampton, Marin H Kollef (2016). A Case-Control Study Assessing the Impact of Nonventilated Hospital-Acquired Pneumonia on Patient Outcomes. CHEST Journal. https://www.ncbi.nlm.nih.gov/pubmed/27102181, zugegriffen am 25.11.2020

# Tax-Compliance-Management-System im (Universitäts-)Klinikum – Eine zunehmende Herausforderung für Krankenhäuser aller Trägerformen

**20**

Mandy Babisch, Thomas Müller und Marc Deffland

**Zusammenfassung**

Die Relevanz von Steuer-Compliance-Management-Systemen (Tax-CMS) nimmt bundesweit zu. Insbesondere im Gesundheitswesen gibt es zahlreiche relevante steuerrechtliche Fragestellungen. Klinikgeschäftsführungen müssen daher, insbesondere bei Veränderungen und Innovationen auch die steuerrechtlichen Perspektiven berücksichtigen. Dieser Artikel zeigt auf, warum ein Tax-CMS notwendig ist, aus welchen Bestandteilen es bei einer praxisorientierten Konzeption und Implementierung besteht und beleuchtet ein aktuelles Praxisthema.

## 20.1 Notwendigkeit Tax-CMS im Klinikum

In diesem Kapitel soll im ersten Schritt die Notwendigkeit für ein Tax-CMS vor dem Hintergrund relevanter Erlasse, der aktuellen Diskussion um ein Unternehmensstrafrecht sowie internationaler Trends vorgestellt werden. In einem zweiten Schritt wird der aktuelle Status-Quo von Tax-CMS in Deutschland beleuchtet. Abschließend werden Orientierungshilfen für die Konzeption vorgestellt.

M. Babisch (✉) · T. Müller
Charité – Universitätsmedizin, Berlin, Deutschland
E-Mail: mandy.babisch@gmx.de; thomas.mueller@charite.de

M. Deffland
Nord2Ost Consulting, Langeoog, Deutschland
E-Mail: marc.deffland@charite.de

R. Grinblat et al. (Hrsg.), *Innovationen im Gesundheitswesen*,
https://doi.org/10.1007/978-3-658-33801-5_20

## 20.1.1 Definition und Notwendigkeit eines CMS für Steuern

### 20.1.1.1 Definition und grundsätzliche Notwendigkeit

Unter Steuer-Compliance ist die Sicherstellung der Einhaltung aller für das jeweilige Unternehmen relevanten Steuergesetze sowie steuerlicher Pflichten zu verstehen, insbesondere die fristgerechte, vollständige und richtige Abgabe von Erklärungen und Voranmeldungen. Ein Managementsystem beinhaltet alle Grundsätze und Maßnahmen eines Unternehmens, welche die Einhaltung der steuerrechtlichen Regelungen sicherstellen sollen.

Streng genommen besteht für Compliance-Management-Systeme (CMS) im Allgemeinen und für das Steuerrecht im Speziellen keine gesetzliche Pflicht (Ettwig 2019).

Eine faktische Pflicht für CMS im Allgemeinen ist jedoch zunehmend feststellbar: So führt beispielsweise der Deutsche Corporate Governance Kodex seit der 2017er Revision (neben der expliziten Pflicht zur Compliance) eine Empfehlung zur Implementierung eines CMS auf. Seitdem müssen börsennotierte Gesellschaften entweder ein CMS implementieren oder die Nichtimplementierung in einer gesetzlich geforderten Erklärung begründen.

### 20.1.1.2 Aktuelle Trends

**BMF-Erlass 2016**

Das Thema Tax-CMS hat im Jahr 2016 enorm an Relevanz gewonnen. Hintergrund war ein Schreiben des Bundesministeriums für Finanzen (BMF). In diesem Schreiben wird ein Steuer-Compliance-Management-System[1] als potenzielles Indiz dafür gesehen, dass es sich bei zu wenig gezahlten Steuern nicht um grobe Fahrlässigkeit oder Vorsatz handelt. Damit verbleibt eine „einfache Fahrlässigkeit" und die Möglichkeit zur Berichtigung der Erklärung (§ 153 AO (Abgabenordnung)). Bei grober Fahrlässigkeit bzw. Vorsatz handelt es sich hingegen um eine Ordnungswidrigkeit bzw. eine Straftat, denen mit einer Selbstanzeige (§§ 378 Abs. 3 bzw. 371 AO) begegnet werden kann. Für eine Straftat ist bereits bedingter Vorsatz ausreichend. Dieser kommt in Betracht, wenn die Tatbestandsverwirklichung für möglich gehalten wird. Es ist nicht erforderlich, dass die Tatbestandsverwirklichung tatsächlich angestrebt oder für sicher gehalten wird. Abb. 20.1 fasst diese Optionen übersichtlich zusammen.

Während der 2016er Erlass von der Intention her als Argument für „einfache Fahrlässigkeit" genutzt werden sollte, deutet nach einigen Interpretationen ein fehlendes steuerliches CMS einige Jahre später auf grobe Fahrlässigkeit hin.

---

[1] Wörtlich verwendet das BMF den Begriff des internen Kontrollsystems. In der fachlichen Diskussion wird jedoch von Compliance-Management-Systemen gesprochen (siehe hierzu: IDW Praxishinweis 1/2016: Ausgestaltung eines Tax Compliance Management Systems gemäß IDW PS 980).

| Steuerhinterziehung (§ 370 AO) | Leichtfertige Steuerverkürzung (§ 378 AO) | |
|---|---|---|
| Straftat | Ordnungswidrigkeit | |
| Vorsatz | Leichtfertigkeit = gesteigerte (grobe) Fahrlässigkeit | (einfache) Fahrlässigkeit |
| Selbstanzeige = persönlicher Strafaufhebungsgrund (§ 371 AO) | Selbstanzeige = Bußgeldbefreiungsgrund (§ 378 III AO) | Berichtigung von Erklärungen (§ 153 AO) |

**Abb. 20.1** Übersicht des Umgangs mit Steuerverkürzungen. (Nach Kümmerlein 2016)

**Diskussion um ein Unternehmensstrafrecht**
Weiteren Rückenwind erhält das Thema durch die aktuelle Diskussion um ein Verbands-sanktionsgesetz. Hiernach kann eine Steuerhinterziehung zukünftig nicht mehr nur durch natürliche Personen, sondern auch durch ein Unternehmen begangen werden.

**Ausweitung der Nachhaltigkeitsberichtserstattung**
Die zunehmende Relevanz von Steuererklärungen (insbesondere bei internationalen Konzernen) wird auch durch die neue Aufnahme des Themas in die Nachhaltigkeitsberichtserstattung (gemäß Global Reporting Initiative, GRI) deutlich. Dieser Teil der GRI-Faktoren ist zwar gemäß den aktuellen handelsrechtlichen Vorschriften noch nicht Teil der nichtfinanziellen Erklärung, deutet aber gegebenenfalls auf dessen Entwicklung hin.

## 20.1.2 Aktueller Status quo

Im Jahr 2020 wurde eine Studie von PwC (PricewaterhouseCoopers) zum Stand der Implementierung von Tax Compliance Management Systemen erstellt (PwC 2020). Darin wurde nach der Motivation für die Auseinandersetzung mit dem Thema Tax-CMS gefragt und in 84 % der Fälle mit Haftungsvermeidung geantwortet. 97 % der Befragten in Unternehmen mit einem Umsatz von über 500 Mio. Euro seien sich den Haftungskonsequenzen sehr bewusst.

Nur 22 % der befragten Unternehmen schätzen den Reifegrad ihrer jeweiligen CMS mit 70 % oder höher ein, während 62 % den Reifegrad bei maximal 50 % einschätzen (siehe Abb. 20.2).

Wenn nun berücksichtigt wird, dass das Gesundheitswesen bei vielen administrativen Themen vielleicht nicht immer an erster Stelle ist, könnten dort bei einer systematischen Erhebung noch schlechtere Zahlen zutage treten.

Aktuell sind Unternehmen ohne Tax-CMS noch nicht „in schlechter Gesellschaft". Es muss jedoch berücksichtigt werden, dass nach der PwC-Umfrage bei 64 % der befragten

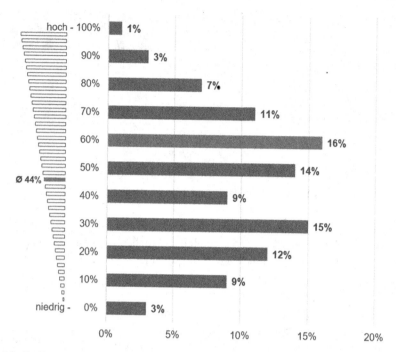

**Abb. 20.2** Reifegrad von Tax-CMS. (Nach Pwc 2020)

Unternehmen aktuell Tax-Projekte am Laufen sind. Einen Start in den nächsten Jahren planen 20 %. Ungefähr 3 % der befragten Unternehmen haben aktuell noch nicht geplant, sich mit dem Thema Tax-CMS zu befassen.

### 20.1.3 Orientierungshilfen

Wie auch bei Compliance-Management-Systemen im Allgemeinen gibt es hinsichtlich des notwendigen Umfangs des CMS sowie dessen konkreter Ausgestaltung keine universelle Ausgestaltungshilfe.

Hilfreich ist nach Ansicht der Autoren die Berufsauffassung des Instituts der Wirtschaftsprüfer (IDW). Das IDW hat im Jahr 2017 speziell für Tax-Compliance-Management-Systeme, als Reaktion auf das oben genannte BMF-Schreiben, einen Prüfungshinweis (IDW Praxishinweis 1/2016) erlassen. Dieser Prüfungshinweis konkretisiert den branchen- und rechtsgebietsunabhängigen Prüfungsstandard IDW PS 980. Nach diesem Prüfungsstandard besteht ein Tax-Compliance-Management-System aus sieben Grundelementen: Tax-Kultur, Tax-Überwachung, Tax-Kommunikation, Tax-Ziele, Tax-Risiken, Tax-Programm und Tax-Organisation.

## 20.2   Wesentliche Elemente eines Tax-CMS

Im Folgenden sollen die Elemente des IDW PS 980 (Abb. 20.3) weitergehend erläutert werden. Dazu soll für die einzelnen Elemente jeweils herausgestellt werden, welche allgemeinen inhaltlichen Erfordernisse sich hinter den Elementen verbergen. Darauf folgend sollen für die Elemente Tax-Compliance-Organisation, Tax-Compliance-Programm und Tax-Compliance-Risiken Implikationen für die Praxis an Universitätsklinika aufgezeigt werden, die im Rahmen eines Tax-CMS-Projektes gewonnen wurden.

### 20.2.1   Tax-Compliance-Ziele

Die durch die Unternehmensleitung aus der Unternehmensstrategie abgeleiteten Tax-Compliance-Ziele stellen für die Verantwortlichen des Tax-Compliance-Managements den Handlungsrahmen bei der Implementierung des Managementsystems dar. Im Wesentlichen bedarf es dabei sowohl inhaltlicher Festlegungen, beispielsweise dahingehend, welche Steuerarten erfasst werden sollen, als auch struktureller Aspekte, beispielsweise welche Unternehmen im Konzern vom Tax-CMS erfasst werden sollen. Die Reichweite der Tax-Compliance-Ziele ist wesentlicher Benchmark für die zur Zielerreichung erforderlichen Ressourcen. Ferner bilden die festgelegten Ziele das Fundament der weiteren Elemente des Tax-CMS.

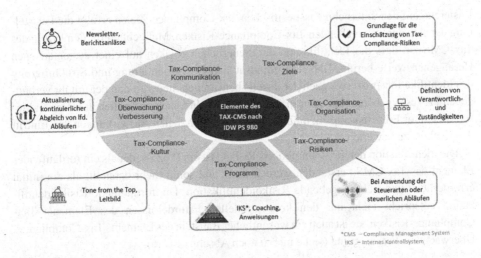

**Abb. 20.3**  Elemente eines Tax-CMS. (Babisch et al. 2020)

## 20.2.2 Tax-Compliance-Kultur

Die Wirksamkeit eines Tax-Compliance-Management-Systems wird maßgeblich durch die Tax-Compliance-Kultur geprägt. Es geht darum, die Berücksichtigung der Tax-Compliance zu einem festen Bestandteil des Handelns aller Beteiligten im Unternehmen werden zu lassen. Die Tax-Compliance-Kultur wird vordergründig durch die Verhaltensweisen der Unternehmensleitung und des Managements geprägt. Von besonderer Bedeutung ist es dabei, dass die Unternehmensleitung in ihrer Kommunikation auf die Notwendigkeit und Bedeutung der Tax-Compliance hinweist („tone from the top"), beispielsweise im Rahmen der Verabschiedung eines Steuerleitbildes. Berücksichtigt werden sollte jedoch, dass es bei der Schaffung einer Tax-Compliance-Kultur um mehr als ein bloßes – wenn auch regelmäßiges – Lippenbekenntnis geht. Um eine Tax-Compliance-Kultur entstehen und wachsen zu lassen, bedarf es eines dauerhaften schlüssigen und glaubhaften Vorlebens der erwarteten Verhaltensgrundsätze. Insofern muss die Schaffung einer Tax-Compliance-Kultur als ein Marathon verstanden werden und nicht als ein Sprint, der mit der Verabschiedung eines Steuerleitbildes endet.

Es ist ferner erforderlich, dass etwaige Zuwiderhandlungen gegen interne und gesetzliche Steuervorschriften unabhängig von der betroffenen Hierarchieebene sanktioniert werden.

## 20.2.3 Tax-Compliance-Risiken

Basierend auf den unternehmensspezifischen Tax-Compliance-Zielen erfolgt die Feststellung der sich daraus ergebenden Tax-Compliance-Risiken. Maßgeblich für den Erfolg des Tax-CMS ist, dass die Identifikation der steuerlichen Risiken auf einer systematischen Herangehensweise beruht. Dabei ist grundsätzlich eine Orientierung und Strukturierung des Identifikationsprozesses nach der jeweils betroffenen Steuerart und der mit ihr verbundenen Prozesse geboten. Die identifizierten Risiken sind nach einheitlichen Kriterien hinsichtlich ihrer Eintrittswahrscheinlichkeit und der potenziellen Auswirkungen, bei Eintritt des Risikos, zu bewerten.

Die Identifikation der Tax-Compliance-Risiken ist ein Prozess, der als ein fortlaufendes Element des Tax-CMS verstanden werden muss und somit mehr darstellt, als die initial erforderliche und richtunggebende Risikoidentifikation. Die fortlaufende Risikoidentifikation entspricht nicht nur den konzeptionellen Erfordernissen des Elements Tax-Compliance-Risiken, sie ist auch ein wesentlicher Baustein des Elements Tax-Compliance-Überwachung/Verbesserung (siehe hierzu noch Abschn. 20.2.6).

### 20.2.3.1 Risikoanalyse- und Bewertung

Wie zuvor bereits herausgestellt wurde, bedarf der Prozess der Risikoanalyse eines systematischen Ansatzes zur Klärung der Frage „Welche Steuerarten und/oder Unternehmensprozesse sind für die Erreichung der Tax-Compliance-Ziele relevant?".

In dieser Frage spiegelt sich die „Henne-Ei-Problematik" des IDW-Ansatzes: Wie unter Abschn. 20.2.1 (Compliance-Ziele) dargestellt, können Steuerarten bereits an vorhergehender Stelle festgelegt werden. Selbstverständlich bedarf es jedoch dafür auch einer Risikoanalyse und -bewertung. Diese Schnittmengen zwischen den Compliance-Elementen müssen grundsätzlich bei der Arbeit mit diesem Standard berücksichtigt werden.

Unter der Annahme, dass das Unternehmen seine Tax-Compliance-Ziele in einer gesamtheitlichen Compliance hinsichtlich der steuerlichen Themen sieht und Steuerarten noch nicht im Rahmen der Compliance-Ziele festgelegt hat, können die Jahresabschlüsse eine sinnvolle *erste Orientierung* bieten, wenn es darum geht, die relevanten Steuerarten zu identifizieren. Die Informationen über die Höhe der Aufwendungen und Erträge für und aus den jeweiligen Steuerarten sind ein geeigneter Benchmark für die Priorisierung der identifizierten Steuerarten. Regelmäßig wird es sich hierbei um ertrag-, umsatz- und lohnsteuerliche Themen handeln.

Bei der Konzeptionierung des Ansatzes zur Risikoidentifikation sollte stets berücksichtigt werden, dass er auch dazu geeignet sein muss, nur unregelmäßig auftauchende, bisher nicht identifizierte/ berücksichtigte steuerliche Themen oder Steuerarten aufzuzeigen. Beispielhaft seien hier Sachverhalte die Grunderwerbsteuer betreffend genannt. Eine bloße Orientierung an den regelmäßig auftretenden Geschäftsvorfällen in einem Universitätsklinikum, beispielsweise unter Rückgriff auf die die Jahresabschlüsse begleitenden Unterlagen, würde in den meisten Fällen sehr wahrscheinlich zu kurz greifen.

Neben dem zuvor geschilderten Ansatz zur initialen Risikoanalyse darf die Risikoanalyse, wie bereits unter Abschn. 20.2.1 herausgestellt, nicht als ein einmaliger Prozessschritt verstanden werden. Sie muss vielmehr als ein kontinuierliches Element des Tax-CMS verstanden und implementiert werden, um die gesteckten Tax-Compliance-Ziele erreichen zu können. Dazu müssen Informationsquellen definiert werden, die fortlaufend Input dahingehend liefern, welche Schwächen innerhalb des Tax-Compliance-Managements bestehen und welche Implikationen sich daraus für die Weiterentwicklung des Managementsystems ergeben. Dieses Erfordernis wird insbesondere durch die sehr dynamische Steuergesetzgebung und die -rechtsprechung begründet.

Für die Risikobewertung bedarf es der Festlegung von objektiven Maßstäben für die Eintrittswahrscheinlichkeit und der Folgen, die beim Eintritt des Risikos zu erwarten wären, um die individuellen Tax-Compliance-Risiken zu bewerten.

Die Konkretisierung der Auswirkung sollte hingegen mehrschichtig erfolgen und sowohl quantitative als auch qualitative Elemente enthalten. Neben der Festlegung von „finanziellen Risikoklassifizierungen", sollte bei der Bewertung der Auswirkung auch berücksichtigt werden, ob das Risiko „nur" wirtschaftliche Risiken birgt oder ob auch strafrechtlich Konsequenzen bei Eintritt des Risikos zu erwarten wären. Bei gemeinnützigen Krankenhäusern könnte bei der qualitativen Bewertung auch Berücksichtigung finden, inwieweit auch ein Risiko hinsichtlich des Untergangs der Gemeinnützigkeit bestünde.

Zur Verdeutlichung soll hier auf das Beispiel des Untergangs der Vorsteuer aus unzureichenden Rechnungen des Geschäftspartners zurückgegriffen werden. So vermag das quantitative Risiko aus diesen Sachverhalten mitunter erheblich sein. Im Ergebnis stellt jedoch der Untergang eines Vorsteuervolumens von beispielsweise 100.000 EUR „nur" ein wirtschaftliches Risiko dar. Eine Steuerverkürzung in gleichem Umfang würde darüber hinaus noch etwaige (steuer- und) strafrechtliche Risiken bergen. Dieser qualitative Unterschied sollte sich bewertungsverschärfend in der Bewertungslogik widerspiegeln.

Identifizierte Risiken und die risikospezifischen Bewertungen sollten in einer Risikokontrollmatrix (siehe Abschn. 20.2.3) dokumentiert werden. Hierbei sollte für das individuelle Risiko sowohl der dazugehörige Prozess als auch die vom individuellen Risiko tangierten Steuerarten dokumentiert werden. Auf diesem Wege ist sichergestellt, dass die Inhalte der Risikokontrollmatrix stets auch für über das individuelle Risiko hinausgehende Auswertungen genutzt werden können (beispielsweise zur Beantwortung der Frage, welche Risiken des Tax-Compliance-Managements für die Steuerart Umsatzsteuer relevant sind). Als (digitale) Grundlage für die Abbildung der Risikokontrollmatrix können sowohl spezifisch für diese Zwecke angebotene Software-Lösungen Anwendung finden als auch die handelsüblichen Lösungen zur Tabellenkalkulation.

### 20.2.3.2 Praxiserfahrungen hinsichtlich des Elements Tax-Compliance-Risiken

Nach den grundsätzlichen Ausführungen wird im Folgenden von einem Praxisprojekt berichtet:

In der Praxis erfolgte die initiale Risikoanalyse durch ein interdisziplinäres Team aus Steuer- und Compliance-Fachleuten, das die Organisation einem ganzheitlichen Tax-Risk-Assessment unterzogen hat. Dabei erfolgte zunächst die Auswertung der Kennzahlen aus den Jahresabschlüssen der Vorjahre, um relevante Steuerarten zu identifizieren und anhand der Volumina eine risikoorientierte Priorisierung für die Meilensteine des Implementierungsprojektes vorzunehmen. Ferner zielte der Einsatz des Expertenpanels darauf ab, relevante Steuerarten zu identifizieren, die nach Auswertung der Jahresabschlussunterlagen noch nicht auf dem Radar befanden. Die Feststellungen des Expertenpanels (Abb. 20.4) waren maßgeblich für die Strukturierung und Priorisierung des Tax-Compliance-Management-Projektes.

Kern der Feststellungen des Expertenpanels war, dass es einer prioritären Betrachtung der Steuerarten Ertrag-, Umsatz-, und Lohnsteuer bedarf. Die mit der Lohnsteuer verbundenen Sozialversicherungsrisiken wurden gleichermaßen miterfasst.

Im Wesentlichen werden die Ertrag- und Umsatzsteuerrisiken innerhalb der vielfältigen wirtschaftlichen Geschäftsbetriebe (wGb) des Universitätsklinikums begründet. Bei wirtschaftlichen Geschäftsbetrieben handelt es sich um Geschäftsfelder der Organisation, die außerhalb des gemeinnützigen Bereiches angesiedelt sind und deshalb nicht an den aus der Gemeinnützigkeit resultierenden Steuerprivilegien partizipieren. Auch auf Ebene der wirtschaftlichen Geschäftsbetriebe des Unternehmens wurde zum Zwecke der objektiven und risikoorientierten Priorisierung eine quantitative Risikoanalyse vorgenommen (Abb. 20.5).

**Abb. 20.4** Ergebnis
Expertenpanel. (Babisch
et al. 2020)

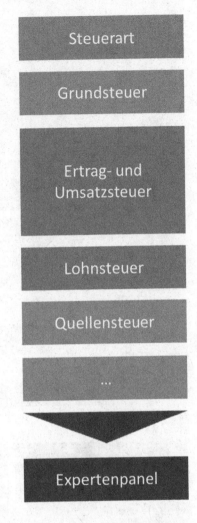

Bei Betrachtung der Risiken aus den wirtschaftlichen Geschäftsbetrieben wurde ebenfalls dem Umstand Rechnung getragen, dass die Identifikation „blinder Flecken" Teil des systematischen Risikoidentifikationsansatzes sein sollte. Die dazu durchgeführten Gap-Analysen wurden mittels Benchmarking anhand einer Aufstellung steuerrelevanter Krankenhausthemen einer Wirtschaftsprüfungsgesellschaft[2] vorgenommen (Gap-Analyse I). Basierend auf den dabei gewonnenen Erkenntnissen wurden die Erlöskonten im Hinblick auf das Vorhandensein der identifizierten Gap-Themen gescreent (Gap-Analyse II). Sofern Erlöse identifiziert wurden, die potenziell einem wirtschaftlichen Geschäftsbetrieb aus dem Benchmarking-Ansatz zuzuordnen waren, erfolgte eine weitergehende Analyse (siehe hierzu auch Abb. 20.6).

---

[2] Solidaris Wirtschaftsprüfungsgesellschaft mbh.

**Abb. 20.5** Ergebnis der quantitativen Risikoanalyse. (Babisch et al. 2020)

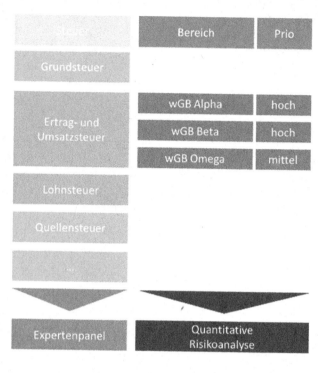

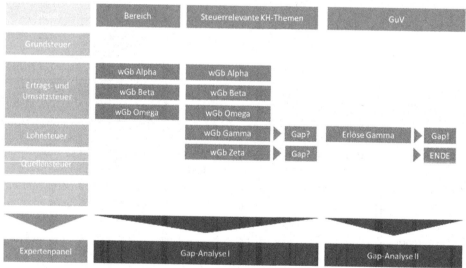

**Abb. 20.6** Gap-Analyse I und II. (Babisch et al. 2020)

Die Dokumentation der im Rahmen der Risikoanalyse identifizierten Risiken erfolgt in einer Risikokontrollmatrix, die auf der Anwendung Microsoft Excel basiert. Abb. 20.7 zeigt den Aufbau der Risikokontrollmatrix.

Die Autoren haben sich bewusst gegen die Anwendung einer speziell für diese Zwecke entwickelte Software-Lösung entschieden. Zwar bieten diese Anwendungen den für das Tax-CMS Verantwortlichen regelmäßig höchst professionelle Konzepte für das Tax-Compliance-Risikomanagement. Der Anwendungsumfang spezieller Softwarelösungen bürgt jedoch gerade in der Implementierungsphase eines Tax-CMS die Gefahr, dass sich die Verantwortlichen in Detailfragen des Einzelrisikos verlieren (*Wer ist für die Umsetzung der Maßnahme verantwortlich und wann muss mit der Wirksamkeitsprüfung der Maßnahme begonnen?*) und dabei den Blick für das große Ganze (*Überblick über die Gesamtheit der relevanten Prozesse und Festlegung erster Maßnahmen*) aus den Augen verlieren. In der zweiten Evolutionsstufe des Tax-Compliance-Management-Systems kann die Integration einer professionellen Softwarelösung ein sinnvoller Schritt zur Weiterentwicklung des Tax-CMS sein. Dass die im Rahmen des Projektes getroffene Entscheidung auf eine Spezial-Software zu verzichten, dem branchenunabhängigen Trend entspricht, spiegelt sich auch in der bereits zuvor herangezogenen Studie von PwC wider (s. Abb. 20.8).

| Risikonummer | Prozessverantwortliche Stelle | Wesentlicher Prozess | Teilprozess | Tax-Compliance-Risiko | Steuerart/-arten | Eintrittswahrscheinlichkeit | Auswirkung | Tax-Risk | Maßnahme(n) |
|---|---|---|---|---|---|---|---|---|---|
| 2020-1234 | Research-Contract-Management | Vertragsprüfung | Prüfung Sponsoring-verträge | Steuerverkürzung | Ertragsteuern; Ust | gelegentlich | spürbar | bedeutend | Checkliste Sponsoringverträge; E-Learningmodul Vertragsprüfung |
| 2020-1235 | Tax-Management | Umsatzsteuererklärung | Umsatzsteuervoranmeldung | Verspätungs-, Säumniszuschlag aufgrund verspäteter Abgabe der Umsatzsteuervoranmeldung | Ust | selten | gering | gering | Fristenmanagement |

**Abb. 20.7**  Beispielhafter Aufbau einer Risikokontrollmatrix

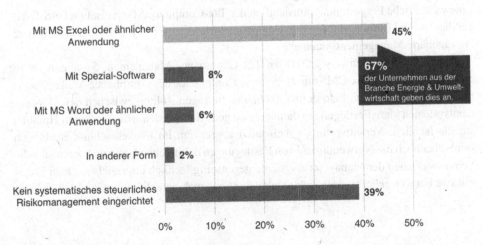

**Abb. 20.8**  Umfrageergebnisse. (Nach PwC 2020)

Zur kontinuierlichen Identifikation von steuerlichen Risiken wurden 3 Säulen definiert, die fortlaufend als Zuträger für neue und geänderte steuerliche Risiken fungieren. Die erste Säule stellt das implementierte Tax-Compliance-Case-Management dar. Alle (Beratungs-)Anfragen und Hinweise, die an die zentrale Steuerfunktion gerichtet werden, werden im Hinblick auf steuerliche Risiken und die Notwendigkeit weitergehender Maßnahmen analysiert. Jeder Vorgang wird mit der Tax-Risikokontrollmatrix abgeglichen, um feststellen zu können, ob das sich im Vorgang enthaltene Tax-Compliance-Risiko bereits auf dem Radar der Tax-Compliance-Verantwortlichen befindet. Die zweite Säule trägt zur Identifikation von Tax-Compliance-Risiken aus dem Unternehmensumfeld bei. Dabei soll durch regelmäßiges Auswerten von Tax-Newslettern gewährleistet werden, dass etwaigen Implikationen aus Steuerrechtsprechung und -gesetzgebung zeitnah begegnet und entsprochen werden kann. Die dritte Säule der kontinuierlichen Risikoidentifikation knüpft an identifizierten Feststellungen aus den Betriebsprüfungen an und komplettiert die definierte Systematik zur kontinuierlichen Risikoidentifizierung.

## 20.2.4 Tax-Compliance-Organisation

Die Tax-Compliance-Organisation adressiert Fragen hinsichtlich der Rollen, Verantwortlichkeiten und Aufgaben im Tax-Compliance-Managementsystem (Aufbauorganisation). Darüber erfordert das Element Tax-Compliance-Organisation klare Festlegungen hinsichtlich der für die Einhaltung der steuerlichen Pflichten erforderlichen Abläufe (Ablauforganisation). Ein an den Anforderungen des IDW PS 980 ausgerichtetes Tax-CMS muss die Aufgaben und Verantwortlichkeiten der Beteiligten eindeutig festlegen. Ferner müssen etwaige Schnittmengen, die sich aus den Verantwortlichkeiten und Aufgaben ergeben, eindeutig und widerspruchsfrei voneinander abgegrenzt werden.

### 20.2.4.1 Tax-Compliance-Organisation und „benachbarte Managementsysteme"

Eine wesentliche Fragestellung hinsichtlich der Tax-Compliance-Organisation betrifft dabei die An- und Einbindung des Tax-Compliance-Management-Systems in und an andere „benachbarte Managementsysteme".

Dem IDW Praxishinweis 1/2016 zu Tax-Compliance-Management Systemen ist zu entnehmen, dass das Tax-CMS ein abgegrenzter Teilbereich des Compliance-Management-Systems ist. Um diesem Erfordernis Rechnung zu tragen, sollten zwischen den Managementsystemen klare Festlegungen dahingehend getroffen werden, wie sie sich im Hinblick auf die fachliche Verantwortung voneinander abgrenzen. Im Umkehrschluss ergibt sich somit aber auch die Notwendigkeit von Festlegungen dahingehend, wie und wann sich die Verantwortlichen der Managementsysteme gegenseitig fachlich einbeziehen. Denn insbesondere Hinweisgeber werden sich regelmäßig (und auch berechtigterweise) nicht mit der

Frage auseinandersetzen, welche Compliance-Säule für ihr Anliegen die richtige ist. Erfahrungsgemäß gilt auch für Beratungsanfragen, die an das Compliance-Management gerichtet werden, dass ihnen im ersten Augenblick oftmals nicht zu entnehmen ist, dass ihre Beantwortung thematisch fachlich (auch) in den Bereich des Tax-Compliance-Managements fällt.

Ein weiteres Managementsystem, das hinsichtlich der Tax-Compliance-Organisation Berücksichtigung finden sollte, ist das Risikomanagement des Unternehmens.

### 20.2.4.2 Praxiserfahrungen hinsichtlich des Elements Tax-Compliance-Organisation

Nach den grundsätzlichen Ausführungen wird im Folgenden von einem Praxisprojekt berichtet:

Um dem Erfordernis von klaren Festlegungen hinsichtlich der bestehenden Verantwortlichkeiten, Aufgaben und Abgrenzungen zu entsprechen, wurden die diesbezüglichen Aspekte in einer Geschäftsordnung für das Tax-Compliance-Management fixiert.

Die Geschäftsordnung enthält zunächst generelle Informationen dahingehend, welche Steuerarten durch die zentrale Stelle Steuern und welche Steuerart(en) von anderen Stellen im Universitätsklinikum verantwortet werden. Dieses Erfordernis ergibt sich u. a. hinsichtlich der organisatorischen Abgrenzung der Steuerart Lohnsteuer, da diese – wie es regelmäßig in Unternehmen der Fall ist – im Verantwortungsbereich der Personalverwaltung liegt. Da das Universitätsklinikum Teil eines Konzernes ist, sind der Geschäftsordnung ferner Aussagen dahingehend zu entnehmen, welche Tochter- und Beteiligungsunternehmen im Verantwortungsbereich des Tax-Compliance-Management-Systems liegen. Für diejenigen Tochter- und Beteiligungsunternehmen, für die die Geschäftsordnung einen grundsätzlichen Ausschluss hinsichtlich der Tax-Compliance-Verantwortlichkeit enthält, sieht sie aber auch Öffnungsklauseln für steuerliche Sachverhalte vor, deren Auswirkungen sich auf die Konzernmutter, das Universitätsklinikum, erstrecken (beispielsweise Sachverhalte hinsichtlich der umsatzsteuerlichen Organschaft).

Über das nach dem „Dotted-line-Prinzip" konzeptionierte Compliance-Management-System des Universitätsklinikums sind die für das Tax-Compliance-Management verantwortlichen Stellen an die bestehenden Compliance-Strukturen und -abläufe angebunden. So ist unter anderem gewährleistet, dass steuerliche Risiken regelmäßig an das Compliance-Committee berichtet werden und ein unmittelbarer Zugang zum Vorstand besteht.

### 20.2.5 Tax-Compliance-Programm

Das Tax-Compliance-Programm stellt die Gesamtheit der Grundsätze und Maßnahmen dar, die als Reaktion auf die identifizierten Tax-Compliance-Risiken erforderlich sind.

Grundsätze sind dabei all diejenigen Regeln, die den Mitarbeitern und den für die Erreichung der Tax-Compliance-Ziele relevanten Externen als notwendiger Orientierungsmaßstab für ein regelkonformes Verhalten dienen.

Das Maßnahmenpaket des Tax-Compliance-Programms kann sowohl solche Maßnahmen enthalten, die einem Tax-Compliance-Verstoß bereits im Ansatz verhindern sollen (präventive Maßnahmen) als auch solche Maßnahmen, die eventuelle Fehler oder Fehlverhalten erst im Nachhinein aufdecken (detektive Maßnahmen). Die Entscheidung für die eine oder die andere Art der Maßnahmenklasse muss dabei jeweils unter Berücksichtigung des individuellen Risikos erfolgen. Risiken, die sich in Verbindung mit häufig auftretenden Geschäftsvorfällen ergeben, sollten grundsätzlich mit präventiven, wenn möglich digitalen Maßnahmen/Kontrollen begegnet werden. Exemplarisch wäre hierfür die präventive digitale Überprüfung von eingehenden Rechnungen hinsichtlich ihrer notwendigen Inhalte zur Ausübung des Vorsteuerabzuges anzuführen. Die für das jeweilige Tax-Compliance-Risiko festgelegten Maßnahmen sollten zu Dokumentationszwecken Eingang in die Risikokontrollmatrix finden (siehe hierzu Ausführungen in Abschn. 20.2.3).

Das bereits für das Element Tax-Compliance-Organisation herausgestellte Erfordernis, Verantwortlichkeiten klar zu benennen, hat auch für den Bereich des Tax-Compliance-Programmes eine besondere Bewandtnis. Um die erforderlichen Tax-Compliance-Programme zu identifizieren, bedarf es seitens der für das Tax-Compliance-Management Verantwortlichen eines umfassenden Verständnisses hinsichtlich der für die Erreichung der Tax-Compliance-Ziele relevanten Prozesse und der an ihnen beteiligten Stellen. Ein Tax-Compliance-Management, das nur die eigenen Kernprozesse im Blick hat, wird regelmäßig nicht geeignet sein, die Tax-Compliance-Ziele zu erreichen. Das Tax-Compliance-Management-System kann nur dann wirksam sein, wenn es so konzeptioniert ist, dass auch die Prozessverantwortlichen außerhalb der zentralen Steuerfunktion wissen, wofür sie verantwortlich sind und was Inhalt ihrer individuellen Verantwortlichkeit ist.

So dürfte beispielsweise der zentrale Prozess zur Erfassung von geldwerten Vorteilen für Beschäftigte leerlaufen, wenn die Vorgesetzten innerhalb der Organisationseinheiten nicht wissen, dass sie etwaige Geschenke an Beschäftigte dokumentieren und an die für die Lohnsteuer zuständige Stelle melden müssen.

Berücksichtigt werden sollte, dass für gewöhnlich innerhalb einer jeden Unternehmung risikominimierende Maßnahmen hinsichtlich der steuerlichen Themen bestehen und gelebt werden – sie bisher aber nicht unter dem Label Tax-Compliance-Management gesehen wurden. Insofern ist insbesondere das Element Tax-Compliance-Programm eines derjenigen Elemente, das bereits durch Dokumentation und Katalogisierung bestehender Strukturen und Maßnahmen wächst.

### 20.2.5.1 Praxiserfahrungen hinsichtlich des Elements Tax-Compliance-Organisation

Nach den grundsätzlichen Ausführungen wird im Folgenden von einem Praxisprojekt berichtet:

**Abb. 20.9** RACI-Matrix

| Responsible | Wer hat die (eigentliche) Durchführungsverantwortung für die Erfüllung der jeweiligen Aufgabe inne. |
|---|---|
| Accountable | Wer ist für die Durchführung verantwortlich? (im Sinne einer übergeordneten Verantwortlichkeit) |
| Consulted | Eine beteiligte Stelle, die (ggf.) für die Erledigung der Aufgabe relevante Informationen beizutragen hat. |
| Informed | Eine beteiligte Stelle, die über die Durchführung der Aufgabe informiert werden muss. |

Im Rahmen der Implementierung des Tax-Compliance-Managements hat es sich als zielführend erwiesen, die Prozesse risikoorientiert von der Wurzel her zu evaluieren. Auf diesem Wege wurde nicht nur das erforderliche Prozessverständnis herbeigeführt, sondern es wurden auch die bestehenden Kontrollen und etwaige Schwachstellen identifiziert, denen mit weiteren Maßnahmen begegnet werden musste. Für die betrachteten Prozesse wurden sowohl Flow-Charts als auch RACI-Matrizen erstellt. Das Acronym RACI leitet sich aus den Anfangsbuchstaben der englischen Begriffe Responsible, Accountable, Consulted und Informed ab (weitergehend s. hierzu Abb. 20.9) Der Rückgriff auf das RACI-Konzept erfolgt mit der Zielsetzung, auch auf der Prozessebene klar und einfach verständlich herauszustellen, wer welche Verantwortlichkeit(en) innehat. Ein Auszug aus dem Ergebnis bei Anwendung des Konzepts auf den Prozess *Erstellung Umsatzsteuervoranmeldung* enthält Abb. 20.10.

### 20.2.6 Tax-Compliance-Kommunikation

Ziel des Elements Tax-Compliance-Kommunikation ist, dass alle Adressaten des Management-Systems von ihren individuellen Verantwortlichkeiten und den erwarteten Verhaltensgrundsätzen Kenntnis erlangen.

So sollten die Beschäftigten beispielsweise über das Intranet des Unternehmens die Möglichkeit haben, auf die für sie relevanten Verfahrensanweisungen und steuerlichen Formulare zuzugreifen. Sofern sich prozessuale Änderungen ergeben, sollten die relevanten Personenkreise überdies hinsichtlich der Neuerungen informiert werden. Dies kann u. a. mittels eines Newsletters erfolgen.

Die Tax-Compliance-Kommunikation sollte darüber hinaus auch dahingehend konzeptioniert sein, dass die für die Tax-Compliance zuständigen Stellen im Unternehmen über identifizierte Tax-Compliance-Risiken oder Hinweise auf mögliche und festgestellte Regelverstöße informiert werden. Diesem Informationserfordernis kann u. a. über die erforderliche Verknüpfung des Tax-Compliance-Managements mit dem Compliance-Management des Unternehmens begegnet werden.

| Prozess | Leiter Steuern | Steuerfunktion | Externe Berater | Buchhaltung | Einkauf |
|---|---|---|---|---|---|
| Erstellung Umsatzsteuer-voranmeldung | A | R | I | C | C |

**Abb. 20.10** Anwendung der RACI-Matrix am Beispiel des Prozesses „Erstellung der Umsatzsteuer(USt)-Voranmeldung" Tax-Compliance-Kommunikation

## 20.2.7 Tax-Compliance Überwachung und Verbesserung

Das Element Überwachung und Verbesserung hat im Fokus, dass das Managementsystem einer fortwährenden Prüfung dahingehend bedarf, ob die Angemessenheit und Wirksamkeit des Tax-Compliance-Managements-Systems (noch) gegeben ist.

Dies ist zum einen ein fortlaufender Prozess, zum anderen aber auch eine regelmäßige externe Prüfung. Diese Prüfung kann sowohl im Rahmen einer externen Auditierung nach dem IDW PS 980 erfolgen als auch durch prozessunabhängige Stellen des Unternehmens, z. B. die interne Revision.

Um für externe oder interne Stellen überhaupt „prüfbar" zu sein, müssen die Inhalte zu den einzelnen Elementen des Tax-Compliance-Management-Systems nachvollziehbar dokumentiert sein. Diesem Erfordernis wird beispielsweise durch die bereits unter Abschn. 20.2.4 besprochenen Festlegungen in einer Geschäftsordnung Rechnung getragen. Die weiteren Festlegungen zu den Elementen des Tax-Compliance-Management-Systems könnten zu Dokumentationszwecken Eingang in ein Tax-Compliance-Handbuch finden.

Sofern bei der Prüfung Schwachstellen identifiziert werden, sollte diesen nachvollziehbar mit Maßnahmen begegnet werden. Die Ergebnisse der Prüfungen und Informationen zu den etwaig erforderlichen Maßnahmen sollten der Unternehmensleitung zur Verfügung gestellt werden.

## 20.3 Praxisbeispiel Umstrukturierung

Im Hinblick auf die sich immer schneller verändernden Rahmenbedingungen – insbesondere durch die Änderung von Rechtsprechung oder durch die Veränderung von unternehmerischen Zielvorstellungen – nehmen Umstrukturierungen bzw. Umwandlungen von steuerbegünstigten Körperschaften (insbesondere Krankenhäusern) rasant an Bedeutung zu.

Jedoch können Umstrukturierungen erhebliche steuerliche Konsequenzen nach sich ziehen. Insbesondere die strengen Vorschriften des Gemeinnützigkeitsrechts schränken die Handlungsmöglichkeiten steuerbegünstigter Krankenhäuser (KH) ein, sodass eine umfassende Identifikation der steuerlichen und gemeinnützigkeitsrechtlichen Risiko- und Gestaltungspotenziale unabdingbar ist.

Im Unternehmen müssen daher bereits im Rahmen konzeptioneller Überlegungen Steuerexperten einbezogen werden. Auch dies ist Teil eines wirksamen Tax-CMS. Die Komplexität einer derartigen Prüfung ist Geschäftsführungen häufig nicht bewusst und soll daher hier einmal beispielhaft dargestellt werden:

Im Fokus liegt die steuerrechtliche Prüfung der Einbringung eines steuerpflichtigen wirtschaftlichen Geschäftsbetriebes in eine steuerpflichtige Krankenhaus-Tochter-GmbH am Beispiel der Krankenhausapotheke gegen Erhalt neuer Anteile an der Gesellschaft. Dabei werden zunächst die gemeinnützigkeitsrechtlichen Konsequenzen und im Anschluss daran die ertragsteuerlichen Folgen aufgezeigt.

## 20.3.1 Gemeinnützigkeitsrechtliche Aspekte

Bei der Einbringung (Ausgliederung) wirtschaftlicher Geschäftsbetriebe (nachfolgend: wGb) in eine steuerpflichtige Krankenhaus(KH)-GmbH ist insbesondere zu prüfen, ob die Übertragung ohne Gefährdung für die Steuerbegünstigung der übertragenden Krankenhaus-gGmbH möglich ist.

**Mittelverwendung**
Ein Kernproblem hierbei ist der mögliche Verstoß gegen das Gebot der zeitnahen und satzungsmäßigen Mittelverwendung im Sinne von § 55 Abs. 1 Nr. 1 i. V. m. Nr. 5 S. 1 AO, wonach die Mittel grundsätzlich zeitnah zur Verfolgung der satzungsmäßigen steuerbegünstigten Zwecke zu verwenden sind. Insofern kann in diesem Fall die Kapitalausstattung der Tochtergesellschaft nur mit solchen Mitteln erfolgen, die nicht der zeitnahen Mittelverwendung unterliegen. Es kommen daher z. B. zulässig gebildete Rücklagen im Rahmen des steuerpflichtigen wirtschaftlichen Geschäftsbetriebes oder freie Rücklagen gemäß § 62 Abs. 1 Nr. 3 AO in Betracht. Zu beachten ist, dass Zahlungen zur Verlustabdeckung der steuerbegünstigten KH-gGmbH an die KH-Tochter-GmbH bereits dem Grunde nach gemeinnützigkeitsrechtlich schädlich sind. Werden diese Grundsätze beachtet, ist die Ausgliederung ohne Verstoß gegen das Mittelverwendungsgebot möglich.

**Vermögensbindung**
Ein Verstoß gegen den Grundsatz der Vermögensbindung gemäß § 55 Abs. 1 Nr. 4 AO liegt bei der Übertragung des steuerpflichtigen wGb (KH-Apotheke) nicht vor, da es sich bei der Ausgliederung um keine Vermögensminderung handelt, sondern lediglich um eine Vermögensumschichtung (d. h. Tausch der übertragenden Wirtschaftsgüter gegen Anteile an der Tochterkapitalgesellschaft). Im vorliegenden Fall werden die Wirtschaftsgüter gegen eine 100 %ige Beteiligung an der Tochtergesellschaft getauscht. Insoweit steht der übertragenden KH-gGmbH auch nach der Ausgliederung wertmäßig das gleiche Vermögen zur Verfügung (Aktivtausch).

**Beteiligung an steuerpflichtiger Tochtergesellschaft**

Die Beteiligung an einer steuerpflichtigen Tochterkapitalgesellschaft ist unabhängig von der Beteiligungshöhe grundsätzlich dem Bereich der Vermögensverwaltung zuzuordnen. Dagegen stellt die Beteiligung einen steuerpflichtigen wGb dar, wenn die steuerbegünstigte KH-gGmbH in tatsächlicher Hinsicht einen entscheidenden Einfluss auf die laufende Geschäftsführung der Tochtergesellschaft ausübt oder die Voraussetzungen der Betriebsaufspaltung vorliegen.

## 20.3.2 Ertragsteuerliche Aspekte

Die Einbringung von Kapitalgesellschaften ist in den Vorschriften der §§ 20–23 UmwStG (Umwandlungssteuergesetz) geregelt. Grundsätzlich sieht das Steuerrecht bei der Übertragung von Wirtschaftsgütern aus dem Betriebsvermögen eines Rechtsträgers in das Betriebsvermögen eines anderen Rechtsträgers eine Aufdeckung der in den Wirtschaftsgütern enthaltenen stillen Reserven vor. Diese Rechtsfolge kann jedoch durch § 20 UmwStG vermieden werden, da die Vorschriften zur Einbringung Leges speciales zu § 16 EStG (Einkommensteuergesetz) in Verbindung mit § 8 Abs. 1 KStG (Körperschaftsteuergesetz) sind. Die Anwendung des § 20 UmwStG hängt von verschiedenen Voraussetzungen ab. Die Untersuchung beschränkt sich folgend lediglich auf den Einbringungsgegenstand (Teilbetrieb), den möglichen Wertansatz und die sich daraus ergebenden steuerlichen Konsequenzen.

**Einbringungsgegenstand**

Voraussetzung für die Anwendung des § 20 UmwStG ist das Vorliegen einer steuerfunktionalen Einheit. Zu prüfen ist, ob der steuerpflichtige wGb KH-Apotheke den Begriff des Teilbetriebs erfüllt (vgl. Abb. 20.11). Das UmwStG definiert den Begriff des Teilbetriebs selbst nicht. Nach Auffassung des BFH (Bundesfinanzhof) ist der Begriff normspezifisch auszulegen, jedoch innerhalb der Vorschriften der §§ 15–20 UmwStG gleichen Inhalts (sog. nationaler Teilbetriebsbegriff). Die Finanzverwaltung verweist jedoch im UmwSt-Erlass 2011 auf die Ausführungen in der Fusionsrichtlinie (sog. europäischer Teilbetriebsbegriff). Danach ist unter einem Teilbetrieb *„die Gesamtheit der in einem Unternehmensteil einer*

| wGb TBM Teilbetrieb | Krankenhausapotheke |
|---|---|
| Organisatorisch selbstständig | Ja |
| Selbstständiger Betrieb | Ja |
| Aus eigenen Mitteln funktionsfähig | Ja |
| Grundstück = wesentliche Betriebsgrundlage | Nein |
| Vorliegen eines Teilbetriebs i. S. v. § 20 UmwStG | Ja |

**Abb. 20.11** Prüfschritte

*Gesellschaft vorhandenen aktiven und passiven Wirtschaftsgüter zu verstehen, die in organisatorischer Hinsicht einen selbstständigen Betrieb, d. h. eine aus eigenen Mitteln funktionsfähige Einheit, darstellen."* Es müssen dabei sämtliche funktional wesentlichen Betriebsgrundlagen und die nach wirtschaftlichem Zusammenhang zuordenbaren Wirtschaftsgüter übertragen werden. Ein Teilbetrieb im Aufbau ist nicht begünstigt. Die Teilbetriebsvoraussetzungen müssen zum steuerlichen Übertragungsstichtag vorliegen.

Eine KH-Apotheke kann als selbstständiger Teil angesehen werden, da sich diese hinsichtlich der Aufgaben und Arbeitsabläufe (z. B. eigenes Personal, selbstständige Organisation, eigene Verwaltung) von dem eigentlichen Krankenhausbetrieb trennen lässt und somit über die geforderte Selbstständigkeit verfügt. Weiterhin muss es sich um die Übertragung aller wesentlichen Betriebsgrundlagen handeln. Entscheidend ist somit, ob es sich bei dem Grundstück bzw. Grundstücksteil der KH-Apotheke um eine wesentliche Betriebsgrundlage handelt, das Bestandteil des Übertragungsprozesses sein muss. Bei einer KH-Apotheke ist es nicht zwingend erforderlich, dass diese in unmittelbarer Nähe zu den medizinischen Einrichtungen gelegen ist, d. h. sie muss nicht unbedingt auf dem Betriebsgelände des KH-Betriebes liegen. Das Grundstück der KH-Apotheke spielt insoweit eher eine untergeordnete Rolle für den eigentlichen Krankenhausbetrieb. Folglich handelt es sich bei dem Grundstück der KH-Apotheke um keine wesentliche Betriebsgrundlage. Die Voraussetzungen Teilbetrieb und Übertragung aller wesentlichen Betriebsgrundlagen sind demzufolge erfüllt, auch wenn das Grundstück zurückbehalten wird.

**Steuerliche Folgen auf Ebene der übernehmenden KH-Tochter-GmbH**
Grundsätzlich hat die übernehmende KH-GmbH das eingebrachte Betriebsvermögen mit dem gemeinen Wert anzusetzen. Auf Antrag kann das übertragende Vermögen jedoch einheitlich mit dem Buchwert oder einem höheren Wert, höchstens jedoch mit dem gemeinen Wert angesetzt werden, sofern
die folgenden Voraussetzungen kumulativ erfüllt sind:

1. *Es muss sichergestellt sein, dass das Vermögen später bei der übernehmenden Körperschaft der Besteuerung mit Körperschaftsteuer unterliegt,*
2. *die Passivposten des eingebrachten Betriebsvermögens die Aktivposten nicht übersteigen; dabei ist das Eigenkapital nicht zu berücksichtigen,*
3. *das Recht der Bundesrepublik Deutschland hinsichtlich der Besteuerung des Gewinns aus der Veräußerung des eingebrachten Betriebsvermögens bei der übernehmenden Gesellschaft nicht ausgeschlossen oder beschränkt wird.*
4. *der gemeine Wert von sonstigen Gegenleistungen, die neben den neuen Gesellschaftsanteilen gewährt werden, nicht mehr beträgt als*
   a) *25 % des Buchwerts des eingebrachten Betriebsvermögens oder*
   b) *500.000 Euro, höchstens jedoch den Buchwert des eingebrachten Betriebsvermögens.*

Die erste Bedingung für den Buchwertansatz ist bei steuerbegünstigten Körperschaften von Bedeutung, da bei der Einbringung in eine steuerbefreite Körperschaft grundsätzlich ein Buchwert oder Zwischenwertansatz nicht zulässig ist. Etwas anderes gilt nur, soweit das Vermögen beim übernehmenden Rechtsträger ebenfalls Betriebsvermögen eines steuerpflichtigen wGb bildet.

**Steuerliche Folgen auf Ebene der einbringenden KH-gGmbH**

Der Wert, mit dem die übernehmende KH-GmbH das eingebrachte Betriebsvermögen ansetzt, gilt für den Einbringenden zugleich als Veräußerungspreis und als Anschaffungskosten der im Zuge der Einbringung erhaltenen Gesellschaftsanteile (§ 20 Abs. 3 UmwStG).

Erfolgt der Ansatz zum Buchwert, ergeben sich keine steuerlichen Konsequenzen. Beim Ansatz der KH-Apotheke oberhalb des Buchwerts entsteht dagegen bei der steuerbegünstigten KH-gGmbH (Einbringender) ein steuerpflichtiger *Einbringungsgewinn*,[3] der sowohl der Körperschaftsteuer als auch der Gewerbesteuer unterliegt.[4] Sofern bei der Übertragung ein *Einbringungsverlust* entsteht, ist dieser mit anderen positiven Einkünften verrechenbar bzw. kann in den Grenzen des § 10d EStG vor- oder rückgetragen werden. Ein Einbringungsverlust erhöht somit einen laufenden Verlust des Einbringenden oder mindert einen laufenden Gewinn des betreffenden Wirtschaftsjahres, in das der steuerliche Einbringungsstichtag fällt. Für die steuerbegünstigte KH-gGmbH ist in diesem Zusammenhang zu beachten, dass der Einbringungsgewinn bzw. -verlust bei der Einkommensermittlung im Rahmen des einheitlichen steuerpflichtigen wGb nach § 64 Abs. 2 AO mit den Ergebnissen anderer wirtschaftlicher Geschäftsbetriebe verrechnet werden kann.

### 20.3.3 Zwischenfazit Umstrukturierung

Die Einbringung von steuerpflichtigen wGb ist weitestgehend sicher, insbesondere die Übertragung auf eine 100 %ige Tochtergesellschaft. Vor allem liegt in diesem Fall kein Verstoß gegen die Vermögensbindung vor, da es sich hierbei lediglich um eine Vermögensumschichtung handelt. Erfolgt die Kapitalausstattung der Tochtergesellschaft mit Mitteln, die nicht der zeitnahen Mittelverwendung unterliegen (z. B. freie Rücklagen), ist auch das Mittelverwendungsgebot gewahrt. Aus Sicht des Umwandlungssteuergesetzes steht bei der Einbringung von steuerpflichtigen wGb das Wahlrecht (Buchwert, Zwischenwert oder gemeiner Wert) zur Verfügung. Insbesondere ist die spätere Besteuerung der stillen Reserven des wGb bei der übernehmenden Gesellschaft sichergestellt, da der steuerpflichtige wGb auch bei der übernehmenden KH-GmbH partiell steuerpflichtig wird. Im Ergebnis lässt sich somit festhalten, dass die Ausgliederung eines steuerpflichtigen wGb unter den Voraussetzungen des § 20 UmwStG ertragsteuerneutral erfolgen kann. Nichtsdestotrotz

---

[3] Veräußerungspreis (= Wertansatz des übernommenen Vermögens abzüglich der Einbringungskosten des Einbringenden und Buchwert des eingebrachten Vermögens = steuerpflichtiger Einbringungsgewinn).

[4] Der entstehende Einbringungsgewinn ist als laufender Gewinn in voller Höhe zu besteuern. Die Vorschriften des § 8b KStG sind insoweit nicht anwendbar.

sollte die Umstrukturierung und Optimierung eines steuerbegünstigten Krankenhauses gut geplant und konzipiert werden, da eine Vielzahl von Steuernormen berücksichtigt werden müssen und sich auch aus anderen Steuerarten (z. B. Umsatzsteuer, Grunderwerbsteuer) steuerliche Folgen ergeben können. Generell empfiehlt es sich bei Umstrukturierungen eine verbindliche Auskunft nach § 89 Abs. 2 AO einzuholen, um Rechtssicherheit zu erlangen.

## 20.4  Fazit

- Die Relevanz von Steuer-Compliance-Management-Systemen (Tax-CMS) nimmt durch steuerrechtliche Erlasse, internationalen Trends um die Nachhaltigkeitsberichts-erstattung und der Diskussion um ein Unternehmensstrafrecht weiter zu.
- Viele Unternehmen beschäftigten sich gerade aktiv mit der Konzeption eines entsprechenden Managementsystems. Erste Benchmarks sind daher vorhanden und können Orientierung geben.
- Insbesondere im Gesundheitswesen gibt es zahlreiche relevante und sehr komplexe steuerrechtliche Fragestellungen, die frühzeitig geprüft werden sollten. Klinikge-schäftsführungen müssen daher, insbesondere bei Veränderungen und Innovationen, auch die steuerrechtlichen Perspektiven berücksichtigen.

Dieser Beitrag hat die Komplexität einer derartigen Prüfung aufgezeigt und zahlreiche Praxistipps für ein entsprechendes Managementsystem gegeben. Am Ende ist es natürlich immer eine Frage der individuellen Gegebenheiten, diese Praxistipps können jedoch eine erste Orientierung geben.

## Literatur

Babisch, Mandy; Müller, Thomas; Deffland, Marc (2020): Wenn das Finanzamt zweimal klingelt. KU – Gesundheitsmanagement, 06/2020, S. 7–10
Ettwig, Volker (2019): Tax Compliance. *KU – Gesundheitsmanagement, 4/2019, Seite 71.*
IDW Praxishinweis 1/2016: Ausgestaltung und Prüfung eines Tax Compliance Management Systems gemäß IDW PS 980.
Kümmerlein (2016): Compliance-Seminar. Online verfügbar unter: https://docplayer.org/57653351-Tax-compliance-innerbetriebliches-kontrollsystem-k-ein-mehrwert-stefanie-loos.html
PwC (2020): Studie zum Stand der Implementierung von Tax Compliance Ma-nagement Systemen. Online verfügbar unter: https://www.pwc.de/de/steuerberatung/pwc-tcms-studie-2020.pdf.

Printed in the United States
by Baker & Taylor Publisher Services